Jahrbuch der Akademie der Wissenschaften zu Göttingen

Albrecht von Haller. Ölgemälde (1745) von Johann Rudolf Studer (1700–1769)

Akademie der Wissenschaften zu Göttingen
Theaterstraße 7
37073 Göttingen
Telefon: 0551-39-5424
Fax: 0551-39-5365
E-Mail: snoebel1@gwdg.de
http://www.adw-goe.de

JAHRBUCH DER AKADEMIE DER WISSENSCHAFTEN ZU GÖTTINGEN

2008

Walter de Gruyter · Berlin · New York

Verantwortlich: Der Präsident der Akademie der Wissenschaften
Redaktion: Werner Lehfeldt
Susanne Nöbel

∞ Gedruckt auf säurefreiem Papier,
das die US-ANSI-Norm über Haltbarkeit erfüllt.

ISBN 978-3-11-022160-2

Bibliografische Information der Deutschen Nationalbibliothek

Die Deutsche Nationalbibliothek verzeichnet diese Publikation in der Deutschen Nationalbibliografie; detaillierte bibliografische Daten sind im Internet über http://dnb.d-nb.de abrufbar.

Printed in Germany
Einbandgestaltung: Christopher Schneider, Berlin
Satz: PTP-Berlin Protago TEX-Production, Berlin (www.ptp-berlin.eu)
Druck und buchbinderische Verarbeitung: Druckhaus „Thomas Müntzer" GmbH, Bad Langensalza

INHALT

Die Akademie

Über die Akademie 13

Vorstand und Verwaltung 15

Die Mitglieder 19

Ordentliche Mitglieder
der Philologisch-Historischen Klasse 19

Ordentliche Mitglieder
der Mathematisch-Physikalischen Klasse 28

Korrespondierende Mitglieder
der Philologisch-Historischen Klasse 37

Korrespondierende Mitglieder
der Mathematisch-Physikalischen Klasse 50

Jahresfeier der Akademie 63

Begrüßungsansprache und Tätigkeitsbericht des Präsidenten sowie Ansprache des Ministers für Wissenschaft und Kultur Lutz Stratmann 65

Die Arbeit der Akademie

Akademievortrage 87

Christian Starck: Woher kommt das Recht? Antrittsrede
des neuen Präsidenten der Akademie der Wissenschaften
zu Göttingen 87

Haller-Jahr 2008
Werner Lehfeldt: 300 Jahre Albrecht von Haller 104

Peter Hanns Reill: „Pflanzgarten der Aufklärung“:
Haller und die Gründung der Göttinger Universität 107

Klaus-Peter Lieb: „Es war ungeheuer lohnend,
Physik zu studieren“ – Carl Friedrich von Weizsäcker
als Physiker 124

GÜNTHER PATZIG: Carl Friedrich von Weizsäcker als Philosoph 146

MANFRED R. SCHROEDER: Alltag mit der „Königin der Mathemathik“ 157

Preisträger des Berichtsjahres 2007 171

KAY SEVERIN: Von Katalysatoren zu Sensoren – neue Anwendungen von metallorganischenVerbindungen 171

MARTIN DÖNIKE: „Marmor in Bewegung“ – Die „Nachahmung des Gewaltsamen“ als Herausforderung für die Ästhetik des Weimarer Klassizismus 176

JUDITH KORB: Evolution von Kooperation: Termiten, die anderen sozialen Insekten 187

Preisträger des Berichtsjahres 2008 193

KLAUS PIETSCHMANN: Tradition – Memoria – Reform. Kirchenmusik als kulturelle Praxis am Papsthof der ausgehenden Renaissance 193

ANDRÉ SCHIRMEISEN: Nanotribologie – Wenn Atome ins Rutschen kommen 199

ANDREAS KAPPLER: Geobiologie des Eisens: Leben im Rost . . 205

MAGNUS RUEPING: Bioinspirierte Organokatalyse – Moderne Katalysatorforschung nach dem Vorbild der Natur . . 212

Plenarsitzungen des Berichtsjahres 2008 221

HEINZ-GÜNTHER NESSELRATH: Die Säulen des Herakles – eine mythische Landmarke und ihre Bedeutung in der Klassischen Antike 226

GEROLD WEFER: Kontinuität und Wandel in der Klimageschichte der Erde, abgeleitet aus marinen Sedimenten 233

JOACHIM REITNER: Geobiologische Aspekte hadaischer, archaischer und proterozoischer Lebenswelten . . . 243

GERHARD WÖRNER: Die globale Wirkung von „Supervulkanen“ 257

Vorstellungsberichte der neuen Mitglieder 269

Jürgen Heidrich: „Fridericus dux saxonie. Kyrie leyson" Politische (Selbst-)Inszenierung in der polyphonen Messe des frühen 16. Jahrhunderts 269

Mathias Bähr: Neurodegeneration – Neuroprotektion. Molekulare Mechanismen und experimentelle Therapiestrategien 278

Christoph Leuschner: Die Trockenheitsempfindlichkeit der Rotbuche vor dem Hindergrund des prognostizierten Klimawandels 281

Forschungsvorhaben der Akademie 297

I. Akademievorhaben 297

- Blumenbach-Kommission
- Carmina medii aevi posterioris Latina
- Die Funktion des Gesetzes in Geschichte und Gegenwart
- Die Natur der Information
- Erforschung der Kultur des Spätmittelalters
- Imperium und Barbaricum: Römische Expansion und Präsenz im rechtsrheinischen Germanien und die Ausgrabungen von Kalkriese
- Interdisziplinäre Südosteuropa-Forschung
- Kommission für Mathematiker-Nachlässe
- Kommission Manichäische Studien
- Synthese, Eigenschaften und Struktur neuer Materialien und Katalysatoren
- Technikwissenschaftlich Kommission
- Uigurisches Wörterbuch

II. Vorhaben aus dem Akademienprogramm 311

- Byzantinische Rechtsquellen
- Deutsche Inschriften des Mittelalters und der frühen Neuzeit
- Deutsches Wörterbuch von Jacob Grimm und Wilhelm Grimm
- Die Inschriften des ptolemäerzeitlichen Tempels von Edfu
- Edition der naturwissenschaftlichen Schriften Lichtenbergs
- Enzyklopädie des Märchens
- Erschließung der Akten des kaiserlichen Reichshofrats
- Europäische Jahrhundertwende – Literatur, Künste, Wissenschaften in grenzüberschreitender Wahrnehmung
- Germania Sacra

- Goethe-Wörterbuch (Arbeitsstelle Hamburg)
- Hof und Residenz im spätmittelalterlichen Deutschen Reich (1200–1600)
- Katalogisierung der orientalischen Handschriften in Deutschland
- Leibniz-Edition (Leibniz-Archiv Hannover und Leibniz-Forschungsstelle Münster)
- Lexikon des frühgriechischen Epos (Thesaurus Linguae Graecae)
- Mittelhochdeutsches Wörterbuch (Arbeitsstelle Göttingen)
- Ortsnamen zwischen Rhein und Elbe – Onomastik im europäischen Raum
- Papsturkunden des frühen und hohen Mittelalters
- Patristische Kommission (Arbeitsstelle Göttingen)
- Qumran-Wörterbuch
- Sanskrit-Wörterbuch der buddhistischen Texte aus den Turfan-Funden und der kanonischen Literatur der Sarvâstivâda-Schule
- Schleiermacher-Edition, Kritische Gesamtausgabe (Arbeitstelle Kiel)
- Septuaginta

III. Arbeitsvorhaben und Delegationen der Akademie 370

- Ausschuß für musikwissenschaftliche Editionen
- Deutsche Inschriften des Mittelalters und der frühen Neuzeit
- Deutsche Reichstagsakten, Ältere Reihe
- Deutsches Museum München
- Göttingische Gelehrte Anzeigen
- Herausgabe des Thesaurus Linguae Latinae
- Mittellateinisches Wörterbuch
- Papsturkunden- und mittelalterliche Geschichtsforschung (Pius-Stiftung)
- Patristik
- Wörterbuch der Klassischen Arabischen Sprache
- Zentraldirektion der Monumenta Germaniae Historica

Aufsätze zu Akademievorhaben und zu Vorhaben aus dem Akademienprogramm 379

Rolf Wilhelm Brednich: Moderne Sagen. Aus der Arbeit an der Enzyklopädie des Märchens 379

Herbert Breger: Leibniz' binäres Zahlensystem als Grundlage der Computertechnologie 385

Jürgen Udolph: Ortsnamen und Wanderungen der Völker . . 392

Wolfgang Sellert: Frieden durch Recht – ein Leitgedanke von europäischem Rang im Heiligen Römischen Reich deutscher Nation 398

Konrad Bachmann: Zwischen Naturgesetz und Wahlfreiheit: Von Darwin zur genetischen Information 411

Barend Jan Terwiel: Eine ungewöhnliche Landkarte Thailands 441

Sonstige Veranstaltungen 2008 447

Werner Paravicini: Adelsherrschaft in der Krise: der Bauernkrieg von 1525 450

Urs Stammbach: Thomas Mann und die Mathematik. Eine vergnügliche Spurensuche 494

Herbert Breger: Leibniz' Infinitesimalrechnung: Texte zum Prioritätsstreit mit Newton 521

Veröffentlichungen der Akademie 2008 526

Neue Abhandlungen

Göttingische Gelehrte Anzeigen

Sonderveröffentlichungen

Schriftentauschverzeichnis siehe Jahrbuch 2006

Stiftungen, Preise und Förderer

Stiftungen und Fonds 531

Preise der Akademie 532

Förderer der Akademie 533

Gauß-Professuren 534

Die Rechtsgrundlagen

Satzungen der Akademie 537

Satzung der Akademie – siehe Jahrbuch 2001

Die Akademie

Über die Akademie

Die Akademie der Wissenschaften zu Göttingen wurde 1751 als „Königliche Societät der Wissenschaften" gegründet. Sie sollte neben der seit 1737 bestehenden Universität, deren Hauptaufgabe die Lehre war, ein besonderer Ort der Forschung sein. In ihr sollten, wie ihr erster Präsident, der berühmte Schweizer Universalgelehrte Albrecht von Haller, es ausdrückte, „Decouverten", also Entdeckungen, gemacht werden. So ist es geblieben, wenngleich seither die Forschung in größerem Umfang von den Universitäten und von außeruniversitären Einrichtungen betrieben wird. Die Akademie betreibt zahlreiche Forschungsvorhaben auf vielen verschiedenen Gebieten. Die Publikationen der Akademie (Abhandlungen, Jahrbuch, Göttingische Gelehrte Anzeigen) sind weltweit verbreitet, besonders durch den Schriftentausch, der die Akademie mit mehr als 800 in- und ausländischen Partnern verbindet.

Die Akademie gliedert sich in zwei Klassen, die Philologisch-Historische und die Mathematisch-Physikalische Klasse, jede mit bis zu 40 Ordentlichen und 100 Korrespondierenden Mitgliedern. Während des Semesters versammeln sich beide Klassen alle zwei Wochen zu gemeinsamen Sitzungen, in denen wissenschaftliche „Decouverten" vorgetragen und diskutiert werden. Dazu kommen öffentliche Vorträge und Symposien. Die Klassen ergänzen ihren Mitgliederbestand durch Zuwahlen. Als Mitglieder werden Gelehrte gewählt, die anerkanntermaßen den Stand ihres Faches wesentlich erweitert haben. Es gibt Ordentliche, Korrespondierende und Ehrenmitglieder. Die Ordentlichen Mitglieder müssen ihren Wohnsitz in Norddeutschland haben, während die anderen Mitglieder aus allen Teilen Deutschlands und aus Ländern der ganzen Welt kommen können. Viele berühmte Gelehrte waren Mitglieder der Göttinger Akademie, darunter Christian Gottlob Heyne, Jacob und Wilhelm Grimm, Georg Christoph Lichtenberg, Friedrich Wöhler, Carl Friedrich Gauß, Wilhelm Eduard Weber, Friedrich Christoph Dahlmann, Julius Wellhausen, David Hilbert, Adolf Windaus, Max Born, Otto Hahn, James Franck, Werner Heisenberg, Alfred Heuß und Franz Wieacker.

Die Mitglieder der Philologisch-Historischen Klasse vertreten alle Richtungen der Geistes- und der Sozialwissenschaften. In der Mathematisch-Physikalischen Klasse sind vertreten: Mathematik, Physik, Medizin, Chemie sowie die Geo- und die Biowissenschaften. Da die Sitzungen in der

Regel von beiden Klassen gemeinsam abgehalten werden, ermöglicht dies der Akademie wie nur wenigen anderen Institutionen Kontakte und Zusammenarbeit von Vertretern ganz verschiedener Forschungsgebiete.

Die Akademie verleiht regelmäßig verschiedene Preise, die der Förderung des wissenschaftlichen Nachwuchses oder der Auszeichnung bedeutender Gelehrter dienen. Mit ihrer Gauß-Professur gibt sie herausragenden Forscherinnen und Forschern die Gelegenheit zu einem Arbeitsaufenthalt in Göttingen und zur Teilnahme am Leben der Akademie.

Neben den Forschungsarbeiten der beiden Klassen gehört zu den Aufgaben der Akademie die Betreuung wissenschaftlicher Langfristunternehmungen, die die Arbeitskraft und oft auch die Lebenszeit eines einzelnen Forschers übersteigen. Meist sind sie Bestandteil des so genannten Akademienprogramms, das, finanziert von Bund und Ländern, durch die Union der deutschen Akademien der Wissenschaften koordiniert wird. Mit den anderen Mitgliedern dieser Union, den Akademien in Berlin, München, Leipzig, Heidelberg, Mainz, Düsseldorf und Hamburg, besteht auch sonst eine enge Zusammenarbeit. Zur Durchführung ihrer Forschungsvorhaben bildet die Akademie Kommissionen. Diesen gehören auch Gelehrte an, die nicht Mitglieder der Akademie sind.

Seit ihrer Gründung vor 257 Jahren hat sich die Akademie in mancher Hinsicht gewandelt und weiterentwickelt, sie ist aber ihrer Aufgabe, die Wissenschaft zu fördern, immer treu geblieben.

Vorstand und Verwaltung

Präsident: Christian Starck

1. Vizepräsident und Vorsitzender der Mathematisch-Physikalischen Klasse: Norbert Elsner

2. Vizepräsident und Vorsitzender der Philologisch-Historischen Klasse: Werner Lehfeldt

Geschäftsausschuss: Die drei Präsidenten, die Generalsekretärin, Joachim Ringleben, Kurt Schönhammer

Geschäftsstelle: 37073 Göttingen, Theaterstraße 7

I. Leitung der Geschäftsstelle / Generalsekretärin

Dr. Angelika Schade, Tel.: 0551/39-9883
E-Mail: aschade@gwdg.de

II. Bereich Sekretariat / Sitzungsorganisation / Öffentlichkeitsarbeit / Jahrbuch

Ulla Deppe, Tel.: 0551/39-5362
E-Mail: udeppe@gwdg.de
Susanne Nöbel, Tel.: 0551/39-5424
E-Mail: snoebel1@gwdg.de

III. Bereich Rechtsangelegenheiten / Akademienprogramm

Dr. Sabine Rickmann, Tel.: 0551/39-5363
E-Mail: srickma@gwdg.de
Tobias Hillegeist, Tel.: 0551/39-14669
E-Mail: tobias.hillegeist@goettingerakademie.de

IV. Bereich Haushalt / Personal

Brigitte Mattes, Tel.: 0551/39-5382
E-Mail: bmattes@gwdg.de
Birgit Jahnel, Tel.: 0551/39-5339
E-Mail: birgit.jahnel@zvw.uni-goettingen.de
Susanne Scheps, Tel.: 0551/39-12465
E-Mail: susanne.scheps@zvw.uni-goettingen.de

V. Bereich Schriftentausch / Archiv / Immobilienverwaltung

Christiane Wegener, Tel.: 0551/39-5360
E-Mail: cwegene@gwdg.de
Werner Jahnel, Tel.: 0551/39-5330
E-Mail.: wjahnel1@gwdg.de

Freie Mitarbeiterin für Pressearbeit

Adrienne Lochte, Tel.: 0551/39-5338
E-Mail: alochte1@gwdg.de

Verantwortlich für die Abhandlungen:

Die beiden Klassenvorsitzenden

Redakteure der Göttingischen Gelehrten Anzeigen:

Joachim Ringleben, Ulrich Schindel

Publikationsausschuss:

Vorsitz: Gerald Spindler
Reinhard G. Kratz, Joachim Reitner,
Angelika Schade, Christian Starck

Die Mitglieder

Verzeichnis der Mitglieder

nach dem Stand vom Dezember 2008

Die mit * gekennzeichneten Mitglieder sind auswärtige Ordentliche Mitglieder.

Ordentliche Mitglieder

Philologisch-Historische Klasse

Robert Alexy, in Kiel, seit 2002
Professor für Öffentliches Recht und Rechtsphilosophie,
geb. 9.9.1945
24118 Kiel, Olshausenstraße 40
E-Mail: alexy@law.uni-kiel.de

Karl Arndt, seit 1978
Professor der Kunstgeschichte, geb. 22.8.1929
37085 Göttingen, Merkelstraße 7

Wilfried Barner, seit 1993
Professor der Deutschen Philologie (Neuere Deutsche Literatur),
geb. 3.6.1937
37075 Göttingen, Walter-Nernst-Weg 10
E-Mail: wbarner@gwdg.de

Okko Behrends, seit 1982
Professor des Römischen Rechts, Bürgerlichen Rechts und der
Neueren Privatrechtsgeschichte, geb. 27.2.1939
Göttingen, Thomas-Dehler-Weg 3
E-Mail: obehren@gwdg.de

Marianne Bergmann, seit 1996
Professorin der Klassischen Archäologie, geb. 29.6.1943
37073 Göttingen, Archäologisches Institut
Nikolausberger Weg 15
E-Mail: sekretariat.archinst@phil.uni-goettingen.de

Riekele (Rykle) Borger, seit 1978
Professor der Assyriologie, geb. 24.5.1929
37073 Göttingen, Obere Karspüle 31

Winfried Bühler*, in München, seit 1980 (in Hamburg 1980–1991)
zuvor Korrespondierendes Mitglied 1974–1980
Professor der Klassischen Philologie, geb. 11.6.1929
80797 München, Stauffenbergstraße 7/VIII

Carl Joachim Classen, seit 1987
Professor der Klassischen Philologie, geb. 15.8.1928
37077 Göttingen, Am Brachfelde 7
E-Mail: cclasse@gwdg.de

Konrad Cramer, seit 1997
Professor der Philosophie, geb. 6.12.1933
37085 Göttingen, Keplerstraße 10
E-Mail: ikarakus@gwdg.de

Ute Daniel, in Braunschweig, seit 2007
Professorin für Neuere Geschichte, geb. 3.5.1953
38114 Braunschweig, Am Gaussberg 6
E-Mail: u.daniel@tu-bs.de

Heinrich Detering, seit 2003
Professor für Neuere Deutsche Literatur
und Neuere Nordische Literaturen, geb. 1.11.1959
37073 Göttingen, Düstere-Eichenweg 48
E-Mail: detering@phil.uni-goettingen.de

Uwe Diederichsen, seit 1988
Professor des Bürgerlichen Rechts, Zivilprozeßrechts,
Handelsrechts und der Juristischen Methodenlehre, geb. 18.7.1933
37085 Göttingen, Hainholzweg 66
E-Mail: u.diederichsen@jura.uni-goettingen.de

Albert Dietrich, seit 1961
Professor der Orientalistik (Arabistik), geb. 2.11.1912
37075 Göttingen, Habichtsweg 55

Siegmar Döpp, in Berlin, seit 1997
Professor der Klassischen Philologie, geb. 10.12.1941
10557 Berlin, Calvinstraße 23, Gartenhaus
E-Mail: sdoepp@gwdg.de

Ralf Dreier, seit 1980
Professor für Allgemeine Rechtstheorie, geb. 10.10.1931
37073 Göttingen, Wilhelm-Weber-Straße 4

Alfred Dürr, seit 1976
Dr. phil., Musikwissenschaft, geb. 3.3.1918
37085 Göttingen, GDA-Wohnstift, App. A-817,
Charlottenburger Straße 19

Reinhard Feldmeier, in Göttingen, seit 2006
Professor für Neues Testament, geb. 10.4.1952
95444 Bayreuth, Meistersingerstraße 18
E-Mail: Reinhard.Feldmeier@theologie.uni-goettingen.de

Klaus Fittschen, in Wolfenbüttel, seit 1988 (in Göttingen 1988–1989)
Professor der Klassischen Archäologie, geb. 31.5.1936
38302 Wolfenbüttel, Alter Weg 19

Werner Flume, in Bonn, seit 1952 (in Göttingen 1952–1954)
Professor der Rechtsgeschichte, geb. 12.9.1908, gest. 28.1.2009

Dorothea Frede, in Hamburg, seit 2001
Professorin der Philosophie, geb. 5.7.1941
Universität Hamburg, Philosophisches Seminar
20146 Hamburg, Von-Melle-Park 6
E-Mail: dorothea.frede@uni-hamburg.de

Werner Frick*, in Freiburg, seit 2002
Professor der Deutschen Philologie, geb. 5.12.1953
39104 Freiburg i.Br., Burgunder Straße 30
E-Mail: werner.frick@germanistik.uni-freiburg.de

Thomas W. Gaehtgens*, in Berlin, seit 1983
Professor der Kunstgeschichte, geb. 24.6.1940
Getty Research Center, 1200 Getty Center Drive, Suite 1100
Los Angeles, CA 90049-1688 (USA)
E-Mail: tgaehtgens@getty.edu

Klaus Grubmüller, seit 1992
Professor der Deutschen Philologie, geb. 18.8.1938
37136 Seeburg, Am Steinberg 13
E-Mail: kgrubmu@gwdg.de

Claus Haebler, in Münster i.W., seit 1971
Professor der Indogermanischen Sprachwissenschaft, geb. 2.8.1931
48159 Münster, Westf., Althausweg 29

Jürgen Heidrich, in Münster, seit 2008
Professor der Musikwissenschaft, geb. 6.3.1959
Westfälische Wilhelms-Universität
Institut für Musikwissenschaft und Musikpädagogik
48149 Münster, Schlossplatz 6
E-Mail: juergen.heidrich@uni-muenster.de

Wolfram Henckel, seit 1983
Professor des Zivilrechts, Handels- und Prozeßrechts, geb. 21.4.1925
37120 Bovenden, Liegnitzer Straße 20

Klaus-Dirk Henke, in Berlin, seit 1993 (in Hannover 1993–1996)
Professor der Volkswirtschaftslehre, geb. 17.9.1942
14169 Berlin, Schweitzerstraße 26
E-Mail: k.henke@finance.ww.tu-berlin.de

Nikolaus Henkel, in Hamburg, seit 2006
Professor der Deutschen Philologie, geb. 28.4.1945
20099 Hamburg, Bülaustraße 8
E-Mail: nhenkel@uni-hamburg.de

Helmut Henne, in Braunschweig, seit 1999
Professor der Germanistischen Linguistik, geb. 5.4.1936
38302 Wolfenbüttel, Platanenstraße 27
E-Mail: h.henne@tu-bs.de

Friedrich Junge, seit 2000
Professor der Ägyptologie, geb. 18.4.1941
37085 Göttingen, Am Kalten Born 37
E-Mail: friedrich.junge@zvw.uni-goettingen.de

Thomas Kaufmann, seit 2002
Professor der Kirchengeschichte, geb. 29.3.1962
37085 Göttingen, Rohnsweg 13
E-Mail: thomas.kaufmann@theologie.uni-goettingen.de

Horst Kern, seit 1998
Professor der Sozialwissenschaften, geb. 29.9.1940
37083 Göttingen, Stegemühlenweg 25
E-Mail: hkern@gwdg.de

Stephan Klasen, seit 2007
Professor für Volkswirtschaftstheorie und Entwicklungsökonomik, geb. 18.6.1966
Georg-August-Universität Göttingen, Volkswirtschaftliches Seminar,
37073 Göttingen, Platz der Göttinger Sieben 3
E-Mail: sklasen@uni-goettingen.de

Reinhard Gregor Kratz, seit 1999
Professor des Alten Testaments, geb. 25.7.1957
37085 Göttingen, David-Hilbert-Straße 16
E-Mail: reinhard.kratz@theologie.uni-goettingen.de

Karl Kroeschell*, in Freiburg, seit 1972 (in Göttingen 1972–1975)
Professor der Deutschen Rechtsgeschichte, des Bürgerlichen Rechts, Handels- und Landwirtschaftsrechts, geb. 14.11.1927
79102 Freiburg, Fürstenbergstraße 24

Margot Kruse, in Hamburg, seit 1995
Professorin der Romanischen Philologie, geb. 2.3.1928
21465 Reinbek, Waldstraße 12

Wolfgang Künne, in Hamburg, seit 2006
Professor der Philosophie, geb. 14.7.1944
22589 Hamburg, Eichengrund 30
E-Mail: wolfgang.kuenne@uni-hamburg.de

Gerhard Lauer, seit 2008
Professor für Neuere Deutsche Literaturwissenschaften, geb. 14.11.1962
Georg-August-Universität Göttingen
Seminar für Deutsche Philologie
37073 Göttingen, Käte-Hamburger-Weg 3
E-Mail: gerhard.lauer@phil.uni-goettingen.de

Reinhard Lauer, seit 1980
Professor der Slavischen Philologie, geb. 15.3.1935
37120 Bovenden bei Göttingen, Allensteiner Weg 32
E-Mail: rlauer@gwdg.de

Werner Lehfeldt, seit 1996 (Vizepräsident seit 2006)
Professor der Slavischen Philologie, geb. 22.5.1943
37085 Göttingen, Steinbreite 9 c
E-Mail: wlehfel@gwdg.de

Gustav Adolf Lehmann, seit 1995 (Vizepräsident von 2002–2006)
Professor der Alten Geschichte, geb. 28.8.1942
37075 Göttingen, In der Roten Erde 7
E-Mail: glehman1@gwdg.de

Hartmut Lehmann, in Kiel, seit 1995
Professor der Mittleren und Neueren Geschichte, geb. 29.4.1936
24105 Kiel, Caprivistraße 6
E-Mail: hrw.lehmann@t-online.de

Christoph Link*, in Erlangen, seit 1983 (in Göttingen 1983–1986)
Professor der Politischen Wissenschaften und
der Allgemeinen Staatslehre, geb. 13.6.1933
91054 Erlangen, Rühlstraße 35

Eduard Lohse, seit 1969
Professor des Neuen Testaments, geb. 19.2.1924
37075 Göttingen, Ernst-Curtius-Weg 7

Bernd Moeller, seit 1976
Professor der Kirchengeschichte, geb. 19.5.1931
37073 Göttingen, Gosslerstraße 6 A

Ulrich Mölk, seit 1979 (Präsident und Vizepräsident von 1990–1994)
Professor der Romanischen Philologie, geb. 29.3.1937
37085 Göttingen, Höltystraße 7
E-Mail: umoelk@gwdg.de

Ekkehard Mühlenberg, seit 1984
Professor der Kirchengeschichte, geb. 29.7.1938
37073 Göttingen, Am Goldgraben 6
E-Mail: emuehle@gwdg.de

Tilman Nagel, seit 1989
Professor der Arabistik und der Islamwissenschaft, geb. 19.4.1942
37127 Dransfeld, Tannenhof 3
E-Mail: arabsem@gwdg.de

Heinz-Günther Nesselrath, seit 2002
Professor der Klassischen Philologie, geb. 9.11.1957
37073 Göttingen, Hermann-Föge-Weg 17
E-Mail: HeinzGuenther.Nesselrath@phil.uni-goettingen.de

Otto Gerhard Oexle, in Berlin, seit 1990
Professor der Mittleren und Neueren Geschichte, geb. 28.8.1939
10707 Berlin, Duisburger Straße 12
E-Mail: oexle@mpi-g.gwdg.de

Günther Patzig, seit 1971 (Präsident und Vizepräsident von 1986–1990)
Professor der Philosophie, geb. 28.9.1926
37075 Göttingen, Otfried-Müller-Weg 6

Fritz Paul, seit 1995
Professor der Germanischen, insbesondere der Nordischen Philologie, geb. 4.4.1942
37077 Göttingen, Klosterweg 6 a
E-Mail: fpaul@gwdg.de

Lothar Perlitt, seit 1982
Professor des Alten Testaments, geb. 2.5.1930
37073 Göttingen, Wilhelm-Weber-Straße 40

Fidel Rädle, seit 1993
Professor der Lateinischen Philologie des Mittelalters und der Neuzeit, geb. 4.9.1935
37085 Göttingen, Tuckermannweg 15
E-Mail: fraedle@gwdg.de

Frank Rexroth, seit 2004
Professor für Mittlere und Neuere Geschichte, geb. 4.10.1960
37073 Göttingen, Nikolausberger Weg 54
E-Mail: frexrot@gwdg.de

Joachim Ringleben, seit 1997
Professor für Systematische Theologie, geb. 24.7.1945
37085 Göttingen, Dahlmannstraße 24
E-Mail: Regine.Pfau@theologie.uni-goettingen.de

Hedwig Röckelein, seit 2008
Professorin für Mittlere und Neuere Geschichte, geb. 13.7.1956
Georg-August-Universität Göttingen
Seminar für Mittlere und Neuere Geschichte
37073 Göttingen, Platz der Göttinger Sieben 5
E-Mail: hroecke@gwdg.de

Klaus Röhrborn, seit 1996
Professor der Turkologie und Zentralasienkunde, geb. 10.1.1938
37120 Bovenden, Gartenweg 1
E-Mail: goeturko@gwdg.de

Hans Schabram, seit 1971
Professor der Englischen Sprache und Literatur des Mittelalters, geb. 27.9.1928
37085 Göttingen, Wohnstift Göttingen, Charlottenburger Straße 19

Erhard Scheibe, in Hamburg, seit 1977
(in Göttingen 1977–1983, ausw. Ordentliches Mitglied 1984–1991)
Professor der Philosophie, geb. 24.9.1927
22391 Hamburg, Moorbirkenkamp 2 a

Ulrich Schindel, seit 1986
Professor der Klassischen Philologie, geb. 10.9.1935
37075 Göttingen, Albert-Schweitzer-Straße 3
E-Mail: uschind@gwdg.de

Albrecht Schöne, seit 1966
Professor der Deutschen Philologie, geb. 17.7.1925
37075 Göttingen, Grotefendstraße 26

Bettina Schöne-Seifert, in Münster, seit 2008
Professorin für Medizinethik, geb. 5.9.1956
Klinikum der Universität Münster, Institut für Ethik, Geschichte und Theorie der Medizin
48149 Münster, Von-Esmarsch-Straße 62
E-Mail: bseifert@uni-muenster.de

Hans-Ludwig Schreiber, seit 1997
Professor des Strafrechts, Strafprozeßrechts und der Rechtsphilosophie, geb. 10.5.1933
30519 Hannover, Grazer Straße 14

Eva Schumann, seit 2007
Professorin für Deutsche Rechtsgeschichte und Bürgerliches Recht, geb. 19.7.1967
37075 Göttingen, Konrad-Adenauer-Straße 48
E-Mail: e.schumann@jura.uni-goettingen.de

Rudolf Schützeichel, in Münster i.W., seit 1973
Professor der Germanischen Philologie, geb. 20.5.1927
48161 Münster, Potstiege 16

Wolfgang Sellert, seit 1984
Professor der Deutschen Rechtsgeschichte und des Bürgerlichen Rechts, geb. 3.11.1935
37075 Göttingen, Konrad-Adenauer-Straße 25
E-Mail: wseller@gwdg.de

Rudolf Smend, seit 1974 (Präsident und Vizepräsident von 1994–2002)
Professor des Alten Testaments, geb. 17.10.1932
37075 Göttingen, Thomas-Dehler-Weg 6

Hermann Spieckermann, seit 2002
Professor für Altes Testament, geb. 28.10.1950
30419 Hannover, Astrid-Lindgren-Straße 4
E-Mail: hermann.spieckermann@theologie.uni-goettingen.de

Gerald Spindler, seit 2005
Professor für Bürgerliches Recht, Handels- und Wirtschaftsrecht, Multimedia- und Telekommunikationsrecht und Rechtsvergleichung, geb. 18.12.1960
37085 Göttingen, Schildweg 28 H
E-Mail: Lehrstuhl.spindler@jura.uni-goettingen.de

Karl Stackmann, seit 1969
Professor der Germanistik, geb. 21.3.1922
37075 Göttingen, Nonnenstieg 12
E-Mail: kstackm@gwdg.de

Martin Staehelin, seit 1987
Professor der Musikwissenschaft, geb. 25.9.1937
37085 Göttingen, Schlözerweg 4
E-Mail: musik@gwdg.de

Christian Starck, seit 1982 (Präsident seit 2008)
Professor des Öffentlichen Rechts, geb. 9.1.1937
37075 Göttingen, Schlegelweg 10
E-Mail: c.starck@jura.uni-goettingen.de

Rudolf Vierhaus, in Berlin, seit 1985
Professor der Mittleren und Neueren Geschichte, geb. 29.10.1922
14129 Berlin, Breisgauer Straße 22

Gert Webelhuth, seit 2005
Professor für Englische Philologie, geb. 28.9.1961
37136 Waake, Über den Höfen 17
E-Mail: webelhuth@uni-goettingen.de

Wolfhart Westendorf, seit 1976
Professor der Ägyptologie, geb. 18.9.1924
37077 Göttingen, Über den Höfen 15

Theodor Wolpers, seit 1971
Professor der Englischen Philologie, geb. 9.3.1925
37085 Göttingen, Guldenhagen 11
E-Mail: twolper@gwdg.de

Reinhard Zimmermann, in Hamburg, seit 2003
Professor für Bürgerliches Recht, Römisches Recht und Historische Rechtsvergleichung, geb. 10.10.1952
20354 Hamburg, Fontenay-Allee 6

Mathematisch-Physikalische Klasse

Eckart Altenmüller, in Hannover, seit 2005
Professor für Musikphysiologie, geb. 19.12.1955
31303 Burgdorf/Ehlershausen, Rosengasse 9
E-Mail: altenmueller@hmt.hannover.de

Mathias Bähr, seit 2008
Professor für Neurologie, geb. 24.1.1960
Universitätsklinikum Göttingen, Abteilung Neurologie
37075 Göttingen, Robert-Koch-Straße 40
E-Mail: mbaehr@gwdg.de

Hans-Jürgen Borchers, seit 1970
Professor der Theoretischen Physik, geb. 24.1.1926
37079 Göttingen, Hasenwinkel 41
E-Mail: borchers@theorie.physik.uni-goettingen.de

Peter Botschwina, seit 2001
Professor der Theoretischen Chemie, geb. 4.5.1948
Institut für Physikalische Chemie
37077 Göttingen, Tammannstraße 6
E-Mail: pbotsch@gwdg.de

Bertram Brenig, seit 2002
Professor für Veterinärmedizin, geb. 18.12.1959
37079 Göttingen, Hahneborn 5
E-Mail: bbrenig@gwdg.de

Michael Buback, seit 2000
Professor der Technischen und Makromolekularen Chemie, geb. 16.2.1945
Institut für Physikalische Chemie
37077 Göttingen, Tammannstraße 6
E-Mail: mbuback@gwdg.de

Fabrizio Catanese*, in Bayreuth, seit 2000 (in Göttingen 2000–2001)
Professor der Mathematik, geb. 16.3.1950
Mathematisches Institut, Lehrstuhl Mathematik VIII
95447 Bayreuth, Universitätsstraße 30
E-Mail: fabrizio.catanese@uni-bayreuth.de

Ulrich Christensen, seit 1995
Professor der Geophysik, geb. 6.5.1954
37176 Nörten-Hardenberg, Lange Straße 92
E-Mail: christensen@mps.mpg.de

Manfred Eigen, seit 1965
Professor der Physikalischen Chemie, geb. 9.5.1927
Max-Planck-Institut für Biophysikalische Chemie
37077 Göttingen, Am Faßberg 11

Norbert Elsner, seit 1997 (Vizepräsident seit 2004)
Professor der Zoologie, geb. 11.10.1940
37120 Bovenden, Dresdner Straße 9
E-Mail: nelsner@gwdg.de

Thomas Eschenhagen, in Hamburg, seit 2004
Professor für Experimentelle und Klinische Pharmakologie, geb. 19.9.1960
20257 Hamburg, Müggenkampstraße 31
E-Mail: t.eschenhagen@uke.uni-hamburg.de

Kurt von Figura, seit 1998
Professor der Biochemie, geb. 16.5.1944
37085 Göttingen, Hainholzweg 30
E-Mail: praesident@uni-goettingen.de

Jens Frahm, seit 2005
Professor für Physikalische Chemie, geb. 29.3.1951
37085 Göttingen, Fridtjof-Nansen-Weg 5
E-Mai: jfrahm@gwdg.de

Hans-Joachim Fritz, seit 1999
Professor der Molekularen Genetik, geb. 21.2.1945
37120 Bovenden, Plesseweg 16
E-Mail: hfritz@gwdg.de

Gerhard Gottschalk, seit 1976 (Präsident und Vizepräsident von 1996–2002)
Professor der Mikrobiologie, geb. 27.3.1935
37176 Nörten-Hardenberg, Johann-Wolf-Straße 35 a
E-Mail: ggottsc@gwdg.de

Stephan Robbert Gradstein, seit 1999
Professor der Botanik (Pflanzensystematik), geb. 31.10.1943
37085 Göttingen, Steinbreite 9 b
E-Mail: sgradst@uni-goettingn.de

Hans Grauert, seit 1963 (Präsident und Vizepräsident von 1992–1996)
Professor der Mathematik, geb. 8.2.1930
37075 Göttingen, Ewaldstraße 67

Christian Griesinger, seit 2007
Professor für Physikalische Chemie, geb. 5.4.1960
Max-Planck-Institut für Biophysikalische Chemie
37077 Göttingen, Am Fassberg 11
E-Mail: cigr@nmr.mpibpc.mpg.de

Peter Gruss*, in München, seit 1996
Professor der Molekularen Zellbiologie, geb. 28.6.1949
37077 Göttingen, Stiegbreite 9
E-Mail: peter.gruss@mpg-gv.mpg.de

Rudolf Haag*, in Schliersee-Neuhaus, seit 1981 (in Hamburg 1981–1994)
Professor der Physik, geb. 17.8.1922
83727 Schliersee, Waldschmidtstraße 4b

Jürgen Hagedorn, seit 1983
Professor der Geographie, geb. 10.3.1933
37077 Göttingen, Jupiterweg 1
E-Mail: jhagedo@gwdg.de

Gerd P. Hasenfuss, seit 2002
Professor für Innere Medizin, geb. 27.6.1955
37077 Göttingen, Am Seidelbast 6
E-Mail: hasenfus@med.uni-goettingen.de

Marcus Hasselhorn, seit 2005
Professor für Psychologie, geb. 25.10.1957
37181 Hardegsen, Am Herrenberg 11
E-Mail: mhassel1@uni-goettingen.de

Erhard Heinz, seit 1970
Professor der Mathematik, geb. 30.4.1924
37085 Göttingen, Wartburgweg 7

Hans Walter Heldt, seit 1990
Professor für Biochemie der Pflanzen, geb. 3.1.1934
37075 Göttingen, Ludwig-Beck-Straße 5
E-Mail: HansWalterHeldt@aol.com

Stefan W. Hell, seit 2007
Professor für Physik, geb. 23.12.1962
Max-Planck-Institut für Biophysikalische Chemie,
Abt. NanoBiophotonik
37077 Göttingen, Am Fassberg 11
E-Mail: shell@gwdg.de

Norbert Hilschmann, seit 1984
Professor der Physiologischen Chemie, geb. 8.2.1931
37077 Göttingen, Zur Akelei 17 a

Henning Hopf, in Braunschweig, seit 1997
Professor der Organischen Chemie, geb. 13.12.1940
Institut für Organische Chemie
38106 Braunschweig, Hagenring 30
E-Mail: h.hopf@tu-bs.de

Herbert Jäckle, seit 2000
Professor der Chemie und Biologie, geb. 6.7.1949
MPI für Biophysikalische Chemie
37077 Göttingen, Am Faßberg 11
E-Mail: hjaeckl@gwdg.de

Wilhelm Johannes, in Hannover, seit 1996
Professor der Mineralogie, geb. 26.3.1936
30938 Burgwedel, Veilchenweg 4
E-Mail: ejohannes@t-online.de

Rudolf Kippenhahn, seit 1970
Professor der Theoretischen Astrophysik, geb. 24.5.1926
37077 Göttingen, Rautenbreite 2

Reiner Kirchheim, seit 2001
Professor der Metallphysik, geb. 24.5.1943
Institut für Materialphysik
37077 Göttingen, Friedrich-Hund-Platz 1
E-Mail: rkirch@ump.gwdg.de

Ulrich Krengel, seit 1993
Professor der Mathematischen Stochastik, geb. 9.3.1937
37075 Göttingen, Von-Bar-Straße 26
E-Mail: krengel@math.uni-goettingen.de

Rainer Kress, seit 1996
Professor der Numerischen und Angewandten Mathematik, geb. 23.12.1941
37077 Göttingen, Hainbuchenring 1
E-Mail: kress@math.uni-goettingen.de

Hans-Jürg Kuhn, seit 1981
Professor der Anatomie, geb. 7.5.1934
37075 Göttingen, Friedrich-von-Bodelschwingh-Straße 28
E-Mail: hkuhn2@gwdg.de

Christoph Leuschner, seit 2008
Professor für Pflanzenökologie, geb. 21.12.1956
Albrecht-von-Haller-Institut für Pflanzenwissenschaften, Abteilung Ökologie und Ökosystemforschung
37073 Göttingen, Untere Karspüle 2
E-Mail: cleusch@uni-goettingen.de

Klaus Peter Lieb, seit 1991
Professor der Experimentalphysik, geb. 26.6.1939
37075 Göttingen, Am Kreuze 34
E-Mail: lieb@physik2.uni-goettingen.de

Gerd Lüer, seit 1993
Professor der Psychologie, geb. 4.4.1938
37075 Göttingen, Friedrich-von Bodelschwingh-Straße 13
E-Mail: gluer@gwdg.de

Wolfgang Lüttke, seit 1973
Professor der Organischen Chemie, geb. 20.11.1919
37077 Göttingen, Senderstraße 49

Michael Peter Manns, in Hannover, seit 2003
Professor für Innere Medizin geb. 16.11.1951
(Gastroenterrologie, Hepatologie und Endokrinologie)
30916 Isernhagen, Sonnenallee 23
E-Mail: manns.michael@mh-hannover.de

Anton Meller, seit 1995 (zuvor Korrespondierendes Mitglied 1990–1994)
Professor der Anorganischen Chemie, geb. 5.5.1932
37085 Göttingen, Calsowstraße 62

Horst Mensching, in Hamburg, seit 1974
Professor der Geographie, geb. 5.6.1921, gest. 19.2.2008

Hans Georg Musmann in Hannover, seit 1981
Professor der Theoretischen Nachrichtentechnik, geb. 14.8.1935
38259 Salzgitter-Bad, Heckenrosenweg 24
E-Mail: musec@tnt.uni-hannover.de

Erwin Neher, seit 1992
Professor der Physik, geb. 20.3.1944
37120 Bovenden-Eddigehausen, Domäne 11
E-Mail: eneher@gwdg.de

Samuel James Patterson, seit 1998
Professor der Reinen Mathematik, geb. 7.9.1948
37136 Seeburg, Seestieg 13
E-Mail: sjp@uni-math.gwdg.de

Heinz-Otto Peitgen, in Bremen, seit 2008
Professor für Mathematik, geb. 30.4.1945
28355 Bremen, Am Jürgens Holz 5
E-Mail: peitgen@mevis.de

Andrea Polle, seit 2006
Professorin für Forstbotanik und Baumphysiologie, geb. 18.9.1956
37115 Duderstadt, Rispenweg 8
E-Mail: apolle@gwdg.de

JOACHIM REITNER, seit 1998
Professor der Paläontologie, geb. 6.5.1952
37077 Göttingen, Hölleweg 8a
E-Mail: jreitne@gwdg.de

GERHARD P. K. RÖBBELEN, seit 1981
Professor der Pflanzenzüchtung, geb. 10.5.1929
37085 Göttingen, Tuckermannweg 9
E-Mail: cmoelle2@gwdg.de

HERBERT W. ROESKY, seit 1983 (Präsident von 2002–2008)
Professor der Anorganischen Chemie, geb. 6.11.1935
37085 Göttingen, Emil-Nolde-Weg 23
E-Mail: hroesky@gwdg.de

NICOLAAS RUPKE, seit 2005
Professor für Wissenschaftsgeschichte, geb. 22.1.1944
37073 Göttingen, Leonard-Nelson-Straße 28
E-Mail: nrupke@gwdg.de

KONRAD SAMWER, seit 2004
Professor für Physik, geb. 26.1.1952
37085 Göttingen, Leipziger Straße 12
E-Mail: konrad.samwer@physik.uni-goettingen.de

ROBERT SCHABACK, seit 2001
Professor der Numerischen und Angewandten Mathematik, geb. 25.11.1945
Institut für Numerische und Angewandte Mathematik
37083 Göttingen, Lotzestraße 16–18
E-Mail: schaback@math.uni-goettingen.de

HANS GÜNTER SCHLEGEL, seit 1965 (Präsident und Vizepräsident von 1984–1988)
Professor der Mikrobiologie, geb. 24.10.1924
37120 Bovenden, Görlitzer Straße 35
E-Mail: hschleg1@gwdg.de

GÜNTER SCHMAHL, seit 1996
Professor der Röntgenphysik, geb. 26.3.1936
37075 Göttingen, Ernst-Curtius-Weg 8
E-Mail: gschmah@gwdg.de

Hermann Schmalzried, in Hannover, seit 1976
Professor der Physikalischen Chemie, geb. 21.1.1932
37075 Göttingen, In der Roten Erde 18

Kurt Schönhammer, seit 1995
Professor der Theoretischen Physik, geb. 29.5.1946
37085 Göttingen, Sertuernerstraße 14
E-Mail: schoenh@theorie.physik.uni-goettingen.de

Manfred Robert Schroeder, seit 1973
Professor der Physik, geb. 12.7.1926
37077 Göttingen, Rieswartenweg 8
E-Mail: MRS17@AOL.com

Christoph J. Scriba, seit 1995
Professor für Geschichte der Naturwissenschaften, geb. 6.10.1929
20525 Hamburg, Langenfelder Damm 61, Whg. 64
E-Mail: scriba@math.uni-hamburg.de

George Michael Sheldrick, seit 1989
Professor der Strukturforschung, geb. 17.11.1942
37120 Bovenden-Eddigehausen, Heinrich-Deppe-Ring 51
E-Mail: gsheldr@shelx.uni-ac.gwdg.de

Manfred Siebert, seit 1984
Professor der Geophysik, geb. 2.6.1925
37077 Göttingen, Hohler Graben 4
E-Mail: manfred.siebert@phys.uni-goettingen.de

Stefan Tangermann*, seit 1994
Professor der Agrarökonomie, geb. 24.12.1943
37218 Witzenhausen, Am Steimel 18
E-Mail: stefan.t@ngermann.net

Reiner Thomssen, seit 1981
Professor der Medizinischen Mikrobiologie, geb. 24.4.1930
37073 Göttingen, Wilhelm-Weber-Straße 29
E-Mail: rthomss@gwdg.de

Lutz F. Tietze, seit 1990
Professor der Organischen Chemie, geb. 14.3.1942
37077 Göttingen, Stumpfe Eiche 23
E-Mail: ltietze@gwdg.de

Tammo tom Dieck, seit 1984
Professor der Mathematik, geb. 29.5.1938
37079 Göttingen, Am Winterberg 48
E-Mail: tammo@uni-math.gwdg.de

Jürgen Troe, seit 1982
Professor der Physikalischen Chemie, geb. 4.8.1940
37085 Göttingen, Rohnsweg 22
E-Mail: shoff@gwdg.de

Rainer G. Ulbrich, seit 1996
Professor der Physik, geb. 11.11.1944
37077 Göttingen, Mühlspielweg 25
E-Mail: ulbrich@ph4.physik.uni-goettingen.de

Hans-Heinrich Voigt, seit 1967 (Präsident und Vizepräsident von 1976–1981)
Professor der Astronomie und Astrophysik, geb. 18.4.1921
37085 Göttingen, Charlottenburger Straße 19, App. A/627
E-Mail: hhvgoe@nexgo.de

Gerhard Wagenitz, seit 1982
Professor der Botanik (Pflanzensystematik), geb. 31.5.1927
37075 Göttingen, Ewaldstraße 73
E-Mail: gwageni@gwdg.de

Heinz Georg Wagner, seit 1971
Professor der Physikalischen Chemie, geb. 20.9.1928
37077 Göttingen-Nikolausberg, Senderstraße 51

Otto H. Walliser, seit 1981
Professor der Paläontologie, geb. 3.3.1928
37075 Göttingen, Thomas-Dehler-Weg 7
E-Mail: uggp@gwdg.de

Karl Hans Wedepohl, seit 1970
Professor der Geochemie, geb. 6.1.1925
37079 Göttingen, Hasenwinkel 36

Gerold Wefer, in Bremen, seit 2008
Professor für Allgemeine Geologie, geb. 22.2.1944
Universität Bremen, Marum-Zentrum für Marine Umweltwissenschaften
28334 Bremen, Postfach 330440
E-Mail: gwefer@marum.de

Ekkehard Winterfeldt, in Hannover, seit 1984
Professor der Organischen Chemie, geb. 13.5.1932
30916 Isernhagen, Sieversdamm 34
E-Mail: E.Winterfeldt@web.de

Gerhard Wörner, seit 2003
Professor für Geochemie, geb. 21.9.1952
37073 Göttingen, Düstere Eichenweg 12 a
E-Mail: gwoerne@gwdg.de

Annette Zippelius, seit 1993
Professorin der Theoretischen Physik, geb. 25.6.1949
37075 Göttingen, Am Klausberge 23
E-Mail: annette@theorie.physik.uni-goettingen.de

Korrespondierende Mitglieder

Philologisch-Historische Klasse

Günter Arnold, in Weimar, seit 2002
Dr. philos., Editionsphilologe im Goethe- und Schiller-Archiv Weimar, geb. 22.9.1943
99423 Weimar, Schloßgasse 7
E-mail: guenter.arnold@klassik-stiftung.de

Graziano Arrighetti, in Pisa, seit 1998
Professor der Griechischen Philologie, geb. 14.5.1928
56126 Pisa (Italien), Dipartimento di Filologia Classica, Via Galvani 1
E-mail: arrighetti@flcl.unipi.it

Aleida Assmann, in Konstanz, seit 1999
Professorin der Anglistik und der Allgemeinen Literaturwissenschaft, geb. 22.3.1947
Philosophische Fakultät, FB Literaturwissenschaft,
78457 Konstanz, Universität Konstanz
E-mail: Aleida.Assmann@uni-konstanz.de

James Barr, in Claremont, seit 1976
Professor der Semitischen Sprachen und Literaturen, geb. 20.3.1924
Claremont, Ca. 91711-2734 (USA), 1432 Sitka Court
E-Mail: Jmsbarr@aol.com

Heinrich Beck, in Bonn, seit 1982
Professor der Germanischen und Nordischen Philologie, geb. 2.4.1929
53340 Meckenheim bei Bonn, Breslauer Straße 14
E-Mail: Dr.Heinrich.Beck@t-online.de

Rolf Bergmann, in Bamberg, seit 1990
Professor der Deutschen Sprachwissenschaft und der Älteren Deutschen Literatur, geb. 2.8.1937
96047 Bamberg, Weide 1
E-Mail: rolf.bergmann@split.uni-bamberg.de

France Bernik, in Ljubljana, seit 2003
Professor für Slowenische Literaturgeschichte, geb. 13.5.1927
SLO – 1000 Ljubljana (Slowenien), Slovenska Akademija Znanosti in Umetnosti, Novi trg 3 (p.p. 323)
E-Mail: sazu@sazu.si

Luigi Beschi, in Rom, seit 2004
Professor für Klassische Archäologie, geb. 27.12.1930
00197 Rom (Italien), Via Tommaso Salvini, 2/A

Peter Bieri, in Berlin, seit 2008
Professor für Philosophie, geb. 23.6.1944
14129 Berlin, Dubrowstraße 44

Anne Bohnenkamp-Renken, in Frankfurt am Main, seit 2004
Professorin für Neuere Deutsche Literaturwissenschaft und Allgemeine und Vergleichende Literaturwissenschaft, geb. 17.11.1960
61118 Bad Vilbel, Schulstraße 13
E-Mail: abohnenkamp@goethhaus-frankfurt.de

Reinhard Brandt, in Marburg, seit 2004
Professor der Philosophie, geb. 10.4.1937
35037 Marburg, Augustinergasse 2

Ursula Brumm, in Berlin, seit 1996
Professorin der Amerikanistik, geb. 24.10.1919
14165 Berlin-Zehlendorf, Bismarckstraße 1

Franz Bydlinski, in Wien, seit 1989
Professor des Zivilrechts, geb. 20.11.1931
Institut für Zivilrecht
1010 Wien (Österreich), Schottenbastei 10–16

Averil Cameron, in Oxford, seit 2006
Professorin für Spätantike und byzantinische Geschichte, geb. 8.2.1940
Keble College, Parks Road,
Oxford OXI 3PG (England)
E-Mail: averil.cameron@keb.ox.ac.uk

Sir Henry Chadwick, in Oxford, seit 1989
Professor der Kirchengeschichte, geb. 23.6.1920, gest. 17.6.2008

Luigi Capogrossi Colognesi, in Rom, seit 1999
Professor des Römischen Rechts, geb. 25.2.1935
Istituto di Diritto Romano e dei Diritti dell'Oriente Mediteraneo
00185 – Roma (Italien), Universita di Roma „La Sapienza"
E-Mail: luigi.capogrossicolognesi@uniroma1.it

Sigrid Deger-Jalkotzy, in Salzburg, seit 2005
Professorin für Alte Geschichte mit besonderer Berücksichtigung der Vor- und Frühgeschichte des Mittelmeer- und des Donauraumes, geb. 3.2.1940
5020 Salzburg, General Keyes-Straße 17/7
E-Mail: sigrid.deger-jalkotzy@sbg.ac.at

Georgies Despinis, in Athen, seit 2002
Professor für Klassische Archäologie, geb. 16.4.1936
11257 Athen (Griechenland), I. Drosopoulou 3

Gerhard Dilcher, in Frankfurt am Main, seit 2007,
Professor für Deutsche Rechtsgeschichte, Bürgerliches Recht und Kirchenrecht, geb. 14.2.1932
61462 Königstein, Kuckucksweg 18
E-Mail: dilcher@jur.uni-frankfurt.de

Albrecht Dihle, in Heidelberg, seit 1996
Professor der Klassischen Philologie, geb. 28.3.1923
50968 Köln, Schillingsrotter Platz 7

Aleksandr Dmitrievič duličenko, in Dorpat, seit 2004
Professor der Slavischen Philologie, geb. 30.10.1941
50002 Tartu, Box 31 (Estland)

Kaspar Elm, in Berlin, seit 1982
Professor der Geschichte des Mittelalters, geb. 23.9.1929
14195 Berlin, Hittorfstraße 10

John A. Emerton, in Cambridge, seit 1990
Professor der Theologie und der Semitischen Philologie, geb. 5.6.1928
Cambridge CB3 9LN (England), 34 Gough Way

Johannes Erben, in Bonn, seit 1992
Professor der Deutschen Philologie, geb. 12.1.1925
53343 Wachtberg, Pfarrer Weuster-Weg 8

Arnold Esch, in Rom, seit 1993
Professor der Mittleren und Neueren Geschichte, geb. 28.4.1936
00165 Roma (Italien), Via della Lungara 18
E-Mail: desch@email.it

Robert Feenstra, in Leiden, seit 1972
Professor des Römischen Rechts, geb. 5.10.1920
2343 GN Oegstgeest (Niederlande/Pays-Bas), Pres. Kennedylaan 703

Erika Fischer-Lichte, in Berlin, seit 1998
Professorin der Theaterwissenschaft, geb. 25.6.1943
Freie Universität Berlin, Institut für Theaterwissenschaft
12165 Berlin, Grunewaldstraße 35
E-Mail: theater@zedat.fu-berlin.de

Dagfinn Føllesdal, in Slependen, seit 2003
Professor der Philosophie, geb. 22.6.1932
1341 Slependen (Norwegen), Staverhagen 7
E-Mail: dagfinn@csli.stanford.edu

Harald Fricke, in Freiburg, seit 2005
Professor für Deutsche Literatur und Allgemeine Literaturwissenschaft, geb. 28.3.1949
Universität Miséricorde, Departement für Germanistik
1700 Freiburg (Schweiz)
E-Mail: harald.fricke@unifr.ch

Johannes Fried, in Frankfurt am Main, seit 1997
Professor der Mittleren und Neueren Geschichte, geb. 23.5.1942
FB III Geschichtswissenschaften
60054 Frankfurt a. M., Postfach 111932
E-Mail: fried@em.uni-frankfurt.de

Hans Fromm, in München, seit 1992
Professor der Deutschen Philologie und der Finno-Ugristik, geb. 26.5.1919, gest. 25.6.2008

Christoph Luitpold Frommel, in Rom, seit 1999
Professor der Kunstgeschichte, geb. 25.9.1933
00187 Rom (Italien), Bibliotheca Hertziana, Via Gregoriana 28
E-Mail: cfrommel@libero.it

Wolfgang Frühwald, in Augsburg, seit 1991
Professor für Neuere Deutsche Literaturgeschichte, geb. 2.8.1935
86199 Augsburg, Römerstätterstraße 4 K

Lothar Gall, in Frankfurt am Main, seit 2004
Professor für Mittlere und Neuere Geschichte, geb. 3.12.1936
65193 Wiesbaden, Rosselstraße 7

Horst-Jürgen Gerigk, in Heidelberg, seit 2008
Professor für Russische Literatur und
Allgemeine Literaturwissenschaft, geb. 10.11.1937
69120 Heidelberg, Moltkestraße 1
E-Mail: horst-juergen.gerigk@slav.uni-heidelberg.de

Dieter Geuenich, in Denzlingen, seit 2000
Professor der Mittelalterlichen Geschichte, geb. 17.2.1943
79211 Denzlingen, Schwarzwaldstraße 56

Eva Hættner Aurelius, in Skara, seit 2005
Professorin für Literaturwissenschaft, geb. 5.9.1948
53232 Skara (Schweden), Biskopsgarden Malmgatan 14
E-Mail: Eva.Haettner-Aurelius@litt.lu.se

Walter Haug, in Rottenburg-Wurmlingen, seit 1988
Professor der Deutschen Philologie, geb. 23.11.1927, gest. 11.1.2008

Ernst Heitsch, in Regensburg, seit 2000
Professor der Klassischen Philologie, geb. 17.6.1928
93049 Regensburg, Mattinger Straße 1

Wilhelm Hennis, in Freiburg i. Br., seit 1988
Professor der Politischen Wissenschaft, geb. 18.2.1923
79104 Freiburg i. Br., Wölflinstraße 5A

Rudolf Hiestand, in Düsseldorf, seit 1986
Professor der Geschichte des Mittelalters und
der Historischen Hilfswissenschaften, geb. 30.8.1933
40239 Düsseldorf, Brehmstraße 76

Manfred Hildermeier, in Göttingen, seit 2003
Professor der Osteuropäischen Geschichte, geb. 4.4.1948
37075 Göttingen, Thomas-Dehler-Weg 12
E-Mail: M.Hildermeier@phil.uni-goettingen.de

Hermann Jakobs, in Köln, seit 1979
Professor der Mittleren und Neueren Geschichte, geb. 2.3.1930
50668 Köln, Residenz am Dom, An den Dominikanern 6–8

Ulrich Joost, in Darmstadt, seit 2007
Professor für Neuere Deutsche Literaturgeschichte und Allgemeine Literaturwissenschaft, geb. 12.9.1951
64372 Rohrbach, Flurstraße 17
E-Mail: joost@linglit.tu-darmstadt.de

Sven-Aage Jørgensen, in Helsinge, seit 1998
Professor der Deutschen Philologie, geb. 22.7.1929
3200 Helsinge (Dänemark), Valby Gade 16

Eberhard Jüngel, in Tübingen, seit 2001
Professor der Systematischen Theologie und Religionsphilosophie, geb. 5.12.1934
72076 Tübingen, Ev. Stift Tübingen, Klosterberg 2

Otto Kaiser, in Marburg, seit 1991
Professor des Alten Testaments, geb. 30.11.1924
35037 Marburg, Am Krappen 29

Werner Kaiser, in Berlin, seit 1991
Professor der Ägyptologie, geb 7.5.1926
14129 Berlin, Palmzeile 16

Helmut Keipert, in Bonn, seit 1997
Professor der Slavistik, geb. 19.11.1941
Universität Bonn, Slavistisches Seminar
53113 Bonn, Lennéstraße 1

Wilhelm Kohl, in Münster, seit 1989
Professor der Mittleren und Neueren Geschichte, geb. 9.12.1913
48167 Münster, Uferstraße 12

Jorma Koivulehto, in Helsinki, seit 1988
Professor der Germanischen Philologie, geb. 12.10.1934
00970 Helsinki (Finnland), Sallatunturintie 1 D 24

Ulrich Konrad, in Würzburg, seit 2001
Professor der Musikwissenschaft, geb. 14.8.1957
Bayerische Julius-Maximilians-Universität, Institut für Musikwissenschaft
97070 Würzburg, Residenzplatz 2, Tor A
E-Mail: ulrich.konrad@mail.uni-wuerzburg.de

Joachim Küpper, in Berlin, seit 2008
Professor für Romanische Philologie sowie für Allgemeine und Vergleichende Literaturwissenschaft, geb. 22.1.1952
FU Berlin, Institut für Romanische Philologie,
Peter Szondi-Institut für AVL
14195 Berlin, Habelschwerdter Allee 45
E-Mail: jokup@zedat.fu-berlin.de

Anton Daniel Leeman, in Amsterdam, seit 1993
Professor der Lateinischen Literatur und Sprache, geb. 9.4.1921
1406 KN Bussum (Niederlande), J.F. Evertslaan 9

Christoph Levin, in München, seit 2002
Professor für Altes Testament, geb. 8.7.1950
80538 München, Himmelreichstraße 4

Siegfried Lienhard, in Stockholm, seit 1988
Professor der Indologie, geb. 29.8.1924
18231 Danderyd (Schweden), August Wahlströms väg 1,8 tr

Andreas Lindemann, in Bielefeld, seit 2008
Professor für Neues Testament, geb. 18.10.1943
33617 Bielefeld, An der Rehwiese 38
E-Mail: Lindemann.Bethel@t-online.de

Antonio Loprieno, in Basel, seit 2003
Professor für Ägyptologie, geb. 20.7.1955
4051 Basel (Schweiz), Byfangweg 12
E-Mail: a.loprieno@unibas.ch

Walther Ludwig, in Hamburg, seit 1995
Professor der Klassischen Philologie, geb. 9.2.1929
22605 Hamburg, Reventlowstraße 19
E-Mail: Walther.Ludwig@uni-hamburg.de

Dieter Lührmann, in Marburg, seit 1995
Professor des Neuen Testaments, geb. 13.3.1939
35043 Marburg, Im Hainbach 9
E-Mail: drs.luehrmann@t-online.de

Claudio Magris, in Triest, seit 1988
Professor für Deutsche Literaturgeschichte, geb. 10.4.1939
34143 Trieste (Italien), Via Carpaccio 2

Hans Joachim Marx, in Hamburg, seit 2000
Professor der Musikwissenschaft, geb. 16.12.1935
20149 Hamburg, Alsterchaussee 3
E-Mail: fk9a011@uni-hamburg.de

Achim Masser, in Innsbruck, seit 1997
Professor für Ältere Germanistik, geb 12.5.1933
6020 Innsbruck (Österreich), Karl-Innerebner-Straße 86
E-Mail: achim.masser@uibk.ac.at

Peter von Matt, in Zürich, seit 1996
Professor der Neueren Deutschen Literatur, geb. 20.5.1937
8600 Dübendorf (Schweiz), Hermikonstraße 50
E-Mail: von.matt.peter@swissonline.ch

Stefan Mario Maul, in Heidelberg, seit 2003
Professor für Assyriologie, geb. 24.12.1958
69118 Heidelberg, Am Rain 6
E-Mail: stefan.maul@ori.uni-heidelberg.de

Manfred Mayrhofer, in Wien, seit 1982
Professor der Indogermanistik, geb. 26.9.1926
1190 Wien (Österreich), Bauernfeldgasse 9/2/6

Günther Meckenstock, in Kiel, seit 2004
Professor für Systematische Theologie, geb. 22.1.1948
24105 Kiel, Esmarchstraße 16
E-Mail: meckenstock@email.uni-kiel.de

Otto Merk, in Erlangen, seit 2006
Professor für Neues Testament, geb. 10.10.1933
91054 Erlangen, Rühlstraße 3 a

Walter Mettmann, in Köln, seit 1974
Professor der Romanischen, insbesondere der Spanischen und Portugiesischen Philologie, geb. 25.9.1926
50668 Köln, Mevissenstraße 16 (141)
E-Mail: waltermettmann@aol.com

Kjellå Modéer, in Lund, seit 1999
Professor der Rechtsgeschichte, geb. 12.11.1939
22240 Lund (Schweden), Karlavägen 4

Katharina Mommsen, in Palo Alto, seit 2006
Professorin für Literatur und Deutsche Philologie, geb. 18.9.1925
Palo Alto, CA 94301-2223 (USA), 980 Palo Alto Avenue
E-Mail: K.Mommsen@comcast.net

Olav Moorman van Kappen, in Nijmegen, seit 1996
Professor der Niederländischen Rechtsgeschichte, geb. 11.3.1937
5131 AA Alphen (NBr.) (Niederlande), Zandzate, Zandheining 5
E-Mail: moormanvk@kpnplnanet.nl

Peter Moraw, in Gießen, seit 1997
Professor der Mittleren und Neueren Geschichte, geb. 31.8.1935
Historisches Institut der Justus-Liebig-Universität Gießen
35394 Gießen, Otto-Behaghel-Straße 10 c

Jan-Dirk Müller, in München, seit 2001
Professor für Deutsche Sprache und Literatur des Mittelalters, geb. 4.7.1941
81667 München, Pariser Straße 19
E-Mail: Jan-dirk.mueller@lrz.uni-muenchen.de

Walter Müller-Seidel, in München, seit 1996
Professor der Neueren Deutschen Literaturgeschichte, geb. 1.7.1918
81925 München, Pienzenauerstraße 164

Giovanni Nencioni, in Florenz, seit 1982
Professor der Geschichte der Italienischen Sprache, geb. 11.9.1911
50125 Firenze (Italien), Via dei Coverelli 2

Per øhrgaard, in Frederiksberg, seit 2005
Professor für Neuere Deutsche Literatur, geb. 6.2.1944
2000 Frederiksberg (Dänemark), Kongensvej 23
E-Mail: per@hum.ku.dk

Werner Paravicini, in Kiel, seit 1993
Professor der Mittleren und Neueren Geschichte, geb. 25.10.1942
24119 Kronshagen, Kronskamp 6
E-Mail : paravicini@email.uni-kiel.de

Michel Parisse, in Paris, seit 2005
Professor für Geschichte des Mittelalters, geb. 1.5.1936
75011 Paris (Frankreich), 63, Rue du chemin vert

Harald von Petrikovits, in Bonn, seit 1974
Direktor des Rheinischen Landesmuseums Bonn i.R.,
Professor der Provinzialarchäologie und Geschichte
der Rheinlande in römischer Zeit, geb. 8.8.1911
53179 Bonn, Ellesdorferstraße 19

Joachim Poeschke, in Münster, seit 2001
Professor der Kunstgeschichte, geb. 8.4.1945
48149 Münster, Nordplatz 1
E-Mail: poeschk@uni-muenster.de

Petr Pokorný, in Prag, seit 1995
Professor des Neuen Testaments, geb. 21.4.1933
19800 Praha 9 (Tschechische Republik), Horoušanská 7
E-Mail: pokorny@etf.cuni.cz

Émile Puech, in Jerusalem, seit 2008
Professor für Semitische Philologie und Epigraphie, geb. 9.5.1941
École Biblique et Archéologique française
91190 Jerusalem (Israel), P.O.B. 19053, 6 Nablus Road
E-Mail: puech@ebaf.edu

Paul Raabe, in Wolfenbüttel, seit 1975
Professor der Bücher- und Quellenkunde zur Neueren Deutschen Literaturgeschichte,
ehem. Leiter der Herzog August-Bibliothek in Wolfenbüttel,
geb. 21.2.1927
38304 Wolfenbüttel, Roseggerweg 45

Ezio Raimondi, in Bologna, seit 1979
Professor der Italienischen Literatur, geb. 22.3.1924
40137 Bologna (Italien), Via Santa Barbara 12

Terence James Reed, in Oxford, seit 1997
Professor der Deutschen Sprache und Literatur, geb. 16.4.1937
University of Oxford
Oxford OX1 4AW (England), The Queen's College

Michael Reeve, in Cambridge, seit 1990
Professor der Lateinischen Philologie, geb. 11.1.1943
Cambridge CB2 1RF (England), Pembroke College

Heimo Reinitzer, in Hamburg, seit 2005
Professor für Deutsche Philologie, geb. 24.9.1943
20144 Hamburg, Brahmsallee 113
E-Mail: heimo.reinitzer@t-online.de

Hans Rothe, in Bonn, seit 1998
Professor der Slavischen Philologie, geb. 5.5.1928
53229 Bonn, Giersbergstraße 29
E-Mail: rothe@uni-bonn.de

Rudolf Schieffer, in München, seit 2003
Professor der Geschichte des Mittelalters, geb. 31.1.1947
81541 München, St. Martin-Straße 20
E-Mail: Rudolf.Schieffer@mgh.de

Wolfgang P. Schmid, in Göttingen, seit 1983
Professor der Indogermanischen Sprachwissenschaft,
geb. 25.10.1929
37133 Friedland, Schladeberg 20

Paul Gerhard Schmidt, in Freiburg i. Br., seit 1994
Professor der Lateinischen Philologie des Mittelalters und
der Neuzeit, geb. 25.3.1937
79117 Freiburg i.Br., Unteres Grün 7
E-Mail: schmidt@mittellatein.uni-freiburg.de

Helwig Schmidt-Glintzer, in Wolfenbüttel, seit 2004
Professor für Sinologie, geb. 24.06.1948
38300 Wolfenbüttel, Lessingstraße 1
E-Mail: schmidt-gl@hab.de

Arbogast Schmitt, in Marburg, seit 2008
Professor für Klassische Philologie, geb. 24.4.1943
Philipps-Universität Marburg, Seminar für Klassische Philologie
35032 Marburg, Wilhelm-Röpke-Straße 6
E-Mail: schmitta@staff.uni-marburg.de

Hans-Jürgen Schrader, in A¿re/Genève, seit 2005
Professor für Neuere Deutsche Literatur, geb. 7.3.1943
1219 Aïre/Genève, (CH) 173, route d'Aïre
E-Mail: Hans-Jurgen.Schrader@lettres.unige.ch

Peter Schreiner, in München, seit 1993
Professor der Byzantinistik, geb. 4.5.1940
82008 Unterhaching, Mozartstraße 9
E-Mail: Peter.Schreiner@uni-koeln.de

DIETER SIMON, in Frankfurt am Main, seit 1994
Professor der Antiken Rechtsgeschichte und des Bürgerlichen Rechts, geb. 7.6.1935
60323 Frankfurt a.M., Altkönigstraße 10
E-Mail: dieter.simon@rewi.hi-berlin.de

GEORG VON SIMSON, seit 1985
Professor der Indologie, geb. 24.5.1933
37073 Göttingen, Düstere-Eichen-Weg 56
E-Mail: g.v.simson@east.uio.no

BENGT ALGOT SØRENSEN, in Odense, seit 1996
Professor der Deutschen Literatur, geb. 24.11.1927, gest. 11.5.2008

KARL-HEINZ SPIESS, in Greifswald, seit 2008
Professor für Mittlere und Neuere Geschichte, geb. 4.12.1948
Universität Greifswald, Lehrstuhl für Allgemeine Geschichte des Mittelalters
17487 Greifswald, Domstraße 9a
E-Mail: spiess@uni-greifswald.de

HEINRICH VON STADEN, in Princeton, seit 2003
Professor für Altertumswissenschaft und Wissenschaftsgeschichte, geb. 2.3.1939
Institute for Advanced Studies, Einstein Drive,
New Jersey 08540-4933 (USA), 9 Veblen Circle, Princeton
E-Mail: hvs@ias.edu

HEIKO STEUER, in Freiburg, seit 1999
Professor der Ur- und Frühgeschichte, geb. 30.10.1939
79249 Merzhausen, Bächelhurst 5
E-Mail: heiko.steuer@ufg.uni-freiburg.de

MICHAEL STOLLEIS, in Frankfurt am Main, seit 1994
Professor des Öffentlichen Rechts und der Neueren Rechtsgeschichte, geb. 20.7.1941
61476 Kronberg, Waldstraße 15

REINHARD STROHM, in Oxford, seit 1999
Professor der Musikwissenschaft, geb. 4.8.1942
University of Oxford, Faculty of Music, St. Aldate's
Oxford OX1 1DB (England)
E-Mail: reinhard.strohm@music.ox.ac.uk

Barend Jan Terwiel, in Hamburg, seit 2004
Professor für Sprachen und Kulturen Thailands und Laos',
geb. 24.11.1941
37075 Göttingen, Bertheaustraße 9
E-Mail: Baasterwiel@hotmail.com

Christos Theodoridis, in Thessaloniki, seit 2000
Professor der Klassischen Philologie, geb. 1.1.1935
54636 Thessaloniki (Griechenland), Pigis 9

Dieter Timpe, in Würzburg, seit 1990
Professor der Alten Geschichte, geb. 3.11.1931
97074 Würzburg, Keesburgstraße 28

Jürgen Udolph, in Leipzig, seit 2006
Professor für Onomastik, geb. 6.2.1943
37124 Sieboldshausen, Steinbreite 9
E-Mail: juergen.udolph@ortsnamen.net

Manfred Ullmann, in Tübingen, seit 1984
Professor der Arabistik, geb. 2.11.1931
72076 Tübingen, Vöchtingstraße 35

Burghart Wachinger, in Tübingen, seit 1998
Professor der Deutschen Philologie, geb. 10.6.1932
Universität Tübingen, Deutsches Seminar
72074 Tübingen, Wilhelmstraße 50
E-Mail: burghart.wachinger@uni-tuebingen.de

Harald Weinrich, in München, seit 1991
Professor der Romanischen Philologie, geb. 24.9.1927
48149 Münster, Raesfeldstraße 18

Martin Litchfield West, in Oxford, seit 1991
Professor der Griechischen Philologie, geb. 23.9.1937
Oxford OX2 7EY (England), 42 Portland Road
E-Mail: martin.west@all-souls.ox.ac.uk

John William Wevers, in Toronto, seit 1972
Professor of Near Eastern Studies, geb. 4.6.1919
Toronto, Ont. M4R 1H9. (Kanada), 116 Briar Hill Ave.
E-Mail: j.wevers@utoronto.ca

Josef Wiesehöfer, in Kiel, seit 2004
Professor für Alte Geschichte, geb. 5.4.1951
24306 Plön, Krusekoppel 1
E-Mail: jwiesehoefer@email.uni-kiel.de

Hugh G. M. Williamson, in Oxford, seit 2008
Professor für Hebräische Sprache, geb. 15.7.1947
Oxford OX 1 1DP (England), Christ Church

Matthias Winner, in Rom, seit 1993
Professor der Kunstgeschichte, geb. 11.3.1931
Bibliotheca Hertziana
00187 Roma (Italien), 28 Via Gregoriana

Joseph Georg Wolf, in Freiburg i.Br., seit 1981
Professor des Römischen und Bürgerlichen Rechts, geb. 6.7.1930
79100 Freiburg i.Br., Goethestraße 6

Franz Josef Worstbrock, in München, seit 2001
Professor der Deutschen Philologie, geb. 20.1.1935
81735 München, Goldschaggbogen 16

Andrej Anatol'evič Zaliznjak, in Moskau, seit 1998
Professor der Sprachwissenschaft, geb. 29.4.1935
125080 Moskau (Rußland), ul. Alabjana d. 10, p. 7, kv. 168

Clemens Zintzen, in Köln, seit 1999
Professor der Klassischen Philologie, geb. 24.6.1930
50354 Hürth-Hermülheim, Am Alten Bahnhof 24
E-Mail: Clemens.Zintzen@t-online.de

Theodore J. Ziolkowski, in Princeton, seit 1986
Professor der Neueren Deutschen und Vergleichenden Literaturwissenschaften, geb. 30.9.1932
Princeton, N.J. 08540 (USA), 36 Bainbridge Street
E-Mail: tjzio@aol.com

Mathematisch-Physikalische Klasse

Reinhart Ahlrichs, in Karlsruhe, seit 2008
Professor für Theoretische Chemie, geb. 16.1.1940
Universität Karlsruhe (TH), Lehrstuhl für Theoretische Chemie
76128 Karlsruhe, Kaiserstraße 12
E-Mail: reinhart.ahlrichs@chemie.uni-karlsruhe.de

Michael Farries Ashby, in Cambridge, seit 1980
Professor der Metallphysik, geb. 20.11.1935
Cambridge CB5 8DE (England), 51, Maids Cause Way

Peter Ax, in Göttingen, seit 1971
Professor der Zoologie, geb. 29.3.1927
37085 Göttingen, Gervinusstraße 3 a

Konrad Bachmann, in Gatersleben, seit 1995
Professor der Evolutionären Botanik, geb. 8.3.1939
Leibniz-Institut für Pflanzengenetik und Kulturpflanzenforschung
06466 Gatersleben
E-Mail: bachmann@ipk-gatersleben.de

Jack Edward Baldwin, in Oxford, seit 1988
Professor der Chemie und Head of the Department
of Organic Chemistry der Universität Oxford, geb. 8.8.1938
Oxford, OX1 5BH (England), Hinksey Hill, "Broom"

Neil Bartlett, in Berkeley, seit 1977
Professor der Chemie, geb. 15.9.1932
The University of California, Department of Chemistry
Berkeley, CA 94720 (USA), 532 Latimer Hall
E-Mail: Nbartlett@ibl.gov

Ernst Bauer, in Tempe, seit 1989
Professor der Experimentalphysik, geb. 27.2.1928
Arizona State University, Department of Physics and Astronomy
Tempe, AZ 85287-1504 (USA), PO Box 871504
E-Mail: ernst.bauer@asu.edu

Margot Becke, in Heidelberg, seit 1983
Professorin der Anorganischen und Analytischen Chemie,
geb. 10.6.1914
69120 Heidelberg, Scheffelstraße

Konrad Traugott Beyreuther, in Heidelberg, seit 1996
Professor der Molekularbiologie, geb. 14.5.1941
Netzwerk AlternsfoRschung (NAR)
69115 Heidelberg, Bergheimer Straße 20
E-Mail: beyreuther@nar.uni-hd.de

Hans Bock, in Frankfurt am Main, seit 1986
Professor der Anorganischen Chemie, geb. 5.10.1928,
gest. 21.1.2008

August Böck, in München, seit 1991
Professor der Mikrobiologie, geb. 23.4.1937
82269 Geltendorf, Lindenstraße 10
E-Mail: august.boeck@t-online.de

Arthur J. Boucot, in Corvallis, seit 1989
Professor der Zoologie und Geologie, geb. 26.5.1924
Oregon State University, Department of Zoology
Corvallis, Or. 97331-2914 (USA), Cordley Hall 3029
E-Mail: boucota@science.oregonstate.edu

Olaf Breidbach, in Jena, seit 2005
Professor für Geschichte der Naturwissenschaften, geb. 8.2.1957
07743 Jena, Sonnenbergstraße 1
E-Mail: Olaf.Breidbach@uni-jena.de

Henri Cartan, in Paris, seit 1971
Professor der Mathematik, geb. 8.7.1904, gest. 13.8.2008

Stephen A. Cook, in Toronto, seit 1995
Professor der Informatik und Algorithmischen Mathematik, geb. 14.12.1939
University of Toronto, Department of Computer Science
Toronto M5S 3G4 (Canada)

Alan Herbert Cowley, in Austin, seit 2007
Professor der Chemie und Biochemie, geb. 29.1.1934
Department of Chemistry and Biochemistry,
The University of Texas at Austin
Austin, Texas 78712, U.S.A.
E-Mail: cowley@mail.utexas.edu

Christopher Cummins, in Cambridge, seit 2005
Professor der Chemie, geb. 28.2.1966
Massachusetts Institute of Technology, Deparment of Chemistry
Cambridge (USA) MA 02139-43077,
77 Massachusetts Avenue, 18–390
E-Mail: ccummins@mit.edu

Jean Pierre Demailly, in Grenoble, seit 2001
Professor der Mathematik, geb. 25.9.1957
Université de Grenoble 1,
Institut Fourier, Laboratoire de Mathématique
38402 St. Martin d'Heres (Frankreich),
Associé au CNRS – URA 188, BP 74

Gunter Dueck, in Mannheim, seit 2008
Professor für Mathematik, geb. 9.12.1951
IBM Deutschland GmbH
68165 Mannheim, Gottlieb-Daimler-Straße 12
E-Mail: dueck@de.ibm.com

Evelyn A.V. Ebsworth, in Durham, seit 1983
Professor der Chemie, geb. 14.2.1933
Cambridge CB3 O EY (England), 16 Conduit Head Road
E-Mail: eav.ebsworth@virgin.net

Jean-Pierre Eckmann, in Genf, seit 1995
Professor der Theoretischen Physik, geb. 27.1.1944
Université de Genève, Département de Physique Théorique
1211 Genève 4 (Schweiz), 24, quai Ernest-Ansermet

Hans Joachim Eggers, in Köln, seit 1991
Professor der Virologie, geb. 26.7.1927
50933 Köln, Kornelimünsterstraße 12
E-Mail: hans.eggers@medizin.uni-koeln.de

Wolfgang Eisenmenger, in Stuttgart, seit 1988
Professor der Experimentalphysik, geb. 11.2.1930
71634 Ludwigsburg, Landhausstraße 7
E-Mail: w.eisenmenger@physik.uni-stuttgart.de

Albert Eschenmoser, in Zürich, seit 1986
Professor der Organischen Chemie, geb. 5.8.1925
8700 Küsnacht (Schweiz), Bergstraße 9
E-Mail: eschenmoser@org.chem.ethz.ch

Gerd Faltings, in Bonn, seit 1991
Professor der Mathematik, geb. 28.7.1954
Max-Planck-Institut für Mathematik
53111 Bonn, Vivatsgasse 7
E-Mail: gerd@mpim-bonn.mpg.de

Ulf-Ingo Flügge, in Köln, seit 2002
Professor der Biochemie, geb. 1.4.1948
50997 Köln, Pastoratsstraße 1
E-Mail: ui.fluegge@uni-koeln.de

Heinz Fortak, in Berlin, seit 1991
Professor der Theoretischen Meteorologie, geb. 11.8.1926
14169 Berlin, Edithstraße 14

Gerhard Frey, in Essen, seit 1998
Professor der Zahlentheorie, geb. 1.6.1944
Institut für Experimentelle Mathematik
45326 Essen, Ellernstraße 29
E-Mail: frey@exp-math.uni-essen.de

Bärbel Friedrich, in Berlin, seit 2001
Professorin der Mikrobiologie, geb. 29.7.1945
Humboldt-Universität zu Berlin,
Institut für Biologie / Mikrobiologie
10115 Berlin, Chausseestraße 117

Hiroya Fujisaki, in Tokio, seit 2004
Professor für Elektronik, geb. 18.10.1930
150-0013 Tokio (Japan), 3-31-12 Ebisu, shibuya-ku
E-Mail: fujisaki@alum.mit.edu

Jörg Hacker, in Berlin, seit 2003
Professor für Molekulare Infektionsbiologie, geb. 13.2.1952
97218 Gerbrunn, Edith-Stein-Straße 6
E-Mail: HackerJ@rki.de

Paul Hagenmuller, in Bordeaux, seit 1970
Professor der Feststoff- und Anorganischen Chemie, geb. 3.8.1921
33608 Pessac cedex (Frankreich), 87, Avenue du Docteur Schweitzer

Michael Hagner, in Zürich, seit 2008
Professor für Wissenschaftsforschung, geb. 29.1.1960
Eidgenössische Technische Hochschule (ETH) Zürich, RAC F14
8092 Zürich (Schweiz), Rämistraße 36
E-Mail: hagner@wiss.gess.ethz.ch

Heinz Harnisch, in Kall, seit 1990
Professor der Angewandten Chemie, geb. 24.4.1927
53925 Kall, Narzissenweg 8
E-Mail: eifelheinz@T-online.de

M. Frederick Hawthorne, in Los Angeles, seit 1995
Professor der Chemie, geb. 24.8.1928
University of California, Department of Chemistry
Los Angeles, Ca. 90024-1569 (USA), 405 Hilgard Avenue LA

David Rodney Heath-Brown, in Oxford, seit 1999
Professor der Mathematik (Zahlentheorie), geb. 12.10.1952
Mathematical Institute
Oxford OX1 3LB (England), 24–29 St. Giles'

Martin Heisenberg, in Würzburg, seit 1999
Professor der Biowissenschaften, geb. 7.8.1940
Biozentrum der Universität Würzburg
97074 Würzburg, Am Hubland
E-Mail: heisenberg@biozentrum.uni-wuerzburg.de

Friedrich Hirzebruch, in Bonn, seit 1991
Professor der Mathematik, geb. 17.10.1927
53757 St. Augustin, Thüringer Allee 127
E-Mail: hirzebruch@mpim-bonn.mpg.de

Peter Wilhelm Höllermann, in Bonn, seit 1977
Professor der Geographie, geb. 22.3.1931
53121 Bonn, Dohmstraße 2

Marc Julia, in Paris, seit 1986
Professor der Organischen Chemie, geb. 23.10.1922
75005 Paris (Frankreich), 57, rue Geoffroy Saint Hilaire
E-Mail: marc.julia@ens.fr

Daniel Kastler, in Marseille-Luminy, seit 1977
Professor der Theoretischen Physik, geb. 4.3.1926
83150 Bandol (Frankreich), 42, rue Chaptal
E-Mail: Kastler.Daniel@wanadoo.fr

Heinrich Kuttruff, in Aachen, seit 1989
Professor der Technischen Akustik, geb. 17.8.1930
52074 Aachen, Nordhoffstraße 7
E-Mail: kuttruff@akustik.rwth-aachen.de

Otto Ludwig Lange, in Würzburg, seit 1976
Professor der Botanik, geb. 21.8.1927
97084 Würzburg, Leitengraben 37
E-Mail: ollange@botanik.uni-wuerzburg.de

Yuan T. Lee, in Nankang, seit 1988
Professor der Chemie, geb. 29.11.1936
Office of the President, Academia Sinica Nankang,
Taipei 11529 (Taiwan), ROC

Jean-Marie Pierre Lehn, in Straßburg, seit 1990
Professor der Chemie, geb. 30.9.1939
Université Louis Pasteur
67000 Strasbourg (Frankreich), ISIS, 4, rue Blaise Pascal
E-Mail: lehn@chimie.u-strasbg.fr

Alan Bernard Lidiard, in Woodcote, seit 1987
Professor der Physik, geb. 9.5.1928
Faringdon SN7 8RN (England), The Apple Trees,
High Street, Hinton Waldrist

Jean-Pierre Majoral, in Toulouse, seit 2005
Professor der Chemie, geb. 17.7.1941
31077 Toulouse Cedex 04 (Frankreich), 205, route de Narbonne
E-Mail: majoral@lcc-toulouse.fr

Yuri Manin, in Bonn, seit 1996
Professor der Mathematik, geb. 16.2.1937
MPI für Mathematik
53111 Bonn, Vivatsgasse 7
E-Mail: manin@mpim-bonn.mpg.de

Hubert Markl, in Konstanz, seit 1996
Professor der Biologie, geb. 17.8.1938
Universität Konstanz, FB Biologie
78457 Konstanz, Postfach M 612

Werner Martienssen, in Frankfurt am Main, seit 1989
Professor der Experimentalphysik, geb. 23.1.1926
Johann Wolfgang Goethe-Universität, Physikalisches Institut
60054 Frankfurt a.M., Postfach 11 19 32
E-Mail: Martienssen@Physik.uni-frankfurt.de

Thaddeus B. Massalski, in Pittsburgh, seit 1989
Professor der Werkstoffwissenschaften und der Physik,
geb. 29.6.1926
Pittsburgh, PA 15238-2127 (USA), 900 Field Club Road

François Mathey, in Palaiseau, seit 2002
Professor der Phosphorchemie, geb. 4.11.1941
91128 Palaiseau (Frankreich), DCPH, École Polytechnique
E-Mail: francois.mathey@polytechnique.fr

Renato G. Mazzolini, in Trient, seit 2007
Professor für Wissenschaftsgeschichte, geb. 6.6.1945
38050 Madrano (Italien), Via dei Cuori 1
E-Mail: renato.mazzolini@soc.unitn.it

Hartmut Michel, in Frankfurt am Main, seit 1996
Professor der Biochemie, geb. 18.7.1948
MPI für Biophysik, Abt. Molekulare Membranbiologie
60439 Frankfurt a. M., Marie-Curie-Straße 15
E-Mail: Hartmut.Michel@mpiop-frankfurt.mpg.de

Axel Michelsen, in Odense, seit 2006
Professor für Biologie, geb. 1.3.1940
5250 Odense SV (Dänemark), Rosenvænget 74
E-Mail: a.michelsen@biology.sdu.dk

Heinrich Nöth, in München, seit 1980
Professor der Anorganischen Chemie, geb. 20.6.1928
82031 Grünwald, Eichleite 25 A
E-Mail: H.Noeth@lrz.uni-muenchen.de

Christiane Nüsslein-Volhard, in Tübingen, seit 1999
Professorin der Entwicklungsbiologie, geb. 20.10.1942
MPI für Entwicklungsbiologie
72076 Tübingen, Spemannstraße 35/III

Dieter Oesterhelt, in Martinsried, seit 1991
Professor der Chemie, geb. 10.11.1940
81377 München, Werdenfelsstraße 17

Sigrid D. Peyerimhoff, in Bonn, seit 1996
Professorin der Theoretischen Chemie, geb. 12.1.1937
Institut für Theoretische und Physikalische Chemie
53115 Bonn, Wegelerstraße 12
E-Mail: unt000@uni-bonn.de

Norbert Pfennig, in Konstanz, seit 1982
Professor der Mikrobiologie, geb. 8.7.1925, gest. 11.2.2008

John Rodney Quayle, in Sheffield, seit 1976
Professor der Mikrobiologie, geb. 18.11.1926
Bristol BS39 4LA (England), The Coach House,
Vicarage Lane, Compton Dando

Klaus Raschke, in Göttingen, seit 1996
Professor der Botanik, geb. 29.1.1928
37176 Nörten-Hardenberg (Parensen), Hauptstraße. 44
E-Mail: RaschkeKG@t-online.de

Bernhard Ronacher, in Berlin, seit 2007
Professor für Zoologie, geb. 9.4.1949
12307 Berlin, Horstwalder Straße 29 A
E-Mail: Bernhard.Ronacher@rz.hu-berlin.de

Bert Sakmann, in Martinsried, seit 1992
Professor der Neurobiologie und Neurophysiologie, geb. 12.6.1942
82152 Martinsried, Am Klopferspitz 18

Matthias Schaefer, in Göttingen, seit 1994
Professor der Ökologie, geb. 23.4.1942
37075 Göttingen, Konrad-Adenauer-Straße 15
E-Mail: mschaef@gwdg.de

Fritz Peter Schäfer, in Göttingen, seit 1990
Professor der Physikalischen Chemie, geb. 15.1.1931
MPI für Biophysikalische Chemie
37077 Göttingen, Am Faßberg

Winfried Scharlau, in Münster, seit 1997
Professor der Mathematik, geb. 12.8.1940
Mathematisches Institut
48149 Münster, Einsteinstraße 62

Werner Schilling, in Jülich, seit 1983
Professor der Experimentalphysik, geb. 16.6.1931
52428 Jülich, Haubourdinstraße 12
E-Mail: Prof.W.Schilling@t-online.de

Karl-Heinz Schleifer, in München, seit 1987
Professor der Mikrobiologie, geb. 10.2.1939
85716 Unterschleißheim, Schwalbenstraße 3a
E-Mail: schleife@mikro.biologie.tu-muenchen.de

Hubert Schmidbaur, in Garching, seit 1988
Professor der Anorganischen und Analytischen Chemie, geb. 31.12.1934
85748 Garching, Königsberger Straße 36
E-Mail: H.Schmidbaur@lrz.tum.de

Eberhard Schnepf, in Heidelberg, seit 1982
Professor der Zellenlehre, geb. 4.4.1931
69168 Wiesloch, Dürerweg 11

Gisela Anita Schütz-Gmeineder, in Würzburg, seit 1997
Professorin der Physik, geb. 8.3.1955
75449 Wurmberg, Fichtenweg 4

Helmut Schwarz, in Berlin, seit 1997
Professor der Organischen Chemie, geb. 6.8.1943
Technische Universität Berlin
10623 Berlin, Straße des 17. Juni 115
E-Mail: Helmut.Schwarz@www.chem.tu-berlin.de

Friedrich Christoph Schwink, in Braunschweig, seit 1990
Professor der Physik, geb. 20.3.1928
38106 Braunschweig, Spitzwegstraße 21

Eugen Seibold, in Freiburg, seit 1989
Professor der Geologie und Paläontologie, geb. 11.5.1918
79104 Freiburg, Richard-Wagner-Straße 56

Friedrich A. Seifert, in Berlin, seit 1997
Professor der Experimentellen Geowissenschaften, geb. 8.5.1941
10115 Berlin-Mitte, Strelitzer Straße 63
E-Mail: Fritze.Seifert@web.de

Adolf Seilacher, in Tübingen, seit 1989
Professor der Paläontologie, geb. 24.2.1925
72076 Tübingen, Engelfriedshalde 25
E-Mail: geodolf@tuebingen.netsurf.de

Frederick Seitz, in New York, seit 1961
Professor der Physik, geb. 4.7.1911, gest. 2.3.2008

Jean'ne Shreeve, in Moscow, seit 1996
Professorin der Chemie, geb. 2.7.1933
University of Idaho, Department of Chemistry
Moscow, ID 83844-2343 (USA)

Peter Sitte, in Freiburg, seit 1984
Professor der Zellbiologie und Elektronenmikroskopie, geb. 8.12. 1929
79249 Merzhausen, Lerchengarten 1

Yum Tong Siu, in Cambridge, seit 1993
Professor der Reinen Mathematik, geb. 6.5.1943
Harvard University, Department of Mathematics
Cambridge, Ma. 02138 (USA), 1 Oxford Street

Erko Stackebrandt, in Braunschweig, seit 1988
Professor der Mikrobiologie, geb. 9.6.1944
DSMZ – Deutsche Sammlung von Mikroorganismen und Zellkulturen GmbH
38124 Braunschweig, Mascheroder Weg 1 b
E-Mail: erko@dsmz.de

Frank Steglich, in Dresden, seit 1999
Professor der Physik (Festkörper), geb. 14.3.1941
MPI für Chemische Physik fester Stoffe
01187 Dresden, Nöthnitzer Straße 40
E-Mail: steglich@cpfs.mpg.de

Volker Strassen, in Konstanz, seit 1994
Professor der Mathematik, geb. 29.4.1936
(Arbeitsgebiet Mathematik und Theoretische Informatik)
01324 Dresden, Oskar-Pletsch-Straße 12
E-Mail: volker.strassen@t-online.de

Nicholas James Strausfeld, in Tucson, seit 2008
Professor für Biologie, geb. 1942
Life Sciences South Building, Room 225
The University of Arizona
P.O. Box 210106
Tucson, Arizona 85721-0106 (USA)
E-Mail: insects@ccit.arizona.edu

Rudolf Kurt Thauer, in Marburg, seit 1987
Professor der Biochemie und Mikrobiologie, geb. 5.10.1939
35043 Marburg, Vogelsbergstraße 47
E-Mail: thauer@mailer.uni-marburg.de

SIR JOHN MEURIG THOMAS, in London, seit 2003
Professor der Chemie, geb. 15.12.1932
Department of Materials Science, University of Cambridge
Cambridge (England), CB 23 QZ, Pembroke ST.
E-Mail: jmt@ri.ac.uk

JAN PETER TOENNIES, in Göttingen, seit 1990
Professor der Physik, geb. 3.5.1930
37085 Göttingen, Ewaldstraße 7
E-Mail: jtoenni@gwdg.de

HANS GEORG TRÜPER, in Bonn, seit 1987
Professor der Mikrobiologie, geb. 16.3.1936
53177 Bonn, Am Draitschbusch 19

KLAUS WEBER, in Göttingen, seit 1999
Professor der Geowissenschaften, geb. 4.12.1936
Institut für Geologie und Dynamik der Lithosphäre
37077 Göttingen, Goldschmidtstraße 3
E-Mail: kweber@gwdg.de

RÜDIGER WEHNER, in Zürich, seit 1996
Professor der Zoologie, geb. 6.2.1940
Universität Zürich, Institut für Zoologie, Abt. Neurobiologie
8057 Zürich (Schweiz), Winterthurerstraße 190
E-Mail: rwehner@zool.unizh.ch

HANS-JOACHIM WERNER, in Stuttgart, seit 2002
Professor für Theoretische Chemie, geb. 16.4.1950
Universität Stuttgart, Institut für Theoretische Chemie
70569 Stuttgart, Pfaffenwaldring 55
E-Mail: werner@theochem.uni-stuttgart.de

GÜNTHER WILKE, in Mühlheim/Ruhr, seit 1980
Professor der Organischen Chemie, geb. 23.2.1925
45470 Mühlheim/Ruhr, Leonhard-Stinnes-Straße 44
E-Mail: guenther.wilke@t-online.de

LOTHAR WILLMITZER, in Golm, seit 1993
Professor der Molekularbiologie, geb. 27.3.1952
MPI für Molekulare Pflanzenphysiologie
14424 Potsdam

Ernst-Ludwig Winnacker, in München, seit 1997
Professor der Biochemie, geb. 26.7.1941
80638 München, Dall'Armistraße 41a
E-Mail: elwinnacker@gmail.com

Jakob Yngvason, in Wien, seit 2003
Professor für Theoretische Physik, geb. 23.11.1945
1090 Wien (Österreich), Bindergasse 6/12
E-Mail: jakob.yngvason@univie.ac.at

Josef Zemann, in Wien, seit 1967
Professor der Mineralogie, geb. 25.5.1923
1190 Wien (Österreich), Weinberggasse 67/4/46
E-Mail: josef.zemann@univie.ac.at

Helmut Zimmermann, in Jena, seit 1991
Professor der Astronomie und der Physik, geb. 21.1.1926
07743 Jena, Naumburger Straße 31a

Jahresfeier der Akademie

Begrüssungsansprache und Tätigkeitsbericht des Präsidenten

Begrüßungsansprache und Tätigkeitsbericht des Präsidenten sowie Ansprache des Ministers für Wissenschaft und Kultur

(vorgetragen in der öffentlichen Jahresfeier am 22. November 2008)

Christian Starck
Lutz Stratmann

Begrüßungsansprache des Präsidenten

Meine sehr verehrten Damen und Herren!

Die öffentliche Sitzung der Akademie im November soll nach unserer Satzung (§ 19 Abs. 3) eine feierliche sein, und zwar in Erinnerung an den Geburtstag, den 10. November 1683, des Stifters Georgs II. August, Kurfürsten von Hannover und Königs von England, weshalb die Akademie 1751 als Königliche Societät der Wissenschaften gegründet worden ist. Wir begehen das Fest – seit 3 Jahren musikalisch umrahmt – als Akt der Gemeinschaft der Sodales mit ihren Gästen, als herausgehobene, nicht den normalen Vorlagen und Geschäften gewidmete Sitzung, außerhalb unseres Sitzungssaales in der schönen Aula der Universität, was unsere enge Verbindung zu ihr dokumentiert und Feierlichkeit zum Ausdruck bringt. Es soll ein Überblick über die wissenschaftlichen Arbeiten der Akademie gegeben werden: Wir erinnern uns an die Erfolge des ablaufenden Jahres und denken an die zukünftige Arbeit. Unser Fest hat einen affirmativen, d. h. bestätigenden Charakter, wenn wir auf die Erfolge der Vergangenheit schauen und daraus Mut und Kraft schöpfen für die vor uns stehenden Arbeiten. Die Festlichkeit kommt schließlich darin zum Ausdruck, daß wir die Preise verleihen und die Rede eines Preisträgers hören.

Zu diesem Fest begrüße ich Sie alle. Besonders begrüße ich Sie, Herr Minister Stratmann, der Sie in der Niedersächsischen Landesregierung für die Akademie zuständig sind, gewissermaßen als Rechtsnachfolger des damaligen Ministers Gerlach Adolph Baron von Münchhausen. Mit Ihnen begrüße ich Herrn Ministerialdirigenten Gevers, ich begrüße den Präsidenten des Niedersächsischen Landesrechnungshofs, Herrn Höptner, dessen Behörde prüft, ob wir mit unseren knappen Mitteln ordentlich umgehen.

Die Stadt Göttingen ist repräsentiert durch den Herrn Oberbürgermeister Meyer, der uns willkommen ist.

Ich begrüße als Repräsentanten der Universität Herrn Präsidenten von Figura.

Viele Schwesterakademien sind vertreten. Ich begrüße Herrn ter Meulen, den Präsidenten der Deutschen Akademie der Naturforscher „Leopoldina", Herrn Willoweit, den Präsidenten der Bayerischen Akademie der Wissenschaften, Herrn Neumann, den Präsidenten der Nordrhein-Westfälischen Akademie der Wissenschaften. Die Sächsische Akademie der Wissenschaften vertritt Herr Kaden, die Heidelberger Akademie der Wissenschaften ist vertreten durch Herrn Hahn, die Akademie der Wissenschaften und der Literatur, Mainz, ist vertreten durch Herrn Schaefer. Ihnen allen gilt unser Gruß.

Die Österreichische Akademie der Wissenschaften vertritt Herr Zemann, dem unser Gruß gilt. Ich begrüße Herrn Klein, den Präsidenten der Braunschweigischen Wissenschaftlichen Gesellschaft, und Frau Westphal, die Sprecherin der Jungen Akademie Berlin und Halle. Ich begrüße die Stifter Herrn Krull, den Generalsekretär der VW-Stiftung, und Herrn Stech für die Minna-James Heineman Stiftung. Auch Herr Marmein, der stellvertretende Direktor der Gottfried Wilhelm Leibniz Bibliothek in Hannover, ist uns willkommen.

Ich begrüße die Preisträger, denen ich mich später noch besonders zuwenden werde.

Herr Minister, ich darf Sie bitten, jetzt zu uns zu sprechen.

Ansprache des Ministers für Wissenschaft und Kultur

Sehr geehrter Herr Präsident Starck,
sehr geehrte Mitglieder der Akademie,
meine sehr verehrten Damen und Herren,

es ist mir eine Ehre und auch eine Freude, heute zur Jahresfeier 2008 der Akademie der Wissenschaften zu Göttingen sprechen zu können. Ich habe auch gerne Ihren Wunsch, Herr Professor Starck, aufgegriffen, etwas über das Thema „Nationale Akademie der Wissenschaften" zu sagen.

Meine sehr geehrten Damen und Herren,
Anfang November vergangenen Jahres überraschte Frau Bundesministerin Schavan uns alle mit der Ankündigung, die Deutsche Akademie der Naturforscher „Leopoldina", die älteste naturwissenschaftliche Akademie

der Welt, zur Deutschen Akademie der Wissenschaften zu erheben. Es gab heftige Diskussionen sowohl in der Wissenschaft als auch in der Öffentlichkeit. Allen Beteiligten war klar, dass die Leopoldina als international ausgerichtete Gelehrtensozietät im Bereich der Naturwissenschaften und der Medizin und aufgrund ihrer Ausrichtung und ihrer geschichtlichen Entwicklung als vormalige Akademie des Alten Reiches diese Aufgabe nicht losgelöst von den übrigen deutschen Wissenschaftsakademien und deren hohen Kompetenzen in den Geistes- und Gesellschaftswissenschaften und in den Technikwissenschaften erfüllen kann.

Bund und Länder haben deshalb nach vielen Gesprächen schließlich in der Gemeinsamen Wissenschaftskonferenz am 20. Februar 2008 den Beschluss gefasst, dass die künftige Deutsche Akademie der Wissenschaften unter privilegierter Partnerschaft der Deutschen Akademie für Technikwissenschaften (acatech) und der Berlin-Brandenburgischen Akademie und unter Beteiligung der sieben übrigen deutschen Wissenschaftsakademien schrittweise aufgebaut und dabei zwei zentrale Funktionen übernehmen soll: Beratung von Politik und Gesellschaft einerseits und Ansprechpartnerin auf der internationalen Bühne für die Wissenschaftsakademien des Auslandes andererseits.

Die Hauptaufgabe der Leopoldina als „Deutscher Akademie der Wissenschaften" soll die wissenschaftliche Beratung von Politik und Gesellschaft sein. Hierzu bedarf es natürlich des gesamten Sachverstandes der in den deutschen Wissenschaftsakademien vertretenen Fächer und vor allem der exzellenten Wissenschaftlerinnen und Wissenschaftler. Diese Aufgabe kann nur von allen Beteiligten gemeinsam bewältigt werden. Deshalb wurde mit Beschluss von Bund und Ländern ein Koordinierungsgremium der Leopoldina für die Politik- und Gesellschaftsberatung eingerichtet. Ihm werden je drei Repräsentanten der Leopoldina, drei von acatech und drei aus den Reihen der Länderakademien angehören.

Etwa zur gleichen Zeit beschlossen Bund und Länder, die Deutsche Akademie für Technikwissenschaften in die gemeinsame Forschungsförderung aufzunehmen.

Mit diesen beiden Entwicklungen erfährt das deutsche Akademiensystem seine größten Veränderungen seit der Wiedervereinigung. Diese Entwicklungen waren natürlich nicht frei von Zukunftsängsten bei den Länderakademien. Aber, meine sehr verehrten Damen und Herren, die Diskussion hat sich deutlich beruhigt, und wenn man die Beschlüsse analysiert, erscheinen mir diese Ängste nicht begründet.

Die Leopoldina als naturwissenschaftliche Akademie wird ihre Aufgaben nur dann erfolgreich bewältigen können, wenn sie den ingenieurwissenschaftlichen Sachverstand von acatech und das geistes- und gesellschaftswissenschaftliche Potenzial der acht Länderakademien in seiner Breite und Tiefe mit einbezieht. Auch auf dem internationalen Feld wird es eine fruchtbare und intensive Zusammenarbeit zwischen allen Akademien der Wissenschaften geben.

Umgekehrt haben die Länderakademien Stärken auf Feldern, auf denen die Nationalakademie oder die beiden nationalen Akademien nicht tätig sind und auch in Zukunft vermutlich nicht tätig sein werden.

Ich möchte Ihnen hierzu drei Punkte nennen:

1. Eine Stärke der Länderakademien besteht darin, dass sie alle Fächergruppen und Fächer umfassen und den interdisziplinären Diskurs zwischen den Geistes- und Gesellschaftswissenschaften, den Naturwissenschaften, der Medizin und den Technikwissenschaften pflegen.
2. Die regionale Verwurzelung der Länderakademien und ihre hohe Kompetenz für die Wissenschaft ihres Bundeslandes sind ein weiteres wichtiges Feld. Hier sehe ich für die Zukunft eine Reihe von Möglichkeiten der Göttinger Akademie, ihre regionale Kompetenz weiter auszubauen. Hierzu einige Beispiele: Nicht nur Politik und Gesellschaft in der Bundesrepublik, sondern auch die Politik und die Öffentlichkeit in unserem Bundesland sind auf kompetenten wissenschaftlichen Sachverstand bei der Lösung aktueller und künftiger Fragen in Politik, Wirtschaft, Wissenschaft und Kultur und damit auf Ihre Akademie angewiesen. Und dieser Beratungsbedarf wird in den nächsten Jahren nicht abnehmen, sondern eher zunehmen. Auch die Zusammenarbeit der Göttinger Akademie mit den Hochschulen und den außeruniversitären Forschungseinrichtungen des Landes bietet Gestaltungsmöglichkeiten, die aus meiner Sicht bei weitem nicht ausgeschöpft sind. Durch diese Zusammenarbeit kann sich die Göttinger Akademie noch stärker zu einem sichtbar geistig-wissenschaftlichen Zentrum unseres Bundeslandes entwickeln.
3. Die Rolle der Akademie bei der Förderung des wissenschaftlichen Nachwuchses muss ebenfalls hervorgehoben werden. So fördert die Göttinger Akademie den wissenschaftlichen Nachwuchs durch Preise, Werkpräsentationen und durch ihre Mitarbeit in 23 großen Langzeitprojekten. Die Länderakademien als Forschungsakademien verfügen mit dem Akademienprogramm von Bund und Ländern über ein weltweit einzigartiges außeruniversitäres Forschungsprogramm im Bereich der Langzeitforschungen in den Geistes- und Gesellschaftswissenschaften. Dieses Programm wird derzeit vom Wissenschaftsrat evaluiert.

Das Forschungsprogramm der Akademien genießt hohes Ansehen, aber Staat und Gesellschaft erwarten noch stärkere Sichtbarmachung der Akademien und dessen, was sie tun. Die Akademien müssen sich also stärker als bisher als Forschungsakademien profilieren und als unverzichtbarer Teil der Grundlagenforschung gegenüber Politik und Öffentlichkeit in Erscheinung treten.

Meine Damen und Herren,
wir alle wissen, was die Göttinger Akademie nunmehr seit 257 Jahren leistet, wir wissen um ihre Strahlkraft für die Wissenschaft, um ihre Bedeutung in der Region, um ihre Kommissionen, die Forschungsergebnisse publizieren, Vorträge oder Veranstaltungen organisieren, um ihre bedeutenden Langzeitvorhaben, ihre Ringvorlesungen und ihr vielfältiges Veranstaltungsangebot. Dieses hohe wissenschaftliche Potenzial der Akademie muss noch stärker im Bewusstsein von Politik und Öffentlichkeit verankert werden.

Hier ist natürlich auch das Land gefordert; ich weiß, lieber Herr Präsident Starck, um Ihre Nöte in der Geschäftsstelle, was Presse- und Öffentlichkeitsarbeit sowie EDV und Internet anbelangt. Wir werden im Rahmen unserer Möglichkeiten alles tun, Ihre Akademie noch stärker als in der Vergangenheit zu unterstützen, wobei ich eine Steigerung der Haushaltsmittel um durchschnittlich 5,8 % pro Jahr seit 2006 zumindest erwähnen möchte.

Meine sehr verehrten Damen und Herren, Neuerungen und Veränderungen bieten bekanntlich auch Chancen. Ein chinesisches Sprichwort sagt: Wenn der Sturm braust, versuchen die einen, Mauern zu errichten, um sich zu schützen, und die anderen bauen Windmühlen.

Der Beschluss zur Nationalakademie birgt, so mein Fazit, weniger Gefahren, als er Chancen eröffnet. Ich wünsche der Göttinger Akademie, dass sie viele neue Windmühlen baut; die Niedersächsische Landesregierung wird ihr dabei nicht nur mit Worten, sondern auch mit Rat und Tat zur Seite stehen. Ich danke Ihnen für Ihre Aufmerksamkeit.

Tätigkeitsbericht des Präsidenten

Ich danke Ihnen, Herr Minister, für Ihre ermutigenden Worte zu den beiden Hauptthemen, die uns berühren: der Stellung unserer Akademie nach der Gründung der Nationalakademie und zu den Fragen der finanziellen und räumlichen Ausstattung der Akademie. Ich werde in meinem Bericht noch näher darauf eingehen.

I.

Ich möchte Sie bitten, sich zu erheben, um der im Berichtsjahr verstorbenen Mitglieder zu gedenken.

23.7.2007	Ernst Otto Fischer Professor der Anorganischen Chemie in München Korrespondierendes Mitglied der Mathematisch-Physikalischen Klasse seit 1977
9.12.2007	Stefan Borzsák Professor der Klassischen Philologie in Budapest Korrespondierendes Mitglied der Philologisch-Historischen Klasse seit 1990
11.1.2008	Walter Haug Professor für Deutsche Philologie in Münster Korrespondierendes Mitglied der Philologisch-Historischen Klasse seit 1988
21.1.2008	Hans Bock Professor für Anorganische Chemie in Frankfurt am Main Korrespondierendes Mitglied der Mathematisch-Physikalischen Klasse seit 1986
11.2.2008	Norbert Pfennig Professor für Mikrobiologie in Konstanz Korrespondierendes Mitglied der Mathematisch-Physikalischen Klasse seit 1982
19.2.2008	Horst Mensching Professor der Geographie in Hamburg Ordentliches Mitglied der Mathematisch-Physikalischen Klasse seit 1974

2.3.2008	FREDERICK SEITZ Professor der Physik in New York Korrespondierendes Mitglied der Mathematisch-Physikalischen Klasse seit 1961
11.5.2008	BENGT ALGOT SØRENSEN Professor der Deutschen Literatur in Odense Korrespondierendes Mitglied der Philologisch-Historischen Klasse seit 1996
17.6.2008	SIR HENRY CHADWICK Professor für Kirchengeschichte in Oxford Korrespondierendes Mitglied der Philologisch-Historischen Klasse 1989
25.6.2008	HANS FROMM Professor der Deutschen Philologie und Finnougristik in München Korrespondierendes Mitglied der Philologisch-Historischen Klasse seit 1992

Wir werden den Verstorbenen ein ehrendes Andenken bewahren. Ich danke Ihnen, daß Sie sich zu Ehren der Toten erhoben haben.

Die Arbeit der Akademie geht weiter, was in den Zuwahlen zum Ausdruck kommt. Immer, wenn ein Ordentliches Mitglied das 70. Lebensjahr vollendet hat, wird sein Platz für eine Neuwahl frei.

Ordentliche Mitglieder der Philologisch-Historische Klasse:

JÜRGEN HEIDRICH	Professor der Musikwissenschaft an der Universität Münster
GERHARD LAUER	Professor für Neuere Deutsche Literaturwissenschaften an der Universität Göttingen
HEDWIG RÖCKELEIN	Professorin für Mittlere und Neuere Geschichte an der Universität Göttingen
BETTINA SCHÖNE-SEIFERT	Professorin für Medizinethik an der Universität Münster

Ordentliche Mitglieder der Mathematisch-Physikalische Klasse:

MATHIAS BÄHR	Professor für Neurologie am Universitätsklinikum Göttingen

Christoph Leuschner	Professor für Pflanzenökologie an der Universität Göttingen
Heinz-Otto Peitgen	Professor für Mathematik an der Universität Bremen
Gerold Wefer	Professor für Allgemeine Geologie an der Universität Bremen

Zu Korrespondierenden Mitgliedern der Philologisch-Historischen Klasse wurden gewählt:

Peter Bieri	Professor für Philosophie an der Freien Universität Berlin
Horst-Jürgen Gerigk	Professor für Russische Literatur und Allgemeine Literaturwissenschaft an der Universität Heidelberg
Joachim Küpper	Professor für Romanische Philologie sowie für Allgemeine und Vergleichende Literaturwissenschaft an der Freien Universität Berlin
Andreas Linemann	Professor für Neues Testament an der Kirchlichen Hochschule Bethel
Émile Puech	Professor für Semitische Philologie und Epigraphie an der École Biblique et Archéologique française in Jerusalem
Arbogast Schmit	Professor für Klassische Philologie an der Universität Marburg
Karl-Heinz Spiess	Professor für Mittlere und Neuere Geschichte an der Universität Greifswald
Hugh G. M. Williamson	Professor für Hebräische Sprache an der Christ Church Oxford

Zu Korrespondierenden Mitgliedern der Mathematisch-Physikalischen Klasse wurden gewählt:

Reinhart Ahlrichs	Professor für Theoretische Chemie an der Universität Karlsruhe
Gunter Dueck	Professor für Mathematik bei der IBM Deutschland GmbH, Mannheim

MICHAEL HAGNER	Professor für Wissenschaftsforschung an der Eidgenössischen Technischen Hochschule Zürich
NICHOLAS JAMES STRAUSFELD	Professor für Biologie an der Universität Arizona

II.

Am 1. April war Präsidentenwechsel. So ist es meine erste Pflicht, meinem Vorgänger für seine sechsjährige Amtszeit zu danken: zwei Jahre als Präsident und gleichzeitig Vorsitzender der Mathematisch-Physikalischen Klasse aufgrund einer Nachwahl nach dem Rücktritt von Herrn Gottschalk und dann vier Jahre als Präsident nach der neuen Satzung mit zwei Vizepräsidenten, die zugleich Vorsitzende je einer der beiden Klassen sind.

Herr Roesky hat sich sehr darum bemüht, die Akademie aus der bestehenden räumlichen Enge zu befreien, und hatte zu diesem Zweck sein Auge auf die Sternwarte als neuen Sitz der Akademie geworfen. Als sich nach mühevollen Verhandlungen herausstellte, daß sich dieser Plan nicht verwirklichen ließ, gelang es Herrn Roesky, beim Land Mittel einzuwerben, mit denen das Akademiegebäude restauriert und ein Versammlungsraum mit Bibliothek geschaffen werden konnte. Auch ich danke noch einmal dem Land, Herr Minister.

Herr Roesky hat zum Winterhalbjahr 2002/03 den halbjährlichen Veranstaltungsplan eingeführt, der mit der Zeit immer umfangreicher und bunter geworden ist und jetzt 34 Seiten umfaßt.

Herr Roesky hat die Stiftung der Lichtenberg-Medaille durch die Akademiemitglieder angeregt und ins Werk gesetzt, so daß wir, beginnend mit Paul Kirchhof im Jahre 2004, jährlich eine Medaille – heute zum fünften Mal an Herrn Roald Hoffmann, den Nobelpreisträger für Chemie des Jahres 1981 – verleihen können.

Unter der Präsidentschaft von Herrn Roesky sind 2003 die jährlichen Vorträge der Akademie in der Niedersächsischen Landesvertretung in Berlin eingeführt worden. Der diesjährige Vortrag von Herrn Reitner über Klimawandel in geowissenschaftlicher Sicht war ein besonderer Erfolg.

Systematische Öffentlichkeitsarbeit wurde etabliert: Regelmäßige Presseerklärungen, der regelmäßige Informationsdienst „Akademie heute" (Nr. 3 von 2008 ist im Oktober erschienen), Internetauftritt, Kompetenzhandbuch. Das Angebot öffentlicher Akademievorträge wurde erweitert, insbesondere zur Vorstellung laufender Forschungsvorhaben und zur Behandlung politisch und gesellschaftlich relevanter Themen. Eingeführt hat Herr

Roesky 2005 die Akademiewoche für die und gemeinsam mit der Stadt in der Halle des Alten Rathauses. Herr Roesky, wir danken Ihnen und werden Ihre Innovationen fortführen.

Nachdem von 1976 bis 2006, also 30 Jahre lang, Herr Heinz Georg Wagner ehrenamtlich als Geschäftsführender Sekretär tätig gewesen war – in einer gut besuchten Feier in der Aula anläßlich seines 80. Geburtstages wurde ihm dafür gedankt – und dankenswerterweise Herr Konrad Samwer diese Aufgabe für etwa zwei Jahre übernommen hatte, haben wir seit dem 1. April eine hauptamtliche Geschäftsführung durch die Generalsekretärin Frau Dr. Angelika Schade. Damit sind wir, was ein Anliegen von Herrn Roesky war, den anderen Akademien insoweit gleichgestellt. Herr Minister, wir danken für die Schaffung dieser Stelle aus den Haushaltsmitteln des Landes.

III.

Die Arbeit der Akademie besteht aus den vierzehntägigen Plenarberatungen zu wissenschaftlichen Themen, den Kommissionsberatungen und -kolloquien und der Bearbeitung großer Vorhaben im Rahmen des Akademienprogramms. Hinzu kommen öffentliche Vorträge in Göttingen und außerhalb. Zu erwähnen ist auch die Zusammenarbeit mit anderen Institutionen.

1. Veranstaltungen

a. Plenarsitzungen und öffentliche Vorträge

Das Jahrbuch der Akademie dokumentiert die breite Palette an Plenarberatungen. Öffentliche Vorträge der Akademie finden nicht nur in Göttingen statt. Die Akademie ist ihrer Satzung gemäß über Niedersachsen hinaus für ganz Norddeutschland zuständig. Von dem Berliner Vortrag über Klimawandel war schon die Rede. Die lange Tradition des Vortrags auf Einladung des Landtagspräsidenten wurde fortgesetzt, und zwar neuerdings im Plenarsaal des Landtages. Zum Rahmenthema „Niedersachsen in Europa" habe ich am 6. Oktober über das Thema gesprochen: „Wer setzt das Recht, wendet es an und spricht Recht?" Eine neue Tradition habe ich im Mai mit meiner Antrittsrede „Woher kommt das Recht?" zu begründen versucht. Wir werden sehen, ob dies in vier Jahren aufgenommen wird.

b. Jahr der Mathematik

Im Jahr der Mathematik führt die Akademie verschiedene Veranstaltungen durch: Neben unserer aktiven Teilnahme am Akademientag der Union in Berlin unter dem Motto „Die Akademien zählen" wurden bei der gemeinsam mit der Stadt organisierten Akademiewoche im Alten Rathaus sehr gut besuchte Vorträge über Mathematik im Verhältnis zu Literatur und Musik gehalten. Zusammen mit der Braunschweigischen Wissenschaftlichen Gesellschaft wurde die noch laufende Vorlesungsreihe „Mit Mathe ist zu rechnen" im phæno-Wissenschaftstheater Wolfsburg organisiert. Am 5. und am 19. Dezember finden hier in der Aula zwei weitere öffentliche Vorträge zum Jahr der Mathematik statt. Besonderer Dank gilt Herrn Vizepräsidenten Elsner.

c. Präsentationen der Arbeit der Akademie

Der Herr Ministerpräsident hat am 1. April der Akademie bei einem Empfang und gemeinsamen Abendessen in Hannover wieder die Gelegenheit gegeben, die Arbeit der Akademie vorzustellen und Perspektiven der Fortentwicklung zu erörtern.

Der Ausschuss für Wissenschaft und Kultur im Niedersächsischen Landtag hat im Juni dieses Jahres zum ersten Mal auf Einladung der Akademie eine auswärtige Sitzung im Akademiesaal abgehalten. Einziger Tagesordnungspunkt dieser Sitzung war die Darstellung der Akademie, insbesondere ihrer interdisziplinären Forschung und ihrer Aktivitäten im norddeutschen Raum.

Bei einer Sitzung des Ausschusses für Kultur und Wissenschaft der Stadt Göttingen im Frühjahr war ebenso Gelegenheit, die Organisation und Arbeit der Akademie zu präsentieren.

2. Akademienprogramm

Aus dem Akademienprogramm ist zu berichten: Das Reallexikon der Germanischen Altertumskunde, d. h. die 2. Auflage des 1911 bis 1919 erschienenen Hoops, ist 2007 vollendet und in diesem Jahr mit einer Abschlußtagung gefeiert worden. Es war von Anfang an mit der Akademie verbunden und wurde seit 27 Jahren durch das Akademienprogramm gefördert: 35 Bände, 2 Registerbände, daneben 60 monographische Bände sind das stattliche Ergebnis (Rezension von Hermann Parzinger, FAZ vom 8. 8. 2008/Nr. 184, S. 45).

Leibniz' Briefwechsel, der unter Betreuung der Akademie ediert wird, ist in das Register des UNESCO-Weltdokumentenerbes aufgenommen worden. Die Feier dazu fand am 1. Juli 2008 in Hannover statt. Bei dieser von der Gottfried Wilhelm Leibniz Bibliothek organisierten Veranstaltung haben der Herr Ministerpräsident Wulff und Herr Minister Stratmann Ansprachen gehalten. Ich hatte Gelegenheit, für die Akademie in der Festbroschüre ein Grußwort zu schreiben und habe mit Herrn Vizepräsidenten Lehfeldt an der Veranstaltung teilgenommen. In diesem Jahr sind zwei Bände der Leibnizedition fertig geworden, und zwar die Schriften zur Infinitesimalrechnung. Eine Feierstunde mit einem Vortrag des Arbeitsstellenleiters, Professor Breger, über den Prioritätsstreit mit Newton fand am 17. Oktober in der Leibniz-Bibliothek in Hannover, statt. Auch daran habe ich teilgenommen und Worte der Begrüßung gesprochen.

Das Vorhaben Germania Sacra erschließt das in den Archiven lagernde Quellenmaterial zur Geschichte der mittelalterlichen deutschen Bistümer, Stifte und Klöster. Das Vorhaben, das seit dem Beginn des 20. Jhd. durch seinen Gründer, Paul Fridolin Kehr, Beziehungen zu Göttingen und der Akademie hat, ist 1956 durch den wirkungsmächtigen Hermann Heimpel mit seinem Max-Planck-Institut für Geschichte wiederbelebt worden. Es ist 2008 von der Max-Planck-Gesellschaft auf die Akademie übergegangen und wird durch das Akademienprogramm finanziert. Damit verbunden ist eine Neuausrichtung des Projekts. Im April hielt das Unternehmen seine Jahrestagung in Göttingen ab mit einem öffentlichen Vortrag von Joachim Ehlers „Leben als Bischof. Zur Typologie des hohen Klerus in Deutschland und Frankreich (10.-12. Jhd.)“. Neue Arbeitsstellenleiterin ist unser Mitglied Frau Hedwig Röckelein.

Das Septuaginta-Unternehmen, 1908 gegründet, seit 1980 im Akademienprogramm, feierte im April sein 100jähriges Bestehen mit einer internationalen Fachtagung, die den Titel trug „Standortbestimmung eines editorischen Jahrhundertprojekts“. Am 13. November wurden in einer öffentlichen Festveranstaltung Geschichte und Zukunft der Septuaginta-Arbeit in drei Vorträgen behandelt; begleitet wird die Veranstaltung durch eine Sonderausstellung zur Geschichte des Septuaginta-Unternehmens in der Kleinen Aula.

Das Unternehmen Papsturkunden des frühen und hohen Mittelalters hat im Juni ein Arbeitstreffen über die Erfassung der Papsturkunden des iberischen Raumes in Göttingen veranstaltet.

Zum Akademienprogramm allgemein ist zu berichten, daß es neuerdings für Nichtakademiemitglieder als Antragssteller geöffnet worden ist. Das führte zu einer erheblichen – natürlich erfreulichen – Steigerung der Anträge, die zumeist von der Philologisch-Historischen Klasse beraten werden müssen. Der Vorsitzende der Klasse, Herr Vizepräsident Lehfeldt, und Herr Kaufmann haben dankenswerter Weise bis jetzt die Hauptlast getragen. Wir haben inzwischen zur Unterstützung eine Kommission eingerichtet und am 4. Juli 2008 eine Verfahrensordnung für die Prüfung von Neuprojekten vor Weitergabe an die Union und Begutachtung durch externe Gutachter zum Akademienprogramm beschlossen. In der letzten Sitzung der Unionspräsidenten sind mehr Anträge von Nichtakademiemitgliedern als von Akademiemitgliedern befürwortet und an die Gemeinsame Wissenschaftskonferenz weitergereicht worden, die inzwischen die Entscheidung der Union gebilligt hat. Göttingen ist mit dem Vorhaben SAPERE (Scripta Antiquitatis Posterioris ad Ethicam REligionemque pertinentia) durchgedrungen.

Fast vollständig fehlen naturwissenschaftliche Vorhaben im Akademienprogramm. Das Präsidium der Union bemüht sich, hier eine Änderung herbeizuführen mit entsprechender Vermehrung der Mittel. Bisher können nur historische Themen der Naturwissenschaften in das Programm einbezogen werden.

3. Die Kommissionen der Akademie

Die Akademie arbeitet auch in Kommissionen, in denen Akademiemitglieder gemeinsam interessierende Fragen erörtern, Kolloquien ausrichten und die Ergebnisse veröffentlichen. Die seit 1984 bestehende Kommission „Die Funktion des Gesetzes in Geschichte und Gegenwart" wird im Programm des Wintersemesters 2008/09 kurz vorgestellt. Die Kommission hat vor einer Woche ihr 15. Symposion über das strafende Gesetz im sozialen Rechtsstaat abgehalten. Alle Kommissionen sind auf der Website der Akademie vorgestellt.

Aus informellen klassenübergreifenden Gesprächen zwischen Akademiemitgliedern ist in jüngerer Zeit die Kommission „Die Natur der Information" entstanden, die unser Mitglied Herr Fritz leitet und die in engen zeitlichen Abständen bereits 30 Sitzungen abgehalten hat und im nächsten Jahr ein größeres internationales Symposion veranstalten wird. Die Kommission führt Neurobiologen, Molekularbiologen, Sprachwissenschaftler, Juristen, Philosophen, Mathematiker und Informatiker zusammen. Ausgangspunkt der gemeinsamen Arbeit ist die Erkenntnis, daß Informationen, ob genetisch festgelegt oder gewillkürt, gemeinsame Strukturen haben. Die Behandlung der verschiedenen Informationsträger wird auch Aufschlüsse über Gründe für Fehlinformation geben. Wir sehen den Ergebnissen der Kommission mit Interesse entgegen.

Die Kommission „Imperium und Barbaricum: Römische Expansion und Präsenz im rechtsrheinischen Germanien und die Ausgrabungen von Kalkriese" wurde im Jahr 2000 von Mitgliedern der Akademie gebildet. Ihre Aufgabe ist es, die Ausgrabungen auf dem römisch-germanischen Kampfplatz von Kalkriese (nördlich von Osnabrück) sowie auch auf anderen Fundplätzen der augusteisch-frühkaiserzeitlichen Epoche in Nordwestdeutschland wissenschaftlich zu begleiten. Dabei arbeitet die Kommission eng mit Wissenschaftlern des Faches Alte Geschichte an der Universität Osnabrück zusammen. 2004 wurde von der Kommission eine internationale Tagung

„Rom, Germanien und die Ausgrabungen von Kalkriese" durchgeführt; der thematisch breit angelegte und materialreiche Tagungsband erschien 2007 in den „Abhandlungen der Akademie der Wissenschaften zu Göttingen" und ist schon vergriffen. Gegenwärtig wird ein internationales Kolloquium über die „römische Grenz- und Okkupationspolitik im frühen Principat" vorbereitet.

Die Blumenbach-Kommission arbeitet seit Anfang 2008 an einer digitalen Ausgabe der wissenschaftlichen Werke Blumenbachs, wobei auch eine möglichst vollständige Biographie des Gelehrten entstehen soll. Darüber hinaus sind für das Internet-Portal eine Neuausgabe von Blumenbachs Schriften, eine Rekonstruktion seiner Sammlung naturhistorischer Objekte und eine Dokumentation seiner zeitgenössischen und späteren Rezeptionen geplant. Es soll versucht werden, die Arbeit der Kommission in das Akademienprogramm überzuleiten.

4. Reformgruppe

Anfang des Jahres, noch vor Beginn meiner Amtszeit, hat sich eine Reformgruppe in der Akademie gebildet, die sich mit Vorschlägen an das Präsidium wendet, die Arbeit und die Verfahren in der Akademie zu reformieren. Schon im April, es war die 2. Plenarsitzung meiner Amtszeit, war die ganze Sitzung diesen Vorschlägen gewidmet. Weitere Vorschläge sind vorgelegt und vom Präsidium aufgenommen worden. Das Präsidium begrüßt diese Vorschläge, die seine Intentionen unterstützen.

5. Zusammenarbeit mit anderen Institutionen

Zuallererst ist die Zusammenarbeit mit der Universität und anderen wissenschaftlichen Einrichtungen in Göttingen zu nennen: Die Akademie ist Mitglied im Göttingen Research Council (GRC), dem zentralen Organ für die Entwicklung des Wissenschaftsstandortes Göttingen, das im Rahmen der Exzellenzinitiative eingerichtet wurde. Ebenso ist die Akademie beteiligt an Planungen zur Zusammenarbeit, etwa dem Göttingen e-Humanities Institute und dem Institut für Editionsphilologie. Eingespielt haben sich die gemeinsamen Ringvorlesungen mit der Universität. Derzeit läuft die Ringvorlesung „300 Jahre Albrecht von Haller: Genialität, Internationalität, Exzellenz", um deren Zustandekommen sich Herr Vizepräsident Elsner große Verdienste erworben hat.

Das Centrum Orbis Orientalis (CORO), eine gemeinsame interdisziplinäre wissenschaftliche Einrichtung der Georg-August-Universität Göttingen und der Akademie der Wissenschaften zu Göttingen, hat eine neue Vortragsreihe ins Leben gerufen, die so genannte Wellhausen-Vorlesung. Die Vorlesung wird aus einer eigens zu diesem Zweck gegründeten Stiftung finanziert, für die ein Mitglied der Akademie das Grundkapital zur Verfügung gestellt hat. Die erste Veröffentlichung, die Vorlesung aus dem Jahr 2007, erscheint in Kürze. Die nächste Vorlesung wird in der nächsten Woche gehalten werden.

Unsere Residenzen-Kommission hat im September 2008 in Wien zusammen mit der Österreichischen Akademie der Wissenschaften ihr 11. Symposion abgehalten und sich mit Höfen und Residenzen in ihrer gegenseitigen Wahrnehmung beschäftigt.

IV.

Im Jahre 2008 sind zwei deutsche Nationalakademien entstanden. Ende 2007 hat die Bundesbildungsministerin die Deutsche Akademie der Naturforscher Leopoldina, e.V., zur deutschen Nationalakademie „ausgerufen", wozu sie nicht zuständig war.[1] Nachdem darüber eine Vereinbarung zwischen Bund und Ländern getroffen worden ist, konnte dann im Juli 2008 mit einer Rede des Bundespräsidenten die Inauguration der Nationalakademie stattfinden. Die Urkunde darüber hat die Bundesministerin als Vorsitzende der Gemeinsamen Wissenschaftskonferenz gemeinsam mit ihrem Stellvertreter, dem Berliner Senator Zöllner, unterzeichnet. Der nach Art. 91b Abs. 1 Nr. 1 des Grundgesetzes notwendige Vertrag zwischen Bund und Ländern ist durch Beschluß der Gemeinsamen Wissenschaftskonferenz vom 18. Februar 2008 zustandegekommen. Ich zitiere (GWK 18.2.2008 TOP 9): „Die Leopoldina richtet ein Koordinationsgremium ein, in dem sie mit der acatech (das ist die neu gegründete Deutsche Akademie der Technikwissenschaften) und Vertretern der Länderakademien zusammenarbeitet. Die Federführung liegt bei der Leopoldina. Das Koordinierungsgremium besteht aus je drei Vertretern der Leopoldina, der acatech und der Länderakademien. Ein Vertreter der Länderakademien wird von der BBAW benannt. Das Koordinationsgremium wird sich über die zu bearbeitenden Themen verständigen, Arbeitsgruppen einsetzen und die Empfehlungen nach externer Begutachtung verabschieden." Erste Beratungen des Neunergremiums haben stattgefunden, die rechtlichen Grundlagen sind geklärt worden, eine Verfahrensordnung wird zur Zeit erarbeitet.

Die acatech, ehemals Konvent für Technikwissenschaften, durch die Präsidenten der damals sieben deutschen Wissenschaftsakademien im Jahre 2001 unter dem Dach der Union auf ein breitere Basis gestellt, hat sich am 1.1. 2008 als Deutsche Akademie der Technikwissenschaften konstitu-

---

1 Christian Starck, Deutsche Nationalakademie und verfassungsrechtliche Kompetenzordnung, in: Juristenzeitung 2008, S. 81–83.

iert und am 21.10. 2008 pompös im Konzerthaus am Gendarmenmarkt in Berlin der Öffentlichkeit vorgestellt. Die Bundeskanzlerin hat eine Rede gehalten, und der Bundespräsident hat die Schirmherrschaft übernommen. Die in der Union zusammengeschlossenen Akademien fanden in der Rede der Bundeskanzlerin kurze Erwähnung als „Akademien für spezielle Fragen". Ihr Gewicht ist in dem Koordinierungsgremium mit 3 von 9 Sitzen extrem schwach, wobei noch zu berücksichtigen ist, daß einer der drei Sitze der Berlin-Brandenburgischen Akademie zufällt, den restlichen sieben Akademien bleiben also nur zwei Sitze, die zunächst die Präsidenten der Bayerischen und der Heidelberger Akademie innehaben.

Die heutige Bundesregierung ist der festen Überzeugung, daß wir eine Nationalakademie brauchen, damit die deutsche Wissenschaft mit einer Stimme sprechen kann. Angesichts der verfassungsrechtlich gewährleisteten Wissenschaftsfreiheit ist dieser Wunsch nicht erfüllbar. Aber immerhin ist es für das Neunergremium alle Mühe wert, überzeugende wissenschaftliche Stellungnahmen hervorzubringen.

Die Entstehung der Nationalakademie ist in der Öffentlichkeit zumeist zustimmend zur Kenntnis genommen, ja begrüßt worden, verbunden mit Verwunderung darüber, daß wir erst jetzt eine deutsche Nationalakademie bekommen. Nun, drei Akademien sind ziemlich alt. Von der Göttinger Akademie, 257 Jahre alt, habe ich einleitend gesprochen. Die Kurfürstlich Brandenburgische Akademie ist 50 Jahre vor der Göttinger gegründet worden, mußte allerdings nach der Wiedervereinigung 1992 als Berlin-Brandenburgische Akademie neu gegründet werden. Die Bayerische Akademie feiert nächstes Jahr ihr 250jähriges Bestehen, Sachsen folgte 1846. Die großen deutschen Fürstentümer gründeten also Akademien und kümmerten sich um diese. Das blieb auch nach der Reichsgründung von 1871 so, die Akademien fielen, wie auch heute noch, in die Kompetenz der Länder. Es kommt also nur darauf an, die Kompetenz zu nutzen und durch ordentliche Ausstattung die Kräfte, die in den Akademien versammelt sind, zu stimulieren, was die Länder Berlin und Brandenburg sowie Bayern vorbildlich tun.

V.

Ich habe Ihnen dargelegt, daß die letzten zwölf Monate außerordentlich reich an Ereignissen und vielfältigen Herausforderungen waren. Innerhalb des Akademienprogramms kommen neue Fragestellungen und Aufgaben auf uns zu. Um nur einige zu nennen: Entwicklung und Auswahl zur Übernahme neuer Vorhaben, Langzeitarchivierung von Forschungsergebnissen, Digitalisierung der Publikationen. Darüber hinaus erfordern die zahlreichen Kooperationen der Akademie auf internationaler, nationaler und regionaler Ebene einen in der Öffentlichkeit sichtbaren Auftritt.

Verglichen mit den anderen Landesakademien, ist die Göttinger, deren Einzugsgebiet satzungsgemäß ganz Norddeutschland ist (§ 5 Abs. 1), finanziell und räumlich am schlechtesten ausgestattet. Es handelt sich dabei nicht nur um einen formalen Institutionenvergleich, sondern auch um einen materiellen Vergleich auf Grund der Leistungen der Institutionen. Für die zahlreichen Vorhaben, die durch das Akademienprogramm finanziert werden, benötigen wir mehr und zusammenhängende Räumlichkeiten. Wir benötigen dringend Stellen für EDV und für Presse- und Öffentlichkeitsarbeit, wozu auch die ständige aktualisierte Präsenz im Internet gehört. Auch die Erhöhung der Mittel zur Förderung interdisziplinärer Forschung in den Kommissionen erscheint dringend notwendig.

Im nächsten Jahr werden wir uns Modalitäten überlegen, wie die lernende und forschende Jugend mit der Akademie verbunden werden kann. Wir wollen damit eine frühe Tradition der Akademie aus der Gründungszeit wieder aufleben lassen. Die Einrichtung einer „Jungen Akademie" wie in Berlin zusammen mit der Leopoldina würde nicht unerhebliche zusätzliche finanzielle Mittel verlangen. Weniger finanzintensive Lösungen, wie z. B. die Einrichtung von Gesprächskreisen, könnten erprobt werden. Alles wird, selbstverständlich ohne Vorentscheidungen, im Plenum erörtert werden.

VI.

Worte des Dankes zum Schluß:

Ich danke den beiden Vizepräsidenten, mit denen ich mich regelmäßig berate und die auch als Klassenvorsitzende erhebliche Lasten tragen.

Ich danke den Mitarbeitern der Geschäftsstelle, die eine großartige Leistung vollbringen, die die ehrenamtliche Tätigkeit des Präsidenten und der Vizepräsidenten erst ermöglichen.

Ich danke den Musikern, unserem Mitglied, Herrn Altenmüller, und Herrn Peschel, die zur Festlichkeit unserer Jahresversammlung viel beigetragen haben.

Ich danke den Stiftern, die uns vieles ermöglichen, was auf Grund des normalen Budgets nicht zu verwirklichen wäre, so z. B. die Vergabe der Preise, zu der wir jetzt kommen.

VII.

Die **Gaußprofessuren** – gestiftet durch das Land Niedersachsen – gingen an:
Herrn Professor Dr. Hideyuki Saio
Tohoku Universität Sendai, Japan
Herrn Professor Santiago Alvarez
Universität Barcelona, Spanien

Preise und zugeordnete Stifter
Der **Biologie-Preis**, gestiftet von der Sartorius Corporate Administration, Göttingen, der Sparkasse Göttingen und der Wissenschaftlichen Verlagsgesellschaft, Stuttgart, geht an
Herrn Professor Dr. Andreas Kappler, Tübingen,
für seine bahnbrechenden Forschungen über die Geobiologie des globalen mikrobiellen Eisen-Kreislaufs.

Die **Preise für Chemie und Physik** werden gestiftet von der BASF AG, Ludwigshafen, der Bayer AG, Leverkusen, der Evonik Degussa GmbH, Essen.
Der **Chemie-Preis 2008** wird verliehen an
Herrn Professor Dr. Magnus Rueping, Frankfurt am Main,
in Würdigung seiner bedeutenden und richtungweisenden wissenschaftlichen Arbeiten auf dem Gebiet der enantioselektiven biomimetischen Hydrierung und des Einsatzes von Chiralen Brønstedsäuren in der Synthese von Hetero- und Carbocyclen sowie der direkten C-C-Bindungsbildung unter C-H-Funktionalisierung.

Den **Physik-Preis 2008** erhalten
Herr Dr. André Schirmeisen, Münster,
für seine bedeutenden wissenschaftlichen Arbeiten auf dem Gebiet der Oberflächenphysik/Nanotribologie
und
Herr Dr. Thomas Pfohl, Göttingen*,
in Würdigung seiner bedeutenden wissenschaftlichen Arbeiten zur Beobachtung und Manipulation von Makromolekülen im Scherfluß auf Mikrometerskala.

Die Calenberg-Grubenhagensche Landschaft finanziert den Hanns-Lilje-Preis.
Der **Hanns-Lilje-Preis 2008** geht an
Frau Charlotte Köckert, Heidelberg*,

für ihre Arbeit „Christliche Kosmologie und antike Naturphilosophie. Eine Untersuchung zur Auslegung des Schöpfungsberichtes bei Origenes, Basilius von Caesarea und Gregor von Nyssa unter besonderer Berücksichtigung kaiserzeitlicher Timaeus-Interpretationen“
und an
Herrn Dr. Andres Strassberger, Großbothen*,
für seine Arbeit „Johann Christoph Gottsched und die ‚Philosophische‘ Predigt. Studien zur aufklärerischen Transformation der protestantischen Homiletik im Spannungsfeld von Theologie, Philosophie, Rhetorik und Politik“.

Der **Hans-Janssen-Preis** wird finanziert durch die Hans-Janssen-Stiftung und geht in diesem Jahr an
Frau Dr. Monika Melters, München*,
für ihre Arbeit „Die Kolossalordnung. Studien zum Palastbau in Italien und Frankreich zwischen 1420 und 1670“.

Der **Preis für Geisteswissenschaften**, gestiftet von den Mitgliedern der Akademie, geht an
Herrn Professor Dr. Klaus Pietschmann, Herrenschwanden/Schweiz,
für sein Buch „Kirchenmusik zwischen Tradition und Reform.
Die Päpstliche Kapelle und ihr Repertoire unter Papst Paul III. (1534–1549)“.

Durch die Spenden der Ordentlichen Akademiemitglieder wurde die **Lichtenberg-Medaille** finanziert, die ich heute
Herrn Professor Roald Hoffmann, Ithaca,
überreiche.

*Die Vorlage erscheint im Jahrbuch 2009

Die Arbeit der Akademie

Akademievorträge

Woher kommt das Recht?
Antrittsrede

(Festvortrag in der öffentlichen Sitzung am 29. Mai 2008)

CHRISTIAN STARCK

I. Identität von Recht und Staat?

Christian Starck, Professor des Öffentlichen Rechts an der Georg-August-Universität Göttingen, O. Mitglied der Göttinger Akademie seit 1982, seit 2008 deren Präsident

Wenn man das Recht in den Gesetzen verkörpert sieht, scheint die Antwort leicht zu sein. Gesetze werden vom staatlichen Gesetzgeber erlassen. So kommt das Recht also vom Staat. Das gilt auch für kommunale Satzungen, die in irgendeiner Weise auf staatlicher Ermächtigung beruhen. Diese Wendung unserer Frage nach der Herkunft des Rechts zum Gesetzesbegriff, d. h. die Suche des Rechts im Gesetz, ist Ausdruck der neuzeitlichen Vergesetzlichung des Rechts. Danach ist die Gesetzgebung Merkmal der Souveränität des Staates, der durch Gesetze die gesellschaftlichen Verhältnisse zu verändern und zu reformieren bestrebt ist. Konzentrierten Ausdruck findet diese Tendenz in Art. 6 der französischen Erklärung der Menschen- und Bürgerrechte von 1789: „La loi est l'expression de la volonté générale. Tous les citoyens ont droit de concourir personnellement, ou par leur représentants à sa formation." Das Gesetz ist Ausdruck des allgemeinen Willens. Alle Bürger haben das Recht, selbst oder durch ihre Repräsentanten an seiner Bildung mitzuwirken. Der Staat in Gestalt der Nationalversammlung, die die Bürger repräsentiert, gibt also die Gesetze und bestimmt damit das Recht.

Hans Kelsen hat in Überspitzung dieser neuzeitlichen Auffassung Recht und Staat geradezu identifiziert. Der Staat schafft nicht nur das Recht, sondern ist seinerseits begrifflich ein System von Rechtsnormen.[1] Ist der Staat ein Normensystem, könne er nur die positive Rechtsordnung sein, weil neben dieser die Geltung einer anderen Ordnung ausgeschlossen sein müsse.

Nun wissen wir aber, dass auch die Europäische Union Recht setzt, und zwar unmittelbar in den Mitgliedstaaten geltende Verordnungen (Art. 249 Abs. 2 EGV) und zielsetzende Richtlinien, die in die Rechtsordnungen der Mitgliedstaaten umgesetzt werden müssen (Art. 249 Abs. 3 EGV). Diese europäische Rechtssetzung kann aber auf den Staat zurückgeführt werden. Denn die Mitgliedstaaten haben mittels eines völkerrechtlichen Vertrages Hoheitsrechte auf die Europäische Union übertragen. Das ist für Deutschland in Art. 23 Abs. 1 Satz 2 GG geregelt. Solange die Europäische Union kein Staat ist, erzeugt sie das Recht auf Grund der Ermächtigung der Mitgliedstaaten.[2] Das gilt auch für die vertraglich vorgesehene Rechtsfortbildung durch den Europäischen Gerichtshof, der die Aufgabe hat, bei der Auslegung und Anwendung des Vertrages das Recht zu wahren. Rechtsfortbildung und Richterrecht gibt es auch innerstaatlich und ist in den Prozessgesetzen ausdrücklich vorgesehen.

Auch das Völkerrecht, das zum größten Teil Vertragsrecht ist, kann auf den Staat zurückgeführt werden, der am Vertragsschluss beteiligt war.[3] Das völkerrechtliche Gewohnheitsrecht wird als Ausdruck einer allgemeinen, als Recht anerkannten Übung bezeichnet (Art. 38 Nr. 1 lit. b IGH-Statut). Auch hier sind es die Staaten als Völkerrechtssubjekte, die ein bestimmtes Verhalten als rechtmäßig anerkennen und damit Völkerrecht generieren.

Die Überlegungen zum Europarecht und zum Völkerrecht haben die Antwort auf die Frage, woher das Recht kommt, nicht verändert. Das Recht kommt vom Staat entweder unmittelbar durch staatliche Gesetzgebung bzw. Vertragsschluss mit anderen Staaten oder mittelbar durch Ermächtigung nach unten auf infrastaatliche Einheiten oder nach oben auf suprastaatliche Ebene. Die Verbindung von Recht und Staat ist – wie wir gesehen haben – etatistisch in dem Sinne, dass der Staat Schöpfer allen Rechts ist. Wir lesen dazu bei Hans Kelsen 1960 in der 2. Auflage der Reinen Rechtslehre folgendes (S. 200 f.): Eine Rechtsnorm gelte deshalb, „weil sie in einer bestimmten, und zwar in letzter Linie in einer von einer Grund-

---

1 *Hans Kelsen*, Allgemeine Staatslehre, Berlin 1925, S. 16 f.

2 *Christian Starck*, Der Vertrag über eine Verfassung für Europa, in: Festschrift für Volkmar Götz, 2005, S. 73, 75 ff.; *ders.*, Allgemeine Staatslehre in Zeiten der Europäischen Union, in: liber amicorum Jost Delbrück, 2005, S. 711, 719 ff.; *Claus Dieter Classen*, in: v. Mangoldt/Klein/Starck, Kommentar zum Grundgesetz, Band 2, 5. Aufl. 2005, Art. 23 Rdnr 23 ff.

3 *Hans Kelsen*, Reine Rechtslehre, 2. Aufl. 1960, S. 324 f., auch zum Folgenden.

norm bestimmten Weise erzeugt ist." Konsequenterweise fügt Kelsen an: „Daher kann jeder beliebige Inhalt Recht sein. Es gibt kein menschliches Verhalten, das als solches, kraft seines Gehalts, ausgeschlossen wäre, Inhalt einer Rechtsnorm zu sein. Deren Geltung kann nicht darum verneint werden, weil ihr Inhalt dem einer anderen Norm widerspricht, die nicht zu der Rechtsordnung gehört, deren Grundnorm der Grund der Geltung der in Frage stehenden Norm ist. Die Grundnorm einer Rechtsordnung ist nicht eine materielle Norm". Deshalb könne man aus der Grundnorm nicht den Inhalt, sondern nur den Geltungsgrund einer Rechtsnorm ableiten.

Rechtstheoretisch lässt sich also zu Rechtsordnungen von demokratischen Verfassungsstaaten und Diktaturen gleich welcher Provinienz Äquidistanz halten. Vor 1989, in der Zeit der Ost-West-Spaltung, konnte auf dieser Grundlage rechtstheoretisch, d. h. neutral, über Rechtsordnungen gesprochen werden[4]. Heute ließen sich die Rechtsgeltung in Nordkorea und die in Frankreich auf Grundlage der Reinen Rechtslehre erklären, ohne dass inhaltliche Unterschiede des Rechts bedeutsam wären. Die Frage „Woher kommt das Recht?" hat eine formale Antwort gefunden. Diese mag zur Lösung bestimmter Probleme der Geltung von Recht genügen.

Das Problem der Geltung des Rechts ist damit aber nicht erschöpft. Denn die Geltung des Rechts lässt sich nicht allein normlogisch erklären. Der juristische Geltungsbegriff hat auch soziologische und moralische Aspekte. Dabei geht es vor allem um die Akzeptanz und Wirksamkeit des Rechts.[5] Dafür muss man den Inhalt des Rechts in den Blick nehmen.

Unser Thema wirft nach dem bisher Gesagten folgende Fragen auf: Besteht wirklich eine Identität von Recht und Staat? (II). Schaffen nicht auch Private Recht? (III). Dann erhebt sich die rechtskulturelle Frage, woher das Recht seinem Inhalt nach kommt. So wird z. B. Recht aus anderen Rechtsordnungen rezipiert (IV). Betrachtet man das Handwerk der Gesetzgebung, zeigen sich vielschichtige Einflüsse auf den Inhalt des Rechts (V). Schließlich wird der Inhalt des Rechts von Rechtsgrundsätzen bestimmt, die tiefe historische Wurzeln haben (VI).

---

4 Dazu treffend *Joachim Hruschka*, Vorpositives Recht als Gegenstand und Aufgabe der Rechtswissenschaft, in: JZ 1992, S. 429, 430.

5 Vgl. dazu *Heinrich Henkel*, Einführung in die Rechtsphilosophie, 2. Auflage 1977, S. 543 ff.; *Reinhold Zippelius*. Rechtsphilosophie, 5. Auflage 2007, S. 18 ff.; *Kurt Seelmann*, Rechtsphilosophie, 1994, S. 48 ff.; *Robert Alexy*, Begriff und Geltung des Rechts, 1992, S. 139 ff.

II. Dialektik von Recht und Staat

1. Literarische Beispiele

Wenn man die philosophische und die juristische Literatur zum Verhältnis von Recht und Staat durchsieht, zeigt sich entgegen der Reinen Rechtslehre einerseits eine gewisse Eigenständigkeit beider Größen und andererseits, dass sie aufeinander angewiesen sind. Damit wendet sich die Frage den inhaltlichen Problemen des Rechts zu. Zwei Beispiele: Blaise Pascal (1623–1662) hat in seinem Spätwerk „Pensées" kurz und klar zum Ausdruck gebracht: [6] „La justice sans la force est impuissante; la force sans la justice est tyrannique". Recht ohne Macht ist ohnmächtig; Macht ohne Recht ist tyrannisch.[7] Mehr als 300 Jahre später hat der schweizerische Jurist Dietrich Schindler (1890–1948) deutlicher auf den Staat bezogen geschrieben[8]: „Das Recht legitimiert den Staat, und der Staat gibt dem Recht die Macht." Bei dem Recht, das den Staat legitimiert, handelt es sich nicht nur um das vom Staat gesetzte Recht. Vielmehr erscheint das Recht als eigenständige Größe in Gestalt von Rechtsgrundsätzen, die sich im Laufe der Geschichte bewährt haben und anerkannt worden sind. Schindler zeigt, dass Recht in dieser doppelten Gestalt – als positives Recht und als Rechtsgrundsatz – einerseits und andererseits Macht dialektische Momente eines Ganzen sind.

2. Grundgesetz und andere Verfassungen

Die These von Schindler – 1932 formuliert – wird bestätigt, wenn man das Grundgesetz unter dem Gesichtspunkt der Legitimation des Staates befragt. In Art. 1 Abs. 2 bekennt sich das Deutsche Volk „zu unverletzlichen und unveräußerlichen Menschenrechten als Grundlage jeder menschlichen Gemeinschaft, des Friedens und der Gerechtigkeit in der Welt." Damit anerkennt das Grundgesetz den überstaatlichen Charakter der Rechtsgrundsätze, die in den Menschenrechten zum Ausdruck gebracht worden sind, und folgt der französischen Erklärung der Menschen- und Bürgerrechte von 1789, die an diese Rechte „erinnert". Art. 20 Abs. 3 GG bindet die Gesetzgebung an die verfassungsmäßige Ordnung und die vollziehende Gewalt und die Rechtsprechung „an Gesetz und Recht".

Zusammenfassend spricht Art. 28 Abs. 1 Satz 1 im Hinblick auf die Länder von „den Grundsätzen des republikanischen, demokratischen und

---

6 Pensées, hrsg. v. Ernest Havet, Paris o.J., Artikel VI Nr. 8, nach anderen Ausgaben Nr. 298 oder Nr. 257.

7 Statt vieler anderer Autoren vgl. *Otto von Gierke*, Johannes Althusius und die Entwicklung der naturrechtlichen Staatstheorien, 3. Aufl. 1913, S. 305 ff., 317 ff.

8 *Dietrich Schinder*, Verfassungsrecht und soziale Struktur, 1932, zitiert nach der 3. unveränderten Aufl. 1950, S. 19, 118 f.

sozialen Rechtsstaates im Sinne dieses Grundgesetzes". In Art. 79 Abs. 3 ist eine Änderung des Grundgesetzes verboten, durch die u. a. die in den Artikeln 1 und 20 niedergelegten Grundsätze berührt werden. In Deutschland hat es also die Verfassung als höchste Norm des positiven Rechts übernommen, die Legitimation des Staates positiv-rechtlich zu bestimmen und damit festzulegen.

Rechtsstaat ist folglich nicht der Staat, weil er Recht erzeugt, sondern der Staat, der bei der Erzeugung von Recht an Rechtsgrundsätze formeller und materieller Art gebunden ist. Diese sind weitgehend im Grundgesetz als Verfassungsrecht normiert, sind also positives Recht höherer Ordnung.

Was am Beispiel des Grundgesetzes gezeigt worden ist, gilt auch für andere Staaten, die sich in neueren Verfassungen als Demokratien und Rechtsstaaten konstituieren und die Menschenrechte anerkennen.[9] Auch diese Staaten erheben nicht den Anspruch, über den Inhalt des Rechts völlig ungebunden zu bestimmen, sondern stellen sich unter bestimmte Rechtsgrundsätze, wie sie in den Menschenrechten und den Grundsätzen des demokratischen Rechtsstaats zum Ausdruck kommen. Auch Staaten ohne geschriebene Verfassung wie Großbritannien oder ohne ausdrückliche Bezugnahme auf Rechtsgrundsätze in ihrer Verfassung anerkennen die Rule of Law, die Menschenrechte oder einzelne Grundsätze von natural justice[10] etwa im Recht des gerichtlichen Verfahrens: Niemand darf Richter in eigener Sache sein (nemo iudex in causa sua) und das rechtliche Gehör vor Gericht (audiatur et altera pars).

Die Beispiele der hier genannten demokratischen Verfassungsstaaten zeigen, dass sie ähnliche Rechtsordnungen haben, insbesondere gleichen Rechtsgrundsätzen verpflichtet sind. Die Europäische Gemeinschaft, die 1957 als Wirtschaftsgemeinschaft gegründet worden ist, war von Anfang an auch Rechtsgemeinschaft. Sie konnte nur gegründet und ins Werk gesetzt werden, weil den Mitgliedstaaten Rechtsgrundsätze gemeinsam sind, auf deren Grundlage Gemeinschaftsrecht geschaffen werden konnte. Das gilt für die sechs Gründerstaaten, aber auch für viele der später der Europäischen Gemeinschaft beigetretenen Staaten, die nach der Überwindung autoritärer oder kommunistischer Diktaturen die die Europäische Gemeinschaft bestimmenden Rechtsgrundsätze übernommen haben.

---

9 Vgl. z. B. Präambel der französischen Verfassung (1958), Art. 1, 2 portugiesische Verfassung (1976), Art. 1 spanische Verfassung (1978), Präambel und Art. 2 slowenische Verfassung (1991), Art. 1 slowakische Verfassung (1992), Präambel und Art. 2 polnische Verfassung (1997), Art. 1 finnische Verfassung (1999).

10 *H. W. R. Wade/C. F. Forsyth*, Administrative Law, 7. ed., Oxford 1994, S. 463 ff.; *P. P. Craig*, Administrative Law, 3. ed., London 1994, S. 326 ff.

III. Rechtserzeugung durch Private

Recht entsteht auch aus Verträgen, wie wir gesehen haben, aber nicht nur aus Verträgen, bei denen der Staat Vertragspartner ist. Die Identifikation von Staat und Recht stimmt nicht. Damit werden wir auf weitere Rechtsquellen verwiesen: den Vertrag, der mit Freiheit in Verbindung steht, und das Gewohnheitsrecht.

1. Privatautonomie und Gewohnheitsrecht

Durch Vertrag wird zwischen den Parteien ein Sachverhalt rechtlich geregelt, der einen Einzelfall, eine Beziehung oder sich wiederholende Einzelfälle oder eine dauerhafte Beziehung darstellt. Mit Verträgen werden künftige Lebensverhältnisse rechtlich gestaltet. Grundlage der Rechtserzeugung durch Vertrag ist die Freiheit der Person, die hier als Vertragsautonomie wirkt. In diesem Begriff kommt zum Ausdruck, dass durch Verträge selbst, d. h. eigenständig zwischen den Parteien, Recht erzeugt wird. Das Verfahren der Konsensgewinnung kann verschieden ausgestaltet sein. Inhaltlich werden durch Vertrag Austausch von Gütern und Leistungen, gemeinsame Tätigkeiten in Vereinen und Handelsgesellschaften oder Normen – z. B. in Tarifverträgen (§ 1 Abs. 1 TVG), Vereinssatzungen (§ 25 BGB), Satzungen von Gesellschaften (z. B. § 23 AktG) und allgemeine Geschäftsbedingungen – vereinbart[11].

Die in der Vertragsautonomie verbürgte Bürgerfreiheit steht unter dem Gesetz[12]. Man unterscheidet zwischen Gesetzen, die die Freiheit sichern oder überhaupt erst ermöglichen[13], und Gesetzen, die die Freiheit beschränken. So enthalten das Vereinsrecht und das Gesellschaftsrecht Verfahren, Organisation und Rechtsformen, in denen Privatrechtssubjekte gemeinsame Ziele verwirklichen können, die sie autonom im Einzelnen rechtlich ausgestalten. Zum Ausgleich verschiedener Mächtigkeit der Vertragsschließenden enthält das Gesetz zwingende Normen. Bei Gefahr der Überrumpelung des Vertragspartners werden z. B. Widerrufsrechte gewährleistet. Sittenwidrige Rechtsgeschäfte sind nichtig (§ 138 Abs. 1 BGB). Damit wird die reale Vertragsfreiheit gesichert. Selbst wenn der Staat gesetzlich auf die Vertragsgestaltung Einfluss nimmt, insbesondere Grenzen zieht, bestimmen die Vertragspartner Inhalt und Geltung des vertraglich vereinbarten Rechts.

---

11 Grundlegend *Ferdinand Kirchhof*, Private Rechtssetzung, 1987, S. 181 ff.

12 Zum gesetzlich gezähmten Vertrag siehe *Christian Starck*, Gesetz und Vertrag, in: Behrends/Starck (Hrsg.), Gesetz und Vertrag II, 2005, S. 9, 14 ff.

13 *Christian Starck*, in: v. Mangoldt/Klesin/Starck, Kommentar zum Grundgesetz, 5. Aufl. Band 1, 2005, Art. 1 Rn. 287.

Die neuzeitliche Vergesetzlichung des Rechts hat dazu geführt, dass Gewohnheitsrecht stark zurückgedrängt worden ist. Im Privatrecht, um das es hier geht, hat es aber noch einen gewissen Platz, etwa im Arbeitsrecht, im Nachbarrecht und im Handelsrecht in Gestalt von Handelsbräuchen (§ 346 HGB), die als Ergänzung von Verträgen bedeutsam sind.

2. Aspekte der Globalisierung

Die Vertragsfreiheit ist ein Globalisierungsmotor. Transnationale wirtschaftliche Rechtsbeziehungen werden vertraglich geregelt, und dabei wird das zugrundeliegende staatliche Recht frei gewählt, oder es wird versucht, eigenständig Recht zu bilden, und daraus entstehende Streitigkeiten werden Schiedsgerichten unterworfen[14]. Die dafür notwendigen Verfahrensregelungen werden von der International Chamber of Commerce mit Sitz in Paris (ICC) in Anlehnung an das Schweizerische Recht entwickelt. Die Schiedsgerichte entfalten ihre eigene Spruchpraxis, bilden das Recht fort und haben ihre eigenen Publikationsorgane.[15] Manche sprechen schon von einer dritten Rechtsordnung neben staatlichem und Völkerrecht und prophezeien eine weltumspannende entstaatlichte Zivilrechtsordnung, die sie schon in der lex mercatoria, der lex sportiva und der lex technica zu erblicken meinen. Private Rechtssetzung als Ausdruck der Freiheit bedarf staatlicher Gewährleistung. Das gilt auch auf globaler Ebene.[16] Wichtig in unserem Zusammenhang ist aber die Einsicht in den Einfluss international handelnder Privater auf den Inhalt der Rechtsordnung. Das stellt einen weiteren Baustein für die Antwort auf die Frage dar, woher das Recht kommt.[17]

Die bisherigen Darlegungen relativieren die Vorstellung, dass der Inhalt des Rechts vom Staat kommt, in doppelter Weise. (1) Der Staat ist bei der Erzeugung von Recht an Rechtsgrundsätze gebunden. Diese Bindung wird z. T. allerdings in Verfassungen, also im positiven Recht zum Ausdruck gebracht. (2) Das innerstaatlich erzeugte Recht entspringt z. T. Verträgen, die Privatpersonen schließen und dabei von ihrer Vertragsfreiheit Gebrauch machen, oder dem privat generierten Gewohnheitsrecht. Das staatliche Gesetz steckt einen rechtlichen Rahmen ab, ist aber nicht eigentliche Quelle

14 *Horst Eidenmüller*, Forschungsperspektiven im Unternehmensrecht, in: JZ 2007, S. 487, 488 ff.; *Klaus Peter Berger*, Formalisierte oder „schleichende" Kodifizierung des transnationalen Wirtschaftsrechts 1996, S. 66 ff.

15 z. B. International Business Lawyer, Hrsg. v. der International Bar Association.

16 *Johannes Hellermann*, Private Standardsetzung im Bilanzrecht – öffentlich-rechtlich gesehen, in: NZG 2000, S. 1097, 1100.

17 *Gregor Bachmann*, Private Rechtsordnung, 2006, S. 37 f.; *Matthias Herdegen*, Internationales Wirtschaftsrecht, 6. Aufl., 2007, S. 22 f.; *Anne Röthel*, Lex mercatoria, lex sportiva, lex technica – Private Rechtssetzung jenseits des Nationalstaates?, in: JZ 2007, S. 755 ff.

des privatautonom gesetzten Rechts z. B. über Lohntarife, die Einzelheiten des Innenlebens einer Handelsgesellschaft oder eines Vereins und so fort.

IV. Rezeption aus anderen Rechtsordnungen

Im Folgenden wollen wir Maßstäbe für staatliches Recht näher betrachten, die dessen Inhalt beeinflussen. Zunächst folgen drei Beispiele für Rezeptionsvorgänge durch Rechtsdogmatik, Gesetzgebung und Rechtssprechung.

1. Französisches Verwaltungsrecht in Deutschland
In Frankreich hat der Conseil d'Etat, der im Rahmen der Verwaltungsorganisation Gerichtsfunktion ausübt, im 19. Jahrhundert das französische Verwaltungsrecht „in stetiger zielbewußter Arbeit geschaffen und ausgebildet" und „ein wundervolles Kunstwerk, dem römischen Zivilrecht nicht unebenbürtig", hervorgebracht. Otto Mayer, von dem dieses Zitat stammt[18], hatte 1886 sein Werk „Theorie des Französischen Verwaltungsrechts" veröffentlicht, das seine spätere, für die Praxis maßgebende Bearbeitung des deutschen Verwaltungsrechts[19] methodisch und inhaltlich beeinflusst hat. Dabei sind zentrale Begriffe wirkungsmächtig ins deutsche Recht überführt worden: Gesetz und Rechtssatz, Gesetzesvorbehalt, Verwaltungsakt, öffentliche Anstalt, öffentlich-rechtliches Eigentum, öffentlich-rechtliche Entschädigung u. a. Damit wurde das deutsche Verwaltungsrecht der bis dahin gültigen zivilrechtlichen Begrifflichkeit weitgehend entzogen.[20] Da das allgemeine Verwaltungsrecht nicht kodifikationsreif war, fand die Rezeption durch Rechtsdogmatik und dieser folgend durch die Rechtsprechung statt.

2. Deutsches Verfassungsrecht in Japan
Für das „Woher des Rechts" gibt es noch eine andere Grundkonstellation. Das ist der Wunsch, die Gesellschaft zu modernisieren, indem das Recht eines anderen Staates, dessen Gesellschaft weiter entwickelt ist, rezipiert wird. Solche Rezeptionsvorgänge sind zu allen Zeiten und weltweit zu beobachten.[21] Um dieses Phänomen in seiner Globalität zu verdeutlichen, greife ich das Beispiel Japans Ende des 19. Jahrhunderts auf. 1868 fand eine Umwälzung des politischen Systems in Japan statt, dessen Herrschaftssystem in

---

18 *Otto Mayer*, Rezension zu G. Jèze, Das Verwaltungsrecht der französischen Republik, 1913, in: AöR 32 (1914), S. 275, 277.

19 *Otto Mayer*, Deutsches Verwaltungsrecht, 2 Bände, 1895 und 1896.

20 Dazu ausführlich *Erk Volkmar Heyen*, Otto Mayer. Studien zu den geistigen Grundlagen seiner Verwaltungsrechtswissenschaft, 1981.

21 Vgl. *Rainer Grote*, Rechtskreise im öffentlichen Recht, in: AöR 126 (2001), S. 10 ff.

der Auseinandersetzung mit den seefahrenden Westmächten versagt hatte. Die Erneuerung (ishin) der gesamten japanischen Gesellschaft wurde rechtlich abgesichert. Japanische Juristen, die in Europa studiert hatten, wurden konsultiert, europäische und amerikanische juristische Werke wurden ins Japanische übersetzt, vor allem die Bücher von Hermann Schulze[22] und Ludwig von Rönne[23] über deutsches und preußisches Staatsrecht. Dadurch erkannten die Japaner die Vorbildlichkeit der oktroyierten preußischen Verfassung von 1850 und der süddeutschen Verfassungen für die japanische Situation. England hatte keine geschriebene Verfassung und konnte deshalb nicht als Modell dienen, ebenso wenig wie die republikanischen Verfassungen der USA und Frankreichs. Die Eignung der deutschen Verfassungen für eine Teilrezeption wurde vor allem darin gesehen, dass sie zumeist vom Fürsten oktroyiert, d. h. gewährt worden waren, der über der Verfassung stehend gedacht war. Die deutschen Fürsten verstanden sich von Gottes Gnaden. Der Tenno, der himmlische Kaiser, führte seine Abstammung auf die Sonnengöttin Amaterasu zurück. Die 1889 in Kraft getretene Verfassung des Kaiserreichs Groß-Japan, im Westen als Meiji-Verfassung bezeichnet, ist mit Unterstützung zweier deutscher Juristen[24] verfasst worden, die den monarchischen Konstitutionalismus vertraten, der zur politischen Situation Japans passte.[25]

Einige aus dieser Grundkonzeption der Verfassung folgenden Regelungen, z. B. über die Gesetzgebung, das Budgetrecht, den Kaiser, das Parlament (zwei Häuser), die monarchische Regierung sowie die Rechte und Pflichten der Japaner, zeigen markante Übereinstimmungen mit den deutschen Verfassungen.

3. Europäisches Verfassungsdenken in Taiwan

Bleiben wir in Asien, und betrachten wir einen modernen Rezeptionsvorgang als weiteres Beispiel für das „Woher des Rechts". Die chinesische Verfassung von 1947, die heute in Taiwan gilt, enthält keine Garantie der Menschenwürde. Allerdings findet sich in Art. 10 Abs. 6 der Zusatzbestimmungen zur Verfassung (1991–2000) eine besondere Garantie der Würde der Frauen. Danach muss der Staat ihre persönliche Sicherheit schützen, geschlechtliche Diskriminierung bekämpfen und die tatsächliche Gleichheit der Geschlechter fördern. In zahlreichen Auslegungen der Hohen Richter –

22 *Hermann Schulze*, Das Preußische Staatsrecht. Auf der Grundlage des Deutschen Staatsrechts dargestellt, 2 Bände, 1872, 1877.

23 *Ludwig von Rönne*, Das Staatsrecht der Preußischen Monarchie, 1856, 2. Aufl. 1864.

24 *Albert Mosse* und *Hermann Roesler*.

25 Vgl. ausführlicher *Christian Starck*, Deutsches Verfassungsrecht in Japan, in: Jahrbuch der Akademie der Wissenschaften zu Göttingen 2005, S. 95 ff. mit Literatur (S. 100).

einer Art Verfassungsgericht – wird in dem Würdeartikel hauptsächlich eine Bestärkung des verfassungsrechtlichen Gleichheitssatzes gesehen.[26] In der Auslegung Nr. 603 vom 28.9. 2005 ist dann jedoch allgemein von der Personenwürde die Rede; es ging um das Recht auf Privatsphäre, das in der Verfassung nicht ausdrücklich geschützt ist. Die Würde des Menschen wird von den Hohen Richtern als Argument benutzt, um ein Recht auf Privatsphäre begründen und schützen zu können. Damit erweist sich die Menschenwürde als ein ungeschriebener Grundsatz jeder „freien und demokratischen Verfassungsordnung", wie es in der Auslegung heißt. In dieser Auslegung zeigt sich etwas substanziell Neues, und zwar eine neue Rezeption europäischen Verfassungsdenkens. Mehr als ein Drittel der damals amtierenden 15 Hohen Richter hat in Deutschland studiert und wurde dort promoviert, nach der letzten Richterwahl sind es sieben.

Solche Rezeptionsentscheidungen des Gesetzgebers oder des Verfassungsgerichts sind nicht die Regel. Gleichwohl sind sie zusammen mit Rezeptionen durch die Rechtsdogmatik besonders eindrucksvolle Antworten für die Fragestellung, woher das Recht kommt.

V. Das Handwerk der Gesetzgebung

Weitere Einblicke in das Woher des Rechts gewinnen wir, wenn wir uns das Handwerk der Gesetzgebung genauer ansehen. Dabei werde ich nicht auf die ja zum Staat gehörende Ministerialverwaltung eingehen, die bekanntermaßen die meisten Gesetzentwürfe erstellt, auch nicht auf die jetzt durch die Kritik des Bundesrechnungshofs bekannt gewordene Tätigkeit von Lobbyisten der Verbände bei der Herstellung von Gesetzentwürfen für die Regierung. Vielmehr möchte ich drei Aspekte beleuchten, die mir besonders wichtig erscheinen: die Beratung des Gesetzgebers, die Wirkung der Rechtsdogmatik auf die Gesetzgebung und die Bedeutung der Stufenordnung des positiven Rechts für die Gesetzgebung.

1. Beratung des Gesetzgebers

Die Inhalte des Rechts kommen von der Rechtspolitik, die eine Regierung verfolgt und für die sie eine Mehrheit im Parlament benötigt. Wir wissen, dass Gesetzentwürfe zu komplizierten Materien häufig mit Hilfe von Sachverständigen erarbeitet werden. Das nennt man Politikberatung. Im Februar hat die Gemeinsame Wissenschaftskonferenz (GWK)

---

[26] Abgedruckt in: The Republic of China. Constitutional Court. Reporter: "Second Edition" Interpretations Nr. 365 vom 23.9.1994, Nr. 372 vom 24.2.1995, Nr. 400 vom 12.4.1996.

von Bund und Ländern die Leopoldina zur Deutschen Nationalakademie erhoben und ihr die Aufgabe der Politikberatung übertragen. Die Berlin-Brandenburgische Akademie der Wissenschaften hat am 16. April 2008 „Leitlinien Politikberatung" veröffentlicht. Anforderungen und Angebote sind also vorhanden. Über die Probleme und Schwierigkeiten wissenschaftlicher Politikberatung ist hier nicht zu sprechen.

In der Geschäftsordnung des Deutschen Bundestages ist eine Enquete-Kommission vorgesehen (§ 56), die gesetzgeberische Entscheidungen über umfangreiche und bedeutsame Sachkomplexe vorbereitet. Die Kommission setzt sich aus Sachverständigen und aus Bundestagsabgeordneten zusammen. Für Technikfolgenabschätzung ist ein besonderer Ausschuss zuständig (§ 56a), der Institutionen außerhalb des Bundestages beauftragen kann. In beiden Fällen geht es vor allem um wissenschaftliche Analysen und Beratungen etwa für die Gesetzgebung auf Gebieten der Arzneimittel, der Lebensmittel, schädlicher Immissionen, des Strahlenschutzes, der Gentechnik, der Geräte- und Produktsicherheit, des Schutzes vor Infektionen, der Organtransplantation, Kernenergie usw. Information über einen Gegenstand der Beratung kann auch durch Anhörung von Sachverständigen und Interessenvertretern in einem Bundestagsausschuss stattfinden. Solche Sitzungen sind öffentlich, damit die Öffentlichkeit erfährt, wer welchen Rat gegeben hat.

Informierte Gesetzgebung ist heute die Regel. Deliberation und Öffentlichkeit genügen für gute Gesetzgebung nicht mehr.[27] Es leuchtet unmittelbar ein, dass die zuverlässige Erfassung der sozialen Wirklichkeit, auf die das Gesetz ordnend und steuernd einwirken soll, und die Kenntnis der voraussichtlichen Wirkungen der beabsichtigten Regelungen den Inhalt des Gesetzes beeinflussen. Bekommt der Gesetzgeber darüber zuverlässige Informationen vermittelt – eventuell auch durch Betroffene und Lobbyisten – und verarbeitet er diese, wird er missglückte Gesetze weitgehend vermeiden können.[28]

---

27 Vgl. *Christian Starck*, Der Gesetzesbegriff des Grundgesetzes, 1970, S. 158, 160, 162; *Edwin Loebenstein*, Fachwissen und Rechtssetzung, in: Schäffer (Hrsg.), Theorie der Rechtssetzung, 1988, S. 167, 192 ff: Methoden und Möglichkeiten der Verknüpfung technisch-, natur-, medizinisch-wissenschaftlichen Sachverstandes mit der Gesetzgebung und Umsetzung derartiger Erkenntnisse in der Rechtsetzung; *Fritz Ossenbühl*, Die Not des Gesetzgebers im naturwissenschaftlich-technischen Zeitalter (Nordrhein-Westfälische Akademie der Wissenschaften, Vorträge G 367, 2000; *Georg Müller*, Elemente einer Rechtssetzungslehre, 2006, S. 230 ff.

28 Beispiele für das Gegenteil bei *Diederichsen/Dreier (Hrsg.)*, Das mißglückte Gesetz. 8. Symposion der Kommission „Die Funktion des Gesetzes in Geschichte und Gegenwart", 1987.

2. Wirkungen der Rechtsdogmatik

Die mit oder ohne sachverständige Beratung entstandenen und in Geltung gebrachten Gesetze bedürfen der rechtswissenschaftlichen Aufbereitung durch die Rechtsdogmatik. Gustav Radbruch nannte die Rechtsdogmatik die „Wissenschaft vom geltenden, nicht vom richtigen Recht, vom Rechte, das ist, nicht vom Rechte, das sein soll“[29]. Die Rechtsdogmatik wird zumeist im Sinne Radbruchs als eine Wissenschaft betrachtet, die der Gesetzgebung nacharbeitet, d. h., die gegebenen Gesetze nach allgemeinen Gesichtspunkten interpretiert, harmonisiert, Widersprüche durch systematische Interpretation ausgleicht, Regeln aufstellt, dadurch die Gesetzesanwendung rationalisiert und berechenbar macht und die gleichmäßige Handhabung des Rechts fördert. Zur Antwort auf die Frage, woher das Recht kommt, gehört deshalb die Rechtsdogmatik, weil sie inhaltlich mitbestimmt, was als Recht gilt, insbesondere, wenn die Dogmatik von der Rechtsprechung aufgenommen wird.

Bereits diese Aufgabenstellung der intra legem tätigen Rechtsdogmatik zeigt, dass diese mit Wissen ausgestattet ist, das der jeweils aktuellen Gesetzgebung vorausliegt und dieser bei der Festlegung des Inhalts des Rechts zugute kommen kann. Dies hat Okko Behrends wie folgt umschrieben: „Der Gesetzgeber erreicht für seine Regelungen einen großen Zuwachs an Geltungsintensität, wenn er sich auf bewährte Dogmatik stützt und dies im Gesetz in geeigneter Form deutlich macht. Die für die Rechtsanwendung erforderliche Kommunikation mit den rechtsanwendenden Instanzen, den Gerichten wie den beratenden Anwälten, empfängt durch die Dogmatik ein verlässliches Medium.“[30] Viele Grundbegriffe unserer Rechtsordnung, die in alter und in neuer Gesetzgebung verwendet werden, beruhen auf gründlicher rechtsdogmatischer Durcharbeitung und Präzisierung: Vertrag, Eigentum, Schadensersatz, Entschädigung, Schuld und Strafe, Gesetz, Gesetzesvorbehalt, Verhältnismäßigkeitsprinzip. Begriffe, Formen und Institute, die dogmatisch entwickelt worden sind, besitzen zumeist ein größeres Beharrungsvermögen als vom Gesetzgeber spontan erfundene Bauelemente. Gesetzgebung ohne rechtsdogmatische Vorarbeiten und Systematisierungen hätte ein rechtskulturell sehr niedriges Niveau und würde den rechtstaatlichen Anforderungen an Überschaubarkeit und Verlässlichkeit des Rechts nicht gerecht.

Das Bündnis von Gesetzgebung und Dogmatik beschränkt sich nicht auf überkommene Dogmatik. Diese ist nicht immer bewährt; sie kann ver-

29 *Gustav Radbruch*, Rechtsphilosophie, hrsg von Dreier und Paulson, 2. Aufl. 2003, S. 106.

30 *Okko Behrends*, Das Bündnis zwischen Gesetz und Dogmatik und die Frage der dogmatischen Rangstufen, in: Behrends/Henckel (Hrsg.), Gesetzgebung und Dogmatik, 1988, S. 9.

baut, verkompliziert und verkrustet und den neuen Herausforderungen an das Recht nicht mehr gewachsen sein. Neue dogmatische Figuren, die in das Rechtssystem passen, können erforderlich sein, um dem Gesetzgeber zu helfen, verlässliche und wirksame Regelungen zu erlassen. Gute Gesetzgebung muss, wie wir im Abschnitt über die Beratung gesehen haben, die der beabsichtigten Regelung zugrundeliegenden Tatsachen kennen, so auch ökonomische Gesetzlichkeiten und naturwissenschaftliche und technische Entwicklungen.[31]

Das bisher über Rechtsdogmatik Gesagte ist durchaus relativ zu Ort und Zeit der Gesetzgebung zu verstehen. Rechtsdogmatik ist keine Gerechtigkeitslehre. Sie macht da, wo sie wirksam ist, das Recht berechenbar und garantiert ein Mindestmaß an Gleichheit i. S. der Abwesenheit von Willkür sowie Unparteilichkeit. Rechtsdogmatik systematisiert und stabilisiert das positive Recht sowohl in seiner Entstehung als auch in seiner Anwendung und hält es durch immanente Kritik widerspruchsfrei. Somit ist die Rechtsdogmatik ein wichtiger Faktor, der den Inhalt des Rechts mitbestimmt.

3. Stufenordnung des positiven Rechts

Der Vorrang der Verfassung vor dem Gesetzesrecht verlangt noch einige zusätzliche Bemerkungen über das Woher des Rechts. Die Gesetzgebung ist an die verfassungsmäßige Ordnung gebunden (Art. 20 Abs. 3 GG). Die Grundrechte binden die Gesetzgebung als unmittelbar geltendes Recht (Art. 1 Abs. 3 GG). Der Vorrang der Verfassung wirkt sich rechtsdogmatisch so aus, dass die Verfassungsrechtsdogmatik – freilich nur, soweit die Verfassung als Rahmenordnung reicht[32] – die Dogmatik des einfachen Rechts beherrscht. Das kann man an zwei Beispielen verdeutlichen.

(1) Das rechtsdogmatisch aus den Grundrechten als unmittelbar geltendem Recht (Art. 1 Abs. 3 GG) und aus dem Rechtsstaatsprinzip folgende Verhältnismäßigkeitsprinzip[33] stellt keine beliebig änderbare oder gar verzichtbare dogmatische Figur dar; vielmehr hat es teil am Vorrang der Verfassung. Danach müssen Eingriffe in die Grundrechte zum Schutze der Rechte Dritter oder eines Gemeinwohlgutes geeignet, erforderlich und proportional sein. Damit ist ein wesentlicher Faktor benannt, der den Inhalt des Rechts bestimmt.

---

31 *Christian Starck*, Überlegungen zur Gesetzgebungslehre, in: Zeitschrift für Gesetzgebung 3 (1988), S. 1, 14 ff.

32 *Christian Starck*, Die Verfassungsauslegung, in: Handbuch des Staatsrechts, Bd. VII, 1992, S. 205 ff.

33 *Peter Lerche*, Übermaß und Verfassungsrecht, 1961, passim; *Christian Starck*, in: v. Mangoldt/Klein/Starck, Kommentar zum Grundgesetz, Band. 1, 5. Aufl. 2005, Art. 1, Rn. 277 ff.

(2) Das Verständnis der Grundrechte als subjektiver Rechte hat dazu geführt,

- dass für die Beseitigung der Folgen eines rechtswidrigen Verwaltungsaktes der sog. Folgenbeseitigungsanspruch rechtsdogmatisch als grundrechtlicher Schutzanspruch konstruiert worden ist,[34]
- dass das Bundesverfassungsgericht aus dem allgemeinen Persönlichkeitsrecht jüngst das „Grundrecht auf Gewährleistung der Vertraulichkeit und Integrität informationstechnischer Systeme" abgeleitet hat.[35]

Diese Beispiele zeigen, wie von der höheren Ebene des Verfassungsrechts aus rechtsdogmatische Neukonstruktionen auf der Ebene des einfachen Gesetzesrechts stattgefunden haben.

VI. Wurzeln abendländischer Rechtsgrundsätze

Die abendländischen Rechtsgrundsätze beruhen vor allem auf dem römischen Recht und dem der lateinischen Kirche, wie Franz Wieacker und viele andere in umfangreichen Werken im Einzelnen dargestellt haben.[36] Die römisch-rechtliche Tradition und die diese z.T. verarbeitende christliche Tradition haben die Rechtsordnungen der europäischen Staaten und deren Abkömmlinge einander verbindend geprägt. Es geht dabei um die Wurzeln der schon erwähnten Rechtsgrundsätze, wie sie etwa in Art. 6 Abs. 1 EUV zusammengefasst sind. Damit betreten wir ein weites Feld, das hier nicht abgeschritten werden kann. Ich beschränke mich auf drei Beispiele.

1. Wirkung des römischen Rechts

Das römische Recht wirkt in zahlreichen Institutionen und Grundbegriffen der nationalen Privatrechtsordnungen fort und stellt heute eine wichtige Grundlage der Europäisierung des Privatrechts dar.[37] Das wichtigste Erbe, das wir den Römern verdanken, ist wohl die Verwissenschaftlichung des

---

34 BVerwG, DÖV 1971, S. 857 mit Anm. von *Otto Bachof*; *Fritz Ossenbühl*, Staatshaftungsrecht, 5. Aufl. 1998, S. 287 ff.

35 BVerfGE 120, 274, 302ff.

36 *Franz Wieacker*, Privatrechtsgeschichte der Neuzeit, 2. Aufl. 1967, S. 26 ff.; *Rudolph v. Ihering*, Geist des römischen Rechts auf den verschiedenen Stufen seiner Entwicklung, 6. Aufl. 1907, S. 1 ff.; *Paul Koschaker*, Europa und das römische Recht, 3. Aufl. 1958, S. 1 ff., 16 ff.; *Michel Villey*, La formation de la pensée juridique moderne, 1975, S. 105 ff.; *Peter Stein/John Shand*, Legal Values in Westen Societies, 1974; *Harold J. Berman*, Recht und Revolution, 1991, S. 199 ff.; 272 ff.; *J. H. H. Weiler*, Ein christliches Europa. Erkundungsgänge, 2004, passim.

37 Vgl. die Beispiele bei *Reinhard Zimmermann*, Römisches Recht und europäische Kultur, in: JZ 2007, S. 1, 3 ff.

Rechts nach der Wiederentdeckung des Corpus Iuris Civilis im Mittelalter.[38] In seiner spätantiken Durcharbeitung vermittelt es universelles juristisches Grundwissen, eine Art juristische Grammatik, wie Franz Wieacker zu sagen pflegte. Das römische Recht lehrt die genaue Feststellung der Sache, über die zu entscheiden ist, und die Argumentation, die jede voreilige Einseitigkeit vermeidet sowie plausible, rationale und somit verallgemeinerbare Entscheidungen anstrebt, die der Gerechtigkeit dienen. Diese wird symbolisiert durch die Waage der Iustitia und ihren scharfen Blick auf die Sache, um die es geht. Die Binde vor den Augen bedeutet nur, dass ohne Ansehen der Person zu entscheiden ist.

2. Ursprung der Menschenrechte

Wir sind gewöhnt, die Menschenrechte auf Revolution und Gesetzgebung zurückzuführen und sie als Errungenschaften der Aufklärung zu betrachten, die gegen den monarchischen Absolutismus und gegen die – wenigstens in Frankreich – mit diesem eng verbundene Kirche durchgesetzt werden mussten. Das trifft zu, wenn man damit die Epoche der ersten katalogartigen Formulierungen der Menschenrechte meint. Der geistige Ursprung der Menschenrechte liegt jedoch im Menschenbild des Christentums mit seinen biblischen und antiken Wurzeln.

Grundlage für Würde und Freiheit jedes einzelnen Menschen ist die biblisch-christliche Auffassung, dass Gott den Menschen nach seinem Ebenbild geschaffen hat.[39] Hierin wurzelt auch die rechtliche Gleichheit der Menschen. Ernst Troeltsch hat diesen dem Freiheitsgedanken zugrundeliegenden christlichen Individualismus tiefgreifend analysiert und wie folgt beschrieben[40]: „Das Individuum, das Gottes Kind ist, darf sich als unendlich wertvoll betrachten [. . .]. Nicht an die naturhafte Individualität, sondern an einen erst in der Gottesgemeinschaft zu gewinnenden Wert ist gedacht. Es ist begreiflich, dass ein solcher Individualismus ein schlechthin radikaler, auch alle Naturschranken und Unterschiede durch das Ideal des religiösen Seelenwertes überwindender ist, und ebenso begreiflich ist, dass ein solcher Individualismus nur auf dieser religiösen Grundlage überhaupt möglich ist. Nur die Gottesgemeinschaft gibt dem Individuum diesen Wert, [. . .]."

Diese im Zitat angedeuteten theologischen Grundsätze haben den Freiheitsbegriff geformt, der im Laufe der Zeit auf die weltlichen Verhältnisse gewirkt hat. Die einzelnen Stufen der Entwicklung können hier nicht nach-

---

38 *Franz Wieacker* (Anm. 39), S. 500.

39 Genesis 1, 27; Epheser 4, 24.

40 *Ernst Troeltsch*, Die Soziallehren der christlichen Kirchen und Gruppen, 1912, S. 39; ähnlich: *Stein/Shand* (Anm. 39), S. 114 ff.; *Peter Koslowski*, Gesellschaft und Staat, 1982, S. 58 ff., 66 ff.; *Louis Dumont*, Individualismus, 1991, S. 27 ff.

gezeichnet werden. Ich verweise auf meinen Beitrag „Menschenrechte – aus den Büchern in die Verfassungen“ zur Ringvorlesung „Der Mensch und seine Rechte“ aus dem Sommersemester 2003.[41] Dazu gibt es keine parallele Entwicklung in anderen Kulturen.

3. Ursprung der Gewaltenteilung

Die Gewaltenteilung hat Wurzeln in der Konzeption der gemischten Verfassung, die in der Antike in verschiedenen Variationen entwickelt worden ist. Sie hat wesentliche Impulse aus der christlichen Lehre von der Erbsünde bekommen, wie sie von Augustinus lehrmäßig entwickelt[42] und von Thomas von Aquin allgemein als corruptio naturae verstanden worden ist, die zu einem Mangel an ursprünglicher Gerechtigkeit (defectus originalis iustitiae) geführt hat.[43] Die Erbsündenlehre beherrschte wirkmächtig die Lehre von der Politik. Friedrich II. von Hohenstaufen führte in den Konstitutionen von Melfi (1231) unter Anspielung auf die Erbsünde aus, dass die göttliche Vorsehung den Völkern Fürsten gegeben habe, um die Verbrechen zu zügeln.[44]

Den Machtmissbrauch der Fürsten vor Augen, haben John Locke und Montesquieu die Vorteile der Gewaltenteilung philosophisch entwickelt und empirisch unter Beweis gestellt. Die Väter der amerikanischen Verfassung haben noch eine im Ansatz theologische Begründung für die Gewaltenteilung geliefert. 1788 schreibt James Madison im Federalist (Nr. 51): „If men were angels, no government would be necessary. If angels were to govern men, neither external nor internal controuls on government would be necessary.“ Nach diesen einleitenden Sätzen wird dann die Gewaltenteilung im Einzelnen dargelegt.

Da der Rechtsgrundsatz der Gewaltenteilung für die effektive Garantie der vorhin behandelten Menschenrechte so wichtig ist, heißt es zutreffend in Art. 16 der französischen Erklärung der Menschen- und Bürgerrechte, gewissermaßen abschließend lehrmäßig: „Toute société dans laquelle la garantie des droits n'est pas assurée, ni la séparation des pouvoirs déterminée, n'a point de constitution.“

---

41 Hrsg. v. Georg Nolte u. Hans-Ludwig Schreiber, 2004, S. 9–27.

42 De civitate Dei XIII 14, 23; XXI 12.

43 Summa Theologiae I–II qu. 82, 3.

44 *H. Conrad/Th. v. d. Lieck-Buyken/W. Wagner (Hrsg.),* Die Konstitutionen Friedrichs II. von Hohenstaufen für sein Königreich Sizilien, 1973, S. 3–5.

VII. Schlußbemerkungen

1. Rechtskultur: Geschichte, Empirie und Dogmatik

Die Antwort auf die Frage, woher das Recht kommt, hat sich als sehr weitläufig erwiesen. Weitläufig, weil – wenn auch nur beispielhaft – unerwartet viele Fährten sichtbar gemacht werden konnten und deutlich wurde, dass es weitere Ursprünge gibt, die uns die Rechtsgeschichte und die Rechtsvergleichung lehren können. Diese Disziplinen sind wichtig, um unser geltendes Recht und dessen kulturelle Verwurzelung besser zu verstehen, insbesondere um zu erkennen, dass es z.T. auf langen Erfahrungen und tiefen anthropologischen Einsichten beruht. Weiter hat sich gezeigt, dass gutes Recht auf gründlicher Kenntnis der geregelten Sachverhalte beruht und praktikabel gestaltet ist. Schließlich hat sich zu Gunsten der Rechtsgelehrsamkeit erwiesen, dass es ein Bündnis von Gesetzgebung und Rechtsdogmatik gibt, das die Rechtsordnung stabilisiert und erst im vollen Sinne darstellt. Verarbeitete Geschichte, Empirie und Dogmatik stellen die Rechtskultur dar.

2. Nochmals Recht und Staat

Nachdem wir uns über das Woher der Inhalte des Rechts eine gewisse Einsicht verschafft haben, möchte ich zum Schluss noch einmal auf die Rolle des Staates zurückkommen. Der Staat ist nicht immer der Schöpfer des Inhalts des Rechts. Dieser ist vielfältig voraus- oder fremdbestimmt. Die unverzichtbare Aufgabe des Staates ist es aber, das Recht in Geltung zu setzen und zu sichern.

Haller-Jahr 2008

300 Jahre Albrecht von Haller

Werner Lehfeldt

Das Jahr 2008 war für die Akademie der Wissenschaften zu Göttingen ein „Haller-Jahr". In diesem Jahr und bis in das Jahr 2009 hinein gedachte die Akademie auf vielfältige Weise des 300. Geburtstages des Universalgelehrten, des Universalgenies Albrecht von Haller, der von 1736 bis 1753 an der neugegründeten Georgia Augusta wirkte und in dieser Zeit wesentlich dazu beitrug, daß das Ansehen der jungen Universität in ganz Europa rasch anwuchs. Der Umstand, daß es sich insbesondere die Akademie der Wissenschaften hat angelegen sein lassen, das Andenken an Albrecht von Haller wachzuhalten und zu vertiefen, hängt unmittelbar damit zusammen, daß der große Gelehrte auf Initiative von und in engstem Zusammenwirken mit Gerlach Adolf von Münchhausen 1751 die damals so benannte „Königliche Societät der Wissenschaften" gegründet hat, diejenige Institution, die seit 1937 den Namen „Akademie der Wissenschaften" führt. Zwar kehrte Haller bereits zwei Jahre später in seine Heimatstadt Bern zurück – endgültig, wie sich erweisen sollte –, dennoch blieb er seiner Schöpfung eng verbunden, indem er als praeses perpetuus deren Geschicke bis zu seinem Tode im Jahre 1777 aus der Ferne wesentlich mitbestimmte und indem er in den „Commentarii" der Societät wissenschaftliche Abhandlungen sowie in den von ihm begründeten „Göttingischen Gelehrten Anzeigen" ungezählte Rezensionen publizierte.

Die Dankesschuld gegenüber ihrem Gründer und ersten Präsidenten abzutragen, war die Akademie vor allem dadurch bestrebt, daß sie im Zusammenwirken mit der Universität die zentrale Ringvorlesung des Wintersemesters 2008/2009 dem vielgestaltigen Wirken Albrecht von Hallers widmete. Die zur Vorbereitung und Durchführung des Haller-Jahres von der Akademie eingesetzte Arbeitsgruppe hat sich auch an der Konzipierung und Gestaltung einer Ausstellung beteiligt, die vom 16. Oktober 2008 bis zum 18. Januar 2009 in der Paulinerkirche zu sehen war und in der hauptsächlich Hallers wissenschaftliche und organisatorische Leistungen aus dessen Göttinger Zeit dokumentiert wurden.

Ergänzt und vervollständigt wurden diese zentralen Unternehmungen durch die Herausgabe eines Leitfadens zu Orten und Institutionen in Göttingen, die in besonderer Weise mit Haller zusammenhängen, sowie durch die Erarbeitung eines Wegweisers durch den von Haller gegründeten Botanischen Garten, eines Wegweisers, der den Besucher zu Pflanzen führt, die bereits zu Hallers Zeit im Botanischen Garten beheimatet waren.

Das Haller-Jahr bot ferner Gelegenheit, die Beziehungen zwischen der Akademie der Wissenschaften und den Berner Institutionen zu festigen und zu vertiefen, die sich in der Heimatstadt des großen Gelehrten der Pflege von dessen wissenschaftlichem und politisch-gesellschaftlichem Erbe widmen. Auch in Bern fanden 2008 mehrere Haller-Veranstaltungen statt, zu denen Vertreter der Göttinger Akademie eingeladen waren, und im Dezember wurde im Historischen Museum die Ausstellung „Albrecht von Haller – der große Gelehrte der Schweiz" eröffnet. Im Januar 2009 reiste eine Gruppe von Vertretern der Albrecht von Haller-Stiftung der Burgergemeinde Bern und der Universität Bern nach Göttingen, um die hier gezeigte Haller-Ausstellung zu besuchen, um an einem Vortrag der Haller-Ringvorlesung teilzunehmen, um auf Hallers Spuren durch Göttingen zu wandern sowie um mit der Akademie der Wissenschaften und Vertretern der Niedersächsischen Staats- und Universitätsbibliothek Möglichkeiten gemeinsamer Unternehmungen zur Pflege des Erbes Albrecht von Hallers zu erörtern.

Die besondere, auf Haller zurückgehende Beziehung zwischen Bern und Göttingen manifestierte sich darüber hinaus im Jahre 2008 dadurch, daß im Göttinger Wallstein Verlag eine mehr als 500 Seiten umfassende Monographie „Albrecht von Haller" erschienen ist, deren Herausgeber die Berner Wissenschaftler Hubert Steinke, Urs Boschung und Wolfgang Proß sind.

Die Vorträge, die im Rahmen der Göttinger Ringvorlesung „300 Jahre Albrecht von Haller" gehalten worden sind, werden von der Akademie der Wissenschaften in einem Sammelband herausgegeben werden. Einer dieser Vorträge wird bereits in dem vorliegenden Jahrbuch 2008 in etwas modifizierter Form veröffentlicht. In ihm beleuchtet der amerikanische Wissenschaftshistoriker Peter Hanns Reill die geistige Gestalt Albrecht von Hallers, die geistigen Antriebe, aus denen heraus sich diese zentrale Gestalt der Aufklärung an der Ausgestaltung und Pflege Göttingens als eines „Pflanzgartens der Aufklärung" beteiligte.

Die Akademie der Wissenschaft zu Göttingen wird auch fernerhin und unabhängig von besonderen Gedenktagen danach streben, das Gedächtnis an ihren ersten Präsidenten wachzuhalten und das geistige Erbe dieses Gelehrten zu bewahren und zu pflegen. Daß dieses Bemühen nicht mit einem starren, auf bloße Konservierung zielenden Festhalten an den Aufgaben zu verwechseln ist, die Albrecht von Haller vor mehr als 250 Jahren der Societät der Wissenschaften gestellt hat, versteht sich von selbst und widerspricht der Pietätspflicht gegenüber dem großen Wissenschaftler und Wissenschaftsorganisator nicht im geringsten. Schließlich hat Haller selbst 1751 in seiner Rede zur Eröffnung der Societät seiner Geringschätzung gegenüber einer bloßen „ignava priscorum scriptorum repetitio" Ausdruck gegeben, und er fände es gewiß seltsam, wenn seine eigenen Schriften und Anschauungen in unserer Zeit lediglich träge wiederholt würden. Wahrscheinlich bereits im Jahrbuch 2009 wird ein Beitrag veröffentlicht werden, in dem die Aufgaben, die Haller im Jahre 1751 der Societät der Wissenschaften gestellt hat, mit der Situation verglichen werden sollen, in die sich die Nachfolgerin dieser Institution, die heutige Akademie der Wissenschaften, gestellt sieht.

„Pflanzgarten der Aufklärung": Haller und die Gründung der Göttinger Universität

(vorgetragen in der öffentlichen Ringvorlesung „300 Jahre Albrecht von Haller" am 21. Oktober 2008)

Peter Hanns Reill

Die Gründung einer Universität ist keine einfache Sache. Noch schwieriger ist es, eine Universität zu gründen, die schnell Erfolg hat. Und nochmals ein Stück schwerer ist es, eine Hochschule zu gründen, die sich in den ersten fünfzig Jahren ihres Bestehens als die fortschrittlichste Konzeption in einer Nation, vielleicht sogar in einer ganzen Epoche erweisen sollte. Und doch ist dies im 18. Jahrhundert in Göttingen gelungen – eine Leistung, die bis heute in Staunen versetzt. Verblüffender noch ist, dass diese neue Institution in einer Stadt entstand, in der es nichts von der Infrastruktur gab, die eine Universität auch damals benötigte und die den Ansprüchen der Studenten genügte, die nach dem Wunsch ihrer Gründer in die neuen Hörsäle strömen sollten. Göttingen war damals noch dabei, sich von den Verwüstungen des Dreißigjährigen Krieges zu erholen. Seine Häuser waren baufällig, seinen Einwohnern ging es wirtschaftlich schlecht, und die Stadt konnte nicht einmal einen anständigen „Gasthof" vorweisen.[1] Wie Notker Hammerstein festgestellt hat, verdiente Göttingen wegen der „dürftigen Bedingungen in der Stadt" den Status eines „Un-Orts". Allein schon dies macht Göttingens Aufstieg um so erstaunlicher, denn – wie Hammerstein ausgeführt hat – die Anfangsschwierigkeiten bei der Errichtung der Universität „hatten diese Entwicklung schließlich nicht voraussehen lassen. Ganz im Gegenteil schien eine weitere enge, landsmannschaftlich beschränkte Kleinuniversität hier zu entstehen."[2] Hammerstein gehört damit jedoch zur kleinen Zahl derer, die über Gründung und Aufstieg der Universität ge-

1 Emil Franz Rössler (Hrsg.): Die Gründung der Universität Göttingen. Eine Sammlung bisher ungedruckter Entwürfe, Berichte und Briefe von G.. A. v. Münchhausen, J. L. v. Mosheim, Alb. v. Haller, G. C. Gebauer, J. H. Böhmer und anderen Zeitgenossen. Zur Geschichte des deutschen wissenschaftlichen Lebens im XVIII. Jahrhundert. Göttingen: Vandenhoeck & Ruprecht, 1855, S. 388.

2 Notker Hammerstein: Zur Geschichte der deutschen Universität im Zeitalter der Aufklärung. In: Res publica litteraria: ausgewählte Aufsätze zur frühneuzeitlichen Bildungs-, Wissenschafts- und Universitätsgeschichte. Hrsg. von Ulrich Muhlack und Gerrit Walther. Berlin: Duncker & Humblot, 2000, S. 28.

schrieben haben. Zumeist wurden die Gründungsschwierigkeiten zwar erwähnt, aber die Erfolgsgeschichte, die man erzählen wollte, verweilte nicht lange bei diesen Hindernissen. Der Aufstieg der Universität ist bisweilen verglichen worden mit dem Wachsen eines gut geplanten, angelegten und gepflegten „Pflanz-Gartens" der Gelehrsamkeit, eine Wendung, mit der die geistigen Väter der Universität auf ihre Hoffnungen und Ziele für die neu geschaffene Hochschule verwiesen.

Als Verantwortlicher für das Anlegen und die Pflege dieses Gartens gilt allgemein Gerlach Adolf von Münchhausen, Kammerpräsident des Ministeriums – also der Regierung – von Hannover und erster Kurator der Universität. Zweifellos war Münchhausen die treibende Kraft bei der Gründung und dem Aufbau. Er war es, der die grundsätzliche Richtung für die Entwicklung festlegte, die Professoren auswählte und die finanzielle Ausstattung sicherstellte, so dass die Universität ihren Zweck erfüllen konnte. Mit den führenden Gelehrten der neuen Hochschule stand er häufig in Briefkontakt und suchte ihren Rat für Verbesserungen. Münchhausen war es, der an „seiner" Universität die akademische Freiheit einführte und dafür erfolgreich das Recht der Theologischen Fakultät beschnitt, die Lehrinhalte festzulegen. Er bestand auf der Gewährung religiöser Toleranz, nicht zuletzt in der Hoffnung, dadurch reiche Adelige und Bürgerliche aus ganz Deutschland und Europa nach Göttingen zu ziehen. Sichtbarer Ausdruck dieser im 18. Jahrhundert durchaus nicht selbstverständlichen Glaubenstoleranz war die Erlaubnis zur Gründung einer katholischen und einer reformierten Gemeinde im lutherischen Göttingen; erstere erfolgte 1747, letztere 1752. Münchhausens Wunsch, die „höheren Stände" anzusprechen, zeigt sich auch in seinem Bemühen, die Universität mit allem auszustatten, was für die Ausbildung und Freizeitbeschäftigung eines jungen Edelmannes erforderlich war, zum Beispiel mit einer erstklassigen Reithalle samt Reitlehrer, einer Fechthalle samt Fechtlehrern, erfahrenen Tanzlehrern und Lehrern in den modernen Sprachen. Es gelang Münchhausen auch, einen niederländischen Buchdrucker zur Eröffnung eines Verlagshauses in Göttingen zu bewegen, und er unterstützte die Einrichtung einer Universitätsapotheke und sorgte auch dafür, dass sich ein Weinhändler in Göttingen niederließ.

Das Wichtigste aber war sein energischer Einsatz für den Aufbau der Universitätsbibliothek, die im Laufe des 18. Jahrhunderts die wichtigste Hochschulbibliothek in Europa werden sollte – eine Einrichtung, die von vielen als Ursache für Göttingens Ruhm betrachtet wurde. Ein zeitgenössischer Kommentator fasste ihre Bedeutung in folgenden Sätzen zusammen: „Vielleicht hat nie irgend eine öffentliche Bibliothek soviel geleistet als die

Göttingische. Ihr hat die ganze Universität einen großen Theil ihrer Celebrität zu danken. Und wenn Göttingen in der neuern Zeiten eine größere Anzahl von eigentlichen Gelehrten gebildet hat, als irgend eine andre Universität, so ist dis weniger ein Verdienst der dortigen Professoren, als eine Würkung dieser vortreflichen Bibliothek [...]"[3] Bei allem, was er tat, erwies sich Münchhausen als überragender „Wissenschaftsmanager", der sich ganz dem Ziel verschrieben hatte, diesen „Pflanz-Garten" zu einer von Deutschlands führenden Universitäten zu machen und somit zu einer Einrichtung, die ihres nominellen Rektors, des Königs von England und Kurfürsten von Hannover, würdig war.

Aber trotz aller persönlichen Leistungen Münchhausens, die er von Hannover aus und mittels einer umfangreichen Korrespondenz bewirkte, bleibt die Frage: Sind sie eine ausreichende Erklärung für Göttingens Aufstieg und dafür, dass die Georgia Augusta im Urteil von Zeitgenossen „epochemachend für alle neuern Organisationen des deutschen Universitätswesens"[4] und „unstreitig die erste Universität in Deutschland"[5] wurde – letzteres die Worte eines ungarischen Studenten aus dem 18. Jahrhundert? Es scheint mir überlegenswert, ob nicht eine vollständigere Erklärung für Göttingens Weg zu dieser Vorrangstellung mehr umfassen muss als eine Auflistung von Münchhausens Verdiensten, so entscheidend diese zweifellos gewesen sind.

Eine Möglichkeit, diese Frage zu klären, ist ein Blick in den Bericht von Friedrich Gedike, der von dem preußischen König Friedrich Wilhelm II. 1789 auf eine Erkundungsreise an deutsche Universitäten gesandt worden war, um nach Möglichkeiten zur Verbesserung des preußischen Hochschulwesens Ausschau zu halten. Gedike war sich des Ansehens und der herausragenden Stellung Göttingens wohl bewusst. Er zollte der Bibliothek außerordentlichen Respekt und ebenso den anderen hervorragenden Universitätseinrichtungen, die Göttingen vorweisen konnte – den größten Eindruck machte auf ihn jedoch der einzigartige Korpsgeist der Göttinger Professoren. Hören wir einen Abschnitt aus seinem Bericht: „Nirgends fand ich bei den Professoren soviel Vorliebe für ihre Universität als hier. Sie scheinen es als eine ausgemachte Sache vorauszusetzen, dass ihre Universität die erste und vorzüglichste unter allen in Deutschland sei; [...]. Man

3 Friedrich Gedike: Mehr als irgend eine andere in Deutschland bekannt: Die Göttinger Universität im Bericht des „Universitätsbereisers" Friedrich Gedike aus dem Jahre 1789. Göttingen: Vandenhoeck & Ruprecht, 1996, S. 22.

4 Ebd., S. 32.

5 István Futaky (Hrsg.): Selige Tage im Musensitz Göttingen. Stadt und Universität in ungarischen Berichten aus dem 18. und 19. Jahrhundert. Göttingen: Vandenhoeck & Ruprecht, 1991, S. 25.

kann sich freilich öfters kaum des Lächelns enthalten, wenn man manche Göttingische Gelehrte aus einem solchen enthusiastischen Ton sprechen hört, als sei außer den Ringmauern von Göttingen kein Licht und keine Gelehrsamkeit zu finden. Indessen hat dieser Universitätsstolz hier seine sehr guten Wirkungen. Er bewirkt einen gewissen Esprit de corps, den ich nirgends in dem Maße und in der Art fand. Jeder Professor sieht nicht nur die Ehre der Universität als seine eigne, sondern auch umgekehrt seine eigne und seiner Kollegen Ehre als die Ehre der Universität an. Daher findet man hier jene Ausbrüche der Kabale, des Neides, der Verkleinerungs- oder Verleumdungssucht, die so oft auf andern Universitäten soviel Verdruß und Erbitterung machen, ungleich seltener, wenigstens fallen sie weniger ins Auge." Er schloss seine Analyse mit dem Wunsch: „Es wäre, dünkt mich in der That, zu wünschen, dass dieser Esprit de corps, der die Göttingischen Professoren beseelt, und ihnen die Ehre der Universität zum Brennpunkt aller ihrer Wünsche und Bestrebungen macht, auch auf unsern Preußischen Universitäten herrschend sein mögte."[6]

Gedike beschreibt eine Gesinnung, die auch viele seiner Zeitgenossen bemerkten, nämlich dass der eigentliche Unterschied zwischen Göttingen und dessen Schwesteruniversitäten die gemeinsamen Überzeugungen und Ziele waren. Durch diese fühlten sich die Gelehrten in ihrem Streben verbunden, über alle bisweilen starken persönlichen Sympathien und Antipathien hinweg, die es damals ebenso gab wie heute. Wenn Münchhausen auch gehofft hatte, dass ein solcher Korpsgeist entstehen würde, so war dies doch nichts, worauf er vom fernen Hannover aus hätte Einfluss nehmen können. Dies sah schon Lorenz von Mosheim so, einer von Münchhausens engsten frühen Ratgebern. Dieser wurde später der erste Kanzler der Georgia Augusta (und blieb ihr einziger). 1736 bemerkte er in einem Schreiben über Universitätsangelegenheiten: „Deutsch und redlich die Wahrheit gesprochen, ich glaube, dass aller Bemühung ungeachtet die Sache auf Flickerei hinauslaufen werde. Ich wollte, dass der grosse Mann, der das Werk treibet, seinen unermüdlichen Eifer und ungemeine Begierde, den Wissenschaften aufzuhelfen, in einem bessern Boden anwenden könne. [. . .] Ich kann mir von der Sache noch keinen Begriff machen [. . .]. Bald glaube ich, dass man das Werk angefangen, ohne vorher einen rechten Entwurf zu machen. Dieser

6 Friedrich Gedike: Mehr als irgend eine andere in Deutschland bekannt: Die Göttinger Universität im Bericht des „Universitätsbereisers" Friedrich Gedike aus dem Jahre 1789. Göttingen: Vandenhoeck & Ruprecht, 1996, S. 9–10.

Fehler soll jetzt verbessert werden. Allein der Rathgeber sind zu viele. Was der eine baut, das verdirbt der andere.“[7]

Was 1736 offenbar fehlte, war jemand an Ort und Stelle in Göttingen, der Münchhausens Hoffnungen in eine konkrete Form umsetzen konnte, jemand, dem er vertrauen konnte und der über eine starke und machtvolle Vision davon verfügte, welche Art von Wissenschaft Göttingen brauchte und wie diese zustande gebracht werden konnte. Ich behaupte nun, dass Albrecht von Haller genau dieser Mann war und dass sein Beitrag, Göttingen zu dem zu machen, was es wurde, genau so wichtig war wie der Münchenhausens.

Haller war erst 28 Jahre alt, als er 1736 zum Professor für Medizin und Botanik berufen wurde. Aber er war bereits zu diesem Zeitpunkt ein Mann von außerordentlichen Fähigkeiten und tiefer Gelehrsamkeit, die weit über seine eigentlichen Fachgebiete hinausgingen. Er war weit gereist und verfügte über ein ausgedehntes internationales Netz von Korrespondenzbeziehungen, das er immer weiter ausbaute und das eines der eindrucksvollsten in der gesamten damaligen europäischen Gelehrtenrepublik wurde. Noch wichtiger aber war, dass er ein zupackendes und wohl formuliertes wissenschaftliches Programm mitbrachte. Zusammen mit seiner Hingabe, seinem Enthusiasmus, seiner enormen Arbeitskraft und seinem wachsenden Ruhm sicherte ihm dies schnell Münchhausens Vertrauen. Dieses wiederum ermöglichte Haller, die Universität nach seinen eigenen Vorstellungen wie auch nach Münchhausens Wünschen zu formen.

Die Früchte dieser Zusammenarbeit wurden erst Mitte der 1740er Jahre wirklich sichtbar, als die Universität einen rasanten Aufschwung ihrer Bedeutung erlebte. Dies ist erkennbar am Eintreffen einer Gruppe extrem begabter, ehrgeiziger neuer Professoren, von denen – mit Ausnahme von Mosheim, der erst 1747 kam – die meisten am Anfang ihrer Karriere standen. Hierzu gehörten Gelehrte wie Johann David Michaelis, Johann Stephan Pütter, Gottfried Achenwall, Tobias Mayer und Abraham Gottlob Kästner. Haller hatte nicht nur wesentlichen Anteil an ihrer Berufung, weil er selbst damals bereits beträchtlichen wissenschaftlichen Ruhm genoss; einen noch größeren Anteil hatte er an der Entwicklung und Planung ihrer frühen wissenschaftlichen Projekte und Überlegungen, denn er suchte

7 Emil Franz Rössler (Hrsg.): Die Gründung der Universität Göttingen. Eine Sammlung bisher ungedruckter Entwürfe, Berichte und Briefe von G.. A. v. Münchhausen, J. L. v. Mosheim, Alb. v. Haller, G. C. Gebauer, J. H. Böhmer und anderen Zeitgenossen. Zur Geschichte des deutschen wissenschaftlichen Lebens im XVIII. Jahrhundert. Göttingen: Vandenhoeck & Ruprecht, 1855, S. 52.

den Kontakt zu ihnen und zog sie in seinen Freundes-, Bekannten- und Korrespondentenkreis.

Michaelis und Pütter bezeugten Hallers Unterstützung und Einfluss in ihren viele Jahre später entstandenen Memoiren. Für Michaelis wurden die persönlichen Schwierigkeiten in seinen ersten Göttinger Jahren überstrahlt von seiner Bekanntschaft mit Haller: „Die ersten Jahre meines Aufenthalts waren mir nicht angenehm, doch bekam ich bald einen sehr warmen Freund, den ich gar nicht suchte [. . .]; der hingegen wirklich mich suchte, und nachher einen grossen, mir vortheilhaften Einfluß in das Schicksal meines Lebens gehabt hat: den sel. Haller. Wirklich, ich weiß mich eines so warmen und beständigen Freundes aus meinem Leben nicht zu erinnern [. . .]. Sonderbar ist mir diese ungesuchte Freundschaft immer vorgekommen; er war damahls ein angesehener, sehr wichtiger Mann, und ich ein Anfänger, dessen Freundschaft er wenigstens nicht aus Eigennutz suchen konnte."[8] In vergleichbarem Ton beschreibt Pütter, wie er, Achenwall und der Haller-Kreis viele Stunden ihrer Freizeit mit der Erörterung wissenschaftlicher Fragen verbrachten: „In den Häusern, wo wir den meisten Umgang hatten, trafen wir oft zusammen. Insonderheit war das häufig im Hallerischen Hause. – Die überaus große Belesenheit, die Haller ausser seinem medicinischen Fache auch in historischen Werken und Reisebeschreibungen hatte, fast in welcher Sprache sie auch geschrieben seyn mochten, machte Hallers Umgang vorzüglich Achenwallen ungemein lehrreich."[9]

Diese beiden Berichte enthalten zentrale Anhaltspunkte für das Verständnis von Hallers Einfluss bei der Entstehung von Göttingens einzigartigem *esprit de corps*. Erstens war da sein Wunsch nach dem Aufbau eines Netzes enger Verbündeter mit ähnlichen Ansichten. Es war ein Netz, das stetig wuchs und das – wie sich mit der Zeit erwies – Haller nicht nur zur Förderung der Karrieren der Beteiligten nutzen konnte, sondern auch zur Umsetzung seiner eigenen wissenschaftlichen Pläne. Das Netz blieb bestehen, trotz wachsender Spannungen zwischen seinen Mitgliedern, denn alle blieben in engem Austausch mit Haller. Und sie blieben für den Rest ihres akademischen Lebens in Göttingen und prägten oder beeinflussten dort nachfolgende Generationen, darunter so bekannte Professoren und Studenten wie Johann Christoph Gatterer, Christian Gottlob Heyne, August

8 Johann Matthäus Hassencamp (Hrsg.): Johann David Michaelis. Lebensbeschreibung, von ihm selbst abgefaßt, mit Anmerkungen von Hassencamp. Rinteln: Exped. d. Theolog. Annalen, Leipzig: Barth, 1793, S. 41–42.

9 Johann Stephan Pütters: Selbstbiographie. Zur dankbaren Jubelfeier seiner 50jährigen Professorsstelle zu Göttingen. Erster Band. Göttingen: Vandenhoeck und Ruprecht, 1798, S. 259.

Ludwig Schlözer, Georg Christoph Lichtenberg, Johann Friedrich Blumenbach, Arnold Heeren und Alexander und Wilhelm von Humboldt.

Der zweite Baustein zum Verständnis von Hallers Einfluss betrifft die Wissensgebiete, die Haller bei seinen Diskussionen mit diesen jungen Kollegen für die entscheidendsten hielt: Medizin, Geschichte, Reisebeschreibungen – alles auf der Grundlage seiner weit gespannten Kenntnis der Berichte und Bücher, die die Gelehrtenrepublik damals hervorbrachte. Ich möchte mich heute auf diesen zweiten Baustein konzentrieren, denn er dient als Schlüssel zum Verständnis des umfassenderen Forschungsprogramms, das Haller in Göttingen aufblühen lassen wollte. Es schuf das konzeptionelle und methodische Fundament, auf dem Göttingens intellektuelle Leistung beruhen sollte, trotz späterer Infragestellungen von Hallers spezifischen Deutungen und Arbeitshypothesen über Materie, Kraft, Fortpflanzung und im weitesten Sinne die Rolle Gottes in der Natur.

In einem Großteil der wissenschaftsgeschichtlichen Literatur über Haller wurde er als hin- und hergerissen zwischen gegensätzlichen Positionen dargestellt, als bloßer Datensammler ohne übergeordnetes Ziel, trotz oder vielleicht auch wegen seiner enormen Belesenheit, der aber nach Ansicht vieler ein Fokus fehlte. Nichts entspricht weniger der Wahrheit. Haller hatte eine klare Vorstellung davon, was Wissenschaft leisten und wie sie organisiert sein sollte. Er entwickelte diese Vorstellung schon als Student in Leiden, wo er bei dem großen Naturphilosophen Hermann Boerhaave studierte und außerdem von Newton und ganz allgemein von der englischen Naturphilosophie seiner Zeit beeinflusst wurde. Deshalb hatte die Vorstellung von Wissenschaft, die Haller nach Göttingen mitbrachte und nach dort verpflanzen wollte, wenig mit den damaligen Hauptströmungen des Universitätsbetriebes in Deutschland zu tun, insbesondere nicht mit der metaphysischen Tradition um Christian Wolff, die in Deutschland immer noch höchst populär war.

Haller hatte, wie viele der führenden englischen und französischen Intellektuellen Mitte des 18. Jahrhunderts, ein tiefes Misstrauen gegenüber spekulativem Denken entwickelt. In den späten 1730er Jahren sank dessen Wertschätzung immer mehr, was sich zum Beispiel in einem Hallerschen Tagebucheintrag ausdrückt: „Die Herrschaft der Metaphysik hat ein Ende."[10] Diese Kritik schwoll um die Jahrhundertmitte zu einer Welle des Skeptizismus an, die sich gegen das Systemdenken richtete, das heißt gegen die Dominanz des abstrakten Denkens bei der Konstruktion eines kohären-

10 Albrecht von Haller: Albrecht von Hallers Tagebuch seiner Beobachtungen über Schriftsteller und über sich selbst: zur Karakteristik der Philosophie und Religion dieses Mannes. 2. Teil. Hrsg. von J. G. Heinzmann. Bern: Haller, 1787, S. 140.

ten Bildes der Wirklichkeit. Diese skeptische Haltung wurde am radikalsten vertreten von David Hume, aber in unterschiedlichem Ausmaß von vielen anderen geteilt. Sie ebnete in der Jahrhundertmitte den Weg für einen neuen Ansatz zur Konstruktion von „Wissenschaft".[11] Auch wenn Haller kein Skeptizist wurde, war er sich mit ihnen dennoch einig in der Ablehnung der großen metaphysischen Systeme. Über Wolffs System schrieb er: „Man sieht, sogar in seiner Sekte, vermessene Geister entstehen, die sich alles Zweifels schämen, die die Arten den Erklärungen der Gattungen unterwerfen, und die sich nach und nach eben die Herrschaft über die Wissenschaften anmassen, die Bakon und Gassendi der Schule entrissen haben. [. . .] Ihre allgemeine Sätze sind für sie, was Salomons fabelhafter Ring: alle Thoren eröfnen sich bey ihrer Ankunft; das allerverborgenste wird aufgedeckt, und die ganze Natur unterwirft sich ihrem Zepter."[12]

Hallers Berufung auf Bacon als denjenigen, der die scholastische Finsternis vertrieben habe, führte Kommentatoren oft zu der Einschätzung, dass Haller ein Empiriker gewesen sei, ohne dass sie jedoch definiert hätten, was das damals bedeutete. Tatsächlich war Haller ein Empiriker, aber einer von besonderer Art. Zwei Merkmale waren für ihn kennzeichnend:

Das erste war die Betonung der Einheit der Natur und der Gleichartigkeit allen wissenschaftlichen Forschens, zumindest insoweit es der Vermehrung des Bestandes an nützlichem Wissen diente. Medizin, Geschichte – verstanden im weitesten Sinne, unter Einschluss dessen, was heute als Anthropologie, Soziologie und Politikwissenschaft bezeichnet wird – und Reisebeschreibungen, einschließlich dessen, was wir heute Kulturgeographie und Ethnographie nennen würden, waren in diesem Sinne alle von denselben Imperativen beseelt und waren mit analogen Fragestellungen und Methoden zu betreiben.

Das zweite spezifische Merkmal seines Rationalismus teilte Haller mit den zeitgenössischen skeptizistischen Kritikern des Rationalismus. Es war der Glaube, dass die Macht des Verstandes begrenzt sei, dass Menschen bestenfalls nur einen flüchtigen Blick auf die Wirklichkeit erhaschen können und dass dies nur mittels der Sinne möglich sei, und zwar durch sorgfäl-

---

11 Zur Bedeutung des Skeptizismus im späten 18. Jahrhundert vgl. Johan van der Zande, Richard Popkin (Hrsg.): The sceptical tradition around 1800. Dordrecht: Kluwer, 1998.

12 Albrecht von Haller: Albrecht von Hallers Tagebuch seiner Beobachtungen über Schriftsteller und über sich selbst: zur Karakteristik der Philosophie und Religion dieses Mannes. 2. Teil. Hrsg. von J. G. Heinzmann. Bern: Haller, 1787, S. 142.

tig geplante und wiederholte Experimente mit dem Ziel, „die verborgenen Venen der Wahrheit" zu erforschen.[13]

Es war dieses Forschungsprogramm einer Verknüpfung der Idee von der Einheit der Natur mit der Forderung nach der Verwendung von Experimenten oder kritischer Analyse zur Aufdeckung der Geheimnisse der Natur, das Bacon so anziehend für Haller machte. Bacon hatte das große Projekt der Revision der Wissenschaften formuliert, das die physischen Wissenschaften mit den so genannten „moralischen" Wissenschaften verknüpfte. Bacon war es gewesen, der eine „große Erneuerung" zustande bringen wollte, bei der der forschende, die konkrete Realität aktiv untersuchende Geist eine Tür zum Wissen öffnen würde, die lange von den Schulgelehrten verschlossen gehalten worden war und die von den Metaphysikern wieder zugeschlagen zu werden drohte. In Hallers Urteil überblickte Bacon alle Wissenschaften „und die Mittel sie zu verbessern, wie ein Wesen von einem höhern Orden, und wie noch niemand sie angesehen hatte."[14] Bacons Projekt, so verkündete Haller, musste „die Lust zu den Erfahrungen" wecken. Haller betonte besonders die aktive, forschende, „fanatische" Seite dieses Vorhabens und beschrieb sie so: „Kein Projekt kann gerathen [. . .], wenn man die Leidenschaften der Menschen nicht aufbringt, und sie fanatisch zu machen weiß. Er [Bacon] zieht den vernünftigen und denkenden Projektenmacher den bloß unterschreibenden Ministern weit vor, und wünschte an den Höfen einen Rath von lauter dergleichen Männern."[15]

„Fanatisches" Experimentieren war demnach für Haller der einzige Weg, auf dem der Mensch die Geheimnisse der Natur lüften konnte; kein blinder Fanatismus jedoch, sondern einer, der durch Hypothesen geleitet wurde, also durch schöpferische Bemühungen, einen Sinn in Naturphänomenen oder menschlichen Angelegenheiten zu entdecken; ein Fanatismus jedoch auch, der die Gefahr vermied, Welt-Gemälde zu entwerfen, welche die gesamte Wirklichkeit zu erklären beanspruchten. Trotz aller Vorbehalte gegen die Irrwege des abstrakten Verstandes glaubte Haller dennoch, dass der menschliche Geist angetrieben werde von dem Bedürfnis, die Welt um uns herum zu verstehen und dadurch – nach Hallers Meinung – die Majestät

---

13 Albrecht von Haller: Über den Nutzen wissenschaftlicher Gesellschaften und Akademien. 1751. In: Göttinger Universitätsreden aus zwei Jahrhunderten (1737–1934). Hrsg. von Wilhelm Ebel. Göttingen: Vandenhoeck & Ruprecht, 1978, S. 46.

14 Albrecht von Haller: Albrecht von Hallers Tagebuch seiner Beobachtungen über Schriftsteller und über sich selbst: zur Karakteristik der Philosophie und Religion dieses Mannes. 2. Teil. Hrsg. von J. G. Heinzmann. Bern: Haller, 1787, S. 204–205.

15 Albrecht von Haller: Albrecht von Hallers Tagebuch seiner Beobachtungen über Schriftsteller und über sich selbst: zur Karakteristik der Philosophie und Religion dieses Mannes. 1. Teil. Hrsg. von J. G. Heinzmann. Bern: Haller, 1787, S. 191.

Gottes zu enthüllen und zu feiern. Hypothesen hatten in der Tat einen Nutzen, und sogar einen ganz entscheidenden: „[. . .] sie sind zwar noch die Wahrheit nicht, aber sie führen dazu, und ich sage noch mehr, die Menschen haben noch keinen Weg gefunden, der glücklicher zu derselben geführet hätte. Sie sind der Leitfaden, der zum Neuen und Wahren führt, und es fällt mir kein Erfinder ein, der sich desselben nicht bedienet hätte."[16] Aber für Haller haben Hypothesen eben nur eine heuristische Funktion, sie sind „ein Gerüste, sich zur Wahrheit zu nähern; sie dürfen nicht bleiben."[17]

Die positive Bewertung hypothetischen Denkens in Verbindung mit seiner intensiven Hingabe an das Experimentieren oder das Zergliedern der Beweisstücke sind kennzeichnend für die Einzigartigkeit von Hallers Wissenschaftsauffassung. Ausformuliert hat er sie in seiner Einleitung zum ersten Band der Kästnerschen Übersetzung von Buffons „Histoire Naturelle", in der er sich direkt an die jungen Gelehrten richtete, die er in seinen Kreis zog. Haller nahm einige der Themen aus Buffons Analyse des wissenschaftlichen Forschungsprozesses auf. Buffon hatte sowohl spekulatives Denken als auch naiven Empirismus kritisiert und erklärt, dass natürliche Beweise, die auf mathematischen Modellen beruhten, falsch seien und gedankenloses Faktensammeln nutzlos. Buffon trat für eine Methode ein, die eine kenntnisreiche Erforschung des Speziellen mit einer allgemeinen Ahnung des großen Ganzen verband. In Kästners Übersetzung las sich Buffons Beschreibung davon so: „[. . .] und man kann sagen, daß die Liebe zur Erlernung der Naturwissenschaften zwo solche Tugenden im Verstande voraussetzet, die einander entgegen zu stehen scheinen, nämlich die große Einsicht eines feurigen Geistes, der alles in einen Augenblick zusammenfasset, und die kleine Aufmerksamkeit einer natürlichen Arbeitsamkeit, die sich nur auf ein einzelnes Stück leget."[18] Haller ging auf diesen Gedanken näher ein und stellte ihn ins Zentrum seiner Ausführungen. Für Haller waren Hypothesen ein Analogon zu Buffons „Einsicht eines feurigen Geistes" und empirische Beobachtungen ein solches zu Buffons „kleine[r] Aufmerksamkeit einer natürlichen Arbeitsamkeit", und er erklärte, dass der Pfad zum Wissen genau zwischen beiden verlaufe, auf einer „Mittelstraße".

16 Georges Louis Le Clerc de Buffon: Allgemeine Historie der Natur nach allen ihren besondern Theilen abgehandelt. Erster Theil, Bd. 1. Hamburg und Leipzig: Georg Christian Grund und Adam Heinrich Holle, 1750, S. xiv.

17 Georges Louis Le Clerc de Buffon: Allgemeine Historie der Natur nach allen ihren besondern Theilen abgehandelt. Erster Theil, Bd. 1. Hamburg und Leipzig: Georg Christian Grund und Adam Heinrich Holle, 1750, S. xiv.

18 Georges Louis Le Clerc de Buffon: Allgemeine Historie der Natur nach allen ihren besondern Theilen abgehandelt. Erster Theil, Bd. 1. Hamburg und Leipzig: Georg Christian Grund und Adam Heinrich Holle, 1750, S. 4.

Hallers Gedanke einer „Mittelstraße" wissenschaftlicher Erkenntnis darf allerdings nicht verwechselt werden mit dem Bild eines breiten, ausgewogenen Ansatzes, der sich unter Vermeidung klarer Aussagen durchmogelt – eine Art verdünnter Mischung, die es allen recht machen will und darum nichtssagend ist. Nach Hallers Ansicht war der Mittelweg am schwierigsten zu beschreiten, ein Pfad, den nur wenige von uns einschlagen können, weil er die meiste Disziplin erfordert und zugleich Offenheit für Entdeckungen und die Fähigkeit, seine Ansichten zu ändern. „Die Mittelstraße ist dem Menschen der allerschwerste Weg. [. . .] Die Mittelstraße ist eine Linie, ein Weg ohne Breite, wer wollte sich auf demselben erhalten können? So wenig das Herz dem Menschen sich auf der Mittelstraße festsetzen kann: so wenig kann es auch sein Verstand. Auf einer Seite fliegt der Mensch zu hoch mit eignem Schwingen, und wird ein Pelagianer, er sinkt auf der andern und wird unter den Händen des Jansensiten zur Maschine. Eben so gieng es der Naturlehre."[19]

Mit seinem Bild einer schmalen „Mittelstraße" zwischen Einheit und Vielfalt, Determinismus und Freiheit brachte Haller, trotz seiner starken religiösen Glaubensüberzeugungen, eine zunehmend mächtige epistemologische Position zum Ausdruck, wie sie in der Hoch- und der Spätaufklärung entwickelt worden war. Mehr und mehr war damals Natur als Einheit in der Vielfalt definiert worden, als ein komplexer Zusammenhang von in Wechselbeziehung stehenden Teilen. Wenn das aber so war, wie sollte man dann entscheiden, auf welche Teile man größere Aufmerksamkeit lenken sollte? Wann sollte man sich auf konkrete Einzelheiten konzentrieren, und wann sollte man verallgemeinernde Ansätze pflegen? Die vorgeschlagene Antwort war, beides zugleich zu tun und durch die Wechselwirkungen zwischen beidem zu einem höheren Niveau des Verständnisses zu gelangen, als es durch einfache Beobachtung oder diskursive formale Logik allein möglich gewesen wäre. Bezeichnet wurde diese Methode des Verstehens als „Divination", „Intuition" oder „Anschauung". Dieses Verfahren beruhte auf der Idee einer Vermittlung zwischen oder einer Harmonisierung von entgegengesetzten Standpunkten, ohne dass die beiden dabei verschmelzen; auf einem ständigen Pendeln vom einen zum anderen, wobei sie sich gegenseitig bereichern und modifizieren.

Haller wählte – wie auch viele seiner Zeitgenossen – diese Vorgehensweise, weil für ihn – genau wie für sie – Natur und Gesellschaft nicht mehr Ansammlungen bloß mechanisch verbundener „einfacher" Bausteine waren.

---

19 Georges Louis Le Clerc de Buffon: Allgemeine Historie der Natur nach allen ihren besondern Theilen abgehandelt. Erster Theil, Bd. 1. Hamburg und Leipzig: Georg Christian Grund und Adam Heinrich Holle, 1750, S. xi.

Vielmehr wurden Natur und Gesellschaft begriffen als zusammengesetzt aus komplexen Gebilden, die alle in einem Zusammenhang und miteinander in Wechselwirkung stehen. All diese „Körper", ob natürlichen Ursprungs oder von Menschen geschaffen – wie etwa Gesetze, Sprachen oder Gesellschaften – glichen „zusammengesetzten" oder „organisierten Körpern". Diese Körper stellten jeweils einzigartige Gebilde dar, angetrieben von verborgenen Kräften, die in der Tiefe der Natur wirkten. Um sie zu verstehen, sofern dies die Grenzen unseres Erkenntnisvermögens überhaupt erlaubten, war eine kombinierte Analyse erforderlich. Diese verband die Beobachtung des Ganzen mit dem Eindringen in die Tiefe und mit der Suche nach den im Innern verborgenen Kräften, die die Körper hin und her bewegten.

Es war die Medizin, die Haller dabei als Vorbild diente. Er erklärte, dass die Anatomie, die die Strukturen des Körpers beschreibt, erweitert werden müsse durch eine Analyse der Physiologie, die die Antriebskräfte des Körpers untersucht: „Es geht aber die ganze Physiologie mit der inneren und äußeren Bewegung des belebten Körpers um."[20] In Hallers Vorstellung mussten beide Untersuchungsrichtungen verbunden werden, was Richard Toellner folgendermaßen formulierte: „Ist die Anatomie die Lehre vom Bau des menschlichen Körpers, so ist die Physiologie im strengen Sinne nur die Lehre von den Bewegungen dieses Körpers, doch lassen sich Anatomie und Physiologie nicht von einander trennen."[21] Für Haller hatte dieser Ansatz des „Vermittelns" universale Gültigkeit, weil die Natur vom Prinzip der Analogie beherrscht war. Was auf die physischen Körper zutraf, hatte auch Geltung für organisierte Körperschaften wie den Staat oder für andere zusammengesetzte Gebilde wie Sitten, Sprachen, Theologie und Recht.

Damit wollte Haller sein Analysemodell auf die gesamte Schöpfung ausdehnen, wofür es freilich einer besonderen Anstrengung der Vorstellungskraft bedurfte, um den Wechselwirkungen von Form und Kräften, von Strukturen und Prozessen gerecht zu werden. Das einzige Untersuchungsinstrument, mit dem diese Ausweitung des Wissens bewerkstelligt werden konnte, stellten die Sinne dar, in ihrer konsequenten Anwendung bei kontrollierten Experimenten, Beobachtungen und „Zergliederungen". Haller selbst war sich bewusst, wie schwierig dieser Prozess war und wie leicht man von der „Mittelstraße" abkommen konnte. Deshalb war er bestrebt, Beispiele dafür zu geben, wie die experimentelle Methode vorgehen sollte, und wissenschaftliche Institutionen ins Leben zu rufen, die diesen An-

20 Zitiert nach Richard Toellner: Albrecht von Haller. Über die Einheit im Denken des letzten Universalgelehrten. Wiesbaden: Steiner, 1971, S. 137.

21 Richard Toellner: Albrecht von Haller. Über die Einheit im Denken des letzten Universalgelehrten. Wiesbaden: Steiner, 1971, S. 138.

satz fördern würden. Er begann auf seinem eigenen Gebiet und erforschte die Geheimnisse des lebendigen Körpers mit unzähligen blutigen Experimenten. So entdeckte er die berühmte Unterscheidung von Sensibilität und Irritabilität, also von Schmerzempfindlichkeit und muskulärer Kontraktionsfähigkeit. In größere, institutionelle Dimensionen stieß er mit der Gründung des Botanischen Gartens und des Anatomischen Instituts in Göttingen vor, aber auch durch die Anregung weiterer Institutionen des medizischen Forschens und Lehrens, wie etwa eines Krankenhauses mit Klinikum und einer Entbindungsanstalt. Mit diesen Gründungen sollten Orte geschaffen werden, an denen Studenten lernten, in die verborgensten Winkel der Natur vorzudringen und deren Funktionsweise zu verstehen. Indem Krankheiten besiegbar und die Unfälle der Natur behebbar wurden, konnten so die Lebensbedingungen der Menschen verbessert werden. Hierin wie in allen seinen universitären Innovationen trat Haller ganz entschieden für eine Symbiose von Lehre und Forschung ein, wie sie dann zum akademischen Ideal an den deutschen Universitäten des 19. Jahrhunderts wurde.

Von der Medizin ausgehend, stieß Haller mit seinen Aktivitäten in immer neue Bereiche vor. Zwei seiner dauerhaftesten Schöpfungen waren die Göttinger Königliche Societät der Wissenschaften und die Rezensionszeitschrift „Göttingische Gelehrte Anzeigen“. Beide waren dazu bestimmt, den Geist der Kritik zu verbreiten, indem Konzepte überprüft wurden und man ihren Neuigkeitsgehalt, ihren Nutzen und ihren Beitrag zum Bestand des menschlichen Wissens bewertete. Sie sollten diesen Zweck dadurch erreichen, dass sie den wissenschaftlichen Wettstreit entfachten und einen gesunden „Wetteifer“ hervorbrachten, „der nicht duldet, dass etwas mittelmäßig gemacht wird“. Durch solchen Wettstreit „werden die Kräfte des Verstandes angestachelt, und die Ausdauer beim Experimentieren wächst. Damit irgendetwas hervorgebracht wird, was den Beifall der Gelehrten verdient.“[22] Haller fürchtete nicht, dass durch diese Rivalität akademische „Sekten“ entstehen könnten, deren Kämpfe der Ausbreitung des Wissens hinderlich wären. Ganz im Gegenteil: Konkurrenz würde die Ausweitung der Gelehrsamkeit geradezu fördern, denn „[s]treitende Secten sind wie

---

22 Albrecht von Haller: Über den Nutzen wissenschaftlicher Gesellschaften und Akademien. 1751. In: Göttinger Universitätsreden aus zwei Jahrhunderten (1737–1934). Hrsg. von Wilhelm Ebel. Göttingen: Vandenhoeck & Ruprecht, 1978, S. 51.

Stahl und Feuersteine, sie zeugen zwar Feuer, aber auch Licht dabey, uns zu erleuchten."[23]

Richtig geplante Rezensionszeitschriften verstärkten demnach den Einsatz für die Vergrößerung des Wissens und schützten zugleich die Gelehrtenrepublik vor Betrug, Täuschung, intellektueller Trägheit und geistigem Diebstahl. Gut begründete Kritik, so argumentierte Haller, verleihe solchen Zeitschriften „Salz, Kraft und Wirkung."[24] Und mehr noch als das, so versicherte er, „eine billige und gegründete Kritik ist ein unentbehrliches Amt in der gelehrten Welt."[25]

Die aktive Mitwirkung an diesen Institutionen würde dazu ermuntern, „die Muskeln des Verstandes zu zeigen und zu stärken."[26] Selbstverständlich hielt sich Haller selbst an das, was er predigte. Er blieb sein Leben lang Präsident der Göttinger Societät und nahm in ihr an vielen hitzigen wissenschaftlichen Kämpfen teil. Er hielt die „Muskeln" seines Verstandes in Form mit dem Schreiben von mehr als zehntausend Rezensionen für die „Anzeigen", die meisten davon zu Geschichte, Völker- und Länderkunde und Reisebeschreibungen, und viele gewürzt mit einer gehörigen Prise „Salz und Kraft". Und mit Münchhausen, Michaelis, Heyne und anderen in Göttingen blieb er auch nach seiner Rückkehr nach Bern mittels einer intensiven Korrespondenz in regem Austausch.[27]

Der Umstand, dass die Mehrzahl von Hallers Rezensionen in den „Anzeigen" zentralen Themen gewidmet waren, die wir heute den „Kulturwissenschaften" zuordnen würden, bezeugt seinen Glauben an die Einheit der Wissenschaften. Diese Überzeugung erklärt auch Hallers Faszination von Reisebeschreibungen. Für ihn hatten Reiseberichte in den Kulturwissenschaften eine ähnliche Funktion wie Experimente in den Naturwissenschaften. Wenn man sie mit kritischem Verstand analysierte, dann erwiesen sie sich als Dokumente, die die reiche Vielfalt menschlicher Erfah-

---

23 Georges Louis Le Clerc de Buffon: Allgemeine Historie der Natur nach allen ihren besondern Theilen abgehandelt. Erster Theil, Bd. 1. Hamburg und Leipzig: Georg Christian Grund und Adam Heinrich Holle, 1750, S. xix.

24 Albrecht von Haller: Albrecht von Hallers Tagebuch seiner Beobachtungen über Schriftsteller und über sich selbst: zur Karakteristik der Philosophie und Religion dieses Mannes. 1. Teil. Hrsg. von J. G. Heinzmann. Bern: Haller, 1787, S. 36.

25 Albrecht von Haller: Albrecht von Hallers Tagebuch seiner Beobachtungen über Schriftsteller und über sich selbst: zur Karakteristik der Philosophie und Religion dieses Mannes. 1. Teil. Hrsg. von J. G. Heinzmann. Bern: Haller, 1787, S. 40.

26 Albrecht von Haller: Über den Nutzen wissenschaftlicher Gesellschaften und Akademien. 1751. In: Göttinger Universitätsreden aus zwei Jahrhunderten (1737–1934). Hrsg. von Wilhelm Ebel. Göttingen: Vandenhoeck & Ruprecht, 1978, S. 53.

27 Vgl. Hallers Netz. Ein europäischer Gelehrtenbriefwechsel zur Zeit der Aufklärung. Hrsg. von Martin Stuber. Basel: Schwabe, 2005.

rungen offenbarten. Sie deckten die verborgenen Quellen der menschlichen Natur auf, die die meisten Menschen nicht verstehen und nicht erleben konnten, eben weil sie nur ihre eigene, einzige kulturell-intellektuell-soziale Umwelt kannten. Im weitesten Sinne verhalfen Reisebeschreibungen zu Selbsterkenntnis: „Aber die größte Bemühung der Menschen ist die Kenntniß seiner selbst, und diese sind wir grossentheils den Reisenden schuldig." „Mit einem Worte, wir lernen durch sie die Welt kennen, und ersetzen einigermassen den Mangel eigener Reisen und eigener Erfahrung. Wir bereichen uns mit tausend nützlichen Wahrheiten; wir legen unsere Vorurtheile ab, und wir geniessen die Frucht der Lebensgefahren und der langwierigen Bemühungen andrer Männer, die in verschiedenen Zeiten und an verschiedenen Orten für uns gearbeitet haben."[28] Diese Sätze aus der Einleitung zu einer von Haller herausgegebenen Sammlung von Reisebeschreibungen, der „Sammlung neuer und merkwürdiger Reisen",[29] markieren den Beginn eines intensiven Interesses an wissenschaftlichen Forschungsreisen und an der weiten Welt, das in der Folgezeit einen wichtigen Platz auf der wissenschaftlichen Tagesordnung von Göttingens wissenschaftlichen Unternehmungen einnehmen sollte.

Kurz zusammengefasst, bot Haller während seiner Zeit in Göttingen und auch danach den Kollegen und nachfolgenden Wissenschaftlern ein ehrgeiziges, anspruchsvolles und anspornendes Leitbild von „Wissenschaft", das die Konzentration auf Spezialgebiete zuließ, aber zugleich universelle Grundkonzepte und Ansätze bereithielt. Obwohl es die Existenz widerstreitender Bestandteile der Natur anerkannte, suchte es sie durch ihre Einbindung in ein größeres Konzept zur Harmonie zu bringen. Richard Toellner kennzeichnet Hallers Grundvorstellung folgendermaßen: „Doch für Hallers Denken charakteristisch ist gerade, dass diese Trennungen nicht bestehen bleiben, sondern immer wieder in einer höhern Einheit aufgehoben werden. Kraft und Materie werden zur Einheit aufgehoben in der äußeren Natur, Körper und Geist in der Einheit des Menschen, äußere und innere Natur in der Einheit der Welt."[30]

Die begrenzte Zeit erlaubt es hier nicht, im Einzelnen zu zeigen, wie Hallers Auffassungen zum Fundament wurden, auf dem Gelehrte wie Pütter,

---

28 Albrecht von Haller: Albrecht von Hallers Tagebuch seiner Beobachtungen über Schriftsteller und über sich selbst: zur Karakteristik der Philosophie und Religion dieses Mannes. 2. Teil. Hrsg. von J. G. Heinzmann. Bern: Haller, 1787, S. 135 bzw. S. 137–138.

29 Sammlung neuer und merkwürdiger Reisen zu Wasser und zu Lande. Aus verschiedenen Sprachen übersetzt, und mit vielen Kupfertafeln und Landkarten versehen. 11 Bände. Göttingen: Vandenhoeck, 1750.

30 Richard Toellner: Albrecht von Haller. Über die Einheit im Denken des letzten Universalgelehrten. Wiesbaden: Steiner, 1971, S. 194.

Michaelis, Achenwall, Kästner und Mayer aufbauten, und erst recht kann ich hier nicht eingehen auf die Weiterentwicklung, Ausweitung und Präzisierung dieser epistemologischen und methodologischen Grundannahmen durch die nächste Gelehrtengeneration unter der Führung von Gatterer, Schlözer, Heyne, Lichtenberg und Blumenbach und auf ihre Weitergabe an deren Studenten wie etwa Alexander und Wilhelm von Humboldt. Sie alle jedoch haben dieselben Grundanliegen, und dies bezeugt die Existenz eines wissenschaftlichen *esprit de corps*, der drei Generationen überdauerte und in vieler Hinsicht für einige der höchsten Ziele der Wissenschaft der Aufklärungsepoche in Deutschland steht.

Alle diese Gelehrten traten ein für die Notwendigkeit, zwischen „Form" und „Kraft" zu vermitteln, zwischen Struktur und Wandel, zwischen Vorstellungskraft und harter, konkreter Analyse. Sie glaubten, dass die Natur als komplexes Zusammenwirken von Kräften behandelt werden müsse und deshalb nur unter Zuhilfenahme von Erkenntnissen aus dem Verständnis organisierter Gebilde analysiert werden könne. Und sie verkündeten das Baconsche Ideal, dass es möglich sei, eine neue Wissenschaft zu errichten, gegründet auf das Experiment, aber die moralischen und die Naturwissenschaften vereinend. Für sie war es Aufgabe des Wissenschaftlers, die Oberflächenschichten abzuschälen, unter denen sich die wahren Kräfte verbergen, von denen Geschichte oder Sprache oder Politik oder der menschliche Organismus angetrieben werden – auch wenn sie dabei Hallers epistemologische Bescheidenheit teilten und wussten, dass endgültige Antworten für sie unerreichbar waren. Sie verwarfen das bloße Spekulieren, begeisterten sich aber für die gedankliche Rekonstruktion, auch wenn sie hartnäckig darauf bestanden, dass alles auf harter, konkreter Beweissuche beruhe. Und sie waren überzeugt, dass es das Verstehen der conditio humana fördere, wenn man durch Reiseberichte und Beobachtungen aus erster Hand aus allen Teilen der Erde über Belegmaterial verfügte. Viele waren selbst Forschungsreisende, oder sie organisierten Expeditionen; alle standen sie durch ausgedehnte Korrespondenznetze und durch Rezensionszeitschriften in enger Verbindung mit der Gelehrtenrepublik als Ganzer. Ihren Höhepunkt fand diese ganze Bewegung vielleicht im Werk Alexander von Humboldts, dessen Reisen in Mittel- und in Südamerika dazu gedacht waren, viele der von den Denkern der Aufklärung formulierte Fragen zu beantworten, und zwar mit deren eigenen Techniken – wenn auch erweitert und perfektioniert durch Humboldt selbst.[31]

[31] Peter Hanns Reill: Vitalizing nature in the Enlightenment. Berkeley: Univ. of California Press, 2005.

Die Behauptung mag übertrieben scheinen, dass Hallers Vision von „Wissenschaft" eine so entscheidende Rolle dabei spielte, Göttingens einzigartiges intellektuelles Klima entstehen zu lassen, ein Klima, das prägend für die Aufklärung in Deutschland wurde. Ich glaube jedoch, dass sein Beitrag, sowohl auf intellektueller als auch auf organisatorischer Ebene, die modernsten Anliegen ihrer Zeit betraf und dadurch auf vielen verborgenen Wegen Wirksamkeit entfaltete. Sein Forschungsprogramm trug zur Entstehung der kritischen, kosmopolitischen Haltung bei, die die akademische Freiheit und die Freiheit der Forschung hochschätzte – einer Haltung, die die Zeitgenossen mit Göttingen verbanden und die wir heute als eines der bewundernswertesten Charakteristika der Aufklärung überhaupt ansehen. So verkörperte Göttingen für Ernst Brandes das, was er den „Geist des Cosmopolitismus" nannte. Über dessen Auswirkungen schrieb Brandes 1802: „Die Wissenschaften gehören nicht einem einzelnen Staate, einer Nation, sie gehören der gesammten Menschheit an."[32] Für viele Zeitgenossen noch wichtiger war jedoch, was dieser „Weltbürgergeist" für das menschliche Leben bedeutete. Ein ungarischer Student des 18. Jahrhunderts fasste dies zusammen in seiner Antwort auf die Frage, wie „in diesem hannoverschen Nest" die Wissenschaft solche Fortschritte machen konnte. Die Lösung war einfach, aber von enormer Wirkung: „Ursache der so großen Fruchtbarkeit der hiesigen Gelehrten und Wissenschaften ist [. . .] die im Zenit stehende Sonne der Freiheit, nämlich nicht nur die völlige Ungebundenheit des Denkens, Lehrens, Schreibens und Druckens, sondern auch dessen Erweckung und Förderung durch Lob und Prämien. Keine besondere Hexerei hat dazu geführt, daß dieses kleine Fleckchen freier Erde durch die Bildung des Geistes alle jene großen Gefängnisse für Geist und Seele überwunden hat, wo die Gewalt zu schweigen befiehlt, wo der drohende Finger der Einschüchterung die Stimme nur flüßtern lässt, wo die Wahrheit mit zahllosen an den Haaren herbeigezogenen Gründen als Geheimnis verschlossen wird und nicht ausgesprochen werden kann, ohne daß man den Kopf riskiert, und wo man angesichts von Aberglaube, Voreingenommenheit und Eigennutz auch jetzt noch, wie einst schon Phädrus beklagte, durch Fabeln sprechen muß."[33]

32 E. Brandes: Ueber den gegenwärtigen Zustand der Universität Göttingen. Göttingen: Röwer, 1802, S. 87–88.

33 István Futaky (Hrsg.): Selige Tage im Musensitz Göttingen. Stadt und Universität in ungarischen Berichten aus dem 18. und 19. Jahrhundert. Göttingen: Vandenhoeck & Ruprecht, 1991, S. 51.

„Es war ungeheuer lohnend, Physik zu studieren“ Carl Friedrich von Weizsäcker (1912–2007)

(vorgetragen in der öffentlichen Gedenkfeier am 8. Februar 2008)

Klaus-Peter Lieb

1. Einleitung

„Als ich vier Jahre alt war, bin ich oft zwischen Wilhelmshaven, wo mein Vater, im ersten Weltkrieg, Marine-Offizier war, und unserer elterlichen Familienheimat Stuttgart in der Obhut meiner Mutter in der Eisenbahn gefahren. Ich sah die Landschaft und wollte Lokomotivführer werden. Sechsjährig wollte ich Forschungsreisender werden, achtjährig Astronom; also immer der Blick auf die weite Welt. Vierzehnjährig lernte ich, in Kopenhagen, wo mein Vater an der deutschen Gesandtschaft als Diplomat tätig war, den jungen Physiker Werner Heisenberg kennen, der dort bei dem großen dänischen Physiker Niels Bohr arbeitete. Heisenberg fand eben damals die endgültige mathematische Fassung der Gesetze der Atomphysik, die Quantenmechanik.“ Mit diesen Worten erinnert sich der fast 90-jährige Carl Friedrich von Weizsäcker an die Anfänge seines beruflichen Werdegangs [1] und nennt die Koordinaten seines Forscherlebens als Theoretischer Physiker und Philosoph. In der Tat waren Bohr und Heisenberg seine wichtigsten Lehrer in der Physik und, neben Platon und Kant, auch in der Philosophie. Und schon früh, unter dem überwältigenden Eindruck eines prächtigen Sternenhimmels, begegnen sich Wissenschaft und Religion [2]: „Mit zwölf Jahren das Erlebnis der Nacht des 1. August 1924: In den Sternen des Himmels ist Gott gegenwärtig, und sie sind Gaskugeln; wie gehört das zusammen?“

Einen modernen Mystiker hat man Carl Friedrich von Weizsäcker genannt, einen Universalisten, Querdenker, Zeitdiagnostiker. Ich würde ihn als so etwas wie einen genialen Grenzgänger bezeichnen. Grenzgänger sind immer in Bewegung, sie sind schwieriger zu orten und einem Lager zuzuordnen. Sie erforschen Wege in unwegsamem Gelände und rufen gelegentlich Widerspruch zu dem Etablierten hervor. Weizsäcker hat dies nicht im Verborgenen getan, sondern öffentlich, eloquent und vielseitig, ja brillant und oft geradezu charismatisch. Oder um es mit seinem Kollegen Hans-Peter Dürr [3] zu sagen: „Wohl keiner in unserer Zeit hat sich so detailliert und intensiv mit allen Teilen unserer komplexen Wirklichkeit, ihren verschiedenen Ebenen, ihren unzähligen Facetten auseinandergesetzt. Und dies ohne den Blick für das Ganze zu verlieren und immer mit dem Ziel, hinter der verwirrenden und fein verwobenen Vielfalt ‚das Eine' zu entdecken."

Es wäre anmaßend und im Rahmen eines Vortrags auch unmöglich, zu versuchen, einem solchen Menschen in all seinen unzähligen Facetten Gerechtigkeit widerfahren zu lassen. Und wenn ich in meiner memoria vor allem den Physiker Weizsäcker in seinem Göttinger Umfeld in den Mittelpunkt stelle, bin ich mir dessen bewusst, dass ich ihm gerade nicht über viele Grenzen folgen kann und will, und ich bedaure dies. Immerhin war die Physik Ausgangspunkt seines Denkens [4], sowohl inhaltlich als auch formal. Und ich vermute, es ist nicht nur Nostalgie, wenn er spät in seinem Leben zu dem Schluss kommt, er habe „das Glück gehabt hineinzukommen in die zweite ganz große abendländische Phase" (nach der ersten großen Phase eines Newton und eines Descartes), „wo die Physik eigentlich der Kern des wissenschaftlichen Fortschritts war. Da war es wirklich ungeheuer lohnend, Physik zu studieren."

Ich werde meinen Vortrag in fünf Teile gliedern, die Weizsäckers Physik in den Jahren zwischen 1934 und ca. 1960 zum Inhalt haben, allerdings nicht völlig chronologisch geordnet. In diese Zeit fallen seine grundlegenden Arbeiten in der Kern- und der Astrophysik, seine Tätigkeiten im Uranverein, das Göttinger Manifest und seine Versuche, die Quantenmechanik philosophisch zu begründen. Ich bitte Sie um Nachsicht, wenn dabei Persönliches zu kurz kommt.

2. Die Bethe-Weizsäcker-Formeln

Der Name Weizsäcker ist in der modernen Physik mit mehreren wichtigen Tatsachen und Modellen verbunden, die für die Bedeutung und den frühen Erfolg des Theoretischen Physikers stehen. Zu erwähnen ist zunächst die sogenannte Weizsäcker-Williams-Methode [5], eine Rechenmethode, die die beiden Physiker 1934 unabhängig voneinander auf Anregung von Niels Bohr in Kopenhagen entwickelt haben. Dabei geht es um das elektromagnetische Spektrum, das ein schnelles geladenes Teilchen emittiert, wenn es abgebremst wird, z. B. durch ein Stück Materie fliegt. Diese Strahlung heißt Bremsstrahlung; sie ist auch in modernen Synchrotron-Maschinen von großer Bedeutung.

Nachdem 1932 das Neutron entdeckt und als gleichberechtigter Kernbaustein neben dem Proton erkannt worden war, entwickelte sich eine erste Blütezeit der Kernphysik, an der einige der besten Köpfe auch gerade in Deutschland beteiligt waren. Heisenberg hatte postuliert, dass Proton und Neutron bezüglich ihrer Kernkräfte nahezu identisch seien, obwohl sie sich natürlich in ihrer Ladung unterscheiden. In optischen Messungen an Isotopenreihen (Kerne mit konstanter Protonenzahl Z und variabler Neutronenzahl N) fand man, dass Kerne kugelförmige oder leicht deformierte Objekte sind, deren Volumen mit der Nukleonenzahl $A = Z + N$ linear anwächst und deren Kernradius der Beziehung $R \approx 1.3 \times 10^{-15} A^{1/3}$ m folgt. Gleichzeitig stellte sich heraus, dass die gesamte Bindungsenergie der Kerne ebenfalls nahezu proportional zur Nukleonenzahl A anwächst. Jedes Proton oder Neutron fügt dem Kern einen etwa konstanten Zuwachs an Volumen und Bindungsenergie zu. Diese Beobachtungen führten Gamow und Bohr dazu, Kerne modellmäßig als homogen geladene Tropfen zu betrachten. Und es war Weizsäcker [6], der diese Idee aufgriff und die experimentell bestimmten Bindungsenergien dem Tröpfchenmodell anpasste. Die gesamte Bindungsenergie $E_B \approx E_V + E_O + E_C + E_S$ beruht auf dem Zusammenwirken einer für Protonen und Neutronen gleichen nuklearen Volumenenergie $E_V \propto A$, einer Oberflächenenergie $E_O \propto A^{2/3}$, der Coulombabstoßung der Protonen, $E_C \propto Z^2/A^{1/3}$, und einem sogenannten Asymmetrieterm $E_S \propto (N - Z)^2/A$ zwischen Protonen und Neutronen. Die Oberflächen- und die Coulombenergie sind zur Volumenenergie gegenläufig, vermindern also die Bindung. Trägt man die Bindungsenergie pro Nukleon, E_B/A, als Funktion der Nukleonenzahl auf, so erhält man die in Abbildung 1 gezeigte Kurve. Sie hat ein Maximum bei $A \approx 60$ und fällt für sehr leichte Kerne und sehr schwere Kerne ab.

Die Massenformel war ein großer Erfolg für Weizsäcker und beflügelte seine weiteren kernphysikalischen Untersuchungen am Kaiser-Wilhelm-Institut für Physik in Berlin-Dahlem, nachdem er sich 1936 in Leipzig habilitiert hatte. Bereits 1926 hatte Eddington einen Vorschlag entwickelt, wie die Sonne ihre Energie durch thermonukleare Reaktionen erzeugt. Solche Kernreaktionen können nur ablaufen, sofern Kernbindungsenergie gewonnen wird, wenn z. B. Wasserstoff zu Helium reagiert. In der Tat schlug Eddington [7] den sogenannten Proton-Proton-Zyklus vor, bei dem sich vier Wasserstoffkerne, also Protonen, in mehreren Stufen zu einem Heliumkern zusammenbinden. Als Zwischenkerne entstehen dabei auch ^2H und ^3He, und es werden auch Neutrinos und Gammastrahlen emittiert. Ein großer Teil der gewonnenen Energie wird zum Aufheizen des Gemischs verwendet. Im Laufe der Sternentwicklung braucht sich der Wasserstoff auf, man

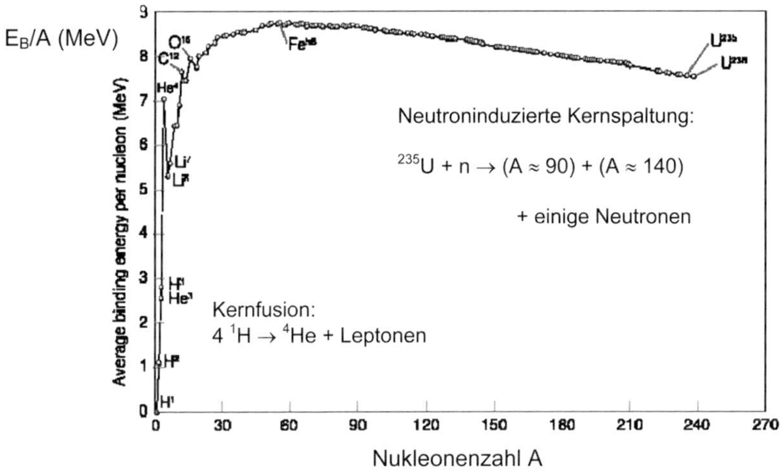

Abbildung 1: Mittlere nukleare Bindungsenergie pro Nukleon, E_B/A, aufgetragen gegen die Nukleonenzahl A. Energie kann gewonnen werden in Kernreaktionen, bei denen sich die Bindungsenergie erhöht, so z. B. durch Kernfusion oder Kernspaltung.

sagt: er verbrennt zu Helium, und das entstandene Helium reagiert seinerseits bei höherer Temperatur weiter zu ^{12}C. Der von Weizsäcker und Bethe unabhängig voneinander vorgeschlagene CNO-Zyklus [8] findet verstärkt oberhalb 100 Millionen Grad statt und stellt sich als ein Proton-Proton-Zyklus dar, in dem ^{12}C als Katalysator fungiert und auch Stickstoff- und Sauerstoffisotope erzeugt werden (siehe Abbildung 2). Auf diese Weise beginnt die Nukleosynthese in den Sternen. Per aspera ad astra war Weizsäcker also bei den Sternen angelangt, aber seine nächsten Etappen ad sapientiam et pacem gestalteten sich dorniger als vermutet.

3. Uranverein und Farm Hall

Eine zweite Form der nuklearen Energiegewinnung, die ebenfalls von der Massenformel nahegelegt wird und auf Weizsäckers Leben und Wirken entscheidenden Einfluss hatte, ist die im Dezember 1938 von Otto Hahn und Fritz Strassmann [9] entdeckte neutroneninduzierte Spaltung von Uran. Dabei fängt ein Urankern ein langsames (moderiertes) Neutron ein, und es entsteht ein schwererer Urankern, der in zwei leichtere Kerne mit den Massenzahlen $A \approx 90$ und $A \approx 140$ und einige Neutronen zerplatzt. Diese Entdeckung elektrisierte nicht nur die unmittelbar betroffenen Wissenschaftler am Kaiser-Wilhelm-Institut in Berlin, sondern die Physiker welt-

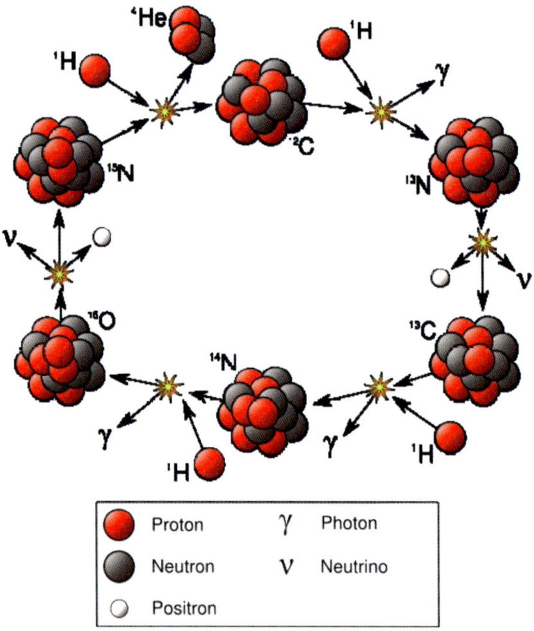

Abbildung 2: Der von Bethe und Weizsäcker vorgeschlagene CNO-Zyklus. Unter Vermittlung eines ^{12}C-Kerns reagieren vier Protonen (^{1}H) zu einem ^{4}He-Kern. Es entstehen auch Gammastrahlen (γ) und Neutrinos (ν) sowie intermediär Stickstoff- und Sauerstoffkerne (^{13}N, ^{14}N, ^{15}O, ^{15}N). Der CNO-Zyklus ist wichtig oberhalb 100 Mill. Grad und findet nach dem Heliumbrennen statt.

weit. Die Dramatik ihrer Folgen gehört zu den von den Historikern bis ins letzte Detail untersuchten Vorgängen und ist Ihnen weitgehend bekannt [11–16]. Hahns nach Stockholm emigrierte jüdische Mitarbeiterin Lise Meitner hatte noch im Dezember 1938 vermutet, dass „die Annahme eines so weitgehenden Zerplatzens sehr schwierig [sei], aber wir haben in der Kernphysik so viele Überraschungen erlebt, dass man auch nicht ohne weiteres sagen kann: es ist unmöglich.“ Bereits im Januar 1939 gab sie zusammen mit Otto Frisch eine richtige Interpretation der Spaltreaktion [17], der Bohr und Wheeler [18] eine ausführliche theoretische Erklärung folgen ließen. Im April 1939 maß die Joliot-Gruppe [19] in Paris erstmals die Ausbeute der pro Reaktion am ^{235}U erzeugten Neutronen. Gleichzeitig schätzte Siegfried Flügge [10] an Hahns Institut in ersten Überschlagsrechnungen die Möglichkeiten für den Bau einer „Uranmaschine“ ab und behandelte die Frage, ob der Energieinhalt der Atomkerne technisch nutzbar gemacht werden könne. Immerhin genügt die bei der vollständigen

Spaltung eines Kubikmeters U_3O_8 freiwerdende Energie, um 1 km^3 Wasser 27 km hochzuheben. So gewann die Kernspaltung wenige Monate nach ihrer Entdeckung und „termingerecht“ zum Ausbruch des II. Weltkriegs große technische und militärische Relevanz.

Auf Wunsch des Heereswaffenamtes wurde das Kaiser-Wilhelm-Institut für Physik wissenschaftliches Zentrum für die deutschen Forschungen an der Kernspaltung, genannt der „Uranverein“. Der Uranverein trat zum ersten Mal im September 1939 zusammen, sein wissenschaftlicher Leiter war Heisenberg. Übrigens hatte Weizsäcker ihn wie auch Hahn zur Teilnahme am Uranverein ermutigt [11], unter anderem mit dem Argument, dass diese Forschung „kriegswichtig“ sei (und damit gut finanziert werde), dass man damit die Institute retten könne und dass die daran Beteiligten u. k. und somit vom Militärdienst und Fronteinsatz freigestellt würden. Man wollte versuchen, wie später Fritz Houtermans aus einem Gespräch mit Heisenberg berichtete, „nicht die Wissenschaft für den Krieg, sondern den Krieg für die Wissenschaft zu nutzen“.

Das schwierigste Problem der technischen und der militärischen Anwendung der Kernenergie ist bekanntlich die Notwendigkeit, eine Kettenreaktion aufrechtzuerhalten. Das gelingt leicht mit dem seltenen und gut spaltbaren Isotop ^{235}U, während das 150-mal häufigere Isotop ^{238}U zu selten spaltet. Daraus folgt, dass man entweder ^{235}U stark anreichern muss, der Weg des Manhattan-Projekts, oder dass man eine große Menge Uran zusammenbringt und geeignete Moderatoren wie schweres Wasser oder reines Graphit zur Thermalisierung der Neutronen verwendet. Im Juli 1940 machte Weizsäcker darauf aufmerksam [20] – und meldete dies zum Patent an –, dass auch ^{238}U technisch wichtig werden könne: Ein ^{238}U-Kern fängt ein Neutron ein, und die darauffolgenden β-Zerfälle erzeugen die spaltbaren Kerne ^{239}Np und ^{239}Pu, letztere wegen ihrer langen Zerfallszeit ebenfalls ein wichtiges Spaltmaterial. Er vermutet, dass „dieses Eka-Rhenium zum Bau sehr kleiner Maschinen, als Sprengstoff oder durch Beimischung zur Umwandlung anderer Elemente in großen Mengen“ verwendbar sein könne [20]. Der sich in die Länge ziehende Krieg, ein verzögerndes Taktieren der Forscher, mangelnde Aussicht auf einen technischen Durchbruch in der ^{235}U-Anreicherung, die Bombardierungen von Berlin und andere Umstände waren 1942 der Anlass, das Bombenprojekt aufzugeben, die Aktivitäten des Uranvereins vom militärischen Sektor abzukoppeln und die Experimente auf kleiner Flamme in Haigerloch weiterzuführen, mit dem Ziel, den Prototyp eines Reaktors zu bauen (siehe Abbildung 3).

Weizsäcker hat zu den Motiven und Konsequenzen seiner Arbeiten im Uranverein im Laufe seines Lebens mehrfach ausführlich Stellung genom-

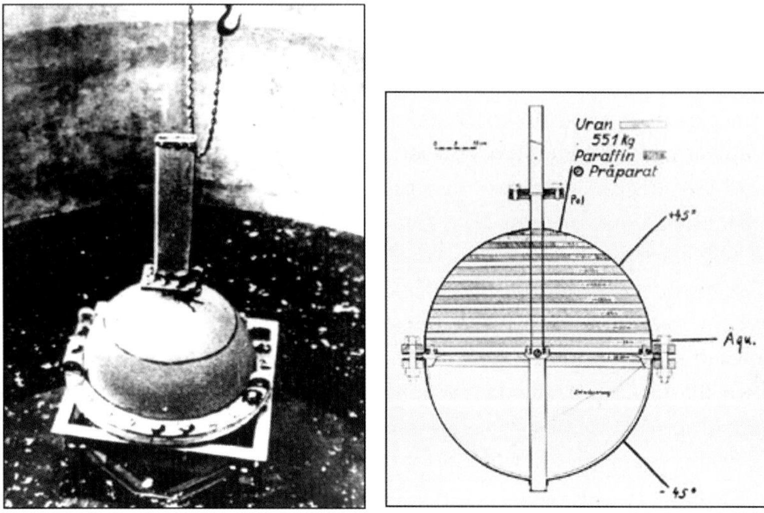

Abbildung 3: Konstruktionsvorschläge zum Bau eines Kernreaktors aus natürlichem Uran und Paraffinmoderator, lagenförmig angeordnet (Quelle: Archiv Deutsches Museum, München).

men. Es ist hier weder der Ort, noch steht es mir zu, diese Aussagen zu bewerten, aber seine Forderung nach intellektueller Klarheit und seine außerordentliche sprachliche Ausdrucksfähigkeit machen sie zu zeitgeschichtlich äußerst wichtigen Zeugnissen und sind – wie ich finde – auch persönlich sehr berührend.

1. Nach dem Kriegsende wird Weizsäcker zusammen mit mehreren anderen deutschen Kernphysikern während der Monate Juli 1945 bis Januar 1946 im englischen Farm Hall von den Amerikanern und den Briten im Rahmen der ALSOS Mission [21] interniert, also zu der Zeit, als die ersten Atombomben in Japan fielen. Die Protokolle der unbemerkt aufgenommenen Gespräche der Internierten zeigen eine erste „Lesart" (so Max von Laue) des Uranmaschinen-Projekts, die Weizsäcker auf den kurzen Nenner bringt [22]: „Die Geschichte wird festhalten, dass die Amerikaner und die Engländer eine Bombe bauten und dass zur selben Zeit die Deutschen unter dem Hitler-Regime eine funktionsfähige Maschine [sc. einen Reaktor] herstellten. Mit anderen Worten, die friedliche Entwicklung der Uranmaschine fand in Deutschland unter dem Hitler-Regime statt, während die Amerikaner und die Engländer diese grässliche Kriegswaffe entwickelten." Diese pointierte Sicht der Dinge,

dazu noch aus dem Munde der Besiegten, löst eine Jahrzehnt dauernde Kontroverse aus.

2. Unter dem Titel „Das politische Kalkül genügt nicht" nimmt Weizsäcker in einem Festvortrag auf der Mitgliederversammlung des Verbands Deutscher Studentenschaften am 8. Mai 1957, also kurz nach Veröffentlichung des Göttinger Manifestes, differenzierter Stellung [23]: „Ich wünsche, dass Ihnen klar ist, dass ich über diese Vorgänge keine moralischen Urteile fälle. Alle Mitspieler dieses schrecklichen Stücks haben nicht nur im Bewusstsein, sondern unter dem schweren Druck der auf ihnen lastenden Verantwortung gehandelt."
3. Noch kritischer erinnert sich Weizsäcker in seiner Selbstdarstellung [24] aus dem Jahre 1977: „Uns blieb die Entscheidung erspart, ob wir überhaupt, und das für Hitler, Atombomben bauen wollten. Wir erkannten nach etwas mehr als einem Jahr, dass dies unsere Möglichkeiten weit überstieg, und konzentrierten uns auf die Arbeit an einem Reaktormodell. Das moralische Problem lag am Anfang. Das damalige Risiko würde ich nach dem, was ich heute weiß, nicht noch einmal übernehmen [. . .]. Ich träumte eine Zeitlang von einem Einfluss auf das Geschehen, ein Traum, der sich zu meinem Glück nicht erfüllte."
4. Nochmals eine Dekade später, im Jahre 1988, beschließt er sein „Selbstgespräch" [25] mit der Einschätzung: „Als 1945 der Krieg zu Ende war, war ich 33 Jahre alt. Rückblickend empfinde ich meine damaligen Verhaltensweisen und Äußerungen als unausgereiften Ausdruck von Ahnungen und Wahrnehmungen, die meine intellektuelle Verarbeitungsfähigkeit überstiegen. Ich hatte rationale Nüchternheit nachzulernen, ein Stück nicht vollzogener Aufklärung [. . .]."
5. Aber halten wir fest: „Was mich daran interessierte, war eigentlich nur, dass man erkennen sollte, ob Atombomben möglich sind oder nicht." Und: „Wir waren keineswegs dafür, dass nun Bomben gemacht werden. Wir waren aber überzeugt, dass wenn man sich selber davor zurückhält, man nur die Genugtuung hat, eine reine Weste behalten zu haben, aber überhaupt nichts dafür getan hat, dass die Menschheit dieses Problem löst." So Weizsäcker in dem sehr aufschlussreichen Gespräch mit Schaaf und Spitzer im Jahre 1996 [14].

Ich habe den über die Jahre variierenden Tenor dieser Aussagen deshalb so ausführlich zitiert, weil ich glaube, dass in ihnen die Grundlage zu finden ist für das so segensreiche Engagement Weizsäckers in der Friedenspolitik und der Friedensforschung und für seinen später vertretenen, leidenschaftlichen Pazifismus. Schon 1939 ist ihm klar [14] und wird allmählich zu einer Maxime seines Handelns: „Wenn Atombomben möglich sind, wird es – so wie die Menschheit heute beschaffen ist – jemanden geben, der sie baut [. . .] und militärisch verwendet. Dann aber hat die Menschheit nur die Wahl, entweder sich selbst zugrunde zu richten oder den Krieg als Institution abzuschaffen.“ Und daraus folgert er: „Unsere Meinung war, in einer Menschheit, die technisch so weit fortgeschritten ist [. . .], ist eine veraltete politische Institution wie der Krieg selbstmörderisch und muß abgeschafft werden.“ Erst mit den Jahren habe er nach und nach gelernt, dass dieser (große) Krieg unwahrscheinlich wurde und zwar genau durch die Atombombe. Aber wie diese Einsichten politisch umsetzen, wie die „bittere Pflicht des Physikers“ – so nannte er mehrfach sein politisches Engagement [11, 14] – in dem neuen Staate einlösen, wenn es so viele wissenschaftlich interessantere und weniger heikle Dinge gibt, „die Astronomie oder die Philosophie oder die Quantentheorie als philosophisches Problem“?

4. Jahre in Göttingen: Kosmogenie. Das Manifest

1946 kehrt Weizsäcker als Abteilungsleiter des neu gegründeten Max-Planck-Instituts für Physik nach Göttingen zurück und wird am 6. Februar 1947 zum Honorarprofessor an der Universität Göttingen ernannt. Seine Aufnahme in die Akademie erfolgt im Sommer 1950 auf Vorschlag von Heisenberg, Heimpel und Becker. In ihrer Laudatio [26] führen sie aus, dass er neben seinen wichtigen Fortschritten in der Atom- und der Astrophysik die Grenzprobleme zwischen Naturwissenschaft, Erkenntnistheorie und Philosophie mit großem Erfolg aufgegriffen habe: „Seine Arbeiten auf diesem Gebiet zeichnen sich durch ihren großen Ernst und ihre sprachlich und didaktisch meisterhafte Darstellung aus. An Kenntnissen in der Geschichte der Philosophie und der philosophischen Systematik überragt v. Weizsäcker wohl alle jetzt lebenden Naturwissenschaftler.“ Darauf Weizsäcker [27] mit der für ihn und die Akademie so treffenden Antwort: „Das Zusammenwirken der Wissenschaften, das eines der Hauptanliegen der Akademie ist, liegt mir besonders am Herzen.“

Vor einigen Jahren hat Reimar Lüst [28], einer der bekanntesten Schüler Weizsäckers, die astrophysikalischen Forschungsarbeiten aus Göttinger Tagen zusammengefasst. Sie handeln von der Entstehung des Planetensystems und später dann von Galaxien, also von allgemeiner Kosmogenie. Dabei erinnert sich Lüst [28] besonders auch an seine unbeschwerte, „herrliche“ Zeit als Doktorand in Göttingen, in der er sich nicht groß um die Zukunft scherte. Übrigens wäre das Studium für ihn ohne finanzielle Hilfe aus dem sogenannte Vortragsfonds nicht möglich gewesen, den Weizsäcker

u. a. durch eine reiche und geradezu missionarische Vortragstätigkeit auffüllte.

Bei der Entstehung der Planeten vor ca. 4,5 Milliarden Jahren spielten Turbulenz und Rotationen der diffus verteilten kosmischen Gasmassen eine wichtige Rolle, das war den Astronomen bekannt. Die chemische Zusammensetzung dieser Gasmassen, zumal der Elemente oberhalb des Sauerstoffs, war im wesentlichen die gleiche, wie wir sie heute vorfinden, aber die Prozesse der Planetenbildung waren nur ansatzweise verstanden, da ihre exakte mathematische Behandlung außerordentlich schwierig ist. Aufbauend auf einer ersten großen Arbeit, die er 1943 als Professor an der Reichsuniversität Straßburg verfasst hat [29], packt Weizsäcker die Probleme an und entwirft zunächst eine anschauliche, qualitative Beschreibung der zu erwartenden Effekte. In einem weiteren Schritt überträgt er die Ergebnisse auf die Entstehung und die Eigenschaften von Galaxien. Über die Gestalt von Spiralnebeln und zur Kosmogenie verfasst er schließlich im Jahre 1947/48 zwei Publikationen, eine davon zusammen mit Heisenberg in der „Zeitschrift für Physik" [30].

Die Siegermächte untersagten die kernphysikalische Grundlagen- und die angewandte Forschung in Deutschland, aber die atomtechnischen Einschränkungen wurden in den folgenden Jahren langsam gelockert. Der erste „kleine" Forschungsreaktor, das Münchner Atomei, nahm im Oktober 1956 den Betrieb auf, der erste „große" Leistungsreaktor im Jahre 1961 in Kahl am Main. Zeitlich parallel wurde auch die Bundeswehr aufgebaut, nachdem die Bundesrepublik im Mai 1955 unter Kanzler Adenauer der NATO beigetreten war [31, 32]. In der Person des Atomministers und ab Oktober 1956 Verteidigungsministers Franz-Josef Strauß fokussierten sich die Probleme taktischer Atomwaffen beim Ausbau der Bundeswehr, die dann in der Göttinger Erklärung kulminierten. Das 50-jährige Jubiläum dieses Manifestes hat kürzlich die politischen Umstände jener Monate wieder in unser Bewusstsein gerückt [32], und ich kann mir also Details sparen. Auslöser des Protestes der 18 renommierten Kernphysiker war die ohne Konsultation angekündigte Absicht von Adenauer und Strauss, die Bundeswehr mit taktischen Atomwaffen auszurüsten, gemäß dem harmlos klingenden Motto [33], taktische Atomwaffen seien „nichts weiter als die Weiterentwicklung der Artillerie." Weizsäcker nahm die Sache in die Hand und entwarf innerhalb einer Woche ein Manifest, das die 18 Professoren, darunter auch die Nobelpreisträger Born, Hahn, Heisenberg und Strassmann, unterzeichneten.

Die wesentliche These der Göttinger Erklärung [34] besteht darin, dass taktische Atomwaffen die zerstörende Wirkung normaler Atombomben hätten, also ähnlich wirkungsvoll wie die Hiroshima-Bombe seien. Eine kleinere taktische Atombombe könne – entgegen der verniedlichenden Bezeichnung – eine kleinere Stadt völlig zerstören, und es gebe keine technische Möglichkeit, die Bevölkerung vor dieser Gefahr sicher zu schützen. Daraus ziehen die Physiker drei Folgerungen: „Für ein kleines Land wie die Bundesrepublik glauben wir, dass es sich heute noch am besten schützt und den Weltfrieden noch am ehesten fördert, wenn es ausdrücklich und freiwillig auf den Besitz von Atomwaffen jeder Art verzichtet. Keiner der Unterzeichneten wäre bereit, sich an der Herstellung, Erprobung oder dem Einsatz von Atomwaffen in irgendeiner Weise zu beteiligen. Gleichzeitig betonen wir, dass es äußerst wichtig ist, die friedliche Verwendung der Atomenergie mit allen Mitteln zu fördern." Der Protest der Göttinger Achtzehn, vor allem ihre einstimmige Selbstverpflichtung, an keinerlei Atomwaffenforschung mitzuarbeiten, hatte enorme nationale und internationale Resonanz. Als auch ein Gespräch mit Adenauer im kleinen Kreise keine Lösung brachte und die Physiker standhaft ihre Haltung verteidigten, gab Adenauer angesichts der Erregung in der Bevölkerung und des laufenden Wahlkampfes die Idee vom Eigenbesitz taktischer Atomwaffen in Deutschland auf.

In dem schon erwähnten Vortrag vor dem Verband Deutscher Studentenschaften hat sich Weizsäcker kurz nach Veröffentlichung des Manifestes ausführlich zu seiner Einschätzung der politischen Weltlage und zu den eigenen Motiven geäußert [23]: „Im sicheren Bewusstsein von der Unabänderlichkeit der menschlichen Natur stürmen wir dem ebenso unabänderlich über uns verhängten Untergang entgegen." In seiner Erklärung nennt er drei Argumente: 1. Der Westen schütze seine eigene Freiheit und den Weltfrieden durch die atomare Aufrüstung auf die Dauer nicht, da 2. die Mittel der Diplomatie und des politischen Kalküls dazu offenbar nicht ausreichten. Wer also glaubwürdig zur atomaren Abrüstung rate, müsse überzeugend darlegen, dass er selbst die Atombombe nicht wolle. Auf den Vorwurf, die Göttinger 18 hätten den Appell weltweit an ihre Kollegen statt an die Politiker richten sollen, erwidert er, dass keine der Großmächte einseitig auf Atomwaffen verzichten würde, ein „kleines Land aber könne das tun, und unsere Meinung ist, unsere eigene Heimat, Deutschland, solle das tun", denn für dieses Land hätten die Autoren eine direkte bürgerliche Verantwortung. In der „Frankfurter Allgemeinen Zeitung" vom 11. Juni 1958 hat N. Benckiser [35] zum Vorgehen und zu den Argumenten Weizsäckers Stellung genommen und anerkannt, dass „ein Professor sich mit der Methodik und Gründlichkeit, zu der wissenschaftliche Berufung verpflichte, mit einem brennenden Gegenwartsproblem befasst hat. Von jener Methodik fließt ihm die Autorität zu, nicht vom Fachgebiet oder den akademischen Würden, die in Deutschland allzu oft einschüchternd wirken."

Die friedliche Nutzung der Atomenergie mit allen Mitteln zu fördern, darauf hatten sich die Unterzeichner des Göttinger Manifests verständigt. Zwanzig Jahre später ist die politische Auseinandersetzung mit dieser Forderung voll entbrannt. Anlässlich der Entscheidung der Niedersächsischen Landesregierung für die langfristige Zwischenlagerung in Gorleben und gegen eine Wiederaufbereitungsanlage nimmt Weizsäcker 1979 erneut Stellung zum Komplex Kernkraft [35]. In seiner Schrift „Diagnosen zur Aktualität" umreißt er kurz den Bedarf an Kernenergie und deren Gefahren, übrigens ohne sich explizit für oder gegen auszusprechen. Ausführlich analysiert er dann die Gründe für die Vehemenz und Leidenschaftlichkeit der Auseinandersetzung. In der Gegnerschaft gegen die Kernenergie sieht er „eine neue Gestalt der Kritik, welche die neuzeitliche rationalistisch-technokratische Zivilisation seit ihren Anfängen begleitet hat, einen heute fast panischen Widerstand gegen eine bloße Willens- und Verstandeswelt". Er hält diese Kritik für die Vorankündigung tiefer Krisen, ja Katastrophen und glaubt, dass „der Bewusstseinsprozess in lebensbedrohender Weise hinter dem realen technisch-ökonomisch-gesellschaftlichen Prozess hinterherhinkt". Daraus folgert er zunächst, dass die Behandlung des Energieproblems Entscheidungsspielräume zulasse, aber vor allem möchte er „das moralische Engagement, das zumal die Gegner oft auszeichne, entmythologisieren", wohl wissend, dass sich „in der so oft sachlich irrenden Simplizität dieser Moral ein Instinkt dafür verbirgt, was die Menschheit in ihrem Bewusstseinsstand an technischer Komplexität verkraften kann".

5. *Die Vollendung der Physik*

Schon in der Berliner Zeit während der Arbeiten im Uranverein hatten einige Kernphysiker begonnen, sich Gedanken über die neu entdeckten instabilen Elementarteilchen zu machen, die man zunächst vor allem in der kosmischen Strahlung fand. In einer Seminarankündigung am KWI für Physik aus dem Jahre 1941 lesen wir, dass Heisenberg, Bopp, von Weizsäcker und Flügge über Mesonen berichteten [36]. Mesonen sind kurzlebige, mittelschwere Teilchen mit Massen zwischen jenen des Elektrons und denen des Protons. Sie waren die ersten Species des Teilchenzoos, der sich nach dem Krieg in beeindruckender Vielfalt und Schnelligkeit füllte, vor allem, als es gelang, Hochenergiebeschleuniger und intelligente Detektoren zu bauen. Die Freude und auch die Sorge der Experimentatoren angesichts so vieler blühender Exotik rief natürlich auch die Theoretiker auf den Plan, die nach dem möglichen Bauplan und den Ordnungsprinzipien suchten. Feynman [37] hat die Situation auf den Punkt gebracht: „Nature has always looked like a horrible mess, but as we go along we see patterns and put theories together; a certain clarity comes and things get simpler." Es dauerte dann bis Mitte der 70er Jahre, bis der Theorie die erwarteten Durchbrüche gelangen. Aber es waren bekanntlich nicht die Heisenbergsche Weltformel und die Weizsäckerschen Ure [37], die das Rennen machten und zu den heute akzeptierten Vorstellungen führten (Abildung 4). Weizsäckers damaliger Mitarbeiter Thomas Görnitz bemerkte kürzlich dazu [38]: „Die Ur-Anzahlen (Qubits), die Weisäcker genial (aber damals kaum nachvollziehbar) vorgeschlagen hatte, überforderten die Phantasie der Physikergemeinde zu sehr, und sie blieb auf Distanz. Außerdem stand die rudimentäre Kosmologie im Widerspruch zur Allgemeinen Relativitätstheorie."

In einem vielbeachteten Vortrag auf der Physikertagung 1966 in München hat Weizsäcker die Zusammenhänge aus seiner Sicht vorgetragen und die eigenen Gedanken in den großen Strom der Physik einfließen lassen [39]. Und er hat dort die wichtigsten zukünftigen Aufgaben skizziert, die seiner Meinung nach zur „Einheit der Physik" [3], ja sogar zur „Einheit der Natur" führen könnten, wie er die Sammlung seiner Aufsätze und Vorträge aus dem Jahre 1971 überschrieb. In dem Münchner Vortrag, betitelt „Ein Entwurf der Einheit der Physik", stellt Weizsäcker zunächst fest, dass die Physik heute eine größere reale begriffliche Einheit als jemals zuvor in ihrer Geschichte erreicht habe. Er vermutet, dass es daher eine endliche Aufgabe sei, die Physik zur vollen begrifflichen Einheit zu bringen. Der Zeitpunkt der Vollendung könne sogar nahe sein, aber die Vollendung der Physik in ihrer begrifflichen Einheit bedeute keineswegs die Vollendung oder auch nur die Vollendbarkeit des geistigen Wegs der Menschheit zur Erkenntnis. Der Gedankengang gipfelt in der Feststellung: „Wenn es gleich schwer ist, sich vorzustellen, dass eine vollendbare wie dass eine unvollendbare Physik möglich sein soll, so ist es vielleicht schwerer als man denkt, sich vorzustellen, dass überhaupt Physik möglich ist." Mit diesem schweren philosophischen Gepäck beladen, betrachtet Weizsäcker die Quantenmechanik, die Theorie der Elementarteilchen und die Kosmologie als jene Gebiete, deren Klärung zur begrifflichen Vollendung der Physik führen würde. Ich erinnere mich noch gut daran, dass diese von vielen Teilchenphysikern erwartete, unmittelbar bevorstehende Vollendung der subatomaren Physik nicht nur Begeisterung hervorrief, sondern auch Enttäuschung und die Frage „Lohnt es sich überhaupt noch, Physik zu machen?" So wie ein Bergsteiger reagieren mag, wenn er den lang ersehnten Gipfel bezwungen hat.

Abbildung 4: W. Heisenberg und C. F. von Weizsäcker im Gespräch (Quelle: IWF, Göttingen, 1966).

Es liegt nahe, eine Parallele zu dem Physiker Max Planck zu ziehen, der vor 150 Jahren in eine Zeit hineingeboren wurde, in der die Physik ebenfalls vollendet und zur Gänze verstanden schien. Aber wie grundlegend hat sich die Physik in fast allen ihren Prinzipien im Laufe seines Lebens verändert, gerade auch dank seinen Erkenntnissen! Er resümiert: „Der unermesslich reichen, stets sich erneuernden Natur gegenüber wird der Mensch, soweit er auch in der wissenschaftlichen Erkenntnis fortgeschritten sein mag, immer das sich wundernde Kind bleiben und muss sich stets auf neue Überraschungen gefasst machen."

Ebenfalls lohnt es sich, kurz zu skizzieren, welchen Weg die moderne Feldtheorie gegangen ist und ob Weizsäckers Vermutungen sich als richtig erwiesen haben. Diese Frage ist auch deshalb interessant, weil zum Zeitpunkt des Münchner Vortrags einige Eckpunkte des heute akzeptierten Standardmodells der Teilchenphysik bereits vorhanden waren. Bekanntlich gibt es in der Natur vier Typen von Kräften: neben den klassischen Kräften der Gravitation und des Elektromagnetismus sind das die schwache Kraft und die starke nukleare Kraft, deren Eigenschaften wir inzwischen weitgehend aus der Kern- und der Teilchenphysik kennen (siehe Abbildung 5). Kräfte wirken zwischen Objekten, die z. B. Massen oder elektrische Ladungen haben oder nuklear „aufgeladen" sind. Eine einheitliche vollständige Feldtheorie muss nun alle Objekte als Grundbausteine enthalten und die zwischen ihnen herrschenden vier Wechselwirkungen konsistent im Rah-

1. Gravitation
Johannes Kepler: *Harmonices Mundi (1619)*
Isaac Newton: *Philosophiae Naturalis Principia Mathematica (1682)*
De Motu Corporum (1679)

2. Elektromagnetismus
James Maxwell: *A Dynamical Theory of the Electromagnetic Field (1865)*

3. Schwache Wechselwirkung
Sheldon L. Glashow, Abdus Salam, Steven Weinberg: *Eichtheorien (1961-67)*

4. Starke (nukleare) Wechselwirkung
Murray Gell-Mann, George Zweig: *Quarks (1964); Standard-Modell (ab 1978)*

Abbildung 5: Die vier Kräfte in der Natur und die historische Entwicklung einer vereinheitlichten Feldtheorie bis zum Standardmodell. Die Namen der repräsentativsten Theoretischen Physiker und ihre Hauptwerke bzw. -begriffe sind angegeben.

men der Quanten- und der Relativitätstheorie beschreiben. Und gerade hier kam es in den Jahren 1960–80 zu revolutionären Neuerungen: Glashow, Salam und Weinberg [40] erfanden eine Theorie, die die elektromagnetische mit der schwachen Wechselwirkung vereinigt. Und auf der Seite der nuklearen Objekte kreierten Gell-Mann und Zweig mit den sechs Quarks die „richtigen" nuklearen Bausteine. Somit wurde der exotische Teilchenzoo relativ zügig durch ein wohlgeordnetes Standardmodell erklärt, das sich bisher bestens bewährt hat. Insofern hat sich das Physikprogramm, was die von Weizsäcker genannten Gebiete der Astro- und der Teilchen-Physik anbetrifft, jedenfalls teilweise realisiert, wenn ich auch nicht verhehlen möchte, dass die Quantengravitation und die starke Wechselwirkung noch nicht völlig erfolgreich und widerspruchsfrei eingebunden sind. Daher erfreut sich die Astro-Teilchen-Physik eines ungebrochenen Interesses (auch hier in Göttingen).

6. Zur Kopenhagener Deutung

Das dritte Gebiet, die Quantenmechanik und ihre Weiterungen in verschiedene physikalische und philosophische Richtungen, wurde Weizsäckers liebstes Kind. Als seine Mutter 1926 den jungen und sympathischen Werner Heisenberg, den sie bei einem Konzert in Kopenhagen kennengelernt hatte, in ihre Familie einführte, riet dieser dem wissbegierigen Sohne, dass man erst die Physik verstehen müsse, um die Philosophie zu erlernen. Das war ein weitschauender und eher ungewöhnlicher Rat, entstanden aus den revolutionären Resultaten der quantenmechanischen Theorien, die Heisenberg und andere kurz vorher entwickelt hatten. Radikaler noch als die Rela-

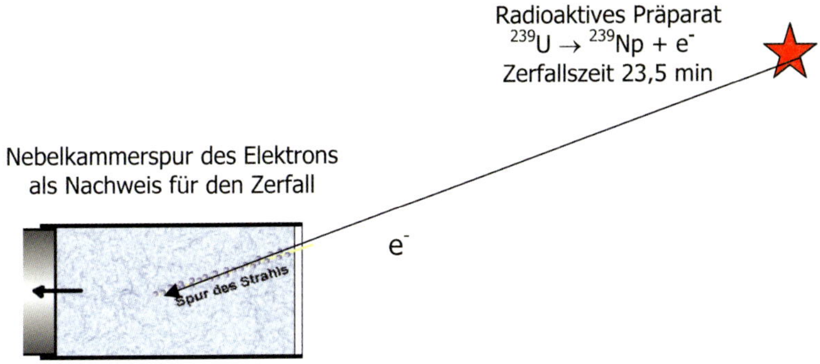

1. Der Zeitpunkt des Zerfalls ist unvorhersehbar, obwohl der Prozess quantenmechanisch vollständig beschrieben ist. Die Kausalität ist eingeschränkt.
2. Ebenso ist die Emissionsrichtung des Elektrons unbestimmt. Man spricht von Wahrscheinlichkeiten.
3. Die Messung wird aufgeteilt in den quantenmechanischen Prozess (hier den radioaktiven Zerfall) und die Messapparatur, die klassisch beschrieben wird.

Abbildung 6: Zur Kopenhagener Deutung: Eingeschränkte Kausalität und Trennung zwischen quantenmechanischem Prozess und klassischer Beschreibung der Messresultate.

tivitätstheorie hatte die Quantenmechanik gezeigt, so Eckhard Scheibe in seinem opus magnum „Die Philosophie der Physiker“ [41], „dass die Philosophie auf die Dauer in der Gefahr ist, an der Wissenschaft vorbeizureden, wenn sie nicht gelegentlich ihre Resultate zur Kenntnis nimmt.“

In seiner Autobiographie „Der Teil und das Ganze“ berichtet Heisenberg [42] im Kapitel „Quantenmechanik und Kantsche Philosophie“ von den Versuchen Anfang der dreißiger Jahre, die philosophischen Grundlagen der Quantenmechanik zu verstehen. In diesen Gesprächen, die er in Leipzig mit Weizsäcker und der Neukantianerin Grete Hermann führte, ging es auch darum, wieweit der Begriff Kausalität zur Beschreibung der physikalischen Erfahrungen atomarer Systeme oder Prozesse tauglich sei. Heisenberg merkt an, dass Weizsäcker eine „philosophische Note“ in die Gespräche brachte; „obwohl er Physik studierte, war deutlich zu spüren, dass er immer dann, wenn durch unsere physikalischen Probleme im Seminar Fragen der Philosophie oder der Erkenntnistheorie aufgeworfen wurden, besonders aufmerksam zuhörte und unter starker innerer Beteiligung mitdiskutierte.“ Neben der Kritik an den klassischen Grundbegriffen Raum und Zeit durch Einsteins Relativitätstheorie war es vor allem der Kausalitätsbegriff in der Quantenmechanik, der hinterfragt wurde. Ich möchte dies an einem Beispiel skizzieren, das dem bei Heisenberg diskutierten ähnlich ist und die Frage der Kausalität im Zusammenhang mit dem radioaktiven Zerfall behandelt. Darüber hinaus werde ich dann – als Vorbereitung auf Herrn Patzigs Ausführungen – versuchen, dieses Beispiel weiterzuentwickeln und aufzuzeigen, was man unter der „Kopenhagener Deutung der Quantenmechanik" versteht.

Nehmen wir an, wir hätten eine radioaktive Quelle präpariert, die ^{239}U-Atome enthält. Jeder ^{239}U-Kern zerfällt zu ^{239}Np unter Aussendung eines Elektrons, und zwar mit einer Lebensdauer von 23,5 min (siehe Abbildung 6). Das heißt: Nach 23,5 min sind 63% der anfänglich vorhandenen ^{239}U-Kerne zerfallen. Außerdem stellt man fest, dass die Emissionswahrscheinlichkeit der Elektronen im Raum isotrop ist. Wenn wir diesen radioaktiven Zerfall klassisch beschreiben, dann müssten wir für jeden ^{239}U-Kern im Prinzip vorhersagen können, zu welchem Zeitpunkt er aus welchen Gründen zerfällt und in welche Richtung das dazugehörige Elektron ausgesandt wird. Genauer: wir sondern experimentell oder gedanklich ein einzelnes ^{239}U-Atom aus und müssten nun – klassisch gesehen – den Zeitpunkt seines Zerfalls vorausberechnen können. Offensichtlich widerspricht dies aber der Beobachtung, indem die Zerfälle zeitlich unregelmäßig geschehen und wir nur die Zerfallswahrscheinlichkeit messen und auch theoretisch vorhersagen können. Somit ist entweder das strenge Kausalgesetz im Kantschen Sinne verletzt, oder aber wir haben den Prozess nicht vollständig beschrieben. Es könnte z. B. verborgene Parameter geben, die wir entweder experimentell nicht kennen oder – was verhängnisvoller wäre – in der Theorie gar nicht berücksichtigt haben. Falls aber die quantentheoretische Beschreibung des Systems vollständig ist, wovon Bohr und Heisenberg ausgingen, dann ist das Kausalgesetz im strengen Sinne des Einzelprozesses verletzt, und wir können nur über Wahrscheinlichkeiten sprechen. Soweit die Gedankengänge in Heisenbergs Buch [42, 43].

Wie ich Ihnen bisher den ^{239}U-Zerfall beschrieben habe, ist noch recht rudimentär, denn ich habe Ihnen den Messprozess nicht geschildert. Für jeden zerfallenden ^{239}U-Kern wird ein Elektron ausgesandt, und gerade dieses Elektron (mit seinen Eigenschaften wie Masse, Flugrichtung, Geschwindigkeit) ist der einfachste experimentelle Indikator des Prozesses. Zu seinem Nachweis benötigen wir eine Apparatur und verwenden dazu (historisch korrekt, aber heute etwas antiquiert) eine Nebelkammer. Sie erinnern sich: im übersättigten Wasserdampf entstehen entlang der Bahn des Elektrons kleine Tröpfchen, die wir entweder direkt oder unter dem Mikroskop beobachten können. Die Dichte der Tröpfchen und die Länge der Spur verraten uns etwas über die Masse und die Energie des durchfliegenden Teilchens. Ich habe nun gerade diesen Detektortyp gewählt, weil er die individuellen

Zeitpunkte der Zerfälle und die Geometrie der Elektronenspuren im Ortsraum zu messen erlaubt und damit die Folgen des radioaktiven Prozesses in unseren gewohnten klassischen Koordinaten von Raum und Zeit direkt anschaulich sichtbar = erfahrbar macht. Die Trennung zwischen dem quantenmechanisch zu beschreibenden atomaren Prozess, eben dem β-Zerfall von ^{239}U-Kernen, und der klassischen Beschreibung der Information über diesen Prozess nennt man die „Kopenhagener Deutung“.

Vordergründig können wir uns in unserem Beispiel mit der Deutung der Elektronenspuren in der Nebelkammer zufriedengeben. Wir können z. B. die Zahl der Zerfälle pro Minute und damit die Lebensdauer von ^{239}U bestimmen. Und so ähnlich machen es unsere Studenten im Physikalischen Praktikum. Aber wir haben nicht wirklich verstanden, auf welche Weise die Elektronen im übersättigten Dampf der Nebelkammer Spuren erzeugen. Diesen relativ komplizierten Prozess möchte ich hier nicht in seinen Einzelheiten beschreiben. Man weiß aber, dass das hochenergetische Elektron aus dem ^{239}U-Zerfall inelastische Stöße mit den Molekülen der Füllgase der Nebelkammer, also z. B. Luft und Wasserdampf, macht, dabei geladene Atome und Moleküle, sogenannte Ionen, erzeugt, die ihrerseits Wassermoleküle an sich binden und schließlich zu makroskopisch sichtbaren Tröpfchen reifen. Wichtig an diesen Vorgängen ist, und deshalb habe ich das anschauliche Beispiel der Nebelkammer gewählt, dass es sich auch hier wieder weitgehend um atomare Prozesse handelt, die wir teilweise ebenfalls quantenmechanisch behandeln müssen und keinesfalls klassisch. Nur die Tatsache, dass das Zerfallselektron auf seinem Weg eine große Zahl von Stößen macht, bei jedem Stoß nur etwas Energie abgibt und seine Richtung kaum ändert, führt dazu, dass wir eine makroskopische Nebelkammerspur beobachten können. Nebenbei gesagt, ist dieser Kondensstreifen einige μm breit und damit im Ortsraum so schlecht definiert, dass wir auch mit der Unschärferelation nicht in Konflikt kommen. Außerdem: würden wir beispielsweise – und völlig hypothetisch – die Zerfallselektronen durch Beugung an einem Doppelspalt nachweisen, so ergäbe sich ein Beugungsmuster, das wir im Wellenbild des Elektrons erklären müssten. Unschärferelation und Welle-Korpuskel-Antinomie sind aber gerade die klassisch nicht erklärbaren Pfeiler der Quantenmechanik.

Ich habe diese Zusammenhänge in der sehr vereinfachenden Sprache des Experimentalphysikers und nicht in jener eines Philosophen oder Quantentheoretikers an dem relativ einfachen Beispiel des spontanen radioaktiven Zerfalls und der Messung eines Zerfallsproduktes beschrieben. Einfach deshalb, da hier der Messprozess am Elektron den Kernzerfall selbst nicht beeinflusst, z. B. den Zeitpunkt des nächsten Zerfalls. Viel häufiger treten jedoch Situationen auf, in denen der Messprozess selbst den quantenmechanischen Zustand des zu untersuchenden Objekts beeinflusst oder gar erzeugt, und dann ist natürlich die Grenze zwischen klassischer und quantenmechanischer Beschreibung noch schwieriger, wenn nicht gar unmöglich zu ziehen. Dann muss man wirklich in die Sprache der Wellenpakete oder die der ψ-Funktion einsteigen, und das möchte ich Ihnen nicht zumuten. Mit „dankenswerter Klarheit" [41] hat Weizsäcker, den man ebenfalls der Kopenhagener Schule zurechnen darf, diesen Standpunkt formuliert [44]: „Die ψ-Funktion ist als Wissen definiert. [...] Sie ist identisch mit dem Ereignis, in dem der Beobachter ein Faktum erkennt. Sie geschieht noch nicht, solange nur Messobjekt und Messapparatur wechselwirken, auch nicht, solange der Apparat nach Ablauf der Messwechselwirkung unabgelesen dasteht; sie ist der Wissensgewinn durch die Ablesung." In dem Kriminalroman „Schilf" [45] der Autorin Julie Zeh liest sich dieser Zusammenhang fast wie ein Bonmot: „Kein elementares Phänomen ist ein reales Phänomen, bis es ein beobachtetes Phänomen geworden ist."

7. Übergang

Ich nannte Carl Friedrich von Weizsäcker einen genialen Grenzgänger und füge hinzu: er war ein genialer Kommunikator. Lüst [46] hat 2002 in seiner Geburtstagsansprache Weizsäckers hervorragende Gaben des Vortrags und des Zuhörens gerühmt, als er sagte: „In Ihren Vorträgen zeigen Sie eine Meisterschaft der Darstellung, auch die schwierigsten Probleme können Sie verständlich machen. Inhalt und Sprache waren in ihrer Klarheit stets auf das Neue beeindruckend." Diese Fähigkeit ist vor allem in seiner zweiten Lebenshälfte einem breiten Publikum offenbar geworden und hat auch zu einer großen Zahl von Ehrungen auf vielen Gebieten geführt, bis hin zum Vorschlag, ihn zum Bundespräsidenten zu wählen. Aus dem Jungen, der sich mit 11 Jahren als „träumerisch, ängstlich, zugleich exuberant" [25] fühlte, ist ein hervorragender, weithin sichtbarer Wissenschaftler und mitreißender Redner geworden, dessen Rat gesucht und dessen Ansichten über die Parteien hinweg gehört werden, sei es zu Politik und Bewusstsein, zu Religion und Anthropologie, zur Rolle Deutschlands und Europas innerhalb der Weltmächte. Und immer wieder seine Mahnung zum Frieden und zu dem dazu notwendigen Bewusstseinswandel. So überschreibt Weizsäcker sein letztes großes Werk, das er mit dem Gedicht von Karl Kraus „Zum Ewigen Frieden" beschließt:

Für alles Werden, das am Menschen krankt,
stirbt der Unsterbliche. Er glaubt und dankt.
Ihm hellt den Abschied von dem dunklen Tag,
dass dir noch einst die Sonne scheinen mag.
Durchs Höllentor des Heute und Hienieden
vertrauend träumt er hin zum ewigen Frieden.

Die höchste Form vernünftigen Denkens ist jedoch die Philosophie – und ihr gehörte Weizsäckers besondere Liebe, wie Herr Patzig im folgenden ausführen wird. In einer sehr typischen Mischung aus Bescheidenheit und Selbstdarstellung schrieb Weizsäcker dazu 1977 [47]: „Ich weiß, wie weit ich noch hinter gründlicher Kenntnis und adäquatem Verständnis Kants und Platons zurückbleibe, aber ich denke mir, wenn ich ihnen auf den Wiesen des Hades begegnete, würden sie mich eines Gespräches würdigen.“ Hoffen wir, dass diese Erwartung nun in Erfüllung gegangen ist!

Der Verfasser dankt herzlich Hubert Goenner, Otto Gerhard Oexle, Hermann Schmalzried und Ute Vos für Anregungen und Hinweise und seinem Vater Willi Lieb für viele fruchtbare Gespräche. In dessen Bücherschrank waren Weizsäckers Werke kurz nach Erscheinen zu finden und wurden dort sorgfältig gehütet. Herrn Feindt vom IWF, Göttingen, danke ich für die Überlassung von Bildmaterial und Herrn Dr. Hunger für Akteneinsicht im Universitätsarchiv.

Literatur

[1] C. F. von Weizsäcker, Lieber Freund! Lieber Gegner! (Hanser, München, 2002).

[2] C. F. von Weizsäcker, Selbstgespräch, in: Bewußtseinswandel (Hanser, München, 1988) S. 354 ff.

[3] P. Dürr, Physik Journal 6 (2007) 54.

[4] C. F. von Weizsäcker, Die Geschichte der Natur (Hirzel, Leipzig, Stuttgart, Zürich, 1948).

[5] C. F. von Weizsäcker, Zeitschrift für Physik 88 (1934) 612;
J. E. Williams, Physical Review 45 (1934) 729.

[6] C. F. von Weizsäcker, Zeitschrift für Physik 96 (1935) 431.

[7] A. S. Eddington, Internal Constitution of Stars (Cambridge University Press, 1926).

[8] C. F. von Weizsäcker, Zeitschrift für Physik 39 (1938) 633; H. Bethe, Physical Review 55 (1939) 434.

[9] O. Hahn und F. Strassmann, Naturwissenschaften 27 (1939) 11 und 89.

[10] S. Flügge, Naturwissenschaften 37 (1939) 402.

[11] K. Schlüpmann, Vergangenheit im Blickfeld eines Physikers. Hans Kopfermann 1895–1963, in: http://www.aleph99.org/etusci/ks/index.htm (2003).

[12] H. Wohlfahrt, Hrg., 40 Jahre Kernspaltung (Wissenschaftliche Buchgesellschaft, Darmstadt, 1979).

[13] F. Krafft, Im Schatten der Sensation. Leben und Wirken von Fritz Strassmann (Chemie-Verlag, Weinheim, 1981).
[14] C. F. von Weizsäcker im Gespräch mit M. Schaaf und H. Spitzer (1996), in: http://censis.informatik_uni-hamburg.de/publications/Art_M_Schaaf_Weizsaeck.pdf
[15] O. G. Oexle, Hahn, Heisenberg und die anderen. Anmerkungen zu „Kopenhagen", „Farm Hall" und „Göttingen", in: Geschichte der Kaiser-Wilhelm-Gesellschaft im Nationalsozialismus, Teil 9 (Berlin, 2003).
[16] M. Walker, Die Uranmaschine, Mythos und Wirklichkeit der deutschen Atombombe, (Siedler-Verlag, Berlin, 1990); M. Walker, Otto Hahn, Verantwortung und Verdrängung, in: Geschichte der Kaiser-Wilhelm-Gesellschaft im Nationalsozialismus, Teil 10 (Berlin, 2003).
[17] L. Meitner und O. R. Frisch, Nature 143 (1939) 230.
[18] N. Bohr und J. A. Wheeler, Physical Review 36 (1939) 470.
[19] H. von Halban, F. Joliot und L. Kowarski, Nature 143 (1939) 470 und 680.
[20] C. F. von Weizsäcker, Bericht für das Heereswaffenamt vom 17.07.1940 (Deutsches Museum, München).
[21] S. A. Goudsmit, ALSOS (Henry Schuman Inc., New York; 1949); zitiert in: [11] K. Schlüpmann, Kap. 9.
[22] Vgl. C. Frank, Hrg., Operation Epsilon: The Farm Hall Transcripts (Bristol, 1993); hier zitiert nach der Übersetzung von D. Hoffmann, Hrg., Operation Epsilon: Die Farm-Hall-Protokolle oder Die Angst der Alliierten vor der deutschen Atombombe (Berlin, 1993) S. 172.
[23] C. F. von Weizsäcker, Deutsche Studentenzeitung (8. Mai 1957).
[24] C. F. von Weizsäcker, Selbstdarstellung, in: Der Garten des Menschlichen. Beiträge zur geschichtlichen Anthropologie (Hanser, München, 1977) S. 412 ff.
[25] C. F. von Weizsäcker, in Selbstgespräch, in: Bewußtseinswandel (Hanser, München, 1988) Kap. 6.4.
[26] W. Heisenberg, Schreiben vom 24. Mai 1950, Archiv der Akademie der Wissenschaften, Göttingen.
[27] C. F. von Weizsäcker, Schreiben vom 21. Juli 1950, Archiv der Akademie der Wissenschaften, Göttingen.
[28] R. Lüst, C. F. von Weizsäcker in: Göttingen – Arbeiten zur Astrophysik (2004), in: http://censis.informatik_uni-hamburg.de/publications/Vortrag_Luest_CFvW_Sem_SoSe04.pdf.
[29] C. F. von Weizsäcker, Zeitschrift für Physik 22 (1943) 39.
[30] C. F. von Weizsäcker, Zeitschrift für Astrophysik 24 (1947) 181; W. Heisenberg und C. F. von Weizsäcker, Zeitschrift für Physik 125 (1948) 290; siehe auch C. F. von Weizsäcker, Astrophysical Journal 114 (1951) 165; Zeitschrift für Astrophysik 35 (1955) 252.
[31] D. Bald, Die Zeit (2. Juni 2005); D. Bald, Die Bundeswehr – eine kritische Geschichte 1955–2005 (Beck, München, 2005); B. Fleckenstein, 50 Jahre Bundeswehr, Aus Politik und Zeitgeschichte Nr. 21 (2005).
[32] F. Walter, Aufstand der Atomforscher, Spiegel online (10. April 2007)
[33] O. Nassauer, http://www.friedenskooperative.de/ff/ff05/4–51.htm (2005).

[34] C. F. von Weizsäcker, Bewußtseinswandel (Hanser, München, 1988) S. 384;
W. Heisenberg, in: Der Teil und das Ganze (Pieper, München, 1969) Kap. 18.
[35] N. Benckiser, Frankfurter Allgemeine Zeitung (11. Juni 1958).
[36] J. C. Street und E. C. Stevenson, Physical Review 52 (1937) 1003;
C. M. G. Lattes, H. Muirhead, G. P. S. Occhialini und C. F. Powell, Nature 159 (1947) 694.
[37] R. P. Feynman, QED – The Strange Theory of Light and Matter (Princeton University Press, Princeton, 1985).
[38] Th. Görnitz, Physik Journal 6 (2007) 56.
[39] C. F. von Weizsäcker, in Die Einheit der Natur (Hanser, München, 1971) S. 207.
[40] S. L. Glashow, Nuclear Physics A 22 (1961) 579; A. Salam und J. C. Ward, Physics Letters 13 (1964) 168;
S. Weinberg, Physical Review Letters 19 (1967) 1264;
A. Salam, in: Elementary Particle Theory, The Nobel Symposium No. 8 (Almqvist & Wiksell, Stockholm, 1968) S. 367.
[41] E. Scheibe, Die Philosophie der Physiker (Beck, München, 2006) Kap. X.
[42] W. Heisenberg, in: Der Teil und das Ganze (Pieper, München, 1969) Kap. 10.
[43] W. Heisenberg, in: Physik und Philosophie (Ullstein, Berlin, 1959) Kap. III.
[44] C. F. von Weizsäcker, in: Aufbau der Physik (Hanser, München, 1985) S. 526.
[45] J. Zeh, in: Schilf (Schöffling & Co, Frankfurt, 2007) S. 345.
[46] R. Lüst, Physik Jounal 6 (2007) 53.
[47] C. F. von Weizsäcker, in: Der Garten des Menschlichen. Beiträge zur geschichtlichen Anthropologie (Hanser, München, 1977) S. 435.

Carl Friedrich von Weizsäcker als Philosoph

(vorgetragen in der öffentlichen Gedenkfeier am 8. Februar 2008)

Günther Patzig

Es war ein ganz ungewöhnlicher Mann, den die Göttinger Akademie im Jahre 1950, also schon als 37-jährigen, zum Ordentlichen Mitglied ihrer Naturwissenschaftlichen Klasse wählte. Ungewöhnlich jung auch; normalerweise ist man ja eher 45 oder älter, wenn man in die Akademie aufgenommen wird. Aber schon sein Alter, oder vielmehr seine Jugend, bei der Promotion 1933 (21 Jahre) und der Habilitation 1936 (24 Jahre), war auch damals schon auffallend, wie auch die spätere Übernahme einer Professur für Theoretische Physik in Straßburg im Alter von 30 Jahren.

Ungewöhnlich ist es wohl auch, dass zwei Mitglieder unserer Akademie gebeten worden sind, einen Beitrag zu dieser Gedächtnisfeier vorzulegen, ein Physiker und ein Philosoph. Das könnte man korrekt, aber doch etwas oberflächlich, damit erklären, dass Carl Friedrich von Weizsäcker im Laufe seiner wissenschaftlichen Laufbahn und Tätigkeit an der Universität sowohl Professor für Physik (1942) als auch später Professor für Philosophie (1957) gewesen ist. Das ist etwas oberflächlich, weil es den Gedanken nahelegen würde, als liege hier ein Fall erstaunlicher Doppelbegabung und Begeisterung für zwei verschiedene Fächer vor und als habe von Weizsäcker sich zunächst die eine, dann die andere Richtung seiner Begabung zur Grundlage seiner Tätigkeit gemacht. Beim Lesen seiner Schriften erkennt man vielmehr gleich, dass er die Physik immer mit dem Blick des Philosophen auf das Fundamentale und Prinzipielle betrieben hat und in der Philosophie das Verhältnis des Menschen zur Natur, ja zum Kosmos im Ganzen nie aus den Augen verlor.

Schon bei dem etwa 14-jährigen Gymnasiasten Carl Friedrich von Weizsäcker zeigte sich diese doppelte Neigung. Als Werner Heisenberg die Familie Weizsäckers 1926 in Kopenhagen besuchte, hörte er, dass er sich für Philosophie und Astronomie interessierte, und als der junge Mann ihm später, ein Jahr vor dem Abitur, berichtete, er sei noch unschlüssig, ob er Physik oder Philosophie studieren sollte, riet ihm Heisenberg mit Entschiedenheit, jedenfalls zunächst Physik zu studieren. Hinsichtlich der Begründung dieses Ratschlags durch Heisenberg variieren die Berichte.

Begründung a): Es sei wichtig, zuerst einmal eine richtig harte Wissenschaft zu studieren, dann könne einen die relative Unschärfe philosophischer Reflexion nicht mehr verwirren.

Begründung b): In der heutigen Zeit sei die Bedeutung der Physik für das Verständnis der Wirklichkeit so entscheidend wichtig, dass nur ein gelernter Physiker die Probleme der Philosophie noch angemessen bearbeiten könne.

Begründung c): Das Studium der Physik könne man in einem überschaubaren Zeitraum zu einem gewissen Abschluss bringen; die Physik sei so etwas wie ein Handwerk mit überschaubaren Anforderungen; die Philosophie sei demgegenüber so schwierig, dass man sie, wie ja schon Platon gemeint habe, erst mit 50 Jahren wirklich erfolgreich in Angriff nehmen könne.

Jede dieser Variationen hat eine gewisse Plausibilität. Was die Version a) angeht, so scheint sie mir in ihrer Allgemeinheit durchaus überzeugend; auch ich empfehle jedem, der mich fragt, welches Fach er wohl neben der Philosophie (oder zeitlich vor ihr) studieren solle, sich ein möglichst strenges, methodisch gereiftes und „hartes" Fach auszusuchen oder sogar zwei solcher Fächer, damit man lernt, die eigene wissenschaftliche Phantasie durch die bewährten Grundsätze einer strengen wissenschaftlichen Methodik in einer nicht zufällig so genannten „Disziplin" zu zügeln. Das kann die Physik sein, aber auch Mathematik oder Klassische Philologie oder Vergleichende Sprachwissenschaft oder auch andere, jedenfalls methodisch gefestigte Fächer, während manche, auch interessante Studienfächer, etwa Literaturwissenschaft oder Soziologie, eine solche propädeutische Funktion nicht in vergleichbarem Umfang anbieten können. Das spricht noch nicht als solches gegen solche Fächer, die dieses Defizit vielleicht durch andere Vorzüge ausgleichen können.

Zur Begründung b) (Unentbehrlichkeit der Physik als Grundlage philosophischer Studien in heutiger Zeit) würde ich natürlich sagen, dass es Gebiete der Philosophie gibt, in denen gründliche Kenntnis der Physik unerlässlich ist, wie etwa Wissenschaftstheorie und Naturphilosophie, dass es aber daneben Teildisziplinen der Philosophie gibt, die auch ein Nichtphysiker durchaus erfolgreich bearbeiten kann, wie etwa Logik, Sprachphilosophie, Erkenntnistheorie, Ethik und Ästhetik.

Zur Begründung c) (Das zeitlich begrenzte und überschaubare Physikstudium kann man in jugendlichem Alter erledigen, dagegen sind die methodisch undurchsichtigen philosophischen Probleme wohl eher etwas für im Alter schon weit Fortgeschrittene) würde ich sagen, dass es sich dabei um eine plausible, aber keineswegs evidente oder gar zwingende Empfehlung handelt. Es gibt ja durchaus eine Reihe von Philosophen, die erfolgreich

Physik oder Mathematik oder beides studiert und danach ihren Schwerpunkt in Philosophie gewählt haben. Zwei von ihnen sind in unserer Göttinger Akademie besonders bekannt: Erhard Scheibe, seit 1977 Mitglied unserer Akademie, wurde 1956 in Göttingen in Mathematik, Physik und Philosophie promoviert und hat sich 1963 in Hamburg, eben bei Carl Friedrich von Weizsäcker, habilitiert. Und Lorenz Krüger, seit 1987 ebenfalls Mitglied unserer Akademie, der in Heidelberg in Physik promoviert worden war, ist erst nach der Promotion zur Philosophie übergewechselt. Er habilitierte sich 1972 bei Erhard Scheibe in Göttingen für Philosophie und hat bis zu seinem allzu frühen Tod 1994 eine erfolgreiche wissenschaftliche Laufbahn absolviert.

Der Hinweis auf Platon, der im „Staat" zum Studium der Philosophie erst die als Regenten vorgesehenen Männer (oder Frauen!) im Alter von 50 Jahren zulassen wollte, ist sicher nicht zugkräftig; bei Platon war die philosophische Tätigkeit an das Regierungsamt gebunden, und für dieses Amt verlangte er Erfahrung und eine gewisse Lebensweisheit (vgl. Platon Rep. VII, p. 537d–540c).

Dass man erst in höherem Lebensalter zu philosophischen Einsichten gelangen könne, wird wohl durch die Fakten widerlegt: Einige Philosophen, wie David Hume und Ludwig Wittgenstein, haben epochemachende Werke sehr jung verfasst, mit 25 bzw. 29 Jahren, andere freilich, wie Kant, ihr Hauptwerk erst spät, Kant die „Kritik der reinen Vernunft" erst im Alter von 57 Jahren.

Der Gymnasiast von Weizsäcker ist dem Ratschlag seines späteren Universitätslehrers und Freundes Werner Heisenberg gefolgt.[1]

Es wäre nun eigentlich meine Aufgabe, die Beziehungen von Weizsäckers zur Philosophie in ähnlicher Weise darzulegen, wie Herr Kollege Lieb in seinem Vortrag die Beiträge von Carl Friedrich von Weizsäcker zur Physik vorgestellt hat. Dies ist aber aus prinzipiellen Gründen nicht möglich, oder jedenfalls mir nicht gut möglich, weil sich Weizsäckers intensivere Reflexionen, die sich mit philosophischen Problemen befassen, in das normale Koordinatensystem der philosophischen Fachdiskussion nicht leicht oder vielmehr überhaupt nicht einordnen lassen. Zu den fachphilosophischen Kontroversen, die im Bereich etwa der Analytischen Philosophie zur Begründung der Logik, der Erkenntnistheorie oder der Ethik, oder auch der Wissenschaftstheorie, in der Zeit von 1945 bis 2000 geführt wurden, besteht in den auch philosophischen Schriften von Weizsäckers

1 Dazu vgl. C. V. v. Weizsäcker: Der Garten des Menschlichen, München 1979, S. 556 ff., sowie Konrad Lindner: Carl Friedrich von Weizsäckers Wanderung ins Atomzeitalter. Ein dialogisches Selbstportrait, Paderborn 2002, S. 17 und S. 49–64.

kein unmittelbarer Zusammenhang. Man denkt an Autoren wie Frege, Wittgenstein, Austin, Popper, Putnam, Quine, Rawls, die bei von Weizsäcker zwar gelegentlich erwähnt, aber in die Diskussion nicht wirklich einbezogen werden. Das hat dazu geführt, dass von Weizsäckers Schriften in der politischen Diskussion und der zeitkritischen Öffentlichkeit weit mehr als in der akademischen Philosophie gewirkt haben und diskutiert wurden.

Seine die Resultate der Quantenmechanik, der Kosmologie und zentrale Lehrstücke von Kant und Platon zu der kühnen Konzeption eines „spiritualistischen Monismus“ vereinigenden Theorien lassen die in der heutigen Philosophie vorherrschenden Versuche, durch schrittweise Auflösung von einzelnen Problemen der Wahrheit und Klarheit in Hinblick auf philosophische Grundfragen näherzukommen, als zaghaft, ja kleinkariert erscheinen. Es ist also noch zu früh, darüber ein begründetes Urteil abzugeben, ob von Weizsäckers Konzepte eine tragfähige Basis für eine Lösung der Krise sein können, die unsere von Wissenschaft und Technik beherrschte Welt bedroht.

Ein anderes Mitglied unserer Akademie, nämlich Erhard Scheibe, hätte Ihnen über den Philosophen Carl Friedrich von Weizsäcker weitaus ergiebigere Informationen vermitteln können, als ich das kann. Er wäre der ideale Korreferent für Herrn Lieb gewesen, da er doch erst kürzlich, nämlich 2006 im Verlag C. H. Beck in München, das hervorragende Buch „Die Philosophie der Physiker“ vorgelegt hat, das auch die Kopenhagener Deutung der Quantenmechanik, die für Carl Friedrich von Weizsäcker so bestimmend geworden ist, auf über 60 Seiten ausführlich behandelt. Erhard Scheibe hat, wie schon erwähnt, in den 50er Jahren bei Carl Friedrich von Weizsäcker studiert und an dessen Kolloquium regelmäßig teilgenommen, er ist 1957 mit Weizsäcker, der den Lehrstuhl für Philosophie in Hamburg übernahm, als dessen Assistent nach Hamburg gegangen, hat sich dort 1963 für Philosophie habilitiert und ist dann 1964 auf einen neugeschaffenen Lehrstuhl Logik und Wissenschaftstheorie nach Göttingen zurückgekehrt. Leider lässt der Gesundheitszustand Erhard Scheibes eine solche Mitwirkung an unserer Gedenkfeier nicht zu. Ich hoffe daher um so mehr, dass viele von Ihnen die Möglichkeit wahrnehmen werden, sein auf seine Vorlesungen in Heidelberg zurückgehendes Buch zu lesen.

Ich dagegen werde demgegenüber einen, wie Platon zu sagen pflegte, δεύτερος πλοῦς – also eine zweitbeste Lösung – wählen. Ich möchte einiges darüber sagen, was ich in nun auch schon etwa 60 Jahren im Kontakt mit Carl Friedrich von Weizsäcker erfahren, gelernt und erlebt habe. Ich hoffe, dass ich dadurch dem einen oder anderen Zuhörer ein deutlicheres

Bild von ihm, dem bedeutenden Wissenschaftler, Professor und Menschen vermitteln kann.

In meinem ersten Göttinger Semester, im Sommersemester 1946 nach Rückkehr aus dem Krieg, hatte ich das Glück, das Kolleg des damals 34-jährigen Honorarprofessors von Weizsäcker mit dem Titel „Die Geschichte der Natur" zu hören. Schon der Titel der Vorlesung war herausfordernd: Kann es denn eine Geschichte der Natur geben? Ist Geschichte nicht eigentlich ein Gegenstand der Geisteswissenschaften? Diese Vorbehalte wurden durch den Dozenten sofort aufgelöst. In einem atemberaubenden Durchgang wurden wir vom Kosmos im Ganzen und seiner Entstehung über Galaxien, Sterne, Planetensysteme zur Erde geführt und wurde die Entstehung des Lebens auf der Welt, schließlich die natürliche Existenz des Menschen und seine Geschichte besprochen, mit Ausblicken auf die Zukunft. Auf der letzten Seite des Buchs „Die Geschichte der Natur", das – wenn ich mich richtig erinnere – lange ein „Bestseller" unter den erfolgreichen Bänden der „Kleinen Vandenhoeck-Reihe" war, stand: „Die wissenschaftliche und technische Welt der Neuzeit ist das Ergebnis des Wagnisses des Menschen, das Erkenntnis ohne Liebe heißt". Solche Sätze konnte man damals wohl an der Universität, jedenfalls in Göttingen, von sonst niemandem hören. Die Faszination des Vortrags bestand gerade in der Vereinigung von beeindruckender fachwissenschaftlicher Kompetenz in der Darstellung der kosmologischen Entwicklung und der für die menschliche Existenz relevanten Aspekte dieser naturwissenschaftlichen Darlegungen. Goethe wurde nicht ausdrücklich zitiert; trotzdem legt es sich nahe, an Goethes Ausspruch zu denken, dass ihn nicht so sehr die Natur beschäftige, sondern „das Verhältnis des bedeutendsten irdischen Gegenstandes, des Menschen, zur Natur".[2]

Beim erneuten Durchlesen der dritten Auflage des Kollegtextes von 1956 (1. Aufl. 1948) bei der Vorbereitung auf diesen Nachruf habe ich mich etwas darüber gewundert, dass von Weizsäcker damals das Alter des Kosmos als „mindestens vier Milliarden Jahre" angab – so auch noch in „Die Tragweite der Wissenschaft", Bd. I, 1964. Wie schnell sich doch solche Ergebnisse ändern! Erst 1965 wurde ja die kosmische Hintergrundsstrahlung von 3 Grad Kelvin (3 K) entdeckt, und aufgrund dieser Entdeckung hat man sich schnell auf ein Alter der Welt von ungefähr 14 Milliarden Jah-

2 Farbenlehre, Didaktischer Teil, § 181: „In der ganzen sinnlichen Welt kommt alles überhaupt auf das Verhältnis der Gegenstände untereinander an, vorzüglich aber auf das Verhältnis des bedeutendsten irdischen Gegenstandes, des Menschen, zu den übrigen." Goethes Werke, Weimarer Ausgabe, II, 1, S. 75; Goethes naturwissenschaftliche Schriften, hrsg. mit Einleitungen von Karl Goedeke, Stuttgart u. Berlin, o.J., Bd. 2, S. 62.

ren geeinigt. Weitere Überraschungen dieser Art werden uns sicher bevorstehen.[3]

Nach meiner Promotion, als Assistent von Josef König, habe ich ziemlich regelmäßig an von Weizsäckers Kolloquium zu philosophischen Fragen der Physik teilgenommen, zu dem auch oft auswärtige Gäste als Vortragende eingeladen wurden. Damals interessierte sich von Weizsäcker unter anderem besonders für „Quantenlogik" und für die Anfänge der Kybernetik.

In der Logik neigte er zu der Auffassung, dass die gebräuchliche (aristotelische) Logik mit zwei Wahrheitswerten durch eine neue, mehrwertige Logik ersetzt werden müsse. Dabei hat er, Anregungen seines Freundes Georg Picht folgend, die Idee aufgenommen, dass, so wie die Mikrophysik eine nichteuklidische Geometrie verlange und die euklidische Geometrie nur noch als ein Sonderfall für überschaubare makrophysikalische Verhältnisse in Geltung bleiben könne, entsprechend eine mehrwertige Logik an Stelle der traditionellen zweiwertigen Logik treten müsse.

Dieser Analogie habe ich während dieser Kolloquien mehrmals widersprochen, worauf mich von Weizsäcker zu einem Referat über diese Fragen einlud. Das Referat und die Diskussion haben ihn vielleicht etwas beeindruckt, aber nicht überzeugt. Auch hier folgte er wohl Goethe, der sich ja weigerte, auch angesichts ernst zu nehmender Einwände eine ihm lieb gewordene Theorie aufzugeben. So zum Beispiel, als seine Interpretation der aristotelischen Lehre von der „Katharsis", der „Reinigung der Leidenschaften" in des Aristoteles Tragödiendefinition durch K. von Raumer 1828 mit guten Gründen kritisiert wurde. Goethe schrieb: „Ich aber muß bei meiner Überzeugung bleiben, weil ich die Folgerungen, die mir daraus geworden, nicht entbehren kann."[4]

1957 wurde von Weizsäcker auf das schon 1953 durch Weggang Josef Königs nach Göttingen freigewordene Ordinariat für Philosophie in Hamburg berufen. Vorher hatte von Weizsäcker erfolgreich das sogenannte „Göttinger Manifest" der 18 führenden Atomforscher Deutschlands organisiert, das gegen den Beschluss der Bundesregierung gerichtet war, die Bundeswehr mit „taktischen" Atomwaffen auszustatten. Trotz lebhaften Widerspruchs

---

3 Rudolf Kippenhahn hat mich nach meinem Vortrag freundlicherweise darauf aufmerksam gemacht, dass schon vor der Entdeckung der kosmischen Hintergrundstrahlung von 3 Grad Kelvin durch A. Penzias und R. W. Wilson (1965) eine Verdoppelung der Größe und damit auch eine Verdoppelung des Alters des Universums von W. Baade (1952) und A. Behr (1950) vorgeschlagen wurde; vgl. R. Kippenhahn, Licht vom Rande der Welt, Stuttgart 1984, bes. S. 127–129 und S. 145.

4 Brief an Karl Friedrich Zelter vom 31.12.1829.

von K. Adenauer und F. J. Strauß setzten sich „die Göttinger 18" durch, einer der seltenen Siege der Vernunft in der Politik.

Ich habilitierte mich 1958 in Göttingen und war hier mit Freude Privatdozent; aber schon 1960 wurde ich auf Vorschlag von Weizsäckers auf ein Extraordinariat in Hamburg berufen. Ich nahm den Ruf natürlich an und fragte Herrn von Weizsäcker bei meinem Antrittsbesuch, warum er mich, der ich doch manche seiner Auffassungen in seinem Kolloquium kritisch kommentiert hätte, in Hamburg haben wollte. „Eben deshalb", sagte er.

Die drei Jahre, die ich in Hamburg verbrachte, waren sehr ergiebig und erfreulich. Von Weizsäcker hatte in Hamburg ein lebhaftes Interesse für Philosophie geweckt, sowohl bei den Studenten als auch im Lehrkörper der Hamburger Universität, aber auch, darüber hinausgreifend, in der Hamburger Gesellschaft. Von diesem Interesse profitierten auch wir Jüngeren. Unsere Kollegs waren gut besucht.

Seine Kollegs allerdings mussten im neuen Auditorium Maximum vor ca. 1000 Hörern stattfinden; er wurde eine Figur des öffentlichen Lebens. Es gab im Seminar viele interessante Diskussionen, regelmäßig z. B. in einer der Universität gehörenden Villa an der Außenalster, wo Doktoranden und Assistenten aus ihren Arbeiten vortrugen. Da zeigte sich oft von Weizsäckers singuläre Fähigkeit: er war, was wir, etwas respektlos, ein „Kapiergenie" nannten. Öfters sagte er, wenn einer der Jüngeren seine Ansichten eher verschwommen vorgetragen hatte: „Wenn ich Sie richtig verstanden habe, so meinen Sie doch ungefähr dies ...". Und dann kam eine glasklare Wiedergabe des Gedankens, der vorher nur sehr undeutlich und schattenhaft zu erkennen gewesen war.

Es war im Hamburger Seminar üblich, dass jemand, der irgendwo eine interessante Denksportaufgabe entdeckte, sie allen Mitgliedern des Seminars bekannt machte. Wer eine Lösung der Denksportaufgabe gefunden hatte, notierte sie auf einem Zettel und warf sie in den Briefkasten, mit einer Angabe, wie lange er für die Lösung der Aufgabe gebraucht hatte. Herr von Weizsäcker löste alle diese Denksportaufgaben, und zwar in einer Zeit, die etwa um die Hälfte besser war als die des nächstfolgenden Seminarmitglieds. Leuchtende Intelligenz und Schnelligkeit der Reaktion waren für ihn charakteristisch.

Ein typisches Beispiel: In einem Kolleg über „Sprache und Logik" (WS 62/63) unterschied ich zwischen grammatischen Formen, poetischen Formen und logischen Formen sprachlicher Ausdrücke. Als Beispiel für poetische Form nannte ich den Reim, speziell den Schüttelreim, und für den Fall, dass jemand nicht wusste, was ein Schüttelreim ist, nannte ich einen, der mir zu dem Namen Gottlob Freges einfiel, der im Kolleg naturgemäß eine bedeutende Rolle spielte: „Wer den Versuch mit Frege wagt, nicht länger nach dem Wege fragt". Die Studenten und Assistenten, die das Kolleg gehört hatten, zitierten beim üblichen gemeinsamen Mittagessen in der Mensa diesen Schüttelreim, und Herr von Weizsäcker antwortete, sozusagen im gleichen Atemzuge: „Doch der, der diese Frage wägt, wohl was er damit wage, frägt", also ein Pendant zu dem Ausgangsschüttelreim. Wenn ich gelegentlich darüber nachdenke, wen von den vielen hochbegabten Personen, die ich im Laufe meines Lebens als Wissenschaftler kennengelernt habe, ich „genial" nennen würde, dann fällt mir Carl Friedrich von Weizsäcker zuerst ein.[5]

Im WS 1960/61 lasen C. F. von Weizsäcker und ich gemeinsam Platons „Phaidon" auf Griechisch. Es war beachtlich, wie viel Griechisch er vom Gymnasium in Berlin noch präsent hatte. Besonders interessierten uns natürlich die vier sogenannten „Beweise" für die Unsterblichkeit der Seele, deren letzter die platonische Ideenlehre benutzt und erläutert. Das waren sehr angenehme und gewinnbringende Nachmittage. Erstaunlich für mich war freilich von Weizsäckers Überzeugung, dass man, wenn man einem großen Philosophen einen Fehler oder Irrtum zuschreibt, damit nur zeige, dass man ihn noch nicht wirklich verstanden hat. Die naheliegende Rückfrage, was man unter solchen Bedingungen z. B. mit Kants Kritik an Platon, Descartes oder David Hume anfangen soll, blieb leider offen.[6]

1963 war unsere gemeinsame Zeit in Hamburg beendet; ich fühlte mich in Hamburg durchaus wohl; aber der Aussicht, in Göttingen Nachfolger

---

5 Erst aus dem Buch von K. Lindner (vgl. Zitat Anm. 1, S 5) habe ich erfahren, dass C. F. von Weizsäcker schon als Student in Leipzig durch solche Schüttelreime aufgefallen ist wie den folgenden: „Nach Symmetrien pflegt Hund zu graben, und scheint dazu auch Grund zu haben". (F. Hund war damals Professor der Physik in Leipzig; er prüfte Weizsäcker 1933 im Rigorosum).

6 In seinen systematischen Überlegungen, bei dem Versuch, eine einheitliche Theorie der Wirklichkeit zu entwickeln, griff von Weizsäcker vor allem auf Kant und Platon zurück (denen auch ein erheblicher Teil seiner Hamburger Vorlesungen und Seminare gewidmet war). Er übernahm Kants Grundthese, dass „die Bedingungen der Möglichkeit der Erfahrung zugleich die Bedingungen der Möglichkeit der Gegenstände der Erfahrung sind" (KrV, S. A 158 und B 197). Anstelle von Kants „Anschauungsformen" Raum und Zeit und der aus der logischen Urteilstafel abgeleiteten zwölf „Kategorien" setzte von Weizsäcker aber eine „Logik der Zeit", in der, nach seiner Ansicht, die unlösbare Bindung von Subjekt und Objekt präsent wird. Die Einheit hinter dieser Subjekt-Objekt-Polarität kann, nach Weizsäckers Auffassung, in einer an Platons Lehre von der „Idee des Guten" orientierten Denkbewegung erschlossen werden, die (nach Platon, Rep. VI, p. 504b-509a) den Hintergrund und die Einheit aller unserer Erkenntnis einsichtig machen kann. Leider sind diese systematischen Überlegungen von Weizsäckers über das Stadium gedankenreicher Skizzen nicht hinausgekommen.

meines verehrten Lehrers Josef König zu werden, konnte ich nicht widerstehen. Wir blieben aber, in freilich lockerer, Verbindung.

1970 bis 1980 leitete von Weizsäcker das für ihn eigens gegründete MPI-Institut in Starnberg mit dem nicht leicht zu erinnernden Namen „Institut zur Erforschung der Lebensbedingungen der wissenschaftlich-technischen Welt". (Ich ergänze für meine Zwecke immer ein „in" vor „der wissenschaftlich-technischen Welt"; denn unter Lebensbedingungen der wissenschaftlich-technischen Welt kann ich mir nichts vorstellen.) Jürgen Habermas (seit 1970) und Ernst Tugendhat (seit 1975), also zwei Asse unter den deutschen Philosophen der Zeit, wurden seine Mitdirektoren. Sicher ist an dem Institut sinnvoll und teilweise erfolgreich gearbeitet worden, was mir Jürgen Habermas auch im Rückblick bestätigt hat. Auch ich selbst bin gelegentlich zu einer Tagung (über griechische Philosophie) eingeladen worden, die interessant war, aber für mich jedenfalls nicht in erkennbarem Zusammenhang mit dem Namen des Instituts stand. Aber im Gedächtnis der Öffentlichkeit, gerade auch der wissenschaftlichen Öffentlichkeit ist doch im Zusammenhang mit diesem Institut vor allem das Schlagwort von der „Finalisierung" der Wissenschaft haften geblieben. Dabei könnte man statt „Finalisierung" auch „die gesellschaftliche Orientierung des wissenschaftlichen Fortschritts" (so der Titel des von Gernot Böhme u. a. 1978 in Frankfurt herausgegebenen Buches) sagen. Die leitende Vorstellung dabei war etwa die, dass die Allgemeinheit, die ja zum sehr erheblichen Teil alle Forschung finanziert, doch auch darüber entscheiden müsse, oder wenigstens mitentscheiden solle, welche Probleme mit Priorität bearbeitet und gelöst werden sollten und von welchen Themen die Forschung eher Abstand halten solle. Dass dieses Konzept erstens die Freiheit der Wissenschaft erheblich beschädigen würde und dass zweitens nur kompetente Wissenschaftler darüber urteilen können, welche Probleme jeweils mit Aussicht auf Erfolg in Angriff genommen werden können, wurde gegen dies Konzept mit Recht, wie ich meine, geltend gemacht, und so ist das Projekt der „Finalisierung" der Wissenschaft denn auch, so weit ich das übersehe, in den Hintergrund getreten.[7]

Man muss daher wohl sagen, dass die letzte Phase von Carl Friedrich von Weizsäckers wissenschaftlicher Tätigkeit nicht so zweifellos erfolgreich verlaufen ist wie seine Laufbahn von 1933–1970. Aber nach wie vor imponierend ist die Art und Weise, wie er darüber spricht, besonders z. B. in dem

---

7 Hierzu ist informativ der Text „Anstrengungen zur Legitimation der Naturwissenschaften" von W. van den Daele und W. Krohn in: Physik, Philosophie und Politik, Festschrift für Carl Friedrich von Weizsäcker zum 70. Geburtstag, hrsg. von K. M. Meyer-Abich, München 1982.

Buch von Konrad Lindner „Carl Friedrich von Weizsäckers Wanderung ins Atomzeitalter. Ein dialogisches Selbstportrait", Paderborn 2002.

Dort findet man auch andere Äußerungen, die in ihrer redlichen Offenheit den heutigen Leser sehr beeindrucken, z. B. dass von Weizsäcker am 30. Januar 1933 von der Begeisterung der jungen Leute in einem Fackelzug in Leipzig berührt war und jedenfalls überlegte, ob er nicht auch in die Partei eintreten solle; die Meinung seines Vaters, dass Hitler Krieg bedeute, und der Antisemitismus der Nationalsozialisten, der sich auch gegen von ihm verehrte jüdische Physiker richtete, hielt ihn dann aber doch davon ab (a. a. O., S. 64 ff.).

Ähnlich offen spricht Carl Friedrich von Weizsäcker auch über seine Haltung zu der Gründung des „Uran-Vereins" am Anfang des zweiten Weltkriegs. Es war ihm klar, dass, wenn eine Atombombe gebaut werden könne, er daran beteiligt sein müsse, wenn er überhaupt irgendeinen Einfluss auf deren Gebrauch nehmen wolle. Im Rückblick erschien ihm nach 1945 seine damalige Einstellung als unrealistisch und geradezu leichtsinnig (a. a. O., S. 80–89).

Im Juni 1942, so hören wir, wurde das Uran-Programm für den Bau einer Atombombe durch den damaligen Rüstungsminister Speer eingestellt und nur noch das Reaktor-Bauprogramm, unter sehr eingeschränktem Aufwand, fortgeführt. Darüber empfand C. F. von Weizsäcker „eine große Erleichterung". Zur Darstellung von Robert Jungk, doch wohl in dessen Buch „Heller als tausend Sonnen", bemerkt er im Gespräch mit Konrad Lindner: „Jungk hat richtig gesehen, dass wir nicht leidenschaftlich darauf aus waren, eine Bombe zu machen. Er hat das ein bisschen stärker, als es vielleicht den Tatsachen entsprach, in der Richtung gesehen, dass wir geradezu versucht haben, es zu verhindern." C. F. von Weizsäcker macht hier einen subtilen Unterschied (a. a. O., S. 99) zwischen einem Zustand, in dem man nicht wünscht, dass der Fall *p* eintritt, und dem Zustand, in dem man wünscht, dass der Fall *p* nicht eintritt. Das ist derselbe Unterschied, der zwischen einem Zustand besteht, in dem man nicht glaubt, dass *p* der Fall ist, und dem Zustand, in dem man glaubt, dass *p* nicht der Fall ist. Eine solche Formulierung zeigt, dass Carl Friedrich von Weizsäcker eben die Fähigkeit zur sorgfältigen Differenzierung unter verschiedenen ähnlichen Sachverhalten besaß, die, jedenfalls nach meiner Erfahrung, wesentlicher Bestandteil einer besonderen Begabung für Philosophie ist.

Es sind solche Eindrücke beim Wiederlesen seiner Texte und der Texte über ihn, die mich dazu ermutigen, ein schönes Wort, das er selbst auf den ihm auch als Naturforscher nahestehenden Johann Wolfgang Goethe geprägt hat, auch auf ihn selbst anzuwenden: Er kann uns auch in kritischen

Zeiten noch Orientierung bieten, „nicht als ein Leuchtturm, der uns den sicheren Hafen anzeigt, sondern als ein Stern, dessen Licht uns auf jeder Reise begleitet".[8]

8 C. F. von Weizsäcker, Nachwort zu Goethes naturwissenschaftlichen Schriften in : Goethes Werke, Hamburger Ausgabe, Bd. 13, Hamburg 1955; wieder abgedruckt in: C. F. von Weizsäcker, Die Tragweite der Wissenschaft, Bd. 1, Stuttgart 1964, S. 222–243.

Alltag mit der „Königin der Mathematik"

(vorgetragen in der öffentlichen Sitzung am 19. Dezember 2008)

Manfred Robert Schroeder

Manfred Robert Schroeder, Professor der Physik an der Georg-August-Universität Göttingen, O. Mitglied der Göttinger Akademie seit 1973

Schon als kleiner Junge habe ich mich immer für Mathematik interessiert. Aber meine Großmutter meinte, ich solle Physik studieren. Also studierte ich Physik, und zwar in Göttingen, wo schon mein bester Freund, Jobst, seit zwei Semestern immatrikuliert war. Außerdem war da noch Werner Heisenberg, dessen Quantenmechanik ich besser verstehen wollte. Ich ging also noch in einem meiner ersten Semester zu einer Vorlesung von Heisenberg (über das Schalenmodell des Atomkerns von Maria Göppert-Mayer) – und verstand kein Wort.

Aber zurück zur Mathematik. Carl Friedrich Gauß bezeichnete die Zahlentheorie gerne als die „Königin der Mathematik". Schon Pythagoras, 530 Jahre vor unserer Zeitrechnung, meinte: „Alles ist Zahl". Auch Immanuel Kant, in Königsberg, betonte die große Bedeutung der Zahlen für den „Stellenwert" einer Wissenschaft. Und der bekannte Berliner Mathematiker Leopold Kronecker postulierte gar: „Die ganzen Zahlen hat der Liebe Gott gemacht. Alles andere ist Menschenwerk".

Ungeachtet dieser Hochachtung vor den Zahlen war die Meinung weit verbreitet, dass die Theorie der Zahlen zu nichts nutze sei. Der berühmte englische Mathematiker Godfrey Hardy brüstete sich gar mit der Behauptung, dass sein gesamtes Lebenswerk keinerlei praktische Konsequenzen habe.

Aber es gab auch Gegenströmungen. Der Göttinger Felix Klein engagierte sich Zeit seines Lebens für die Anwendungen der Mathematik. (Das führte u. a. zur Gründung der Institute für Angewandte Elektrizität und Angewandte Mathematik und Mechanik – aus welchen übrigens 1947 das

Dritte Physikalische Institut hervorging.) Und der vor hundert Jahren, im Alter von nur 44 Jahren, verstorbene Göttinger Mathematiker und Freund David Hilberts Herrmann Minkowski traf den Nagel auf den Kopf als er – in der ihm eigenen Syntax – prophezeite:

> „In letzter Hinsicht bin ich übrigens für die Zahlentheorie Optimist und hege still die Hoffnung, dass wir vielleicht gar nicht weit von dem Zeitpunkt entfernt sind, wo die unverfälschteste Arithmetik gleichfalls in Physik und Chemie Triumphe feiern wird, und sagen wir z. B., wo wesentliche Eigenschaften der Materie als mit der Zerlegung der Primzahlen in zwei Quadrate im Zusammenhang stehend erkannt werden."

Das war vor 100 Jahren eine gewagte Feststellung. Aber Minkowski sollte Recht behalten. Heute sind die Anwendungen der Zahlentheorie nicht mehr zu übersehen. Man denke nur an die digitale Verschlüsselung von Informationen für den Datenschutz, ohne die die Vertraulichkeit elektronischer Kommunikation kaum möglich wäre, sowohl in der Diplomatie wie beim Schutz persönlicher Daten oder bei Geldüberweisungen per Internet. Ja, die Prophezeiung Minkowskis hat sich fast wörtlich als richtig erwiesen. In meiner Göttinger Dissertation – zur akustischen Qualität von Konzertsälen – spielte die Zerlegung ganzer Zahlen in die Summe von drei Quadraten eine wesentliche Rolle. (14 ist zum Beispiel gleich $1+4+9 = 1^2+2^2+3^2$. Aber versuchen Sie eine derartige Zerlegung für 7 oder 28 oder 112; da ist eine derartige Zerlegung nicht möglich. Im Grenzfall für große Zahlen ist eine von 6 Zahlen nicht als Summe von drei Quadraten darstellbar: Das ist der so genannte 3-Quadratesatz der Zahlentheorie.)

Philharmonic Hall, New York

Verbleiben wir noch einen Augenblick bei der Konzertsaalakustik. Im September 1962 wurde in New York, im Beisein von First Lady Jacqueline Kennedy und unter der musikalischen Leitung von Leonhard Bernstein, die neue Philharmonie feierlich eröffnet. Die Erwartungen waren groß, aber die Akustik ließ – milde gesagt – zu wünschen übrig. Es fehlte an einem vollen Klang und an dem guten Gefühl, in die Musik „eingebettet" zu sein. Mit anderen Worten: die Musik klang zu „dünn" und zu „fern".

In ihrer Not wandte sich die Leitung des Lincoln Center, zu der die Philharmonic Hall gehörte, an die American Telephone and Telegraph Company, die sich ihrerseits an die Bell Laboratories wandte, als deren Akustik-Chef ich damals fungierte.

Die Hauptbeschwerden waren:

- Eine mangelhafte Übertragung der tiefen Töne, vor allem der Celli und der Kontrabässe. (Der um drastische Bemerkungen nie verlegene Chefdirigent des Cleveland Orchestra, Georg Szell, nannte die Philharmonic Hall deshalb auch ein Stummfilmkino: außen Kino, innen stumm)
- Das zweite große Manko des neuen Saales war das mangelnde Raumgefühl.

Meine Mitarbeiter bei den Bell Laboratorien – Gerhard Sessler, James West und Bishnu Atal – und ich starteten damals ein umfangreiches Messprogramm. Vor Beginn der Messungen fragte ich die Studenten der Juliard School of Music, welcher Sitz denn der akustisch beste sei. Sie antworteten A15 auf der Second Terrace (2. Rang).

Für den Mangel an tiefen Frequenzen konnte durch umfangreiche Messungen, auch hier in Göttingen durch meinen Vorgänger Erwin Meyer, die Deckenkonstruktion verantwortlich gemacht werden, speziell die Form, Größe und Anbringung der den Schall reflektierenden Paneele (siehe Abildung 1).

Abbildung 1: Philharmonic Hall (New York) im ursprünglichen Zustand

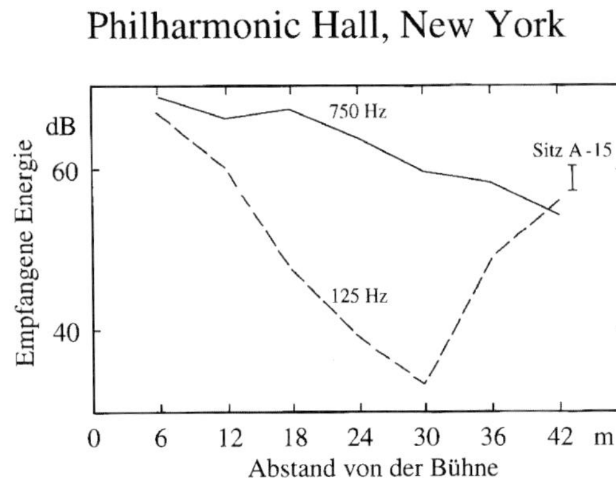

Abbildung 2: Rapider Abfall der tiefen Töne (125 Hertz) bei wachsendem Abstand vom Podium, verglichen mit den mittleren Tonlagen (750 Hertz). Dagegen zeigen die Messwerte am Sitz A15 nur eine geringe Schwankung – eine wunderbare Übereinstimmung von physikalischen Daten und subjektivem Empfinden!

Das mangelnde Raumgefühl konnte durch das Fehlen von kräftigen Reflexionen von den Seitenwänden erklärt werden: viele moderne Säle so wie auch die Philharmonic Hall sind relativ breit und haben eine niedrige Decke, so dass die Seitenreflexionen relativ zu den Deckenreflexionen sehr schwach sind. Ein löbliches Gegenbeispiel ist der Grosse Musikvereinssaal in Wien. Er ist relativ schmal und hat eine hohe Decke und eine hervorragende Akustik.

Nach meiner Rückkehr nach Göttingen konnten wir mit Hilfe der Deutschen Forschungsgemeinschaft diesem Problem auf den Grund gehen. Meine Göttinger Mitarbeiter Dieter Gottlob, Karl-Friedrich Siebrasse und Ulrich Eysholdt studierten hierzu im Detail insgesamt 22 Konzertsäle in Europa und den Vereinigten Staaten. Das Hauptergebnis war: Entscheidend für ein gutes Raumgefühl sind frühe und starke, seitlich am Kopf eintreffende Schallwellen.

Um auch in einem breiten Saal starke seitliche Schallwellen zu realisieren, empfiehlt sich eine stark gegliederte Decke, die den Schall breit gefächert zurückwirft. Aber wie macht man das am besten? Darüber habe ich lange nachgedacht. Dann, anno 1977, hörte ich einen Vortrag des bekannten französischen Mathematikers André Weil, eines Bruders von Simone Weil, der anlässlich des 200. Geburtstages von Gauß nach Göttingen gekommen war und über „Gaußsche Summen und quadratische Reste" sprach. Während des Vortrages von Weil wurde mir plötzlich klar, dass quadratische

Abbildung 3: Dieter Gottlob und Karl-Friedrich Siebrasse mit dem „Kunstkopf", mit dem die „ohrgerechten" Schallaufzeichnungen gemacht wurden.

Reste optimale Strukturen liefern würden. (Technisch gesprochen, sah ich, dass die Diskrete Fourier-Transformierte von exponentierten quadratischen Restfolgen modulo einer ungeraden Zahl ein konstantes Spektrum haben. Das ist die für effektive Streustrukturen bestimmende Eigenschaft.)

Es wäre noch viel über Anwendungen der Zahlentheorie in der Musik zu berichten, etwa die Konstruktion neuer wohltemperierter Tonleitern, die statt auf der Oktave auf anderen musikalischen Intervallen beruhen, oder die Synthese interessanter barockartig klingender Tonfolgen und „exotischer" Rhythmen.

Abbildung 4: Quadratic-Residue Diffusor (QRD), auf der Primzahl 17 als Periode beruhend. Derartige Strukturen sind weltweit als „Schroeder-Diffusoren" bekannt und auch in der Göttinger Stadthalle zu finden (D. Püschel, Akustik Technologie, Göttingen). Die Wahl von 17 als Periode erlaubt die effiziente Schallstreuung von vier musikalischen Oktaven.

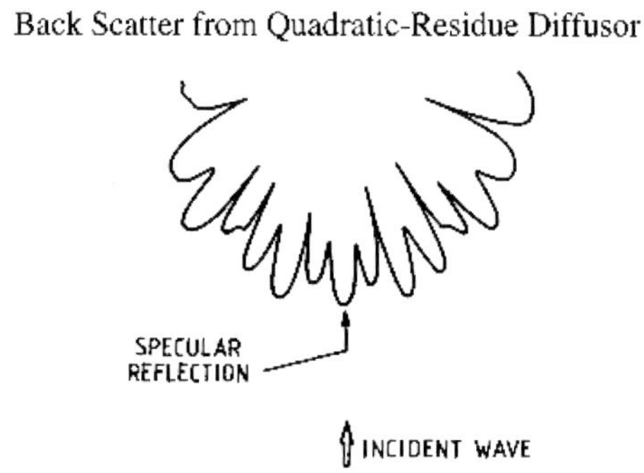

Abbildung 5: QRD Rückwurf-Diagramm (Messung von Heinrich Henze, Theorie von Hans Werner Strube)

Eine der Zahlenfolgen, die mich bei diesen Bestrebungen besonders interessiert hat, wird auf die folgende einfache Weise konstruiert: Man betrachte die Folge der ganzen positiven Zahlen 1, 2, 3, 4, 5, 6, 7, ... und deren Beschreibung im binären Zahlensystem (das nur die Ziffern 0 und 1 benutzt): 1, 10, 11, 100, 101, 110, 111, ... Wenn wir jetzt lediglich die Anzahl der 1en hinschreiben, erhalten wir die Folge 1, $\underline{1}$, 2, $\underline{1}$, 2, $\underline{2}$, 3 ..., die die interessante Eigenschaft hat, dass jeder zweite – unterstrichene – Term, die – unendliche – Folge reproduziert: 1, 1, 2, ... (Diese „Selbstähnlichkeit" der Folge resultiert aus der Tatsache, dass Multiplikation mit 2 im binären Zahlensystem die Anhängung einer 0 bedeutet, also die Anzahl der 1en nicht verändert – ganz analog zum Dezimalsystem, wo Multiplikation mit 10 durch Anhängung einer 0 bewerkstelligt wird.)

Daraus folgt, dass sich die Folge auch bei Betrachtung jedes 4., 8., 16., 32. oder 64. etc. Terms exakt reproduziert. Wenn wir jetzt statt jedes 64. Terms jeden 63. Term betrachten, so erhält man eine Folge, die, salopp gesprochen, „haarscharf" nicht „periodisch" ist. Die Erfahrung zeigt nun, dass derartig erzeugte Zahlen, die nicht selbstähnlich, sondern „fast selbstähnlich" sind, interessante Tonfolgen ergeben. Speziell wurde die genannte Zahlenfolge in eine Melodie in C-Dur verwandelt, indem man die Zahl 1 mit dem Grundton C identifiziert, die Zahl 2 mit dem Ton D etc. – Alternativ kann die Zahlenfolge 1, 1, 2, 1, 2, 2, 3, ... auch durch fortgesetztes Anhängen der um 1 vermehrten Teilfolgen erzeugt werden. So wird aus 1 $\rightarrow$ 1, 2 und aus 1, 2 $\rightarrow$ 1, 2, 2, 3 usw.

Ähnlich wird durch Anhängung der jeweils *vor*letzten Teilfolge an die letzte Teilfolge aus 1 und 1 0 die Folge 1 0 1 und aus 1 0 und 1 0 1 die Folge 1 0 1 1 0 etc. Diese mathematisch äußerst interessante Zahlenfol-

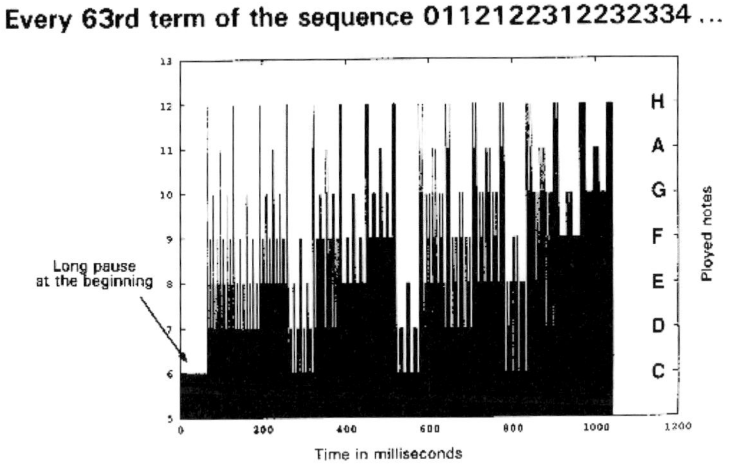

Abbildung 6: Aus zahlentheoretischen Folgen konstruierte „Barock-Töne“. (Als ich einmal bei einem Vortrag über diese Thematik in Neapel sagte, es klinge natürlich nicht wie Bach, warf ein Zuhörer ein: „Ma suona come Scarlatti!“)

ge habe ich „Häschenfolge“ genannt, in Anspielung auf die engverwandte Fibonacci-Folge, die der italienische Mathematiker Leonardo da Pisa, genannt Fibonacci, für die Berechnung der Vermehrung von Kaninchen eingeführt hat. Die nur aus 0en und 1en bestehende Häschenfolge ergibt bei Verwandlung in einen Rhythmus ein reizvolles Zeitmuster – vielleicht, weil auch die Häschenfolge eine *approximative* Selbstständigkeit enthält.

Kompositionen mit dieser Art von zahlentheoretischen Folgen sind unter www.reglos.de/musinum von meinem Mitarbeiter Lars Kindermann zusammengestellt worden.

Datenschutz

Eine andere, heute besonders wichtige Anwendung der Zahlentheorie ist die Verschlüsselung vertraulicher Daten, der Datenschutz. Bemühungen, schriftliche Mitteilungen für unberechtigte Augen unlesbar zu machen, hat es wahrscheinlich schon in vorgeschichtlicher Zeit gegeben. Am bekanntesten ist wohl – neben „Geheimtinten“ – der nach Julius Caesar benannte Caesar-Schlüssel, ein nach heutiger Auffassung sehr einfach zu knackender Code, nämlich Verschlüsselung durch Verschiebung der Buchstaben des Alphabets um beispielsweise drei Plätze: Also aus A wird D, aus B wird E usw.

Abbildung 7: Der Kleine Kreuzer SMS Magdeburg 1914 bei Sankt Petersburg auf Grund gelaufen. (Damals stand die Abkürzung SMS für „Seiner Majestät Schiff".)

Eines der größten Probleme der Verschlüsselung ist die sichere Aufbewahrung und Übertragung der Geheimschlüssel. In den Kriegsmarinen der großen Seemächte wurden deshalb die Schlüssel gern auf wasserlöslichem Papier gedruckt, das sich beim Untergang des Schiffes in „nichts" auflöste. Aber manchmal läuft das Schiff auf Grund und geht nicht unter. Ein bekannter Fall ist der Kleine Kreuzer Magdeburg, der zu Beginn des 1. Weltkrieges bei Sankt Petersburg auf Grund lief und nicht unterging (siehe Abbildung 7), so dass die Russen das geheime Chiffrierbuch erbeuten konnten (siehe Abbildung 8).

An ähnlichen „Pannen" hat es auch im 2. Weltkrieg nicht gefehlt. Ein besonders dramatischer Fall ist der des deutschen Unterseebootes U 505. U 505 wurde am 4. Juni 1944 vor der westafrikanischen Küste von amerikanischen Kriegsschiffen aufgebracht und unter Wasser quer über den ganzen Atlantik abgeschleppt, um die Tatsache zu vertuschen, dass die Chiffriermaschine (Modell Enigma M4) nebst Geheimschlüssel von den Amerikanern erbeutet worden war. (Die Besatzung wurde für den Rest des Krieges – unter Verletzung der Genfer Konventionen – inkommunikado gehalten.) Kurze Zeit später befand sich die geheime Beute in Bletchley Park (England), wo sie von dem bekannten Mathematiker Alan Turing und dessen Mitarbeitern analysiert wurde – ein wesentlicher Beitrag zur Bannung der U-Bootgefahr auf dem Atlantik. (U 505 kann heute im Museum for Science and Industry in Chicago bewundert werden.)

Abbildung 8: Signalbuch der Kaiserlichen Marine: von den Russen erbeutet und der britischen Admiralität zur Verfügung gestellt.

Eine eindrucksvolle Lösung des Schlüsselproblems ist mit den Spionagetätigkeiten des bei Baku geborenen, deutschstämmigen Richard Sorge verknüpft. Sorge war Major im KGB und (aus Tarnungsgründen) Mitglied der NSDAP. Er benutzte das Deutsche Statistische Jahrbuch von 1937, das in allen Auslandsvertretungen des Dritten Reiches auslag, als Schlüsselquelle. Mit einer einfachen Formel, die Sorge nie niederschrieb, sondern im Kopf behielt, verwandelte er das jeweilige Datum in eine Seitennummer. Die Ziffern auf der entsprechenden Seite bildeten dann den Schlüssel für seine geheimen Sendungen von Tokio an die Zentrale in Moskau. Sorge war hochgebildet, sprach mehrere Sprachen und hatte Zugang zu den höchsten Kreisen in Japan. Dadurch konnte er die sowjetische Führung schon im September 1941 davon unterrichten, dass die Japaner sich gen Hawaii und Indochina wenden und nicht etwa über „Manschukuo“ in die Sowjetunion einfallen würden. Als Folge dieser frohen Botschaft konnte Stalin seine sibirischen Divisionen Anfang Dezember vor Moskau einsetzen – mit den für die deutsche Wehrmacht bekannten fatalen Folgen. Lange nach dem Krieg, 1964, wurde Sorge posthum von Nikita Chruschtschow zum „Helden der Sowjetunion“ ernannt. In Berlin (im Ostteil der Stadt) wurde zu seinen Ehren die Tilsiter Strasse in Richard-Sorge-Strasse umbenannt. (Die Existenz Sorges war zu Stalins Zeiten Staatsgeheimnis. Selbst Chruschtschow erfuhr erst durch einen westlichen Spielfilm von Sorge.)

Öffentliche Schlüssel

Das allgemeine Problem der Verteilung von Schlüsseln wurde schließlich in den 1970er Jahren durch die Einführung von „public-key encryption“ gelöst. Bei diesem auf der Zahlentheorie beruhenden Verfahren wird der „geheime“ Schlüssel veröffentlicht. Jeder kann ihn einsehen. Aber: der Schlüssel eignet sich nur zur Verschlüsselung und ist ungeeignet für die Entschlüsselung. Diese Asymmetrie beruht auf mathematischen Einwegfunktionen, salopp „Falltür-Funktionen“ genannt, die in einer Richtung leicht durchzuführen, in der umgekehrten Richtung aber praktisch unausführbar sind. Einfache Beispiele sind das Multiplizieren zweier Zahlen, das relativ einfach ist, und das schwierige Problem des Faktorisierens, d. h. der Zerlegung von großen Zahlen in ihre Faktoren. Ein moderner Computer kann zwei 200-stellige Zahlen in Bruchteilen einer Sekunde multiplizieren. Aber die Umkehrung, die Faktorisierung einer 400-stelligen Dezimalzahl, kann Jahrtausende in Anspruch nehmen. Und genau auf dieser Asymmetrie beruhen die modernen kryptografischen Verfahren, wie sie heute im Datenschutz angewandt werden. Der veröffentlichte Schlüssel besteht aus dem Produkt zweier sehr große Primzahlen. Aber nur der legitime Empfänger kennt die Faktoren dieses Produktes, die für die Entschlüsselung benötigt werden.

Auch der Nachweis, dass eine vorgegebene große Zahl eine Primzahl ist, fällt oft nicht ganz einfach. Eine der vor 40 Jahren bekannten größten Primzahlen wurde 1968 von den kalifornischen Oberschülern Laura Nickel und Curt Noll entdeckt: $2^{11213} - 1$, eine so genannte Mersenne Primzahl, die mehr als 3000 Dezimalstellen hat! Das amerikanische Post Office in Urbana (Illinois) ehrte diese Leistung mit einem eigenen Poststempel (siehe Abbildung 9).

Abbildung 9: Amerikanischer Poststempel

Quantenkryptografie

Was aber wird geschehen, wenn die Computer immer schneller werden? Die größte Gefahr droht hier von den Quantencomputern, die versprechen, millionenfach schneller zu sein als die heutigen „klassischen“ Computer. Zwar liegt der Faktorisierungsrekord z. Zt. (2008) erst bei 15, d.h, 15 wurde richtig als das Produkt von 3 und 5 erkannt, aber der heutige weltweite Flugverkehr begann 1903 auch nur mit einem wenige Sekunden dauernden „Hoppser“ der Fahrradhändler Gebrüder Wright. Und der Telegraph (1833) von Gauß und Weber in Göttingen konnte nur ein Zeichen pro Minute übertragen. Heute haben viele Haushalte einen Internet-Anschluss mit vielen Megabyte pro Sekunde. (1 Byte definiert eines von 256 verschiedenen Zeichen (Buchstaben, Zahlen, Helligkeitswerte, Farben etc.). Ein mit einer einfachen digitalen Kamera aufgenommenes Bild hat (unkomprimiert) etwa 2 Megabyte.)

Die Antwort auf die von der Quantenfaktorisierung drohende Gefahr ist Quantenkryptografie. In der Quantenkryptografie wird die von Einstein verspottete und für unmöglich gehaltene „geisterhafte Fernwirkung“ (wie er es nannte) praktisch ausgenutzt. Und im Gegensatz zu Quantencomputern ist die Quantenkryptografie schon vor 2000 im großen Stil von Anton Zeilinger (Wien) demonstriert worden.

Exkurs in die Grafik

Mir war die Zahlentheorie auch immer eine Inspiration für attraktive grafische Entwürfe: Abbildung 10 zeigt die partiellen Gaußschen Summen für eine Zahl, die bei Division durch 4 den Rest 2 lässt. Sie fängt bei 0 in der Bildmitte an und hört wieder bei 0 auf, nachdem sie vorher die beiden Spiralen durchlaufen hat.

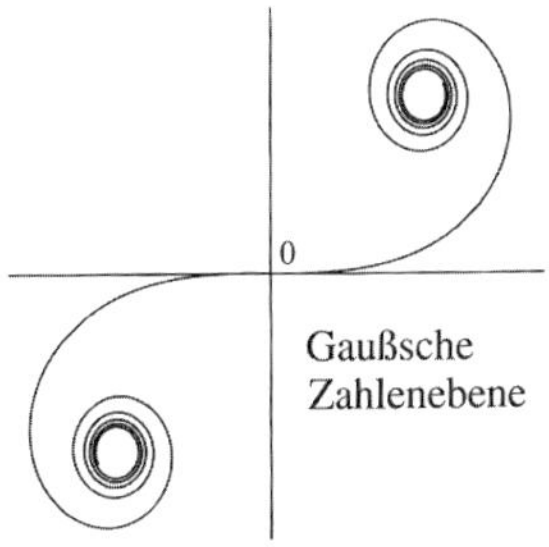

Abbildung 10: Gaußsche Summe

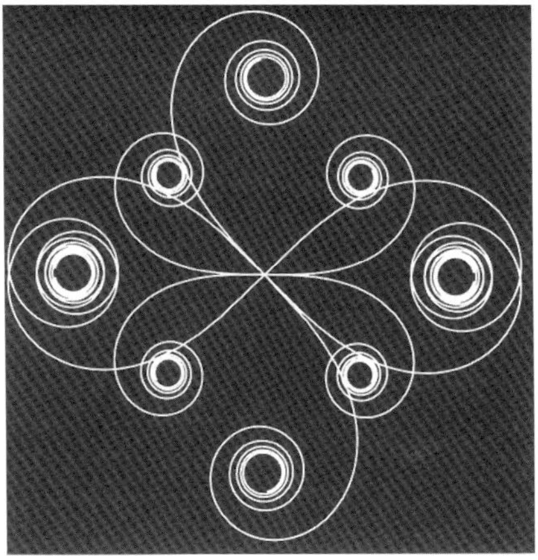

Abbildung 11: Gaußsche Spiralen

Abbildung 11 zeigt eine durch Kombination mehrerer Gaußscher Spiralen gewonnene Grafik.

Abbildung 12 zeigt das Spektrum (Betrag der Fouriertransformierten) teilerfremder Zahlen. Genauer: Von allen Zahlenpaaren zwischen 2 und 1024 wird zunächst berechnet, ob sie einen gemeinsamen Teiler haben. Als

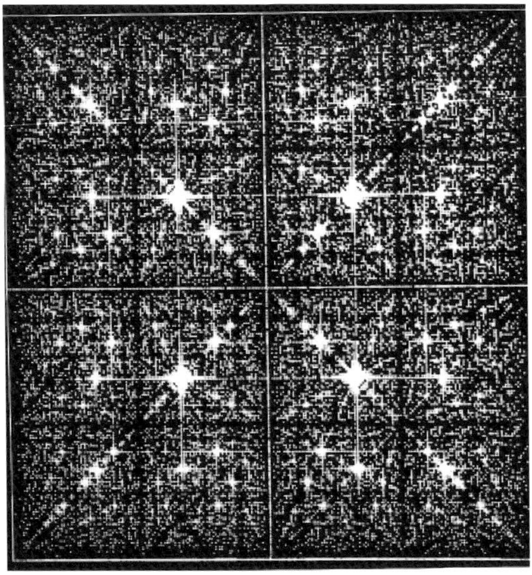

Abbildung 12: Spektrum teilerfremder Zahlen (programmiert von Sue Hanauer)

nächstes konstruiert man eine zweidimensionale zweiwertige Funktion mit den Werten $+1$ und -1, je nachdem, ob die beiden Zahlen einen gemeinsamen Teiler haben oder „teilerfremd" sind. Von dieser Funktion berechnet man dann die zweidimensionale Diskrete Fourier-Transformation, deren Betrag, durch verschiedene Helligkeitswerte wiedergegeben, Abbildung 12 zeigt.

Das ursprüngliche Bild bestand aus 1 048 576 Bildpunkten, heute ein Megapixel genannt. Im Jahre 1968 erforderte die Berechnung (durch meine Mitarbeiterin Suzanne Hanauer) die Zusammenschaltung mehrerer großer Rechner. Heutzutage schafft das ein einzelner, gewöhnlicher Laptop in wenigen Sekunden.

Zum Schluss

Die Zahlentheorie ist ein weitverzweigtes Gebiet, dekoriert mit unzähligen Gleichungen und Ungleichungen. Viele Probleme haben Hunderte von Jahren auf eine Lösung warten müssen, wie z. B. das berühmte „Letzte Theorem" von Pierre de Fermat, für dessen Lösung die Göttinger Akademie vor einigen Jahren (1997) den hochdotierten Wolfskehl-Preis an Andrew Wiles vergeben hat, 360 Jahre nach der Formulierung des Problems durch Fermat.

Auch die vor 150 Jahren von dem Göttinger Mathematiker Bernhard Riemann formulierte Hypothese, die sogenannte Riemannsche Vermutung, von deren Richtigkeit ein Großteil der Zahlentheorie abhängt, ist – trotz enormer Bemühungen – nach wie vor unbewiesen. David Hilbert soll einmal gesagt haben, seine erste Frage bei einer eventuellen Wiederauferstehung von den Toten würde sein: „Ist die Riemannsche Vermutung endlich bewiesen?"

Auch die Goldbachsche Vermutung, nämlich dass jede gerade Zahl größer als 2 die Summe zweier Primzahlen sei, harrt seit ihrer Formulierung 1742 durch Christian Goldbach in Moskau eines Beweises. Dabei ist der Tatbestand so einfach wie nur denkbar, z. B. ist $6 = 3 + 3$ und $8 = 3 + 5$, usw. Aber das ist typisch für die Zahlentheorie, vor allem für die Additive Zahlentheorie: äußerst einfache Tatbestände, aber unglaublich schwere oder gar nicht existierende Beweise.

Von den unzähligen Anwendungen der Theorie der Zahlen im täglichen Leben habe ich mich hier, neben einigen „künstlerischen" Betrachtungen aus Musik und Grafik, auf zwei Themen beschränkt, nämlich auf Methoden zur Verbesserung der Akustik von Konzertsälen und den praktischen Datenschutz. Ich hoffe, dieser kleine Exkurs in das Reich der „Königin der Mathematik" hat Ihnen Freude gemacht.

Die Preisträger des Berichtsjahres 2007

(Die Preisträgervorträge wurden in einer öffentlichen Sitzung am 1. Februar 2008 gehalten.)

Der **Chemie-Preis 2007** wurde Herrn Kay Severin, Lausanne/Schweiz, in Anerkennung seiner bedeutenden wissenschaftlichen Arbeiten auf dem Gebiet der Organometallsynthese und -katalyse verliehen.

Von Katalysatoren zu Sensoren – neue Anwendungen von metallorganischen Verbindungen

KAY SEVERIN

Metallorganische Chemie

Die metallorganische Chemie beschäftigt sich mit molekularen Verbindungen, die mindestens eine direkte Verknüpfung zwischen einem Metallatom und einem Kohlenstoffatom aufweisen. Einige wenige Beispiele für metallorganische Verbindungen waren bereits im 17. und im 18. Jahrhundert bekannt, aber eine eingehende Untersuchung begann erst im 20. Jahrhundert. Pionierarbeiten leistete Victor Grignard, ein französischer Chemiker, der sich mit magnesiumorganischen Verbindungen beschäftigte und dafür im Jahr 1912 den Nobelpreis bekommen hat. Die nach dem Entdecker benannten Grignard-Verbindungen werden auch heute noch viel in der organischen Synthese verwendet [1].

Kay Severin, Professor für Chemie an der Eidgenössischen Technischen Hochschule Lausanne / Schweiz, Träger des Chemie-Preises 2007

Der entscheidende Durchbruch gelang der metallorganischen Chemie in den 50er und den 60er Jahren. Es konnte gezeigt werden, dass metallorganische Verbindungen ganz außergewöhnliche Strukturen aufweisen können und vielfach auch eine sehr spezielle Reaktivität zeigen. Als repräsentatives

Beispiel sei hier das 1951 entdeckte Ferrocen genannt, das aufgrund seiner Struktur auch als Sandwich-Verbindung bezeichnet wird. Der Münchener Chemiker Ernst Otto Fischer und der englische Forscher Geoffrey Wilkinson haben in diesen Jahren besonders spektakuläre Arbeiten publiziert, die 1973 mit einem Nobelpreis ausgezeichnet wurden.

Die bislang letzte schwedische Würdigung für metallorganische Chemie fand im Jahr 2005 statt, als Yves Chauvin, Richard R. Schrock und Robert H. Grubbs für ihre Arbeiten über Metathese-Katalysatoren ausgezeichnet wurden. Diese Katalysatoren werden beispielsweise für die Synthese von pharmakologisch interessanten Verbindungen genutzt [2].

Die Entwicklung von Katalysatoren ist seit den 70er Jahren eines der zentralen Themen in der metallorganischen Chemie. Zunehmend werden aber auch neue Anwendungsgebiete erschlossen, wie ich unter anderem anhand der Arbeiten meiner Gruppe zeigen möchte. Insgesamt ist die metallorganische Chemie ein äußerst lebendiges Forschungsgebiet, und die zahlreichen Journale, Bücher und Konferenzen zu diesem Thema belegen dies.

Metallorganische Rezeptoren und Sensoren für das Psychopharmakon Lithium

Einfache Lithiumsalze wie Lithiumcarbonat gehören seit ihrer Zulassung im Jahr 1970 zu den meistgenutzten Medikamenten zur Behandlung von manischer Depression [3]. Neuere Studien weisen darauf hin, dass Lithium auch bei anderen Krankheiten wie Alzheimer oder Schizophrenie von Hilfe sein könnte [4]. Erstaunlicherweise ist immer noch unklar, wie Lithium eigentlich wirkt. Ein zentrales Problem für Untersuchungen in diesem Kontext ist die Schwierigkeit, Lithiumionen selektiv in einem biologischen Umfeld zu detektieren. Dies liegt zum einen daran, dass Lithiumionen in einem wässrigen Milieu aufgrund der hohen Hydratationsenthalpie prinzipiell nur sehr schwierig zu komplexieren sind, zum anderen aber daran, dass Natrium- und Lithiumionen chemisch und physikalisch einander sehr ähnlich sind. In biologischen Systemen hat man zudem einen etwa hundertfachen Überschuss von Natriumionen, so dass die selektive Detektion von Lithium eine sehr gute Differenzierung erfordert.

Im Jahr 2001 haben wir eine Verbindung entdeckt, die eine außergewöhnlich hohe Affinität für Lithiumionen aufweist [5]. Dabei handelt es sich um einen Ruthenium-Komplex, bei dem drei (Cymol)Ru(II)-Fragmente über deprotonierte Dihydroxypyridin-Liganden verbrückt sind. Diese erste Generation unterschied zwar nur sehr schlecht zwischen Lithium- und Natriumionen, aber durch chemische Modifikationen konnten wir dies verbessern. Unsere Rezeptoren der zweiten Generation waren in der Lage, hochselektiv Lithiumchlorid aus Wasser in eine Chloroformlösung zu extrahieren, und das sogar in der Gegenwart eines hohen Überschusses anderer Alkali- und Erdalkalimetallsalze [6]. Durch Einführung von polaren Seitenketten konnten wir schließlich Rezeptoren der dritten Generation erhalten, die Lithiumionen in Wasser komplexieren können [7]. Diese wasserlöslichen Rezeptoren zeigen eine nahezu perfekte Selektivität für das kleine Lithiumion; Natriumionen werden nur sehr schlecht gebunden. Die unterschiedliche Stabilität des freien und des komplexierten Rezeptors konnte genutzt werden, um einen Sensor für Lithiumionen zu konstruieren. Bei Zugabe von Eisenchlorid beobachtet man in Abwesenheit von Lithium eine sofortige Farbänderung zu braun-schwarz, während in Gegenwart von Lithiumionen keine Farbänderung stattfindet. Mit diesem einfachen Test kann man Lithiumionen im pharmakologisch relevanten Konzentrationsbereich von 1 mM mit dem bloßen Auge detektieren [8].

Metallorganische Farbstoffkomplexe als Sensoren

Bei einem klassischen Chemosensor hat man eine Rezeptoreinheit, die eine hohe Selektivität für einen bestimmten Analyten aufweist, und eine signalgebende Einheit, die entweder ein integraler Bestandteil des Rezeptors oder kovalent mit dem Rezeptor verknüpft ist. Ein alternativer Ansatz sind Indikatorverdrängungs-Assays [9]. Diese Assays beruhen auf Rezeptoren, deren Bindungsstellen mit Indikatoren besetzt sind. Der Indikator ist über nichtkovalente Bindungen wie Wasserstoffbrückenbindungen oder Metall-Ligand-Wechselwirkungen mit dem Rezeptor verknüpft. Die Zugabe eines Analyts führt zur Verdrängung des Indikators, der dabei seine optischen Eigenschaften verändert.

Unsere Gruppe hat einen Verdrängungs-Assay für Aminosäuren entwickelt. Das Grundprinzip dieses Assays ist schematisch in Abbildung 1 gezeigt. Als Sensor verwenden wir einen metallorganischen Rhodium-Komplex, der an einen Farbstoff koordiniert ist. Aminosäuren besitzen eine hohe Affinität für diese Art von Rhodium-Komplex und können N,O-Chelate ausbilden. Die Zugabe einer Aminosäure kann also zur Verdrängung des Farbstoffs führen und damit zu einer Änderung der Farbe. Dies haben wir getestet, und dabei stellte sich heraus, dass sich Rhodium-Azophloxin-Komplexe als selektive Sensoren für die Aminosäure Histidin eignen [10]. Histidin hat eine besonders hohe Affinität für Rhodium und ist somit in der Lage, den Farbstoff Azophloxin zu verdrängen – die meisten anderen Ami-

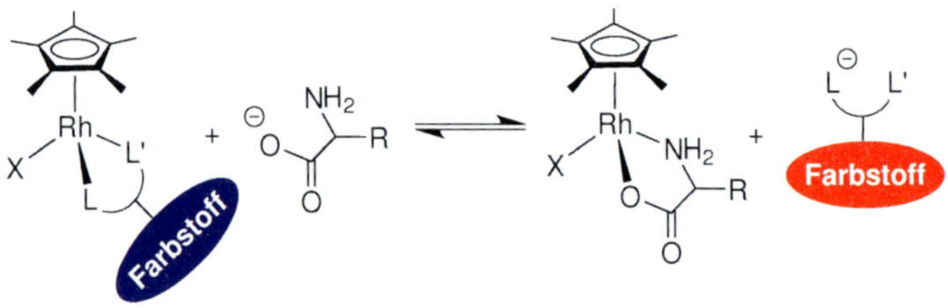

Abbildung 1: Schematische Darstellung eines Farbstoff-Verdrängungs-Assays für Aminosäuren.

nosäuren jedoch nicht oder nur sehr wenig. Interessanterweise kann man mit diesem Verdrängungs-Assay auch histidinhaltige Peptide identifizieren und quantifizieren.

Für die Differenzierung von strukturell sehr ähnlichen Analyten haben wir uns dann der Sensor Array-Technologie zugewandt. In einem Sensor Array kombiniert man eine Reihe von nichtspezifischen Sensoren, die eine unterschiedliche Sensitivität für einen bestimmten Analyten aufweisen. Die Identifikation dieses Analyten ist dann mittels einer Mustererkennung möglich. Es hat sich herausgestellt, dass Indikatorverdrängungs-Assays für die Darstellung solcher Sensor Arrays ideal geeignet sind. Unter Verwendung eines metallorganischen Rhodium-Komplexes und der Farbstoffe Gallocyanin, Xylenol Orange und Calcein Blau haben wir einen Array entwickelt, mit dessen Hilfe man die 20 wichtigsten Aminosäuren mit einer Genauigkeit von über 97% identifizieren kann [11]. Eine verwandte Methode haben wir erfolgreich für die Differenzierung und Quantifizierung von Aminozuckern und Aminoglykosiden verwendet [12].

Metallorganische Nanostrukturen

Ein zentrales Ziel der Nanowissenschaften ist der kontrollierte Aufbau von funktionalen Strukturen in der Größenordnung von 1 bis 100 Nanometer. Für einen Physiker oder einen Ingenieur sind dies sehr kleine Strukturen. Klassische top-down-Methoden wie die Photolithographie haben eine minimale Auflösung von etwa 65 nm – das Limit ist hier die Wellenlänge des Lichts. Für einen Chemiker sind jedoch Strukturen von über einem Nanometer sehr groß und daher mit klassischen Methoden der Synthese nur sehr schwierig zu gewinnen.

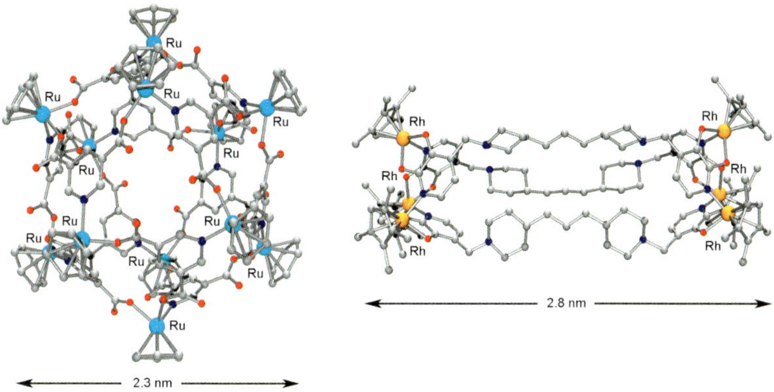

Abbildung 2: Graphische Darstellung von zwei metallorganischen Nanostrukturen, die auf Ruthenium- und Rhodium-Komplexen basieren.

Wir haben in den letzten Jahren zeigen können, dass man mit Selbstorganisationsprozessen metallorganische Strukturen im einstelligen Nanometerbereich sehr effizient synthetisieren kann [13]. Dabei kombinieren wir im Allgemeinen metallorganische Halbsandwich-Komplexe mit multifunktionalen Liganden, die Sauerstoff- oder Stickstoffdonoratome aufweisen. Zwei repräsentative Strukturen sind in Abbildung 2 gezeigt.

Literatur

[1] P. Knochel, I. Sapountzis, N. Gommermann in: Metal-Catalyzed Cross-Coupling Reactions, 2nd Ed., Editoren: A. De Meijere, F. Diederich, Wiley-VCH, Weinheim, 2004, S. 671 ff.
[2] R. H. Grubbs, Tetrahedron 2004, 60, 7117.
[3] N. J. Birch, Chem. Rev. 1999, 99, 2659.
[4] H. R. Pilcher, Nature 2003, 425, 118.
[5] H. Piotrowski, K. Polborn, G. Hilt, K. Severin, J. Am. Chem. Soc. 2001, 123, 2699.
[6] H. Piotrowski, K. Severin, Proc. Natl. Acad. Sci. USA 2002, 99, 4997.
[7] Z. Grote, M.-L. Lehaire, R. Scopelliti, K. Severin, J. Am. Chem. Soc. 2003, 125, 13638.
[8] Z. Grote, R. Scopelliti, K. Severin, J. Am. Chem. Soc. 2004, 126, 16959.
[9] B. T. Nguyen, E. V. Anslyn, Coord. Chem. Rev. 2006, 250, 3118.
[10] A. Buryak, K. Severin, Angew. Chem. Int. Ed. 2004, 43, 4771.
[11] A. Buryak, K. Severin, J. Am. Chem. Soc. 2005, 127, 3700.
[12] F. Zaubitzer, A. Buryak, K. Severin, Chem. Eur. J. 2006, 12, 3928.
[13] K. Severin, Chem. Commun., 2006, 3859.

Der **Preis für Geisteswissenschaften 2007** wurde Herrn Martin Dönike, Berlin, für sein Buch „Pathos, Ausdruck und Bewegung. Zur Ästhetik des Weimarer Klassizismus 1796–1806“ verliehen.

„Marmor in Bewegung“ – Die „Nachahmung des Gewaltsamen“ als Herausforderung für die Ästhetik des Weimarer Klassizismus*

Martin Dönike

Martin Dönike, Wissenschaftlicher Mitarbeiter an der Humboldt-Universität zu Berlin, Sonderforschungsbereich 644 „Transformationen der Antike“, Träger des Preises für Geisteswissenschaften 2007

I.

Im März 1789 befand sich der Weimarer Generalsuperintendent Johann Gottfried Herder seit fast einem halben Jahr in Rom, jenem Ort, wohin zu reisen er schon seit frühester Jugend eine große Sehnsucht empfunden hatte. Anders als erhofft, sollte sich der Aufenthalt in der Stadt, in der Goethe nur kurz zuvor seine „Wiedergeburt“ erlebt hatte, für Herder als eine einzige Enttäuschung erweisen.[2]

Die Gründe für Herders Unzufriedenheit in Italien sind zahlreich: Nicht nur hatte er sich bereits kurz nach seiner Ankunft mit seinen beiden Reisebegleitern Sophie von Seckendorff und Johann Friedrich Hugo von Dalberg zerstritten; nicht nur gestaltete sich die Suche nach einer geeigneten Unterkunft äußerst kompliziert; und nicht nur hatte er sich von seiner Frau die falschen, einem in Rom weilenden „Weimarer Bischof“ nicht angemessenen Kleider einpacken lassen[2] – auch das Wetter wollte nicht mitspielen. An seinem Unmut über „Kälte und Regen“, die so schnell miteinander wechselten, „daß der Körper gar zu keiner Bestandheit“[3] komme, konnte auch der an sich schla-

* Der vorliegende Text gibt den von mir am 1. Februar 2008 in Göttingen gehaltenen Kurzvortrag unverändert, ergänzt nur um den Anmerkungsteil, wieder.

1 Vgl. das Nachwort in: Johann Gottfried Herder, Italienische Reise. Briefe und Tagebuchaufzeichnungen 1788–1789, hg. von Albert Meier und Heide Hollmer, München 1988, S. 623–645.

gende Einwand nichts ändern, der sich in einem Brief des Malers Friedrich Bury an Goethe findet: „Herder Schümpft über den hiesigen winter, und sagt Italienisches Wetter, und wir machen Ihm begreiflich daß es Teutsches Wetter ist."[4] Dass die zur selben Zeit ebenfalls in Rom weilende Weimarer Herzogin Anna Amalia dem „erbärmlichen Winter" zum Trotz „gesund, vergnügt und guter Laune" war, machte die Sache für Herder natürlich nicht besser.[5]

Doch waren es nicht nur solche eher kurios zu nennenden Widrigkeiten, die Herder in Rom zu schaffen machten. Zu seiner Unzufriedenheit maßgeblich beigetragen haben auch die – im wahrsten Sinne des Wortes – haarsträubenden Ansichten, mit denen er sich auf einem Gebiet konfrontiert sah, das er eigentlich für sakrosankt hielt: Gemeint sind die Kunst der Antike und das ästhetische Ideal, das mit ihr seit den Zeiten Johann Joachim Winckelmanns und Gotthold Ephraim Lessings verknüpft war.

II.

Von Goethe war Herder auf den damals nicht einmal dreißigjährigen Aloys Hirt hingewiesen worden, der seit 1782 in Rom lebte, dort seinen Lebensunterhalt als Fremdenführer verdiente und bisweilen auch den einen oder andern Beitrag in Wielands „Teutschem Merkur" plazieren konnte.[6]

Herder absolvierte nicht nur den von Hirt angebotenen einmonatigen antiquarischen „Kursus", sondern ließ sich auch später immer wieder von ihm durch römische Museen, Palazzi und Sammlungen führen. Mit der Zeit

---

2 Herder an seine Frau Caroline, 8. Oktober 1788 (zitiert nach: Herder, Italienische Reise (wie Anm. 1), S. 151; zum Kleiderproblem vgl. auch ebd., S. 132f., 175f., 187).

3 Herder an Caroline, 27. Dezember 1788 (ebd., S. 291).

4 Bury an Goethe, 3. Januar 1789 (zitiert nach: Friedrich Bury, Briefe aus Italien an Goethe und Anna Amalia, hg. von Martin Dönike, Göttingen 2007, S. 37).

5 Vgl. Herder an Goethe, 27. Dezember 1788 (zit. nach Herder, Italienische Reise (wie Anm. 1), S. 292). Als tatsächlich schwerwiegendes Problem nicht unerwähnt bleiben soll, dass sein eigens aus Weimar mitgereister Diener in Rom so ernsthaft erkrankte, dass Herder um dessen Leben fürchten musste (ebd., S. 138 und 149f.). Zum Italienaufenthalt Anna Amalias von 1788–1790 siehe: Joachim Berger, Anna Amalia von Sachsen-Weimar-Eisenach (1739–1807). Denk- und Handlungsräume einer „aufgeklärten" Herzogin, Heidelberg 2003, S. 550–588.

6 Goethe an Herder, 5. Juni 1788 (?): „Wenn Ihr einen Antiquar braucht, wie Ihr denn einen braucht, so nehmt einen Deutschen, der *Hirt* heißt. Er ist ein Pedante, weiß aber viel und wird jedem Fremden nützlich sein. Er nimmt des Tages mit einem Zechin vorlieb. Wenn Ihr ihm mehr gebt, so wird er dankbar sein. Er ist übrigens ein durchaus redlicher Mensch" (zitiert nach: Herder, Italienische Reise, (wie Anm. 1), S. 10). Zu Hirts Tätigkeit als Fremdenführer siehe: Adelheid Müller, „Docendo discimus" . . . durch das Lehren lernen wir. Aloys Hirts Jahre als Cicerone in Rom, in: Aloys Hirt. Archäologe, Historiker, Kunstkenner, hg. von Claudia Sedlarz, Hannover 2004, S. 15–68.

jedoch häuften sich in seinen Briefen die Klagen über den „sonderbaren", „hölzerne[n] Mensch[en]", den „leeren Topf" und die „klingende Schelle", bis Herder schließlich seinem seit langem angestauten Unwillen gegenüber seiner Frau mit der folgenden Tirade Luft machen sollte:

> „Hirt zeigt sich von Tag zu Tage mehr als einen Phantasten. Er hat neulich eine Abhandlung über den Laokoon vorgelesen, darin er mit solcher stolzen Keckheit auf Winkelm[ann] u. Leßing losgeht, u. überhaupt die ganze Kunst so grobsinnig behandelt, daß er mein Innres ganz von sich entfernt hat. Er ist ein Kohlstrunk u. wird ein Kohlstrunk bleiben. –"[7]

Wie sich dem Zitat entnehmen lässt, hatte Hirt eine Interpretation der antiken, bereits von Plinius als Meisterwerk gepriesenen Laokoon-Gruppe (Abbildung 1) vorgetragen, in der er sich gegen die kanonischen Deutungen wandte, die Winckelmann und Lessing ungefähr eine Generation zuvor vorgelegt hatten.[8] Stark vereinfacht, lassen sich diese wie folgt zusammenfassen: Erblickte Winckelmann in der berühmten, den Todeskampf des trojanischen Priesters Laokoon und beider Söhne darstellenden Gruppe ein Musterbeispiel für die „edle Einfalt und stille Größe" griechischer Kunst,[9] so entwickelte Lessing an derselben Gruppe seine Überzeugung, „daß bei den Alten die Schönheit das höchste Gesetz der bildenden Künste" gewesen sei.[10] Winckelmanns ethischer Konzeption eines stoischen Laokoon, der noch im heftigsten Schmerz seine seelische Ruhe bewahrt, stellte Lessing die grundsätzliche Unterscheidung zwischen Poesie und bildender Kunst entgegen: Während dem Dichter die Darstellung eines mit verzerrtem Gesicht schreienden Helden durchaus erlaubt sei, sehe sich der bildende Künstler „bloß auf die Nachahmung schöner Körper eingeschränket."[11] Bei allen Differenzen waren sich beide, Winckelmann und Lessing, jedoch darin einig, dass „der Schmerz sich in dem Gesichte des Laokoon mit derjenigen Wut

---

7 Herder an Caroline, 7. März 1789 (zitiert nach Herder, Italienische Reise (wie Anm. 1), S. 369). Die zitierten Klagen über Hirt ebd., S. 187, 188, 212.

8 Ein einführender Überblick über die Laokoon-Debatte bei: Horst Althaus, Laokoon. Stoff und Form, 2. erw. Auflage, Tübingen und Basel 2000, zu Winckelmann und Lessing hier S. 11–60, zu Herder S. 61–79. Zu der Gruppe aus archäologischer und aus kunsthistorischer Perspektive: Salvatore Settis, Laocoonte. Fama e stile, Rom 1999.

9 Johann Joachim Winckelmann: Gedancken über die Nachahmung der griechischen Meisterwerke in Mahlerey und Bildhauer-Kunst [1755], in: Frühklassizismus. Position und Opposition: Winckelmann, Mengs, Heinse, hg. von Helmut Pfotenhauer, Markus Bernauer und Norbert Miller, Frankfurt a. M. 1995, S. 9–50, hier S. 30–32. Vgl. auch seine Äußerungen in der 1764 erschienenen „Geschichte der Kunst des Alterthums" (abgedruckt ebd., S. 190f.)

10 Gotthold Ephraim Lessing: Laokoon: oder über die Grenzen der Malerei und Poesie [1766], in: ders.: Werke und Briefe in zwölf Bänden, hg. von Wilfried Barner u. a., Bd. 5.2: Werke 1766–1769, Frankfurt a. M. 1990, S. 11–206, hier S. 26.

11 Ebd., S. 22.

Abbildung 1: Laokoon-Gruppe. 2. Jh. v. Chr. oder 1. Jh. n. Chr., Höhe 240 cm, Rom, Vatikan, Cortile del Belvedere

nicht zeige, welche man bei der Heftigkeit desselben vermuten sollte,“[12] dass also – mit anderen Worten – der Affektausdruck in der künstlerischen Darstellung beruhigt bzw. gemildert sei. Diesen Deutungen also hatte Hirt widersprochen. Genaueren Aufschluss über die von Herder kritisierte „stolze Keckheit“ gibt indes erst ein Brief an Goethe, in dem Hirt den Vorfall aus seiner Perspektive schildert:

> „Ich habe meine Bemerkungen über den Laokoon geschrieben, [. . .]. Allein sie wollen nicht gefallen, und besonders Herdern nicht. Ich finde mich damit in keiner kleinen Verlegenheit. Die erste *Question* betrift den Moment der Vorstellung; Meine Mei-

12 Ebd., S. 18.

nung ist der lessingschen entgegen, daß ich nicht einen gemilderten, sondern den höchsten Ausdruck wahrnehme. Zweytens: daß nicht die stillen Ruhe, der gemilderte Ausdruck und überhaupt diese Art von Schönheit, das erste Grundgesez der bildenden Künste sey, sondern Bedeutung, Karakteristik, Wahrheit. – Meine Sache ist allerdings sehr Choquant besonders wider Lessing, Winkelmann und die kritischen Wälder von Herder selbst; aber da ich nichts anderes that, als die häufigen Monumente nebeneinander stellen, und den Gesichtspunkt anzeigen, unter welchem alle Werke der Alten zusammenlaufen, so weiß ich nicht, was ich machen soll."[13]

Hirts Brief an Goethe enthält in nuce das ästhetische Programm, mit dem er – daran lässt Hirt keinen Zweifel – die bis dahin anerkannten Ansichten vom Wesen der antiken Kunst aushebeln wollte: An die Stelle der Beruhigung und Milderung setzt er die ungeschönte „Wahrheit" der Darstellung, die von ihm mit dem Begriff der „Charakteristik" bzw. des „Charakteristischen" bezeichnet wird.[14] Sein Hinweis darauf, dass er „nichts anderes" getan habe, als die hinlänglich bekannten „Monumente nebeneinander [zu] stellen", gibt zugleich einen Hinweis auf seine methodische Herangehensweise, die der abstrakten Theorie den empirischen Befund entgegensetzt.

Was die von Hirt in seinem Brief an Goethe skizzierten und von Herder so vehement kritisierten „Bemerkungen über den Laokoon" so bedeutend macht, ist indes die Tatsache, dass sie am Anfang einer Entwicklung stehen, die einige Jahre später zu einer Grenzerweiterung der klassizistischen Ästhetik führen sollte, einer Grenzerweiterung, die maßgeblich von Goethe und den mit ihm verbundenen „Weimarischen Kunstfreunden" Johann Heinrich Meyer und Friedrich Schiller betrieben wurde.[15] Spätestens seit 1797, als Hirts Laokoon-Aufsatz ausgerechnet in Schillers „Horen" erschien, konnte die Präsenz von expressivem Pathos und ungemilderter Ausdrucks- und Bewegungsdarstellung in der antiken Kunst nicht mehr – wie es etwa Herder fast zehn Jahre zuvor noch versucht hatte – geleugnet werden: „Alles in der ganzen Figur", heißt es dort nicht ohne Bewusstsein für die effektvoll gesetzte Pointe,

„verkündet einen Moment der Darstellung, aber nicht einen gemilderten, nicht ein Seufzen, nicht ein Schreien, nicht einen hilfeflehenden Blik zu den Göttern – sondern

13 Hirt an Goethe, 4. April 1789 (zitiert nach: Zur Nachgeschichte der italienischen Reise. Goethes Briefwechsel mit Freunden und Kunstgenossen in Italien 1788–1790, hg. von Otto Harnack, Weimar 1890, S. 163f.). Herders „Kritische Wälder", in denen er Winckelmann gegen die Kritik Lessings verteidigte, waren 1769 erschienen.

14 Zu Hirts Ästhetik des „Charakteristischen" siehe Harald Tausch, Das vermessene Charakteristische. Zu Aloys Hirts römischer Ästhetik, in: Aloys Hirt (wie Anm.), S. 69–103.

15 Neben den Genannten werden auch Carl Ludwig Fernow und Friedrich August Wolf, die beide Beiträge zu Goethes 1805 erschienenem Werk „Winckelmann und sein Jahrhundert" lieferten, zu den Weimarischen Kunstfreunden (auch: „W. K. F.") gezählt.

das höchste und lezte Anstrengen sich convulsivisch windender Kräfte, ein schon betäubtes Gehirn, einen Mund, den der erstikende Schmerz umzieht und bleichet – ein Athemloses Bäumen der Brust, und Einzwängen des Unterleibes – das Erstiken und der Tod folgt plötzlich. –“[16]

Auch wenn Hirts Beschreibung des Laokoon rhetorisch inszeniert und an einigen Stellen stark überzeichnet ist, so wird sie der grausamen Darstellung doch gerechter als seine beiden Vorgänger:[17] Die radikale Verschiebung des Blickwinkels lässt ihn das zeitgenössische Bild der antiken Kunst als eine kulturelle Konstruktion entschlüsseln, die allein auf der Grundlage von Grenzziehungen und Ausblendungen entstehen konnte und deren Objektbindung sich einem eminenten Deutungswillen verdankt. Die von Winckelmann und Lessing mit großem Aufwand aus der antiken Kunst ausgegrenzte „Nachahmung des Gewaltsamen“[18] kehrte damit ins Zentrum der ästhetischen Diskussion zurück.

III.

Das besondere Interesse, auf das die Thesen Hirts bei den Weimarischen Kunstfreunden trafen, lässt sich aus dem Umstand erklären, dass diese etwa zur gleichen Zeit ebenfalls an die Grenzen der Kunstlehren Winckelmanns und Lessings gestoßen waren: Während sich der in Italien weilende Meyer Gedanken über das Problem der „tragischen Gegenstände“ in der bildenden

16 Aloys Hirt, Laokoon, in: Die Horen 12 (1797), 10. Stück, S. 1–26 (Reprint Darmstadt 1959, S. 931–956), hier S. 10/940. Im 12. Stück der „Horen“ ließ Hirt einen „Nachtrag über Laokoon“ folgen, in dem er auf Goethes Beschreibung der Gruppe Bezug nimmt.

17 Zur Wirkungsintention der Laokoon-Gruppe vgl. Luca Giuliani: Winckelmanns Laokoon. Von der befristeten Eigenmächtigkeit des Kommentars, in: Commentaries – Kommentare, hg. von Glenn W. Most, Göttingen 1999, S. 296–322, hier S. 311: „Winckelmanns These vom Ausgleich zwischen Schönheit und Ausdruck steht und fällt mit der Annahme, daß der Laokoon-Gruppe ein *gedämpfter* Ausdruck eigen sei. Charakteristisch für diese [...] ist jedoch gerade das Gegenteil: Die Absicht der antiken Künstler zielt nicht auf Dämpfung, sondern auf Steigerung von Pathos. In immer neuen Variationen suchte man den Ausdruck von Not, Schmerz und Verzweiflung auf die Spitze zu treiben.“

18 Die Formulierung geht auf Winckelmann zurück, der in seiner „Geschichte der Kunst des Alterthums“, ein Diktum Platons (rep. 10, 604e) paraphrasierend, davon spricht, dass das „Gewaltsame“ (verstanden als das körperlich wie auch seelisch heftig Bewegte) einfacher nachzuahmen sei als der von ihm als vorbildlich erklärte „Ausdruck einer bedeutenden und redenden Stille“ (Johann Joachim Winckelmann, Geschichte der Kunst des Alterthums, Dresden 1764, S. 229f.). Lessing folgt dieser Begrifflichkeit, wenn er in seinem Laokoon-Aufsatz von 1766 schreibt: „Es gibt Leidenschaften und Grade von Leidenschaften, die sich in dem Gesichte durch die häßlichsten Verzerrungen äußern, und den ganzen Körper in so gewaltsame Stellungen setzen, daß alle die schönen Linien, die ihn in einem ruhigern Stand umschreiben, verloren gehen“ (Lessing, Laokoon (wie Anm. 10), S. 26).

Kunst machte, diskutierten Goethe und Schiller in Jena und Weimar über „epische und dramatische Dichtung", wobei natürlich der Tragödientheorie des Aristoteles eine besondere Bedeutung zukam. Angesichts der unübersehbaren Krise, in welche auch die Kunstpraxis um 1800 geraten war,[19] ging es ihnen allerdings nicht allein um ihre eigene Dichtung, sondern viel allgemeiner um eine grundlegende Reform der klassizistischen Kunstlehre, in die einerseits die Überlegungen Hirts zur Ausdrucksdarstellung in der antiken Kunst wie andererseits auch der legitime Ausdruckswille der zeitgenössischen Künstler eingehen sollten.

Das literarische Ergebnis der zwischen Goethe, Meyer und Schiller geführten Diskussionen stellen die Aufsätze und Abhandlungen dar, die in der von Goethe zwischen 1798 und 1800 herausgegebenen Kunstzeitschrift „Propyläen" erschienen. Zu nennen sind hier vor allem Goethes Aufsatz „Über Laokoon", Meyers Abhandlungen „Über die Gegenstände der bildenden Kunst, Rafaels Werke besonders im Vatikan und Niobe mit ihren Kindern", Schillers Schreiben „An den Herausgeber der Propyläen" sowie nicht zuletzt die kleine Schrift „Der Sammler und die Seinigen", in der Goethe sich in Form eines fiktiven Briefwechsels explizit mit den Thesen Hirts auseinandersetzt.[20]

Eine genauere Analyse dieser Texte wie auch der von den Weimarischen Kunstfreunden zwischen 1799 und 1805 ausgeschriebenen Preisaufgaben für bildende Künstler vermag zu zeigen, dass das „Gewaltsame" in den „Propyläen" nicht etwa als ein Hemmnis, sondern genau genommen als der Motor funktioniert, der die Weimarer Theoriebildung antreibt.[21] Mit anderen Worten: Nicht das Schöne, sondern das „Gewaltsame" stellte die große Herausforderung für die klassizistische Ästhetik dar, die neue Antworten auf die alten Frage nach der Vermittelbarkeit von Schönheit und Ausdruck zu finden hatte. In dem Maße, wie sie das Widerstrebende zu integrieren versuchte, wurde diese Kunsttheorie einerseits komplexer, erweiterte andererseits aber auch ihre Grenzen und legitimierte damit ein

19 Dazu grundlegend Werner Busch: Das sentimentalische Bild. Die Krise der Kunst im 18. Jahrhundert und die Geburt der Moderne, München 1993.

20 Propyläen. Eine periodische Schrift. Herausgegeben von Johann Wolfgang von Goethe [1798–1800]. Einführung und Anhang von Wolfgang Frhr. von Löhneysen, Stuttgart 1965.

21 Siehe hierzu ausführlich: Vf., Pathos, Ausdruck und Bewegung. Zur Ästhetik des Weimarer Klassizismus 1796–1806, Berlin und New York 2005, S. 85–292. Zu den Weimarer Preisaufgaben vgl. Walter Scheidig, Goethes Preisaufgaben für bildende Künstler 1799–1805, Weimar 1958; Ernst Osterkamp, „Aus dem Gesichtspunkt reiner Menschlichkeit". Goethes Preisaufgaben für bildende Künstler 1799–1805, in: Goethe und die Kunst (Ausstellungskatalog Frankfurt a. M. und Weimar 1994), hg. von Sabine Schulze, Ostfildern 1994, S. 310–322.

weitaus breiteres Spektrum der Ausdrucksdarstellung als noch bei Winckelmann und Lessing.

IV.

Dass die Weimarer Kunsttheorie gleichwohl – trotz aller Grenzerweiterungen – weiterhin dem klassizistischen Ideal des Maßes, der Grenze und der Ordnung verbunden blieb und sich dadurch bisweilen selbst im Wege stand, zeigen zwei Werke, die am Ende des von mir betrachteten Zeitraums stehen: 1806, ein Jahr nach Schillers Tod, veröffentlichte der kurz zuvor zu den Weimarischen Kunstfreunden hinzugestoßene Carl Ludwig Fernow zwei Monographien, die mit Asmus Jakob Carstens (1754–1798) und Antonio Canova (1757–1822) zwei zeitgenössischen klassizistischen Künstlern gewidmet waren. Beide Bücher gelten heute – und das macht sie so bedeutsam – als die ersten modernen Künstlermonographien in deutscher Sprache.[22]

Obgleich Carstens und Canova, wie zahlreiche ihrer Altersgenossen, ein deutliches Interesse an der „Nachahmung des Gewaltsamen“ zeigten, vermochte Fernow mit diesem Tatbestand nur umzugehen, indem er ihn abschwächte und ausblendete oder aber vehement kritisierte. Fernow scheut sich nicht, Bildschöpfungen seines Freundes Carstens zu unterschlagen, die sich seiner Vorstellung von Ruhe und Schönheit nicht fügen wollen. Im Gegenzug beschreibt er dafür en détail die übertrieben „gewaltsamen“ Werke Canovas, um auf diese Weise die künstlerische Unzulänglichkeit des damals in ganz Europa erfolgreichen, seiner Meinung nach jedoch maßlos überschätzten italienischen Bildhauers zu erweisen.[23]

Dass indes auch Carstens' Kunst „gewaltsame“ Tendenzen keineswegs fremd waren, belegt u. a. eine Zeichnung, die von seinem Biographen Fernow schlichtweg totgeschwiegen wurde (Abbildung 2): Auf einem bräunlichen, ca. 24 × 27 cm messenden Blatt ist die Tragödie des sterbenden Laokoon von Carstens mit wenigen schwarzen Kreidestrichen skizziert. Spiegelbildlich zu der Figur im vatikanischen Belvedere ist sein rechter Arm nach oben und sein linkes Bein nach unten ausgestreckt. Indem er,

---

22 So bereits Herbert von Einem in: Neue deutsche Biographie, hg. von der Historischen Kommission bei der Bayerischen Akademie der Wissenschaften, Bd. 5 (1961), S. 99.

23 Zu nennen sind hier u. a. die Skulpturengruppen „Herakles und Lichas“ (1795–1815, Rom, Galleria Nazionale d'Arte Moderna), „Kreugas und Damoxenos“ (1795–1801 bzw. 1795–1806, Rom, Vatikan, Cortile del Belvedere) sowie „Theseus und der Kentaur“ (1805–1819, Wien, Kunsthistorisches Museum), darüber hinaus Reliefs wie „Der Tod des Priamos“ (1792/93, Possagno, Gipsoteca) und „Der rasende Herakles tötet seine Kinder“ (1803/04, Possagno, Gipsoteca).

Abbildung 2: Asmus Jakob Carstens: Laokoon. Schwarze Kreide auf bräunlichem Papier, 1798 (?), 24,2 × 27,6 cm, Weimar, Klassik Stiftung, Goethe-Nationalmuseum

anders als die Skulptur, sein rechtes Bein zur Brust zieht und mit der linken Hand zu seiner Fessel greift, ist Carstens' Laokoon aus dem Gleichgewicht geraten und müsste im nächsten Moment notwendig stürzen. Vor ihm sitzt einer seiner beiden bereits zu Boden gesunkenen Söhne, das rechte Bein angezogen, das linke ausgestreckt, der Oberkörper vornüber gesackt; hinter ihm ist dessen ebenfalls schon am Boden liegender Bruder schemenhaft zu erkennen. Eingefügt sind die drei massigen Körper in eine schlichte, durch die ausgestreckten Extremitäten gebildete Dreieckskomposition, die auf den ersten Blick stabilisierend wirkt, in ihrem verworrenen Ineinander von Armen, Beinen und Schlangenleib jedoch zu kollabieren droht. In all ihrer Statik, so ließe sich die Beschreibung zusammenfassen, ist die Gruppe somit ebenso instabil wie hochbewegt.

Mit der wohl in seinen letzten Lebensjahren entstandenen Darstellung eines sterbend zu Boden sinkenden Laokoon zeigt Carstens nun aber genau das, was Hirt ungefähr zur gleichen Zeit in seinem Laokoon-Aufsatz beschrieben, Fernow und Goethe jedoch als ein prinzipiell unerträgliches, nicht darzustellendes „letztes" abgelehnt hatten: „ein Athemloses Bäumen der Brust, und Einzwängen des Unterleibes – das Erstiken und der Tod folgt plötzlich. –“[24] Zwar war Goethe Hirt darin gefolgt, dass die Laokoon-Gruppe ein hohes Maß an Ausdruck und Leidenschaft zeige, ja er hatte sogar vom „Marmor in Bewegung“ gesprochen.[25] Hinsichtlich des darzustellenden Moments jedoch war er überzeugt, dass es bei einem Kunstwerk wie dem Laokoon „nur Einen Moment des höchsten Interesse[s]“ gebe, nämlich „wenn der eine Körper durch die Umwindung wehrlos gemacht ist, wenn der andere zwar wehrhaft aber verletzt ist, und dem dritten eine Hoffnung zur Flucht übrig bleibt.“[26] Die Darstellung der „nächstfolgenden und ferneren Momente“ dagegen würde zwangsläufig „unerträglich“, „ekelhaft“ und „grausam“ wirken:

> „Der jüngste Sohn wird entweder von der umwindenden Schlange erstickt, oder, wenn er sie reizen sollte, in seinem völlig hülflosen Zustande, noch gebissen. Beide Fälle sind unerträglich, weil sie ein letztes sind, das nicht dargestellt werden soll. Was den Vater betrifft, so wird er entweder von der Schlange noch an andern Teilen gebissen, wodurch die ganze Lage seines Körpers sich verändern muß, und die ersten Bisse für den Zuschauer entweder verloren gehen, oder wenn sie angezeigt werden sollten, ekelhaft sein würden; oder die Schlange kann auch sich umwenden, und den ältesten Sohn anfallen, dieser wird alsdann auf sich selbst zurückgeführt, die Begebenheit verliert ihren Teilnehmer, der letzte Schein von Hoffnung ist aus der Gruppe verschwunden, es ist keine tragische, es ist eine grausame Vorstellung.“[27]

Goethe hätte Carstens' Laokoon-Zeichnung also eigentlich auf das schärfste verurteilen müssen. Gleichwohl hat er – und das ist bemerkenswert – das Blatt für seine eigene Kunstsammlung erworben und eine Durchzeichnung desselben den herzoglichen Kunstsammlungen zukommen lassen.[28]

V.

Eine einfache und konsistente Antwort auf die grundsätzliche Frage, inwieweit Schönheit mit Pathos, Ausdruck und Bewegung in einem Kunstwerk zu vereinen sei, hat somit auch die Weimarer Klassik nicht gefunden. Zwar

---

24 Hirt, Laokoon (wie Anm. 16), S. 10/940.

25 Goethe, Johann Wolfgang, Über Laokoon [1797], in: Sämtliche Werke nach Epochen seines Schaffens. Münchner Ausgabe, hg. von Karl Richter u. a., Bd. 4.2: Wirkungen der Französischen Revolution 1791–1797, München 1986, S. 73–88, hier S. 81.

26 Ebd., S. 85.

27 Ebd., S. 85f.

28 Vgl. Asmus Jakob Carstens. Goethes Erwerbungen für Weimar. Bestandskatalog der Kunstsammlungen zu Weimar bearb., von Renate Barth, Bestandskatalog der Stiftung Weimarer Klassik, bearb. von Margarete Oppel, Schleswig 1992, Kat.-Nr. 42, S. 210, und Kat.-Nr. 163, S. 186. Zu Goethe als Kunstsammler siehe jetzt: Johannes Grave, Der „ideale Kunstkörper“. Johann Wolfgang Goethe als Sammler von Druckgraphiken und Zeichnungen, Göttingen 2006.

gelang es Goethe und Meyer etwa beim Laokoon oder der die Tötung einer ganzen Familie darstellenden Niobiden-Gruppe,[29] das „Gewaltsame" zumindest in ihren Beschreibungen zu bändigen. An diesen beiden antiken Skulpturen und der griechischen Vasenmalerei, an den Werken Raffaels im Vatikan und der Malerei des französischen Neoklassizismus sowie nicht zuletzt in der Auseinandersetzung mit Hirts „Charakteristik" entwickelten sie eine eigene Ästhetik des „Gewaltsamen", wobei sie den allzu restriktiven Frühklassizismus Winckelmanns und Lessings entgrenzten und differenzierten. Wie das Beispiel Fernows zeigt, hatte ihre Bereitschaft zur Akzeptanz des „Gewaltsamen" in der bildenden Kunst aber auch ihre Grenzen. Die Tatsache, dass Goethe Carstens' Laokoon-Zeichnung für seine Privatsammlung ankaufte, legt andererseits jedoch nahe, dass er das, was er in der Theorie glaubte ablehnen zu müssen, nämlich die ungeschönte und ungemilderte „Nachahmung des Gewaltsamen", in der künstlerischen Praxis durchaus zu schätzen wußte.

[29] Dem Mythos zufolge hatte Niobe sich über die Göttin Leto (lat. Latona) gestellt, da diese nur zwei, sie selbst dagegen zwölf, nach anderen Berichten sogar vierzehn oder gar dreißig Kinder ihr eigen nennen konnte. Zur Strafe für diese Demütigung ihrer Mutter rächten sich Apollon und Artemis/Diana an der Nachkommenschaft der Niobe. Die berühmte, 1583 in Rom entdeckte Gruppe (Ende 4. Jh. v. Chr. oder hellenistisch) befindet sich seit 1775 in den Florentiner Uffizien.

Der **Biologie-Preis 2007** wurde Frau Judith Korb, Osnabrück, für ihre bedeutenden wissenschaftlichen Arbeiten zur Soziobiologie der Termitenstaaten verliehen.

Evolution von Kooperation: Termiten, die anderen sozialen Insekten

Judith Korb

Evolution von Kooperation

Judith Korb, Professorin für Verhaltensbiologie an der Universität Osnabrück, Trägerin des Biologie-Preises 2007

Kooperation spielt eine zentrale Rolle in der Evolution des Lebens. Alle großen Übergänge sind durch Kooperation charakterisiert. Genome entstanden durch Kooperation zuvor unabhängiger Replikatoren, eukaryontische Zellen aus einer Symbiose prokaryontischer Vorfahren, und vielzellige Organismen, wie alle Pflanzen und Tiere, bestehen aus einem kooperierenden Verband verschiedener Zellen. So entwickelte sich im Laufe der Evolution durch Kooperation eine Hierarchie immer komplexerer Systeme, die neue Selektionseinheiten wurden und deren Untersysteme kaum mehr als eigenständig wahrgenommen werden. An der Spitze dieser Hierarchie kann man soziale Tiergruppen einschließlich des Menschen sehen.

Evolutionsbiologisch stellt Kooperation jedoch ein Problem dar. Nach der klassischen Darwinianischen Selektionstheorie ist Evolution durch Konkurrenz um Nachkommenschaft gekennzeichnet. Deshalb ging man lange davon aus, dass Evolution und die Natur durch Kampf und Vernichtung geprägt seien. Selektion ist jedoch ein Automatismus, der auftritt, sobald Merkmale eine genetische Grundlage haben und es genetisch bedingte Variabilität in diesen Merkmalen gibt. Gene, die Merkmale kodieren, die zu mehr Nachkommen führen, sind in der Nachkommengeneration automatisch häufiger

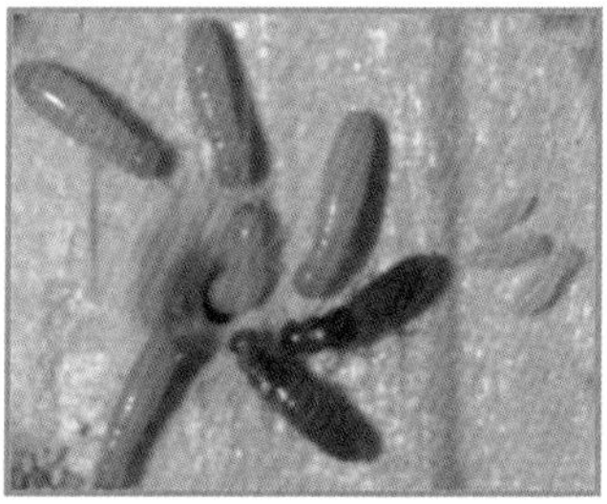

als Gene, die zu weniger Nachkommenschaft führen. Eine notwendige Voraussetzung, damit Kooperation evolutionär erfolgreich sein kann, ist somit, dass sie zu mehr Nachkommen führt als Nicht-Kooperation oder Eigennutz. Dies kann z. B. dann der Fall sein, wenn kooperierende Einheiten ganz neue positive Eigenschaften besitzen, die mehr sind als die Summe ihrer Partner. Diese Bedingung ist jedoch nicht ausreichend, da in solchen Interaktionen ‚Betrüger' entstehen können, welche die Kooperation ausnutzen. Da solche Betrüger mehr Nachkommen haben als Nicht-Betrüger, setzen sie sich kurzfristig evolutionär durch. Dies führt langfristig dazu, dass die Kooperation zusammenbricht. Welche Mechanismen haben nun dazu geführt, dass Kooperationen nicht nur häufig entstanden sind, sondern vor allem auch, dass sie nicht wieder zusammenbrachen und wir deshalb heute eine ganze Hierarchie von Kooperationen, vom Gen bis zur menschlichen Gesellschaft, beobachten können? Gute Modelle, um Kooperation zu untersuchen, sind soziale Insekten. Sie sind vergleichsweise leicht zugänglich und experimentell manipulierbar.

Soziale Insekten und Verwandtenselektion

Soziale Insekten (Termiten und soziale Hautflügler: Ameisen, einige Bienen und Wespen) leben in Gemeinschaften, Kolonien, die durch reproduktive Arbeitsteilung gekennzeichnet sind: Innerhalb einer Kolonie pflanzen sich nur einige wenige Tiere fort (bei sozialen Hautflüglern eine bis wenige Königinnen; bei Termiten i. d. R. eine Königin und ein König), während der Großteil der Tiere zumindest vorübergehend auf eigene Fortpflanzung verzichtet (Arbeiter, bei Termiten zusätzlich Soldaten). Diese Extremform kooperativen Verhaltens, bei dem Individuen sogar auf eigene Fortpflanzung verzichten, bezeichnet man als Altruismus. Wie altruistisches Verhalten evolutiv fortbestehen kann, was dazu führt, dass Individuen keine Nachkommen haben und damit die entsprechenden Gene nicht in die nächste Generation weitergegeben werden, war lange Zeit ein Rätsel. Die Lösung dafür ist die Erkenntnis, dass Gene nicht nur direkt über eigene Nachkommen (direkte Fitness), sondern auch indirekt über Nachkommen von nahen Verwandten (indirekte Fitness) weitergegeben werden können. Diese von W. D. Hamilton 1964 erarbeitete Verwandtenselektion kann in der so genannten Hamilton-Regel zusammengefasst werden. Dabei müssen die Kosten (‚costs', C), die ein Altruist hinsichtlich der eigenen Fortpflanzung hat, kleiner sein als der Nutzen (‚benefits', B), in Form zusätzlicher Nachkommen, den ein verwandter Hilfeempfänger durch die Hilfe erhält.

Die Nachkommen des Verwandten müssen dabei entsprechend dem Verwandtschaftsgrad (‚relatedness', r) zwischen Altruist und Hilfeempfänger (ab-)gewichtet werden:

$$C < B \times r$$

In der Tat ist es bei sozialen Hautflüglern i. d. R. der Fall, dass die Arbeiterinnen, die Töchter der Königin sind, ihrer Mutter bei der Aufzucht von Geschwistern helfen. Dadurch, dass die Arbeiterinnen u. a. die Brutpflege, die Nahrungsbeschaffung und die Verteidigung des Nestes übernehmen, kann die Königin sich auf das Eierlegen spezialisieren. Diese Arbeitsteilung scheint der Grund des evolutiven und ökologischen Erfolges sozialer Hautflügler zu sein, die seit mehr als 100 Millionen Jahren fast alle terrestrischen Lebensräume in z. T. sehr hohen Dichten besiedeln. Als Schlüssel für die Entstehung des Altruismus der Hautflügler galt lange Zeit der außergewöhnlich hohe Verwandtschaftsgrad zwischen Vollschwestern (r = 0.75), der höher ist als der zwischen Eltern und deren Nachkommen (r = 0.5), so dass Schwestern aufzuziehen anscheinend eine höhere Fitness erzielt, als eigene Nachkommen zu haben. Die ungewöhnlichen Verwandtschaftsverhältnisse der Hautflügler beruhen auf deren ungewöhnlichem Geschlechtsbestimmungsmechanismus, bei dem Männchen sich aus unbefruchteten, haploiden Eiern entwickeln, während nur die Weibchen aus diploiden befruchteten Eiern entstehen.

Bei Termiten (Isoptera), den ältesten sozialen Insekten, sind dagegen beide Geschlechter diploid, sie entwickeln sich aus befruchteten Eiern. Termitengemeinschaften entstanden vor mindestens 130 Millionen Jahren unabhängig von denen der sozialen Hautflügler. Trotz ihrer Ähnlichkeit insbesondere mit Ameisengemeinschaften, die sich auch in dem Populärnamen ‚weiße Ameisen' widerspiegelt, gehören die Termiten zu den Schaben. Diese unterschiedliche Abstammung wird bei genauerer Betrachtung der Gemeinschaften deutlich. Die Arbeiterinnen der sozialen Hautflügler sind Adulttiere, da sie zu den Insekten mit vollkommener Entwicklung gehören, bei denen die Jungstadien hilflose abhängige Larven sind. Im Gegensatz dazu gehören die Termiten zu den Insekten mit unvollkommener Entwicklung, bei denen die Jungstadien unterschiedlich selbständige Miniaturformen der Erwachsenen sind. Daher herrscht im Termitenstaat ‚Kinderarbeit' vor. Während die Kolonien der sozialen Hautflügler fast ausschließlich aus Weibchen bestehen, setzen sich Termitenkolonien aus Männchen und Weibchen zusammen, und es gibt sowohl eine Königin als auch einen König, Arbeiterinnen und Arbeiter, Soldatinnen und Soldaten.

Trotz dieser fundamentalen Unterschiede, die u. a. das Verwandtschaftsargument als Erklärung für die Entstehung von Altruismus bei sozialen Insekten in Frage stellen (Termiten sind diploid und haben keine asymmetrischen Verwandtschaftsverhältnisse), fehlten bislang systematische Untersuchungen an Termiten. Welche Faktoren fördern also die Entstehung und den Erhalt von Kooperation und Altruismus bei diploiden Termiten, bei denen es a priori keine genetische Prädisposition für Helfen gibt?

Kooperation und Altruismus bei Termiten

Geeignete Modellorganismen, um Kooperation/Altruismus zu untersuchen, sind Arten, bei denen dieses Verhalten fakultativ auftritt. Dies ist der Fall bei holzbewohnenden Termiten, denen ein totes Stück Holz gleichzeitig als Nest und als Nahrung dient und welches sie nie verlassen, um neue Nahrungsquellen zu erschließen. Ist das Nest aufgefressen, so stirbt die Kolonie. Diese phylogenetisch ursprüngliche Lebensweise ist heute unter den Termiten nicht mehr weit verbreitet (etwa 15 % aller Arten). Sie geht einher mit einer flexiblen Entwicklung der Arbeiter, die es diesen erlaubt, (i) altruistisch als Arbeiter oder Soldat im elterlichen Nest zu bleiben oder (ii) egoistisch über mehrere Stadien zum abwandernden geflügelten Geschlechtstier zu werden, welches eine eigene Kolonie gründet. Im Folgenden möchte ich mich auf die Arbeiter konzentrieren, u. a. deshalb, weil es innerhalb einer Kolonie nur wenige Soldaten (1 bis 5) gibt. Wenn Individuen als Arbeiter im Nest bleiben, haben sie weiterhin die Möglichkeit, als so genannte neotene Ersatzgeschlechtstiere die elterliche Fortpflanzungsposition zu erben, wenn der gleichgeschlechtliche Elternteil stirbt. Sie pflanzen sich dann mit einem Vollgeschwister oder dem anderen Elternteil fort. Diese flexible Entwicklung eröffnet die Möglichkeit, gezielt Faktoren auf ihren Einfluss für das Auftreten von Kooperation zu untersuchen.

In Freiland- und Laboruntersuchungen haben wir den Einfluss der verschiedenen Parameter der Hamilton-Regel bei der australischen Trockenholztermite (Kalotermitidae) *Cryptotermes secundu* getestet. Bei dieser Art kommt es in etwa 15 % aller Kolonien zu einer Erhöhung des Verwandtschaftsgrades über $r = 0.5$ hinaus, wenn neotene Ersatzgeschlechtstiere inzüchten. Außerdem tritt in mehr als 25 % aller Kolonien ein Verwandtschaftsgrad kleiner als $r = 0.5$ auf, weil im selben Holzstamm unabhängig gegründete Kolonien häufig fusionieren. Weder eine Erhöhung noch eine Verringerung des Verwandtschaftsgrades innerhalb der Kolonien hatte jedoch Einfluss darauf, ob Individuen als Arbeiter im Nest bleiben oder als geflügelte Geschlechtstiere abwandern. Dies ist der Fall, obwohl wir zeigen können, dass die Tiere zwischen unterschiedlich Verwandten zu unterscheiden vermögen.

Die Parameter B und C der Hamilton-Regel spiegeln ökologische Faktoren wider, die den Nutzen und die Kosten von Kooperation/Altruismus bestimmen. Unsere Untersuchungen haben gezeigt, dass die Größe des Holzblockes, die die Nahrungsverfügbarkeit einer *C. secundus*-Kolonie bestimmt, der wichtigste ökologische Faktor ist. Deshalb haben wir getestet, inwieweit eine Verringerung der Blockgröße, die beim allmählichen Auffressen einsetzt, Kooperation/Altruismus beeinflusst. Unterschritt die Masse eines Holzblocks einen gewissen Schwellenwert, dann gaben viele Arbeiter ihre Kooperation auf und entwickelten sich zu geflügelten Geschlechtstieren, die abwanderten, um eine eigene Kolonie zu gründen.

Die Holzblockgröße spiegelt nicht nur die Nahrungsverfügbarkeit, sondern auch die potenzielle Langlebigkeit der Kolonie wider. Arbeiter in kleinen, weitgehend aufgefressenen Holzblöcken könnten somit zukünftig nur noch wenige Geschwister aufziehen. Sie hätten aber auch geringe Chancen, das elterliche Nest als neotenes Ersatzgeschlechtstier zu erben. Um den relativen Einfluss dieser beiden Komponenten (indirekte Fitness durch Geschwisteraufzucht versus direkte Fitness durch Erben des Nestes) zu bestimmen, führten wir Computersimulationen durch. Diese sollten vorhersagen, wie viele Arbeiter bei verschiedenen Koloniegrößen abwandern sollten, wenn sie ausschließlich blieben, um das Nest zu erben. Erstaunlicherweise stimmten diese Ergebnisse sehr gut mit dem im Freiland gefundenen Muster überein. Dies warf die Frage auf, ob die Arbeiter tatsächlich nur im elterlichen Nest blieben, um dieses später erben zu können, und nicht, um Geschwister aufzuziehen, wie generell angenommen. In einem Versuch testeten wir deshalb, ob die Anzahl der vorhandenen Eier und der Junglarven einen Einfluss auf das Verbleiben von Arbeitern im Nest hat. Dies war nicht der Fall. Gezielte Verhaltensbeobachtungen ergaben zudem, dass es tatsächlich keine Interaktionen zwischen den Arbeitern und den Eiern oder den Junglarven gab. Brutpflege, wie man sie bei sozialen Hautflüglern findet und auch bei diesen Termiten stets vorausgesetzt hat, fehlt.

Schlussfolgerungen

Ausgehend von unseren Befunden, scheint Brutpflege und die aus ihr resultierende indirekte Fitness, bei holzbewohnenden Termiten nicht die treibende Kraft für das Verbleiben von Individuen im Nest zu sein. Vielmehr scheinen diese zu bleiben, um die Reproduktionsposition im Nest erben zu können. Dies ist deshalb vorteilhaft, weil die Kosten für die Abwanderung sehr hoch sind (> 99 % aller abwandernden Individuen sterben), während das Kosten-Nutzen-Verhältnis im Nest günstig ist. Im Nest gibt es u. a. keine Räuber, und Nahrung ist zunächst ausreichend vorhanden, so dass keine Konkurrenz mit Verwandten auftritt. Diese Termiten sind damit wenig altruistisch, und sie bleiben vor allem, weil dies direkte Vorteile für sie hat. Dieses System ist somit eine Kooperation (kein Altruismus), bei der Individuen kooperieren, weil alle einen direkten Fitnessnutzen haben. Das System ist evolutionär stabil, weil Betrüger Verwandte betrügen und dadurch sich selbst indirekt schaden würden. Diese Befunde können nur für die phylogenetisch ursprünglichen holzbewohnenden Termiten gelten. Andere Termiten, die zur Nahrungssuche das Nest verlassen müssen, betreiben Brutpflege, da dort beispielsweise die jungen Larven keinen Zugang zu Nahrung haben. Sie ähneln damit tatsächlich sozialen Hautflüglern. Allerdings stellen sie abgeleitete Systeme dar. Unsere Befunde deuten darauf hin, dass diese aus eher kooperativen Termitengemeinschaften hervorgegangen sind, wie man sie noch heute bei holzbewohnenden Termiten findet, die wenig altruistisch waren und bei denen Brutpflege eine geringe Bedeutung hatte.

Die Preisträger des Berichtsjahres 2008

(Die Preisträgervorträge wurden in einer Plenarsitzung am 21. November 2008 vorgetragen)

Der **Preis für Geisteswissenschaften 2008** wurde Herrn Klaus Pietschmann, Herrenschwanden/ Schweiz, für sein Buch „Kirchenmusik zwischen Tradition und Reform. Die Päpstliche Kapelle und ihr Repertoire unter Papst Paul III. (1534–1549)" verliehen.

Tradition – Memoria – Reform. Kirchenmusik als kulturelle Praxis am Papsthof der ausgehenden Renaissance

Klaus Pietschmann

Klaus Pietschmann, Assistenzprofessor für Musikwissenschaft an der Universität Bern, Träger des Preises für Geisteswissenschaften 2008

Vor allem aufgrund zweier Ereignisse ist der Pontifikat des Farnese-Papstes Pauls III. (1534–1549) in die Geschichte eingegangen. Zum einen war dies die Fertigstellung von Michelangelos „Diluvio Universale" an der Rückwand der Sixtinischen Kapelle im Jahre 1541, zum anderen die Eröffnung des Konzils von Trient im Dezember 1545. Beide Ereignisse markieren zugleich extreme Pole in einer Phase des Umbruchs: einerseits die Vollendung einer künstlerischen Raumausstattung, die schon bald zu den Ikonen der abendländischen Kunst gerechnet wurde und paradigmatisch für die Kultur der Renaissance steht; andererseits der scharf markierte Aufbruch der römisch-katholischen Kirche in die Neuzeit als gerade noch rechtzeitige Reaktion auf die Herausforderungen der Reformation.

Deutlich wird zugleich, in welchem Maße die bildende Kunst unsere Vorstellung von jener Epoche prägt: Michelangelos Schilderung der Höllenqualen hat sich ebenso tief in das kulturelle Gedächtnis eingeschrieben wie etwa Cranachs Luther-Portraits. Die Musik hat es da schwerer. Luther-Choräle wie „Ein feste Burg ist unser Gott" mögen evangelischen Kirchgängern noch geläufig sein, und die eine oder andere Komposition Palestrinas wird sich gelegentlich im Repertoire katholischer Kirchenchöre wiederfinden – mit der Macht der Bilder vermögen es diese musikalischen Zeugen des 16. Jahrhunderts indes kaum aufzunehmen.

Dieser Umstand droht darüber hinwegzutäuschen, dass der Musik auch und gerade im Kontext der Reformation eine mindestens ebenso zentrale Rolle zukam wie der bildenden Kunst. In Form von populärem Liedgut wurde sie zum Propagandamedium, und im Gottesdienst spiegelte der Gesang dem traditionellen Verständnis zufolge den himmlischen Lobpreis der Engel – eine Auffassung, die auch Luther teilte. Insofern war die Musik integraler Bestandteil der Liturgie und ihr Charakter immer wieder ein Politikum.

Dieser letztere Aspekt bildet das Kerninteresse meiner Dissertation. Die Kirchenmusik beschäftigte die Reformatoren ebenso wie die Konzilsväter von Trient. Auch und gerade im Zentrum der Christenheit gelangte das Thema auf die Agenda, wo die päpstliche Sängerkapelle hauptverantwortlich für die musikalische Gestaltung der Papstgottesdienste war. Dass sie ebenfalls in die Kritik geriet, hatte stilistisch-künstlerische Gründe, betraf aber auch ihre Eigenschaft als traditionsreiche kuriale Institution, die über Jahrhunderte hinweg Privilegien kumuliert hatte.

Diese Phase des Umbruchs geriet für die päpstlichen Sänger zu einer der entscheidenden Herausforderungen in ihrer jahrhundertelangen Geschichte. Wenn ich im folgenden einige Facetten dieser Entwicklung skizziere, soll damit eines der zentralen Ergebnisse meiner Untersuchung veranschaulicht werden, die Erkenntnis nämlich, dass die kurialen Reformen zu kapellinternen Traditionsbrüchen führten und die Sängerkapelle mittelfristig in eine schwere künstlerische Krise stürzten, von der sie sich nie vollständig erholen sollte. Das Hauptaugenmerk wird dabei auf die musikalische Traditionsbildung der Sänger zu richten sein. Diese nahm den Charakter einer kulturellen Praxis an, die – solange sie intakt war – eine Lebensader der Institution bildete und deren Abbröckeln zugleich den Beginn des Niedergangs markierte.

Einer der zentralen Vorwürfe, mit dem sich die Kirchenmusik des 16. Jahrhunderts konfrontiert sah, betraf das mangelnde emotionale Potential der im Gottesdienst vorgetragenen Kompositionen. Klare Worte fand etwa der Erzpriester der Santa Casa in Loreto, Bernardino Cirillo, im Jahre 1549: „Wenn in der Kirche eine Messkomposition gesungen wird, so würde ich mir also wünschen, daß die Musik so beschaffen sei, dass sie unsere Gefühle zur Frömmigkeit und Religiosität anzuregen vermöge."

Diese Sicht dürfte an der Kurie vor allem in den Kreisen der Reformer verbreitet gewesen sein. Sie wandte sich gegen ein elitäres Musikverständnis, das geistlicher Kunstmusik traditionell zugrundelag und in der liturgischen Mehrstimmigkeit vornehmlich ein klingendes Abbild des Himmels sah – die emotionale Wirkung war dabei weniger das Resultat unmittelbarer musikalischer Effekte, sondern resultierte aus einer mystisch-vergeistigten Gottesdienstauffassung, die eine komplexe, gerade nicht unmittelbar wirksame Kompositionsweise klar bevorzugte.

Cirillo nennt als Beispiel dafür, wie eine solche gefühlsbetonte Kirchenmusik klingen müsse, ein Madrigal, ein weltliches Musikstück also, das der Flame Jacobus Arcadelt wenige Jahre zuvor komponiert hatte. Arcadelt war zu dieser Zeit Mitglied der päpstlichen Kapelle und zählte zu deren produktivsten Komponisten. Wollte man nun vermuten, er sei dabei der zitierten Forderung Cirillos nachgekommen, sieht man sich indes enttäuscht: Arcadelts Kompositionen für die päpstliche Kapelle haben so gut wie nichts mit seinen Madrigalen gemein.

In der Tat hatte Arcadelt als päpstlicher Sängerkomponist primär anderen Anforderungen zu genügen. Neben der zuvor beschriebenen Komplexität erwartete man eine gewisse klangliche Opulenz, die dem prächtigen Rahmen der Papstgottesdienste gerecht werden sollte. Darüberhinaus befand sich Arcadelt als Kapellmitglied im Schoße einer jahrhundertealten Institution, mit deren Traditionen er konfrontiert wurde. Wie sich im Rahmen meiner Untersuchung erwiesen hat, kam vor allem den kompositorischen Traditionen eine vielschichtige Schlüsselrolle zu.

Dieses Traditionsbewußtsein hing eng mit der Kurienzugehörigkeit der päpstlichen Sänger zusammen, die ihnen insbesondere beim Pfründenerwerb große Vorteile verschaffte. Offenkundig waren sie sich darüber im klaren, dass, im Gegensatz zu allen anderen Kurienangehörigen, die Grundlage ihrer Privilegien künstlerischer Natur war. Spiegel dessen ist das Kapellarchiv, zu dessen ältesten Dokumenten neben den päpstlichen Bullen die Chorbücher mit dem musikalischen Kapellrepertoire seit dem Ende des 15. Jahrhunderts zählen. Dies ist weniger selbstverständlich, als es spontan erscheinen mag. In einer Zeit, da komponierte Mehrstimmigkeit bereits nach wenigen Jahrzehnten als veraltet galt, wurden Musikalien nur ausnahmsweise aufgehoben, und tatsächlich handelt es sich beim Musikarchiv der päpstlichen Kapelle um das mit Abstand älteste Kulturerbe dieser Art.

Die Untersuchung der Kompositionen Arcadelts und seiner Kapellkollegen der 1530er und der 1540er Jahre zeigte, dass dieses musikalische Erbe lebendiger Bestandteil der künstlerischen Praxis war. Zahlreiche Messen und Motetten rekurrieren auf älteres Repertoire und reihen sich auf diese Weise explizit in die künstlerische Kapelltradition ein. Ein Beispiel mag dies verdeutlichen. Guillaume Du Fay – einer der bedeutendsten Kapellsänger der ersten Hälfte des 15. Jahrhunderts – vertonte auf seinem Altersruhesitz in Cambrai die marianische Antiphon „Ave regina" und fügte ihr Abschnitte ein, die sein eigenes Seelenheil betreffen: „Miserere tui labentis Dufay", bittet er die Gottesmutter etwa. Testamentarisch verfügte er, dass diese Motette an seinem Sterbebett zu singen sei. Die Komposition hat sich lediglich in der Handschrift S.Pietro B 80 erhalten, einem römischen Chorbuch aus dem direkten Umfeld der päpstlichen Kapelle. Offensichtlich wurde dieses musikalische Andenken des Komponisten in Rom also gepflegt und lebte noch Jahrzehnte nach dessen Tod fort: Knapp zehn Vertonungen der Marienantiphon greifen zu Beginn die musikalische Struktur von Dufays Komposition auf und etablieren damit eine kapellspezifische musikalische Tradition – außerhalb des Kapellrepertoires konnten keine vergleichbaren Vertonungen des „Ave regina" nachgewiesen werden.

Der Vorgang zeigt zweierlei: Zum einen erscheint das Kapellrepertoire als ein Ort lebendiger künstlerischer Traditionspflege, andererseits schlägt sich hier der personelle Zusammenhalt der Mitglieder dieser kurialen Korporation nieder. Man pflegt die memoria, das Andenken an den großen Kollegen und trägt damit einem bruderschaftlichen Institutionsverständnis Rechnung, bei dem die Individuen, ihre Kunst sowie ihre Religiosität ein Amalgam bilden. Zum Kulminationspunkt dieser kulturellen Praxis wurde das Kapellrepertoire. Das Beispiel lässt zugleich erahnen, wie abwegig die zuvor skizzierte Forderung nach einer unmittelbar eingängigen Kirchenmusik erschienen sein muss. Hier kollidierte die Vorstellung von einer transzendierenden und zugleich traditionsstiftenden Kirchenmusik frontal mit der rein funktionalen Vermittlungsästhetik der Reformer, die den Rang der Musik und der für sie Verantwortlichen drastisch zurückstufte.

Dabei deutet sich ein musikästhetischer Paradigmenwechsel an, der für die zweite Hälfte des 16. Jahrhunderts bestimmend werden sollte. Im Falle der päpstlichen Kapelle erscheint er wie durch ein Brennglas fokussiert und wird in seiner ganzen Radikalität auf mehreren Ebenen greifbar. Kehren wir zur Verdeutlichung kurz zu Jacobus Arcadelt zurück. Wie erwähnt, komponierte er gerade nicht die erhoffte Kirchenmusik im Stil seiner Madrigale, sondern blieb einem traditionellen Kirchenmusikverständnis treu und reihte sich in die genannte Reihe von „Ave regina"-Vertonungen ein;

seine „Missa Ave regina caelorum" führte die Traditionslinie zu einem glänzenden Höhepunkt. Diese Komposition ist jedoch zugleich die letzte, die sich in der skizzierten Weise auf Guillaume Du Fay bezieht, und der Austritt des Komponisten aus der Kapelle im Jahre 1551 markiert deren raschen Niedergang, der, wie ich abschließend kurz beschreiben will, eng mit der Reformpolitik Pauls III. zusammenhing.

Seit langem ist bekannt, dass die unter Paul III. eingeleitete Reform der kurialen Behörden vor allem in einer Beschränkung der Privilegien und in der Stärkung zentraler Kontrollinstanzen bestand. Diese Entwicklung betraf auch die päpstliche Kapelle; deren korporative Kompetenzen wurden beschnitten, und es wurde eine Straffung der Disziplin durchgesetzt. Insbesondere die Nachwuchsrekrutierung, die traditionell eine eingehende Eignungsprüfung der Kandidaten und demokratische Abstimmung vorsah, wurde unterwandert und durch autoritäre Besetzungspraktiken ersetzt. Dieser drastische Eingriff in die Kapellkultur führte dazu, dass wesentliche künstlerische, institutionelle und zeremonielle Traditionen rasch zum Erliegen kamen. Statt renommierter Komponisten rückten Kapellsänger nach, die weder das persönliche noch das künstlerische Format besaßen, diese Traditionen am Leben zu erhalten. An deren Stelle trat ein rückwärtsgewandter Konservativismus, der bestimmte Kompositionen kanonisierte, anstatt das Repertoire traditionsbewußt fortzuschreiben.

Ein abschließendes Beispiel mag diese Dekadenz illustrieren. Praktisch seit der Fertigstellung der Sixtinischen Kapelle im Jahre 1482 nutzten die Sänger die Innenwände des Balkons, von dem aus sie in den Papstgottesdiensten sangen, zu einer Traditionsbildung der besonderen Art: Viele von ihnen ritzten ihre Namen in den Putz und schrieben sich damit sehr direkt in das Gedächtnis der Nachfolgegenerationen ein. Eine gründliche Auswertung dieser bemerkenswerten Quelle ergab, dass die aus dem späten 15. und dem frühen 16. Jahrhundert stammenden Namenszüge um große Sorgfalt bemüht sind. Im Pontifikat Pauls III. ist jedoch ein Bruch zu verzeichnen. Die einströmenden italienischen Sänger verewigten sich mit einer Grobschlächtigkeit, die an undisziplinierte Touristen gemahnt. Wiederum begegnet uns Jacobus Arcadelt als einer der letzten, der die Tradition früherer Generationen fortzuschreiben bemüht ist: Sein Namenszug hebt sich an Sorgfalt und Präzision merklich von denjenigen seiner Kollegen ab und markiert damit auch in diesem kurios anmutenden Kontext das Abbröckeln der Kapelltradition (vgl. die Abbildung).

Das Fazit meiner Untersuchung erscheint auf den ersten Blick ernüchternd: Die katholische Reform, der Paul III. in seinem Pontifikat zum Durchbruch verhalf, führte auf musikalischem Gebiet zu Dekadenz und

Krise. Sie zeitigte derart plötzlich einschneidende Veränderungen, dass künstlerische Traditionen gekappt wurden, ohne dass Alternativen bereitgestanden hätten. Längerfristig jedoch führten die Reformen zu den erhofften Neuansätzen. Auch wenn die päpstliche Kapelle nie wieder ihren alten Glanz erreichen sollte, so trugen die anderen musikalischen Institutionen Roms dazu bei, dass die Stadt rasch zu einem musikalischen Zentrum der Christenheit wurde. In diesem Kontext wurde auch der Stilwandel am Ende des 16. Jahrhunderts mit vorbereitet, der immer wieder emphatisch als Anbruch der Neuzeit in der Musik bezeichnet wurde und ohne den Umbruch ein halbes Jahrhundert zuvor kaum denkbar gewesen wäre. Insofern versteht sich meine Arbeit nicht nur als Fallstudie zu einem Kapitel aus der Geschichte einer der bedeutendsten abendländischen musikalischen Institutionen, sondern zugleich als Neubewertung des katholischen Reformprozesses im Sinne eines Paradigmas der Musikgeschichte des 15. und des 16. Jahrhunderts.

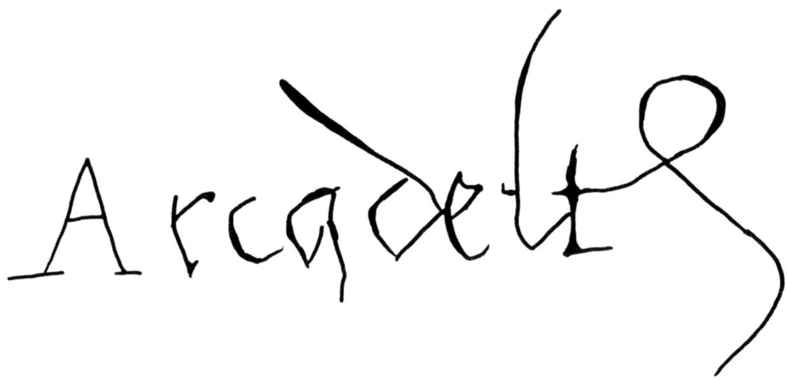

Abbildung 1: Graffito von Jacobus Arcadelt auf der Cantoria der Cappella Sistina (Strichzeichnung vom Autor)

Der **Physik-Preis 2008** wurde Herrn André Schirmeisen, Münster, in Anerkennung seiner bedeutenden wissenschaftlichen Arbeiten auf dem Gebiet der Oberflächenphysik/Nanotribologie verliehen.

Nanotribologie – Wenn Atome ins Rutschen kommen

André Schirmeisen

André Schirmeisen, Privatdozent für Physik an der Westfälischen Wilhelms-Universität Münster, Träger des Physik-Preises 2008

Reibung ist allgegenwärtig. Sie bestimmt den Bremsweg von Fahrzeugen, zwingt Autofahrer, regelmäßig nach dem Ölstand zu schauen, und sorgt dafür, dass Kinder vom Schlitten fallen, wenn sie beim Rodeln auf einen Asphaltweg geraten. Doch was passiert eigentlich genau, wenn zwei Oberflächen aneinander reiben? Im Gebiet der Nanotribologie beschäftigen sich Wissenschaftler mit den grundlegenden Prozessen von Reibung und Verschleiß, indem sie das mechanische Verhalten von kleinsten Kontakten im Nanometerbereich untersuchen. An der Universität Münster haben wir in diesem Zusammenhang einen neuen Ansatz entwickelt, bei dem mit Hilfe eines speziellen Kraftmikroskops Nanoteilchen über eine Oberfläche geschoben werden [1].

Je größer ein Felsblock ist, den man verschieben möchte, desto mehr Reibungskraft muss überwunden werden. Das ist schon den Ägyptern vor 3000 Jahren beim Bau von Pyramiden bewusst geworden. Im Mittelalter stellte Leonardo da Vinci systematische Reibungsuntersuchungen an und fand dabei bis heute gültige Gesetzmäßigkeiten heraus: Die Reibung eines Körpers ist unabhängig von der Auflagefläche und proportional zu der von oben drückenden Lastkraft. Diese allgemein bekannten Gesetze, nach denen die Reibung proportional zur Auflagekraft und zudem unabhängig von der Gleitgeschwindigkeit ist, gelten erstaunlich gut auf makroskopischer Skala im Fall der trockenen Gleitreibung. Trotzdem gelang es bis vor kurzem nicht einmal ansatzweise, sie aus mikroskopischen Grundprinzipien abzuleiten.

Besonders deutlich werden die Grenzen des Verständnisses der Reibungsprozesse in der Mikrosystemtechnik, in der man sich mit der Entwicklung von miniaturisierten bewegten Systemen beschäftigt, welche oft nur wenige Mikrometer Größe erreichen. Auf dieser Längenskala können die meist unzureichenden Reibungseigenschaften kaum, wie sonst üblich, durch Schmierung verbessert werden. Außerdem ist die Anzahl der möglichen Materialien durch die notwendige Kompatibilität zu den etablierten Herstellungsverfahren stark eingeschränkt. Als Konsequenz daraus sind die unzureichenden Reibungs- und Abriebeigenschaften solcher Mikromotoren und die daraus resultierende Einschränkung der Lebensdauer heutzutage das Haupthindernis für deren weitere Verbreitung.

Der wesentliche Grund, warum das Verständnis der Reibung trotz deren technologischer Bedeutung über die Jahrhunderte hinweg mangelhaft blieb, ist die Tatsache, dass Experimente zur Reibung meist durch Abrieb, plastische Deformation, Schmierung oder unterschiedliche Beschaffenheit der Oberflächen beeinflusst werden. Zudem spielt die komplexe Geometrie realistischer Kontakte eine wichtige Rolle. Wenn man die Grenzfläche eines makroskopischen Kontaktes näher betrachtet, so erkennt man, dass nicht die gesamten Flächen im Kontakt sind, sondern dass sich wegen der Oberflächenrauhigkeit beide Oberflächen nur an wenigen Punkten tatsächlich berühren (siehe Abbildung 1). Die reale Kontaktfläche ist somit um viele Größenordnungen kleiner als die makroskopische scheinbare Kontaktfläche. Zur Untersuchung von grundlegenden Reibungsprozessen ist es daher sinnvoll, sich einen einzelnen Kontakt herauszugreifen und die Prozesse an dieser prototypischen Geometrie zu studieren.

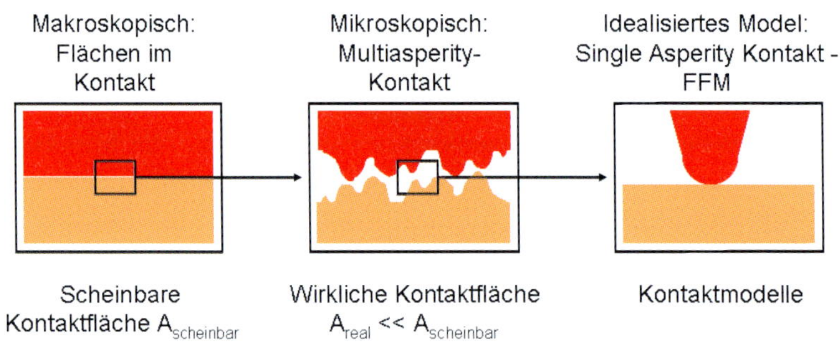

Abbildung 1: Evolution vom makroskopischen Kontakt, der sich mikroskopisch als Vielfachkontakt darstellen lässt, bis hin zur Geometrie des Einzelkontaktes. Gegenstand der Reibungskraftmikroskopie ist die Untersuchung eines definierten nanoskaligen Einzelkontaktes.

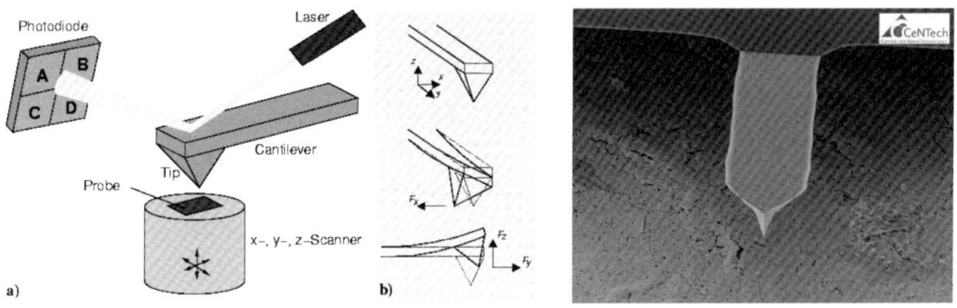

Abbildung 2: a): Rasterkraftmikroskop: Während die Probe relativ zum Federbalken in der x-y-Ebene bewegt wird, werden mit Hilfe eines Lichtzeigers Verbiegung und Torsion des Balkens gemessen. b) Die Torsion des Cantilevers (Mitte) wird nur durch in x-Richtung wirkende Lateralkräfte verursacht, während sowohl Normalkräfte (F_z) als auch in y-Richtung wirkende Lateralkräfte (F_y) eine Verbiegung des Cantilevers bewirken (unten). c) Rasterelektronenmikroskopische Aufnahme: Größenvergleich zwischen mikrometergroßen Latexkugeln und der Spitze eines Rasterkraftmikroskops (J. Sondhauss).

Als sehr erfolgreiche Technik hat sich die Rasterkraftmikroskopie (siehe Abbildung 2) etabliert, deren Messgeometrie dem idealisierten Einzelkontakt besonders nahe kommt. Das Kraftmikroskop besteht aus einer scharfen Spitze, welche am Ende eines sehr weichen Federbalkens angebracht ist und sich in Kontakt mit der Probenoberfläche befindet. Während eines Messvorganges wird die Probenoberfläche in x-y-Richtung gerastert, und gleichzeitig wird die Verbiegung des Federbalkens bestimmt. Mit dem in Abbildung 2a dargestellten Laserstrahldetektionssystem können die Verbiegung und die Torsion des Balkens gleichzeitig bestimmt werden. Die Torsion des Balkens wird dabei durch Lateralkräfte in x-Richtung (F_x) verursacht, und die Verbiegung wird durch Kräfte hervorgerufen, die senkrecht zur Probenoberfläche in z-Richtung (F_z) wirken.

Erstmals gelang es 1987 mit einem Rasterkraftmikroskop, Reibungskräfte zu detektieren und eindeutig mit auf der atomaren Skala sich abspielenden Elementarprozessen in Verbindung zu bringen [2]. Seitdem hat speziell dieses Gerät viel zur Aufklärung der Reibungseigenschaften von Kontaktflächen auf der Nanometerskala beigetragen [3]. Die Messung von Reibungskräften in dieser Anordnung unterliegt allerdings zwei wichtigen Einschränkungen: Erstens ist die Kontaktgröße durch die Spitzengeometrie vorbestimmt, und zweitens kann das Spitzenmaterial nicht frei ausgewählt werden, da die Federbalken nur aus Siliziumverbindungen hergestellt werden. Aber gerade grundlegende Fragestellungen zu Größen- und Materialabhängigkeit der Nanoreibung sind bisher ungelöst.

Ein Ausweg besteht darin, Nanoteilchen auf eine Oberfläche zu bringen und diese mittels der Kraftmikroskopspitze gezielt zu verschieben. Gleichzeitig kann die Reibung gemessen werden, die zum Verschieben der Nanoteilchen benötigt wird. Das Material und die Größe der Teilchen können in einem weiten Bereich durch spezielle Präparationstechniken vorbestimmt werden. Diesen Ansatz haben wir bei der kraftmikroskopbasierten Manipulation von metallischen Antimonteilchen verfolgt. Diese Nanoteilchen waren inselförmige kristalline Partikel aus Antimon mit bis zu 300.000 Quadratnanometern Oberfläche, aufgebracht auf einer atomar glatten Graphitoberfläche. Zuerst wird mit der Spitze des Rasterkraftmikroskops der Umriss der Antimoninseln bestimmt. Um eine der Inseln zu verschieben, wird die Spitze des Mikroskops zuerst an deren Seite positioniert. Dann wird das Nanoteilchen durch eine gezielte Bewegung der Spitze um mehrere Mikrometer zur Seite „geschubst", während die auftretende Reibungskraft gemessen wird. Dieses Experiment wurde für zahlreiche Partikel unterschiedlicher Größe durchgeführt (Abbildung 3).

In drei Vierteln aller Fälle nahm die gemessene Reibungskraft proportional zur Auflagefläche der Nanopartikel zu. Im Gegensatz zur makroskopischen Welt spielt auf der Nanometerskala die Gewichtskraft der Teilchen keine Rolle, da diese viel zu klein sind. Dafür aber ist die Adhäsionskraft wichtig, mit der das Teilchen an der Unterlage haftet. Diese Adhäsionskräfte

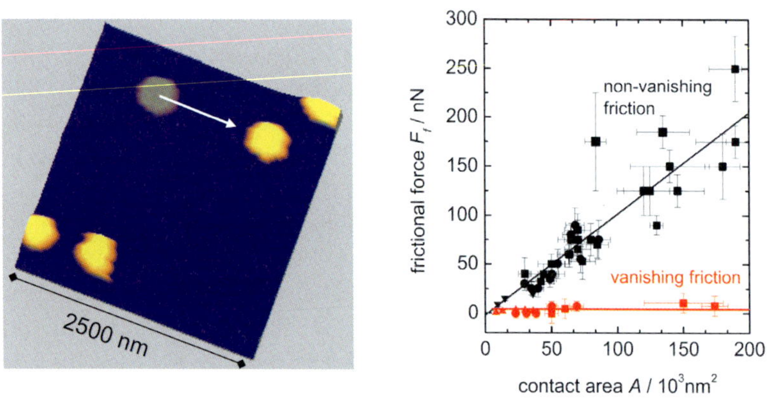

Abbildung 3: Links: Ein Antimon-Nanoteilchen wurde mit der Spitze eines Rasterkraftmikroskops um 1500 nm verschoben. Rechts: Die dabei gemessenen Reibungswerte als Funktion der Kontaktfläche zwischen Insel und Oberfläche zerfallen in zwei Äste. Drei Viertel der Teilchen zeigen einen linearen Anstieg der Reibung mit der Kontaktfläche (schwarz), während beim Rest der Partikel die Reibung fast komplett verschwindet (rot).

sind proportional zur Auflagefläche und stehen daher mit der Reibungskraft in einem konstanten Zahlenverhältnis. Diese Gesetzmäßigkeit erinnert an Leonardo da Vincis Beobachtungen aus der makroskopischen Welt, denn bei vorgegebenen Materialien haben die Reibungs- und die Gewichtskraft ein konstantes Verhältnis.

Vollkommen unerwartet war aber unsere Beobachtung, dass in einem Viertel der Fälle die Reibung fast vollständig verschwand. Wie kann man das erklären? Auf mikroskopischer Ebene kommt die Reibung durch ein Verzahnen der atomaren Gitter von Nanoteilchen und Oberfläche zustande. Falls die Atomgitter von Oberfläche und Teilchen exakt ineinander passen, so muss das Nanoteilchen über eine Gitterposition gehoben werden, um wieder in die benachbarte Gitterlücke hineinzupassen. Vergleichbares passiert, wenn man zwei Eierkartons übereinander schieben möchte. Der obere Karton muss über eine „Gitterlücke" des unteren hinweggehoben werden. In mikroskopischer Betrachtungsweise muss für diese Bewegung die Adhäsions- bzw. Bindungskraft zwischen Nanoteilchen und Oberfläche aufgebrochen werden. Konsequenz: Die Reibungskraft skaliert mit der Kontaktfläche.

Die Situation ändert sich allerdings dramatisch, wenn die Gitter nicht mehr ineinander passen. Dann muss nämlich so gut wie keine Bindungskraft mehr aufgebrochen werden, um die Gitter gegeneinander zu verschieben, man spricht auch von Superlubrizität. Zum Beispiel reicht schon eine leichte Verdrehung der beiden Eierkartons zueinander, und die Verzahnung ist aufgehoben. Diesen Winkeleffekt hat man bereits mikroskopisch beim Verdrehen zweier atomar glatter Graphitgitter beobachtet [4]. In den neuen Experimenten passen die atomaren Gitter der Antimonteilchen und die der Graphitoberfläche aber in keinem Fall zueinander: Der Fall der verschwindenden Reibung sollte immer auftreten!

Dieser scheinbare Widerspruch lässt sich auflösen, wenn man den Einfluss von kleinen, leicht beweglichen Molekülen an der Grenzfläche von Nanoteilchen und Oberfläche berücksichtigt. Simulationen von Martin Müser und Kollegen [5] haben nämlich gezeigt, dass solche Moleküle als Vermittler zwischen den nichtverzahnenden Atomgittern fungieren können und so zum Zusammenbruch der Suberlubrizität führen. Obwohl die Experimente mit den Antimonteilchen unter extrem sauberen Vakuumbedingungen durchgeführt wurden, lassen sich geringfügige Kontaminationen nicht ausschließen. Anscheinend reichte diese molekulare Verunreinigung aus, um bei der Mehrzahl der Teilchen „normale" Reibung zu erzeugen, während ein Viertel der Partikel suberlubrisch blieb, was zur beobachteten Dualität der Nanoreibung führte.

Literatur

[1] D. Dietzel, C. Ritter, T. Mönninghoff, H. Fuchs, A. Schirmeisen, and U. D. Schwarz, Phys. Rev. Lett. (2008), 101, 125505.
[2] C. M. Mate et al., Phys. Rev. Lett. 59, 1942 (1987)
[3] H. Hölscher, A. Schirmeisen, U. D. Schwarz, Phil. Trans. R. Soc. A (2008) 366, 1383
[4] M. Dienwiebel et al., Phys. Rev. Lett. 92, 126101 (2004).
[5] M. H. Müser, L. Wenning, and M. O. Robbins, Phys. Rev. Lett. 86, 1295 (2001).

Der **Biologie-Preis 2008** wurde Herrn Andreas Kappler, Tübingen, in Anerkennung seiner bahnbrechenden Forschungen über die Geobiologie des globalen mikrobiellen Eisen-Kreislaufs verliehen.

Geobiologie des Eisens: Leben im Rost

Andreas Kappler

Das Element Eisen und seine Chemie

Andreas Kappler, Professor für Geomikrobiologie am Zentrum für angewandte Geowissenschaften an der Eberhard-Karls-Universität Tübingen, Träger der Biologie-Preises 2008

Das Element Eisen repräsentiert das vierthäufigste Element in der Erdkruste und das zweithäufigste Element auf der Erde überhaupt. In der Natur findet man unter reduzierten (sauerstofffreien) Bedingungen die zweiwertige Form [Fe(II)] und unter oxidierenden Bedingungen (in Anwesenheit von Sauerstoff, O_2) die dreiwertige Form [Fe(III)] des Eisens. Während unter saurem pH-Wert auch in Anwesenheit von O_2 sowohl Fe(II) als auch Fe(III) stabil und in Lösung sind, unterscheiden sich die Reaktivität und die Löslichkeit bei neutralem pH-Wert ganz deutlich. Fe(II) wird chemisch von O_2 rasch zu Fe(III) oxidiert und ist nur in Abwesenheit von O_2 stabil. Das Fe(III) wiederum bleibt nicht in Lösung, sondern fällt sofort als Fe(III)-Mineral aus. In der Natur findet man demzufolge häufig Eisen(III)-Hydroxide und -Oxide wie Hämatit (Fe_2O_3), Goethit (FeOOH) oder Ferrihydrit ($Fe(OH)_3$), aber auch gemischt valente Eisenminerale wie Magnetit (Fe_3O_4) und unter reduzierenden Bedingungen Fe(II)-Carbonat (Siderit) und Fe(II)-Phosphat (Vivianit).

Ergänzende Literatur

Ehrlich H. L., Newman D. K. (2008). Geomicrobiology, Fifth Edition. CRC Press.
Cornell R. M., Schwertmann U. (2003). The iron oxides. Weinheim, VCH.

Mikrobielle Redoxumwandlungen von Eisen

Eisen ist redoxaktiv und spielt in der Biologie eine wichtige Rolle in verschiedenen Enzymen, die am Elektronentransport (z. B. Cytochrome oder Eisen-Schwefel-Cluster) oder an anderen wichtigen Prozessen (z. B. Sauerstofftransport, Hämoglobin) beteiligt sind. Neben dieser Funktion in Biomolekülen von Organismen können manche Gruppen von Mikroorganismen die Redoxumwandlungen des Eisens nutzen, um Energie zu konservieren und Biomasse aufzubauen (z. B. durch CO_2-Fixierung). Eisenreduzierende Mikroorganismen können Fe(III) „veratmen“ und das Fe(III) in Eisen(III)-Mineralen zu Fe(II) reduzieren und dadurch die Minerale auflösen (Abbildung 1). In Anwesenheit von Carbonat oder Phosphat kann das Fe(II) als relativ gut lösliches Fe(II)-Carbonat (Siderit) oder Fe(II)-Phosphat (Vivianit) ausfallen. Sowohl aerobe als auch anaerobe Mikroorganismen können bei neutralem pH Wert das Fe(II) wieder zu schwerlöslichem Fe(III) oxidieren, das dann wiederum in Form von Fe(III)-Oxiden und Hydroxiden ausfällt. Aerobe Fe(II)-Oxidierer stehen in Konkurrenz zur chemischen Oxidation von Fe(II) durch O_2. Sie leben deshalb bevorzugt in Gradientensystemen im Grenzbereich zwischen O_2 und gelöstem Fe(II), wo die chemische Oxidation langsam ist und sie gut mit dieser konkurrieren können. Anaerobe nitratreduzierende Fe(II)-Oxidierer benutzen zur Fe(II)-Oxidation nicht O_2, sondern Nitrat als Elektronenakzeptor. Phototrophe

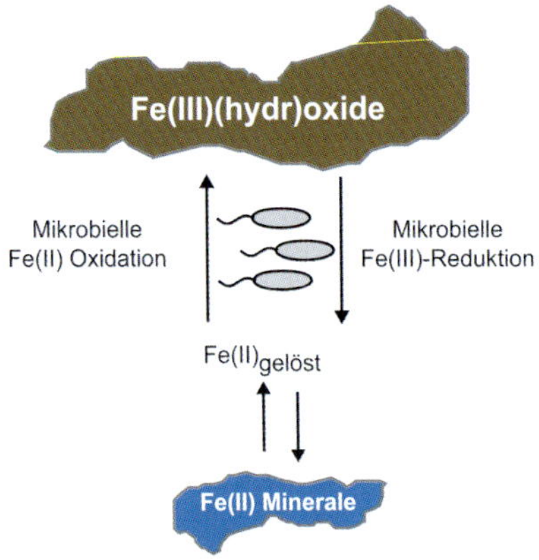

Abbildung 1: Mikrobielle Redoxtransformation von Fe(II) und Fe(III). Reduktion von schwerlöslichen Fe(III)-Mineralen setzt gelöstes Fe(II) frei, welches Fe(II)-Minerale bilden kann. Oxidation von Fe(II) zu Fe(III) bei neutralem pH führt zur Ausfällung von Fe(III)-Mineralen.

Fe(II)-Oxidierer betreiben Photosynthese mit Fe(II) als Elektronendonor, d. h., sie oxidieren Fe(II) (und nicht Wasser wie die Pflanzen, Cyanobakterien oder Algen) und benutzen die bei dieser Oxidation freigesetzten Elektronen mit Hilfe von Lichtenergie zur Fixierung von CO_2, d. h. zur Bildung von Biomasse. Die Oxidation von Fe(II) und die Reduktion von Fe(III) durch Mikroorganismen führt zur Auflösung, Bildung und Umwandlung von Mineralen, was sowohl in der frühen Erdgeschichte eine wichtige Rolle gespielt hat als auch in modernen Umweltsystemen Konsequenzen für das Verhalten von Nährstoffen und Schadstoffen hat.

Ergänzende Literatur

Kappler A., Straub, K. L., 2005. Geomicrobiological cycling of iron. Rev. Mineral. Geochem., 59, 85–108.

Geobiologie des Eisens in der frühen Erdgeschichte

Durch die Abwesenheit von O_2 auf der frühen Erde (vor der Evolution der wasserspaltenden Cyanobakterien, also vor mehr als 2,5–3,0 Milliarden Jahren) war das aus Hydrothermalquellen freigesetzte Fe(II) im Ozean in gelöster Form stabil und in großen Mengen vorhanden. Gleichzeitig gab es keine höheren Organismen, die Körper aus Siliziumdioxid besessen hätten, d. h., gelöstes Silikat lag ebenfalls in hoher Konzentration im Ozean vor. Trotzdem wurden zu dieser Zeit riesige Ablagerungen aus Eisenoxiden und Silikaten gebildet, teilweise rhythmisch gebändert aus alternierenden Schichten von Fe- und Si-Mineralen, so genannte gebänderte Eisenformationen, engl. Banded Iron Formations, BIFs (Abbildung 2). Diese BIFs enthalten die weltgrößten Eisenvorräte und stellen ein unschätzbares Archiv für das bessere Verständnis der Evolution der Hydrosphäre, der Geosphäre, der Biosphäre und der Atmosphäre auf der frühen Erde dar, und hieraus resultiert das große Interesse an der Aufhellung ihrer Entstehung.

Die Bildung der ältesten BIFs (bis zu 3,8 Milliarden Jahre alt) stellt bis heute ein großes Rätsel dar (Abbildung 3). Obwohl immer mehr klar ist, dass es während der Bildung der ersten BIFs auf der Erde kein bzw. nur sehr wenig O_2 gab, stellt die Oxidation des Fe(II) durch cyanobakterielles O_2 eine häufig diskutierte Hypothese dar. Als erster sauerstoffunabhängiger Mechanismus wurde die Photooxidation durch UV-Licht vorgeschlagen, kürzlich allerdings durch Laborexperimente und Modellierungen ausgeschlossen (Konhauser et al., 2007). Die wohl wahrscheinlichste Hypothese für die Bildung der ältesten BIFs in Abwesenheit von O_2 stellen die erst kürz-

Abbildung 2: 2.5–2.6 Milliarden Jahre alte gebänderte Eisenformationen (Gamohaan Hill, Südafrika).

lich entdeckten anoxygenen photosynthetischen Mikroorganismen dar, die Fe(II) mit Hilfe von Lichtenergie oxidieren und dabei rostbraune Eisen(III)-Minerale bilden (Widdel et al., 1993; Hegler et al., 2008). Ökophysiologische Studien mit diesen Bakterien im Labor erklärten nicht nur die Bildung von Eisenmineralen in Abwesenheit von O_2, und zwar genau in der Form und in den riesigen Mengen, wie sie in den BIFs vorkommen (Kappler and Newman, 2004; Kappler et al., 2005). Kürzlich konnte sogar gezeigt werden, dass die Anwesenheit dieser Organismen in Kombination mit cyclisch auftretenden Temperaturschwankungen in den oberflächennahen Wasserschichten des Urozeans sogar die alternierende Schichtung der Silikat- und der Eisenbanden in den BIFs erklären kann (Posth et al., 2008).

Ergänzende Literatur

Hegler F., Posth N. R., Jiang J., Kappler A. (2008) Physiology of phototrophic iron(II)-oxidizing bacteria – implications for modern and ancient environments. FEMS Microbiology Ecology, 66, 250–260.

Kappler A., Newman D. K. (2004). Formation of iron(III)-minerals by iron(II)-oxidizing photoautotrophic bacteria. Geochim. Cosmochim. Acta, 68, 1217–1226.

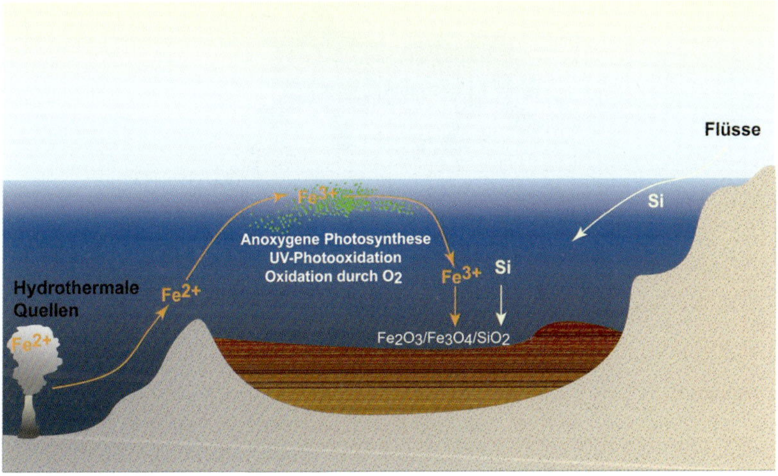

Abbildung 3: Modelle zur Bildung präkambrischer gebänderter Eisenformationen aus hydrothermalem reduzierten Eisen(II): (1) Oxidation des Fe(II) durch von Cyanobakterien gebildetes O_2, (2) Photooxidation des Fe(II) durch UV-Licht oder (3) Oxidation von Fe(II) durch anoxygene photosynthetische Fe(II)-oxidierende Bakterien.

Kappler A., Pasquero C., Konhauser K. O., Newman D. K. (2005). Deposition of Banded Iron Formations by photoautotrophic Fe(II)-oxidizing bacteria. Geology, 33, 865–868.

Konhauser K. O., Amskold L., Lalonde S. V., Posth N. R., Kappler A., Anbar A. (2007). Decoupling photochemical Fe(II) oxidation from shallow-water BIF deposition. Earth and Planetary Science Letters 258, 87–100.

Posth N. R., Hegler F., Konhauser K. O., Kappler A. (2008). Ocean temperature fluctuations as trigger for Precambrian Si and Fe deposition. Nature Geoscience, 1, 703–708.

Widdel F, Schnell S, Heising S, Ehrenreich A, Assmus B & Schink B. (1993). Ferrous iron oxidation by anoxygenic phototrophic bacteria. Nature 362, 834–836.

Geobiologie des Eisens in modernen Umweltsystemen

In praktisch allen Sedimenten und Böden findet man Eisenminerale und entsprechende Mikroorganismen, die an der Bildung und der Auflösung der Eisenminerale beteiligt sind. Zum einen werden bei der Auflösung von Eisenmineralen die an die Minerale gebundenen Nährstoffe (wie Phosphat) und Schadstoffe freigesetzt und mobil gemacht (Abbildung 4). Ein bekanntes Beispiel hierfür ist das Arsen-Trinkwasserproblem in Südostasien, wo eisenreduzierende Mikroorganismen in den Grundwasserleitern (Aquife-

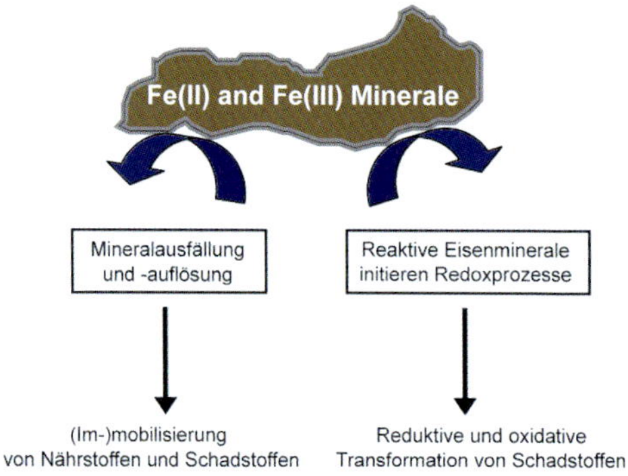

Abbildung 4: Mikrobielle und chemische Bildung, Umwandlung und Auflösung von Eisenmineralen kann zur Mobilisierung und Immobilisierung von Nähr- und Schadstoffen führen. Minerale mit hoher Reaktivität können sekundäre Redoxprozesse eingehen und Schadstoffe umwandeln und dadurch je nach Schadstoff entweder abbauen oder sogar ihre Giftigkeit erhöhen.

ren) Eisenminerale aufgelöst und das an die Minerale gebundene Arsen freigesetzt haben (Abbildung 5).

Das arsenbelastete Wasser wird nun in Brunnen aus dem Grundwasserleiter an die Erdoberfläche befördert, wo es von der Bevölkerung konsumiert und zur Bewässerung der Reisfelder eingesetzt wird, was wiederum zu ei-

Abbildung 5: Sedimentmaterial eines arsenkontaminierten Grundwasserleiters in Bangladesh. Die rot-braunen Bereiche kennzeichnen oxische eisenoxidhaltige Schichten, in denen das Arsen an die Oxide gebunden vorliegt. Die grauen Bereiche sind reduzierte, also sauerstofffreie Bereiche, in denen eisenreduzierende Mikroorganismen Eisenoxide aufgelöst und so das Arsen freigesetzt haben.

ner Arsenbelastung des Reises führt. In neuen Forschungsprojekten wird untersucht, ob in den Reisfeldern eisenoxidierende Mikroorganismen eingesetzt bzw. stimuliert werden können, die arsenbindende Eisenminerale produzieren und dadurch die Arsenaufnahme in den Reis verringern (Chen et al., 2008).

Ergänzende Literatur

Chen X. P., Zhu Y. G., Hong M. N., Kappler A., Xu Y.X. (2008). Effects of different forms of nitrogen fertilizers on arsenic uptake by rice plants. Environmental Toxicology and Chemistry, 27(4): 881–887.

Schlusswort

Danken möchte ich denjenigen, die mir bei all diesen Arbeiten geholfen bzw. mich überhaupt dazu inspiriert haben, an der Geobiologie des Eisens zu arbeiten. Mein erster Dank gilt den Betreuern meiner Doktorarbeit, Prof. A. Brune (Marburg) und Prof. B. Schink (Konstanz), nicht nur für die Unterstützung während der Anfertigung der Doktorarbeit, sondern für die bis heute währende Zusammenarbeit. Viel gelernt habe ich bei den Gastgebern meiner Postdoc-Aufenthalte an der ETH Zürich/EAWAG, Prof. S. B. Haderlein und Prof. R. Schwarzenbach, sowie am Caltech, Prof. D. K. Newman. Dank gilt ganz besonders meinen heutigen Kooperationspartnern Prof. K. O. Konhauser (Alberta, Canada), Prof. T. Borch (Colorado, USA), Dr. K. Benzerara (Paris), Dr. G. Morin (Paris), Dr. K. L. Straub (Wien), Prof. Y. Zhu (Peking), A. Zahid (Dhaka, Bangladesh) und all meinen Kollegen an der Universität Tübingen. Der letzte und größte Dank gilt meiner tollen Arbeitsgruppe in Tübingen – ohne Euch wäre all das nicht möglich.

Finanziell unterstützt wurden und werden die Arbeiten durch die DFG, das Emmy-Noether-Programm der DFG, das BMBF, National Geographic, den DAAD, den Stifterverband und die Universität Tübingen.

Widmen möchte ich den Preis meiner Frau Alexandra und meinem Sohn Julian – danke!

Der **Chemie-Preis 2008** wurde Herrn Magnus Rueping, Frankfurt am Main, in Würdigung seiner bedeutenden und richtungweisenden wissenschaftlichen Arbeiten auf dem Gebiet der enantioselektiven biomimetischen Hydrierung und des Einsatzes von chiralen Brønstedsäuren in der Synthese von Hetero- und Carbocyclen sowie der direkten C-C-Bindungsbildung unter C-H-Funktionalisierung verliehen.

Bioinspirierte Organokatalyse. Moderne Katalysatorforschung nach dem Vorbild der Natur

Magnus Rueping

Magnus Rueping, Professor für Organische Chemie an der Johann Wolfgang Goethe-Universität Franktfurt am Main, Träger des Chemie-Preises 2008

Die Suche nach neuen effizienten Katalysatoren ist eines der wichtigsten Forschungsgebiete der modernen Chemie. Zur Herstellung nahezu aller Produkte und Gegenstände des täglichen Lebens stellt die Katalyse die Schlüsseltechnologie dar. Beispiele sind die gezielte Herstellung von neuen Pharmazeutika und Kosmetika, Düngemitteln und Agrochemikalien sowie Materialien und Polymerwerkstoffen. Katalytische Prozesse werden jedoch nicht nur zum maßgeschneiderten Aufbau von Produkten verwendet, sondern sind ebenso wichtig für den gezielten Abbau von Abfallstoffen und Schadstoffen, wie dies an der Verwendung des Autoabgas-Katalysators verdeutlicht werden kann.

In Zukunft wird die Entwicklung von neuartigen Katalysatoren und effizienteren Prozessen immer wichtiger werden. Insbesondere stellen die Verwendung und der Nutzen von nachwachsenden Rohstoffen sowie die Speicherung und Umwandlung von Energie eine der größten Herausforderungen für den technologischen Fortschritt dar. So ist die Katalyse nicht nur eine Schlüsseltechnologie, sondern die Zukunftstechnologie des 21. Jahrhunderts.

Der Begriff „Katalyse" (griechisch: κατάλυσις ‚Auflösung, Abschaffung, Aufhebung') wurde von Johann Jakob Berzelius (1779–1848) eingeführt.

Er schreibt: „[...] die katalytische Kraft scheint darin zu bestehen, dass bestimmte Körper durch ihre bloße Gegenwart die bei dieser Temperatur sonst nur schlafenden Verwandtschaften zu erwecken vermögen." Während in den folgenden Jahren weitere Beschreibungen von katalytischen Prozessen und dem Phänomen der Katalyse vorgelegt wurden, wurde die moderne und akzeptierte Definition der Katalyse von Wilhelm Ostwald (1853–1932) beschrieben: „Katalyse ist die Beschleunigung eines langsam verlaufenden chemischen Vorgangs durch die Gegenwart eines fremden Stoffes", welcher in der Reaktion nicht verbraucht wird. Für seine Arbeiten auf dem Gebiet der Katalyse erhielt Ostwald im Jahre 1909 den Nobelpreis für Chemie.

Vorgelebt wird uns die Katalyse in allen Lebewesen, denn kaum ein biologischer Prozess läuft ohne einen Katalysator ab. Die wichtigsten Vertreter der Biokatalysatoren stellen die Enzyme dar. Sie sind in Millionen von Jahren der Evolution entstanden und bestehen aus einer Aneinanderreihung von Aminosäuren, welche Struktur, Aufgabe und Aktivität bestimmen. Alle Enzyme besitzen ein Aktivitätszentrum, in dem die katalytischen Reaktionsschritte ablaufen und in dem hocheffizient und hochspezialisiert Produkte aufgebaut werden. Obwohl bereits Verfahren existieren, die Enzyme gezielt für die industrielle Synthese von Spezialchemikalien zu verwenden, gestaltet sich der Umgang mit diesen teilweise sehr empfindlichen und sehr spezialisierten biologischen Molekülen als beschwerlich. Viele Enzyme sind zudem substratspezifisch, temperaturlabil und nur in Wasser löslich, was den technischen Nutzen einschränken kann. Ein synthetisch hergestellter Katalysator hingegen, der die Umwandlung eines Stoffes A in einen Stoff B gezielt und selektiv zu katalysieren vermag, könnte gegenüber den enzymatischen Prozessen entscheidende Vorteile aufweisen. Daher entschieden wir uns, einem biomimetischen Ansatz folgend, ein Enzym durch einen synthetischen Katalysator zu ersetzen. Dieser Katalysator sollte die für die Katalyse im Aktivitätszentrum des Enzyms notwendigen funktionellen Gruppen enthalten, ein weites Substratspektrum besitzen und unter bestmöglichen Reaktionsbedingungen höchste Effizienz aufweisen. Das Enzym, das uns dazu inspirierte, eine biomimetische Reaktion zu entwickeln, ist die Glutamatdehydrogenase (GDH). Die GDH ist ein natürlich vorkommendes Enzym, welches einen wichtigen Bestandteil des Stickstoffzyklus im menschlichen Körper darstellt und zur Enzymklasse der Oxidoreduktasen gehört (Abbildung 1). Dieses Enzym katalysiert die reduktive Aminierung von α-Ketogluterat zur Aminosäure Glutamat, und zwar in Gegenwart von Ammonium und NADH. Das NADH dient dabei als Wasserstoffäquivalent. Im Zentrum des katalytischen Prozesses steht die Aktivierung des

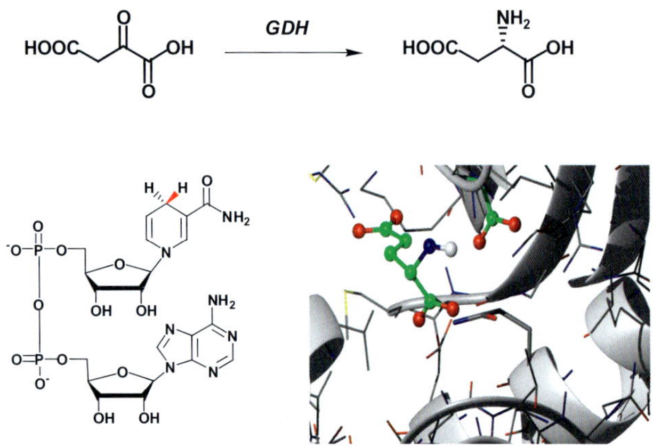

Abbildung 1: Die Glutamat Dehydrogenase (GDH) katalysiert die reduktive Aminierung von α-Ketogluterat zu Glutamat mit Hilfe des Cofaktor NADH.

Imins (C=NR) durch einen Protonenübertrag vom Aspartat 165, welche in der Bildung eines Iminium-Ions resultiert (Abbildung 2). Der anschließende Wasserstofftransfer vom NADH ergibt die Aminosäure. Dabei wird das Imin des α-Ketogluterates so in der Enzymtasche positioniert, dass die Addition des Hydrides nur von einer Seite erfolgen und somit nur eine bestimmte Konfiguration der Aminosäure Glutamat entstehen kann, nämlich das L-Enantiomer.

Nimmt man sich die GDH zum Vorbild, so sollte es möglich sein, einen synthetischen Katalysator, eine chirale Säure zu entwerfen, die analog zum Aspartat die Aktivierung des Imins (C = NR) katalysiert. Zur Entwicklung eines solches Katalysators müssen jedoch einige Aspekte berücksichtigt werden. So muss die Säure die richtige Säurestärke besitzen. Ist die Säure zu schwach, so findet keine Protonierung und Aktivierung des Imins statt, und der Hydridtransfer kann nicht erfolgen. Ist die Säure jedoch zu stark, so kommt es zwar anfangs zu einem Protonenübertrag auf das Imin und zu einer Aktivierung, jedoch ist die Bindung zwischen dem Substrat und dem Katalysator so stark, dass keine Regeneration des Katalysators stattfindet. Der Katalysator wäre inhibiert, und es fände keine weitere Reaktion statt. Zudem muss die Säure derart in eine chirale Umgebung eingebettet sein, dass die Addition des Hydrids, analog zum Enzym, nur von einer Seite her erfolgen kann. Nur dann können hohe Enantioselektivitäten (L- oder S-Selektivitäten) erzielt werden.

Als ideale synthetische Katalysatoren, welche die gewünschten Eigenschaften aufweisen, erschienen uns die BINOL-Phosphorsäurediester (Ab-

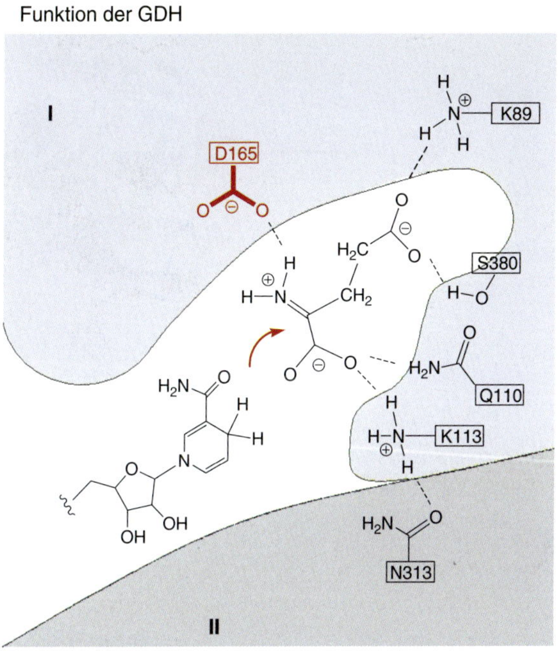

Abbildung 2: Modell der im aktiven Zentrum der Glutamat Dehydrogenase (GDH) ablaufenden Reduktion. Die Aktivierung des Imins (C=NR) erfolgt durch einen Protonenübertrag von dem Aspartat D165. Ohne diese Aktivierung würde der Hydridtransfer vom NADH auf das Ammonium-α-Ketogluterat nicht stattfinden. Der anschließende Hydridtransfer vom NADH resultiert in der Aminosäure.

bildung 3). Hierbei handelt es sich um Phosphorsäuren, die in eine axial chirale Umgebung eingebaut sind und die optimale Säurestärke aufweisen, um Imine zu aktivieren. Um ausreichend hohe Selektivitäten zu erzielen, versahen wir das BINOL-Gerüst ober- und unterhalb der Phosphorsäure mit großen aromatischen Resten, damit der Hydridtransfer nur von einer Seite her stattfindet. Als Wasserstoffäquivalent wählten wir anstelle des natürlichen NADH das strukturell sehr verwandte Hantzsch-Dihydropyridin.

Diesem bioinspirierten Ansatz folgend, gelang es uns erstmals, die Glutamat-Dehydrogenase (GDH) nachzuahmen und eine organokatalytische Reduktion von Iminen durchzuführen (Abbildung 4) [1]. Die Aktivierung des Imins erfolgt mittels des chiralen Phosphorsäurekatalysators, und der Hydridübertrag vom Dihydropyridin ergibt das enantiomerenangereicherte Amin als Produkt. Die so gewonnenen Amine sind wichtige Bestandteile von Naturstoffen oder Pharmazeutika. Der Phosphorsäurekatalysator

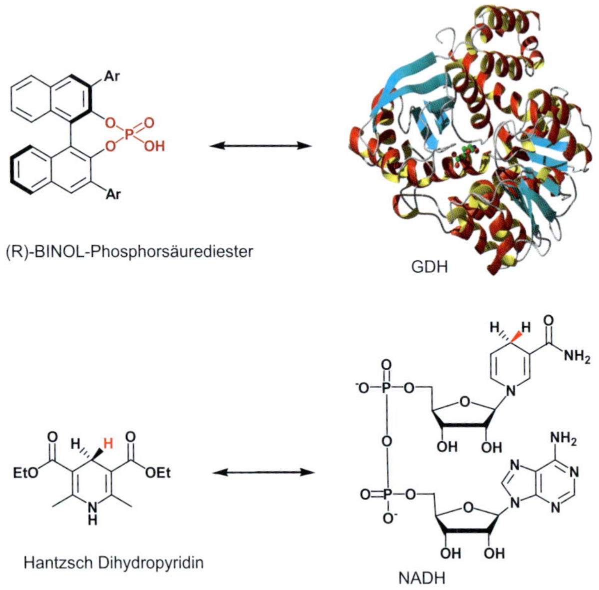

Abbildung 3: Enzymatische und Phosphorsäurediesterkatalysierte Reduktion. Das synthetisch verwendete Reduktionsäquivalent Hantzsch Dihydropyridin und der natürliche Enzym-Cofaktor, NADH.

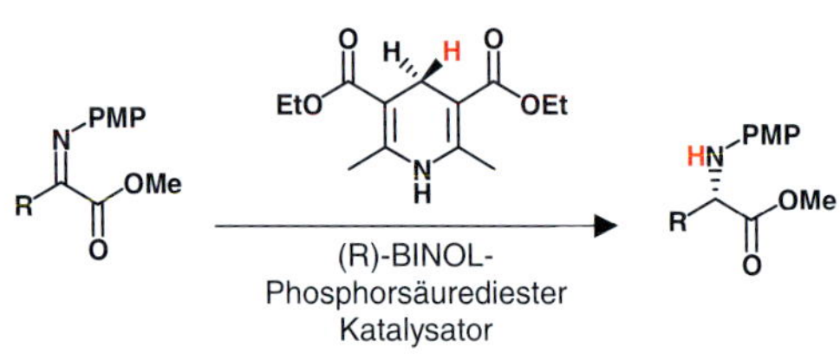

Abbildung 4: Bioinspirierte, phosphorsäurediesterkatalysierte, enantioselektive Reduktion von Iminen.

erfüllt in dieser Reaktion die gleiche Rolle wie das Aspartat der GDH. Jedoch ist der synthetische Katalysator wesentlich besser zugänglich und robuster als das Enzym. Bisher waren Hydrierungen fast ausschließlich mit hohen Wasserstoffdrücken und metallhaltigen Katalysatoren möglich. Letztere gelten aufgrund ihrer toxischen Eigenschaften für die Wirkstoffsynthese als bedenklich.

Basierend auf der Entwicklung dieses neuen Konzepts, der ersten biomimetischen, säurekatalysierten Synthese von optisch aktiven Aminen, stellte sich die Frage, inwieweit das Prinzip auf andere Systeme übertragbar ist. Daher entschlossen wir uns, Chinoline und Derivate zu untersuchen, da diese in der Chemie, der Pharmazie und in den Materialwissenschaften von großem Interesse sind. Prinzipiell sollte die säurekatalysierte Aktivierung des Heteroaromaten eine Transferhydrierung ermöglichen [2–5]. Dies wäre deshalb besonders interessant, weil es bisher nur lange Syntheserouten zu den entsprechenden Produkten gibt. Eine direkte metallfreie Hydrierung würde demnach einen großen Forschritt für die Gewinnung der entsprechenden Tetrahydrochinoline bedeuten. Tetrahydrochinoline und Derivate besitzen ein weit verbreitetes Strukturmotiv, welches in vielen Pharmazeutika, wie zum Beispiel in Flumequine und Levofloxacin, sowie in vielen biologisch aktiven Alkaloiden wie etwa Galipinin, Cusparein und Angusturein vorkommt. Tatsächlich konnten durch Einsatz von geringen Mengen an Phosphorsäure verschiedene Tetrahydrochinoline und Derivate in guten Ausbeuten und mit hohen Selektivitäten erhalten werden, wodurch ein schneller und effizienter Zugang zu diesen wertvollen Verbindungen möglich ist [2]. Die effiziente Anwendung unserer neuen Methode ist am Beispiel der Synthese von Wirkstoffen und Naturstoffen gezeigt (Abbildung 5). Verwandt mit den Chinolinen sind die Benzoxazine (X = O). Hier ist ein Kohlenstoff im Grundgerüst durch ein Sauerstoffmolekül ausgetauscht. Interessanterweise können sie genau wie ihre Schwefelderivate ebenfalls in guten Ausbeuten und mit hervorragenden Enantioselektivitäten synthetisiert werden. In diesem Fall konnte die Reduktion sogar mit einer Katalysatormenge von nur 0.01 Mol-% Katalysator durchgeführt werden, was einem Substrat/Katalysator-Verhältnis von 10000 : 1 entspricht. Dies ist nicht nur die niedrigste Katalysatormenge, die bis heute in einer enantioselektiven Reduktion von Heterozyklen eingesetzt werden konnte, sondern das Beispiel zeigt gleichzeitig, dass die chiralen BINOL-Phosphorsäurediester auch für industrielle Prozesse ein hohes Potential aufweisen [3].

Enantiomerenreine Aminosäuren finden breite Anwendung in der chemischen- und der pharmazeutischen Industrie. Der einfachste Zugang zu Aminosäuren ist die seit über hundert Jahren bekannte Strecker-Reaktion. Hierbei wird Blausäure (HCN) an Imine addiert. Nach Hydrolyse des so gewonnen Aminonitrils gelangt man direkt zu der gewünschten Aminosäure. Nachdem wir hatten zeigen können, dass chirale Säuren in der Lage sind, verschiedene Imin-Derivate für eine Wasserstoffübertragung zu aktivieren, nahmen wir an, dass auch andere Nukleophile wie beispielsweise das Cyanid-Anion (CN^-) an Imine addieren sollten. Durch eine geeignete Veränderung des Katalysators gelang es uns, Aldimine für den nukleophilen Angriff von Cyanid-Anionen zu aktivieren und die gewünschten Aminoni-

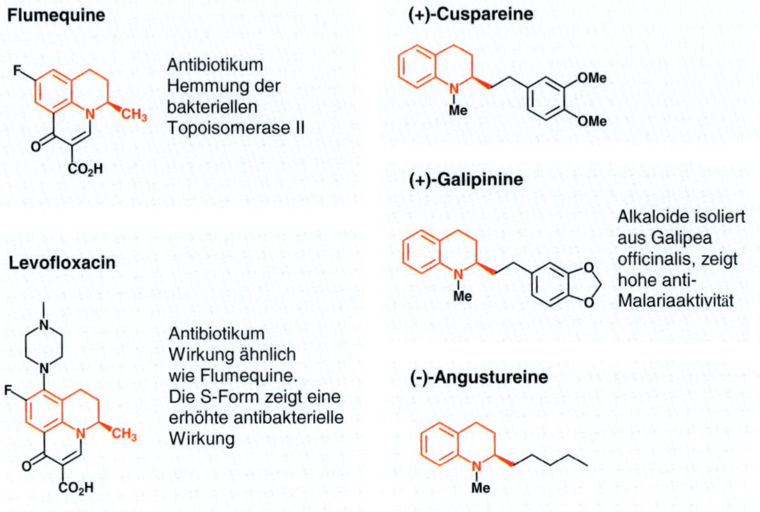

Abbildung 5: Anwendung der neuen biomimetischen Methode bei der Herstellung von Naturstoffen und Wirkstoffen.

trile und Aminosäuren in hohen Ausbeuten und Enantioselektivitäten zu isolieren. Somit steht nun ein äußerst einfacher und effizienter Zugang zu den verschiedensten Aminosäuren zur Verfügung [6]. Im allgemeinen sind die verwendeten chiralen Phosphorsäure nahezu ideale Katalysatoren, die stabil, leicht handhabbar, preiswert und wiederverwertbar sind, was sich sowohl in ökonomischer als auch in ökologischer Hinsicht als äußerst wertvoll erweist. Zwar gibt es inzwischen viele katalytische enantioselektive Verfahren zur Herstellung enantiomerenreiner Verbindungen, jedoch verlaufen diese lange nicht so effizient, wie es uns die Natur mit den Enzymen seit Jahrmillionen vormacht. Da jedoch der Bedarf an chiralen Substraten vor allem für die Synthese neuartiger Wirkstoffe nahezu täglich wächst, müssen immer mehr neue maßgeschneiderte Katalysatoren entwickelt werden. Wie unser Beispiel der Verwendung von Phosphorsäurediestern in der metallfreien Katalyse zeigt, können bioinspirierte Ansätze geeignete Lösungen für schwierige Probleme und Fragestellungen liefern, mit denen die Synthesechemiker in der Wissenschaft und der Industrie täglich konfrontiert sind. So wird auch in Zukunft die Natur nicht nur bei der Entwicklung weiterer neuer Katalysatorsysteme, sondern auch bei dem Design und der Synthese von neuen Materialien als Vorbild dienen.

Literatur

[1] M. Rueping, E. Sugiono, C. Azap, T. Theissmann, M. Bolte, Enantioselective Brønsted acid catalyzed transfer hydrogenation: Organocatalytic reduction of imines, Organic Letters 2005, 7, 3781.

[2] M. Rueping, A. R. Antonchick, T. Theissmann, A highly enantioselective Brønsted acid catalyzed cascade reaction: Organocatalytic transfer hydrogenation of quinolines and their application in the synthesis of alkaloids, Angew. Chem. Int. Ed. 2006, 45, 3683.

[3] M. Rueping, A. P. Antonchick, T. Theissmann, Remarkably low catalyst loading in Brønsted acid catalyzed transfer hydrogenations: Enantioselective reduction of benzoxazines, benzothiazines, and benzoxazinones, Angew. Chem. Int. Ed. 2006, 45, 6751.

[4] M. Rueping, A. P. Antonchick, The first organocatalytic enantioselective reduction of pyridines, Angew. Chem. Int. Ed. 2008, 47, 5836.

[5] M. Rueping, A. P. Antonchick, A highly enantioselective Brønsted acid catalyzed reaction cascade, Angew. Chem. Int. Ed. 2008, 47, 5836 .

[6] M. Rueping, E. Sugiono, C. Azap, A highly enantioselective Brønsted acid catalyst for the Strecker reaction, Angew. Chem. Int. Ed. 2006, 45, 2617.

Plenarsitzungen des Berichtsjahres 2008

Sitzung am 11. Januar 2008

KLAUS HERBERS (Erlangen), eingeführt durch Frank Rexroth: Das Papsttum und das vielgestaltige Italien – Integration und Desintegration im frühen und hohen Mittelalter
Hundert Jahre Italia Pontificia

MARTIN HEISENBERG: Gehirn für Anfänger
Bericht über ein Akademie-Symposium zu Ehren von Franz Huber

Sitzung am 25. Januar 2008

HERBERT W. ROESKY: Im Wandel allein liegt die Beständigkeit unserer Akademie
Gedankenaustausch und Diskussion

Sitzung am 1. Februar 2008 (öffentliche Sitzung)

Preisträger des Jahres 2007
KAY SEVERIN: Von Katalysatoren zu Sensoren – neue Anwendungen von metallorganischen Verbindungen
(siehe Seite 171)

MARTIN DÖNIKE: „Marmor in Bewegung" – Die „Nachahmung des Gewaltsamen" als Herausforderung für die Ästhetik des Weimarer Klassizismus
(siehe Seite 176)

JUDITH KORB: Evolution von Kooperation: Termiten, die anderen sozialen Insekten
(siehe Seite 187)

Sitzung am 8. Februar 2008

Öffentliche Gedenkfeier zu Ehren Carl Friedrich von Weizsäckers
KLAUS-PETER LIEB: „Es war ungeheuer lohnend, Physik zu studieren" – Carl Friedrich von Weizsäcker als Physiker
(siehe Seite 124)

GÜNTHER PATZIG: Carl Friedrich von Weizsäcker als Philosoph
(siehe Seite 146)

Sitzung am 11. April 2008

JÜRGEN HEIDRICH: Bericht aus seinem Arbeitsgebiet:
„Fridericus dux saxonie. Kyrie leison"
Politische (Selbst-)Inszenierung in der polyphonen Messe des frühen 16. Jahrhunderts
(siehe Seite 269)

EKKEHARD MÜHLENBERG: Gesinnungsänderung und Strafmaß bei den Kirchenvätern

Sitzung am 25. April 2008

Die Akademie als Ort wissenschaftlicher Auseinandersetzung

Sitzung am 9. Mai 2008

Katastrophismus – Aktualismus und die Entwicklung von Klima und Lebensräumen der Erde

GEROLD WEFER: Bericht aus seinem Arbeitsgebiet: Kontinuität und Wandel in der Klimageschichte der Erde, abgeleitet aus marinen Sedimenten
(siehe Seite 233)

JOACHIM REITNER: Geobiologische Aspekte hadaischer, archaischer und proterozoischer Lebenswelten
(siehe Seite 243)

GERHARD WÖRNER: Die globale Wirkung von „Supervulkanen"
(siehe Seite 257)

Sitzung am 23. Mai 2008

MATHIAS BÄHR: Bericht aus seinem Arbeitsgebiet:
Neurodegeneration – Neuroprotektion
Molekulare Mechanismen und experimentelle Therapiestrategien
(siehe Seite 278)

CHRISTOPH LEUSCHNER: Bericht aus seinem Arbeitsgebiet:
Die Trockenheitsempfindlichkeit der Rotbuche vor dem Hintergrund des prognostizierten Klimawandels
(siehe Seite 281)

Sitzung am 29. Mai 2008 (öffentlicher Sitzung)

Antrittsrede des neuen Präsidenten der Akademie der Wissenschaften

Christian Starck: Woher kommt das Recht?
(siehe Seite 87)

Sitzung am 7. Juni 2008

Auswärtige Sitzung in Bad Frankenhausen

Werner Paravicini: Adelsherrschaft in der Krise: der Bauernkrieg von 1525
(siehe Seite 450)

Sitzung am 20. Juni 2008 (öffentliche Sommersitzung)

Heinz-Otto Peitgen: Mathematik fürs Leben

Sitzung am 4. Juli 2008

Albrecht Schöne: „Geheimstes". Goethes Briefwechsel mit der Kaiserin Maria Ludovica
(Bericht über das von der Akademie geförderte Arbeitsvorhaben „Der Briefschreiber Goethe")

Sitzung am 18. Juli 2008

Urheberrecht, Publikationsmärkte und Wissensgesellschaft

Gerald Spindler: Neuere Entwicklungen im Urheberrecht – Publikationsformen, Lizenzen und Entwicklung der Publikationsmärkte Entwicklung der Wissensgesellschaft: Schwarm-Intelligenz statt individueller Exzellenz?

Elmar Mittler: Wissenschaftspublikation heute
Produktion, Verbreitung, Vernetzung und dauerhafte Sicherung

Sitzung am 10. Oktober 2008

Bettina Schöne-Seifert: Bericht aus ihrem Arbeitsgebiet: Doping für's Gehirn – Zur ethischen Debatte von Neuro-Enhancement

Heinz-Günther Nesselrath: Die Säulen des Herakles – eine mythische Landmarke und ihre Bedeutung in der Klassischen Antike
(siehe Seite 226)

Sitzung am 24. Oktober 2008

Herbert W. Roesky: Wie überführt man eine Base in eine Säure, und was kann man damit machen?

Reinhart Ahlrichs: Quantenchemie – Theoria cum praxi

Sitzung am 7. November 2008

Helmut Keipert: Arnold Heeren und die sogenannte „nationale Wiedergeburt" bei den West- und den Südslaven
(wird veröffentlicht in den Neuen Abhandlungen)

Manfred Ullmann: Arabische Proportionalgefüge
(wird veröffentlicht in den Neuen Abhandlungen)

Sitzung am 21. November 2008

Preisträger des Jahres 2008
Klaus Pietschmann: Tradition – Memoria – Reform. Kirchenmusik als kulturelle Praxis am Papsthof der ausgehenden Renaissance
(siehe Seite 193)

André Schirmeisen: Nanotribologie – Wenn Atome ins Rutschen kommen
(siehe Seite 199)

Andreas Kappler: Geobiologie des Eisens: Leben im Rost
(siehe Seite 205)

Magnus Rueping: Bioinspirierte Organokatalyse – Moderne Katalysatorforschung nach dem Vorbild der Natur
(siehe Seite 212)

Sitzung am 22. November 2008 (öffentliche Jahresfeier)

Roald Hoffmann (Festredner): Chemistry's essential tensions. Three views of a science

Sitzung am 28. November 2008 (öffentliche Sitzung)

Albrecht Dihle: Hellas und der Orient – Phasen wechselseitiger Rezeptionen
2. Julius-Wellhausen-Vorlesung

Sitzung am 5. Dezember 2008 (öffentliche Sitzung)

WOLFGANG FÖLLMER: Die versiegelte Formel – Wolfgang Döblin und die Ursprünge der Stochastischen Analysis

Sitzung am 19. Dezember 2008 (öffentliche Sitzung)

MANFRED R. SCHROEDER: Alltag mit der „Königin der Mathematik“
(siehe Seite 157)

Die Säulen des Herakles – eine mythische Landmarke und ihre Bedeutung in der Klassischen Antike

(vorgetragen in der Plenarsitzung am 10. Oktober 2008)

Heinz-Günther Nesselrath

Heinz-Günther Nesselrath, Professor der Klassischen Philologie an der Georg-August-Universität Göttingen, O. Mitglied der Göttinger Akademie seit 2002

Befragt man die vielgenutzte Internet-Enzyklopädie „Wikipedia“ nach den „Säulen des Herakles“ (so geschehen am 9. Oktober 2008), muss man sich – je nachdem, in welcher modernen Sprache man „Wikipedia“ konsultiert – auf einige Verwirrung gefasst machen: Die deutsche Wikipedia lässt den griechischen Helden diese Säulen auf zwei verschiedene – und sehr widersprüchliche – Arten etablieren und setzt sie einfach sowohl mit Atlas als auch den Säulen des phönizischen Gottes Melkart gleich; im italienischen Pendant steht, der griechische Geschichtsschreiber Herodot habe Säulen des Herakles auch (und sogar früher) am Bosporos (also am Eingang zum Schwarzen Meer) lokalisiert, und in der französischen Wikipédia, dass laut dem griechischen Geographen Strabon (1,2,10) bereits die Griechen der Zeit Homers diese Säulen am Bosporos platziert hätten, dagegen die Meerenge von Gibraltar als Lokalisierungsort der Säulen den Griechen noch unbekannt gewesen sei, als Platon bereits seinen Dialog „Timaios“ schrieb (also zwischen 360 und 350 v. Chr.).

Dass solche Behauptungen auf ungenauer bzw. sogar falscher Lektüre der einschlägigen griechischen Quellentexte beruhen, mögen zwei Beispiele dokumentieren:

1. Die Strabon-Stelle, die belegen soll, dass die Griechen der Zeit Homers die Säulen des Herakles am Bosporos platziert hätten, lautet übersetzt wie folgt: „Überhaupt betrachteten die Leute damals [= zur Zeit Homers] das Schwarze Meer als einen zweiten Ozean [= ein äußeres Weltmeer] und

stellten sich die dorthin Schiffenden in der gleichen Verlassenheit vor wie die, die weit über die Säulen [scil. des Herakles] hinaus vordrangen [...]" [Übersetzung von St. Radt]. Die „Säulen des Herakles" werden hier von Strabon also lediglich zum Vergleich herangezogen und keineswegs selbst an den Eingang des Schwarzen Meeres platziert.

2. Um zu beweisen, dass auch Herodot die „Säulen des Herakles" am Bosporos lokalisiert, wird eine Partie seines vierten Buches bemüht, in der er eine Erzählung von Schwarzmeer-Griechen wiedergibt, derzufolge Herakles nach dem Raub der Rinder des Geryones in das damals noch menschenleere Skythien (nördlich des Schwarzen Meeres) gelangt und dort mit Hilfe einer an ihm sehr interessierten Schlangenfrau zum Ahnherr des skythischen Volks geworden sei. Der in unserem Zusammenhang entscheidende Satz dieser Partie lautet wie folgt (Hdt. 4,8,2): „Herakles trieb die Rinder des Geryones vor sich her und gelangte in dieses Land, das [...] jetzt die Skythen bewohnen; Geryones aber wohnte außerhalb des Pontos [= des äußeren Meeres], und zwar auf der Insel, die die Griechen Erytheia nennen, die bei Gadeira außerhalb der Säulen des Herakles am Okeanos liegt." Durch die Lokalisierung der Geryones-Insel bei Gadeira, dem heutigen Cadiz an der Atlantikküste im südwestlichen Spanien, ist klar, dass auch Herodot die Säulen des Herakles keineswegs am Eingang des Schwarzen Meeres lokalisiert, sondern eindeutig in der Gegend der Meerenge von Gibraltar.

In Herodots – wahrscheinlich zwischen 435 und 425 v. Chr. entstandenem – Werk erscheinen die „Säulen des Herakles" insgesamt elfmal; nirgends gibt es Hinweise, dass sie nicht in der Gegend von Gibraltar liegen. Die erste einigermaßen sichere Bezeugung dieser Säulen findet sich ein Dreivierteljahrhundert früher in zwei Fragmenten der Erdbeschreibung des Hekataios von Milet (FGrHist 1 F 39 u. 41), und auch dort stehen diese Säulen am westlichen Ende des Mittelmeeres.

Ihren ersten großen Auftritt in der griechischen Literaturgeschichte aber haben die „Säulen des Herakles" in den uns noch erhaltenen Gedichten Pindars, und zwar in drei wahrscheinlich in den Jahren 476 bis 474 entstandenen Chorliedern auf siegreiche griechische Athleten (Pindar, Ol. 3,41–44; Nem. 3,20–23; Isthm. 4,11–14). In allen drei Fällen sind die Säulen des Herakles ein Bild für das äußerste Maß an Glück und Leistung, das ein Mensch durch einen persönlichen Erfolg erreichen kann, ein Punkt, über den hinaus ein Mensch nicht streben kann und auch nicht darf.

Bei Pindar treten die „Säulen des Herakles" damit aber bereits in einer sekundären Bedeutung auf; sie müssten also zu einer festen – und zwar realen – „Landmarke" geworden sein, bevor Pindar sie als Metapher für einen unüberschreitbaren Grenzpunkt verwenden konnte. Seit wann aber gab es für die Griechen die „Säulen des Herakles" überhaupt als Landmarke? Und was war dabei die Rolle des Herakles? Hier sollte ein Abstecher in den Herakles-Mythos und seine Behandlungen in der griechischen Literatur weiterhelfen.

Bekanntlich musste Herakles die zwölf wichtigsten seiner zahlreichen Heldentaten im Dienst seines Vetters, des Königs Eurystheus von Mykene, vollbringen. In der zehnten dieser zwölf „Arbeiten" sollte er die Rinder des dreileibigen Riesen Geryones rauben. Bereits bei dem frühen griechischen Dichter Hesiod (um 700 v. Chr.) lebt dieser Geryones am westlichen Rand der Welt, auf der Insel Erytheia, „jenseits des berühmten Okeanos" („Theogonie" 294), also des Ringstroms, der bei Hesiod wie auch schon bei Homer die von Menschen bewohnte Erde umfließt. Die gängige Fassung der Geryones-Geschichte bietet der wahrscheinlich in der frühen römischen Kaiserzeit schreibende Mythograph Apollodor (2,107): „Er [Herakles] zog nun zu den Rindern des Geryones durch Europa, und nachdem er viele wilde Tiere getötet hatte, betrat er Nordafrika (Libyen); und auf dem Weg nach Tartessos stellte er als Zeichen seiner Expedition an den Grenzen von Europa und Nordafrika zwei Säulen („Stelen") einander gegenüber auf." Auch der etwas früher (im mittleren 1. Jh. v. Chr.) schreibende Historiker Diodor (der eine stärker rationalisierte Fassung des Herakles-Mythos präsentiert) bringt die Aufstellung der „Säulen des Herakles" mit Herakles' Zug gegen Geryones in Verbindung und lokalisiert die von ihm aufgestellten Säulen in der Gegend, wo Afrika und Europa einander am nächsten kommen, nicht weit vom heutigen Cadiz (4,18,2).

In der eben zitierten Fassung Apollodors wird als Ort unweit der Säulen des Herakles Tartessos genannt; Tartessos aber wurde den Griechen offenbar zum ersten Mal bekannt, als es der Seefahrer Kolaios von Samos (der wohl noch in die zweite Hälfte des 7. Jh.s gehört) mehr oder weniger zufällig entdeckte: Laut Herodot (4,152,2f.) wurde Kolaios – er wollte eigentlich nach Ägypten – durch einen starken Ostwind von seinem Kurs abgebracht und durch das ganze Mittelmeer nach Westen getrieben, bis er die „Säulen des Herakles" passierte und eben in Tartessos landete. Andere Griechen machten es Kolaios bald nach: Wie ebenfalls Herodot berichtet (1,163), etablierten die unternehmungslustigen Einwohner der ionischen Stadt Phokaia schon beträchtlich vor der Zeit, als das expandierende Perserreich nach der Mitte des 6. Jh.s auch Phokaia bedrohte, gute Beziehungen mit dem König von Tartessos. In den frühen und den mittleren Jahrzehnten des 6. Jh.s arbeiteten sich die Phokaier – die bereits um 600 v. Chr. das heutige Marseille an der französischen Mittelmeerküste gründeten – immer weiter ins westliche Mittelmeer vor: Sie waren es, „die (die Griechen) mit der Adria, Tyrrhenien (= Etrurien), Iberien (= Spanien) und der Stadt Tartessos bekannt machten" (so Herodot 1,163,1); im Zuge dieser immer weiter nach Westen ausgreifenden Fahrten muss auch die Meerenge von Gibraltar, die vor der Ankunft in Tartessos zu passieren war, eine feste Größe im geographischen Weltbild der Griechen geworden sein.

Wie kam es aber nun zu der Verbindung der Meerenge von Gibraltar mit Herakles und seinen „Säulen"? Hier kommt die – leider nur sehr fragmentarisch erhaltene – griechische (vor allem epische) Dichtung jener Zeit ins Spiel: Bemerkenswerterweise stammen aus der gleichen Zeit, in der griechische Seefahrer aus Phokaia und Samos das westliche Mittelmeer bis Gibraltar und darüber hinaus erkundeten – dem 7. und dem 6. Jh. v. Chr. –, auch die frühesten uns bekannten dichterischen Behandlungen der Geschichte von Herakles und den Rindern des Geryones. Sicher war diese Geschichte in dem Herakles-Epos des Dichters Peisander von Kameiros behandelt, der wohl ins frühe 6. Jh. v. Chr. gehört (vgl. M. L. West, Greek Epic Fragments, London 2002, 23): In Fragment 5 Bernabé aus dem 2.+Buch dieses Epos wird berichtet, wie Herakles von Helios dessen goldenen „Becher" (δέπας); gemeint ist damit eine Art Boot oder Schiff) erhielt, um damit den Okeanos zu durchfahren und so auf die Insel des Geryones und seiner Rinder zu gelangen. Da Herakles mit dieser Fahrt durch den Okeanos über das Mittelmeer hinaus gelangt, lässt sich vermuten (wenn auch nicht explizit belegen), dass Peisander im Umkreis dieses Fragments auch die Aufstellung der „Säulen" als Grenzpunkt des Mittelmeers berichtete.

Die gleiche Episode – Herakles erhält von Helios einen schwimmenden Untersatz für seine Fahrt gegen Geryones – war noch bei einem anderen bedeutenden Dichter geschildert, nämlich bei Stesichoros von Himera, der ebenfalls in die erste Hälfte des 6. Jh.s v. Chr. gehört: Stesichoros stellte Herakles' Expedition in seiner „Geryoneïs" dar, einem wahrscheinlich mehr als 1.300 Verse umfassenden Gedicht, von dem dank Papyrusfunden inzwischen wieder einige recht umfangreiche Stücke lesbar sind. Diese enthalten zwar keine Erwähnung der „Säulen des Herakles", doch nannte Stesichoros in einem anderen Fragment seines Gedichts (*PMGF* S 7 Page / Davies) als Geburtsstätte des Geryones einen „Fluss" Tartessos, den der schon erwähnte Strabon – der dieses Stesichoros-Fragment (in 3,2,11) zitiert, mit dem südwestspanischen Fluss Baitis = Guadalquivir gleichsetzt, und dies passt wiederum gut zu einer Platzierung der „Säulen des Herakles" an der von hier nicht weit entfernten Straße von Gibraltar.

Die Zeugnisse des Peisander und des Stesichoros zeigen, dass man Herakles' Geryones-Abenteuer schon im früheren 6. Jh. v. Chr. eindeutig am westlichen Ende des Mittelmeeres lokalisierte. So dürften die „Säulen des

Herakles" spätestens im Lauf des 6. Jh.s v. Chr. eine feste Größe im geographischen Weltbild der Griechen geworden sein.

Dass sie dann bereits im früheren 5. Jh. v. Chr. eine Metapher für einen Grenzpunkt sein konnten, den kein normaler Sterblicher überschreiten kann, wie dies die oben erwähnten Gedichte Pindars zeigen, hatte wahrscheinlich ebenfalls einen sehr realen historischen Hintergrund: Seit der Mitte des 6. Jh.s trafen die ins westliche Mittelmeer vorstoßenden Griechen auf mächtige Gegner, die ihrer weiteren Expansion einen Riegel vorschoben: Zwischen 540 und 535 wurden 60 Schiffe der schon erwähnten Phokaier in einer Seeschlacht nahe Alalia auf Korsika von einer großen Flotte der Karthager und Etrusker entweder zerstört oder schwer beschädigt (Herodot 1,166); dies führte nicht nur zur Aufgabe der phokaiischen Kolonie auf Korsika, sondern hatte auch weiter im Westen gravierende Auswirkungen: Schon bald darauf wurde die am weitesten westlich gelegene Griechenkolonie in Spanien, Mainake (in der Nähe des heutigen Malaga), zerstört. Die Karthager beherrschten nunmehr das ganze westliche Mittelmeer, und sie hinderten offenbar lange Zeit alle griechischen Schiffe daran, die Straße von Gibraltar zu durchfahren.

So wurden die „Säulen des Herakles" vom verheißungsvollen Tor zu einem reichen Westland (Tartessos) zum mächtigen Symbol einer Grenze, die Menschen nicht überschreiten können: Einige Jahrzehnte nach den erwähnten Gedichten Pindars sang ein Chor in der Tragödie „Hippolytos" (V. 742–747) des Euripides vom lieblichen Strand der Hesperiden, der nahe dem Ort liegt, wo der gigantische Atlas immer noch den Himmel trägt, aber völlig unzugänglich ist – weil eben die „Säulen des Herakles" blockiert waren.

Seit dem späten 6. Jh. v. Chr. also konnten die Griechen selber nicht mehr über die „Säulen des Herakles" hinausfahren und waren nun für Kunde über das Meer jenseits davon auf die Berichte anderer angewiesen; dabei mussten sie aber auch manche Falschinformation „schlucken": Ein Musterbeispiel ist der Bericht eines karthagischen Admirals namens Himilko, der um 500 v. Chr. ausgesandt wurde, um von Gibraltar aus die äußeren Küsten Europas zu erforschen. Himilkos Fahrt ist uns noch dank dem spätantiken lateinischen Gedicht „Über die Meeresküste" (De ora maritima) des Avienus bekannt, in dem Himilko mehrmals ausdrücklich zitiert wird (V. 114–129, 380–389, 404–415) und die Gefahren aufgezählt werden, denen Himilko während seiner Reise begegnet sein will: Untiefen des Wassers, zähklebriger Tang und schreckliche Seeungeheuer.

Gefährliche Untiefen in den Gewässern jenseits der „Säulen des Herakles" vermeldeten auch andere Quellen: Laut Herodot (4,43) behauptete der persische Adlige Sataspes, den Großkönig Xerxes auf eine Umseglung Afrikas ausgeschickt hatte, er habe an einem Punkt seiner Reise nicht weiterfahren können, weil er schlicht im Wasser stecken geblieben sei. Selbst für Aristoteles („Meteorologica" 2,1 p. 354a22) war es ein Faktum, dass das Meer jenseits von Gibraltar seicht und schlammig sei. Offenbar wurde diese eklatante Falschvorstellung vom Wesen des Atlantik durch die Karthager bewusst gefördert, um die Griechen als unerwünschte Konkurrenten von diesen Gewässern fernzuhalten (so bereits H. Herter, Platons Atlantis, Bonner Jahrbücher 133, 1928, 35f.).

Gerade diese falsche Vorstellung aber beförderte nun ihrerseits die Entstehung von Platons Atlantis-Geschichte: Als Platon zeigen wollte, dass der in seiner „Politeia" konzipierte ideale Staat einem viel stärkeren Gegner in bewundernswerter Weise standhalten würde, da benutzte er diese Kunde von den seichten und schlammigen Gewässern außerhalb der „Säulen des Herakles", um aus ihr die angebliche einstige Existenz einer riesigen Insel namens Atlantis zu folgern.

Für die Griechen der archaischen und der klassischen Zeit befanden sich die Säulen des Herakles offenbar stets in der Gegend der Straße von Gibraltar. Dies änderte sich jedoch in den letzten Jahrhunderten v. Chr., wofür sich einige Gründe nennen lassen: Zum einen kam um 320 v. Chr. Pytheas von Massalia als erster Grieche (seit etwa zweihundert Jahren!) in Gegenden Europas jenseits der Säulen der Herakles; zum anderen brach spätestens mit der Niederlage im Zweiten Punischen Krieg 201 v. Chr. Karthagos Kontrolle über das westliche Mittelmeer und dessen Ausgang unwiderruflich zusammen, und die Straße Gibraltar war damit offen für nicht-karthagische Schiffe. Außerdem aber hatten zuvor bereits die Eroberungszüge Alexanders d. Gr. den Griechen den Vorderen Orient bis nach Indien in einer bisher nicht dagewesenen Weise geöffnet.

Mit dieser großen Horizonterweiterung in Richtung Osten gingen nun bezeichnenderweise auch Anpassungen der griechischen Mythologie einher, wie erneut der Geograph Strabon zeigt: Am Ende einer langen Partie (3,5), in der er verschiedene Lokalisierungen der Säulen des Herakles diskutiert, weist er darauf hin, dass Alexander d. Gr. die Endpunkte seiner Eroberungszüge deutlich markiert und damit Herakles und Dionysos nachgeahmt habe. Alexanders Makedonen hätten nämlich in Indien von Hinweisen auf Herakles und Dionysos gehört und diese als „Säulen" des Herakles oder des Dionysos interpretiert (3, 5,5f.). Auch bestimmte Versionen des zwischen dem 3. Jh. v. und dem 3. Jh. n. Chr. entstandenen Alexanderromans sprechen von „Säulen" des Herakles im Osten, die Alexander und seine Soldaten gefunden hätten (vgl. W. Kroll, Historia Alexandri Magni,

Recensio vetusta [Berlin 1926] 3, 27,3; H. Engelmann, Der griechische Alexanderroman. Rezension g. Buch II [Meisenheim am Glan 1963] 2,34; vgl. in derselben Fassung auch 2,43.).

Ein ähnlicher Vorgang spielte sich noch ein weiteres Mal sogar in unserer eigenen Weltgegend ab: Laut dem römischen Geschichtsschreiber Tacitus wurden weitere „columnae Herculis" im germanischen Nordseebereich lokalisiert („Germania" 34,1–2): dort „sollen noch immer Säulen des Herakles erhalten sein, wie die fama verbreitet hat, sei es, dass Herakles dort wirklich hinkam, oder sei es, dass wir uns darin einig sind, alles, was irgendwo großartig ist, auf seinen Ruhm zu beziehen." Diese Worte bieten zugleich eine schöne Erklärung dafür, wie es zu einer solchen „Proliferation" der „Säulen des Herakles" kommen konnte.

Die schon bei Pindar so prominente metaphorische Bedeutung der „Säulen des Herakles" hatte in der späteren europäischen Literaturgeschichte noch ein bemerkenswertes Nachleben: Im achten Graben des achten Höllenkreises von Dantes „Inferno" treffen Dante und Vergil auf Odysseus, der ihnen von seinem letzten großen Abenteuer berichtet, das nicht in der „Odyssee" steht (Inferno 26. Gesang, V. 106–142): eine fünf Monate lange Seereise nach Westen von den Säulen des Herakles aus, bis das Schiff kurz vor dem Berg des Purgatorio durch einen Sturmwind mit Mann und Maus versenkt wird. Die von Dante beschriebene Situation liegt auch Tennysons berühmtem Gedicht „Ulysses" zugrunde, wo der alte Abenteurer Odysseus mit seinem Trachten „To sail beyond the sunset" (V. 60) ebenfalls diese alte (wenn auch hier nicht explizit genannte) Grenzmarke zu überwinden gedenkt. So hat die poetische Metapher von den unüberschreitbaren Säulen des Herakles die ihr einst zugrunde liegende historische Wirklichkeit um Jahrtausende überdauert.

Katastrophismus – Aktualismus und die Entwicklung von Klima und Lebensräumen der Erde

Kontinuität und Wandel in der Klimageschichte der Erde, abgeleitet aus marinen Sedimenten

(vorgetragen in der Plenarsitzung am 9. Mai 2008)

Gerold Wefer

Einleitung

Gerold Wefer, Professor für Allgemeine Geologie am MARUM-Zentrum für Marine Umweltwissenschaften der Universität Bremen, O. Mitglied der Göttinger Akademie seit 2008

Das Klima früherer Zeiten wird studiert, um die Prozesse, die das Klima der Erde beeinflussen, besser verstehen zu können und so Hinweise auf zukünftige Klimaentwicklungen zu erhalten. Durch die Analyse von Sedimenten und Gesteinen ist es möglich, Klimazustände zu erforschen, die völlig anders als die heutigen sind, die aber in der fernen Zukunft auftreten könnten. Mit den Dokumenten über das frühere Klima können wir ferner die Qualität und Aussagekraft von Klimamodellen testen; dies ist nur im Vergleich mit früheren Klimazuständen möglich.

Im globalen Klimageschehen spielt der Ozean eine große Rolle. Er bestimmt die Umverteilung von Wärme und die Aufnahme und Abgabe von Treibhausgasen der Atmosphäre, z. B. Wasserdampf, Kohlendioxyd und Methan. Das Bild der Meeresströmung in den Ozeanbecken wird durch riesige Wirbel geprägt, die sich auf der Nordhalbkugel im Uhrzeigersinn und auf der Südhalbkugel gegen den Uhrzeigersinn drehen. Angetrieben werden diese Wasserbewegungen hauptsächlich durch die Passatwinde. Unter einer dünnen, warmen und stabilisierenden Wasserschicht befinden sich mehrere (Meeres-)Stockwerke (Abbildung 1). Besondere Bedeutung für die globale

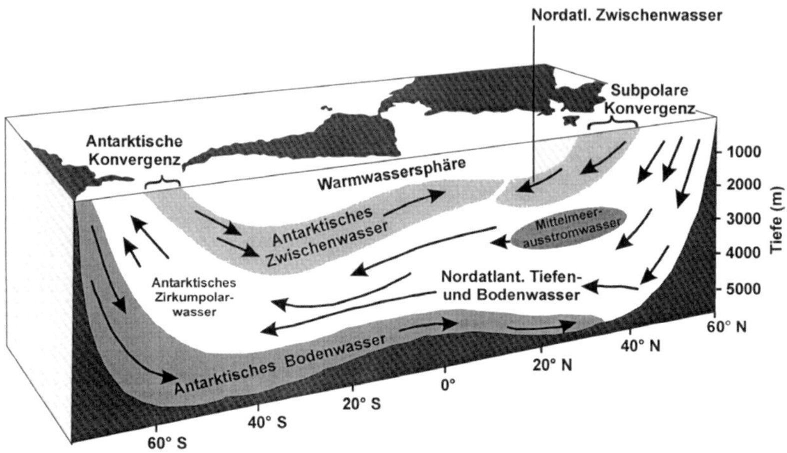

Abbildung 1: Struktur der Wasserkörper im Atlantischen Ozean

Zirkulation hat das unterste Stockwerk. Es enthält Tiefen- und Bodenwasser und entsteht in wenigen bestimmten Regionen, so in der Grönländisch-Norwegischen See und im Antarktischen Weddellmeer. Das kühle und salzhaltige Oberflächenwasser ist so schwer, dass es durch alle Meeresstockwerke zum Boden absinken kann. Im Weddellmeer wird ein großer Teil des antarktischen Bodenwassers gebildet, das sich in alle drei Ozeane ausbreitet. Im Norden ist das in der Grönländisch-Norwegischen See gebildete Tiefenwasser für die Belüftung des Atlantischen Ozeans zuständig.

Als Global Conveyor Belt (Fließbandzirkulation) wird das Zusammenspiel zwischen Oberflächenströmung und vertikaler Wasserschichtung bezeichnet. Angetrieben wird die Fließbandzirkulation durch die Bildung von Tiefenwasser im nördlichen Atlantik und im Weddellmeer. Ihre Wirkung reicht weit über den Atlantik hinaus. Zusätzlich zur Sonnenstrahlung wird die Erdoberfläche durch die Treibhausgase aufgeheizt, wodurch die Erde erst lebensfreundlich wird. Die durchschnittliche Temperatur an der Oberfläche der Erde läge ohne die Treibhausgase in der Atmosphäre heute um ungefähr 30°C niedriger. Diesen natürlichen Treibhauseffekt verstärkt der Mensch seit etwa 100 Jahren durch die Abgabe von Treibhausgasen, insbesondere CO_2 und Methan, an die Atmosphäre. Bei der Regulierung der Treibhausgase spielt der Ozean eine große Rolle, da er einen wesentlichen Teil der zusätzlichen Treibhausgase aufnimmt.

Dokumentation des Klimas

Das Klima der Vorzeit ist in Sedimenten der Ozeane, der Seen, der Gesteine, aber auch in Baumringen und im Eis der Polkappen gespeichert. Aus den Sedimenten können Mikropaläontologen anhand der Schalen von Mikroorganismen das frühere Klima rekonstruieren (Abbildung 2). Bestimmte Arten bevorzugen Temperatur- und Produktionsbedingungen im Oberflächenwasser. Nach dem Absterben der Organismen lagern sich die Schalen am Boden ab und werden in das Sediment integriert. Zu diesen Mikrofossilien gehören Foraminiferen, Radiolarien, Coccolithophoriden und Diatomeeen. Neben der Artenzusammensetzung werden auch chemische Gehalte und isotopische Zusammensetzungen des Schalenmaterials genutzt. Bei der Rekonstruktion des Klimas werden unterschiedliche Methoden angewendet, die ihren Ursprung in der Chemie, der Physik und der Biologie haben. Moderne statistische Methoden kommen zur Anwendung bei der Interpretation der umfangreichen und komplexen Datensätze. Die Modellierung nimmt einen immer größeren Raum bei der Erforschung des Klimas der Vorzeit ein. Eine enge Zusammenarbeit zwischen Datenproduzenten und Modellierern ist deshalb Voraussetzung für Erfolge in der Klimaforschung.

Die früheren Umweltbedingungen sind in den Schalen planktonischer Organismen gespeichert, z. B. dokumentiert das ^{16}O- zu ^{18}O-Verhältnis in den Kalkschalen frühere Temperaturbedingen und die Menge an Wasser, die im Eis der Polkappen während früherer Zeiten abgelagert war. Wie in den Sedimenten, so variieren auch die Sauerstoffisotope im Eis aufgrund

Abbildung 2: Fossilien zur Rekonstruktion früherer Klimabedingungen. Gehäuse planktischer Foraminiferen aus einer Sedimentprobe der Tiefsee (links). Lebende Foraminifere aus dem Oberflächenwasser (rechts). Fotos: B. Donner (MARUM) und J. Bijma (AWI).

der unterschiedlichen Eisbedeckung der Erde mit der Zeit. Die hohen Ablagerungsraten des Eises liefern eine gute zeitliche Auflösung und damit wertvolle Hinweise über die Geschwindigkeit der Klimaänderungen.

In diesem Aufsatz wird zuerst kurz auf die Klimaentwicklung im Tertiär eingegangen, anschließend werden die gravierenden Klimaänderungen in den letzten 2 Millionen Jahren behandelt, und es wird zudem der Zusammenhang zwischen Klima und Treibhausgasen beschrieben.

Kreide-Tertiär-Grenze

Im Gegensatz zur Kreidezeit, die durch ein warmes Weltmeer charakterisiert war, das sich über den gesamten tropischen Bereich erstreckte, war das Tertiär durch einen generellen Abkühlungstrend geprägt. Es begann vor 65 Millionen Jahren mit einem großen Meteoriteneinschlag. Die Kreide/Tertiär-Grenze ist weltweit in vielen Bohrungen dokumentiert. Gravierende Wechsel in der Artenzusammensetzung, insbesondere des Planktons der Ozeane, fanden statt. Die Ursache war die Kollision eines Meteoriten mit einem Durchmesser von etwa 10 km mit der Erde, der im Gebiet der heutigen Yucatán-Halbinsel in Mexiko (Chicxuluk-Krater) eingeschlagen ist. Dokumentiert wird der Einschlag durch erhöhte Iridiumgehalte, die auf extraterrestrisches Material hindeuten, und durch Hochdruckmodifikationen des Quarzes (Abbildung 3).

Das Klima im Tertiär war durch eine generelle Abkühlung gekennzeichnet, die nicht kontinuierlich, sondern in Schüben stattfand. Dokumentiert wird der Klimaverlauf in den Sauerstoffisotopenwerten benthischer Foraminiferen (Abbildung 4). Bis ca. 50 Millionen Jahre vor heute, im Paläozän und im älteren Eozän, waren die Temperaturen ähnlich hoch wie in der Kreide. Danach setzte eine kontinuierliche Abkühlung ein, die zu einer Vereisung des antarktischen Kontinents führte. Es gab jedoch auch wärmere Perioden, z. B. im jungen Oligozän oder im Miozän.

Vereisungszyklen im Quartär

Die letzten 2 Millionen Jahre sind durch den Auf- und den Abbau von riesigen Eismassen in polnahen Gebieten und damit durch große Meeresspiegelschwankungen geprägt. Heute ist der Meeresspiegel so hoch wie nie in den letzten 2 Millionen Jahren. Er ist etwa 120 m höher als während des Glazialen Maximums vor ca. 20.000 Jahren. Wir befinden uns heute in einer außergewöhnlichen Zeit: in der Warmphase eines Eiszeitalters. Wenn die Eismassen auf der Antarktis und auf Grönland auch noch abschmelzen,

Abbildung 3: Dokumentation des Meteoriteneinschlags an der Kreide-/Tertiär-Grenze vor 65 Millionen Jahren. Die grüne Lage zeigt die Auswurfmassen, die aus aufgeschmolzenem Material und Staub mit hohen Iridiumgehalten besteht. Die Bohrlokation liegt etwa 1000 km vom Chicxulub-Krater auf der Halbinsel Yucatán in Mexico entfernt. Der Bohrkern stammt aus dem Bohrkernlager des Integrated Ocean Drilling Program, MARUM, Universität Bremen.

würde der Meeresspiegel um weitere 70 m ansteigen. Die Vereisung der Nordhalbkugel hat gewaltige Klimazyklen ausgelöst, die von regelmäßigen Schwankungen in der Neigung der Erdachse und von Veränderungen in der Beziehung zwischen Jahreszeiten und Exzentrizität der Erdumlaufbahn um die Sonne angetrieben wurden.

Die letzten 2 Millionen Jahre kann man in eine frühe und eine späte Phase aufteilen (Abbildung 5). Im frühen Quartär schwankte das Klima über zwanzigmal zwischen einer mehr oder weniger großen Eiszeit und einer Zwischeneiszeit. Die Zyklen dauerten jeweils etwa 40.000 Jahre. Vor etwa 0,9 Millionen Jahren fand ein Umschwung statt, und die Zyklusdauer erhöhte sich auf etwa 100.000 Jahre, so dass im späten Quartär nur etwa 10 große Vereisungen nachzuweisen sind. Diese Änderungen sind in den Sauerstoffisotopenverhältnissen planktischer Foraminiferen belegt, wobei ein sägezahnähnliches Muster entsteht, da der Aufbau von Eiskappen wesentlich länger dauert als der Abbau (Abbildung 5).

Der Eisaufbau dauert jeweils rund 80.000 Jahre. Bis das Eis wieder geschmolzen ist, vergehen dagegen im Schnitt nur 20.000 Jahre. Überla-

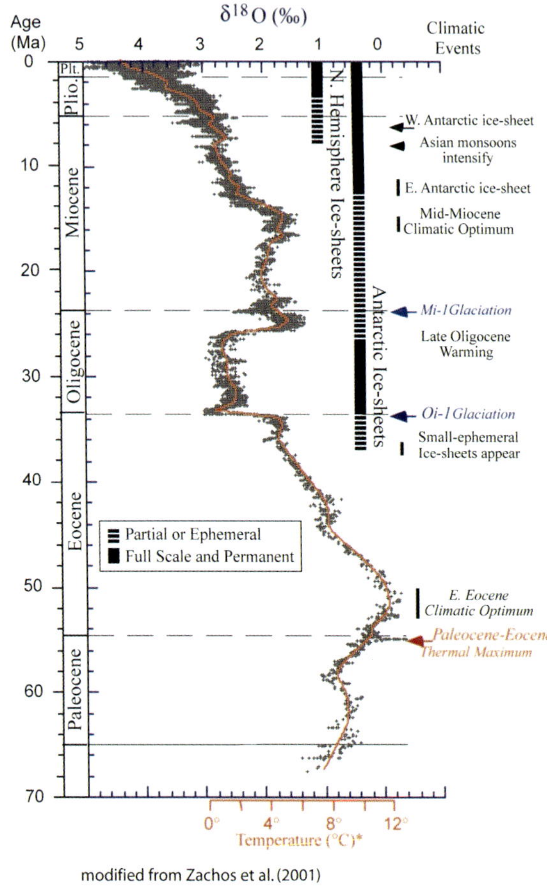

Abbildung 4: Abkühlung im Tertiär, dokumentiert in den Sauerstoffisotopen-Verhältnissen benthischer Foraminiferen (Zachos et al., 2001). Bereits etwa an der Grenze Eozän/Oligozän vereisten die Antarktis und vor ca. 2 Millionen Jahren Grönland und während Kaltzeiten Skandinavien und Nordamerika.

gert wird der generelle Klimaverlauf durch kurzfristige Erwärmungs- und Abkühlungsereignisse, die etwa alle 7.000 Jahre auftreten und als Dansgaard-Oeschger-Zyklen bezeichnet werden. Sie zeigen beträchtliche Schwankungen in den Verhältnissen der Sauerstoffisotope im Eis. Auch in Tiefseesedimenten des Nordatlantiks sind diese Klimavariationen in Lagen von Gletschern dokumentiert, die reich an Gesteinsmehl und Grus sind. Diese Lagen, sogenannte Heinrich-Lagen, passen zeitlich genau auf die Dansgaard-

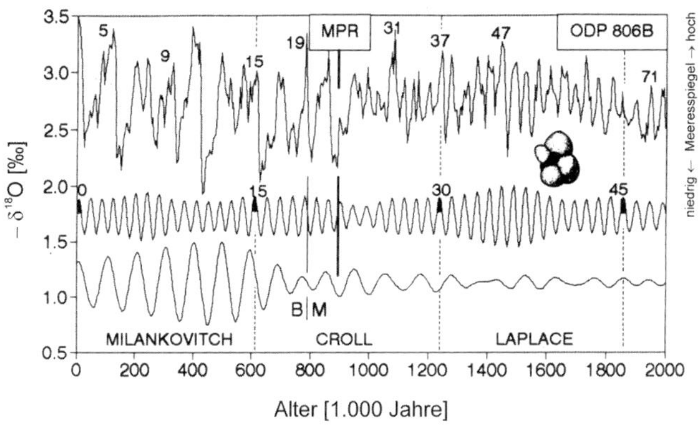

Abbildung 5: Klimaentwicklung im Quartär, gezeigt in Sauerstoffisotopenwerten einer im Oberflächenwasser lebenden planktischen Foraminifere. Die Daten stammen aus einem Bohrkern aus dem östlichen Pazifik, Ontong Java Plateau. Oben: gemessene $\delta^{18}O$-Werte, versetzt um 1,5 ‰. Die Nummern bezeichnen Isotopenstadien. Mit statistischen Verfahren wurden die dominierenden 100.000- und 41.000-Jahre-Zyklen ermittelt. Mitte: Erdschiefe-Komponente (41.000 Jahre). Unten: Exzentrizitäts-Komponente (100.000 Jahre). B/M: Brunhes/Matuayma-Grenze (bei 790.000 Jahren), MPR: Mid Pleistocene Revolution (Klimaänderung bei 900.000 Jahren) (aus Berger und Wefer, 1992).

Oeschger-Zyklen. Sie entstehen während Perioden, in denen sich viele Eisberge vom Inlandeis gelöst haben.

Treibhausgase und Klima

Durch die Untersuchung von eingeschlossener Luft im Eis der polaren Eiskappen ist belegt, dass ein enger Zusammenhang zwischen Treibhausgasen und dem Klima besteht. Die CO_2- und die Methanvariationen laufen etwa parallel zu den Schwankungen der Temperatur und des Meeresspiegels. Die Warmzeiten haben hohe CO_2-Gehalte (etwa 280 ppm) und Kaltzeiten relativ niedrige (ca. 180 ppm). Die Kurven in Abbildung 6 zeigen, dass die Erde in den letzten etwa 800.000 Jahren den CO_2-Gehalt immer zwischen 180 und 280 ppm gehalten hat. Die Unterschiede zwischen den Warm- und den Vereisungszeiten waren nur 100 ppm, und um etwa diesen Wert hat der Mensch den CO_2-Gehalt der Atmosphäre im letzten Jahrhundert erhöht. Er liegt heute etwa bei 385 ppm. Die Frage, warum der CO_2-Gehalt mit dem Klima parallel verläuft, ist noch nicht endgültig beantwortet. Man nimmt an, dass CO_2-Gehalt und Klima in einem komplizierten System von Rückkopplungen eng zusammenhängen.

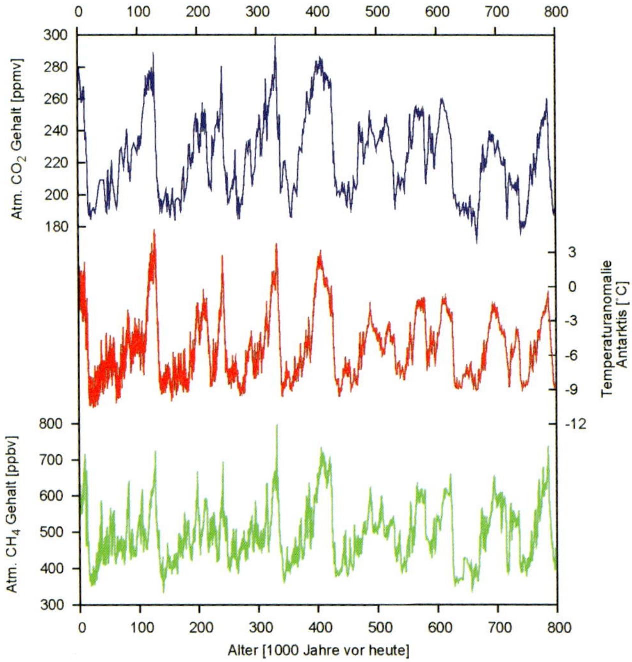

Abbildung 6: Temperatur, CO_2- und Methan-Gehalte während der letzten ca. 800.000 Jahre, rekonstruiert aus dem Eis der Antarktis anhand von CO_2- und Methan-Messungen an eingeschlossenen Luftbläschen und Isotopenmessungen.

Direkte Klimaaufzeichnungen gibt es erst seit etwa 150 Jahren (Abbildung 7). Für davorliegende Zeiten sind wir auf Klimarekonstruktionen angewiesen. Als Ausläufer der sogenannten Kleinen Eiszeit waren die Temperaturen bis Anfang des 20. Jahrhunderts kälter als zwischen ca. 1940 und 1975. Danach steigen die Temperaturen kontinuierlich an, und dieser Anstieg wird aufgrund von Modellergebnissen auf den menschlichen Einfluss zurückgeführt, weil er nicht mehr mit der natürlichen Klimavariabilität erklärt werden kann.

Die Klimageschichte liefert eine Fülle von Situationen und Ereignissen, die gänzlich anders als unser heutiges System sein können. Sie zeigen aber auch, dass sich zumindest in den letzten Millionen Jahren die Änderungen in einem festen Rahmen abspielten und gewisse Grenzen nicht überschritten wurden. Diese regelmäßig wiederkehrenden Klimazustände waren durch bestimmte Ereignisse gekennzeichnet, z. B. war der Eisaufbau stets mit einer Abnahme der Spurengase in der Atmosphäre verbunden,

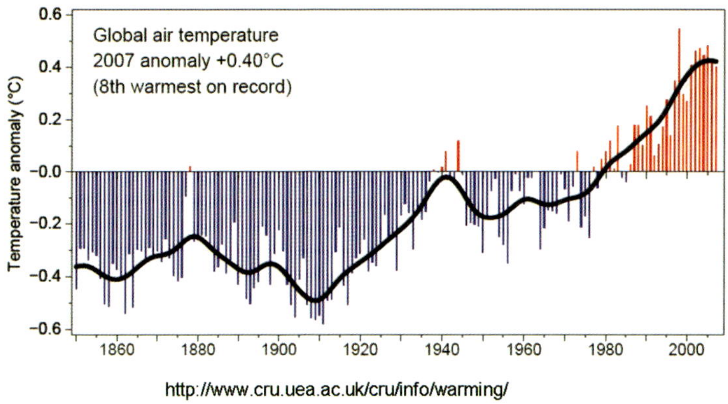

Abbildung 7: Verlauf der Lufttemperaturen auf der Erde zwischen 1860 und 2000. In diesen 140 Jahren nahmen die Temperaturen global um ca. 0,6 0,2°C zu (IPCC 2007).

zumindest in den letzten 800.000 Jahren (Abbildung 6). Seit einigen Jahrzehnten haben wir jedoch den natürlichen Rahmen verlassen. Der Spurengasgehalt ist deutlich erhöht. Wir befinden uns in einem System, für das es kein geschichtliches Beispiel gibt. Wichtig ist auch, zu wissen, wie schnell das Klima auf Störungen reagiert und ob das Klima auf positive oder negative Rückwirkungen reagiert. Eine positive Rückkopplung findet zurzeit in der Arktis beim Rückgang der Eisbedeckung statt. Bei kleinerer Eisfläche wird weniger Sonnenenergie zurückgestrahlt; das Wasser erwärmt sich und führt zu einer verstärkten Abschmelzung des Meereises. Dadurch werden die mit Wasser bedeckten Gebiete vergrößert, was wiederum zu einer erhöhten Energieaufnahme führt.

Trotz vieler Unsicherheiten beschert uns die Klimaforschung durch Klimabeobachtungen und Experimenten mit verbesserten Computermodellen ein immer besseres Verständnis der Klimazusammenhänge. Gelernt haben wir, dass

- es zur heutigen Zeit keine Analogsituation in der Vergangenheit gibt. Dies macht eine Vorhersage außerordentlich schwierig.
- die vom Menschen verursachte Erwärmung auch verstärkt Treibhausgase aus natürlichen Quellen freisetzt. Dies ist ein zusätzliches Argument für eine Reduzierung des Ausstoßes an Treibhausgasen.
- die Erwärmung regional unterschiedlich auftritt, ebenso die Niederschläge. Es ist bisher nicht bekannt, ob sich die Pflanzen den veränderten Bedingungen anpassen können.

– die Fruchtbarkeit im Ozean generell zurückgehen wird. Davon sind insbesondere Länder betroffen, die auf Fischfang angewiesen sind.

Diese Einsichten stammen aus der Erforschung von marinen Sedimenten, Eiskernen und Seesedimenten. Mit vielfältigen Methoden und in unterschiedlicher zeitlicher Auflösung lassen sich Umweltänderungen rekonstruieren. Temperaturen lassen sich mit relativ hoher Genauigkeit ermitteln, in Annäherung auch die Fruchtbarkeit des Ozeans oder Niederschläge. Die Informationen zur Rekonstruktion der Umwelt finden sich in den Resten von Organismen früherer Zeiten.

Literatur

Berger, W. H. und G. Wefer, 1992. Klimageschichte aus Tiefseesedimenten – Neues vom Ontong-Java-Plateau (Westpazifik). Die Naturwissenschaften, 79: 541–550.

Fischer, G. and G. Wefer, 1999. Use of Proxies in Paleoceanography: Examples from the South Atlantic. Springer-Verlag Berlin, Heidelberg, 735 pp.

IPCC 2007 – Intergovermental Panel on Climate Change. Assessment Report.

Zachos, J., M. Pagani, L. Sloan, K. Billups, and E. Thomas, 2001. Trends, rhythms, and aberrations in global climate 65 Ma to present. Science, 292: 686–693.

Geobiologische Aspekte hadaischer, archaischer und proterozoischer Lebenswelten

(vorgetragen in der Plenarsitzung am 9. Mai 2008)

Joachim Reitner

Einführung

Joachim Reitner, Professor der Paläontologie an der Georg-August-Universität Göttingen, O. Mitglied der Göttinger Akademie seit 1998

Betrachtet man die erdgeschichtliche Entwicklung der Erde, so lassen sich vier größere Entwicklungsabschnitte unterscheiden, in denen sich die grundlegenden Veränderungen des Planeten Erde widerspiegeln. Die Prozesse des globalen Wandels („Global Change") sind vielfältig und haben ihre wesentlichen Ursachen in geochemischen und vor allem in biogeochemischen Zyklen. Seit Beginn eines organischen Protostoffwechsels in der Frühzeit der Erde (Hadaikum), der im Archaikum sukzessive in einen von Organismen gesteuerten Metabolismus übergeht, werden wichtige globale Stoffkreisläufe wie die Zyklen des Kohlenstoffs, des Stickstoffs, des Schwefels usw. durch diese gesteuert. Das Archaikum wird vom Proterozoikum abgelöst, das durch das sogenannte „Great Oxidation Event" vor rund 2,5 Milliarden Jahren (Giga Years = Gy) eingeleitet wird. Durch dieses Ereignis wird die ursprünglich anaerobe Welt durch eine aerobe Welt abgelöst, bedingt durch aerobe Photosynthese, die als Stoffwechselendprodukt Sauerstoff freisetzt. Verantwortlich für dieses Ereignis sind überwiegend Cyanobakterien (Blaugrünalgen).

Der vierte und jüngste Zeitabschnitt der Erdgeschichte wird als Phanerozoikum bezeichnet und ist durch die erkennbare Präsenz von komplexen Organismen wie Metazoen und Pflanzen gekennzeichnet. Auch dieser Zeitraum wurde vor rund 550 Millionen Jahren (Million Years = My) durch eine metabolische Innovation eingeleitet – der Beginn einer enzymatisch gesteuerten Biomineralisation. Man geht heute davon aus, dass die Entwicklung der Biomineralisation an grundlegende Veränderungen der

Zeitalter der Erde

***Phanerozoikum (0,544-0 Gy)* Aerobe Welt**

Moderne Organismen Baupläne, enzymatisch gesteuerte Biomineralisation

***Proterozoikum (2,5 – 0,544 Gy)* Beginn der aeroben Welt**

Zwischen 850-630 My „Schneeball-Erde" Ereignisse; Beginn der Metazoen Entwicklung;
Anaerobe Methanoxidation (AOM); aerobe Photosynthese;
Zeitalter der Stromatolithe; Entstehung der Eukaryoten Zelle durch Endosymbiose;
Zeitabschnitt mit einer der heutigen ähnlichen Plattentektonik

***Archaikum (4,0-2,5 Gy)* Anaerobe Welt**

Anaerobe Photosynthese; mikrobielle Methanogenese;
Zeitabschnitt mit einer der heutigen noch sehr unähnlichen Plattentektonik

***Hadaikum (4,53-4,0 Gy)* Anaerobe Welt**

Zeitabschnitt ständigen Wiederaufschmelzens der Erdkruste durch Meteoriten-Einschläge; Entstehung des Mondes; präbiotische Welt (Fe/S-Welt; RNS-Welt)

Abbildung 1: Übersicht über die vier grundlegenden Zeitalter der Erde mit einigen wichtigen kennzeichnenden Ereignissen

Ozeanwasserchemie gebunden war, etwa an massive Veränderungen der Ca-Ionen-Konzentration im Meerwasser nach der letzten globalen Totalvereisung („Schneeball Erde") im Cryogenium.

Schlüsselereignisse der frühen organischen Evolution

1. Hadaikum

Das Sonnensystem hat ein Alter von rund 4,566 Gy, und man geht davon aus, dass die Erde durch Akkretion von chondritischen Kleinplaneten entstanden ist (Wood et al. 2006). Als Chondriten werden bestimmte Steinmeteoriten bezeichnet, die eine durchschnittliche chemische Zusammensetzung wie auch die Erde haben. Chondriten stellen kondensiertes Solarnebelmaterial dar und repräsentieren den „Urstoff", aus dem die Erde entstanden ist. Das erste Erdzeitalter, Hadaikum, umfasst einen Zeitraum von 4,53 Gy bis vor rund 4 Gy und markiert die Entstehungsphase der Erde. Dieser Zeitraum ist geprägt durch ein ständiges Wiederaufschmelzen der Erdkruste, das bedingt ist durch eine hohe Einschlagsfrequenz von großen kosmischen Körpern wie Kometen, Asteroiden und kleineren Meteoriten (Koeberl 2006). Die Einschlagfrequenz war 1000-mal höher als heute. Die Primordialatmosphäre bestand aus Silikatdämpfen und H_2. Durch Entgasung des Erdkörpers mittels Differentiation des chondritischen Mantels kamen weitere Gase zur Atmosphäre, H_2S, CO_2 und auch H_2O. Von erheblicher Bedeutung waren aber die gasförmigen und auch die flüssigen Bestandteile, die durch die Kometen und Meteoriten auf die Erde kamen. Durch sie gelangten erhebliche Mengen an H_2O, CO_2, CO, NH_3, N_2, allg. C_{org}, CH_4 und weitere einfache, aber auch komplexe organische Verbindungen wie Aminosäuren auf die Erde. Die Bildung des Erdkerns fällt in die Zeit des frühen Hadaikums, und bedingt durch den erheblichen Hitzefluss kam es rasch zu einer Gesteinsdifferenzierung und damit auch zur primordialen Bildung von granitischer Erdkruste. Die geologische Überlieferung aus dieser Zeit ist leider extrem schlecht, da durch die wiederholte Aufschmelzung der jungen Erdkruste die radiometrischen Uhren immer wieder von neuem eingeschaltet wurden. Die ältesten Minerale (Zirkone), die man gefunden hat, sind rund 4,4 Milliarden Jahre alt (Wilde et al 2001), die ältesten Gesteine sind die Acasta-Gneise (NW-Kanada) mit 4,03 Milliarden Jahren und die Gesteine aus dem Nuvvuagittuq Greenstone Belt im nördlichen Quebec (Kanada) mit 4,280 Gy (O'Neil et al. 2008).

Das wichtigste Ereignis im Hadaikum war kurz nach der Bildung des Erdkörpers eine Kollision mit einem Planeten von der Größe des Mars (Koeberl 2006). Durch diesen Giga-Impakt vor rund 4,5 Gy entstand der Mond, der in der Folge eine erhebliche positive Auswirkung auf die Entwicklung der Erde haben sollte.

Lebensspuren oder besser Biosignaturen aus dieser Zeit sind extrem selten, obwohl alle präbiotischen Prozesse damals abgelaufen sein müssen. Die Ausnahme sind Diamanten und Graphit-Reste, die in den Jack Hill-Zirkonen gefunden wurden (Nemchin et al. 2008). Die Diamant- und die Graphiteinschlüsse sind unterschiedlichen Alters. Interessant sind die hadaischen (4,2 Gy) C-Isotopenwerte dieser Kohlenstoffphasen, die teilweise extrem leicht sind, $\delta^{13}C$-Werte bis zu –50‰ zeigen und definitiv eine Biosignatur darstellen. Dies bedeutet allerdings, dass schon in dieser Zeit ein Methanstoffwechsel stattgefunden hat, der vermutlich über Enzyme gesteuert wurde. Ob dieser schon zellulär gesteuert war, bleibt unklar. Denkbar ist auch, dass an Mineraloberflächen ein Fraktionierungsprozess über Ni-basierte Protoenzyme katalytisch abgelaufen ist. Die postulierte Thioester-Welt (de Duve 1994), eine Eisen-Schwefel-Welt (Wächtershäuser 1990) und auch eine postulierte RNS-Welt (Gilbert 1986) müssen in dieser Zeit existiert haben. Es ist davon auszugehen, dass zeitweise flüssiges Wasser vorhanden war und in diesem sich auch organische Verbindungen angereichert haben („Ursuppe" – „Primordial Soup"). Welche Rolle allerdings die „Ursuppe" für die Entstehung von Leben gespielt hat, ist unklar, und es wird heute bestritten, dass sie eine wesentliche steuernde

Funktion ausgeübt habe, wie dies seit den Versuchen von Miller (1953) vermutet wurde. Die moderne Sicht über die präbiotische Welt wird heute dominiert von Prozessen, die an heißen sulfidischen submarinen Quellen abgelaufen sind. Es ist davon auszugehen, dass die hadaischen Ozeane eine unzählige Menge an hydrothermalen Systemen aufgewiesen haben, Stellen, an denen das Ozeanwasser wie in einem Durchlauferhitzer aufgeheizt wurde. Durch diesen Vorgang wurden Mineralien und Elemente aus den ozeanischen Krusten herausgelöst und dann in der näheren Umgebung der Quellen wieder präzipitiert (Russel & Hall 2006). Es entstanden so überwiegend Metallsulfide wie z. B. die Eisensulfide Pyrit und Greigit. An deren Mineraloberflächen bildeten sich Makromoleküle, u.a. auch einfache Ribonukleinsäuren (RNS).

RNS ist eines der wenigen Moleküle, welche sowohl Informationen speichern als auch katalytische Funktionen wahrnehmen können. In der RNS-Welt wird davon ausgegangen, dass es zu Beginn des Lebens sich selbst replizierende RNS-Moleküle gegeben habe, aus denen sich dann durch Evolution komplexere Systeme entwickelt haben könnten. Kiedrowski (1986) hat gezeigt, dass bereits kleine RNS-Stränge die Fähigkeit zur Selbstreplikation besitzen (Gesteland et al. 1999). Eine der entscheidenden Annahmen der RNS-Welt lautet, dass diese sich an Mineralien wie Pyrit und RNS katalytisch aus den in der „Ursuppe" vorhandenen Ribosen und Basen gebildet habe. Aus der Vielfalt unterschiedlicher RNS-Stränge könnten zufällig solche mit der Fähigkeit zur Selbstreplikation entstanden sein. Diese vermehrten sich möglicherweise rasch und setzten sich so durch. Eine molekulare Evolution könnte so begonnen haben.

Die Prozesse der primären Zellbildung sind allerdings weitgehend unbekannt. Neben den molekularen Informationsträgern mussten sich aus Lipiden (Lipidhüllen mit Doppelmembranen) auch anzestrale Zellen gebildet haben, in denen z. B. die Vorläufer-DNS und RNS eingeschlossen werden konnten. Vermutlich sind auch diese Vorgänge an den heißen hydrothermalen Quellen abgelaufen. Es wird davon ausgegangen, dass es einen Last Universal Common Ancestor (LUCA) gegeben habe, aus dem sich die beiden primären Domänen des Lebens, Bacteria und Archaea, entwickelt hätten (Penny & Poole 1999). Beide Domänen haben an der Wurzel des phylogenetischen Baumes thermophile und hyperthermophile Taxa, so dass die Vermutung unterstützt wird, dass der LUCA unter heißen Bedingungen gebildet worden sei. Gaucher et al. (2008) vermuten aufgrund von Proteinanalysen bei Bakterien, dass der LUCA einiges mit der Domäne Bacteria gemeinsam habe und in einem Temperaturumfeld von rund 70°C entstanden sei. Aufgrund der 16sRNS-Genanalysen ist ersichtlich, dass alle archaischen Mikroorganismen thermophil waren.

2. Archaikum

Die geologische Geschichte unseres Planeten wird ab 3,9 Milliarden Jahren umfangreicher abgebildet. Von besonderem Interesse sind dabei der Isua Supracrustal Belt in SW-Grönland (Appel et al. 1998) und der ca. 3,6 Gy alte Pilbara-Kraton in Westaustralien mit den wesentlich älteren detritischen Jack Hill-Zirkonen (s.o.). Hier finden sich neben typischen Kristallingesteinen der Erdkruste auch Sedimentgesteine, die zeigen, dass es zu dieser Zeit schon Kontinente mit Verwitterungsprozessen gegeben hat. Die Sedimente sind von besonderem Interesse, da sich in ihnen Kohlenstoffreste (Graphit) befinden, welche die ältesten Biosignaturen aufweisen. Die Isotopenwerte des Kohlenstoffs (δ^{13}C-Werte) des eingeschlossenen Graphits sind unerwartet leicht und zeigen, dass eine enzymatisch gesteuerte Biosynthese stattgefunden haben muss. Der δ^{13}C-Wert gibt das Verhältnis des schweren Isotops ^{13}C zum leichten ^{12}C, bezogen auf einen Standard, an. Je leichter das Verhältnis ist, desto deutlicher ist die biogene Signatur. Die δ^{13}C-Signaturen von organischen Verbindungen aus kohligen Chondriten (Murchison Meteorit) (Daten in Reitner 2004) sind ungewöhnlich schwer (δ^{13}C +25‰), Werte, die nicht durch enzymatisch gesteuerte Lebensprozesse fraktioniert worden sind. Die gemessenen δ^{13}C Graphit-Werte pendeln um –5,9‰ bis –34‰ mit einem durchschnittlichen Maximum um –22‰. Diese Werte sind charakteristisch für Photosynthese, gesteuert über das Enzym Ribulose-1,5-bisphosphat-carboxylase/-oxygenase (RuBisCO). Diese Werte wurden auch in Graphiten vergleichbaren Alters aus sog. Banded Iron Formation (BIF) gemessen, so dass man davon ausgehen kann, dass diese leichten δ^{13}C-Werte genuin sind und somit die definitiv ältesten Biosignaturen darstellen (Schidlowski 1979; Mojzsis et al. 1996; Rosing 1999). Dieses Ergebnis überrascht, da es bedeutet, dass mikrobielle Photosynthese über RuBisCO bereits vor mindestens rund 3,9 Milliarden Jahren stattgefunden hat. RuBisCO ist ein komplexes Protein und erfordert eine entsprechend komplexe, genetisch gesteuerte Biosynthese. Es handelte sich vermutlich um eine Photosynthese, die unter anaeroben Bedingungen erfolgte, wie sie heute von anaeroben phototrophen Bakterien bekannt ist. Es ist anzunehmen, dass auch mikrobielle Methanogenese stattgefunden hat. Grundsätzlich muss davon ausgegangen werden, dass die ersten prokaryoten Zellen, wie vorher schon erwähnt, an submarinen, hydrothermalen

Quellen entstanden sind. Letztlich sind aus dem LUCA zwei Domänen des Lebens entstanden, die Bacteria und die Archaea, die beide an ihren phylogenetischen Wurzeln hyperthermophile Vertreter aufweisen. Die wesentlichen Unterschiede beider Domänen liegen in der Art der Membranlipide: bei den Bacteria sind die hydrophilen Kopfgruppen der Lipide über Ester-Verbindungen mit den hydrophoben Enden langkettiger Carbonsäuren, bei den Archaea hingegegen über Ether-Verbindungen mit hydrophoben Isoprenoid-Ketten verbunden. Beide Domänen haben auch unterschiedliche metabolische Pfade. So finden sich u.a. alle Photosynthese treibenden Mikroben in der Domäne Bacteria und alle methanogenen Mikroben in der Domäne der Archaea. Je höher entwickelt die mikrobiellen Organismen sind, desto weniger Temperatur vertragen sie. Das Leben ist eine Abkühlungsgeschichte.

Von erheblichem Interesse ist auch Methan als Biosignatur. Methan ist ein C1- Kohlenwasserstoff und kann auf verschiedene Art und Weise gebildet werden. Nicht jedes Methan ist primär organischen Ursprungs. Methan entsteht über die sog. Fischer-Tropsch-Reaktion aus CO_2 und H_2 abiogen bei hohen Temperaturen und hohem Druck (McCollom et al. 1999; Fischer 1935). Aus dem Erdmantel gast Methan aus mit einer δ^{13}C-Signatur (–10‰), die auf keinen organischen Ursprung hinweist. Dieses Methan entsteht vermutlich aus geogenem CO_2 und H_2. Der Wasserstoff bildet sich hauptsächlich bei der Serpentinisierung, einem Hydratisierungsprozess von ultrabasischen Gesteinen. Die Synthese wird begünstigt, wenn das Mineral Awaruit, eine Eisen/Nickel-Legierung, präsent ist. An der Oberfläche des Awaruits wird bei niedrigen Temperaturen um 200°C katalytisch abiogenes Methan erzeugt. Methan ist auch in Kometen in geringen Mengen vorhanden und kann somit auch extraterrestrischen Ursprungs sein (Gibb et al. 2003). Soweit bekannt ist, sind die δ^{13}C-Werte dieses Methans sehr stark ins Positive verschoben. Biologisches Methan kann grundsätzlich auf zweierlei Art entstehen, erstens durch Thermogenese aus komplexen organischen Verbindungen und zweitens durch mikrobielle Synthese. Bei der mikrobiellen Synthese ist vor allem der autotrophe Prozess von besonderer Bedeutung, der eine biologische Fischer-Tropsch-Reaktion darstellt und enzymatisch gesteuert wird. Interessant ist in diesem Zusammenhang, dass bei der Methanogenese ein Coenzym den letzten Syntheseschritt vollzieht (Methyl-Coenzyme M Reduktase F430 Komplex-MCR), das aus einem Porphyrin-Ring mit einem Ni-Zentrum (Thauer & Shima 2006) besteht. Das so gebildete Methan ist isotopisch extrem leicht (δ^{13}C –50 –100‰) und stellt somit eine exzellente Biosignatur dar.

Nachgewiesen wurde altes biologisch gebildetes Methan in sog. Fluid-Inklusionen in Cherts des archaischen Pilbara Kratons in Westaustralien mit einem Alter von rund 3,5 Gy (Ueno et al. 2006). Dies ist ein klarer Beweis dafür, dass autotrophe, enzymatisch gesteuerte Methanogenese bereits in dieser Zeit präsent war. Beide grundlegenden Stoffwechselwege, Photosynthese, getragen durch Bakterien, und Methanogense, getragen durch Archaea, waren bereits seit dem frühen Archaikum vor rund 3,9 bis 3,5 Gy auf der noch anaeroben Erde vorhanden und haben die biogeochemischen Zyklen nachhaltig beeinflusst.

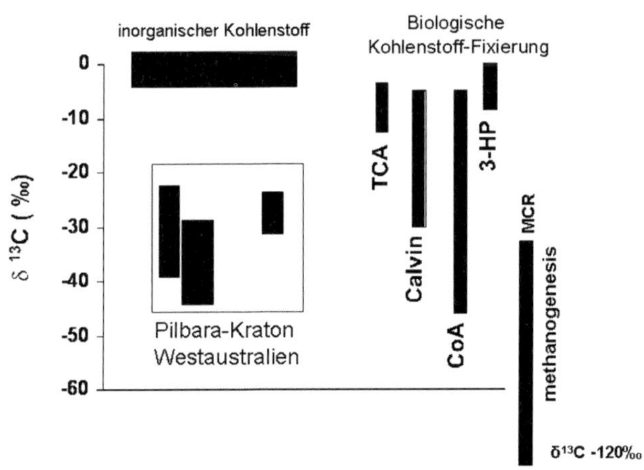

Abbildung 2: Übersicht über die Fraktionierung stabiler Kohlenstoffisotope in wichtigen biologischen Stoffwechselpfaden im Vergleich mit den gefundenen Werten aus dem archaischen Pilbara Kraton in Westaustralien und dem inorganischen Kohlenstoff (Daten aus Brasier et al. 2002; Ueno et al. 2001; House et al 2003;)

Die ältesten, morphologisch erkennbaren mikrobiellen Reste sind aus dem sog. Apex-Chert (3,5 Milliarden Jahre) in Westaustralien und aus Swasiland (Südafrika) (3,4 Milliarden Jahre) bekannt geworden (Schopf 1993; Schopf et al. 2002; Westall et al. 2006). Von Brasier et al. (2002) werden allerdings die als fossile Bakterien interpretierten Reste als diagenetische abiogene Strukturen angesehen. Die vermutlich mikrobiellen Fossilien befinden sich ausschließlich in Chert-Lagen, die zwischen „Banded Iron Stone Formations" (BIFs) eingelagert sind. Oft handelt es sich dabei um kleine, hydrothermal gebildete Hügelstrukturen (Mounds), die in submarinem vulkanischen Gestein eingelagert sind. Furnes et al. (2004) haben aus archaischen Pillow-Basalten der Onverwacht Group (3,47 Gy) in Südafrika eindeutige Bohrspuren von anzestralen Mikroben gefunden, einem Lebensraum, der heute noch in den modernen ozeanischen Krusten zu finden ist (Peckmann et al. 2008).

Das Archaikum ist charakterisiert durch seine anaerobe Atmosphäre und eine erhebliche ökologische Stabilität. Im späten Archaikum vor rund 2,7 Gy finden sich in gut erhaltenen Sedimenten erste Hinweise auf eine aerobe Photosynthese, die durch Cyanobakterien eingeleitet wird. Cyanobakterien (Blaugrünalgen) sind in der Regel Photosynthese treibende Bakterien, die als Stoffwechselendprodukt molekularen Sauerstoff O_2 produzieren. Cyanobakterien besitzen Phycobilisomen, Chlorophyll a, nur vereinzelt Chlorophyll b und d, und kein Bakteriochlorophyll. Sie leiten das „Great Oxidation Event" ein, welches schließlich zur modernen Sauerstoffatmosphäre führt. Nachgewiesen ist die Existenz von Cynaobakterien durch das Auftreten von spezifischen Biomarkern vor rund 2,7 Gy, den 2-Methyl-Bacteriohopaepolyolen (Methyl BHP). Allerdings tritt dieser Biomarker auch bei anoxygenen phototrophen Bakterien auf, jedoch nur gelegentlich, so dass dieser Biomarker als Hinweis für ein erstes verstärktes Erscheinen von Cyanobakterien gilt. In den gleichen Zeitraum fällt auch das erste Auftreten von Steranen (Cholestan), einem Biomarker, der für das Auftreten eines eukaryotischen Stoffwechsels spricht. Dieser Befund ist allerdings sehr problematisch. Eine Entwicklung der Eukaryota sollte eigentlich an den Sauerstoffstoffwechsel gekoppelt sein (Brocks et al 2003; Rasmussen et al 2008).

3. Proterozoikum

Die strikt anaerobe Welt des Archaikums endet vor rund 2,6 Milliarden Jahren mit dem „Great Oxidation Event" (Kaufman et al. 2007). In den späten Phasen des Archaikums haben sich die Photosynthese treibenden Cyanobakterien rasant entwickelt (Kato et al. 2008). Die oxygene cyanobakterielle Photosynthese ($6CO_2$ + 6 $H_2O \rightarrow C_6H_{12}O6$ + $6O_2$) hat die größte globale Umweltveränderung unseres Planeten verursacht. Im Archaikum war der Gehalt an freiem Sauerstoff (O_2) in der Atmosphäre mit unter einem Prozent extrem gering. Allerdings entstand O_2 durch die photolytische Spaltung von Wasser in den oberen Schichten der Atmosphäre und wurde sehr rasch durch Niederschläge in aquatische Bereiche verbracht. Ein Teil davon reagierte mit reduziertem Schwefel zu Sulfat, welches durch mikrobielle Sulphatreduktion wieder metabolisiert werden konnte. Gekoppelt mit diesem Prozess entwickelte sich auch die anaerobe Methanoxidation (AOM), die Methan in CO_2 und H_2 zerlegt. Rezent werden bis dato drei verschiedene AOM-Systeme beobachtet mit unterschiedlicher

Beteiligung von sulfatreduzierenden Bakterien. Der vermutlich ursprünglichste Typ wird repräsentiert durch das Archaeon ANME 2 (Archaeon der Methanosarcinales-Gruppe) mit einem Fe-Sulfid (Greigit) bildenden sulfatreduzierenden Bakterium. Diese enge physiologische Wechselbeziehung zwischen einem methanoxidierenden Archaeon (Euryarchaeota) und einem sulfatreduzierenden Proteobakterium stellt eine phylogenetisch frühe Form der „Endosymbiose" dar (Zillig 1991). AOM ist eigentlich eine reverse Methanogenese. Der enzymatische Weg der Methanogenese läuft rückwärts ab, und ein modifiziertes MCR zerlegt das Methan wieder (Krüger et al. 2003; Heller et. al 2008). Durch diesen Prozess wurden die hohen Methangehalte in der Atmosphäre und im Wasser signifikant reduziert. Methan ist ein extremes Klimagas (25-mal stärker als CO_2) und reflektiert die Wärmestrahlung zurück auf den Erdkörper. Durch die Reduzierung des Methans kam es auch zu einer langsamen, aber signifikanten Reduzierung der Oberflächentemperatur. Vermutlich steht auch die erste große globale Vereisung („Schneeball Erde"), die sog. Huron-Vereisung vor rund 2,4 Milliarden Jahren, in einem engen Zusammenhang mit der Reduzierung des freien globalen Methans und der Zunahme von O_2 in der Atmosphäre. Es muss davon ausgegangen werden, dass es durch den Anstieg des O_2-Gehalts auf einige Prozent in der Atmosphäre zu einem dramatischen Einbruch in der Bioproduktion gekommen ist, verbunden mit einer „Mass Extinction" bei den anaeroben Organismen. Die sich parallel entwickelnden Cyanobakterien entzogen durch die aerobe Photosynthese der Atmosphäre in erheblichem Maße auch CO_2, was den Abkühlungstrend zusätzlich verstärkt haben muss. Es kam vermutlich zu einer negativen Rückkoppelungsschleife, die letztlich die erste globale Vereisung der Erdgeschichte verursacht hat. Verbunden mit dieser Vereisung ist auch die weltweite Bildung von „BIFs", die auf den Wechsel der Sauerstoffgehalte in den Ozeanen zurückzuführen sind. Das hydrothermal geförderte Fe^{2+} wird oxidiert zu Fe^{3+} durch periodischen Eintrag O_2-reichen Oberflächenwassers, eventuell durch Schmelzwasser. Die unterschiedlichen BIF-Vorkommen können sicherlich auch unterschiedliche Ursachen gehabt haben. Grundsätzlich denkbar sind neben einer oxygenen Photosynthese, die O_2 in die Oberflächenwässer verbracht hat, auch phototrophe Fe^{2+}-oxidierende Grüne- und Purpurbakterien (Heisig & Schink 1998; Kappler 2005). Es kommt auch zu ausgedehnten Rotsedimenten auf den Kontinenten. Das ganze Ereignis wird durch eine positive $\delta^{13}C$-Exkursion, das sog. Lomagundi-Jatulian Event, charakterisiert und begleitet (Melezhik et al. 2007). Der Anstieg des ^{13}C wird zum einen erklärt durch die geringe Bioproduktion in dieser Zeit und zum anderen durch die AOM, die dem System erhebliche Mengen an

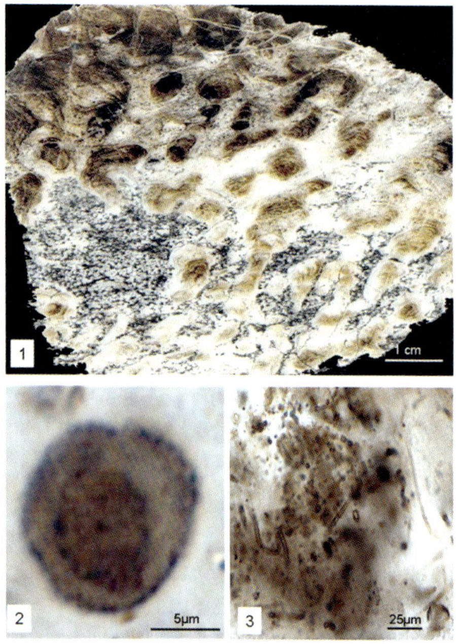

Abbildung 3: Mikrobielle Strukturen und erste eukaryote Zellen aus dem 2,2 Gy alten Gunflint Chert Stromatolithen (Gunflint Range, nördliche Küste des Lake Superior, Kanada). Das Gestein ist vollständig silifiziert und enthält exzellent erhaltene Mikroorganismen. Abbildung 3.1 zeigt die stromatolithische Struktur des Gesteins. Die Stromaolithe sind aufgrund ihres hohen organischen Anteils bräunlich eingefärbt. Abbildung 3.2 zeigt eine frühe eukaryote Zelle mit großem Zellkern. Abbildung 3.3 zeigt ein guterhaltenes Geflecht aus cyanobakteriellen Filamenten.

^{12}C entzieht. Der globale DIC-(„Dissolved Inorganic Carbon“)-Speicher ist somit mit ^{13}C angereichert.

Das Lomagundi-Jatulian Event hat eine Zeitdauer von rund 250 Millionen Jahren, in der die geobiologische Umgestaltung der Erde mit einer aeroben Atmosphäre im wesentlichen stattgefunden hat. Die folgende Zeit wird als Proterozoikum bezeichnet und erstreckte sich über rund 1,5 Milliarden Jahre. Die Cyanobakterien spielen eine dominante Rolle. Aufgrund der hohen Karbonatalkalinität (hohe Gehalte an HCO_3^-, CO_3^{2-}) der Ozeane kam es zur sog. Stromatolithbildung. Stromatolithen sind mineralisierte Biofilme, die oft durch Cyanobakterien dominiert sind (Kempe & Degens 1985). Durch die hohe Alkalinität der Ozeane, bedingt durch Silikatverwitterung im Hinterland und auch durch bakterielle Sulfatreduktion, war der Kalziumgehalt der proterozoischen Ozeane sehr gering. Ein

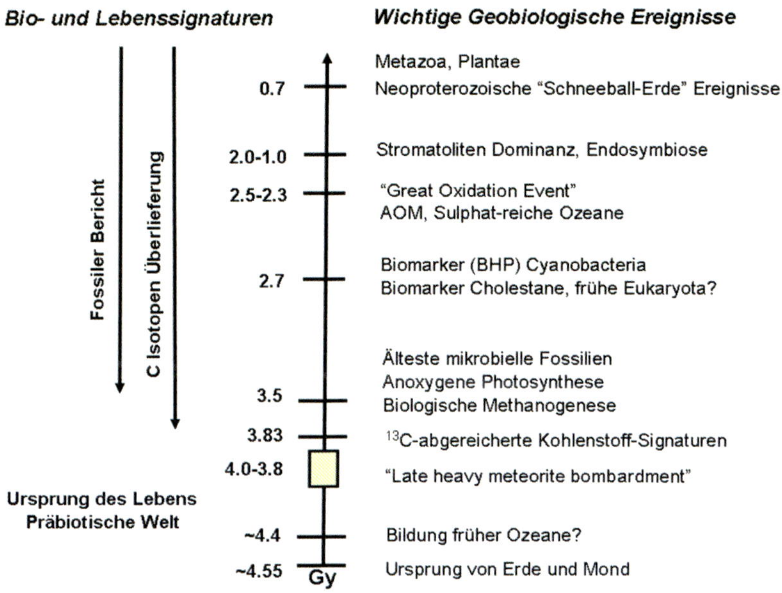

Abbildung 4: Übersicht über wichtige globale geobiologische Ereignisse des Hadaikums, des Archaikums und des Proterozoikums

erheblicher Teil des Kalziums wurde von den Biofilmen extrem rasch zu $CaCO_3$ remineralisert, so dass es in den Schelfgebieten der Kontinente zu enorm mächtigen und weitverbreiteten Stromatolithformationen kam. Ein weiterer wichtiger Evolutionsschritt geschah vor rund 2 Milliarden Jahren, die Entstehung der eukaryoten Zelle, vermutlich durch Endosymbiose (Sagan 1967 u.v.a.). Es spricht vieles dafür, dass sich der Zellkern aus einem Archaeon gebildet hat. Durch Aufnahme eines Alpha-Proteobakteriums (Mitochondrien) entstanden die einzelligen Protisten und durch zusätzliche Aufnahme von einzelligen Cyanobakterien (Chloroblasten) Algen. Eukaryote Zellen fanden Aufnahme in prokaryotische Biofilme und bildeten den Grundbauplan basaler Metazoa.

Die Prokaryota-Protisten-Welt war über rund 1,5 Milliarden Jahre eine ökologisch und morphologisch extrem stabile Welt ohne kritische Intervalle, die durch eine langsame graduelle Evolution ausgezeichnet war. Die dominierenden Primär- und O_2-Produzenten waren die Cyanobakterien, fossil erhalten durch Stromatolithen. Die ökologisch stabile Zeit des Proterozoikums war mit dem Cryogenium vor rund 850 My zu Ende. Das Cryogenium ist charakterisiert durch verschiedene Schneeball-Erde-

Szenarien, die später die modernen Metazoenbaupläne und die enzymatisch gesteuerte Biomineralisation hervorgebracht und somit den letzten großen Zeitabschnitt der Erdgeschichte, das Phanerozoikum, eingeleitet haben (Reitner 2009).

Literatur

Brasier, M. D., O.W. Green, A. P. Jephcoat, A. K. Kleppe, M .J. Van Kranendonk, J. F. Lindsay, A. Steele, and N. V. Grassineau. (2002): Questioning the evidence for Earth's oldest fossils. — Nature, 416, 76–81.

Brocks, J., Logan, G. A., Buick, R. & Summons, R. E. (2003): Archean Molecular Fossils and the Early Rise of Eukaryotes.- Science, 285, 1033–1036.

De Duve, Chr. (1994): Ursprung des Lebens. – 296 S., Spektrum Verlag (Heidelberg).

Fischer, F. (1935): Die Synthese der Treibstoffe (Kogasin) und Schmieröle aus Kohlenmonoxyd und Wasserstoff bei gewöhnlichem Druck. – Brennstoff-Chemie, 16, 1–11.

Furnes, H., Banerjee, N. R., Muehlenbachs, L., Staudigel, H. & Wit de, M. (2004): Early Life Recorded in Archean Pillow Lavas. – Science, 578–581.

Gaucher, E. A., Govindarajan, S. & Ganesh, O. K. (2008): Palaeotemperature trend for Precambrian life inferred from resurrected proteins. – Nature, 451, 704–707.

Gesteland, R. F., Cech, T. R. Atkins, J. F. (1999): The RNA World. – 709 S. Cold Spring Harbor Monograph Series, Kansas City.

Gibb, E. L., Mumma, M. J., Dello Russo, N., DiSanti, M. A. & Sauer-Magee, K. (2003): Methane in Oort cloud comets. – Icarus, 165, 391–406.

Gilbert, W. (1986): Origin of life: The RNA world. – Nature, 319, 618.

House, C. H., Schopf, J. W., Stetter, K. O. (2003): Carbon isotopic fractionation by Archaeans and other thermophilic prokaryotes. – Org.Geochem. 34, 345–356.

Heising, S. & Schink, B. (1998): Phototrophic oxidation of ferrous iron by a Rhodomicrobium vannielii strain. –Microbiology, 144, 2263—2269.

Heller, C., Hoppert, M. & Reitner, J. (2008): Immunological Localization of Coenzyme M Reductase in anaerobic Methane-Oxidizing Archaea of ANME 1 and ANME 2 Type. – Geomicrobiology Journal, 25, 1–8.

Kappler, A., Pasquero, C., Konhauser, K. O., & Newman, D. K. (2005): Deposition of banded iron formations by anoxygenic phototrophic Fe (II)-oxidizing bacteria. – Geology, 33, 865–868.

Kato, Y. et al. (2009): Hematite formation by oxygenated groundwater more than 2.76 billon years ago. – Earth and Planetary Science Letters, 278, 40–49.

Kaufman, A. J. et al. (2007): Late Archaean Biospheric Oxygenation and Atmospheric Evolution. – Science, 317, 1900–1903.

Kempe, S. & Degens, E. T. (1985): An early soda ocean. – Chemical Geology 53 (1–2), 95–108.

Schidlowski, M., Appel, P. W. U., Eichmann, R. & Junge, C. E. (1979): Carbon isotope geochemsitry of the 3, 7 x 109–yr-old-Isua sediments, West Greenland: implications for the Archaean carbon and oxygen cylces. – Geochimica, Cosmochimica Acta, 43, 189–190.

Kiedrowski von, G. (1986): A self-replicating hexadeoxynucleotide. – Angew. Chem. Int. Ed. Engl. 25, 932–935.

Koeberl, Chr. (2006): The record of impact processes on the early Earth. – In: Reimold, W.U. & Gibson, R. L. (eds.), Processes on the Early Earth. – 1–23, Geol. Soc. Spec. Paper, 405.

Kopp, R. E. et al. (2005): The Paleoproterozoic snowball Earth: A climate disaster triggered by the evolution of oxygenic photosynthesis. – PNAS, 32, 11131–11136.

Krüger, M., Meyerdierks, A., Glöckner, F., NO., Amann R. & Widdel, F. (2003): A conspicuous nickel protein in microbial mats that oxidize methane anaerobically. – Nature 426, 878–881.

McCollom, T. M., Ritter, G. & Simoneit, B. (1999): Lipid Synthesis under Hydrothermal Conditions by Fischer- Tropsch-Type Reactions. – Origins of Life and Evolution of Biosphere, 29, 153–166.

Melezhik, V. A. & Fallick, A. E. (1996): A widespread positive delta C-13(carb) anomaly at around 2.33–2.06 Ga on the Fennoscandian Shield: A paradox? – Terra Nova, 8, 141–157.

Miller, S. L. (1953): A Production of Amino Acids under possible primitive Earth conditions. – Science, 117, 528–529.

Mojzsis, S. J., Arrhenius, G., McKeegan, K. D., Harrison, T. M., Nutman, A. P. & Friend, C. R. L. (1996): Evidence for life on Earth before 3800 million years ago. – Nature, 384, 55–59.

Nemchin, A. A., Whitehouse, M. J., Menneken, M., Geisler, T. Pidgeon, R. T. & Wilde, S. A. (2008): A light carbon reservoir recorded in zircon-hosted diamond from the Jack Hills. – Nature, 454, 92–95.

O'Neil, J., Carlson, R. W., Francis, D. & Stevenson, R. K. (2008): Neodymium-142 Evidence for Hadean Crust. – Science, 312, 1828–1831.

Peckmann, J., Bach, W., Behrens, K. & Reitner, J. (2008): Putative cryptoendolithic life in Devonian pillow basalt, Rheinisches Schiefergebirge, Germany. – Geobiology, DOI: 10.1111/j.1472-46692007.00131.x.

Penny, D. & Poole, A. (1999): The nature of the last universal common aancestor. – Current opinion in Genetics & Development, 9, 672–677.

Rasmussen, B., Fletcher, T. R., Brocks, J. & Kilburn, M. R. (2008): Reassessing the first appearance of eukaryotes and cyanobacteria. – Nature, 455, 1101–1104.

Reitner, J. (2004): Organomineralisation: A clue to the understanding of meteorite-related "Bacteria-shaped" carbonate particles. – In J. Seckbach (ed.), Origins, 195–212. (Kluwer).

Reitner, J. (2009): Die "Schneeball Erde" – eine eisige Welt vor 600 Millionen Jahren oder das Rätsel vom Ursprung der modernen Tierstämme. – In: Elsner, N., Fritz, H.-J., Gradstein, S. R. & Reitner, J. (eds.), Evolution Zufall und Zwangsläufigkeit der Schöpfung, 137–167; Wallstein Verlag Göttingen.

Rosing, M. T. (1999): C-13-depleted carbon microparticles in 3700-Ma sea-floor sedimentary rocks from west Greenland. – Science, 283, 674–676.

Russel, M. J. & Hall, A. J. (2006): The onset and early evolution of life. – Geol.Soc.of America, Mem.108, 1–33.

Sagan, L. (1967): On the origin of mitosing cells. – In: J. Theoretical Biology, 14, 255–274.

Schopf, J. W. (1993): Microfossils of the early Archaean Apex Chert: new evidence fort he antiquity of life. – Science, 260, 640–646.

Schopf, J. W., Kudryavtsvev, A. B., Agresti, D. G., Wdowiak, T. J. & Czaja, A. D. (2002): Laser-Raman imagery of Earth's earliest fossil. – Nature, 416, 73–76.

Thauer, R. K. & Shima, S. (2006): Methyl-coenzyme M reductase in methanogenic and methanotrophic archaea. – In: Archaea Biology (Garrett, R. & Klenk, H.-P., eds) Blackwell Publishing, Inc. Malden, USA.

Ueno, Y., Isozaki, H., Yurimoto & Maruyama, S. (2001): Carbon isotopic signatures of individual Archean microfossils (?) from Western Australia. – Int. Geol. Rev. 43, 196–212.

Ueno, Y., Yamada, K., Yoshida, N., Maruyama, S. & Isozaki, Y. (2006): Evidence from fluid inclusions for microbial methanogenesis in the early Archaean era. – Nature, 440, 515–519.

Wächtershäuser, G. (1990): Evolution of the First Metabolic Cycles. – PNAS, 87, 200–204.

Westall, F. et al. (2006): The 3.466 Ga "Kittiy's Cap Chert", an Early Archaean microbial ecosystem. – In: Reimold, W. U. & Gibson, R. L. (eds.), Processes on the Early Earth. – 1–23, Geol. Soc. Spec. Paper, 405.

Wilde, S. A., Valley, J. W., Peck, W. H. & Graham, C. M. (2001): Evidence from detrital zircons for the existence of continental crust and oceans on the Earth 4.4Gyr ago. – Nature, 409, 175–178.

Wood, B. J., Walter, M. J. & Wade, J. (2006): Accretion of the Earth and segregation of the core. – Nature, 441, 825–833.

Zillig, W. (1991): Comparative biochemistry of Archaea and Bacteria. – Current Opinion in Genetics and Development, 1, 544–551.

Die globale Wirkung von „Supervulkanen"

(vorgetragen in der Plenarsitzung am 9. Mai 2008)

Gerhard Wörner

Gerhard Wörner, Professor für Geochemie an der Georg-August-Universität Göttingen, O. Mitglied der Göttinger Akademie seit 2003

Die geologische und klimatische Entwicklung unserer Erde bestimmt in großem Maße die Evolution der Pflanzen und der Tiere. Meeresspiegel wechseln als Folge der Öffnung und der Schließung von Ozeanen über Zeiträume von mehreren 10er Millionen von Jahren. Hierbei werden junge Ozeanbecken mit junger Ozeankruste neu gebildet und alte, kalte Ozeankruste durch Subduktion in den Erdmantel zurückgeführt. Dieser Wechsel des Meeresspiegels schafft neue Lebensräume, die die Evolution begünstigen. Die Verteilung der Kontinente auf dem Globus sowie die Bildung und die Zerstörung von Landbrücken (s. Mittelamerika) hängen ab von den Bewegungen der Erdplatten und bestimmen so die Meeresströmungen und beeinflussen Eiszeiten, globale Temperaturen und wiederum den Meeresspiegel.

Diese Prozesse bedingen sehr langsame, kontinuierliche Änderungen der Lebensbedingungen auf unserem Planeten, diese sind oft Motor der Evolution. Kontinuierliche Entwicklung wurde und wird in der Erdgeschichte immer wieder unterbrochen von katastrophalen Ereignissen, die das Leben selbst bedrohen und die Evolution in neue Bahnen lenken. Das wohl bekannteste Beispiel ist der Einschlag eines Meteoriten an der Wende der Kreide- zur Tertiärzeit vor 65 Millionen Jahren. Dieses „Event" wird mit dem Aussterben der Dinosaurier und mit dem Beginn des evolutionären „Aufstiegs" der Säugetiere in Verbindung gebracht. Ähnliche „Aussterbeereignisse" in der früheren Erdgeschichte (z. B. Wende Perm/Trias) werden ebenfalls mit Einschlägen großer Meteoriten erklärt. Jedoch sind die Befunde nicht immer eindeutig, und es gibt alternative Überlegungen, die große vulkanische Flutbasalteruptionen verantwortlich sehen. Dies lenkt unsere Aufmerksamkeit von den Meteoriteneinschlägen weg und hin zu der Frage: Was ist die Wirkung großer Vulkaneruptionen auf die globalen Lebensbedingungen und auf evolutionäre Prozesse?

Tambora-Vulkan 1815:
100 km^3 eruptiertes Magma
200 Millionen Tonnen SO_2 in der Atmosphäre, weltweit klimatische Effekte, 90.000 Tote

„In den Bergen aß man Silberdisteln und Brennesseln, in der Eifel Heu und Stroh."

1815, das erste Jahr nach den Napoleonischen Kriegen: wegen unergiebiger Ernten war die Versorgung der Bevölkerung schlecht. 1816 ist ein „Jahr ohne Sommer". In Mitteleuropa ist es um 1,4 Grad Celsius kühler als im längerfristigen Durchschnitt, mit den niedrigsten Mittelwerten, seit diese in Europa gemessen und aufgezeichnet werden.

„Im Mai und Juni fast täglich Regen und Gewitter, so daß die Äcker versoffen und Weinberge rutschten. Großer Hagelschlag und Überschwemmungen. Der Scheffel Dinkel, den man noch um Pfingsten um 5–6 Gulden kaufte, kostete im Juli schon 12–15 Gulden. Den 31. Juli schneite es auf der [Schwäbischen] Alb [...] Die Wintersaat mußte man zum Theil in den Schnee säen."

Diese kleine Auswahl von Berichten (zitiert aus Vasold, 1994) zeigt, dass die Toba-Eruption in Indonesien, die mit 100 km^3 Magma ein noch relativ kleines Ausmaß hatte, weltweit klimatische Effekte und Mangelversorgung ausgelöst hat. Ähnliche Berichte gibt es von der Laki-Eruption 1783/84 in Island, die zu Temperaturreduzierungen von mehr als einem Grad über zwei Jahre führte. Nordeuropa war überzogen von schwefelhaltigem Smog. Ob die dadurch bewirkte Mangelversorgung die Französische Revolution (mit-) ausgelöst haben könnte, ist allerdings sehr umstritten, zweifelsohne aber waren die erniedrigten Temperaturen und die Missernten in den folgenden Jahren vor allem für das einfache Volk drastisch spürbar.

Es ist keine Frage: Eruptionen der Größenordnung von Tambora und Laki treten in der geologischen Geschichte relativ häufig, etwa alle 100 bis 1000 Jahre auf, und je nachdem, wo sie sich ereignen, haben sie verheerende lokale und immer auch schwerwiegende globale Klimawirkungen, die mehrere Jahre andauern können. Ihre Häufigkeit bedingt, dass Eruptionen dieser Größenordnung schon mehrfach in der jüngeren Menschheitsgeschichte aufgetreten sind, mit offensichtlich möglichen schweren Folgen. Im Vergleich zu den „Champions", den wirklich großen Eruptionen, gehören diese Ereignisse allerdings höchstens in die Regionalliga.

Hotspots, Plumes und Flutbasalte

Die Dynamik des Erdmantels und die Abkühlung der ozeanischen Lithosphärenplatten führen zum Absinken dieser Platten und deren Subduktion in den Mantel. In der Folge werden neue Ozeane gebildet, dort weichen die Platten auseinander, und der Mantel steigt nach oben, schmilzt partiell auf, und die Magmen bilden so neue ozeanische Kruste. An einigen Stellen der Erde jedoch steigen heiße Gesteinsströme punktuell nach oben und bilden relativ ortsfeste „Hotspots“. Hawaii und Island sind gute Beispiele dafür. Diese Hotspots werden gespeist aus den „Plumes“, von denen viele – so vermutet man – ihren Ursprung im heißen, unteren Mantel haben. Solche Plumes können, etwa im Falle von Hawaii, über 80 Millionen Jahre aktiv sein. Wie aber entstehen sie, wie beginnen sie? Diese Frage wird von Geophysikern und Geochemikern bearbeitet, und nach deren Forschungen entstehen die großen Plumes im unteren Mantel, möglicherweise an der Kern-Mantel-Grenze in 2900 km Tiefe, von wo sie zunächst langsam als heiße, aber feste Gesteinsmasse aufsteigen. Dabei vergrößert sich der Plume-Kopf und vermischt sich mit dem umgebenden Mantel. Erst wenn dieser Plume-Kopf die Basis der Lithosphärenplatten in etwa 100 km Tiefe erreicht, hat sich der Druck soweit reduziert, dass das nun sehr große Volumen an heißem Mantelmaterial aufschmelzen kann. Die Folge sind große Mengen von Basaltmagma, das in so genannten Flutbasaltprovinzen an die Erdoberfläche tritt. Beispiele solcher Basaltfluten gibt es in Indien (67 Ma, Deccan-Provinz) und in Sibirien (250.32 ± 1.1). Das Alter der sibirischen Flutbasaltprovinz fällt exakt zusammen mit dem größten Aussterbeereignis in der Erdgeschichte: An der Wende vom Paläozoikum zum Mesozoikum vor 249 ± 0.14 (Reichow et al., 2009) Ma sind ca. 95 % aller mehrzelligen Arten ausgestorben.

Das Onton-Java-Plateau (122 Ma) ist mit 36 Millionen km^3 das größte bekannte durch einen Plume gebildete Basaltereignis. Die Eruptionsrate wird auf 12 km^3 Magma pro Jahr geschätzt. Allerdings ist unter den genannten Flutbasaltereignissen dieses das einzige, das sich im ozeanischen Milieu überwiegend submarin ausgebreitet hat (Tabelle 1).

Eine globale Wirkung von Flutbasaltprovinzen mit möglichem Einfluss auf die Evolution (und Aussterbeereignisse in der Erdgeschichte, Abbildung 1) vermutet man deshalb, weil die großen Volumina von Basaltmagma in kurzer Zeit große Mengen an SO_2 in die Atmosphäre tragen (Rampino, 2001; Rampino und Stothers, 1988). Einzelne Lavaströme dieser Flutbasaltprovinzen (Abbildung 2) haben Volumina von bis zu 1000 km^3, deren Freisetzung von Schwefel-Dioxid von Self et al. (2008) auf 5.4×10^3 bis

Tabelle 1: Flutbasalt-Provinzen

Name	Alter (Ma)	Fläche Mio km^2	Volumen Mio km^3	Eruptionsrate km3/a	Aussterbe-ereignis
Columbia River Plateau	16–18	0.16	0.17	0.017	14±2
Aden/Yemen/Afar	20–29	0.75	2.0	>1	35±1
North Atlantic	53–63	0.61	>2	>1	65±1
Deccan	66±1	>1.0	>1.5	>1.5	65±1
Parana/Etendeka	110–130	1.3	1.5	0.75	137±1
Ontong-Java	122		35	12	?
Sibirien	250.3±1.1	2.5	1.0	1.0	249.25±0.14

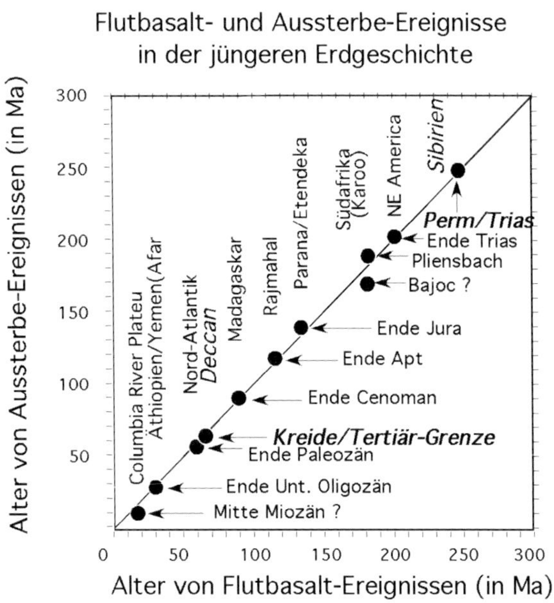

Abbildung 1: Alter von Flutbasalteruptionen und Aussterbeereignisse in den letzten 250 Millionen Jahren (modifiziert nach Rampino und Stothers, 1988)

3.6 × 10^3 Tg an SO_2 abgeschätzt wurde. Diese Mengen wurden vermutlich innerhalb weniger Jahre gefördert. Die Freisetzungsrate an SO_2-Gas von ca. einer Million Tonnen SO_2 pro Jahr basieren auf Mikromessungen von kleinen, nichtentgasten Glaseinschlüssen in Mineralen und auf deren Vergleich mit SO_2-ärmerem, entgasten Basaltglas. Die Rate errechnet sich dann aus der Differenz im Schwefelgehalt zwischen Lavastrom und Glaseinschlüssen sowie der Masse des Lavastroms und der Dauer einer solchen

Abbildung 2: Lavaströme der Ferrar-Provinz (178 Ma, Molzahn et al., 1996) in der Antarktis. Die Mächtigkeit der Ablagerung beträgt hier über 1000m, sie erstreckt sich über mehrere tausend Kilometer entlang dem Transantarktischen Gebirge (Foto: Wörner).

Eruption. Zahllose Lavaströme dieses Ausmaßes sind in den Flutbasalten innerhalb einer Million Jahre dokumentiert. Rampino, Self und andere Forscher schließen daraus, dass Flutbasaltereignisse in der Erdgeschichte einen „vulkanischen Winter" erzeugt haben können, mit globalen Auswirkungen auf das Klima und die Lebensbedingungen auf unserem Planeten. Die Wiederkehrrate solcher Ereignisse betrug in der jüngeren Erdgeschichte ca. 33 Millionen Jahre (Abbildung 1), und dies belegt, dass der Gang der Evolution zum Teil durch tief im Erdmantel verursachte Umwälzungen beeinflusst wird.

Supervulkane anderer Art sind die großen explosiven Eruptionen aus langlebigen (> 1 Ma) Magmakammern in der Erdkruste. Die Magmenproduktion kann an einigen Stellen im Erdmantel so groß sein, dass sich Magma in der Erdkruste über längere Zeit ansammelt, sich dort durch Kristallisation in seiner Zusammensetzung ändert und sich so zu „hochdifferenzierten", gasreichen Magmen entwickelt. Kommt es zu einer Eruption aus einer solchen Magmakammer, kann innerhalb weniger Tage und Wochen ein Magmavolumen von Hunderten bis Tausenden von Kubikkilometern explosiv gefördert werden. In der Regel bricht dann das Dach der Magmakammer ein, und es bilden sich große Einbruchskrater, die – wie zum Beispiel im Falle der Yellowstone-„Caldera" – einen Durchmesser von über 80 km haben können (Abbildung 3).

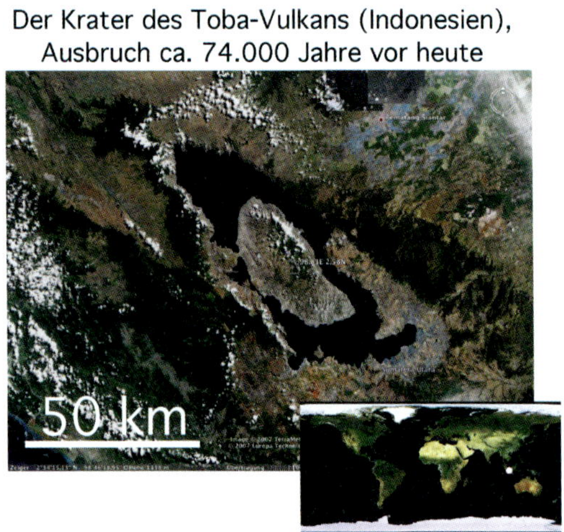

Abbildung 3: Die Toba-Caldera auf Sumatra (modifiziert nach Google Earth)

Die Eruptionen von solchen Supervulkanen (Tabelle 2) fördern Asche, Bimsstein und Gas in Form von Fallablagerungen und Glutlawinen, der Feinanteil und die Gase in Massen von 1000 Megatonen erreichen die Stratosphäre und verbreiten sich über die gesamte Hemisphäre – mit weitreichenden Wirkungen.

Tabelle 2: Supervulkane und eine Auswahl großer, im Text erwähnter historischer Eruptionen

Name	Ort	Alter	Eruptiertes Volumen
Yellowstone Caldera	USA	2,2 Mio J.	2.500 km^3
	USA	1,3 Mio J.	280 km^3
	USA	0,64 Mio J.	1.000 km^3
Long Valley Caldera	USA	0,76 Mio J.	600 km^3
Toba Caldera	Sumatra	73.500 J.	2.800 km^3
Phlegräische Felder	Italien	39.000 J.	300 km^3
		14.000 J.	50 km^3
Taupo	Neuseeland	26.500 J.	800 km^3
Laacher See	Deutschland	13.065 J.	6 km^3
Santorini	Griechenland	1628 v. Chr.	61 km^3
Vesuv	Italien	79 v. Chr.	4 km^3
Lakiv	Island	1783/84	15 km^3
Tambora	Indonesien	1815	100 km^3
Mt. St. Helens	USA	1980	3 km^3

Die Toba-Eruption (Abbildung 3) vor ca. 73.500 Jahren gehört zu den größten in der jüngsten Erdgeschichte (< 2 Ma) dokumentierten Eruptionen dieser Art. Die Eruptionssäule erreichte vermutlich über 30 km Höhe, und es wurden 10^{10} Tonnen Asche und H_2SO_4-Aerosole in die Atmosphäre geschleudert (Abbildung 5: Rampino und Self, 1993). Die Aerosole verweilten bis zu 6 Jahren in der Atmosphäre, die Folge war ein „vulkanischer Winter" mit durchschnittlich 3 bis 5°C niedrigeren Oberflächentemperaturen weltweit. Eisbohrkerne (Summit, Grönland) zeigen für die Tambora-Eruption (Abildung 5) eine ca. 6-jährige Periode (71.100 ± 5.000 a b.p.) mit stark erhöhtem SO_4^{2}-Signal in der Atmosphäre an (Rampino and Self, 1992). Dies hatte drastische Folgen für die Vegetation. Temperaturmodellierungen (Jones et al., 2005) zeigen, dass die tropische Vegetation zu 100 % ausgelöscht und Pflanzen in gemäßigten Breiten auf 50 % reduziert wurden. Die Folgen für die frühe Menschheit waren vermutlich ebenfalls verheerend. Genetische Studien (Ambrose, 1998; Rampino und Ambrose, 2000) zeigen, dass die Zahl der überlebenden Menschen möglicherweise auf nur einige wenige Tausende reduziert wurde (Abbildung 4).

Supereruptionen wie die des Toba-Vulkans auf Sumatra treten in der Erdgeschichte etwa alle 50.000 Jahre auf, also 10- bis 15-mal so häufig wie große Meteoriteneinschläge. Die Energiefreisetzung einer solchen Eruption (10^{22} Joule) ist ebenfalls größer als bei den meisten Impaktereignissen. Supereruptionen stellen damit eine weit größere und realere Bedrohung für die Menschheit und die Zivilisation dar. Die letzte Supereruption in den Vereinigten Staaten hatte ihren Ursprung vor 640.000 Jahren in der Yellowstone-Caldera (Abbildung 6). Noch in 1.500 km Entfernung wurde eine Aschenlage von etwa einem Meter abgelagert. Es besteht unter Vulka-

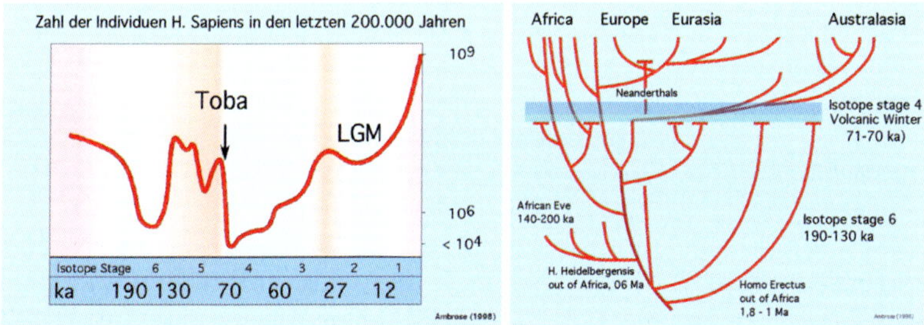

Abbildung 4: (links): Zahl der lebenden Individuen von Homo Sapiens mit extremem Rückgang vor ca. 74.000 Jahren (Ambrose et al., 1998). (rechts): Genetische Entwicklung der Hominiden mit weitgehendem Rückgang der genetischen Vielfalt („human bottleneck") vor ca. 74.000 Jahren (modifiziert nach Harpending et al., 1993)

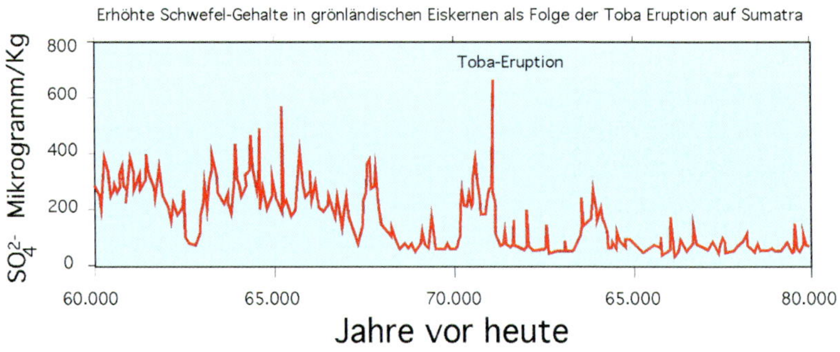

Abbildung 5: Erhöhung der Schwefelgehalte durch die Toba-Eruption in Eisbohrkernen Grönlands (modifiziert nach Zielinsky et al., 1996)

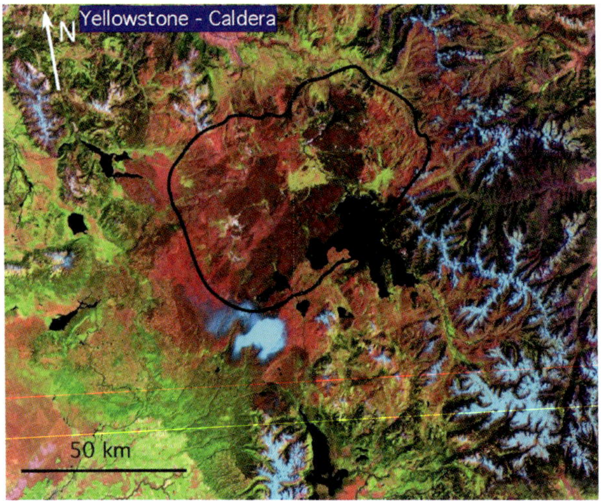

Abbildung 6: Satellitenbild und Umriss der Yellowstone-Caldera. Aus diesem Einbruchskrater wurden in den letzten ca. 2 Millionen Jahren in drei großen Eruptionen jeweils Magmenvolumina von 280 bis 2500 km^3 gefördert. Die Yellowstone-Caldera liegt über einer noch immer aktiven Magmakammer, die durch den Yellowstone-Plume im Erdmantel gespeist wird. Mit weiteren Eruptionen ähnlichen Ausmaßes ist jederzeit zu rechnen

nologen kein Zweifel daran, dass eine Eruption dieser Größenordnung im Grunde jederzeit wieder möglich ist, nicht nur am Yellowstone-Vulkan. Die sozioökonomischen Folgen eines solchen Ereignisses sind schwer abzuschätzen, man kann jedoch vermuten, dass Transport, Handel, Kommunikation und Ernährung weltweit in ganz erheblichem Maße betroffen oder sehr eingeschränkt sein oder gar ganz zum Erliegen kommen würden. Abbil-

Abbildung 7: Lage der derzeit gefährlichsten Supervulkane

dung 7 zeigt die Lage einer Auswahl der gefährlichsten, potentiell aktiven Supervulkane.

Ein „kleiner" Supervulkan liegt gar nicht weit von uns entfernt, in der Nähe von Neapel in Italien. Nicht nur der notorische Vesuv, vor allem die Phlegräischen Felder haben in der jüngeren geologischen Geschichte katastrophale Eruptionen produziert, die Eruption des „Campanischen Ignimbrits" und die des Neopolitanischen „Yellow Tuff" mit jeweils 280 km^3 bzw. 150 km^3 ereigneten sich vor 39.000 und 14.500 Jahren. Unsere eigenen Forschungen im Rahmen eines europäischen Verbundprojektes (ERUPT) haben gezeigt, dass sich in der Vergangenheit unter den Kratern der Phlegräischen Felder und unter dem Vesuv Magmaansammlungen gebildet haben, die in der Magmakammer eine Verweilzeit von ca. 6000 Jahren haben können (Abbildung 8; Scheibner et al, 2007, 2008). Weitere eigene Arbeiten haben gezeigt (Pabst et al., 2007), dass älteres Magma unter den Phlegräischen Feldern sich zunächst in einzelnen, kleineren Magmakammern angesammelt hatte. Aus diesen ereigneten sich einige tausend Jahre vor dem „Campanischen Ignimbrit" und dem Neopolitanischen „Yellow Tuff" Eruptionen von geringerer Stärke. Das Nachströmen neuen Magmas aus der Tiefe führte dann dazu, dass diese Reservoire sich zu einer großen Kammer vereinigten, aus der heraus dann die katastrophalen Eruptionen gespeist wurden. Studien dieser Art erlauben es uns, die Vorgeschichte großer Eruptionen besser zu verstehen und gezielter die Ankündigungen für solche Ereignisse zu erkunden.

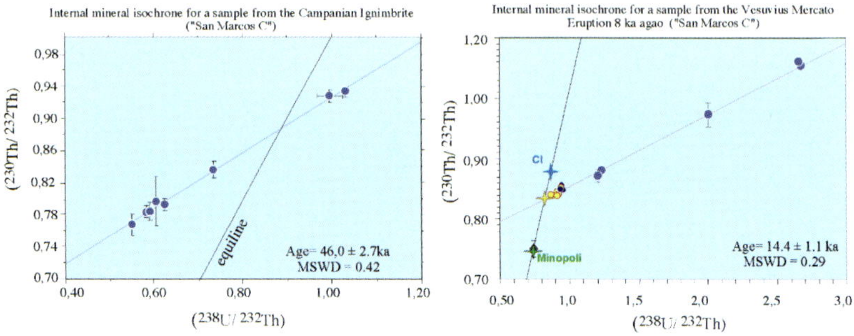

Abbildung 8: So genannte „Mineralisochronen" von Eruptionsprodukten des Campanischen Ignimbrits und der Mercato-Bimsablagerung des Vesuv. Diese Isochronen basieren auf massenspektrometrischen Analysen von kurzlebigen Isotopen der U-Zerfallsreihe und erlauben die Datierung des Alters von Mineralen im Vulkangestein. Diese Altersdaten können dann verglichen werden mit dem tatsächlichen Eruptionszeitpunkt, der mit der Ar-Ar- bzw. 14C-Methode datiert wird. Eine Altersdifferenz reflektiert das Alter des Magmas zum Zeitpunkt der Eruption und beträgt in diesen Beispielen etwa 6.000 Jahre (aus unseren eigenen Arbeiten in Göttingen: Scheibner et al, 2008).

Supervulkane sind nicht die einzige Bedrohung, der wir und unsere Zivilisation unterliegen. Neben Erdbeben und Vulkanausbrüchen und den von ihnen ausgelösten Tsunamis müssen wir jederzeit mit weiteren schwerwiegenden Ereignissen rechnen, die sich auf unserer Erde immer wieder ereignen werden (McGuire, 2005). Meteoriteneinschläge sind nur ein, wenn auch, relativ gesehen, unwahrscheinliches Szenario. Vor nur 7.000 Jahren rutschte vom Kontinentalschelf vor Norwegen eine Gesteinsmasse in die Tiefsee und löste durch diesen „Storega-Kollaps" auf den Shetlands, in Nordost-Schottland, Island und Grönland einen verheerenden Tsunami aus. Auch die Flanken von vulkanischen Ozeaninseln sind instabil, können riesige Bergrutsche und Tsunamis auslösen. Die Inseln des kanarischen Archipels, Hawaii und andere zeigen Kollapsstrukturen und entsprechende Rutschmassen in der umgebenden Tiefsee mit Volumina von bis zu 5.000 km^3 (e.g. Moore et al., 1994; McGuire, 1996; Carracedo et al., 1999; Masson et al., 2002; Krastel et al., 2001)

Die Schlussfolgerungen aus dem geologischen Befund sind eindeutig: Geologische Ereignisse wie die Eruption von Supervulkanen oder der Kollaps ganzer Vulkan-Inselflanken gehören zum ganz normalen Gang in der Geschichte der Erde, sie treten etwa alle 50.000 Jahre auf und haben schon in der Vergangenheit die Entwicklung und die Geschichte der Menschheit begleitet und geprägt. Es ist also damit zu rechnen, dass solche Ereignisse erneut auftreten und unsere Zivilisation und alles, was diese trägt, Handel, Verkehr, Transport und Kommunikation, schwer treffen und damit zur Katastrophe werden. Es gibt keinen Schutz vor solchen Ereignissen.

Literatur

Ambrose SH (1998) Late Pleistocene human population bottlenecks, volcanic winter, and differentiation of modern humans. Journal of Human Evolution 35: 115–118.

Carracedo JC, Day SJ, Guilou H, Peréz-Torrado FJ (1999) Giant Quaternary landslides in the evolution of La Palma and El Hierro, Canary Islands. J Volcanol geotherm res 94: 169–190.

Harpending HC, Sherry ST, Rogers AR, Stoneking M (1993). The genetic structure of ancient human populations. Curr. Anthropol. 43: 483–496.

Jones GS, Gregory JM, Stott PA, Tett SFB, Thorpe RB (2005) An AOGCM simulation of the climate response to a volcanic supereruption. Cimate Dynamics 25: 725–738.

Krastel S, Schmincke HU, Jacobs CL, Rihm R, LeBas TP, Alibés B (2001) Submarine landslides around the Canary Islands. J Geophys res 106(B3): 3977–3998.

Mason BG, Pyle DM, Oppenheimer C (2004) The size and frequency of the largest explosive eruptions on Earth. Bull Volcanol 66: 735–748

Masson DG, Watts AB, Gee MJR, Urgeles R, Mitchell NC, LeBas TP, Canals M (2002) Slope faliure on the flanks of the western Canary islands. Earth Sci Rev 57: 1–35.

McGuire (2005) Catstrophes to come: Global geophysical events and their impacts. UKELA Conference 2005. http://www.ukela.org/rte.asp?id=88

McGuire WJ (1996) Volcano instability: a review of contemporary themes, in „Volcano Instability on the Earth and other Planets", McGuire WJ, Jones AP, Neuberg J (eds) Geol Soc London Spec Pub 110: 1–23.

Molzahn M, Reisberg L, Wörner G (1996) Os, Sr, Nd, Pb, O isotope and trace element data from the Ferrar flood basalts, Antarctica: evidence for an enriched subcontinental lithospheric source. Earth Plane Sci Lett 144: 529–546

Moore JG, Normak WR, Holcomb RT (1994) Giant Hawaian landslides. Ann Rev Earth Planet Sci 22: 119–144.

Rampino (2001) Late Permian Extinctions. Science 291: 1530–1533

Rampino MR und Self S (1993) Bottleneck in human evolution and the Toba eruption. Science 24: 262

Rampino MR, Ambrose SH (2000) Volcanic winter in the Garden of Eden: The Toba supereruption and the late Pleistocene human population crash. Geological Society of America, Special Paper 345: 71–82.

Rampino MR, Self S (1992) Volcanic winter and accelerated glaciation following the Toba super-eruption. Nature 359: 50–52

Rampino MR, Stothers RB (1988) Flood basalt volcanism during the past 250 million years. Science 241: 663–668.

Reichow MK, Pringle MS, Al'Mukhamedov AI, Allen MB, Andreichev VL, Buslov MM, Davies CE, Fedoseev GS, Fitton GS, Inger S, Medvedev AYa, Mitchell C, Puchkov VN, Safonova IYu, Scott RA, Saunders AD (2009) The timing and extent of the eruption of the Siberian Traps large igneous province: Implications for the end-Permian environmental crisis. Earth Planet Sci Lett 277: 9–20

Scheibner B, Wörner G, Civetta L, Stosch HG, Simon K, Kronz A (2007) Rare earth element fractionation in magmatic Ca-rich garnets. Contrib. Mineral. Petrol. 154, 55–74

Scheibner B, Heumann A, Wörner G, Civetta L (2008) Crustal residence times of explosive phonolite magmas: U–Th ages of magmatic Ca-Garnets of Mt. Somma-Vesuvius (Italy) Earth Planet Sci Letters 276: 293–301

Self S, Blake S, Sharma K, Widdowson M, Sephton S (2008) Sulfur and chlorine in Late Cretaceous Deccan magmas and eruptive gas release. Science 319: 1654–1657

Self S, Widdowson M, Thordarson Th, Jay AE (2006) Volatile fluxes during flood basalt eruptions and potential effects on the global environment: A Deccan perspective. Earth Planet Sci Lett 248: 517–531.

Zielinski GA, Mayewski PA, Meeker LD, Whitlow S, Twickler MS (1996) Potential atmospheric impact of the Toba mega-eruption 71,000 years ago. Geophysical Research Letters 23: 837–840

Vorstellungsberichte der neuen Mitglieder

Jürgen Heidrich

„Fridericus dux saxonie. Kyrie leyson"
Politische (Selbst-)Inszenierung in der polyphonen Messe des frühen 16. Jahrhunderts

(vorgetragen in der Plenarsitzung am 11. April 2008)

I

Jürgen Heidrich, Professor der Musikwissenschaft an der Westfälischen Wilhelms-Universität, Münster, O. Mitglied der Göttinger Akademie seit 2008

Im Grunde habe ich eine für einen Musikwissenschaftler nicht einmal untypische Karriere absolviert, nämlich diejenige über den „Umweg" eines zunächst musikpraktischen Weges: Von den drei bisweilen mit fanatischer Obsession betriebenen Interessenfeldern meiner Schul- und Jugendzeit, dem Schwimmsport, dem Schach und dem Gitarrenspiel, war glücklicherweise das dritte maßgeblich für meine berufliche Karriere. Gerade weil die Perspektive auf meine musikalisch-künstlerischen Idole einem Wandel unterworfen war (ich bekenne hier: von Jimi Hendrix zu Andrés Segovia), stand für mich sehr bald fest, dass ich eine instrumentalpraktische Ausbildung wagen würde – sehr zum anfänglichen Verdruss meiner Eltern.

Das Studium für künstlerisches Gitarrespiel nahm ich dann bei Hans Michael Koch an der Staatlichen Hochschule für Musik und Theater Hannover auf, das Diplom erwarb ich 1983. Insbesondere anregend waren für mich während der Hannoveraner Jahre die spektakulären Vorlesungen des früh verstorbenen Musikhistorikers Hellmut Kühn, die mir die Augen für das Fach Musikwissenschaft und seine Themen- und Forschungsfelder öffneten.

Und so wechselte ich dann konsequenterweise nach dem Examen an die Georgia Augusta nach Göttingen, um das Studium der Musikwissenschaft bei Martin Staehelin, der Mittellateinischen Philologie bei Fidel Rädle und der Mittleren und Neueren Geschichte bei Hartmut Boockmann und anderen anzuschließen.

Martin Staehelin, dem eindrucksvollen Lehrer und Anreger, auch väterlichen Freund, verdanke ich Außerordentliches, das alles hier aufzuzählen nicht der Ort und überhaupt unmöglich ist. Hervorheben möchte ich aber doch, wie er den Kommilitonen und auch mir sein unumstößliches Credo gleichsam einprägte, dass die Musikwissenschaft primär als eine historisch-philologische Disziplin aufzufassen sei – was methodisch die unmittelbare und unbeirrbare Orientierung an den Quellen bedeutet. Erstes greifbares Ergebnis einer solchen Ausrichtung war meine Dissertation von 1993, in der ich einen größeren Verbund spätmittelalterlicher deutscher Musikhandschriften untersuchte.

Während meiner unmittelbar anschließenden Assistentenzeit am Göttinger Musikwissenschaftlichen Seminar habe ich mir dann weitere Forschungsschwerpunkte erarbeitet (und bis heute weiterhin gepflegt und ausgebaut), darunter etwa die Musik des 17. Jahrhunderts mit besonderem Fokus auf Heinrich Schütz und seinem Umfeld, sodann das deutsche Oratorium im 19. Jahrhundert, ferner einzelne systematische Aspekte des 18. Jahrhunderts, unter anderem mit Blick auf Georg Friedrich Händel einerseits oder ästhetisch-kunstanschauliche Fragestellungen andererseits. Aus diesem letzten Komplex ist dann auch meine Habilitationsschrift von 1999 hervorgegangen: Sie behandelt die in der ästhetischen Diskussion um das „Wahre, Schöne, Gute" um 1800 ebenfalls virulente Frage nach der „wahren Kirchenmusik". Lehrstuhlvertretungen in Bern und Münster schlossen sich an die Zuerkennung der Göttinger Venia legendi an, bevor ich zum Sommersemester 2004 den Ruf auf den Lehrstuhl für Musikwissenschaft an der Westfälischen Wilhelms-Universität Münster annahm. Die Forschungsaktivitäten seither sind breit; von den aktuellen möchte ich hier nur nennen: einerseits eine Untersuchung zur Frage nationalpolitisch-religiöser Implikationen im Oratorium im gerade neu eingerichteten Exzellenz-Cluster „Religion und Politik in den Kulturen der Vormoderne und Moderne", andererseits ein in der Planungsphase befindliches Projekt zum Thema „Politik und Religion auf der Opernbühne". Im Zentrum meines wissenschaftlichen Interesses steht indes derzeit das Projekt im Rahmen des Münsteraner Sonderforschungsbereichs 496 „Symbolische Kommunikation und gesellschaftliche Wertesysteme vom Mittelalter bis zur Französischen Revolution": Es hat den Titel „Formen symbolischer Kommunikation in der

Messvertonung des 15. und des 16. Jahrhunderts“. Einen kleinen Einblick in Fragestellung und Methode dieses Vorhabens möchte ich Ihnen jetzt geben, wenn ich zum wissenschaftlichen Teil meines Vortrags komme.

II

Dass Musik über die eigentliche vordergründige Mitteilungs- und Kommunikationsabsicht hinaus – wie immer diese auch beschaffen sein mag – sich mannigfaltiger Verfahren und Techniken bedient, um sinnstiftende Metaebenen auszubilden, erscheint angesichts des Umstandes, dass Musik prinzipiell eine per se zeichenhafte, dabei nichtgegenständliche, in Zeit und Raum sich verflüchtigende Kunst ist, kaum verwunderlich. Dass die Musik zu diesem Zwecke auf ein komplexes System von Konventionen und Deutungsabsprachen zurückgreift, das in einem einschlägigen Bereich, nämlich der Instrumentalmusik, überdies ohne Zuhilfenahme der Sprache, somit des wenn nicht durchweg klärenden, so doch eine spezifische Sinnrichtung vorgebenden Worts auskommen muss, scheint ein umfängliches Repertoire symbolischer Kommunikationsstrategien geradezu unabdingbar zu machen. Doch auch auf dem Felde der Vokalmusik, dort also, wo vordergründig durch den Text eine scheinbar eindeutige zielgerichtete Mitteilungsabsicht besteht, kann die hinzukomponierte Musik – und zwar explizit mit rein musikalischen Mitteln – in mannigfacher Weise den Text bestärken, neutralisieren, hinterfragen, umdeuten, parodieren, konterkarieren, ad absurdum führen. Richard Wagners Verfahren, über den eigentlichen narrativen Handlungsstrang zum Zwecke der motivpsychologischen Charakterisierung ein dichtes Netz musikalischer Leitmotive zu werfen, bedarf hier keiner weiteren Vertiefung und illustriert ohne weiteres die Möglichkeiten.

Etwas subtiler sind die Strategien in der reinen Instrumentalmusik. Wenn, um zur Verdeutlichung des breiten Spektrums kommunikativer Verfahren, Ludwig van Beethoven dem Kopfsatz seiner 6. Sinfonie, der sogenannten Pastorale, die Vortragsanweisung voranstellt: „Mehr Ausdruck der Empfindung als Malerei“, so wird, jetzt also mit rein musikalischen Kriterien, auf andere symbolische Sinn- und Kommunikationsebenen rekurriert, die sich nicht, wie bei Wagner, gleichsam hermetisch auf das zugrundeliegende Kunstwerk selbst beziehen, sondern über dieses hinausweisen und übergeordnete Ideen akzentuieren. Die Symphonie als ganze reflektiert natürlich und in erster Linie Beethovens Gattungsverständnis; sie dokumentiert aber auch und im weiteren Sinne Beethovens Haltung im Kontext der prinzipiellen Entscheidung für freie oder außermusikalischprogrammatisch gebundene Musik (später wird man dafür die Begriffe Autonomie- und Inhaltsästhetik prägen), und schließlich wird durch Beethovens erläuterndes Motto klar auf eine zeitgenössische Ästhetikdebatte rekurriert, in der man darum stritt, inwieweit tonmalerische Elemente abbildenden Charakters legitim oder fragwürdig seien.

Im Blick auf die Messe des frühen 16. Jahrhunderts erscheinen vergleichbare Konstruktionen wie bei Wagner oder Beethoven zunächst nicht ohne weiteres denkbar; mehrere Gründe sprechen zunächst dagegen, spezifische symbolische Kommunikationsebenen als naheliegend anzunehmen: Die klangliche Differenzierung instrumental / vokal, bei Wagner von vornherein das Vehikel zur Darstellung unterschiedlicher Sinnebenen, entfällt. Der kanonisierte, stets gleiche und in der Abfolge stabile Text der Messe sodann lässt Spielraum für individuelle Interpretationen nur in den nicht sehr zahlreichen Fällen zu, wo durch mehrtextige Tropierungstechniken eine – in der Forschung gleichwohl nicht unumstrittene – sprachliche Simultanität anvisiert wird. Schwerer noch aber wiegt wohl, dass, zumindest aus heutiger Sicht, die eigentliche Tonsprache um 1500 in der Wahl ihrer Mittel vergleichsweise stark eingeschränkt ist: Wir kennen noch kein Crescendo, um wichtige Texte zu akzentuieren, kaum die Möglichkeit der strukturellen Differenzierung im Blick auf Besetzung, Affekt und Dramaturgie, und auch die Vorstellung, dass Musik empfindungsgeladen sei und gewissermaßen die inneren Motive und psychischen Konstitutionen des Komponisten widerspiegele, liegt der Zeit fern. Schließlich tut sich die Forschung schwer – vielleicht ebenfalls als Folge der noch wenig ausgeprägten Sensibilisierung –, markante personalstilistische Kriterien und Individualitäten im Kontext des „internationales Stils“ franco-flämischer Musik zu konkretisieren.

III

Dennoch, trotz dieser Beschränkungen, lassen sich auch in der Messe unseres Untersuchungszeitraums entsprechende symbolische Kommunikationsstrategien belegen, die ich jetzt an einem Phänomen erläutern möchte. Freilich kann in diesem Rahmen nur angedeutet werden, welche Fragestellungen und methodischen Zugänge sich auf diesem Felde eröffnen. Denn tatsächlich handelt es sich im vorliegenden Fall um einen eklatant in die prinzipielle liturgische Disposition eingreifenden, dezidierten und plakativen Akt politischer Inszenierung und Selbstdarstellung.

Es handelt sich um den Anfang von Diskant und Tenor eines die Messe eröffnenden *Kyrie eleyson*-Satzes, notiert auf dem Verso einer aufgeschlagenen Doppelseite eines mit floralen Bordüren, Tieren und Wappen präch-

Abbildung 1: „Kyrie Fridericus Dux Saxoniae“

tig illuminierten großformatigen Chorbuchs; dessen Entstehung wird in die Jahre 1518–1520 terminiert. Heute befindet es sich in der Thüringer Universitäts- und Landesbibliothek Jena, unter der in der Forschung eingeführten Signatur Jena *3*. Die beiden hier nicht wiedergegebenen, den Satz zur Vierstimmigkeit komplettierenden Stimmen stehen gegenüber auf dem folgenden Recto-Blatt. Über dem Ganzen ist der Name des Komponisten Josquin Desprez zu lesen, des zweifellos anerkannten, vielleicht sogar exponierten Hauptmeisters der Musik um die Wende zum 16. Jahrhundert.

Interessant ist nun der Anfang der Notation: Beide hier abgebildeten Stimmen setzen nicht mit dem an sich liturgisch vorgeschriebenen *Kyrie eleyson*-Anruf ein, sondern wir lesen stattdessen, dass den ersten Tönen – die überdies, vom Rest des Satzes verschieden, in rhythmisch auffällig langen Breven notiert sind – der Text „Fridericus dux saxonie" unterlegt ist, bevor das eigentliche *Kyrie eleyson* folgt: Nicht nur aus der Perspektive eines strengen theologischen Dogmatikers offenbart sich damit ein im Grunde unglaublicher Vorgang: Gleichsam devisenhaft ist der Beginn der Messe durch eine prononciert weltliche, politische Figur der Zeitgeschichte geprägt, zugleich konterkariert, nämlich durch den sächsischen Kurfürsten Friedrich III., genannt der Weise (1463–1525), der mit diesem Incipit als Adressat und Besitzer des Codex angesprochen ist. Dass dieses Motiv in der Folge noch x-mal begegnet und die gesamte Messe gleichsam wie ein Spruchband in allen Sätzen durchzieht, sei noch ergänzt.

Um den Vorgang in allen symbolträchtigen und inszenatorischen Aspekten zu illustrieren, müssen wir unseren Blick allerdings zunächst von Kursachsen nach Italien richten, denn die hier vorgestellte Komposition ist älter und hat eine Vorgeschichte. Im Jahre 1503 weilte Josquin Desprez in Ferrara, am Hofe des Herzogs Ercole d'Este, für den er einige bedeutende Kompositionen schuf, darunter eine Messe, die unter dem Titel „Hercules Dux Ferrariae" berühmt geworden ist. Sie ahnen bereits: Bei der hier interessierenden Missa „Fridericus Dux Saxoniae" handelt es sich um eine nachträgliche kursächsische Adaptation, man könnte auch sagen: eine Art Parodie der originalen Ferrareser Vorlage. Deren Konstruktion ist ebenso spektakulär wie innovativ: Sie gilt nämlich als das erste, in der Folge dann massenhaft nachgeahmte und modifizierte Beispiel eines Cantus-firmus-Messentyps, dessen Soggetto aus den Vokalen eines Titels oder Mottos gebildet wird; das Prinzip des sogenannten „soggetto cavato delle parole" funktioniert so: Her-cu-les Dux Fer-ra-ri-e = e-u-e—u—e-a-i-e. Diese Vokale lassen sich dann in Solmisationssilben, also Tonnamen umformen: re-ut-re—ut—re-fa-mi-re; das entspricht – modern gesprochen – den Tönen d-c-d—c—d-f-e-d: womit der Cantus firmus der Messe gewonnen wäre. Man muss sich klarmachen: Die Tonfolge ist nichts anderes als die musikalisch-symbolische Darstellung eines Herrschernamens und -titels.

Das konsequenzenreiche symbolische Kommunikationspotential erschließt sich indes erst, wenn man die prinzipielle Form der musikalischen Messfeier rekapituliert: Eigentlich hat jeder Messe, auch in der ambitionierten polyphonen Ausprägung, jenes chorale Melodienmaterial zugrunde zu liegen, das im sogenannten Gregorianischen Choral weitgehend kanonisiert ist. Trotz aller möglicher hinzutretender vordergründiger polyphoner

Kunstfertigkeit muss der oft ebenfalls in langen Pfundnoten im Tenor präsente, mithin unangetastete Choral gleichsam als das geistige Zentrum, als die eigentliche religiöse Verkündigungsebene auch der mehrstimmigen Komposition gelten.

Das demgegenüber ab der Mitte des 15. Jahrhunderts sich ausbildende Verfahren, zum Zwecke der zyklischen Vereinheitlichung aller fünf Ordinariumsteile die eigentlich liturgisch zwingend geforderte Choralmelodie durch sogenannte Fremdvorlagen – diese können geistlich, oder, wie im Falle von „Hercules Dux Ferrariae“, weltlicher Provenienz sein – zu ersetzen, ist aus theologischer Sicht eigentlich ein Affront sondergleichen: An die Stelle der primär religiös-heilsbezogenen Verkündigung tritt nun eine ganz bestimmte Form der weltlichen, teils amourösen, teils politischen Manifestation.

Welche Formen der absichtsvollen Kombination der beiden Textebenen, der liturgischen mit der Fremdvorlage, sich einstellen können, wenn, wie im vorliegenden Beispiel etwa im Gloria „Deus Pater omnipotens“ just mit der Melodie „Hercules Dux Ferrariae“ kombiniert wird, welches symbolische Kommunikationspotential also in solchen tropierenden Textkonstruktionen liegt, kann hier nur angedeutet werden und bedarf der komplexen Analyse. Vollzogen ist damit jedenfalls ein tiefgreifender Wandel vom Primat der Liturgie zum Primat des Kunstcharakters, damit die funktionale Umwertung der rituellen Messfeier zu einem liturgisch-künstlerischen janusköpfigen Kunstwerk, das nunmehr auch Medium individueller symbolischer Kommunikation ist

Damit zurück zur Missa „Hercules Dux Ferrariae“: Folge der angedeuteten Individualisierung ist hier die musikalisch-emblematische Abbildung fürstlichen Selbstverständnisses, zugleich die Einbindung der Messe in einen offensichtlich politischen Kontext. Oder andersherum betrachtet: Die Inszenierung und Selbstdarstellung, zugleich liturgische Approbation, geschieht zielgerichtet im Kontext der Messe. Denn die Perspektive ist ambivalent: In dem gleichen Maße, wie einerseits die sakrale Handlung profaniert, ja politisiert wird und sich die fragliche Autorität als gleichsam integralen, konzeptionellen Bestandteil der Messe inszeniert, werden andererseits Amt und Persönlichkeit in einen gleichsam paraliturgischen Rang erhoben, also sakralisiert: Ob eine solche Messe als Dokument der Frömmigkeit oder der Machtdemonstration zu begreifen ist, hängt nicht nur von der Sicht des Beobachters ab, sondern natürlich auch von den kontextuellen Bedingungen: Im Falle des Auftraggebers Ercole d'Este weiß man von einer offenbar tiefempfundenen subjektiven Religiosität, wie dies etwa auch die ebenfalls von Josquin verfertigte Psalmmotette „Miserere mei

Deus" bezeugt, die auf Psalmparaphrasen des Florentiners Girólamo Savonarola zurückgeht. Und auch vom „Wiederverwerter" Kurfürst Friedrich von Sachsen ist bezeugt, dass ihm eine über die Maßen fromme Gesinnung eignete, mit einem ausgeprägt religiösen Lebenswandel. Dass indes Friedrich der Weise nicht der einzige „Recycler" der Ferrareser Vorlage ist, dass wir etwa noch eine frühere Umwidmung als „Philippus Rex Castilie" (bezogen auf Philipp den Schönen) kennen, dass darüber hinaus dieser Typus der individualisierenden Soggetto-Messe in etlichen Neukompositionen etwa von Jachet de Mantue, Philipp Rogier oder Cipriano de Rore im 16. Jahrhundert zu einem eigenständigen Gattungstypus wurde, sei nur am Rande erwähnt, bietet aber reichhaltiges Untersuchungsmaterial.

Gewiss handelt es sich bei der kursächsischen Umwidmung um den Versuch der Transformation italienischer Verhältnisse, um das Bemühen mithin, das aus der Sicht eines nicht nur territorial, sondern auch kulturell an der Peripherie Europas verorteten Regenten als vorbildhaft und nacheifernswert beurteilte politische Selbstverständnis italienischer Fürstentümer zu adaptieren und zu kopieren.

Die Amalgamierung dynastischer, politischer und liturgischer Kommunikationsabsichten erfährt im Falle der kursächsischen Variante einerseits noch eine Potenzierung, andererseits ist zu konstatieren, dass der Versuch der Selbstinszenierung und der Adaptation italienischer Herrscherattitüde zumindest in einem Punkt gescheitert ist. Um eine Potenzierung handelt es sich, weil zum eigentlichen liturgisch-musikalischen Notat noch eine ergänzende mediale Vermittlungsebene tritt: Anstelle der Initiale findet sich hier plakativ, gleichsam bereits vor dem ersten Ton dynastische und territoriale Machtverhältnisse dokumentierend, ein Wappen als Herrschersymbol, wiederum kombiniert mit religiösen Bildelementen: Zwei Engel halten das Wappen Friedrichs des Weisen, der zwei Plätze einnehmende Herzschild, von Schwarz und Silber quergeteilt, ist das Zeichen der an den Kurkreis Wittenberg geknüpften Kurwürde, die gekreuzten Schwerter darin verweisen auf das mit der Kur verbundene Erzmarschallamt. Um den Herzschild gruppieren sich die Wappen weiterer wettinischer Besitztümer, der Landgrafschaft Thüringen, des Herzogtums Sachsen, der Markgrafschaft Meißen und etlicher weiterer. Die kursächsischen Lande erscheinen dadurch in gleicher Weise wie die Person des Kurfürsten in die heilsbringende Wirksamkeit der Messe einbezogen.

Gescheitert ist die sächsische Inszenierung kurfürstlicher Autorität, weil die subtil ausgeklügelte mediale Konzeption einen entscheidenden Schönheitsfehler aufweist: Zwar eröffnen das Wappen und die Devise „Fridericus dux saxonie" ambitioniert die Messe, zwar versichert man sich des beschriebenen liturgisch-heilsbezogenen Messenkontextes im Sinne wohl arrangierter Repräsentation: Die Musik indes, das musikalisch-artifizielle Vermittlungselement, spricht eine andere Sprache. Wir erinnern uns: Die Tonstufen re-ut-re—ut—re-fa-mi-re, die Anfangstöne der Messe, bedeuten eben „Hercules Dux Ferrariae" und nicht „Fridericus Dux Saxonie": Dadurch, dass die Melodie des Italieners, nicht aber eine eigene des Sachsen, fanfarenhaft in der Messe erklingt (diese könnte etwa lauten: mi-re-mi-ut—ut—fa-sol-mi-re), dadurch, dass also das gewissermaßen „falsche" Soggetto erklingt, wird die Inszenierungs- und Kommunikationsabsicht grandios konterkariert und ad absurdum geführt. Ob Friedrich der Weise genügend musikalische und musiktheoretische Kenntnisse besessen hat, um diesen Fauxpas zu bemerken, darf jedenfalls bezweifelt werden.

Mathias Bähr

Neurodegeneration – Neuroprotektion
Molekulare Mechanismen und experimentelle Therapiestrategien

(vorgetragen in der Plenarsitzung am 23. Mai 2008)

Mathias Bähr, Professor für Neurologie, Leiter der Abteilung Neurologie – Bereich Humanmedizin der Georg-August-Universität Göttingen, O. Mitglied der Göttinger Akademie seit 2008

Die circa 10^{11} Nervenzellen im menschlichen Gehirn bilden mit ihren etwa 10^{14} synaptischen Verbindungen ein extrem komplexes Netz. Anhand von Studien an Invertebraten und niedrigen Säugern, aber auch durch den Einsatz von Mausgenetik hat sich in den vergangenen Jahren unser Verständnis der zellulären und molekularen Grundlagen der Verknüpfung und der Elimination dieser Verbindungen während der Entwicklung enorm erweitert. Allerdings verstehen wir nur in Ansätzen, wie das dann etablierte Netz über Jahre und Jahrzehnte funktionsfähig erhalten werden kann. Speziell ist die Frage unbeantwortet, was es Nervenzellen ermöglicht, im besten Falle mehr als 100 Jahre alt zu werden, ohne sich zu erneuern. Im Gegensatz zu vielen anderen Organen des menschlichen Körpers sind nämlich Gehirn und Rückenmark (das zentrale Nervensystem, kurz ZNS) nur sehr eingeschränkt regenerationsfähig, da Nervenzellen sich bis auf wenige Ausnahmen nach der Geburt nicht mehr teilen können. Nervenzellen, die durch Alter oder Krankheit verlorengehen, können deshalb nicht ersetzt werden. Auch die Nervenzellfortsätze (Axone) im Gehirn und im Rückenmark sind nach Durchtrennung nicht mehr wachstumsfähig, weshalb es nach Schädigungen von Nervenbahnen in der Regel zu Funktionsverlusten kommt, wie beispielsweise einer Lähmung, einer Wahrnehmungs- oder Gedächtnisstörung.

Sowohl bei neurodegenerativen Erkrankungen, darunter Morbus Alzheimer oder Morbus Parkinson, aber auch bei Durchblutungsstörungen des Gehirns (Schlaganfall), entzündlichen Erkrankungen (Multiple Sklerose, bakterielle Meningitis) oder Verletzungen (Schädel-Hirn- oder Rückenmarkstraumen) kommt es häufig zu einer Schädigung der Axone und im Verlauf der Erkrankung meist auch zu einem Verlust von Nervenzellen.

Meine Arbeitsgruppe untersucht in verschiedenen Kooperationen, z. B. im Rahmen des DFG- Forschungszentrums „Molekularphysiologie des Gehirns" (CMPB), in einer Reihe von Forschungsprojekten die zellulären und molekularen Grundlagen des Nervenzelltodes. Ziel ist es, auf der Basis eines besseren Verständnisses der zellulären und molekularen Grundlagen des Absterbens von Nervenzellen neue therapeutische Strategien zu entwickeln. Außerdem beschäftigt uns die Frage, ob sich adulte Nervenzellen nach einer Verletzung wieder regenerieren können. Dazu werden verschiedene Modellsysteme bei Tieren, vor allem bei Mäusen und Ratten, eingesetzt, die menschliche Erkrankungen des ZNS nachahmen. Wir untersuchen in diesen Modellen systematisch, wie, wann und warum es zum Absterben von Nervenzellen unter den jeweiligen Bedingungen kommt. Anschließend testen wir neue, experimentelle Therapiestrategien die den Nervenzelltod verhindern und die Regeneration fördern sollen.

Als Beispiel für eine menschliche Erkrankung, anhand derer wir Mechanismen des Nervenzelltodes exemplarisch untersuchen und versuchen, neue Behandlungsstrategien zu entwickeln, habe ich den M. Parkinson gewählt. Bei dieser Erkrankung kommt es zu einem vorzeitigen Absterben von Nervenzellen u.a. im Mittelhirn, die den Überträgerbotenstoff (Neurotransmitter) Dopamin benutzen. Ein wichtiges Charakteristikum der Erkrankung sind Proteinaggregate in den betroffenen Nervenzellen, die nach ihrem Erstbeschreiber als Lewi-Körper (Lewy-bodies) bezeichnet werden. In diesen Aggregaten findet sich u.a. ein Protein mit dem Namen α-Synuklein, das auch bei genetisch bedingten Parkinson-Syndromen mutiert sein kann, was einen Hinweis auf eine pathogenetische Beziehung zwischen dem Stoffwechsel dieses Proteins und der Nervenzelldegeneration liefert. Nach unserer Arbeitshypothese kommt es durch vermehrte Proteinaggregation, speziell durch toxische Intermediärprodukte (ungefaltete Monomere und Oligomere) zu zellulärer Dysfunktion und im Verlauf zum Zelltod. Wir analysieren diese Vorgänge mit modernen Mikroskopie- und Bildgebungstechniken wie z. B. der FRET- oder der FLIM-Technik, die Protein-Proteininteraktionen in lebenden Zellen darstellen kann. Mit Hilfe dieser innovativen Techniken können wir nicht nur die Aggregation, sondern auch schützende Mechanismen untersuchen, z. B. durch Faktoren, die eine korrekte „Rückfaltung" fehlgefalteter Proteine ermöglichen (sogenannte Hitze-Schock-Proteine oder ähnliche Moleküle). Dies ist dann schon der erste Schritt auf dem Weg zur Entwicklung potentiell protektiver Therapien, die zum Ziel haben, z. B. solche schützenden Faktoren spezifisch in den betroffenen Nervenzellen zu exprimieren. Um das zu erreichen, entwickeln und verwenden wir u.a. genetisch modifizierte Viren (z. B. adenoassoziierte- oder Lenti-Viren), die nach lokaler stereotaktischer Applikation im ZNS eine zelltypspezifische Expression dieser Schutzfaktoren ermöglichen. In Tiermodellen der Parkinsonschen Erkrankung ist es uns bereits gelungen, mit Hilfe dieser Technik die betroffenen dopaminergen Nervenzellen vor dem Zelltod zu schützen. Mittelfristiges Ziel ist es nun, in Kooperation mit anderen Forschern in Europa und mit Biotech-Firmen diese Technologie weiterzuentwickeln, um in den nächsten Jahren damit auch erste Studien an Primaten und schließlich auch am Menschen durchführen zu können. Parallel dazu verfolgen wir u.a. die Entwicklung alternativer pharmakologischer Verfahren zur Neuroprotektion, z. B. durch die Anwendung neurotropher Zytokine wie z. B. G-CSF, die bereits für die Anwendung beim Menschen für andere, meist hämatologisch-onkologische Indikationsbereiche zugelassen sind.

Christoph Leuschner

Die Trockenheitsempfindlichkeit der Rotbuche vor dem Hintergrund des prognostizierten Klimawandels

(vorgetragen in der Plenarsitzung am 23. Mai 2008)

Christoph Leuschner, Professor für Pflanzenökologie am Albrecht-von-Haller-Institut für Pflanzenwissenschaften der Georg-August-Universität Göttingen, O. Mitglied der Göttinger Akademie seit 2008

Rasche Klimaveränderungen, wie sie im 21. Jahrhundert als Folge der Emission von Treibhausgasen prognostiziert werden (IPCC 2007), stellen langlebige Pflanzen vor größere Probleme als kurzlebige. Das gilt insbesondere für Bäume mit Generationszeiten von mehreren Jahrzehnten bis Jahrhunderten. Prozesse der Anpassung an höhere Sommer- und Wintertemperaturen und reduzierte Sommerniederschläge werden in der Landwirtschaft mit ihren einjährigen Kulturen leichter möglich sein als in der Forstwirtschaft, wo die Umtriebszeiten der wichtigsten Nutzhölzer 80 bis 120 Jahre betragen. Die heute zu treffenden Anbauentscheidungen wirken sich je nach Baumart bis in das 22. Jahrhundert aus und umfassen damit eine Zeitspanne, in der sich in Mitteleuropa die Temperaturen je nach Szenario um 2.5 bis 3.5 Grad erhöhen, vermehrt Hitzewellen auftreten und – in manchen Regionen – die Sommerniederschläge um bis zu 25 Prozent abnehmen könnten (Schär et al. 2004; Rowell & Jones 2006; Jacob et al. 2008). Werden diese Prognosen wahr, dann erreichen zumindest die wärme- und trockenheitsempfindlichen Baumarten, das sind die stärker ozeanisch und nordisch verbreiten Arten, in Teilen Mitteleuropas ihre Toleranzgrenzen. Aus der Sicht der Forstwirtschaft stellt sich die Kernfrage, wie die ökonomisch wichtigsten Baumarten – Fichte, Buche, Kiefer und Eiche – auf Erwärmung und zunehmende Trockenheit reagieren.

Während bei der boreal-alpisch verbreiteten Fichte das Gefährdungspotential in weiten Teilen Mitteleuropas durch ein zukünftig trocken-wärmeres Klima unstrittig ist, weichen die Prognosen über die zukünftige Vitalität der Rotbuche (*Fagus sylvatica* L.) unter den vorhergesagten Klimaveränderungen voneinander ab. Manche Forstwissenschaftler betonen bei dieser schwerpunktmäßig subozeanisch verbreiteten Baumart deren Regenerationsfähigkeit nach Schädigungen und verweisen auf Befunde, die eine gewisse Trockenheitstoleranz dieser wichtigsten Baumart der natürlichen Waldvegetation Mitteleuropas belegen (z. B. Felbermeier 1994; Ammer et al. 2005). Dem scheinen Ergebnisse von ökophysiologischen Untersuchungen an Jungbuchen zu widersprechen, die eine erhebliche Trockenheitsempfindlichkeit der Buche aufzeigen (z. B. Leuschner et al. 2001a; Rennenberg et al. 2004; Geßler et al. 2007). Diese Widersprüchlichkeit zeugt vor allem von den bestehenden Wissensdefiziten im Bereich der Stressphysiologie von Bäumen wie auch von der mangelnden Übertragbarkeit von Laborergebnissen auf das Freiland und von Jungpflanzen auf Altbestände. Im folgenden gebe ich einen knappen Überblick über das bestehende Wissen zur Trockenheitsempfindlichkeit von *Fagus sylvatica*.

1. Skalenabhängigkeit der Stressantwort – vom Gen zum Ökosystem

Die Antwort eines Baumes oder eines Waldbestandes auf Trockenstress lässt sich auf verschiedenen räumlichen und zeitlichen Ebenen analysieren. Diese reichen von durch Trockenstress induzierter Genexpression bis zum Wachstumsrückgang des Altbaumes und zu Veränderungen in der Baumartenzusammensetzung von Mischbeständen (Abbildung 1); sie schließen kurzzeitige, meist reversible Akklimatisationsprozesse und langfristige Adaptation mit dauerhafter Umsteuerung von Physiologie und Morphologie ein. In dieser Darstellung soll der Schwerpunkt auf den Stressantworten von Altbäumen liegen, weil sie bisher erst recht wenig untersucht wurden, für die Entscheidungen bei der Artenwahl in der forstwirtschaftlichen Praxis jedoch eine entscheidende Rolle spielen. Altbäume sind aufgrund ihrer Größe einer experimentellen Manipulation ihrer Umweltbedingungen nur begrenzt zugänglich. Einen alternativen Forschungsansatz stellen vergleichende Studien in Waldbeständen entlang von Umweltgradienten (z. B. Niederschlagsgradienten) dar, wenn man bei der Objektauswahl sicherstellen kann, dass andere Einflussfaktoren hinreichend vergleichbar sind. Ein Beispiel hierfür ist eine Transektstudie an 14 Buchen-Altbeständen auf einer 150 km langen Strecke zwischen dem Solling (Südniedersachsen) und

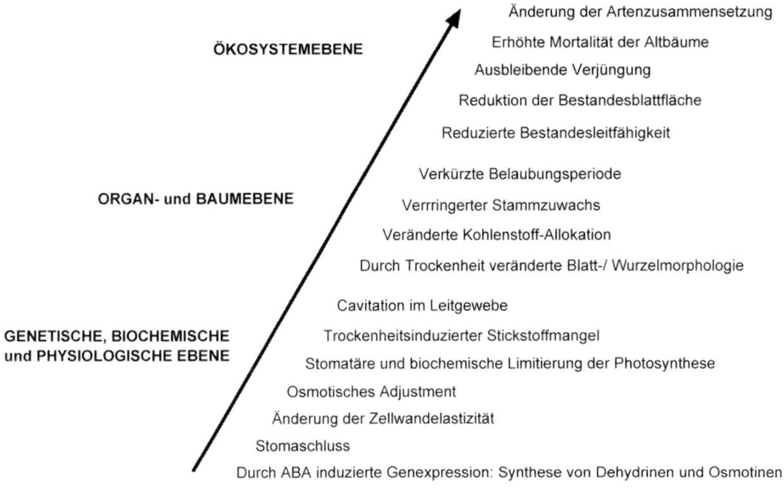

Abbildung 1: Anpassung an Trockenheit als ein multiskaliger Prozess

Halle/S., entlang derer die Jahresniederschläge von 1050 mm a^{-1} im Westen auf 520 mm a^{-1} im Osten abnehmen (Meier & Leuschner 2008a). Alle Bestände dieses Transektes sind strukturell ähnlich und stocken auf demselben geologischen Substrat (Mittlerer Buntsandstein). Im folgenden werden, neben anderen Befunden, Ergebnisse dieser Studie dargestellt.

2. Regulation der Wasseraufnahme – Anpassungen des Wurzelsystems

2.1 Trockenheitsbedingte Veränderung des Wurzel-Sprossverhältnisses

Bei vielen krautigen Pflanzen wie auch bei Bäumen hat man als Reaktion auf Wassermangel eine Vergrößerung des Wurzel-Sprossbiomassenverhältnisses (R/S) beobachtet (z. B. deLucia et al. 2000), meist durch Reduktion des Sprosswachstums bei wenig verändertem Wurzelwachstum. Untersuchungen an Altbuchen im Freiland sowie an Jungbuchen in Topfkultur ergaben im Gegensatz zu diesem Grundtyp der pflanzlichen Trockenstressantwort keine Hinweise auf eine Zunahme des Wurzel-Sprossverhältnisses bei Wasserverknappung. Im Gegenteil, in den Altbeständen entlang des Niederschlagsgradienten in Mitteldeutschland sank R/S um rund 50 Prozent bei einer Niederschlagsabnahme von 1050 auf 520 mm a^{-1}. Tatsächlich nahm die Bestandesfeinwurzelbiomasse – und damit die wasseraufnehmende Oberfläche der Bäume – um etwa 35 Prozent ab, während die transpirierende Blattmasse zum Trockenen hin sogar anstieg (Meier & Leuschner 2008a). Auch in Jungbuchenkulturversuchen wurde eine gleich große Reduktion der Feinwurzelmasse wie der Blattmasse beobachtet, also keine Vergrößerung von R/S (Meier & Leuschner 2008b; c). Bodentrockenheit induziert bei der Buche offenbar keine – oder eine nur wenig ausgeprägte – Umsteuerung der Kohlenstoffallokation hin zu einer relativen Vergrößerung des Wurzelsystems, also zu einem günstigeren Verhältnis von Wasseraufnahme zu Wasserabgabe.

2.2 Verkürzte Wurzellebensdauer

Bodentrockenheit reduziert die mittlere Lebensdauer der Feinwurzeln der Buche und erhöht damit die Wurzelmortalität. Darauf deuten Ergebnisse, die mit drei unabhängigen Methoden (direkte Wurzelbeobachtung mit Mini-Rhizotronen, Wurzel-Ingrowth cores und die δ^{13}C-Signaturen der Wurzelmasse) in Altbeständen entlang des Niederschlagsgradienten in Mitteldeutschland und auch an getopften Jungbuchen gewonnen wurden. Während mit den beiden erstgenannten Methoden das Absterben bzw. die Neubildung der Feinwurzeln quantifiziert werden, deuten ansteigende (weniger negative) δ^{13}C-Werte in den Feinwurzeln mit abnehmender Niederschlagsmenge auf eine Verknappung der für das Wurzelwachstum zur Verfügung stehenden Assimilate hin (Meier & Leuschner 2008b; c). Ursache kann eine durch Mortalität bedingte erhöhte Wurzelneubildungsrate oder ein infolge Trockenheit verringerter Assimilatgewinn der Krone sein.

3. Regulation der Wasserabgabe – Anpassungen im Leitgewebe und auf Blattebene

3.1 Trockenheitsbedingte Veränderung von Blattfläche und Blattgröße

Im Allgemeinen reduzieren Bäume bei Wassermangel ihre Blattfläche, sei es durch vorzeitigen Blattabwurf oder durch Ausbildung kleinerer Blätter bzw. geringere Blattzahlen bei erneutem Laubaustrieb (Le Dantec et al. 2000). Im Falle der Buche liegen zahlreiche Beobachtungen über vorzeitige Blattvergilbung und Blattabwurf in trockenen Sommern vor (Roloff 1985b; Dreyer 1997; Gruber 2004; Ciais et al. 2005; Bréda et al. 2006). Beispielsweise beobachteten Bréda et al. (2006) im sehr trockenen Sommer 2003 ab August eine starke Reduktion der Blattfläche in ostfranzösischen Buchenwäldern; ebenso fand in ausgedehnten Buchenbeständen auf Kalk in den Sieben Bergen (Südniedersachsen) intensive Vergilbung und vorzeitiger Blattabwurf bereits ab August 2003 statt.

Buchenwälder im trockenen Südwesten von Sachsen-Anhalt in Mitteldeutschland (Niederschlag <550 mm a^{-1}) haben auch in mittleren Jahren eine bis zu 5 Wochen kürzere Belaubungsperiode als Bestände gleicher Höhenlage im feuchten südlichen Niedersachsen (700–800 mm a^{-1}, Leuschner & Aspelmeier, unveröff.). Sommertrockenheit kann also auch im überwiegend humiden Mitteleuropa die Assimilationsperiode verkürzen und den jährlichen Kohlenstoffgewinn von Altbuchen auf diesem Wege verringern (Dreyer 1997).

Reduzierte Sommerniederschläge führen dagegen nach Befunden in Buchenwäldern aus Mitteldeutschland nicht zu einer dauerhaften Verkleinerung der Bestandesblattfläche und auch nicht zu einer geringeren mittleren Blattgröße, wie es einem Grundtyp der pflanzlichen Trockenstressantwort entsprechen würde. Im Gegenteil, Leuschner et al. (2006) und Meier & Leuschner (2008a) fanden entlang von Niederschlagstransekten in Mitteldeutschland eine signifikante Zunahme der Bestandesblattfläche (Blattflächenindex LAI) wie auch der mittleren Blattgröße von den niederschlagsreichen (>900 mm a^{-1}) zu den trockenen Beständen (<550 mm a^{-1}, Abbildung 2). Diese unerwartete Reaktion erklärt sich aus der Tatsache, dass die Buche einer deterministischen Blattentfaltungsrhythmik mit einmaligem Austrieb im Mai unterliegt. Die Zahl der im Vorjahr angelegten Blattknospen und das Ausmaß der Blattstreckung im Mai und Anfang Juni werden von verschiedenen Umweltfaktoren bestimmt, neben der Wasserversorgung durch die Temperatur und das Stickstoffangebot. Die letzten beiden Faktoren sind an den sommertrockenen Standorten günstiger als an den feuchteren und kühleren, und auch die Wasserversorgung ist im Mai noch so gut, dass eine vergleichsweise große Blattfläche ausgebildet wird. Wenn im Hochsommer an den trockenen Standorten Wassermangel auftritt, kann die Buche als Art mit nur einmaligem Austrieb nur mit Blattabwurf, nicht jedoch mit einer verkleinerten Blattgröße und weniger Blättern reagieren. Im Hinblick auf die transpirierende Oberfläche muss die Buche deshalb als wenig anpassungsfähig gelten.

3.2 Trockenheitseffekte auf die Blattleitfähigkeit

Sonnenblätter der Buche erreichen maximale Blattleitfähigkeiten in Höhe von 250–300 mmol m^{-2} s^{-1} (Roberts & Rosier 1994; Kutsch et al. 2001; Leuschner et al. 2001a; Schipka 2002) und damit weniger als beispielsweise die mitteleuropäischen *Quercus*-Arten oder die Esche, die unter gleichen Umweltbedingungen entsprechend mehr transpirieren (Backes & Leuschner 2000; Ellenberg & Leuschner 2009; Köcher et al. 2009). Wie

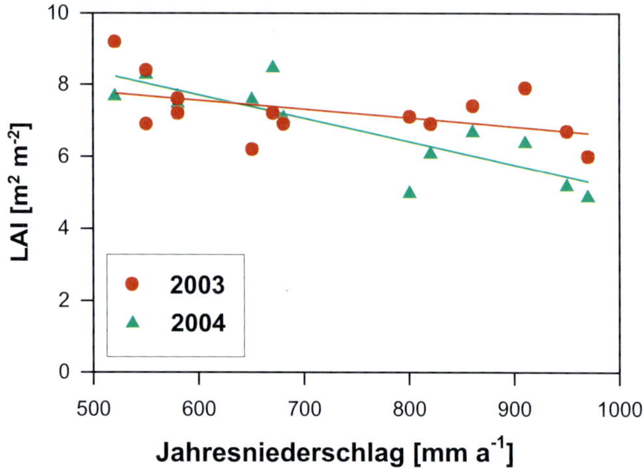

Abbildung 2: Veränderung der Bestandesblattfläche (LAI) in 14 Buchenwäldern entlang eines Niederschlagsgradienten in Mitteldeutschland. Bemerkenswert ist die Zunahme mit sinkendem Niederschlag. Parallel nahm die Feinwurzelbiomasse um rund 35 % ab. Nach Meier & Leuschner (2008a).

viele andere mitteleuropäische Laubbaumarten, so reagiert die Buche auf erhöhte Sättigungsdefizite der Luft mit deutlicher Einschränkung der Blattleitfähigkeit, wodurch der Wasserumsatz bei hoher Verdunstungsbeanspruchung wirksam reduziert wird. Dabei reagiert die Buche weniger sensitiv als z. B. Hainbuche, Linde und Esche, aber empfindlicher als der Bergahorn (Köcher et al. 2009, Abbildung 3, vgl; auch Bréda et al. 2006).

Die gegenüber Trockenheit sensitive Stomaregulation äußert sich bei der Buche in deutlichen Reduktionen der Blattleitfähigkeit in trockenen Sommern, so z. B. in Trockenperioden des Sommers 2003 auf etwa 15 % des Vorjahreswertes der Leitfähigkeit (Granier et al. 2007). Trockene Standorte weisen dauerhaft erniedrigte Blattleitfähigkeiten auf. Zum einen belegen dies niedrigere Bestandestranspirationsraten in bodentrockenen Buchenwäldern, obwohl deren Blattflächen ähnlich groß oder sogar größer waren als an feuchten Standorten (Schipka et al. 2005). Zum anderen lassen ansteigende δ^{13}C-Signaturen in der Blattmasse entlang von Niederschlagstransekten erkennen, dass mit größer werdender Sommertrockenheit die stomatäre Limitierung der CO_2-Assimilation zunimmt (Geßler et al. 2007; Meier & Leuschner 2008a). Das ist ein weiterer Hinweis auf eine eher

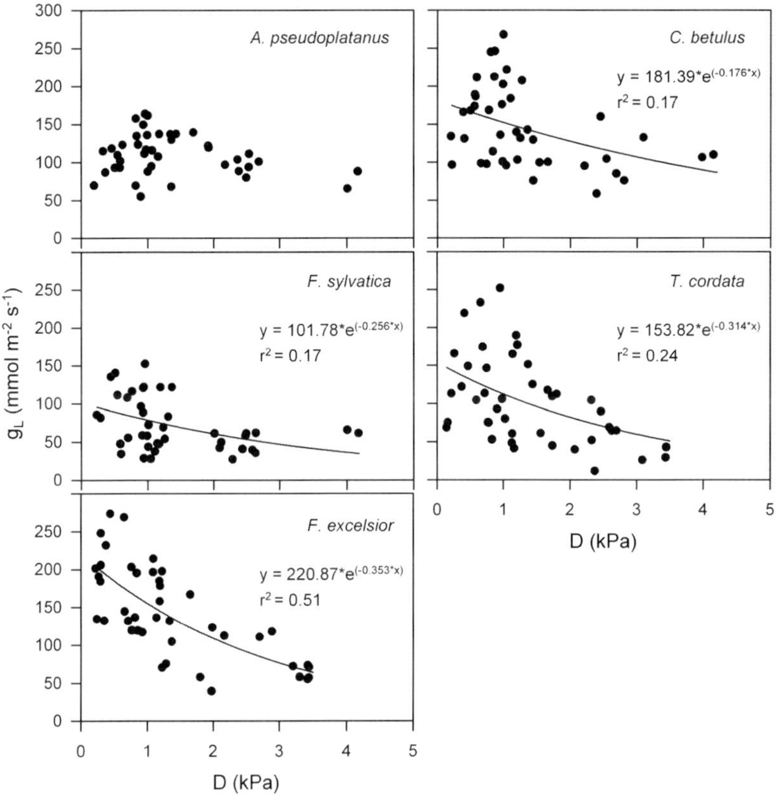

Abbildung 3: Abhängigkeit der Blattleitfähigkeit (g_L) von fünf mitteleuropäischen Baumarten vom Sättigungsdefizit der Luft (D) nach Messungen in der Sonnenkrone von Altbäumen in einem Mischbestand im Hainich (Thüringen). Die Buche (*Fagus sylvatica*) lässt eine geringere Luftfeuchtesensitivität erkennen als Hainbuche, Linde und Esche. Nach Köcher et al. (2009).

konservative Regulation von Blattleitfähigkeit und Transpiration bei *Fagus sylvatica*.

3.3 Hydraulische Leitfähigkeit in Zweigen, Stämmen und Wurzeln

Die terminalen Zweige der Baumkronen besitzen in der Regel die geringste hydraulische Leitfähigkeit im Wassertransportsystem eines Baumes (Zimmermann 1978); sie sind daher ein Nadelöhr im Wasserfluss vom Boden in die Atmosphäre, aber auch am wenigsten durch Embolien gefährdet. Schwellenwerte der Cavitationsgefährdung (hier definiert als

50-prozentiger Leitfähigkeitsverlust von Sonnenzweigen) liegen bei Altbäumen der Buche bei etwa –3.1 MPa; die Fichte und auch die mitteleuropäischen Eichen sind weniger empfindlich (Maherali et al. 2004; Bréda et al. 2006). Aufgrund einer luftfeuchteabhängigen Leitfähigkeitsregulation kann die Buche jedoch Emboliebildung im Leitgewebe der Zweige meist wirkungsvoll unterbinden (Lemoine et al. 2002). Schwach- und Feinwurzeln der Buche sind stärker durch Cavitation gefährdet (Schwellenwert bei –0.3 bis –0.5 MPa) als Zweige (Rewald & Leuschner, unveröff.).

Untersuchungen zur leitenden Splintholzfläche in Buchenstämmen ergaben, dass Altbestände an trockenen Standorten eine signifikant größere leitende Bestandessplintfläche ($>35\ m^2\ ha^{-1}$) aufwiesen als vergleichbare Buchenbestände an niederschlagsreichen Standorten (Fritz, Meier & Leuschner, unveröff.). Wassermangel scheint also die Ausbildung eines effektiveren Leitsystems mit größerem Fließquerschnitt zu stimulieren (vgl. Mencuccini & Grace 1995; Mencuccini 2003).

4. Trockenheitsempfindlichkeit von Photosynthese und Wachstum

4.1 Effekte auf die Photosynthese

Ob es bei der Buche unter dem Klima Mitteleuropas zu einer nennenswerten, durch Trockenheit bedingten Limitierung der Licht- und der Dunkelreaktion der Photosynthese kommt, die bei Altbäumen produktionsvermindernd wirkt, muss als ungeklärt gelten. Wahrscheinlich spielt stomatäre Limitierung der Photosyntheseaktivität bei Trockenheit eine weit wichtigere Rolle, wie zahlreiche Untersuchungen an Jungpflanzen und Altbäumen zeigen (Review in Dreyer 1997; Bréda et al. 2006). In trockenen Sommern zeigen Altbuchen am Rande des mitteldeutschen Trockengebietes verbreitet eine deutliche Reduktion der lichtgesättigten Nettophotosyntheserate, die auf partiellen Stomaschluss hindeutet (Aspelmeier, Legner & Leuschner, unveröff.).

Indirekt könnte die Kohlenstoffassimilation und die Produktivität von Buchen auch über trockenheitsinduzierten Stickstoffmangel verringert werden. Geßler et al. (2004) maßen im Xylemsaft von Jung- wie auch von Altbuchen an trockenen Standorten Südwestdeutschlands deutlich geringere Konzentrationen an gelöstem Nicht-Protein-Stickstoff. Allerdings zeigten Sonnenblätter von Altbuchen entlang des mitteldeutschen Niederschlagsgradienten keine Verringerung des Blatt-N-Gehaltes in Richtung auf trockenere Bestände, deuten also keine schlechtere N-Versorgung an den trockenen Standorten an (Meier & Leuschner 2008a).

4.2 Osmotische Anpassung auf Blattebene

Aktive Anreicherung von Osmotika im Symplasten der Blätter (oder der Wurzeln) ist eine pflanzliche Strategie, um Turgorverluste in Trockenperioden zu vermeiden und Stoffwechsel und Wachstum aufrechtzuerhalten. Anders als z. B. bei *Populus tremula, Tilia cordata* (Niinemets et al. 1999) oder *Fraxinus excelsior* (Peltier & Marigo 1998), spielt diese Strategie bei der Buche offenbar keine entscheidende Rolle. Schipka (2002) und Backes (1996) fanden keine Hinweise auf aktive Osmotikaanreicherung (osmotic adjustment) in den Sonnenblättern von Altbuchen an vier deutschen Standorten während sommerlicher Trockenperioden (vgl. auch Aranda et al. 1996).

4.3 Effekte auf den Stammholzzuwachs und die Vitalität der Altbäume

Dendrochronologische Studien zeigen, dass das Wasserangebot in den Sommermonaten ein entscheidender Faktor ist, der die Jahrringbreite von Buchen bestimmt (Mitscherlich 1975; Becker et al. 1995). Das gilt vor allem für die Tieflagen und die Regionen mit subkontinental bis kontinental getöntem Klima in Mitteleuropa (z. B. Eckstein et al. 1984; Z'Graggen 1992; Dittmar & Elling 1999; Bonn 1998, Elling et al. 2007); in der montanen Stufe und in Küstennähe ist der Trockenheitseinfluss dagegen schwächer oder nicht sichtbar (Schober 1951; Krause 1992). Oft wird die Trockenstressantwort erst nach zwei Jahren oder noch später sichtbar. Extreme Trockenperioden wie in den Sommern 1976 und 2003 können zu starken Zuwachseinbußen auf großer Fläche führen (Ciais et al. 2005; Bréda et al. 2006), von denen sich die Buche nur nach mehreren Jahren oder gar erst nach Jahrzehnten erholt (Power 1994). Peterken & Mountford (1996) beobachteten in England noch 15 Jahre nach der Trockenheit von 1976 eine erhöhte Mortalität von Buchen.

Starke Trockenheit kann auch im humiden Klima Mitteleuropas zum Tod von Altbuchen führen. Im Staatsforst Bovenden bei Göttingen wurden nach der starken Trockenheit 1959 mehr als 25.000 Festmeter vom Rindensterben betroffenen Buchenholzes gemessen (Wagenhoff & Wagenhoff 1975). Direkte Ursachen einer trockenheitsbedingten Mortalität können Defizite in der C-Bilanz der Bäume, Cavitation im Leitsystem und verminderte Abwehr von sekundären Stressoren wie Pathogenen und Frost sein.

Die Rotbuche zeigt in trockenen und warmen Jahren stärkere Zuwachseinbrüche als Eichen, Linden, Eschen und Hainbuchen (Bonn 1998; Frech

2006); sie ist deshalb ohne Zweifel stärker durch sommerliche Hitzewellen gefährdet als letztere Arten.

5. Regenerationsfähigkeit der Buche

Der Dürresensitivität des Dickenzuwachses steht eine erhebliche Regenerationsfähigkeit des Stammholz- und des Zweigwachstums der Buche gegenüber (Roloff 1985a; Dittmar et al. 2003). Auch im Wurzelsystem ließ sich eine bemerkenswerte Regenerationsfähigkeit bei *Fagus sylvatica* feststellen: Trockenheitsbedingte Feinwurzelmortalität kompensierten Altbuchen auf Sandboden – anders als Traubeneichen – durch vermehrte Feinwurzelneubildung (Hertel 1999; Leuschner et al. 2001b). Störungsexperimente im Wurzelraum von Mischbeständen zeigten, dass Buchenfeinwurzeln Bodenvolumina, die durch Ausstechen wurzelfrei gemacht worden waren, rascher wieder besiedelten als ihre Konkurrenten Linde, Esche oder Ahorn (Meinen et al., eingereicht).

6. Empfindlichkeit des Jungwuchses – Achillesferse der Trockenstressantwort?

Durchaus vitale Buchenbestände finden sich auch an den niederschlagsärmsten Standorten Mitteleuropas bei weniger als 450 mm Niederschlag pro Jahr, z. B. in der Dölauer Heide bei Halle/Saale. Diese Vorkommen sind allerdings an relativ tiefgründige Lössböden mit hoher Nutzwasserspeicherkapazität gebunden. Viele Buchenbestände an Standorten mit weniger als 550 mm Niederschlag pro Jahr sind durch eine schwache oder gar fehlende Verjüngung gekennzeichnet – ein Hinweis darauf, dass die sommerliche Austrocknung des Oberbodens das zarte Wurzelsystem der Jungbuchen stärker in Mitleidenschaft zieht als jenes der Altbäume. Trockenheitsexperimente an getopften Jungbuchen belegen starke Einbußen der Biomasseproduktion bei einer Reduktion der Bodenfeuchte von der Feldkapazität (ca. 15 Vol.% Wasser in Sandboden) bis nahe an den permanenten Welkepunkt (5 Vol.%, Werneyer & Leuschner, unveröff.). Jungpflanzen der trockenheitstoleranten Hainbuche beispielsweise reagierten weniger sensitiv. Buchenverjüngung an trockenwarmen SW-Hängen zeigte Trockenstresssymptome bei Unterschreitung eines Bodenwasserpotentials von −0.4 MPa (Geßler et al. 2004). Möglicherweise sind Jungbuchen und Sämlinge gegenüber Emboliebildung im Zweigxylem empfindlicher als Altbuchen (Schwellenwert ca. −1.9 bzw. −3.1 MPa; Hacke & Sauter 1995, Lemoine et al. 2002).

Ähnlich empfindlich wie auf Bodentrockenheit reagieren Jungbuchen gegenüber der Anzucht in trockener Luft, selbst wenn die Pflanzen in Hydrokultur wachsen (Lendzion & Leuschner 2008). Eine von der Bodenfeuchte unabhängige Empfindlichkeit gegenüber Klimaten mit erhöhten Wasserdampfsättigungsdefiziten der Luft könnte deshalb eine Erklärung für die schwerpunktmäßig subozeanische Verbreitung der Buche sein. Diese Befunde deuten an, dass Buchenverjüngung gegenüber Trockenheit von Boden und Atmosphäre besonders empfindlich ist.

7. Ökotypenbildung bei der Buche

Vergleichende Untersuchungen zur Trockenstressphysiologie von Jungbuchen unterschiedlicher Herkunft belegen eine erhebliche Variation in der Antwort verschiedener Populationen, die offenbar genetische Ursachen hat. Peuke et al. (2002) haben gezeigt, dass Buchenpopulationen, die aus einem feuchten Klima stammen, niedrigere Wasserpotentiale, Transpirationsraten und Abscisinsäurekonzentrationen aufwiesen als solche aus trockenen. Pflanzen mit Trockenstress-„Erfahrung“ am Herkunftsort erleiden zudem eine geringere Reduktion des Feinwurzelsystems bei Bodenaustrocknung als solche feuchterer Herkunft (Meier & Leuschner 2008c). Jungbuchen antworten also auf ein trockeneres Klima mit erhöhter Trockenstresstoleranz des Sprosses wie auch des Wurzelsystems (Rose et al. 2009).

8. Ausblick

Die vorliegenden Befunde deuten darauf hin, dass sommerliche Trockenperioden in Verbindung mit Hitzewellen in heutiger Zeit und noch mehr in der Zukunft die einflussreichsten Stressoren für die Buche in Mitteleuropa darstellen, die die Belastung durch Ozon, Pathogene, Aluminiumtoxizität und andere Faktoren in der Regel übertreffen. Im Vergleich mit den meisten anderen mitteleuropäischen Laubholzarten ist die Buche besonders trockenheitsempfindlich, weil sie eine relativ große Blattfläche ausbildet (Ellenberg & Leuschner 2009), relativ stark cavitationsgefährdet ist und sich ihr Feinwurzelsystem an Trockenheit offenbar nur wenig anpasst. Buchenjungpflanzen erwiesen sich sowohl gegenüber Bodentrockenheit als auch gegenüber trockener Luft als empfindlich. Hohe Zuwächse und relativ große Blattflächen in warm-trockenen Regionen können nicht als Indikatoren dafür gewertet werden, dass *Fagus* an derartigen Standorten auch zukünftige noch trockenere Sommer tolerieren wird. Wie rasch rezente

Klimaveränderungen zu starken Zuwachsrückgängen und auch zum Absterben ausgedehnter Bestände von *Fagus sylvatica* bzw. der verwandten Südbuche *Nothofagus pumilio* führen können, lässt sich an den Grenzen der Buchenverbreitung in Nordwest-Spanien (Jump et al. 2006) und in Süd-Argentinien (Srur et al. 2008) beobachten. Um Risiken zu minimieren, muss man der mitteleuropäischen Forstwirtschaft empfehlen, die Buche in Zukunft dort nicht mehr anzubauen, wo die Jahresniederschläge schon heute unter etwa 650 mm liegen und wo zudem mit einer Verringerung der Sommerniederschläge gerechnet wird. Das gilt insbesondere für Böden mit geringer Nutzwasserkapazität. Weitere Untersuchungen müssen die standörtlichen Grenzen des Buchenanbaus vor dem Hintergrund des prognostizierten Klimawandels präzisieren.

Literatur

Ammer, Ch., Albrecht, L., Borchert, H. et al., 2005. Zur Zukunft der Buche (Fagus sylvatica L.) in Mitteleuropa. Allg. Forst- u. J.-Ztg. 176: 60–67.

Aranda, I., Gil, L., Pardos, J., 1996. Seasonal water relations of three broadleaved species (Fagus sylvatica L., Quercus petraea (Mattuschka) Liebl. and Quercus pyrenaica Willd.) in a mixed stand in the centre of the Iberian Peninsula. For. Ecol. Manage. 84: 219–221.

Backes, K., 1996. Der Wasserhaushalt vier verschiedener Baumarten der Heide-Wald-Sukzession. Diss. Math.-Nat. Fak. Univ. Göttingen. 134 S.

Backes, K., Leuschner, Ch., 2000. Leaf water relations of competitive Fagus sylvatica L. and Quercus petraea (Matt.) Liebl. trees during four years differing in soil drought. Can. J. For. Res. 30: 335–346.

Becker, M., Bert, G. D., Bouchon, J., Dupouey, J. L., Picard, J. F., Ulrich, E., 1995: Long term changes in forest productivity: the dendroecological approach. In: Landmann, G., Bonneau, M. (eds.): Forest Decline and Atmospheric Deposition Effects in the French Mountains. Springer, Berlin. pp. 143–153.

Bonn, S., 1998: Dendroökologische Untersuchung der Konkurrenzdynamik in Buchen/Eichen-Mischbeständen und zu erwartende Modifikationen durch Klimaänderungen. Forstwiss. Beitr. Tharandt 3. 226 p.

Bréda, N., Huc, R., Granier, A., Dreyer, E., 2006: Temperate forest trees and stands under severe drought: a review of ecophysiological responses, adaptation processes and long-term consequences. Ann. For. Sci. 63: 625–644.

Ciais, Ph., Reichstein, M., Viovy, N. et al. 2005. Europe-wide reduction in primary productivity caused by the heat and drought in 2003. Nature 437: 529–533.

DeLucia, E. H., Maherali, H., Carey, E. V., 2002. Climate-driven changes in biomass allocation in pines. Global Change Biol. 6: 587–593.

Dittmar, C., Elling, W., 1999: Jahrringbreite von Fichte und Buche in Abhängigkeit von Witterung und Höhenlage. Forstw. Cbl. 118: 251–270.

Dittmar, C., Zech, W., Elling, W., 2003. Growth variations of Common beech (Fagus sylvatica L.) under different climatic and environmental conditions in Europe – a dendroecological study. For. Ecol. Manage. 173: 63–78.

Dreyer, E., 1997. Photosynthesis and drought in forest trees. In: Rennenberg, H., Eschrich, W., Ziegler, H. (eds.) Trees – Contributions to Modern Tree Physiology. Backhuys Publ., Leiden. pp. 215–238.

Eckstein, D., Richter, K., Aniol, W., Quiehl, F., 1984: Dendroklimatologische Untersuchungen zum Buchensterben im südwestlichen Vogelsberg. Forstw. Cbl. 103: 274–290.

Ellenberg, H., Leuschner, Ch., 2009. Vegetation Mitteleuropas mit den Alpen. 6. Aufl. Ulmer, Stuttgart. Ca. 1300 S. (im Druck).

Elling, W., Heber, U., Polle, A., Beese, F., 2007: Schädigung von Waldökosystemen. Spektrum, Heidelberg. 422 S.

Felbermeier, B., 1994: Die klimatische Belastbarkeit der Buche. Forstw. Cbl. 113: 152–174.

Frech, A., 2006: Walddynamik in Mischwäldern des Nationalparks Hainich. Untersuchung der Mechanismen und Prognose der Waldentwicklung. Diss. Univ. Göttingen. 118 p.

Geßler, A., Keitel, C., Nahm, M., Rennenberg, H., 2004. Water shortage affects the water and nitrogen balance in Central European beech forests. Plant Biol. 6: 289–298.

Geßler, A., Keitel, C., Kreuzwieser, J., Matyssek, R., Seiler, W., Rennenberg, H., 2007. Potential risks for European beech (Fagus sylvatica L.) in a changing climate. Trees 21: 1–11.

Granier, A., Reichstein, M., Bréda, N. et al., 2007: Evidence for soil water control on carbon and water dynamics in European forests during the extremely dry year: 2003. Agric. For. Meteorol. 143: 123–145.

Gruber, F., 2004. Ist der „Blattverlust" der Buche nur ein Witterungsphänomen ? AFZ/Der Wald 59: 251–254.

Hacke, U. G., Sauter, J. J., 1995. Vulnerability of xylem to embolism in relation to leaf water potential and stomatal conductance in Fagus sylvatica f. purpurea and Populus balsamifera. J. Exp. Bot. 46: 1177–1183.

Hertel, D., 1999. Das Feinwurzelsystem von Rein- und Mischbeständen der Rotbuche: Struktur, Dynamik und interspezifische Konkurrenz. Dissertationes Botanicae 317. Cramer, Berlin. 190 S.

IPCC 2007. Climate Change 2007: The physical basis – 4AR. Geneva, Switzerland: The Intergovernmental Panel on Climate Change.

Jacob, D., Göttel, H., Kotlarski, S., Lorenz, P., Sieck, K., 2008. Klimaauswirkungen und Anpassung in Deutschland – Phase 1: Erstellung regionaler Klimaszenarien für Deutschland. Umweltbundesamt, Dessau. Forsch.ber. 204 41 138.

Jump, A. S., Hunt, J. M., Penuelas, J., 2006: Rapid climate change-related growth decline at the southern range edge of Fagus sylvatica. Global Change Biol. 12: 2163–2174.

Köcher, P., Gebauer, T., Horna, V., Leuschner, Ch. 2009. Leaf water status and stem xylem flux in relation to soil drought in five temperate broad-leaved tree species with contrasting water use strategies. Ann. For. Sci. 66: DOI: 10/1051/forest/2008076.

Krause, C., 1992: Ganzbaumanalyse von Eiche, Buche, Kiefer und Fichte mit dendroökologischen Methoden – unter besonderer Berücksichtigung von Klima-Wachstums-Beziehungen und Weiserjahren. Diss. Univ. Hamburg. 163 S.

Kutsch, W. L., Herbst, M., Vanselow, R., et al., 2001. Stomatal acclimation influences water and carbon fluxes of a beech canopy in northern Germany. Basic Appl. Ecol. 2: 265–281.

Le Dantec, V., Dufrene, E., Saugier, B., 2000. Interannual and spatial variation in maximum leaf area index of temperate deciduous stands. For. Ecol. Manage. 134: 71–81.

Lemoine, D., Cochard, H., Granier, A., 2002. Within crown variation in hydraulic architecture in beech (Fagus sylvatica L.): evidence for a stomatal control of xylem embolism. Ann. For. Sci. 59: 19–27.

Lendzion, J., Leuschner, Ch. 2008. Growth of European beech (*Fagus sylvatica* L) seedlings is limited by elevated atmospheric vapor pressure deficits. For. Ecol. Manage. 256: 648–655.

Leuschner, Ch., Voß, S., Foetzki, A., Clases, Y., 2006: Variation in leaf area index and stand leaf mass of European beech across gradients of soil acidity and precipitation. Plant Ecol. 182: 247–258.

Leuschner, Ch., Backes, K., Hertel, D., Schipka, F., Schmitt, U., Terborg, O., Runge, M., 2001a. Drought responses at leaf, stem and fine root levels of competitive Fagus sylvatica L. and Quercus petraea (Matt.) Liebl. trees in dry and wet years. For. Ecol. Manage. 149: 33–46.

Leuschner, Ch., Hertel, D., Coners, H., Büttner, V. 2001b. Root competition between beech and oak: a hypothesis. Oecologia 126: 276–284.

Maherali, H., Pockman, W. T., Jackson, R.B., 2004. Adaptive variation in the vulnerability of woody plants to xylem cavitation. Ecology 85: 2184–2199.

Meier, I. C., Leuschner, Ch., 2008a: Leaf size and leaf area index in Fagus sylvatica forests: Competing effects of precipitation, temperature, and nitrogen availability. Ecosystems 11: 655–669.

Meier, I. C., Leuschner, Ch., 2008b: Belowground drought response of European beech: fine root biomass and carbon partitioning in 14 mature stands across a precipitation gradient. Global Change Biol. 14: 1–15.

Meier, I. C., Leuschner, Ch. 2008c. Genotypic variation and phenotypic plasticity in the drought response of fine roots of European beech. Tree Physiol. 28: 297–309.

Meinen, C., Hertel, D., Leuschner, Ch. Is the root system of species-rich forests more productive and more resilient after disturbance than that of monocultures? Ecosystems (in revision).

Mencuccini, M., 2003. The ecological significance of long-distance water transport: short-term regulation, long-term acclimation and the hydraulic costs of stature across plant life forms. Plant Cell Environ. 26: 163–182.

Mencuccini, M., Grace, J., 1995. Climate influences the leaf area/sapwood area ratio in Scots pine. Tree Physiol. 15: 1–10.

Mitscherlich, G., 1975: Wald, Wachstum und Umwelt. 3. Band. Boden, Luft und Produktion. Sauerländer's Verlag, Frankfurt/M. 352 p.

Niinemets, U., Sober, A., Kull, O., Hartung, W., Tenhunen, J. D., 1999. Apparent controls of leaf conductance by soil water availability and via light-acclimation of foliage structural and physiological properties in a mixed deciduous temperate forest. Int. J. Plant Sci. 160: 707–721.

Peltier, J. P., Marigo, G., 1998. Water stress tolerance of Fraxinus excelsior L. Bull. Ecol. (Brunoy) 29: 399–402.

Peterken, G. F., Mountford, E. P., 1996: Effects of drought on beech in Lady Park Wood, an unmanaged mixed deciduous woodland. Forestry 69: 125–136.

Peuke, A. D., Schraml, C., Hartung, W., Rennenberg, H., 2002. Identification of drought-sensitive beech ecotypes by physiological parameters. New Phytol. 154: 373–387.

Power, S.A., 1994. Temporal trends in twig growth of Fagus sylvatica L. and their relationships with environmental factors. Forestry 67: 13–30.

Rennenberg, H., Seiler, W., Matyssek, R., Geßler, A., Kreuzwieser, J., 2004: Die Buche (Fagus sylvatica L.) – ein Waldbaum ohne Zukunft im südlichen Mitteleuropa? Allg. Forst- u. J.-ztg. 175: 210–224.

Roberts, J., Rosier, P. T. W., 1994. Comparative estimates of transpiration of ash and beech forest at a chalk sites in southern Britain. J. Hydrol. 162: 229–245.

Roloff, A., 1985a. Morphologie der Kronenentwicklung von Fagus sylvatica L. (Rotbuche) unter besonderer Berücksichtigung möglicher neuartiger Veränderungen. Diss. Forstwiss. Fak. Univ. Göttingen.

Roloff, A., 1985b. Untersuchungen zum vorzeitigen Laubfall und zur Diagnose von Trockenschäden in Buchenbeständen Allg. Forstz. 40: 157–160.

Rose, L., Leuschner, Ch., Köckemann, B., Buschmann, H., 2009. Are marginal beech (Fagus sylvatica L.) provenances a source for drought tolerant ecotypes? Eur. J. For. Res. 128: 335–343.

Rowell, D. P., Jones, R. G., 2006. Causes and uncertainty of future summer drying over Europe. Climate Dynamics 27: 281–299.

Rust, S., Roloff, A., 2004. Acclimation of crown structure to drought in Quercus robur L.- intra- and inter-annual variation of abscission and traits of shed twigs. Basic Appl. Ecol. 5: 283–291.

Schär, C., Vidale, P. L., Lüthi, D. et al., 2004. The role of increasing temperature variability in European summer heatwaves. Nature 427: 332–336.

Schipka, F., 2002. Blattwasserzustand und Wasserumsatz von vier Buchenwäldern entlang eines Niederschlagsgradienten in Mitteldeutschland. Diss. Math.-Nat. Fak. Univ. Göttingen. 155 S.

Schipka, F., Heimann, J., Leuschner, Ch., 2005. Regional variation in canopy transpiration of Central European beech forests. Oecologia 143: 260–270.

Schober, R., 1951: Zum Einfluss der letzten Dürrejahre auf den Dickenzuwachs. Forstw. Cbl. 70: 204–228.

Srur, A. M., Villalba, R., Villagra, P. E., Hertel, D., 2008. Influences of climatic and CO_2 concentration changes on radial growth of Nothofagus pumilio in Patagonia. Revista Chilena de Historia Natural 81: 239–256.

Wagenhoff, A., Wagenhoff, E., 1975: Verlauf und Auswirkungen des Buchenrindensterbens im Forstamt Bovenden in den Jahren von 1959 bis 1965. Aus dem Walde 24: 111–168.

Zimmermann, M. H., 1978. Hydraulic architecture of some diffuse porous trees. Can. J. Bot. 56: 2286–2295.

Z'Graggen, S., 1992: Dendrohistometrisch-klimatologische Untersuchung an Buchen (Fagus syvlatica L.). Diss. Univ. Basel. 167 p.

Forschungsvorhaben der Akademie

Bei Namensangaben ohne nachstehende Ortsbezeichnung handelt es sich um Akademiemitglieder.
(*) (Für die regelmäßige Begutachtung der Vorhaben ist seit 2000 die Union der deutschen Akademien der Wissenschaften zuständig.)

I. Akademievorhaben

Blumenbach-Kommission
Vorsitzender: Rupke
Eck (Göttingen), Elsner, Gradstein, Kuhn, Lossau (Göttingen), Mazzolini, Thomssen, Wagenitz

Kontaktadresse: Institut für Wissenschaftsgeschichte, Papendiek 16, 37073 Göttingen, Tel.: 0551-39-9466, Fax: 0551-39-9748, rupke@gwdg.de (Prof. Dr. Rupke)

Arbeitsbericht: Die Blumenbach-Kommission bearbeitet das Vorhaben „Johann Friedrich Blumenbach-Online: die Ermittlung, Erschließung und Vergegenwärtigung der Schriften und Sammlungen Blumenbachs in einem Internet-Portal". Wir beabsichtigen eine Neuausgabe von Blumenbachs Schriften, eine Rekonstruktion seiner Sammlung naturhistorischer Objekte und eine Dokumentation seiner zeitgenössischen und späteren Rezeption. Hierfür wollen wir die Möglichkeiten des Internets nutzen.

Wegen seiner zentralen Stellung in einem internationalen Netz von Kollegen und Studenten ist der Göttinger Medizin-Professor Johann Friedrich Blumenbach (1752–1840) von entscheidender Bedeutung für das Verständnis der Wissenschaftskultur im Europa der späten Aufklärung und der Romantik. Zudem ist er eine Brückenfigur zwischen der Biologie Linnés um die Mitte des 18. Jh. und derjenigen Darwins um die Mitte des 19. Jh. Als Begründer der Physischen Anthropologie reicht sein Einfluss bis in die heutige Zeit. Seit 1784 aktives Mitglied der Gesellschaft der Wissenschaften zu Göttingen, führte er deren Geschäfte seit 1812/14 als ihr Sekretär.

In der Kommissionssitzung vom 29.02.2008 wurde Dr. Norbert Lossau, der Leiter der SUB, als neues Kommissionsmitglied vorgestellt, und Dr. Mike Reich, Kustos am Museum „Geopark und Sammlungen für Geowissenschaften", wurde eingeladen, als ständiger Gast an den Kommissionssitzungen teilzunehmen. Sitzungsthema waren auch die Kriterien und Vorgaben für die Umsetzung des Blumenbach-Projekts als Langzeitvorhaben im Akademienprogramm der Union der deutschen Akademien der Wissenschaften. Dr. Lossau skizzierte die technischen Perspektiven der Digitalisierung von Blumenbach-Materialien und die Möglichkeiten der Zusammenarbeit mit der SUB Göttingen bei der Online-Publikation. Dr. Mike Reich berichtete über die in Göttingen noch vorhandenen Stücke aus Blumenbachs Sammlungen und regte eine Erweiterung des Blumenbach-Projekts um die Erfassung dieser Stücke an.

Während der ersten Hälfte des Jahres wurde auf Anregung der Kommission und mit finanzieller Unterstützung der Akademie ein Pilotprojekt durchgeführt. Die seit Ende 2007 angestellte Mitarbeiterin Frau Dr. Kroke hat dabei eine möglichst vollständige Blumenbach-Biographie erarbeitet und die technischen Perspektiven der Digitalisierung von Forschungsliteratur ermittelt. In der zweiten Jahreshälfte wurde auf der Grundlage einer zuvor der Akademie vorgelegten und von ihr genehmigten Antragsskizze der förmliche Projektvollantrag bearbeitet und zur Einreichung zum Jahresende vorbereitet.

N. A. Rupke

Carmina medii aevi posterioris Latina
Vorsitzender: Schmidt
Rädle, Schindel

Kontaktadresse: Seminar für Lateinische Philologie des Mittelalters, Werderring 8, 79085 Freiburg/Brsg., Tel.: 0761/203-3132, Fax: 0761/203-3118, schmidt@mittellatein.uni-freiburg.de (Prof. Dr. P. G. Schmidt)

Arbeitsbericht: Das Projekt der Edition mittellateinischer Texte des Hoch- und des Spätmittelalters macht weiterhin gute Fortschritte. Die Doktoranden und Mitarbeiter des Kommissionsvorsitzenden haben in den letzten fünfzehn Jahren eine große Zahl bisher unbekannter lateinischer Dichtungen zur Satire, Hagiographie, Kreuzzugsliteratur und Bibelepik herausgegeben. Die Förderung durch Sonderforschungsbereiche der Deutschen Forschungsgemeinschaft und durch andere Institutionen des In- und des Auslandes führte fast zwangsläufig zur Publikation in den Reihen der betreffenden Förderer – so zuletzt die Edition des Haymarus durch Sascha

Falk und die der metrischen Vita der Christina von Bolsena durch Michael Bachmann bei der SISMEL in Florenz. Noch eine weitere größere Publikation wird außerhalb der Akademie erscheinen, das Hauptwerk des Johannes de Garlandia, das in der Reihe des Brill Verlags in der Serie der Mittellateinischen Studien und Texte publiziert wird.

In der Akademie sollen in absehbarer Zeit drei kritische Editionen publiziert werden, die jeweils in Gemeinschaft mit dem Kommissionsvorsitzenden für den Druck vorbereitet werden: die Vita Gregorii Magni eines Anonymus (mit W. Jarecki), das Marienepos des Gottfried von Hagenau (mit V. Schupp) und die bereits mehrfach überarbeitete Sammlung der Carmina misogynica (mit Chr. Heitzmann).

P. G. Schmidt

Die Funktion des Gesetzes in Geschichte und Gegenwart
Vorsitzende: Schumann
Alexy, Behrends, Diederichsen, Dreier, Fleischer (Bonn), Henckel, Link, Sellert, Starck, Zimmermann

Kontaktadresse: Institut für Rechtsgeschichte, Rechtsphilosophie und Rechtsvergleichung, Abt. für Deutsche Rechtsgeschichte, Weender Landstr. 2, 37073 Göttingen, Tel: 0551-39-7444, Fax: 0551-39-13776, e.schumann@jura.uni-goettingen.de (Prof. Dr. Eva Schumann)

Arbeitsbericht: Die 1984 von den juristischen Akademiemitgliedern gegründete Kommission sieht ihre Aufgabe darin, die Funktion des Gesetzes mit einem vom modernen Problembewusstsein genährten Erkenntnisinteresse nach allen Seiten unter rechtshistorischen, rechtsphilosophischen und rechtsdogmatischen Aspekten zu bearbeiten. Auf den bisher fünfzehn Symposien haben sich drei Themenkomplexe herauskristallisiert: (1) Gesetzgebungslehre: Wie hat der Gesetzgeber gearbeitet?; (2) Recht und Gesetz: Wie hat der Gesetzgeber sich mit den ihm vorgegebenen Normen auseinandergesetzt?; (3) Steuerung durch Gesetz: Was hat der Gesetzgeber gewollt, und hat er es erreicht?

Am 14./15. November veranstaltete die Kommission ihre 15. Tagung zum Thema „Das strafende Gesetz im Sozialstaat“. Es wurden folgende Vorträge gehalten:

- Gunnar Duttge: Menschengerechtes Strafen
- Hinrich Rüping: Formen staatlicher Strafe im 18. bis zum 20. Jahrhundert
- Michael Pawlick: Staatlicher Strafanspruch und Strafzwecke
- Tatjana Hörnle: Strafzumessungslehre im Lichte des Grundgesetzes
- Heinz Müller-Dietz: Gnade in der Strafrechtspflege

Die Ergebnisse der Tagung sollen im Sommersemester 2009 der Akademie vorgelegt werden; der Tagungsband soll möglichst noch 2009 in den „Abhandlungen“ erscheinen.

Auf der Kommissionssitzung vom 18. April 2008 wurden erste Planungen für das 16. Symposion in Angriff genommen.

E. Schumann

Die Natur der Information
Vorsitzender: Fritz
Bachmann, Elsner, Lehfeldt, Lieb, Lüer, Schaback, Schönhammer, Webelhuth

Kontaktadresse: Institut für Mikrobiologie und Genetik, Grisebachstraße 8, 37077 Göttingen, Tel.: 0551-39-3801, Fax: 0551-39-3805, hfritz1@gwdg.de (Prof. Dr. Fritz)

Arbeitsbericht: Über Ziele und Arbeitsweise der Kommission wurde im Jahrbuch 2007 berichtet. An diesen hat sich im Berichtszeitraum nichts geändert.

Im Berichtszeitraum wurde Herr Konrad Bachmann, Gatersleben, Korrespondierendes Mitglied der Akademie, in die Kommission zugewählt. Damit hat die Kommision die Zahl von neun regulären Mitgliedern erreicht. An der Arbeit beteiligen sich auch einige ständige und sporadische Gäste.

Die Kommission unterhält unter dem URL

http://www.num.math.uni-goettingen.de/schaback/info/inf/index.html

eine Website (Federführung: Robert Schaback), auf der eine Liste der Aktivitäten, Illustrationsmaterial zu den Vorträgen, Rundbriefe, besonders wichtige Publikationen zum Thema sowie das jeweils aktuelle Programm und anderes Informationsmaterial zusammengestellt sind.

Im Berichtszeitraum hat sich die Kommission zwölfmal getroffen:

18. Januar 2008: 23. Treffen
Vortrag Werner Lehfeldt: Subtile Mechanismen der sprachlichen Nachrichtencodierung

01. Februar 2008: 24. Treffen
Organisationstreffen: Programmdiskussion

15. Februar 2008: 25. Treffen
Vortrag Hans-Joachim Fritz: Schnelle genetische Adaptation

18. April 2008: 26. Treffen
Vortrag Konrad Bachmann: Information und Evolution

16. Mai 2008: 27. Treffen
Vortrag Prof. Dr. Theo Geisel (MPI für Dynamik und Selbstorganisation, Göttingen): Neuronale Dynamik, Synchronisation und Informationsverarbeitung

30. Mai 2008: 28. Treffen
Vortrag Prof. Dr. Ulrich Reimers (Institut für Nachrichtentechnik, Technische Universität Braunschweig): Moderne Kommunikationstechniken

13. Juni 2008: 29. Treffen
Vortrag Prof. Dr. Helmuth Feilke (Professur für Germanistische Linguistik und Sprachdidaktik, Universität Giessen): Sprachliche Vorgeformtheit – Zur Rolle von Muster und Prägung für Sprachverständnis und Sprachproduktion

11. Juli 2008: 30. Treffen
Organisationstreffen: Programmdiskussion

17. Oktober 2008: 31. Treffen
Vortrag Prof. Dr. Regine Eckardt (Englisches Seminar, Universität Göttingen): Evolution menschlicher Sprache

31. Oktober 2008: 32. Treffen
Vortrag Konrad Bachmann: Genetische und nichtgenetische Information in der Biologie

14. November 2008: 33. Treffen
Vortrag Robert Schaback: Komplexität von Sprachen und sprachverarbeitenden Systemen aus Sicht der Informatik

12. Dezember 2008: 34. Treffen
Vortrag Prof. Dr. Michael M. Richter (Kaiserslautern und Calgary/AB): Der Ähnlichkeitsbegriff und die Suche nach Information

H.-J. Fritz

Erforschung der Kultur des Spätmittelalters
Vorsitzender: Kaufmann
Arndt, Dilcher (Frankfurt), Elm, Grenzmann (Göttingen), Grubmüller, Guthmüller (Marburg), Hamm (Erlangen), Haussherr (Berlin), Haye (Göttingen), Henkel, Kellner (Dresden), Kroeschell, H. Lehmann, Moeller, Moraw, Müller-Oberhäuser (Münster), Noll (Göttingen), Petke (Göttingen), Rädle, Rapp (Straßburg), Rexroth, Schiewer (Freiburg), Schumann, Sellert, Stackmann, Staehelin, Worstbrock

Kontaktadresse: Theologische Fakultät, Kirchengeschichte, Platz der Göttinger Sieben 2, 37073 Göttingen, Tel.: 0551-39-7143, Fax: 0551-39-7488, tkaufma@gwdg.de (Prof. Dr. Kaufmann)

Arbeitsbericht: Die Kommission zur Erforschung der Kultur des Spätmittelalters hat, wie in jedem Jahr, eine reguläre Geschäftssitzung durchgeführt und die weitere Planung der kommenden Tagungsperiode in Angriff genommen. Der erste Band unserer auf zwei Bände angelegten Dokumentation der Tagungsreihe „Wechselseitige Wahrnehmung christlicher und nicht-christlicher Religionen im Übergang vom späten Mittelalter zur Neuzeit" ist im Frühjahr 2009 erschienen. Der zweite Teilband soll im Herbst 2009 vorliegen.

Die Kommission wird im kommenden Jahr keine Tagung durchführen, sondern die Vorbereitungen für den nachfolgenden Tagungszyklus zur Konstruktion geschichtlichen Wissens im Übergang vom späten Mittelalter zur frühen Neuzeit weitertreiben. Dies hat sich aufgrund unerwarteter Planungsschwierigkeiten als sinnvoll erwiesen; eine Unterbrechung der Tagungszyklen nach Beginn der neuen Arbeit würde die Kontinuität stören. Die personelle Erneuerung der Kommission ist durch Zuwahlen vorangetrieben worden und zeitigt erste produktive Wirkungen.

Th. Kaufmann

Imperium und Barbaricum: Römische Expansion und Präsenz im rechtsrheinischen Germanien und die Ausgrabungen von Kalkriese
Vorsitzender: G. A. Lehmann
M. Bergmann, Döpp, R. Müller (Göttingen), Schindel, Schlüter (Osnabrück), Steuer, von Schnurbein (Frankfurt am Main), Wiegels (Osnabrück)

Kontaktadresse: Philosophische Fakultät, Althistorisches Seminar, Humboldtallee 21, 37073 Göttingen, Tel.: 0551-39-4965, Fax: 0551-39-4671, glehman1@gwdg.de (Prof. Dr. Gustav-Adolf Lehmann)

Arbeitsbericht: Die Kommissionsarbeit konzentrierte sich in diesem Jahr weiter auf die Konzeption und Ausarbeitung des Programms für das im September 2009 (14.–18.9. d. J.) geplante internationale Kolloquium „Fines imperii, imperium sine fine?".

Diese Tagung, die im Schloss von Osnabrück durchgeführt werden soll, steht in Verbindung mit weiteren überregionalen Veranstaltungen zum 2000jährigen „Jubiläum" der Varus-Katastrophe. Diese Veranstaltungen werden dezentral und unter inhaltlich verschiedenen Aspekten in Haltern, in Detmold sowie in Kalkriese durchgeführt werden (in Verbindung mit archäologischen bzw. kunstgeschichtlichen Ausstellungen). An unserem Kolloquium hat sich die Stadt Osnabrück mit beträchtlichen Geldmitteln engagiert.

An den inhaltlichen Beratungen und der konkreten Vorbereitung unseres Programms, das den gesamten Komplex der römischen Expansions- und Grenzpolitik in der augusteischen Epoche in den Blick nimmt, waren neben dem Vorsitzenden vor allem die Kommissionsmitglieder S. v. Schnurbein und R. Wiegels beteiligt. Thematisch stehen im Tagungsprogramm drei Schwerpunkte im Mittelpunkt: 1. Römische und indigene Strategien der Herrschafts- und Friedenssicherung; 2. Zivile Strukturen; 3. Instrumente der Herrschaftssicherung.

Durch enge Zusammenarbeit mit dem (für Göttingen zuständigen) Kreisarchäologen Dr. Kl. Grote stand die Kommission auch in Verbindung mit dem erfolgreichen Fortgang der Grabungen und Prospektionen in und bei dem Römerlager von Hedemünden, das sich mehr und mehr als ein wichtiger Versorgungsstützpunkt in der Zeit des römischen Vorstoßes bis zur Elbe unter Drusus (10/9 v.Chr.) erweist. Über Dr. Grote und seine Informationen konnte auch die erste archäologische Erforschung des römisch-germanischen Kampfplatzes am Harzhorn (bei Kalefeld/Kr. Northeim, aus dem frühen 3. Jh. n.Chr.) des näheren verfolgt werden. An der ersten Präsentation der z.T. sensationellen Militariafunde – aus einem mehr als 1 km langen und 300 m breiten Areal unterhalb einer Bergkuppe – im Rahmen einer stark besuchten und beachteten Pressekonferenz in Oldenrhode/Kalefeld nahm der Vorsitzende der Kommission aktiv teil. An allen drei römerzeitlichen Fundplätzen im Land Niedersachsen wird die Kommission mit großer Aufmerksamkeit, im wissenschaftlich-kritischen Gespräch und Austausch, die archäologischen Forschungsarbeiten begleiten.

G.A. Lehmann

Interdisziplinäre Südosteuropa-Forschung
Vorsitzender: R. Lauer
Brandl (Göttingen), Hagedorn, Höpken (Leipzig), Lehfeldt, Lienau (Münster), Majer (München), Roth (München), Schreiner

Kontaktadresse: Seminar für Slavische Philologie, Humboldtallee 19, 37073 Göttingen, Tel.: 0551-39-4197, Fax 0551-39-4707, rlauer@gwdg.de (Prof. Dr. R. Lauer)

Arbeitsbericht: Die Südosteuropa-Kommission arbeitet weiterhin an der Druckvorbereitung der Berichtbände. Hier haben sich, nicht zuletzt wegen des Verlagswechsels, einige Verzögerungen ergeben. Ferner war die zweite Teilkonferenz des Projektes „Osmanen und Islam in Südosteuropa" vorzubereiten. Sie soll unter organisatorischer Mitwirkung von Kommissionsmitglied Lienau im April 2009 in Münster stattfinden.

Herr Lauer wurde von der Philologisch-Historischen in seiner Funktion als Kommissionsvorsitzender bis zu Ende des Jahres 2010 bestätigt. Er wird sich in der kommenden Zeit bemühen, die Nachfolge im Kommissionsvorsitz im Benehmen mit der Kommission zu regeln.

R. Lauer

Kommission für Mathematiker-Nachlässe
Vorsitzender: Patterson
Krengel, Reich (Hamburg), Rohlfing (Göttingen), Schappacher (Straßburg), Scharlau, Schroeder

Kontaktadresse: Mathematisches Institut, Bunsenstraße 3–5,
37073 Göttingen, Tel.: 0551-39-7786, Fax 0551-39-2985,
sjp@uni-math.gwdg.de (Prof. Dr. Patterson)

Arbeitsbericht: Das Akademie-Vorhaben „Mathematiker-Nachlässe" ist ein gemeinsames Projekt mit der Handschriftenabteilung der SUB Göttingen, in Kooperation mit der Deutschen Mathematiker Vereinigung (DMV). Das Ziel sind das Sammeln und die Katalogisierung jener Nachlässe von Mathematikern, die sonst nicht adäquat beherbergt werden. Die Handschriftenabteilung mit ihren wichtigen Nachlässen (Gauß, Riemann, Hilbert, Klein u.a.) ist seit langem eine der bedeutendsten Stätten für die Geschichte der Mathematik. Die Akademie unterstützt dieses Vorhaben durch die Finanzierung einer Halbtagsbibliothekarsstelle für die Erfassung der Nachlässe; zur Zeit ist diese Stelle von Frau Bärbel Dibowski besetzt. Die Arbeit der Kommission mündet in die Bereitstellung von Findbüchern für die Nachlässe. Die Kommission bildet zusätzlich eine Schnittstelle zwischen der Handschriftenabteilung der SUB und der mathematischen Gemeinde, die es erlaubt, Nachlässe zu finden, die es wert sind, aufbewahrt zu werden.

Frau Bärbel Dibowski hat die Arbeiten am Nachlass Gottfried Köthes (1905–1989) abgeschlossen, der der Bibliothek im Jahre 2004 vom Mathematischen Forschungsinstitut Oberwolfach übergeben worden ist. Sie vergab die endgültigen Signaturen in der Datenbank HANS und löschte vorläufige Arbeitssignaturen. Anschließend beschriftete sie Mappen und Archivkästen mit den endgültigen Signaturen und legte Benutzerverzeichnisse an, um den Nachlass für die sofortige Benutzung vorzubereiten. Aus den HANS-Datensätzen wurde ein Benutzerverzeichnis erzeugt, dessen Endredaktion und -korrektur die Arbeiten am Nachlass Köthe zum Abschluss brachten.

Im Frühjahr 2008 begann Frau Dibowski mit einer ersten Sichtung des Nachlasses György I. Targonskis (1928–1998), den die Witwe der Bibliothek ebenfalls 2004 als Geschenk übergeben hat. Nach Sichtung der Materialien erstellte sie eine Grobgliederung, nach der die Papiere sortiert wurden. Anschließend ordnete Frau Dibowski die Korrespondenz nach Briefschreibern und die Briefe der jeweiligen Korrespondenten chronologisch; die Briefe wurden in säurefreie Nachlassmappen gelegt. Zur Zeit wird die

Personenkorrespondenz katalogisiert. Vor der eigentlichen Katalogisierung der Briefe und der sonstigen beigefügten Papiere sind für ca. zwei Drittel der Korrespondenten noch Personenstammsätze in HANS anzulegen und biographische Recherchen durchzuführen Diese sind z.T. etwas aufwendiger, da die Zahl der ausländischen Korrespondenten sehr hoch ist, insbesondere auch die der osteuropäischen Mathematiker. Es ist damit zu rechnen, dass die weiteren Arbeiten am Nachlass sich bis zum Herbst des Jahres 2009 hinziehen werden.

Das Findbuch zum Nachlass David Hilberts (1862–1943) wurde von Frau Mund überarbeitet.

Im Berichtsjahr wurde der Nachlass des Giessener Mathematikers Dieter Gaier (1928–2002) durch Vermittlung eines Mathematikhistorikers erworben. Der Nachlass enthält Vorlesungsmitschriften aus der eigenen Studienzeit, Dissertation und Habilitationsschrift, Vorlesungs- und Vortragsmanuskripte, Briefe, Gutachten und Varia und hat einen Umfang von 15 Kästen. Außerdem erhielt die Bibliothek durch Vermittlung von Prof. Peter Roquette einen Teilnachlass des amerikanischen Mathematikers Clark Kimberling (*1942) aus Evansville, Indiana. Kimberling hat sich intensiv mit Emmy Noether befasst, so dass im Nachlass vorwiegend Korrespondenzen und Materialien zum Leben und Werk dieser bedeutenden Mathematikerin zu finden sind. Der Nachlass hat einen Umfang von drei Archivkästen; er wurde durch Frau Mund katalogisiert und steht für eine Benutzung zur Verfügung.

Auch einzelne Manuskripte und Autographen wurden im Jahr 2008 erworben. Von einem Privatsammler aus Oxford erwarb die Bibliothek die folgenden Materialien: eine Vorlesungsmitschrift der Vorlesung „Differentialgeometrie II“ von Ludwig Bieberbach (1886–1982), vier Vorlesungsmanuskripte des Göttinger Mathematikers Udo Wegner (1902–1989) aus der Zeit zwischen 1929 und 1931, „Algebra I und II“, „Numerische und graphische Methoden der Mathematik“, „Differentialgleichungen“ sowie ein Typoskript des Aachener Mathematikers Otto Blumenthal (1876–1944). Bei einer Auktion des Hauses J. A. Stargardt im November gelang die Erwerbung eines Briefes des Mathematikers Johann Friedrich Pfaff (1765–1825) an den Göttinger Theologen Karl Friedrich Stäudlin (1761–1826). Der Brief vom 3. Mai 1792 schildert Pfaffs Eindrücke von seinem Arbeitsbeginn an der Universität Helmstedt, an die er gerade berufen worden war. Autographen Pfaffs sind sehr selten im Handel.

In Herbst 2007 hat die BBC zusammen mit Marcus du Sautoy eine vierteilige Reihe von einstündigen Fernsehprogrammen mit dem Titel „The story of maths“ gedreht. In zwei dieser Programme, wo Gauß, Riemann und Hilbert behandelt werden, wurden Exponate aus den entsprechenden Nachlässen verwendet. Diese Reihe wurde im November 2008 mit einer sehr positiven Resonanz ausgestrahlt. Etwa zur gleichen Zeit trat Marcus du Sautoy die Nachfolge von Richard Dawkins an.

S. J. Patterson

Kommission Manichäische Studien
Vorsitzender: Röhrborn
Feldmeier, G. A. Lehmann, Rudolph (Marburg), van Tongerloo (Wavre/Belgien)

Kontaktadresse: Seminar für Turkologie und Zentralasienkunde, Waldweg 26, 37073 Göttingen, Tel.: 0551-39-2171, Fax: 0551-39-4561, goeturko@gwdg.de (Prof. Dr. Röhrborn)

Synthese, Eigenschaften und Struktur neuer Materialien und Katalysatoren
Vorsitzender: Roesky
Kirchheim, Müller (Bielefeld), Nöth, Samwer, Stalke (Göttingen)

Kontaktadresse: Institut für Anorganische Chemie, Tammannstraße 4, 37077 Göttingen, Tel.: 0551-39-3001, Fax: 0551-39-3373, hroesky@gwdg.de (Prof. Dr. Roesky)

Arbeitsbericht: Im Berichtsjahr haben wir interessante Fortschritte erzielt. So konnte in der 14. Gruppe des Periodensystems die Chemie der niedervalenten Verbindungen erschlossen werden. Am Beispiel von Silicium(II)-Verbindungen konnten wir zeigen, dass sich an den Chloriden interessante Metathesereaktionen durchführen lassen. Germylenverbindungen wurden mit N-heterocyclischen Carbenen aktiviert und zeigten bereits bei Raumtemperatur eine Spaltung der N-H-Bindung im Ammoniak-Molekül. Die Germanium(II)- und die Zinn(II)-Hydride reagieren unter Addition sowohl mit Alkinen als auch mit Alkenen, während Kohlenstoffdioxid bei Raumtemperatur Insertion in die Ge-H- und die Sn-H-Bindung zeigt.

H. W. Roesky

Veröffentlichungen:

Y. Yang, Th. Schulz, M. John, Z. Yang, V. M. Jiménez-Pérez, H. W. Roesky, P. M. Gurubasavaraj, D. Stalke, H. Ye
Organometallics 2008, 27, 769–777
Organoaluminum hydroxides supported by β-diketiminato ligands: synthesis, structural characterization, and reactions

S. Nagendran, H. W. Roesky
Organometallics 2008, 27, 457–492
The chemistry of aluminum(I), silicon(II), and germanium(II)

S. Singh, S. Nembenna, V. Jancik, H. W. Roesky
Eur. J. Inorg.Chem. 2008, 1042–1044
Antimony amide oxide and antimony chloride oxide wrapped in an organoaluminum framework

C. D. Ene, F. Tuna, O. Fabelo, C. Ruiz-Pérez, A. M. Madalan, H. W. Roesky, M. Andruh
Polyhedron 2008, 27, 574–582
One-dimensional and two-dimensional coordination polymers constructed from copper(II) nodes and polycarboxylato spacers: Synthesis, crystal structures and magnetic properties

G. B. Nikiforov, H. W. Roesky, P. G. Jones, J. Magull, A. Ringe, R. B. Oswald
Inorg. Chem. 2008, 47, 2171–2179
Preparation of Ti(IV) fluoride N-heterocyclic carbene complexes

Y. Yang, P. M. Gurubasavaraj, H. Ye, Z. Zhang, H. W. Roesky, P. G. Jones
J. Organomet. Chem. 2008, 693, 1455–1461
Synthesis, structural characterization, and reactivity of the ethyl substituted aluminum hydroxide and catalytic properties of its derivative

Y. Yang, Th. Schulz, M. John, A. Ringe, H. W. Roesky, D. Stalke, J. Magull, H. Ye
Inorg. Chem. 2008, 47, 2585–2592
Synthesis, characterization, and reaction of aluminum halide amides supported by a bulky β-diketiminato ligand

G. B. Nikiforov, H. W. Roesky, B. C. Heisen, Ch. Grosse, R. B. Oswald
Organometallics 2008, 27, 2544–2548
Formation of a titanium complex with a Ti=CHAl2 structural unit from LTiMe3 and trimethylaluminum

S. Sarish, S. Nembenna, S. Nagendran, H. W. Roesky, A. Pal, R. Herbst-Irmer, A. Ringe, J. Magull
Inorg. Chem. 2008, 47, 5971–5977
A reactivity change of a strontium monohydroxide by umpolung to an acid

P. M. Gurubasavaraj, H. W. Roesky, B. Nekoueishahraki, A. Pal, R. Herbst-Irmer
Inorg. Chem. 2008, 47, 5324–5331
From unstable to stable: Half-metallocene catalysis for olefin polymerization

G. B. Nikiforov, H. W. Roesky, P. G. Jones
J. Fluorine Chem. 2008, 129, 376–381
Preparation of the hydrocarbon-soluble trifluoro complex LTiF3 with a ß-diketiminato ligand

V. M. Jiménez-Pérez, B. M. Muñoz-Flores, H. W. Roesky, Th. Schulz, A. Pal, T. Beck, Z. Yang. D. Stalke, R. Santillan, M. Witt

Eur. J. Inorg. Chem. 2008, 2238–2243
Monomeric boron and tin (II) heterocyclic derivatives of 1,8-diaminonaphthalenes: Synthesis, characterization and X-ray structures

Z. Yang, X. Ma, H. W. Roesky, Y. Yang, H. Zhu, J. Magull, A. Ringe
Z. Anorg. Allg. Chem. 2008, 634, 1490–1492
Synthesis and characterization of gallium (III) and germanium (II) chlorides bearing the C6F5 substituted ß-diketiminate HC [(CMe)(NC6F5)]2 ligand

G. B. Nikiforov, H. W. Roesky, Th. Schulz, D. Stalke, M. Witt
Inorg. Chem. 2008, 47, 6435–6443
On the quest for new mixed-metal μ-oxo-bridged complexes: Synthesis of compounds containing transition metal-oxygen-main group metal motifs M-O-M1 (M = Ti, Zr; M1 = Al, Ga) without cyclopentadienyl ligands
„Why Chemistry?“ Polish Academy of Sciences, International conference on chemistry at the service of society, Krakow, 2007, 129–135
Fascination with Chemistry-Art Gallery of Chemistry

A. Jana, G. Schwab, H. W. Roesky, D. Stalke
Inorg. Chem. 2008, 47, 8990–8994
Functionalization of aminophosphanes: Synthesis and X-ray crystal structure of novel dilithium and trilithium complexes containing silicon-fused heteronuclear SiN2PLi five-membered rings

Technikwissenschaftliche Kommission
Vorsitzender: Frahm
Buback, Büchting (Einbeck), Kirchheim, Litfin (Göttingen), Marowsky (Göttingen), Musmann, Troe

Kontaktadresse: Biomedizinische NMR Forschungs GmbH am MPI für Biophysikalische Chemie, Am Fassberg 11, 37070 Göttingen, Tel.: 0551-201-1721, Fax: 0551-201-1307, jfrahm@gwdg.de (Prof. Dr. Frahm)

Uigurisches Wörterbuch
Vorbereitungskommission:
Vorsitzender: Röhrborn
Dietz (Göttingen), Laut (Göttingen), Ölmez (Istanbul), von Simson, Zieme (Berlin)

Kontaktadresse: Seminar für Turkologie und Zentralasienkunde, Waldweg 26, 37073 Göttingen, Tel.: 0551-39-22171, Fax: 0551-39-10226, goeturko@gwdg.de (Prof. Dr. Röhrborn)

Arbeitsbericht: Im Tarim-Becken in Zentralasien, wo die Reiseroute der chinesischen Indien-Pilger auf die Seidenstraße trifft, entwickelte sich vom 3. bis zum 14. Jahrhundert eine Reihe von buddhistischen Hochkulturen. Zwei dieser Kulturen haben bedeutende Literaturen in türkischer Sprache hinterlassen: (1) das ost-uigurische Königreich, der einzige Staat der Weltgeschichte mit manichäischer Staatsreligion (bestand von 744 bis 840), (2) das sich daran anschließende west-uigurische Königreich an der Seidenstraße war vor allem vom Maitreya-Buddhismus geprägt und hatte eine große Ausstrahlung auf die tangutische und die mongolische Kultur, bis sich das östliche Zentralasien nach dem Fall der Mongolenherrschaft in China (1368) dem Islam öffnete. Zu Beginn des 20. Jahrhunderts schickten die europäischen Nationen und Japan Expeditionen in dieses Gebiet, um die Hinterlassenschaft dieser Kulturen zu bergen. Das uigurische Material liegt heute in den Sammlungen von St. Petersburg, London, Paris und Kyoto, vor allem aber in Berlin und ist seit 100 Jahren Gegenstand von wissenschaftlichen Studien. Seit 1977 erscheint das „Uigurische Wörterbuch“, ein historisches Belegwörterbuch, das den Wortschatz dieser ältesten türkischen Texte erschließen und im Rahmen des Akademienprogramms fortgeführt werden soll.

In der Kommissionssitzung des Jahres 2006 wurde beschlossen, ein vorbereitendes DFG-Projekt zu beantragen. Ein solcher Antrag („Digitalisierung, Aktualisierung und Internetpublikation der bisherigen Lieferungen des Uigurischen Wörterbuchs“) wurde gemeinsam mit dem Kompetenzzentrum für elektronische Erschließungs- und Publikationsverfahren (Universität Trier) gestellt und am 27.8.2007 bewilligt. Im Verlauf des Jahres 2008 wurden in Göttingen und Trier die folgenden Arbeiten ausgeführt: Digitalisierung der vorhandenen 6 Lieferungen des Uigurischen Wörterbuchs, Aktualisierung der Einleitung (jetzt 32 Seiten), Aktualisierung der Bibliographie (jetzt 520 Titel), Ergänzung des Wörterbuchs bis zum Ende des Buchstabens *ä-*, Aktualisierung und Korrektur der vorhandenen 6 Lieferungen (noch nicht beendet). Im Jahre 2009 sollen die Arbeiten des vorbereitenden Projekts abgeschlossen werden. Ein aktualisierter Projektantrag für die Union der Akademien soll im Januar 2009 bei der Akademie der Wissenschaften zu Göttingen eingereicht werden.

Mit dem Herausgeber des Corpus Fontium Manichaeorum, Prof. Alois Van Tongerloo (Leuven), wurde die kommentierte Reedition der uigurischen Manichaica durch eine Göttinger Arbeitsgruppe vereinbart. Diese Texte gehören zu den frühesten alttürkischen Texten, und sie wurden auch nach der Entdeckung der Turfan-Funde zuerst bearbeitet, freilich in einer Form, die heutigen Ansprüchen nicht genügt. Diese Reedition wird die

Mitarbeiter des Uigurischen Wörterbuchs von zeitraubenden Recherchen entlasten. Sie soll im Rahmen eines Akademievorhabens „Manichäische Studien" erfolgen, für das die Phil.-Hist. Klasse am 19. Dezember 2008 eine Kommission eingesetzt hat.

K. Röhrborn

II. Vorhaben aus dem Akademienprogramm

(*) Für die regelmäßige Begutachtung der Vorhaben ist seit 2000 die Union der deutschen Akademien der Wissenschaften zuständig.

Byzantinische Rechtsquellen
Leitungskommission:
Vorsitzender: Behrends
G. A. Lehmann, Mühlenberg, Papagianni (Athen), Schindel, Schreiner

Kontaktadresse: Max-Planck-Institut für Europäische Rechtsgeschichte, Hausener Weg 120, 60489 Frankfurt a. M., Tel.: 069-78978-142, Fax 069-78978-169, burgmann@mpier.uni-frankfurt.de (Dr. Burgmann), http://www.mpier.uni-frankfurt.de

Arbeitsbericht: Die mittelalterliche Teilung Europas in einen lateinischen, römisch-katholischen Westen und einen griechisch-orthodoxen Osten schlug sich auch in der Rechtsliteratur nieder. Zwar ließ Justinian das später so genannte Corpus Iuris Civilis noch in den Originalsprachen der Juristenschriften und der Kaisergesetze kodifizieren – und da waren die griechischen Texte neben den lateinischen fast eine quantité négligeable –, seine nach Abschluss der Kodifikation erlassenen „Novellen" wurden jedoch vorwiegend in griechischer Sprache publiziert; und in einem kurz, aber intensiv blühenden Rechtsunterricht entstanden mehrere, meist kommentierte griechische Übersetzungen zu den einzelnen Teilen des Corpus Iuris. Auf der Grundlage dieser Übersetzungen wurden im Lauf der Jahrhunderte teils systematisch, teils alphabetisch geordnete Auswahlsammlungen unterschiedlichen Umfangs kompiliert, die zum Teil auch offiziell publiziert wurden; eine „Rekodifikation" des Corpus Iuris in griechischer Sprache, die um das Jahr 900 entstandenen, in 60 Bücher gegliederten „Basiliken", ist nicht vollständig erhalten. „Neue Verordnungen" (Novellen) wurden in nachjustinianischer Zeit in wesentlich geringerer Frequenz als in der Spätantike erlassen; von der „lateinischen" Eroberung (1204) konnte sich die Macht des byzantinischen Kaisers und damit seine Fähigkeit zu allgemeiner Gesetzgebung nicht mehr erholen.

Die Kanones der ökumenischen und der lokalen Synoden sowie der einzelnen Kirchenväter wurden in hierarchisch, chronologisch, systematisch oder alphabetisch geordneter Reihenfolge gesammelt und im 12. Jhdt. dreimal kommentiert. In sogenannten „Nomokanones" wurden den kirchlichen „Kanones" (Regeln) einschlägige Exzerpte aus den weltlichen „Nomoi" (Gesetzen) hinzugefügt.

Neben diesen mehr oder weniger „offiziellen" Rechtsbüchern gab es einige zum Teil nicht auf das justinianische Recht zurückgehende Spezialsammlungen, unter denen vor allem die Nomoi Georgikoi und Nautikoi (Gesetze für Bauern und für Seeleute) zu nennen sind.

Eine fundamentale Aufgabe der Forschungsstelle besteht in einer Bestandsaufnahme der Überlieferung in einem „Repertorium der Handschriften des byzantinischen Rechts". Ein die 327 Handschriften ausschließlich oder vorwiegend weltlichrechtlichen Inhalts abdeckender Teil I erschien 1995. Die wesentlich zahlreicheren kanonistisch dominierten Handschriften sollen auf zwei Bände verteilt werden, wobei die Gliederung nach der Entstehungszeit der jeweiligen Zentraltexte erfolgt und als Epochenjahr die lateinische Eroberung von Konstantinopel (1204) gewählt wird. Die Arbeiten am ersten dieser beiden Bände nähern sich ihrem Abschluss.

Die Editionstätigkeit konzentrierte sich zunächst auf Inedita, jedoch erwies sich bald, dass auch die vorhandenen, vorwiegend aus dem 19. oder gar dem 16. Jhdt. stammenden Ausgaben heutigen Standards nicht genügen. In der Publikationsreihe der Forschungsstelle, den „Forschungen zur byzantinischen Rechtsgeschichte", sind bis heute 24 Bände erschienen, darunter fünf monographische Editionen und elf Bände „Fontes Minores". Slavische, armenische und christlich-arabische Übersetzungen byzantinischer Rechtstexte werden – teilweise mit Unterstützung auswärtiger Kollegen – in die Forschung miteinbezogen.

Die Arbeiten an Teil II des „Repertoriums der Handschriften des byzantinischen Rechts" („Die Handschriften der vor 1204 entstandenen kanonistischen Sammlungen") wurden fortgesetzt. Durch neu erschienene Kataloge bekannt gewordene einschlägige Handschriften wurden beschafft und beschrieben. Da einige wichtige Manuskripte noch nicht verfilmt werden konnten, wurden technische und organisatorische Vorbereitungen getroffen, um diejenigen Handschriftenbeschreibungen, an denen die Arbeit abgeschlossen ist, ins Netz zu stellen. Beiläufig kann erhofft werden, dass durch die elektronische Vorauspublikation allfällige Berichtigungen und Ergänzungen von Seiten der Nutzer in die vorgesehene Druckausgabe aufgenommen werden können.

Zu den hinsichtlich ihrer Datierung und ihrer strukturellen Verwandtschaft stark umstrittenen byzantinischen Spezialsammlungen des Rechts der Soldaten, der Bauern und der Seeleute (Nomos Stratiotikos, Nomos Georgikos, Nomos [Rhodion] Nautikos) wurden Untersuchungen vorgenommen und erste Ergebnisse bereits publiziert.

Die Beobachtung, dass nahezu jede byzantinische kanonistische Handschrift auch eine mehr oder weniger ausführliche Synodengeschichte enthält, gab Anlass, diesen Literaturtypus näher zu untersuchen und die Editionswürdigkeit einzelner Fassungen zu überprüfen.

E. Papagianni

Deutsche Inschriften des Mittelalters und der frühen Neuzeit
(Arbeitsstellen Göttingen und Greifswald)
Leitungskommission:
Vorsitzender: Schindel
Stellv. Vors.: Stackmann
Arndt, Arnold (Wolfenbüttel), Grubmüller, Haye (Göttingen), Henkel, Michael (Lüneburg), Petke (Göttingen), Rexroth, Segers-Glocke (Hannover), Spieß

Kontaktadresse: Arbeitsstelle Göttingen: Theaterstraße 7, 37073 Göttingen, Tel.: 0551-39-5336, Fax: 0551-39-5407, cwulf@gwdg.de
(Dr. Wulf), http://www.inschriften.uni-goettingen.de;

Arbeitsstelle Greifswald:
Historisches Institut der Ernst Moritz Arndt-Universität Greifswald, Domstraße 9A, 17487 Greifswald, Tel.: und Fax 03834-863342, cmagin@uni-greifswald.de (Dr. Magin),
http://www.inschriften.uni-greifswald.de/html/kontakt.htm,
http://www.inschriften.net/

Arbeitsbericht: Das Forschungsprojekt hat die Sammlung und kommentierte Edition der mittelalterlichen und der frühneuzeitlichen Inschriften zur Aufgabe. Erfaßt werden die Inschriften in lateinischer und in deutscher Sprache vom frühen Mittelalter bis zum Jahr 1650. Die Leitungskommission hat die Aufsicht über zwei Arbeitsstellen: eine für Niedersachsen zuständige Arbeitsstelle in Göttingen und eine weitere, die an der Universität Greifswald angesiedelt ist und die Inschriften in Mecklenburg-Vorpommern erfaßt. Beide Arbeitsstellen sind Teil eines Gemeinschaftsprojekts der wissenschaftlichen Akademien in Deutschland und Österreich. Die Publikationen erscheinen in der Reihe „Die Deutschen Inschriften" im Dr. Ludwig Reichert-Verlag, Wiesbaden. Für Niedersachsen liegen bisher zwölf Bände vor: die städtischen Bestände Göttingen, Lüneburg I, Osnabrück, Hameln, Hannover, Braunschweig I u. II, Einbeck, Goslar, Hildesheim und Helmstedt sowie die des Landkreises Göttingen (incl. Hann. Münden und Duderstadt). In Bearbeitung sind die Inschriften der Landkreise Hildesheim, Holzminden und Schaumburg sowie die Inschriften der Heideklöster. Die Arbeitsstelle Greifswald bearbeitet die Inschriften der Hansestädte Greifswald und Stralsund.

Die publizierten Bände stellen reichhaltiges Quellenmaterial für unterschiedliche historische und philologische Disziplinen bereit, wie z. B. Landesgeschichte, Kirchengeschichte, lateinische und deutsche Sprachgeschichte, Schriftgeschichte und Kunstgeschichte. Zu den neuerschlossenen Informationen gehören zunächst die personengeschichtlichen Daten, die sich vor allem aus den Grabinschriften gewinnen lassen. Daneben spiegeln die Texte vielfältige frömmigkeits- und kulturgeschichtliche Entwicklungen, wie z. B. die im Laufe der Jahrhunderte sich wandelnden Vorstellungen von Tod, Jenseits und Auferstehung oder die verschiedenen Ausdrucksformen bürgerlichen Bildungsbewußtseins und ständischer Repräsentation. Viele Inschriften geben authentische Hinweise auf Zeit und Umfeld der Stücke, auf denen sie angebracht sind. In Zeiten fortschreitender Umweltzerstörung, der die oft im Freien befindlichen Denkmäler in starkem Maße ausgesetzt sind, ist die Sammlung der Inschriften besonders dringend geworden.

Arbeitsstelle Göttingen

Laufende Einzelprojekte: Landkreise Hildesheim und Holzminden (Wulf), Schaumburg (Finck), Lüneburger Frauenklöster (Wehking). Im Jahr 2008 mußten die Arbeiten an den Inschriften des Landkreises Hildesheim weitgehend ruhen, da die Bearbeiterin mit anderen Arbeiten beauftragt war. Die Bearbeitung der Inschriften des Landkreises Holzminden wird nach Abschluß des Inschriftenbandes „Landkreis Hildesheim" fortgesetzt. Für den Landkreis Schaumburg konnten bis jetzt 602 Inschriften (einschließlich Jahreszahlen) ermittelt werden, für etwa ein Drittel davon wurden die Aufnahmefahrten durchgeführt. Zentren der Überlieferung im Landkreis Schaumburg sind die Residenzen der Grafen von Schaumburg in Stadthagen und Bückeburg mit ihren bedeutenden Objekten der Weserrenaissance, die alte Universitätsstadt Rinteln und das ehemalige Stift Obernkirchen. Thematische Schwerpunkte dieses Bestands bilden die inschriftlichen Repräsentationsformen des Adels und der Bürger sowie die Verwendung von Inschriften im Umkreis des Hofes. Die Bearbeitung der Inschriften in den Lüneburger Frauenklöstern Ebstorf, Isenhagen, Lüne, Medingen, Walsrode und Wienhausen ist weitgehend abgeschlossen. Der Katalogteil umfaßt die Editionen von 345 Textinschriften und 53 in einer Liste zu publizierenden Jahreszahlen und Initialen. Der inhaltliche Schwerpunkt der Überlieferung liegt zum einen bei den bedeutenden mittelalterlichen Text-Bild-Programmen (u.a. Wandmalereien und Teppiche in Wienhausen, Glasmalereien und Gemäldezyklen), zum anderen bei den nachreformatorischen Kirchenausstattungen, deren Inschriften interessante Einblicke in die epigraphische Rezeption der lutherischen Erbauungsliteratur des 16. und des 17. Jahrhunderts gewähren. Das von der Klosterkammer und der VGH-Stiftung geförderte Projekt wurde – organisiert von der VGH-Stiftung – am 29. April 2008 im Kloster Lüne der historisch interessierten Öffentlichkeit mit einem Vortrag von Frau Wehking vorgestellt. Zur Zeit wird an der Einleitung gearbeitet und wird der Druck vorbereitet. Der Band wird im Herbst 2009 erscheinen.

Weitere Projekte der Arbeitsstelle: Die in der Arbeitsstelle vorhandenen analogen Photos der bearbeiteten und publizierten Bände wurden gescannt und EDV-gerecht systematisiert (Zech). Das Bildarchiv der niedersächsischen Inschriften enthält mittlerweile 9.600 Bilder und bietet damit über die Abbildungsteile der Bände erheblich hinausgehend eine Inschriftendokumentation für Niedersachsen, die für weitere historische Forschungen zur Verfügung steht.

Zur Erleichterung einer an Forschungsprioriäten orientierten mittel- und langfristigen Projektplanung wird das aus der heimathistorischen Literatur und den Kunstdenkmälerbänden handschriftlich erstellte niedersächsische Inschriftenarchiv sukzessiv computergerecht nach Landkreisen erfaßt und durch Standort- und Namenregister erschlossen. Eingegeben sind bisher folgende Landkreise: Northeim, Osterode, Goslar, Hameln-Pyrmont, Wolfenbüttel, Gifhorn, Celle, Soltau-Fallingbostel, Uelzen, Lüneburg und die Region Hannover. Zur Zeit werden die Inschriften der Landkreise Peine (Moos) und Helmstedt (Brosenne) eingegeben.

Interakademische Kontakte: Im April 2008 fand die turnusmäßige Evaluation des Gesamtprojekts „Die Deutschen Inschriften“ unter Federführung der Bayerischen Akademie der Wissenschaften in München statt. Bei der die Evaluation vorbereitenden Sitzung der Interakademischen Kommission in Mainz am 24. Januar 2008 wie auch bei der Evaluation am 1. April in München war die Göttinger Arbeitsstelle durch Herrn Schindel und Frau Wulf vertreten. Drei Mitarbeiterinnen der Arbeitsstelle haben an dem jährlich stattfindenden Treffen der Mitarbeiterinnen und Mitarbeiter des Gesamtprojekts „Deutsche Inschriften" in Bonn teilgenommen.

Lehr- und Vortragstätigkeit: Im WS 2007/2008 und im SS 2008 hat Frau Wulf im Rahmen eines Lehrauftrags am Seminar für Mittlere und Neuere Geschichte im Studiengang Historische Hilfswissenschaften jeweils paläographisch orientierte Inschriftenseminare gehalten. In der Ringvorlesung des Kunsthistorischen Seminars war die Arbeitsstelle mit einer Vorlesung über die Inschriften der Göttinger Altarretabel vertreten (Wulf). Der Vortrag ist im Druck. Auf Einladung der Kirchengemeinde Holle (Lk. Hildesheim) hat Frau Wulf am 31. März die dortigen Inschriften und den Stand der Bearbeitung im Rahmen eines Vortrags präsentiert.

Veröffentlichungen:

Der Sammelband mit den Beiträgen der von der Göttinger Akademie der Wissenschaften und dem Alfried Krupp Wissenschaftskolleg im Mai 2007 in Greifswald veranstalteten Internationalen Epigraphik-Tagung wurde in der Göttinger Arbeitsstelle für den Druck vorbereitet. Er ist im Januar 2009 unter dem Titel: „Traditionen, Zäsuren, Umbrüche – Inschriften des späten Mittelalters und der frühen Neuzeit im historischen Kontext", hgg. von Christine Magin, Ulrich Schindel und Christine Wulf, im Reichert Verlag, Wiesbaden, erschienen (434 Seiten und 210 Abbildungen auf 120 Tafeln, Preis 59.- Euro).

Christine Wulf, Bernward von Hildesheim. Ein Bischof auf dem Weg zur Heiligkeit. In: Concilium medii aevi 11 (2008), S. 1–19. http://cma.gbv.de/z/cma/2008.

Arbeitsstelle Greifswald

Zur Zeit werden „Die Inschriften der Hansestadt Greifswald" für den Druck vorbereitet. Dieser Bestand umfasst 454 Nummern: 364 Grabplatten werden von Jürgen Herold bearbeitet, die Inschriften weiterer 90 Objekte (v.a. Epitaphien, Glocken, vasa sacra und Wandmalereien) von Christine Magin. Der Katalogteil des Greifswalder Inschriftenbandes liegt abgeschlossen vor, die Register sind zum Teil erstellt, die Einleitung ist in Arbeit. Der Greifswalder Inschriftenband wird im Jahr 2009 erscheinen. Inhaltliche Schwerpunkte des Bandes sind die Grabplatten der drei Pfarrkirchen und des Zisterzienserklosters Eldena sowie die Insignien und Epitaphien aus der Gründungs- und der Frühzeit der 1456 entstandenen Universität. Die Arbeiten an den Stralsunder Inschriften ruhen bis zur Fertigstellung des Greifswald-Bandes.

Der Inschriftenband „Greifswald" wird aus einer Datenbank generiert, die in der Arbeitsstelle speziell für epigraphische Erfordernisse entwickelt wurde. Die Inschriftenerfassung auf diesem Weg ermöglicht es, zwischen den in die Datenbank eingegebenen Informationen und der Art der Datenausgabe und -präsentation (pdf-Dateien als Vorstufe zum gedruckten Buch, Word-Dateien zur weiteren Bearbeitung, Präsentation im Internet) zu unterscheiden. Im zurückliegenden Jahr konnten die hierfür erforderlichen Programmcodes erstellt und verfeinert werden. – Die gemeinsame Homepage www.inschriften.net wurde in Zusammenarbeit mit den Kollegen der übrigen DI-Arbeitsstellen konzipiert und ins Netz gestellt. Unter dieser Adresse gibt es sowohl gemeinsame Seiten als auch Seiten der einzelnen Arbeitsstellen.

Im Rahmen der nach wie vor nicht abgeschlossenen, langfristig erfolgenden Sanierungsarbeiten in St. Georgen (Wismar) waren mehrtägige Fotoarbeiten erforderlich, um die jeweils zugänglichen Grabplatten zu fotografieren.

Die Arbeitsstelle war an den Druckvorbereitungen für den Tagungsband der Greifswalder Inschriftentagung (9.–12. Mai 2007) beteiligt. Es wurden mehrere Korrekturgänge übernommen und kurze Zusammenfassungen aller Beiträge ins Englische übersetzt.

Am 1.4.2008 fand in München die Evaluation der Inschriftenkommissionen der deutschen Akademien der Wissenschaften statt, bei der Christine Magin anwesend war. Weiterhin hat sie an der Mitarbeitertagung der Inschriftenarbeitsstellen in Bonn (6.–8.3.2008) und an einem Gespräch der Göttinger Akademieleitung mit den Arbeitsstellenleiterinnen und -leitern (29.5.2008) teilgenommen. Frau Magin hat drei Vorträge über spätmittelalterliche Ablassinschriften gehalten: am 29.5.2008 am Seminar für Mittlere und Neuere Geschichte der Universität Göttingen im Rahmen des Seminars „Handschrift – Inschrift – Druck im Mittelalter und in der frühen Neuzeit", Dr. Christine Wulf (Inschriftenkommission Göttingen); am 28.6.2008 in Erlangen im Rahmen eines kirchengeschichtlichen Oberseminars der Professoren Berndt Hamm (Erlangen-Nürnberg) und Volker Leppin (Jena) zur „Medialität des Heils. Vielfalt und Konvergenz der Medien auf dem Weg von der mittelalterlichen Religiosität zur Konfessionskultur des 16./17. Jh."; am 21.10.2008 in der Hl.-Kreuz-Kirche, Rostock, im Rahmen der Vortragsreihe „Kultur im Kloster", veranstaltet von den Professoren Wolfgang Eric Wagner und Franz Josef Holznagel. Am 14.9.2008 zum Tag des offenen Denkmals sprach Jürgen Herold in St. Nikolai, Wismar, über „Die historische Entwicklung der Inschriften auf Wismarer Grabplatten". – Für einen vom Landesamt für Kultur und

Denkmalpflege, Schwerin, herausgegebenen Sammelband zum mecklenburgischen Kloster Dobbertin wurden zwei Beiträge der Arbeitsstelle zu den Inschriften auf den Grabplatten und den Gewölbekonsolen dieses Klosters fertiggestellt und im April 2008 eingereicht.

An der Staatsexamensarbeit (Lehramt Gymnasien) der Hilfskraft Manja Olschowski „Mittelalterliche Memoria am Beispiel des Zisterzienserklosters Dargun" war Frau Magin als Zweitgutachterin beteiligt. Im Rahmen dieser Arbeit wurden inschriftliche Quellen (Grabplatten, eine Stiftertafel) zur Geschichte des Klosters zusammengestellt und analysiert.

Veröffentlichungen:

Jürgen Herold, Äbte, Ritter, Bürger und Priester – aber keine Mönche: Die Grabplatten des Klosters Eldena im Licht der Inschriftenforschung. In: „Die Dinge beobachten". Archäologische und historische Forschungen zur frühen Geschichte Mittel- und Nordeuropas. Festschrift für Günter Mangelsdorf zum 60. Geburtstag, hg. von Felix Biermann u.a., Rahden/Westf. 2008 (Archäologie und Geschichte im Ostseeraum 2), S. 357–370.

Christine Magin, „Leuchten der Welt, beredt und tief von Geist" – Greifswalder Universitätsangehörige im Spiegel historischer Inschriften. In: Bausteine zur Greifswalder Universitätsgeschichte. Vorträge anlässlich des Jubiläums „550 Jahre Universität Greifswald", hg. von Dirk Alvermann, Karl-Heinz Spieß, Stuttgart 2008 (Beiträge zur Geschichte der Universität Greifswald 8), S. 67–105.

U. Schindel

Deutsches Wörterbuch von Jacob Grimm und Wilhelm Grimm
(Arbeitsstelle Göttingen)

Leitungskommission:
Vorsitzender: Stackmann
Barner, Blosen (Aarhus), Casemir (Münster), Detering, Erben, Henne

Kontaktadresse: Papendiek 14, 37073 Göttingen, Tel.: 0551-39-9544, Fax: 0551-39-9881, mschlae@gwdg.de (Prof. Dr. Schlaefer), http://grimm.adw-goettingen.gwdg.de

Arbeitsbericht: Das 1960 in erster Auflage mit 32 Bänden abgeschlossene Deutsche Wörterbuch wurde als historisches Wörterbuch der neuhochdeutschen Schriftsprache angelegt. Es enthält in alphabetischer Ordnung den gebräuchlichen deutschen Wortschatz von der Mitte des 15. Jahrhunderts bis zur Gegenwart. Geplant und begonnen wurde es von den Brüdern Jacob und Wilhelm Grimm. Nach ihrer Vorstellung und ihrem Vorbild stellt das Wörterbuch die Geschichte der deutschen Wörter dar, gibt ihre Herkunft, ihre Verwandtschaft und ihre Formen an und beschreibt ihre landschaftliche Verbreitung innerhalb des deutschen Sprachgebiets. Die Hauptaufgabe des Wörterbuchs besteht in der Herausarbeitung und Beschreibung der Bedeutung der Wörter und ihrer verschiedenen Gebrauchsweisen in der schriftsprachlichen Überlieferung anhand von ausgewählten Belegen. Auf diese Weise sollen Entwicklung, Veränderung und Variation der Bedeutungen vom ersten Auftreten bis heute aufgezeigt werden. Der besondere Wert des Deutschen Wörterbuchs liegt in der umfassenden Wortschatzsammlung und in der breiten Dokumentation der historischen Belege. Es bildet ein Grundlagenwerk der deutschen Wortforschung. Mit der vollständigen Neubearbeitung der ältesten Teile A-F soll in Konzeption und Darstellungsweise an die letzten Bände der Erstausgabe angeknüpft, zugleich aber auch der Anschluß des Werks an zeitgemäße Standards der historischen Lexikographie gewährleistet werden. Die Arbeiten an der Neubearbeitung wurden 1960 begonnen. Seit 1965 erscheinen Lieferungen der Unternehmensteile in Berlin und Göttingen. Das Unternehmen wird von der Berlin-Brandenburgischen und der Göttinger Akademie der Wissenschaften getragen und verfügt über zwei Forschungsstellen an den Sitzorten der Akademien. Der in Göttingen bearbeitete Teil D-F des ^{2}DWB ist im Frühsommer 2006 abgeschlossen worden und liegt gedruckt vor.

Im Rahmen einer Kooperationsvereinbarung der beiden Unternehmensteile über den beschleunigten Abschluß der Neubearbeitung des Deutschen Wörterbuchs wurde im Juli 2006 das Belegmaterial des V. Bandes im Alphabet von BETRIEB bis Ende C von der Berliner Arbeitsstelle nach Göttingen überstellt. Es handelt sich um ca. 500.000 Zettel, die, auf fünf Lieferungen verteilt, bis 2012 in Göttingen abschließend bearbeitet werden sollen. Der Druck der fünf Lieferungen soll zusammenhängend nach Abschluß der aktuellen Neubearbeitungsphase erfolgen.

Nach dem Rücktritt von Rolf Bergmann am 17.3.08 wurde Karl Stackmann am 18.7.2008 zum Kommissionsvorsitzenden bestellt. Im Jahr 2008 wurde die lexikographische Bearbeitung der ersten Lieferung des fünften Bandes bis auf kleinere Reste abgeschlossen. Die Lieferung V,2 befindet sich noch in Bearbeitung. Das nicht unerhebliche Zurückbleiben gegenüber dem Lieferungsplan ergibt sich aus dem Personalwechsel des Jahres 2007 sowie aus dem Ausscheiden zweier weiterer Vollzeitkräfte im Jahr 2008. Herr Priv.-Doz. Dr. M. Schulz ist zum 1.4.2008 an die Universität Erlangen gewechselt, und Frau A. Katzmann hat ihr Dienstverhältnis in der Arbeitsstelle des Deutschen Wörterbuchs zum 31.8.2008 beendet. Neu in die Arbeitsstelle eingetreten sind Frau W. Blanck (1.9.2008) und Frau Dr.

A. Bambek (1.11.2008). Ebenfalls neu einzustellen war auf einer befristet von der Akademieverwaltung zur Verfügung gestellten Zusatzstelle auch Frau N. Mederake (1.2.2008). Mit der Einarbeitung der neuen Mitarbeiterinnen wurde begonnen. Als neues Kommissionsmitglied wurde Frau Dr. K. Casemir bestellt. Kommissionssitzungen fanden am 23.5. und am 7.8. 2008 statt. Gemeinsam mit auswärtigen Fachleuten führten am 6. und am 7. März 2008 die Hamburger Arbeitsstelle des Goethe-Wörterbuchs und die DWB-Arbeitsstelle Göttingen ein Arbeitsgespräch zum Thema „Belegarbeit in der lexikographischen Praxis“ durch. Mitarbeiter der Arbeitsstelle nahmen im laufenden Jahr an verschiedenen auswärtigen wissenschaftlichen Veranstaltungen teil und führten universitäre Lehrveranstaltungen durch.

K. Stackmann

Die Inschriften des ptolemäerzeitlichen Tempels von Edfu
Leitungskommission:
Vorsitzender: Junge
Beinlich (Würzburg), Kurth (Hamburg), G. A. Lehmann, Loprieno (Basel), Westendorf

Kontaktadresse: Universität Hamburg, Fakultät für Geisteswissenschaften, Departement Kulturgeschichte und Kulturkunde, Abt. Archäologisches Institut, Arbeitsbereich „Tempel von Edfu“, Edmund-Siemers-Allee 1, Flügel West, 20146 Hamburg, Tel.: 040-42838-3209, -3254, Fax: 040-42838-3255, ar5a017@uni-hamburg.de (Dr. Waitkus), http://www.rrz.uni-hamburg.de/Edfu-Projekt/Edfu.html

Arbeitsbericht: In Oberägypten, auf halbem Wege zwischen Luxor und Assuan, liegt auf dem westlichen Nilufer die Stadt Edfu, die ehemalige Hauptstadt des zweiten oberägyptischen Gaues. Bekannt ist Edfu insbesondere durch den großen Tempel aus der Ptolemäerzeit, der zu den eindrucksvollsten Sakralbauten Ägyptens zählt und als der wohl besterhaltene Tempel der antiken Welt gilt. Dieser Tempel war dem falkengestaltigen Gott Horus geweiht. Neben ihm fanden jedoch zahlreiche weitere Gottheiten Verehrung, unter ihnen seine Gemahlin Hathor von Dendara und Harsomtus, der Sohn der Hathor und des Horus.

Am 23. August des Jahres 237 v. Chr., während der Regierungszeit Ptolemaios III. Euergetes I., wurde mit dem Bau des Tempels begonnen. Nach einer Bauzeit von 180 Jahren waren am 5. Dezember 57 v. Chr. (im 25. Regierungsjahr Ptolemaios XII. Neos Dionysos) die Arbeiten am Tempel mit der Fertigstellung der Dekoration abgeschlossen.

Wie lange der Kult der Gottheiten von Edfu bestanden hat, entzieht sich unserer Kenntnis. Theodosius I. (379-395 n.Chr.), Kaiser im Osten des römischen Reiches und damit auch Herrscher über Ägypten, erhob 391 n. Chr. das Christentum zur Staatsreligion, und die „heidnischen Kulte" erloschen nach und nach. Der Tempel bzw. einige Bereiche des Edfu-Tempels wurden in koptischer Zeit als Kirche und Kapelle genutzt.

Im Verlauf der folgenden Jahrhunderte versandete der nicht mehr als Tempel genutzte Bau und wurde zusehends unzugänglich. Erst Auguste Mariette gelang es, indem er den Tempel vom Schutt und Sand sowie von den mittlerweile darin stehenden dörflichen Häusern befreien ließ (ab 1860), auch die Innenräume wieder zugänglich zu machen.

Bald nach der Freilegung wurden einige größere Texteinheiten von verschiedenen Ägyptologen veröffentlicht. Unter den Verfassern befinden sich Ägyptologen wie Ernst von Bergmann, Heinrich Brugsch, Johannes Dümichen, Edouard Naville, Karl Piehl und Jacques de Rougé. Aber erst 1876 begann die systematische Aufnahme und Abschrift der Hieroglyphen und der Dekoration, teilweise unter äußerst ungünstigen Arbeitsbedingungen, durch Maxence de Rochemonteix. Es war ihm allerdings nicht vergönnt, seine Arbeit zu vollenden. Sein Nachfolger wurde Émile Gaston Chassinat, der die Abschriften der Texte des Tempels und des Mammisis schließlich veröffentlichte. Die Gesamtpublikation umfaßt 14 Bände, acht Textbände mit ca. 3.000 Seiten, welche die hieroglyphischen Texte in Drucktypen wiedergeben, zwei Bände mit Strichzeichnungen sowie vier Bände mit teilweise exzellenten Photographien. Ein 15. Band mit Texten und Darstellungen, deren Aufnahme von Maxence de Rochemonteix vergessen worden war, wurde mit weiteren Photographien 1985 von Sylvie Cauville und Didier Devauchelle publiziert. Die beiden ersten Textbände wurden in einer revidierten Auflage ebenfalls von Cauville und Devauchelle zwischen 1984 und 1990 herausgegeben. Die Inschriften des Mammisi von Edfu wurden von Chassinat 1939 veröffentlicht.

Erst nach den Basisarbeiten durch Chassinat wurde eine wissenschaftliche Bearbeitung der Inschriften überhaupt möglich. Bis ca. 1970 wurden jedoch lediglich etwa 10–15% der Edfu-Texte in unterschiedlichen Sprachen und unterschiedlicher Qualität bearbeitet.

Die Inschriften des Tempels von Edfu zählen nach Umfang und Inhalt zu den wichtigsten Quellen aus der Zeit der Ptolemäerherrschaft in Ägypten. Sie geben eine überaus reiche Vielfalt von Informationen, unter denen diejenigen zur Religion dominieren, die aber auch die politische Geschichte, die Verwaltung und vieles andere mehr betreffen. Außerdem haben die Inschriften nicht nur für die Zeit eine Bedeutung, in der sie niedergeschrieben wurden, denn in ihnen wird u.a. auch Gedankengut tradiert, das bis in die ältesten Zeiten pharaonischer Geschichte hinabreicht. Dies ist abzulesen an den zahlreichen Zitaten aus den Edfu-Texten innerhalb von Untersuchungen, die sich mit Fragestellungen und Problemen der vorptolemäischen Geschichte Ägyptens beschäftigen; die Edfu-Texte werden dabei herangezogen zum Verständnis älterer Quellen, zur Bestätigung einer Interpretation oder zum Kontrast, um geänderte Verhältnisse oder gar eine Entwicklung aufzuzeigen.

Wenn man nun den wissenschaftlichen Anspruch der bestmöglichen Materialausschöpfung anlegt, dann mußte festgestellt werden, daß die schon seit Jahrzehnten in hieroglyphischer Abschrift vorliegenden Edfu-Texte bislang kaum eine ihrer Bedeutung entsprechende Bearbeitung erfahren hatten. Und doch bietet die ungeheure Textmasse die Gewähr dafür, daß sich die meisten sprachlichen und die überwiegende Anzahl der inhaltlich-sachlichen Probleme durch die Erschließung der eigenen, edfuinternen Parallelen lösen lassen.

Im Jahre 1986 hat Dieter Kurth ein Langzeitprojekt gegründet, das sich der philologischen Gesamtbearbeitung der Inschriften des Tempels von Edfu widmet. Anstoß zur Gründung des Projekts war die schmerzliche Erfahrung, daß Parallelen zu Textstellen und Inhalten in dem riesigen Textmaterial nahezu verloren sind, will man nicht wegen jedes einzelnen Problems erneut die 3.000 publizierten hieroglyphischen Seiten durchsehen. Damit muß praktisch jeder Forscher für seine Fragestellung mit der Durcharbeitung der Texte von vorne beginnen, will er über die in den bisherigen Untersuchungen gesammelten Informationen hinausgelangen.

Das Hauptziel des Edfu-Projektes ist es deshalb, eine in sich geschlossene, verläßliche Gesamtübersetzung aller Inschriften des Tempels von Edfu anzufertigen, welche auf einer soliden philologischen Basis beruht. Hinzugezogen werden alle greifbaren internen Parallelen, die gesamte erfasste textrelevante Sekundärliteratur und die Dekorationssystematik. Ausführliche analytische Indizes zu verschiedenen Sachbereichen, die auch Vertretern von Nachbardisziplinen einen raschen Zugriff auf das reiche Textmaterial ermöglichen, sowie eine Grammatik der Tempelinschriften der griechisch-römischen Zeit sollen das Werk abrunden.

Bis zum Ende des Jahres 2001 ist das Edfu-Projekt von der Deutschen Forschungsgemeinschaft finanziert und betreut worden. Seit Anfang 2002 gehört das Projekt zum Programm der Akademie der Wissenschaften zu

Göttingen. Die Arbeitsstelle selbst ist nach wie vor in Räumlichkeiten der Universität Hamburg beheimatet.

Bei den Inschriften des Tempels von Edfu handelt es sich um ein zusammenhängendes Textcorpus, dessen viele Einzelelemente erst nach Kenntnis des Gesamtmaterials beurteilt werden können. In einer ersten Phase wurden daher neben der Arbeit an der Vorübersetzung folgende Einträge aufgenommen:

- Formeln (wiederkehrende gleiche oder synonyme Aussagen, eingebettet in wechselnde Kontexte)
- Wörter (neue Schreibungen und Bedeutungen)
- Götter und Götterepitheta (oft „sprechende" Beinamen der Götter)
- Ortsnamen
- Materialien für eine Grammatik
- Photos (möglichst vieler Inschriften, die die Verläßlichkeit der Textwiedergabe verbessern sollen)
- publizierte Sekundärliteratur (vorhandenes Wissen der Ägyptologie).

Die vorübersetzten Texte sind in eine Datenbank eingespeist worden, so daß sie für die corpusinterne Recherche jederzeit zur Verfügung stehen.

Die Übersetzung der Inschriften des Pylonen (Edfou VIII) mit Umschrift und Kommentar wurde 1998, die der Inschriften der Außenseite der Umfassungsmauer (Edfou VII), darunter etliche von Chassinat während seiner Aufnahme vergessene, bislang unpublizierte Texte, wurden 2004 publiziert. Außerdem sind alle Inschriften der inneren Umfassungsmauer sowie diejenigen des Hofes und der Säulen des Hofes in Vorübersetzung abgeschlossen. Während bislang sieben Kampagnen am Edfu-Tempel (1995–2005) wurden ausgewählte Inschriftenpassagen der Bände Edfou IV-VII sowie der gesamte Band VIII kollationiert. Insbesondere an den höher gelegenen sowie an den beschädigten Stellen sind zahlreiche Zeichen und Textpassagen der Publikation von Chassinat zu korrigieren und zu ergänzen. So enthielt der erste Übersetzungsband (ITE I/1) 40 Seiten hieroglyphische Korrekturen, der zweite (ITE I/2) 48 Seiten Korrekturen zu Chassinat.

Im Berichtszeitraum 2008 wurden folgende Arbeiten durchgeführt: Die Arbeit an der Übersetzung der Texte der Innenseite der Umfassungsmauer (Edfou VI) wurde fortgesetzt. Dieser Band enthält den überwiegenden Teil der innerhalb der gesamten Edfu-Inschriften verstreut überlieferten Schöpfungsmythen. Die Schöpfungsmythen des Tempels von Edfu enthalten die lokale Version der in ganz Ägypten verbreiteten Schöpfungsmythen, welche, auf traditionellen Vorstellungen aufbauend, in Edfu eine eigene Prägung erfahren hat. Die Übersetzung dieser Inschriften wird nicht allein bei

Ägyptologen, sondern vor allem auch bei Religionshistorikern ein lebhaftes Interesse finden.

Darüberhinaus sind in Edfou VI auch die Texte des Großen Horusmythos zu finden. Bei diesem Mythos handelt es sich um den größten erzählenden Text des Tempels. Durch diese Inschriften wird das Selbstverständnis des ägyptischen Horus-Königtums deutlich; zwar erhielt auch dieser Text eine unverkennbare Prägung durch die lokale Theologie Edfus und durch die Zeit seiner Niederschrift, doch wurzelt sein Inhalt in den ältesten Epochen der ägyptischen Geschichte. Die durch Kollationierung verbesserten Lesungen und das durch das Heranziehen sämtlicher Parallelen gewonnene bessere Verständnis rechtfertigen eine neue Übersetzung dieses bereits von Fairman monographisch bearbeiteten Textes.

Die Übersetzungstätigkeit richtete sich zunächst nach thematisch-inhaltlich gebundenen Abschnitten und folgte innerhalb der Textpublikation (Edfou VI) nicht der von Chassinat vorgegebenen Struktur, aufgrund der für das Textverständnis wichtigen Parallelen und Varianten der Schöpfungsmythen und des Horusmythos. Des weiteren war es notwendig, in einem Vorgriff einige Passagen aus den Bänden Edfou III und Edfou IV zu bearbeiten. Abgeschlossen wurden bereits mehr als 50% der Übersetzungen der hieroglyphischen Seiten aus Edfou VI.

2007 erschien bereits der erste Band der ptolemäischen Grammatik. Die große Nachfrage erforderte während des Berichtszeitraumes die Herausgabe einer zweiten, verbesserten Auflage. Abgeschlossen wurde die redaktionelle Endbearbeitung inklusive Korrektureinfügungen und Layoutgestaltung des zweiten Bandes der Grammatik der Inschriften der Tempel der griechisch-römischen Zeit. Dieser zweite Teil umfaßt 570 Seiten und enthält die Hauptkapitel Morphologie, Wort-Syntax, Satz-Syntax und Stilistik sowie Übungsstücke mit den entsprechenden Auflösungen. Der Band ist im Dezember 2008 erschienen. Ausführliche vereinigte Indizes beider Bände wurden von Frau Brech-Neldner erstellt. Finanziert wurde diese Arbeit durch Werkverträge der Akademie.

Redaktionell betreut und der Publikation im Harrassowitz-Verlag, Wiesbaden, zugeführt wurde der Band „Die Darstellungen auf den Außenseiten der Umfassungsmauer und auf dem Pylonen. Strichzeichnungen und Photographien. Die Inschriften des Tempels von Edfu, Abteilung II, Dokumentationen“, Band 1 (ITE II/1). Dieser Band enthält die von Chassinat nicht publizierten Strichzeichnungen der Ritualszenen zu Edfou VII (Außenseite der Umfassungsmauer) und zu Edfou VIII (Pylon). Die Zeichnungen wurden von Uwe Bartels angefertigt. Die Monographie wird mit einer CD-ROM ausgeliefert, die es ermöglicht, der jeweils als Strichzeichnung ausgeführten Szene eine beigefügte Photographie des Edfu-Archivs zuzuordnen.

Das Edfu-Begleitheft 2, eine von Stefan Rüter angefertigte monographische Untersuchung einer spezifischen Hymnenform in Edfu und in weiteren Tempeln der Ptolemäerzeit, wird redaktionell überarbeitet, in weiten Teilen aktualisiert und ist in Kürze druckfertig.

Edfu-Begleitheft 6 enthält mehrere Spezialuntersuchungen zum Edfu-Tempel, die von den Mitarbeitern des Edfu-Projekts angefertigt wurden. Das Heft wird voraussichtlich Anfang 2009 erscheinen.

Das 1999 erschienene Edfu-Begleitheft 5 (Bericht über drei Surveys; Materialien und Studien), das mittlerweile vergriffen war, wurde aufgrund beständiger Nachfrage als kostenloser Download auf der Internetseite des Projekts zur Verfügung gestellt.

Die 2007/8 publizierte relevante Sekundärliteratur wurde gesichtet, aufgenommen und verarbeitet.

Die während der siebten Kollationierungskampagne in Edfu aufgenommenen Photographien wurden nach der systematisch erfolgten Erfassung in einem zweiten Arbeitsschritt in die Formulardatenbank des Edfu-Explorers übertragen. Die bereits systematisch aufgearbeiteten mehr als 7.500 Photographien aus der achten Kollationierungskampagne werden 2009 abschliessend in die Datenbank eingepflegt werden können.

Während Herr Kurth weiterhin die Projektleitung innehat, wurde Herr Waitkus als Arbeitsstellenleiter eingeführt. Verbunden mit dieser Position ist eine Aufstockung der Stelle. Eine zusätzliche halbe Stelle, die der Zuarbeit für das Altägyptische Wörterbuchprojekt der BBAW dient, wurde von der Göttinger Akademie geschaffen. Diese Stelle konnte mit Frau Brech besetzt werden, die damit begonnen hat, die Materialien der Edfu-Wörterliste aufzuarbeiten, um sie dem digitalisierten Zettelarchiv der BBAW zuführen zu können. Während der letzten drei Kalendermonate wurden die verbliebenen halben Stellen der Mitarbeiter des Edfu-Projekts zeitlich befristet aufgestockt. Frau Umlauff hat als studentische Hilfskraft 2008 damit begonnen, die dem Projekt vorliegenden Materialien von Edfu I für den Edfu-Explorer zu erfassen.

Öffentlichkeitsarbeit:

Die Ankündigung der abschliessenden Publikation der ptolemäischen Grammatik mittels einer Pressemitteilung im Oktober 2008 (http://www.verwaltung.uni-hamburg.de/pr/2/21/pm/2008/pm120.html) führte zu großer Resonanz in den journalistischen Medien (u. a. Die Welt, 24.11.2008). Ein Vortrag über Aspekte des Tempels von Edfu wurde von Herrn Effland in Hamburg (HWW) gehalten.

Die Internetpräsenz des Projektes wurde komplett überarbeitet und ist mittlerweile auch in einer englischsprachigen Version aufrufbar (http://www.rrz.uni-hamburg.de/Edfu-Projekt/Edfu.html). Die monatlichen Besucherzahlen der Webpage liegen zwischen 25.000 und 30.000. Auf besonderes Interesse stößt dabei die 2007 erstellte und seitdem erheblich erweiterte „Edfu Digital Library", die einen kostenlosen online-Zugriff auf zahlreiche Publikationen zur Ptolemaistik bietet.

Erneut engagierten sich Projektleiter und alle Mitarbeiter des Vorhabens in der akademischen Lehre an der Universität Hamburg bzw. der Universität Münster.

Zurzeit sind als Wissenschaftliche Mitarbeiter beim Projekt beschäftigt: Ruth Brech, Andreas Effland, Jan-Peter Graeff, Martin von Falck, Wolfgang Waitkus.

F. Junge

Veröffentlichungen:

Dieter Kurth, Einführung ins Ptolemäische. Eine Grammatik mit Zeichenliste und Übungsstücken, Band 2, Hützel 2008 (ISBN: 978-3-9810869-3-5)

Uwe Bartels, EDFU: Die Darstellungen auf den Außenseiten der Umfassungsmauer und auf dem Pylonen. Strichzeichnungen und Photographien. Die Inschriften des Tempels von Edfu, Abteilung II, Dokumentationen, Band 1, Wiesbanden 2008 (ISBN 978-3-447-05834-6)

Andreas Effland, Jan-Peter Graeff, Martin von Falck, Inschriften des ptolemäerzeitlichen Tempels von Edfu. Das Edfu-Projekt, in: Sokar 16, 2008, 80-88 (ISSN: 1438-7956)

Andreas Effland, Die befestigte Anlage Qal'at al-Babên nach den Berichten früher Ägyptenreisender, in: Aegyptiaca Hamburgensia 1, Gladbeck 2008 (ISBN: 978-3-935012-01-0)

Jan-Peter Graeff, Kemet, Kemet über alles! Zu Patriotismus, Nationalismus und Rassismus im Alten Ägypten, in: Aegyptiaca Hamburgensia 1, Gladbeck 2008 (ISBN: 978-3-935012-01-0)

Wolfgang Waitkus, Die heiligen Schlangen von Edfu, in: Aegyptiaca Hamburgensia 1, Gladbeck 2008 (ISBN: 978-3-935012-01-0)

Edition der naturwissenschaftlichen Schriften Lichtenbergs
Leitungskommission:
Vorsitzender: Lieb
Stellv. Vors.: Barner
Beuermann (Göttingen), Christensen, Joost, Patzig, Samwer, Schöne

Kontaktadresse: Am Papendiek 14, 37073 Göttingen, Tel.: 0551-39-9471 (Dr. Zehe), Tel.: 0551-39-8409, Fax: 0551-39-9661, akrayer@gwdg.de (Dr. Krayer)

Arbeitsbericht: Auf mehr als 1300 Blättern und in 41 kleinen Heftchen des in der Göttinger Bibliothek aufbewahrten Nachlasses von Georg Christoph Lichtenberg steht ein Fülle von Beobachtungen, Gedanken und Bemerkungen zu Erxlebens Lehrbuch „Anfangsgründe der Naturlehre", das der Physikprofessor Lichtenberg über Jahrzehnte hinweg als Leitfaden seiner Vorlesungen zur Experimentalphysik, zur physischen Geographie und zur Astronomie verwandte. Dieses Werk liefert das Ordnungsprinzip für die Edition der bisher unveröffentlichten Aufzeichnungen; ihre Transkription und Kommentierung sind die Hauptaufgaben der Arbeitsstelle.

Höhepunkt im Berichtsjahr 2008 war das Erscheinen von Band 2 der „Vorlesungen zur Naturlehre": Gottlieb Gamaufs „Erinnerungen aus Lichtenbergs Vorlesungen". In dem einschließlich der Einleitung durch Ulrich Joost (Darmstadt) ca. 1150 Seiten starken Band sind alle fünf Bändchen nachgedruckt, die der Theologiestudent und Lichtenberghörer Gamauf in den Jahren 1808 bis 1818 publiziert hat. Ihre kaum zu überschätzende Bedeutung für das Verständnis einer großen Anzahl von Stichwörtern und Andeutungen in Lichtenbergs Vorlesungs-„Büchelgen", in denen er das Konzept für seine Vorlesungsstunden notierte, hat die Kommission 2006 veranlaßt, die nachgelassenen handschriftlichen Aufzeichnungen um den nun erschienenen Nachdruck zu ergänzen. Dank der intensiven Zusammenarbeit von Kommission, Arbeitsstelle und Verlag und trotz unerwarteter, erheblicher technischer Schwierigkeiten konnte der Band in relativ kurzer Zeit fertiggestellt werden. Nachdem 2007 bereits Teil 1 der „Notizen und Materialien zur Experimentalphysik" als Band 3 der Edition herausgekommen ist, ist somit die Hälfte ihres geplanten Umfangs von sechs Bänden erschienen, ein sehr erfreuliches Resultat.

Zweites bedeutendes Datum war die Einstellung eines weiteren wissenschaftlichen Mitarbeiters, der aufgrund seiner vorherigen Tätigkeit an der Leopoldina-Ausgabe von Goethes Schriften zur Naturwissenschaft wertvolle Erfahrungen in das Projekt einbringen kann.

Das nächste Etappenziel der Edition ist die Veröffentlichung des zweiten Teils der „Notizen und Materialien zur Experimentalphysik“ (= Vorlesungen zur Naturlehre, Band 4), geplant für das Jahr 2010. Er wird Lichtenbergs Aufzeichnungen zu den Gebieten Akustik, Optik, Wärmelehre, Elektrizität und Magnetismus mit den zugehörigen Sacherläuterungen enthalten. Parallel zur Fertigstellung des Gamauf bildeten die Arbeiten an diesem Band im abgelaufenen Jahr den Schwerpunkt der Tätigkeit.

K. P. Lieb

Veröffentlichung:
Georg Christoph Lichtenberg: Vorlesungen zur Naturlehre. [Bd. 2.] Gottlieb Gamauf: „Erinnerungen aus Lichtenbergs Vorlesungen“. Die Nachschrift eines Hörers. Hrsg. von der Akademie der Wissenschaften zu Göttingen. (Bearb.: Albert Krayer, Klaus-Peter Lieb.) Wallstein-Verlag, Göttingen 2008. LXXXII, 1048 S., 13 Falttaf. ISBN 978-3-8353-0147-4

Enzyklopädie des Märchens
Leitungskommission:
Vorsitzender: Roth (München)
Alzheimer (Bamberg), Brednich (Göttingen), Brückner (Würzburg), Drascek (Regensburg), Gerndt (München), Köhler-Zülch (Göttingen), Mölk, Nagel, Terwiel

Kontaktadresse: Friedländer Weg 2, 37085 Göttingen, Tel.: 0551-39-5358, Fax: 0551-39-2526, (Dr. Köhler-Zülch), http://gwdg.de/~enzmaer

Arbeitsbericht: Im September 2008 erschien die erste Lieferung des dreizehnten Bandes der „Enzyklopädie des Märchens“; sie umfaßt die Artikel „Suchen, Suchwanderung“ bis „Theogonie“. Ein Großteil der Manuskripte für die zweite Lieferung des 13. Bandes („Theophilus“ bis ca. „Tugenden und Laster“) liegt bereits vor. Die redaktionelle Bearbeitung der ausstehenden Manuskripte soll im Februar 2009 abgeschlossen werden, so daß die zweite Lieferung des 13. Bandes ca. im August 2009 erscheinen kann.

Außer auf die Redaktionstätigkeit zu den Artikeln der Buchstaben T und V verwandten die Mitarbeiter erhebliche Zeit darauf, die außerordentlich umfangreichen Archive und Kataloge der Arbeitsstelle zu ergänzen und auf den neuesten Stand zu bringen. Dies betraf insbesondere die Betreuung des Textarchivs sowie die Auswertung von Typenkatalogen und Spezialbibliographien. Die Anschaffung und Einarbeitung wichtiger in- und ausländischer Primär- und Sekundärliteratur in die Bibliothek und die diversen Archive wurde gleichfalls in angemessenem Maßstab betrieben.

Fortgeführt wurde die EDV-Erfassung zur Aufbereitung des Archivmaterials, der verschiedenen Katalog- und Karteisysteme sowie der Namen-, Sach-, AaTh- und Motivregister, die für die redaktionelle Arbeit einen schnellen und umfassenden Zugriff auf die Materialien ermöglicht und sich in der Praxis vielfach bewährt hat. Die Register der EM sind nach umfangreichen Umstellungen seit Sommer 2000 bei der GWDG gespeichert. Abfragen und Bearbeitungen werden per Internetschnittstelle vorgenommen.

I. Köhler-Zülch

Veröffentlichungen:
Enzyklopädie des Märchens, Handwörterbuch zur historischen und vergleichenden Erzählforschung
Band 13, Lieferung 1 (Suchen, Suchwanderung – Theogonie). Begründet von Kurt Ranke. Mit Unterstützung der Akademie der Wissenschaften zu Göttingen herausgegeben von Rolf Wilhelm Brednich, Göttingen, zusammen mit Heidrun Alzheimer, Bamberg, Hermann Bausinger, Tübingen, Wolfgang Brückner, Würzburg, Daniel Drascek, Regensburg, Helge Gerndt, München, Ines Köhler-Zülch, Göttingen, Klaus Roth, München. Verlag Walter de Gruyter & Co., Berlin/New York 2008. Sp. 1–440. ISBN-Nr. 978-3-11-020628-9.

Erschließung der Akten des kaiserlichen Reichshofrats
Leitungskommission:
Vorsitzender: Sellert
Auer (Wien), Cordes (Frankfurt am Main), Oestmann (Münster), Ogris (Wien), Schumann

Kontaktadresse: Konrad-Adenauer-Straße 25, 37075 Göttingen, Tel.: 0551-23771, wseller@gwdg.de (Prof. Dr. Sellert)

Arbeitsbericht: Obwohl der Reichshofrat – ebenso wie der Court of King's Bench, das Parlement de Paris und die Rota Romana – zu den herausragenden europäischen Höchstgerichten seiner Zeit und zu den bedeutendsten Institutionen des Heiligen Römischen Reichs deutscher Nation gehört, ist er weder in der historischen noch in der rechtshistorischen Forschung fest verankert. Dieses erstaunliche Defizit hängt entscheidend damit zusammen, dass die wichtigste Quelle für die Geschichte des Reichshofrats – die im Wiener Haus-, Hof- und Staatsarchiv aufbewahrten Akten – bisher nahezu unerschlossen ist.

Ziel des von der Akademie der Wissenschaften zu Göttingen initiierten sowie von der Österreichischen Akademie der Wissenschaften und dem Österreichischen Staatsarchiv mitgetragenen Projekts ist die Erschließung dieses für die gesamten Geistes- und Kulturwissenschaften wertvollen archivalischen Schatzes. Die Akten sind eine fachübergreifende und unentbehrliche Quelle zur Erlangung neuer Erkenntnisse auf fast allen das Heilige Römische Reich betreffenden Gebieten. Dazu gehören Konflikte aus der Rechts- und der Verfassungsgeschichte, aus der Sozial- und der Wirtschaftsgeschichte, der Kriminal-, der Militär-, der Technik- und der Handwerksgeschichte sowie Anträge auf diverse Vergünstigungen, Bitten um kaiserliche Hilfe und Berichte verschiedener Amtsträger an das Reichsoberhaupt.

Das langfristig angelegte Projekt erschließt mit den sog. „Alten Prager Akten“, den „Antiqua“ und den „Denegata antiqua“ einen großen Teil der Judizialakten des Reichshofrats aus dem 16. und dem 17. Jahrhundert. In den einzelnen zu veröffentlichenden Inventarbänden sollen insgesamt ca. 19.000 Vorgänge neu verzeichnet werden. Damit werden rund ein Drittel der in Wien überlieferten reichshofrätlichen „Judicialia“ erfasst.

Die jeweiligen Fälle werden ausführlich beschrieben. Außerdem werden nicht nur die Entscheidungen des Reichshofrats, sondern auch dessen Maßnahmen zur friedlichen Beilegung der Auseinandersetzungen genannt. Besonderes Augenmerk gilt den Aktenbeilagen, darunter vor allem den Rechtsgutachten, Karten oder Plänen. Zu fast jedem Vorgang wird eine Laufzeit des Verfahrens angegeben. Praktische Informationen zu Bestellsignatur und Aktenumfang runden die Verzeichnung ab. Ein Sachregister, eine chronologische Konkordanz, Verzeichnisse über die am Reichshofrat tätig gewesenen Agenten und über die Vorinstanzen (Juristische Fakultäten, Schöffenstühle) sowie ein Orts- und ein Personenverzeichnis sollen dem Benutzer den Zugang zu den Erschließungsergebnissen erleichtern.

Mit der Aktenerschließung wurde im Juni 2007 begonnen. Das vorgesehene Erschließungspensum von insgesamt sechs Akten pro Arbeitstag hat das Arbeitsteam (zwei Wiss. Mitarbeiter und eine Wiss. Hilfskraft) weitgehend erfüllt. Zusammen mit den aus einem von der VW-Stiftung finanziell geförderten Vorprojekt sind jetzt bereits ca. 4000 Akten inventarisiert. Zu Beginn des Jahres 2009 ist beim Erich Schmidt Verlag (Berlin) ein erster Band erschienen. Er verzeichnet 1002 Fälle aus dem Bestand der Alten Prager Akten. Wenn alles nach Plan verläuft, können in rascher Folge zwei weitere Bände publiziert werden. Zu den Bänden stellt der Verlag eine kostenpflichtige digitale Version unter der Adresse www.RHRdigital.de zur Verfügung.

W. Sellert

Europäische Jahrhundertwende – Literatur, Künste, Wissenschaften um 1900 in grenzüberschreitender Wahrnehmung
Leitungskommission:
Vorsitzender: Mölk
Cramer, Detering, Paul

Kontaktadresse: Theaterstraße 7, 37073 Göttingen, Tel.: 0551-39-5331, jhwroma@gwdg.de (Dr. Friede), Tel.: 0551-39-4174, jhwgerm@gwdg.de (Dr. Jürgensen) http://www.gwdg.de/~jhwgerm/Frames.html

Arbeitsbericht: Das seit 2002 bestehende Langzeitvorhaben setzt sich das Ziel, der bisherigen deutschen und internationalen Jahrhundertwendeforschung neue materielle Grundlagen bereitzustellen und neue Fragerichtungen anzubieten. Das geschieht durch den von vornherein gewählten komparatistischen, auch die jeweiligen Sprachen konstrastiv berücksichtigenden Ansatz: der Blick auf Deutschland und von Deutschland her wird um den Blick auf Frankreich (usw.) und von Frankreich (usw.) her ergänzt. Das neue Untersuchungsmaterial liefern in erster Linie die Literatur- und Kulturzeitschriften der Epoche, deren „grenzüberschreitende" Beiträge („grenzüberschreitend" als Überschreitung nationaler und fachspezifischer Grenzen) nach einem tiefengestaffelten Schema dokumentiert werden; die neuen Fragerichtungen werden auf regelmäßig stattfindenden kleineren oder größeren interdisziplinären Kolloquien vorgetragen und diskutiert. Nach einem ersten kleineren Kolloquium (April 2002, in den Nachrichten 2003 veröffentlicht) und dem Kolloquium über „Europäische Kulturzeitschriften um 1900" (Oktober 2004, Tagungsband in den Abhandlungen 2006 veröffentlicht) fand im Januar 2007 ein kleineres (akademieöffentliches) Kolloquium (als Werkstattgespräch) statt (Thema: Ausgewählte Kulturphänomene um 1900 in der Perspektive zeitgenössischer Fremdwahrnehmung, siehe auch „Sonstige Veranstaltungen"), für das auf dem letzten (4.) Kolloquium im Februar 2009 Erweiterungen und Ergänzungen vorgesehen sind.

Im Berichtsjahr 2008 wurde die Dokumentationsarbeit (1890–1910) an den Zeitschriften „Mercure de France", „Nuova Antologia", „Freie Bühne für modernes Leben", „Deutsche Rundschau", „Westermanns Monatshefte" fortgesetzt. Zur Zeit liegt die Datenbank auf einem Server der GWDG und ist in ihrem ganzen Umfang bisher nur intern zugänglich. Die inzwischen eingerichtete partielle Öffnung betrifft nur Autoren, Beitragstitel, Heft- und Seitenangaben, nicht jedoch schon Resümees oder Struktur des Klassifikationsschemas. Die Kommissionssitzungen (die 15. am 21. Januar und die 16. am 26. November) fanden wie im Vorjahr als um die wissenschaftlichen Berater erweiterte Kommissionssitzung statt (außer den Mitgliedern der Leitungskommission: Barner, Diederichsen, Döpp, Elsner, Schroeder und Thomssen); die hauptsächlichen Beratungen betrafen die Gestaltung des abschließenden (4.) Kolloquiums am 13. und am 14. Februar 2009.

U. Mölk

Germania Sacra
Leitungskommission:
Vorsitzende: Röckelein
Flachenecker (Würzburg), Gatz (Citta del Vaticano), Heimann (Potsdam), Henkel, Monnet (Paris), Muschiol (Bonn), Rexroth

Kontaktadresse: Theaterstraße 7, 37073 Göttingen, Tel.: 0551-39-4283, Fax: 0551-39-13784, germania-sacra@gwdg.de, www.germania-sacra.de

Arbeitsbericht: Das Forschungsprojekt „Germania Sacra" hat zur Aufgabe, die Quellen der Kirche des Alten Reiches zu erschließen, das überlieferte Material aufzubereiten und in Handbuchformat zu publizieren und damit die kirchengeschichtlichen Basisinformationen der weiteren Forschung zur Verfügung zu stellen. Der Untersuchungszeitraum erstreckt sich über die ganze Vormoderne, von den Anfängen der Bistümer des Reiches im 3./4. Jahrhundert bis zu deren Auflösung in der Reformation bzw. im Zeitalter der Säkularisation zu Beginn des 19. Jahrhunderts.

Die überlieferten Quellen werden nach einem einheitlichen Muster aufbereitet, um der Forschung strukturierte und vergleichbare Daten zur Kirche des Alten Reiches zur Verfügung zu stellen. Die „Germania Sacra" mit ihrem epochenübergreifenden Ansatz erarbeitet die Grundlagen für weiterführende Forschungen zur Verfassungs- und Kirchengeschichte, zur Reichs- und Landesgeschichte, zur Wirtschafts- und Sozialgeschichte, zur Bildungsgeschichte, zur Historischen Geographie, zur Siedlungsgeschichte, zur Prosopographie, zur Mentalitäten-, Frömmigkeits- und Patroziniengeschichte des Mittelalters wie der Neuzeit.

Das traditionsreiche Projekt, das 1917 am Kaiser-Wilhelm-Institut für deutsche Geschichte in Berlin gegründet wurde, war von 1956 bis zum Ende des Jahres 2007 am Max-Planck-Institut für Geschichte in Göttingen angesiedelt. Im Januar 2008 übernahm die Union der deutschen Akademien der Wissenschaften das Forschungsprojekt; die Redaktion hat jetzt ihren Sitz an der Akademie der Wissenschaften zu Göttingen. Zur Überleitung des Projekts hat die Akademie der Wissenschaften zu Göttingen mit der Max-Planck-Gesellschaft einen Übergabevertrag abgeschlossen.

Mit dem Trägerwechsel geht eine inhaltliche Neuausrichtung der „Germania Sacra" einher. Das Vorhaben konzentriert sich zukünftig auf die Bearbeitung der Bistümer (in ihren Grenzen um 1500) und der Domstifte auf dem Gebiet der Bundesrepublik Deutschland. Die unter der Federführung des Max-Planck-Instituts für Geschichte begonnenen Bände zu einzelnen Stiften und Klöstern werden bis 2018 abgeschlossen. Alle Bände erscheinen nun als „Dritte Folge" der „Germania Sacra" mit dem neuen Untertitel „Die Kirche des Alten Reiches und ihre Institutionen".

Im ersten Jahr der „Germania Sacra" unter der neuen Trägerschaft der Akademie der Wissenschaften zu Göttingen stand für die in der Theaterstraße ansässige Redaktion vor allem die inhaltliche Neukonzeption des Projekts im Vordergrund. Ausgangspunkt der Überlegungen war die Tatsache, dass der ambitionierte Arbeitsplan der „Germania Sacra" für die nächsten Jahre nur umgesetzt werden kann, wenn die Bände in ihrem Umfang und ihrer Bearbeitungstiefe deutlich reduziert werden. Die konzeptionellen Vorschläge der Redaktion, den zukünftigen „Germania-Sacra"-Bänden einen stärkeren Handbuchcharakter zu verleihen, wurden mit der Projektleitung mehrfach erörtert.

Der Diskussionsprozess mündete in einen von der „Germania Sacra" ausgerichteten Workshop im September 2008. Neben der Projektleitung und der Redaktion nahmen an ihm einige der ehrenamtlichen Mitarbeiter sowie weitere Wissenschaftler teil, die mit der Organisation vergleichbarer kirchengeschichtlicher Großprojekte Erfahrung haben, so z. B. Petra Zimmer (Helvetia Sacra) und Erwin Gatz (Die Bistümer des Heiligen Römischen Reiches; Die Bischöfe des Heiligen Römischen Reiches). Der Workshop lieferte wertvolle Ergebnisse, die in die „Richtlinien der Germania Sacra, Dritte Folge" Eingang fanden. Einhergehend mit der inhaltlichen Neukonzeption wurden die Zitierrichtlinien der „Germania Sacra" modernisiert. Die neuen redaktionellen Richtlinien sind auf der neugestalteten Homepage (www.germania-sacra.de) einzusehen, sie werden in der Zeitschrift „Der

Archivar" angekündigt und in den „Blättern für deutsche Landesgeschichte" veröffentlicht.

Außerdem wurde die Neukonzeption im November auf der Jahrestagung der Bundeskonferenz der kirchlichen Archive in Deutschland im Rahmen eines Vortrages vorgestellt. Durch diese Aktivitäten sollen weitere Archivare und Landeshistoriker zur Mitarbeit oder Unterstützung des Projektes gewonnen werden.

Auf dem jährlich stattfindenden „Germania-Sacra"-Colloquium im April 2008 wurden den ehrenamtlichen Mitarbeitern die Projektleitung und die vierköpfige Redaktion vorgestellt (s. unter „Sonstige Veranstaltungen"). In der Folgezeit konnten die Mitglieder der neuen Redaktion in persönlichen Gesprächen mit den ehrenamtlichen Autoren einen soliden Grundstein für die weitere Zusammenarbeit legen. Erfreulicherweise konnten auch schon einige neue Mitarbeiter zur Unterstützung laufender Projekte bzw. zur Bearbeitung von Diözesen- und Domstiftsbänden gewonnen werden.

Neben der Herausgabe der gedruckten Publikationen ist eine personengeschichtlich orientierte Datenbank, die die Angehörigen unterschiedlichster geistlicher Institutionen des Alten Reiches dokumentiert („Klerikerdatenbank"), wichtiger Bestandteil der „Germania Sacra". Sie wird weitergeführt, mit neuen Daten gespeist und ist über die neue Homepage des Projektes zugänglich.

Der erste Band, der in der Dritten Folge der „Germania Sacra" erscheint, ist Anfang 2009 publiziert worden. Es ist das Werk des langjährigen Mitarbeiters Wilhelm Kohl zum Bistum Münster, „Das Zisterzienserinnen-, später Benediktinerinnenkloster St. Aegidii zu Münster".

Im Wintersemester 2008/2009 haben Dr. Nathalie Kruppa („Liturgische Memoria im Mittelalter") und Dr. Christian Popp („Schatz unter Schätzen. Zur musealen Präsentation mittelalterlicher Kirchenschätze") Lehrveranstaltungen am Seminar für Mittlere und Neuere Geschichte der Georg-August-Universität Göttingen angeboten. Die wissenschaftlichen Mitarbeiter der Arbeitsstelle haben die „Germania Sacra" auf verschiedenen auswärtigen wissenschaftlichen Veranstaltungen – teilweise auch mit eigenen Vorträgen – vertreten.

H. Röckelein

Goethe-Wörterbuch (Arbeitsstelle Hamburg)
Interakademische Leitungskommission:
Vorsitzender: J. Schmidt (Freiburg i. Br.)
Barner, Bierwisch (Berlin), Frick, Reinitzer, H. Schmidt (Mannheim)

Kontaktadresse: Von-Melle-Park 6, 20146 Hamburg, Tel./Fax: 040-42838-2756, christiane.schlaps@uni-hamburg.de (Dr. Schlaps), http://www.rrz.uni-hamburg.de/goethe-woerterbuch/

Arbeitsbericht: Das seit 1966 erscheinende Goethe-Wörterbuch dokumentiert als größtes semasiologisches Autorenwörterbuch der Germanistik den Wortschatz Johann Wolfgang Goethes in über 90.000 Stichwörtern und gestützt auf circa 3,3 Mio. Belegexzerpte. In alphabetisch angeordneten Wortartikeln wird der spezifische Individualstil Goethes, wie er sich in der Überlieferung eines extrem weitgefächerten Textsorten- und Bereichsspektrum zeigt, in Wortbedeutung und -gebrauch mittels genauer hierarchischer Gliederungsstruktur sowie reichhaltiger Zitat- und Stellenbelegdarbietung herausgearbeitet.

Im Berichtszeitraum sind die sechste und die siebte Lieferung des 5. Bandes (Körperbau – krüppelhaft sowie krüppelig – Kyffhäuser) erschienen, wobei die sechste Lieferung von der Hamburger Arbeitsstelle für den Verlagsdruck vorbereitet worden war. – Die ersten vier Bände des GWb sind inzwischen im Internet (kostenfrei) unter www.goethe-woerterbuch.de zugänglich; die Lieferungen des fünften Bandes werden sukzessive folgen.

Dr. Bernd Hamacher kehrte zum 1. April von seiner Beurlaubung in die Arbeitsstelle zurück. Dr. Thomas Schares verließ die Arbeitsstelle zum 30. September; die Vollstelle konnte nicht unmittelbar anschließend wiederbesetzt werden. Im August war als Praktikantin Frau Klára-Tünde Szitkó, B. A., aus Rumänien in der Arbeitsstelle zu Gast.

Die Mitarbeiterinnen und Mitarbeiter vertraten das Projekt nach bewährter Art in wissenschaftlichen Institutionen und auf wissenschaftlichen Konferenzen im In- und im Ausland; darüber hinaus organisierte die Arbeitsstelle in Zusammenarbeit mit der Göttinger Arbeitsstelle des Deutschen Wörterbuchs von Jacob Grimm und Wilhelm Grimm im März des Jahres (wie bereits im Vorjahr) einen Workshop in Göttingen, diesmal mit dem Thema „Belegarbeit in der lexikographischen Praxis".

Auf der Grundlage des von der interakademischen Arbeitsgruppe „Artikelredaktionssystem für das Goethe-Wörterbuch" erstellten Berichts wurden in der Interakademischen Kommission Möglichkeiten der praktischen Umsetzung eines solchen Systems vorgestellt und diskutiert.

H. Reinitzer

Veröffentlichungen (in Auswahl):
Goethe-Wörterbuch. Hrsg. von der Berlin-Brandenburgischen Akademie der Wissenschaften, der Akademie der Wissenschaften in Göttingen und der Heidelberger Akademie der Wissenschaften. Kohlhammer-Verlag, Stuttgart, Bd. 5, Lfg. 6 (*Körperbau – krüppelhaft*), 2008.
Goethe-Wörterbuch. Hrsg. von der Berlin-Brandenburgischen Akademie der Wissenschaften, der Akademie der Wissenschaften in Göttingen und der Heidelberger Akademie der Wissenschaften. Kohlhammer-Verlag, Stuttgart, Bd. 5, Lfg. 7 (*krüppelig – Kyffhäuser*), 2008.
Bernd Hamacher: „Wirre Worte" in Wissensrahmen. Das Goethe-Wörterbuch als philologischer Brennpunkt der Wissensgeschichte um 1800. In: Die Herkulesarbeiten der Philologie. Hrsg. von Sophie Bertho und Bodo Plachta. Berlin: Weidler, 2008, S. 123–141.
Bernd Hamacher: Strategien narrativen Katastrophenmanagements. Goethe und die „Erfindung" des Erdbebens von Lissabon. In: Das Erdbeben von Lissabon und der Katastrophendiskurs im 18. Jahrhundert. Hrsg. von Gerhard Lauer und Thorsten Unger. Göttingen: Wallstein, 2008 (Das achtzehnte Jahrhundert. Supplementa; Bd. 15), S. 162–172.
Rüdiger Nutt-Kofoth: Two Paradigms in 19th Century German Editing: Goedeke's Schiller Edition and the Weimar Goethe Edition as Different Steps towards a Particular Concept of Editing Modern Authors. In: Variants. The Journal of the European Society for Textual Scholarship 5 (2006) [2008]: Texts in Multiple Versions / Histories of Editions. Ed. by Luigi Giuliani, Herman Brinkman, Geert Lernout and Marita Mathijsen, S. 315–330.
Christiane Schlaps/Thomas Schares: Lemmatisierungspraxis und -problematik im Autorenwörterbuch am Beispiel des *Goethe-Wörterbuchs*. In: Elisenda Bernal/Janet DeCesaris (Hgg.), Proceedings of the XIII EURALEX International Congress (Barcelona, 15–19 July 2008). Barcelona, 2008, S. 599–606.

Hof und Residenz im spätmittelalterlichen Deutschen Reich (1200–1600)

Leitungskommission:
Vorsitzender: Paravicini
Albrecht (Kiel), Bünz (Leipzig), Fouquet (Kiel), Grubmüller, Honemann (Münster), Johanek (Münster), Moraw, Müller (Mainz), Ranft (Halle/Saale), Spieß, Zotz (Freiburg i. Br.)

Kontaktadresse: Historisches Seminar der Christian-Albrechts-Universität zu Kiel, Olshausenstraße 40, 24118 Kiel, Tel./Fax: 0431-880-1484 (Dr. Hirschbiegel),-2296 (Dr. Wettlaufer), resikom@email.uni-kiel.de, http://resikom.adw-goettingen.gwdg.de

Arbeitsbericht: Die Residenzen-Kommission als Einrichtung der Akademie der Wissenschaften zu Göttingen arbeitet mit der Aufgabenstellung,

Residenz und Hof im spätmittelalterlichen Deutschen Reich (1200-1600) im europäischen Vergleich zu untersuchen. Die föderale Struktur Deutschlands, die Konkurrenz seiner zahlreichen Städte wird an einer ihrer Wurzeln erforscht: der Entstehung der landesherrlichen Residenzen im späteren Mittelalter. Diese ist auf das engste mit dem Wachstum der Höfe verbunden, der wichtigsten Machtzentren Alteuropas. Die Kommission fördert Monographien einzelner Höfe, Residenzen und Residenzengruppen, organisiert internationale Kolloquien: „Alltag bei Hofe" (Ansbach 1992), „Zeremoniell und Raum" (Potsdam 1994), „Höfe und Hofordnungen" (Sigmaringen 1996), „Das Frauenzimmer" (Dresden 1998), „Erziehung und Bildung bei Hofe" (Celle 2000), „Der Fall des Günstlings" (Neuburg an der Donau 2002), „Der Hof und die Stadt" (Halle an der Saale 2004), „Hofwirtschaft" (Gottorf/Schleswig 2006), „Vorbild, Austausch, Konkurrenz. Höfe und Residenzen in der gegenseitigen Wahrnehmung" (Wien 2008), und veröffentlicht sie in der Reihe „Residenzenforschung" (21 Einzelbände sind bislang erschienen, dazu die Bände 15-I und 15-II in jeweils zwei Teilbänden sowie 15-III; 15-IV befindet sich in Vorbereitung). Außerdem sammelt sie aus ihrem Zeitraum die deutschen Hofordnungen und als weitere Quelle die europäischen Reiseberichte (die Bibliographie der deutschen Reiseberichte ist 1994 erschienen, die der französischen 1999 und die der niederländischen 2000). Derzeit wird am Abschluß eines Handbuchs spätmittelalterlicher Höfe und Residenzen gearbeitet. Der erste, dynastisch-topographische Teil in zwei Bänden zu den Dynastien, Höfen und Residenzen ist 2003 erschienen, der zweite, „Bilder und Begriffe" betitelte Teil liegt seit 2005 in ebenfalls zwei Bänden vor, der dritte, einbändige Teil „Hof und Schrift" seit 2007, ein vierter Teil zu den „Grafen und Herren" befindet sich in Vorbereitung. Als Forum dienen halbjährlich versandte „Mitteilungen".

Mit anhaltender Unterstützung der Fritz Thyssen Stiftung konnte das Projekt „Höfe und Residenzen im spätmittelalterlichen Reich" nach Erscheinen des ersten, des zweiten und des dritten Teiles des Handbuches weiter voranschreiten. Die Phase der Einwerbung von Mitarbeitern für die Artikel des vierten Teiles zu den „Grafen und Herren" in wiederum zwei Bänden ist abgeschlossen, die redaktionelle Arbeit an den bereits in großer Zahl vorliegenden Artikeln hat begonnen, der Erscheinungstermin soll Ende 2010 sein.

Vom 20. bis zum 24. September 2008 fand in Wien in Zusammenarbeit mit der Historischen Kommission und der Kommission für Kunstgeschichte der Österreichischen Akademie der Wissenschaften das 11. Symposium der Kommission zu dem Thema „Vorbild, Austausch, Konkurrenz. Höfe und Residenzen in der gegenseitigen Wahrnehmung" statt. Das 12.

Symposium, durchgeführt in Zusammenarbeit mit der Historischen Gesellschaft Coburg unter ihrem Vorsitzenden Prof. Dr. Gert Melville (Dresden/Coburg), wird sich im Jahre 2010 in Coburg dem Thema „Blick voraus zurück – Residenz und Hof in Europa“ widmen.

Erschienen sind mit den Heften 18,1 und 18,2 zwei weitere Ausgaben der „Mitteilungen“ der Residenzen-Kommission, dazu ein Sonderheft, das unter dem Titel „VLRICI DE HVTTEN, EQVITIS GERMANI, AVLA DIALOGVS“ den Hoftraktat des Ulrich Hutten aus dem Jahre 1518 in lateinischer und in deutscher Sprache enthält. Als weitere Sonderhefte befinden sich in Vorbereitung die Edition der Briefe der sächsischen Herzogin Sidonia an ihren Sohn Georg, hg. von Alexandra Kursawe, Sven Rabeler und Claudia Ulrich, und die Publikation der Beiträge des im Rahmen des 11. Symposiums der Kommission veranstalteten Ateliers.

In der Reihe „Residenzenforschung“ ist erschienen als Band 21 die Publikation der Akten des 10. Symposiums der Residenzen-Kommission „Hofwirtschaft“, in Vorbereitung befindet sich die Publikation der Beiträge einer Tagung zu dem Thema „Fürsten an der Zeitenwende zwischen Gruppenbild und Individualität. Formen fürstlicher Selbstdarstellung und ihre Rezeption (1450–1550)“, veranstaltet von PD Dr. Oliver Auge (Greifswald), Dr. Ralf-Gunnar Werlich (Greifswald) und Dr. Gabriel Zeilinger (Kiel), die vom 27. bis zum 29. März 2008 im schleswig-holsteinischen Landeskulturzentrum Schloß Salzau stattfand, und der Akten des Wiener 11. Symposiums der Kommission, die als Band 23 im Jahre 2010 zum 12. Symposium vorliegen wird.

Weiterhin in Vorbereitung befindet sich die Edition der Hofordnungen von Jülich-Kleve-Berg durch Brigitte Kasten, Saarbrücken, die 2009 in den Druck gehen soll.

W. Paravicini

Veröffentlichungen:

Mitteilungen der Residenzen-Kommission der Akademie der Wissenschaften zu Göttingen [Universitätsdruckerei der Christian-Albrechts-Universität zu Kiel, Aufl. 750, ISSN 0941-0937]: 18,1 (2008) [94 S.], 18,2 (2008) [94 S.].

Sonderheft 10: VLRICI DE HVTTEN, EQVITIS GERMANI, AVLA DIALOGVS. Editionis et translationis textum paraverunt Rainer A. Müller (†) Klaus Schreiner et Ernst Wenzel, Kiel 2008 [Universitätsdruckerei der Christian-Albrechts-Universität zu Kiel, Aufl. 750, 114 S., ISSN 1617-7312].

Reihe „Residenzenforschung“: Hofwirtschaft. Ein ökonomischer Blick auf Hof und Residenz in Spätmittelalter und Früher Neuzeit. 10. Symposium der Residenzen-Kommission der Akademie der Wissenschaften zu Göttingen. Gottorf/Schleswig, 23.–26. September 2006, hg. von Gerhard Fouquet, Jan Hirschbiegel und Werner Paravicini,

Ostfildern 2008 (Residenzenforschung, 21) [Thorbecke, 510 S., ISBN 978-3-7995-4523-5].

Katalogisierung der orientalischen Handschriften in Deutschland
Leitungskommission:
Vorsitzender: Feistel (Berlin)
Stellv. Vors.: Röhrborn
Franke (Marburg), Götz (Köln), Lienhard, Nagel, Niklas (Köln), Schwieger (Bonn), Seidensticker (Jena), Uhlig (Hamburg), Wagner (Gießen), Zauzich (Würzburg)

Kontaktadresse: Orientabteilung der Staatsbibliothek zu Berlin/Preußischer Kulturbesitz, Potsdamer Straße 33, 10785 Berlin, Tel.: 030-261-6334, Fax: 030-264-6955, h-o.feistel@sbb.spk-berlin.de (Dr. Feistel), http://kohd.staatsbibliothek-berlin.de

Arbeitsbericht: Seit dem letzten Jahresbericht sind im Verzeichnis der Orientalischen Handschriften in Deutschland (im Auftrag der Akademie der Wissenschaften zu Göttingen herausgegeben von Hartmut-Ortwin Feistel; Franz Steiner Verlag Stuttgart) folgende Bände erschienen:

X,10 Sanskrithandschriften aus den Turfanfunden: Teil 10: Die Katalognummern 3200-4362. Beschrieben von Klaus Wille. 2008. XI, 470 Seiten.

XI,14 Tibetische Handschriften und Blockdrucke: Teil 14: Die mTshurphu-Ausgabe der Sammlung Rin-chen gter-mdzod chen-mo nach dem Exemplar der Orientabteilung, Staatsbibliothek zu Berlin – Preußischer Kulturbesitz, Hs or 778, Bände 52 bis 63. Beschrieben von Karl-Heinz Everding. 2008. XL, 318 Seiten.

XIII,20 Alttürkische Handschriften: Teil 12: Die Uigurischen Blockdrucke der Berliner Turfansammlung: Teil 2: Apokryphen, Mahâyâna-Sûtren, Erzählungen, Magische Texte, Kommentare und Kolophone. Beschrieben von Abdurishid Yakup. 2008. 264 Seiten.

XXIII,6 Birmanische Handschriften: Teil 6: Die Katalognummern 1016–1200. Bearbeitet von Anne Peters. 2007. XXIX, 370 Seiten.

Damit liegen jetzt 129 Katalog- und 52 Supplementbände vor. Der Teilband XIII, 23 (Yakup) ist im Druck, Druckkosten für die Teilbänden XI, 13 (Schwieger/Arslan) und XII, 6 (Walravens) wurden beantragt.

Im Berichtsjahr sind folgende Rezensionen und Artikel zum „Verzeichnis der Orientalischen Handschriften in Deutschland“ eingegangen bzw erschienen:

II,16	Katrin Einicke (ZDMG. 158,1. 2008. 212–213.)
	Oskar von Hinüber (IIJ. 50,1.2007. 95.)
XI,11	Ulrike Roesler (ZDMG. 158,1. 2008. 235–240.)
XI,12	Ulrike Roesler (ZDMG. 158,1. 2008. 235–240.)
XII,4	Rong Xinjiang (Journal of the Dunhuang and Turfan Studies. 10. 2007. 426–430.)
XIII,13	Geng Shimin (Journal of Xinjiang Normal University. 2008.3. XiYu. 30–32.)
XIII,14	Geng Shimin (Journal of Xinjiang Normal University. 2008.3. XiYu. 30–32.)
XIII,15	Geng Shimin (Journal of Xinjiang Normal University. 2008.3. XiYu. 30–32.)
XVII,B,4	Gudrun Schubert (ZGAIW. 17.2006/2007. 402–403.)
XVII,B,6	Ewald Wagner (ZGAIW. 17.2006/2007. 404–405.)
XVII,B,8	Ewald Wagner (ZGAIW. 17.2006/2007. 406–408.)
	Reinhard Weipert (OLZ. 103,1. 2008. 79–83.)
XXI,4	L S B MacCoull (Journal of Near Eastern Studies. 65,2. 2006. 157–158.)
XXIII,5	Oskar von Hinüber (IIJ. 50,2.2007. 169–170.)
S-38	Cathy Cantwell (JRAS. 3,18,2. 2008. 242–244.)
	V P Androsov (Vostok=Oriens. 2008.1. 206–210.)
	Franz-Karl Ehrhard (IIJ. 50,2.2007. 193–196.)

Andere relevante Literatur:

Simone-Christiane Raschmann: From catalogues and the Digital Turfan Archive to the IDP database: work in progress, in: Tradition and Innovation: proceedings of the 6th IDP conservation conference. [Beijing:] National Library of China, 2007. 214–221.

Heinz J Thissen und Karl-Th Zauzich: Erich Lüddeckens, 15. Juni 1913–1. Juli 2004, in: Enchoria. 29.2004/2005. 1–3, 1 Blatt Abbildung.

Yutaka Yoshida: Die buddhistischen sogdischen Texte in der Berliner Turfansammlung und die Herkunft des buddhistischen sogdischen Wortes für Bodhisattva: Zum Gedenken an Prof. Kogi Kudaras Arbeiten an den sogdischen Texten [Übersetzt von Yukiyo Kasai in Zusammenarbeit mit Christiane Reck.], in: Acta Orientalia Academiae Scientiarum Hungaricae. 61,3. 2008. 325–368.

Arbeitsstelle Berlin I

Leitung und Koordinierung des Gesamtprojekts, „Indische Handschriften“, „Syrische Handschriften“, „Hebräische Handschriften“, „Naxi-Handschriften", „Chinesische und manjurische Handschriften und seltene Drucke", „Afrikanische Handschriften", „Japanische Handschriften und traditionelle Drucke aus der Zeit vor 1868", „Laotische Handschriften", „Nepalese Manuscripts", „Illuminierte hebräische Handschriften", „Malaiische Handschriften", „Khmer- und Thai-Khmer-Handschriften", „Shan Manuscripts", „Tocharische Handschriften" und „Yao Handschriften" (Leitung Dr. Hartmut-Ortwin Feistel) – „Ägyptische Handschriften" (Leitung Professor Dr. Karl-Theodor Zauzich, Würzburg) – Tamil-Handschriften (Leitung Professor Dr. Ulrike Niklas, Köln)

Gesamtprojekt

Der Leiter des Projekts, Dr. Hartmut-Ortwin Feistel, beendete im Juni 2008 seine Tätigkeit als Leiter der Orientabteilung der Staatsbibliothek zu Berlin – Preußischer Kulturbesitz.

Am 4. März 2008 fand in den Räumen der Staatsbibliothek zu Berlin eine Evaluierung des Projekts der „Katalogisierung der Orientalischen Handschriften in Deutschland" unter der Leitung des ehemaligen Präsidenten der Akademie der Wissenschaften zu Göttingen, Professor Dr. Dr. h. c. R. Smend, statt. Inzwischen liegt der Akademie die Beurteilung vor, in dem die Gutachter die von den Mitarbeitern des Projekts geleistete Arbeit als hervorragend bewerten. Die Akademieleitung hat von diesem sehr positiven Resultat der Projektüberprüfung mit Freude Kenntnis genommen.

Der ehrenamtliche Mitarbeiter des Projekts Professor Dr. Jens Peter Laut, Freiburg (jetzt Göttingen), wurde für den Aufbau des Literaturprojektes „Türkische Bibliothek" als eines wichtigen Beitrags zur Völkerverständigung mit dem Ehrenpreis des Reinhold-Schneider-Preises ausgezeichnet.

Es ist darauf hinzuweisen, dass im folgenden Jahresbericht nur diejenigen Teilprojekte vorgestellt werden, für die zur Zeit haupt- oder ehrenamtliche Bearbeiter vorhanden sind; darüber hinaus gibt es kleinere Sprachgruppen, für die das im Augenblick nicht zutrifft und die deshalb auch nicht erwähnt werden.

„Indische Handschriften" <II>

Herr PD Dr. Gerhard Ehlers führte die Katalogisierung der etwa 1900 kaschmirischen Handschriften der Sammlung Janert fort. Der Teilband 17 soll die Katalognummern 5887–6386 mit den Bibliothekssignaturen Hs or 11501–12000 enthalten und wird voraussichtlich 2010 druckfertig vorliegen. Es fehlt noch die Bearbeitung von etwa 100 Handschriften sowie die Erstellung der Indizes. Eine Umstellung auf das Softwareprogramm WORD wurde vorgenommen, so dass sich das Layout geringfügig ändern könnte. Inhaltlich schließt sich dieser Teilband an die bisher katalogisierten

Stücke an. Das Rudrayâmalatantra ist wiederum stark vertreten, ebenso wie andere Texte, die sich in Kashmir besonderer Beliebtheit erfreuen. Auch in diesem Bearbeitungsabschnitt fanden sich wieder viele Sammelhandschriften mit zum Teil über 100 Texten. Bei einigen problematischen Stücken wird man erst am Ende der Bearbeitung der ganzen Sammlung Genaueres über Inhalt und Zugehörigkeit sagen können.

Herr Thomas Anzenhofer MA setzte die Arbeiten an Teilband 14 fort, der die Tamil-Handschriften aus Berlin und München beschreiben wird. Die Bearbeitung ging im Berichtsjahr bis zur Münchener Handschrift Cod Tam 393. Allerdings befanden sich in dieser Signaturengruppe 212 Manuskripte in Malayalam, so dass die Gesamtzahl der bearbeiteten Kodizes zur Zeit etwa 180 beträgt. Es handelt sich um Buchführungsjournale, Rechnungsbücher und Ähnliches, die fast ausnahmslos aus der ersten Hälfte des 20. Jahrhunderts stammen, und zwar sowohl aus dem Gebiet des heutigen Tamil Nadu wie aus Burma.

„Syrische Handschriften“ <V>

Die seit langem geplante Bearbeitung der syrischen Handschriften der Berliner Turfansammlung (Teilband V, 2) wurde von einer Arbeitsgruppe unter der Leitung von Frau Dr. Erica Hunter, London, begonnen. Das Projekt „The Christian Library of Turfan“ wird vom Arts and Humanities Research Board, London, unterstützt.

„Chinesische Handschriften“ <XII>

Die durch den Tod von Professor Kogi Kudara verzögerten Redaktionsarbeiten an Teilband 5 wurden durch die Arbeitsgruppe der Research Society for Central Asian Culture unter Professor Matsumi Mitani fortgesetzt, jedoch noch nicht abgeschlossen.

Professor Dr. Martin Gimm und Frau Renate Stephan haben die Arbeiten an dem Teilband 2 (Münchener Handschriften und frühe Drucke) fortgesetzt.

Herr Dr. Hartmut Walravens hat einen Katalog Libri Sinica: Neue Sammlung 1913: Ein Bestandskatalog der Staatsbibliothek zu Berlin – Preußischer Kulturbesitz vorgelegt, der auch Angaben zum jetzigen Verbleib – beziehungsweise mutmaßlichen Verlust – der Erwerbungen der Preußischen Staatsbibliothek zwischen 1913 und 1945 enthält. Druckkosten für diesen Teilband (XII, 6) wurden beantragt.

„Ägyptische Handschriften“ <XIX>

Professor Dr. Karl-Theodor Zauzich hat die Erstedition eines Berliner Papyrus abgeschlossen, in dem innerhalb einer Erzählung vom ersten Feldzug

Assarhadons gegen Ägypten berichtet wird. Die Ägypter konnten unter der Führung des Pharaos Takarka und des „Königssohns Necho" (= Necho I) die Assyrer nach einigen Scharmützeln am 18. Februar 674 vor Christus besiegen und vertreiben. Es ist ganz ungewöhnlich, dass sich eine demotische Erzählung auf ein konkretes historisches Ereignis festlegen lässt.

Weiterhin hat Herr Zauzich die Edition eines historisch interessanten Textes aus dem 41. Regierungsjahr des Amasis (530 vor Christus) annähernd fertiggestellt, der unter anderem die namentliche Auflistung der Soldaten und der Beamten enthält, die an einem Zug nach Nubien teilgenommen haben. Der Text ist zugleich die wichtigste Quelle für die Überlieferung assyrischer Personennamen in demotischer Schrift.

Im Berichtszeitraum wurden die Arbeiten an Band III (Urkunden) und IV (Abmachungen unter Priestern) für das DFG-Projekt „Soknopaiu Nesos nach den demotischen Quellen römischer Zeit" fortgesetzt.

Ebenfalls fortgesetzt wurden die Arbeiten für den dritten Band des „The Book of Thoth". Professor Dr. Richard Jasnow, Baltimore, hat hierzu Faksimiles erstellt, die einerseits das Studium der schlecht erhaltenen Handschriften fördern, andererseits in ein Glossar mit Faksimiles einfliessen sollen. Die Überprüfung der Faksimiles aller Berliner Handschriften nahmen die Herren Jasnow und Zauzich im Oktober 2008 vor.

Herr Zauzich nahm am 10th International Congress of Demotic Studies in Leuven (26.-30. August 2008) teil.

„Tocharische Handschriften" <XLI>:

Die Arbeiten von Frau Dr. Christiane Schaefer, Uppsala, an einem ersten Teilband des Katalogs wurden fortgeführt.

Arbeitsstelle Berlin II

„Mitteliranische Handschriften" (Leitung Dr. Hartmut-Ortwin Feistel, Berlin),

„Mitteliranische Handschriften" <XVIII>

Frau Dr. Christiane Reck hat im Berichtszeitraum die Bearbeitung der buddhistischen Texte für Teilband 2 fortgesetzt. Es wurden 74 Fragmente beschrieben, von denen allerdings nur ein Teil bisher identifiziert werden konnte. Zur Zeit werden die etwa 70 Fragmente bearbeitet, die dem Mahâyâna-Mahâparinirvâna-sûtra zuzuordnen und von Werner Sundermann und Kogi Kudara zur Publikation vorbereitet worden sind. In Zukunft wird Yoshida Yutaka in der Nachfolge von Kogi Kudara die Bearbeitung der Fragmente unterstützen.

Frau Reck hat ausserdem kontinuierlich die Benutzung und Publikationen der iranischen Teile der Sammlung in die Datenbank eingetragen, die Handbibliothek des Akademienvorhabens weiter ausgebaut und Benutzer der iranischen Fragmente betreut. Ausserdem wurde im Zusammenhang mit der Bearbeitung der Fragmente des Mahâyâna-Mahâpari-nirvâna-sûtra damit begonnen, die Transliteration der Texte in die von Herrn Dr. Desmond Durkin-Meisterernst entwickelte Datenbank mitteliranischer Texte einzugeben.

Die Einarbeitung der aus der Universität Mainz zurückgeführten Bestände aus der Handbibliothek des Projekts ist abgeschlossen.

Frau Reck hat ausserdem folgende Aufsätze publiziert:

Tage der Barmherzigkeit: Nachträge zu den mitteliranischen manichäischen Montags- und Bemahymnen, in: Iranian Languages and Texts from Iran and Turan: Ronald E Emmerick Memorial Volume. – Wiesbaden, 2007. (Iranica. 13.) 317–342.

Ein Kreuz zum Andenken: Die buddhistischen soghdischen Fragmente der Berliner Turfansammlung, in: Aspects of Research in Central Asian Buddhism: In Memoriam Kodi Kudara. – Turnhout, 2008. (Silk Road Studies. 16.) 277–298.

A survey of Christian Sogdian fragments in Sogdian script in the Berlin Turfan Collection, in: Controverses des chrétiens dans l'Iran Sassanide. – Paris, 2008. (Studia Iranica. Cahier 36,II.) 191–205.

Professor Dr. Nicholas Sims-Williams, London, hat die Bearbeitung der nestorianischen Fragmente der Turfan-Sammlung fortgesetzt, nunmehr im Rahmen des Projekts „The Christian Library of Turfan" (siehe oben, „Syrische Handschriften"). Der Teilband „Iranian Fragments in Syriac Script" soll die christlichen Handschriften in Soghdisch und Neupersisch erfassen und kann voraussichtlich 2009 oder 2010 abgeschlossen werden.

Arbeitsstelle Berlin II / Kassel (ehemals Marburg)
„Alttürkische Handschriften" (Leitung Professor Dr. Klaus Röhrborn, Göttingen), „Türkische Handschriften", „Persische Handschriften" und „Islamische Handschriften-Sammlungen" (Leitung Professor Dr. Manfred Götz, Köln).

„Alttürkische Handschriften" <XIII, 9 ff>
Frau Dr. Simone-Christiane Raschmann hat im Berichtszeitraum für den zweiten Band der [Alttürkischen] Dokumente (VOHD XIII, 21) 226 Fragmente neu beschrieben, so dass nunmehr 381 Beschreibungen vorliegen.

Sie hat für diesen Teilband bisher wenig bearbeitete Signaturengruppen der Turfan-Sammlung durchgesehen (So- und Ch/So-Signaturen, Ch/U-Signaturen, Ch-Signaturen; die Mehrzahl dieser Fragmente in Kursivschrift), so dass nun alle wesentlichen Stücke dieser überaus wichtigen Textgattung dem Katalogbenutzer zur Verfügung stehen werden. Die Beschreibung des Materials für diesen Band wurde bis zum Jahresende 2008 abgeschlossen. Die technischen Arbeiten (Konkordanzen und Ähnliches) dürften sich bis in das Jahr 2009 erstrecken.

Im Berichtszeitraum hat Frau Raschmann auch die Datenbank fortgeführt. Insbesondere ist hier die Aufnahme der Turfan-Texte des Museums für Asiatische Kunst (ehemals Museum für Indische Kunst) in die Datenbank zu erwähnen. Ausserdem wurden Restaurierungs- und Fotoaufträge erledigt sowie in der Turfansammlung arbeitende ausländische Wissenschaftler betreut.

Ausserhalb der Dienstzeit hat Frau Raschmann auch weiterhin mitgewirkt an dem DFG-Projekt zur Digitalisierung der Berliner Turfan-Sammlung (BBAW in Zusammenarbeit mit dem International Dunhuang Project London und der Staatsbibliothek zu Berlin Preußischer Kulturbesitz) und an der Redaktion verschiedener Publikationen und Textpräsentationen der Berlin-Brandenburgischen Akademie der Wissenschaften.

Erschienen ist ihr Aufsatz „Baumwoll-Nachlese: Vier alttürkische böz-Dokumente aus dem Arat-Nachlass (Istanbul)“, in: Studies on the Inner Asian Languages (23.2008. 121–150, plates viii–xi.).

Vom 1. August bis 30. September 2007 war Herr Dr. Michael Knüppel als vollbeschäftigter Mitarbeiter in der Arbeitsstelle Marburg bzw Kassel tätig, ab 1. Oktober als Halbtagskraft. Ab 1. November 2007 konnte Frau Dr. Zekine Özertural ihre Arbeit in Kassel mit einer halben Stelle als Nachfolgerin von Herrn Dr. Abdurishid Yakup aufnehmen. Der Umzug der Arbeitsstelle selbst von Marburg nach Kassel wurde in September 2007 zum Abschluss gebracht.

Der von Herrn Yakup verfasste Teilband 20 „Uigurische Blockdrucke: Teil 2“ ist im Herbst 2008 erschienen. Der von Herrn Yakup nach seinem Ausscheiden aus dem Projekt zum Abschluss gebrachte Teilband „Uigurische Blockdrucke: Teil 3“ wurde Anfang 2008 zweimal korrigiert und formatiert; der Band kann nunmehr nach der Bewilligung eines Druckkostenzuschusses durch die DFG in Druck gehen.

Für den neuen Teilband „Alttürkische Úâstra- und Kommentar-Texte“ (Arbeitstitel) wurde das im August/September 2007 zusammengestellte Korpus von 152 unpublizierten Fragmenten beschrieben; weitere 58 Fragmente wurden identifiziert und beschrieben. Dazu kommen weitere Fragmente, die nicht identifizierbar sind. Bei zwei Besuchen in Berlin wurden diese Fragmente überprüft und vermessen. Das Material für diesen Band ist weitgehend homogen und kann ohne grossen Aufwand nach inhaltlichen Kriterien geordnet werden.

Der ehrenamtliche Mitarbeiter Professor Dr. Jens Peter Laut, Freiburg (jetzt Göttingen), konnte die Teilbände XIII, 11–12 noch nicht zum Druck geben.

Der ehrenamtliche Mitarbeiter Dr. Jens Wilkens, Berlin (jetzt Göttingen), hat in etwa 440 Katalognummern alle Erzähltexte der Berliner Turfan-Sammlung und des Museums für Asiatische Kunst für den Teilband 18 beschrieben. Nach Vervollständigung der Konkordanzen und der Formatierung wird das druckfertige Manuskript im Januar 2009 abgeliefert werden.

„Islamische Handschriften-Sammlungen" <XXXVII>
Professor Dr. Manfred Götz hat die Arbeit an dem Katalog islamischer Handschriften der Bayerischen Staatsbibliothek München fortgesetzt.

Arbeitsstelle Bonn
„Tibetische Handschriften" (Leitung Professor Dr. Peter Schwieger, Bonn)

„Tibetische Handschriften" <XI>
Frau Saadat Arslan MA hat das Manuskript des Teilbandes 13 von Professor Dr. Peter Schwieger, das in Form von mehreren Dateien vorlag, die im Laufe der Jahre mit verschiedenen Versionen des Textverarbeitungsprogramms WORD erstellt worden waren, zu einer einzigen Datei zusammengefasst und den Publikationsvorgaben entsprechend formatiert. Die Umwandlung der ursprünglichen, zu einem früheren Zeitpunkt vom Verlag festgelegten Diakritika und Formatierungsangaben sowie das manuelle Einfügen der Kopfzeilen waren relativ zeitaufwendig. Inzwischen liegt ein druckreifes Manuskript vor, für das bei der DFG ein Druckkostenzuschuss beantragt wurde.

Frau Arslan hat inzwischen die Arbeit an der Erstellung eines Indexbandes für alle Teilbände aufgenommen, die die Sammlung Rin-chen gter-mdzod beschreiben. Der Gesamtindex wird die Titel der einzelnen Texte erfassen sowie Register der Gottheiten und der Personen- und der Ortsnamen bieten.

Der von Herrn PD Dr. Karl-Heinz Everding bearbeitete Teilband 14 konnte im Herbst 2008 erscheinen. Herr Everding hat die Arbeiten an einem weiteren Teilband fortgeführt. Von den insgesamt 390 geplanten Katalognummern wurde bislang die Beschreibung von 281 Werken bis auf geringe, noch abzuklärende Fragen fertiggestellt. Zusätzlich wurden Teile der Einleitung konzipiert. Ausserdem wurde weiter an der Vorbereitung der in Erwägung gezogenen Sonderpublikation mit Beschreibung tibetischer Buchdeckel der Staatsbibliothek zu Berlin gearbeitet.

Arbeitsstelle Göttingen
„Sanskrithandschriften aus den Turfanfunden", „Birmanische Handschriften", „Singhalesische Handschriften" (Leitung Dr. Hartmut-Ortwin Feistel)

„Sanskrithandschriften aus den Turfanfunden" X
Nach Bewilligung einer Publikationsbeihilfe durch die Deutsche Forschungsgemeinschaft ist der Teilband 10 im Oktober 2008 erschienen.

Für den Teilband 11 hat Herr Dr. Klaus Wille-Peters im Berichtszeitraum 69 Katalognummern (SHT 4363–4431) bearbeitet. Darunter befinden sich auch 31 Fragmente, die August Friedrich Rudolf Hoernle 1906 an Heinrich Lüders geschickt hat und die seitdem in der Turfan-Sammlung verblieben sind.

Während zweier Dienstreisen – vom 3.-7. Dezember 2007 und vom 14.–18. Juli 2008 – hat Herr Wille-Peters in der Staatsbibliothek zu Berlin die Abschriften der Katalognummern 4253–4362 für den Teilband 10 und 4363–4409 für Teilband 11 anhand der Originale überprüft. Ausserdem hat er die Sichtung der noch unbearbeiteten Sanskrit-Fragmente am Ende des Bestandes fortgesetzt. Frau Peters hat in dieser Zeit in Berlin die Fragmente der Katalognummern 4470–4747 und 4980–5415 vermessen.

„Birmanische Handschriften" XXIII
Der Teilband 6 (im Jahresbericht 2007 versehentlich als Teilband 7 bezeichnet) ist Ende 2007 erschienen.

Für Teilband 7 konnte Frau Anne Peters im Berichtszeitraum die Katalognummern 1261–1292 fertigstellen. Bei diesen 32 Kodizes handelt es sich größtenteils um Sammelhandschriften mit bis zu dreizehn Texten. Insgesamt wurden 119 Texte beschrieben.

Arbeitsstelle Hamburg
„Äthiopische Handschriften", „Koptische Handschriften" und „Arabische Handschriften der Kopten" (Leitung Professor DDr. Siegbert Uhlig)

„Äthiopische Handschriften" <XX>
Frau Dr. Veronika Six hat vier Neuerwerbungen äthiopischer Handschriften der Staatsbibliothek zu Berlin und der Universitätsbibliothek Tübingen in der Zeitschrift „Aethiopica" beschrieben, bei deren Erwerb sie beratend

tätig gewesen war, sowie für die „Encyclopaedia Aethiopica" einen Eintrag über die Staatsbibliothek zu Berlin bearbeitet.

„Arabische Handschriften der Kopten" <XLIII>
Frau Six hat die Beschreibung der Sammlung von insgesamt etwa 5157 koptisch-arabischen Fragmenten der Staats- und Universitätsbibliothek Hamburg fortgesetzt. Inzwischen sind etwa 4000 Fragmente beschrieben, allerdings konnten nicht alle eindeutig identifiziert werden. Doch ergeben sich bei der fortschreitenden Bearbeitung stets weitere Erkenntnisse über den Inhalt einzelner Fragmente. Es hat sich auch herausgestellt, dass die ursprünglich vorgegebene Abgrenzung der Herkunft der Fragmente zwischen Dayr Anba Maqar und Dayr Anba Pšoi sich so nicht aufrechterhalten lässt, da unzweifelhaft einige Blätter nicht, wie angegeben, aus dem Bestand von Dayr Anba Maqar kommen.

Frau Six hat ausserdem Frau Hegenbarth-Reichardt bei der Bearbeitung von vier Handschriften der Staatsbibliothek zu Berlin unterstützt, die fast ausschliesslich in Arabisch abgefasst sind.

Frau Six war mit einem Vortrag zu Problemen der christlich-arabischen Fragmente der SUB Hamburg beim 30. Deutschen Orientalistentag in Freiburg vertreten. Ausserdem hat sie am Orbis Aethiopicus, Berlin, 27. bis 28. Oktober 2007, teilgenommen.

„Koptische Handschriften" <XXI>
Die Tätigkeiten von Professor Dr. Lothar Störk im Berichtsjahr widmeten sich der Drucklegung von Teilband 5. Das Manuskript soll gegen Ende des Jahres 2008 vorliegen.

Frau Dr. Ina Hegenbarth-Reichardt setzte die Beschreibung der koptischen Handschriften der Staatsbibliothek zu Berlin – Preußischer Kulturbesitz fort. Sie berichtigte ihre Aufzeichnungen, die auf der Grundlage von Mikrofiches entstanden waren, an Hand der Originalhandschriften. Die Beschreibungen von etwa 40 Handschriften konnten so um signifikante Details erweitert und verbessert werden. So konnten 13 biblische Handschriften zum Teil eindeutig datiert und ihre Herkunft geklärt sowie Personen und deren Verbindung erfasst werden. Die zweite Gruppe von Handschriften, die von ihr bearbeitet wurden, umfasst den gesamten „koptologischen" Nachlass des Orientalisten Theodor Petraeus (17. Jahrhundert). In diesem sind dessen Abschriften verschiedener Originalmanuskripte enthalten sowie grammatische und lexikalische Studien dazu, ferner vollständige Manuskripte aus Ägypten, die von ihm in Notizbücher eingeklebt und kommentiert oder übersetzt worden sind.

Unterstützung erhielt Frau Hegenbarth-Reichardt durch Frau Six bei der Bearbeitung der rein arabischen Manuskripte. Es handelt sich vor allem um Homiliensammlungen, Lexika und Aufzeichnungen zu den christlichen Feiertagen.

Besondere Aufmerksamkeit beanspruchten die Fragmente von verschiedenen Handschriften aus dem Bestand des „Weissen Klosters". Auszumachen waren Teile aus dem Alexander-Roman, Homilien, Abschnitte aus den Andreasakten und eine Abschrift der Vita des heiligen Theodor, des Nachfolgers Schenutes I.

Nachdem alle vier Handschriftengruppen bearbeitet sind, werden zur Zeit die notwendigen Register erstellt sowie eine ausführliche Einleitung und ein Vorwort geschrieben. Photos von besonders bedeutenden Seiten aus den Handschriften werden mit Unterstützung der SUB Hamburg angefertigt. Frau Hegenbarth-Reichardt wird das Manuskript des Teilbandes 6 demnächst fertigstellen.

Frau Hegenbarth-Reichardt hat ausserdem zwei Aufsätze zu Berliner koptischen Handschriften verfasst, die ebenso wie eine Rezension zu den Kongressakten des 8. Internationalen Koptologenkongresses demnächst in Druck gehen werden.

Arbeitsstelle Jena

„Arabische Handschriften" (Leitung Professor Dr. Tilman Seidensticker, Jena),

„Arabische Handschriften" <XVII>

Frau Dr. Rosemarie Quiring-Zoche hat im vergangenen Berichtszeitraum 7,5 Monate (1. September bis 15. Oktober 2007 und 1. März bis 31. August 2008) halbtags und 4,5 Monate (16. Oktober bis 29. Februar 2008) auf einer Dreiviertelstelle gearbeitet. Allerdings war sie längere Zeit (über zwei Monate) krank. Ihre Katalogisierungsarbeit verlief weiterhin zweigleisig: Einerseits wurden seltene Werke und kodikologisch oder überlieferungsgeschichtlich bedeutende Manuskripte ausführlich für den Teilband B, 7 beschrieben, andererseits vielfach bekannte und belegte Werke in die „Handlist" aufgenommen. Für den ausführlichen Katalog bearbeitete Frau Quiring-Zoche im Berichtszeitraum 64 Werke in 32 Kodizes, so dass der Katalog inzwischen die Beschreibungen von 187 Werken in 95 Kodizes umfasst. Zur „Handlist" kamen 86 Werkeinträge aus 30 Kodizes neu hinzu, so dass diese jetzt auf 319 Werkeinträge aus 130 Kodizes angewachsen ist. Gleichzeitig mit den Beschreibungen indizierte Frau Quiring-Zoche für beide Kataloge mit einer vorläufigen Numerierung Signaturen, Personen, Titel in Lateinschrift, Orte, Sachen und Datierungen.

Von den ausführlich beschriebenen Handschriften sind einige noch zu Lebzeiten des Verfassers – so das 957/1544 kopierte Manuskript Hs or 9857 (SBB Berlin), eine Einführung in die Arithmetik des 971/1563 gestorbenen Ibn an-Naqîb al-Halabî – oder kurz nach dessen Tod entstanden. Der Kodex Hs or 13954 ist eine 1069/1658 entstandene Abschrift des Autographs des 895/1490 fertiggestellten „Tafsîl 'iqd al-fawâ'id" von Ibn aš-Šihna (gestorben 921/1515). Die eindrucksvollste im Berichtszeitraum bearbeitete Handschrift ist jedoch ein in rotes Leder gebundenes Bändchen im Quartformat (Hs or 3038) mit 13 arabischen und 2 persischen Abhandlungen astronomischen, astrologischen, mathematischen und metaphysischen Inhalts, für die sich teilweise keine Parallelen haben finden lassen. Sechs der Abhandlungen hat der eher im persischen Sprachraum bekannte Iraner ad-Daštakî aš-Šîrâzî (gestorben 948/1542) verfasst.

Frau Quiring-Zoches Vortrag auf dem 30. Deutschen Orientalistentag in Freiburg 2007 über das frühe und für eine eventuelle Edition sehr wichtige Berliner Manuskript Hs or 8180 wird demnächst unter dem Titel „An early manuscript of al-Baydâwî's Anwâr al-tanzîl and the model it may have been copied from" in dem Band „From codicology to technology – Islamic manuscripts and their place in scholarship" erscheinen.

In den Berichtszeitraum fiel auch eine Tagung in Kiel (3. bis 5. April 2008) zum Thema „Manuscript Notes as a Documentary Source", an dem Frau Quiring-Zoche sich mit einem Vortrag über das Manuscript Hs or 10864 (SBB Berlin) beteiligte. Ihr Beitrag trug den Titel „Ein Manuskript des jemenitischen Juristen und Politikers Qâsim Abû Tâlib (1291–1380/1874–1960) als Quelle zu seiner Biographie und seinem geistigen Hintergrund" und soll Ende des Jahres in dem Konferenzband veröffentlicht werden.

Herr PD Dr. Florian Sobieroj war ab dem 15. Oktober 2007 zur Wahrnehmung der Vertretung von Professor Dr. H. Bobzin an der Universität Erlangen-Nürnberg beurlaubt; er hat daher nur etwa sechs Wochen lang für die Katalogisierung gearbeitet, nämlich von Ende August bis Oktober 2007. In diese Zeit fiel auch sein Erholungsurlaub. Am 1. Oktober 2008 hat er die Arbeit an dem Projekt wieder aufgenommen. In der besagten Zeit war er mit Arbeiten an seinem zweiten Katalog arabischer Handschriften der Bayerischen Staatsbibliothek München beschäftigt. Der bei Cod arab 1335 einsetzende Katalog enthält ausführliche Beschreibungen des konventionellen Formats, die aber etwas knapper gefasst sind als die seines ersten Münchener Katalogs. Zugleich mit der Beschreibung hat er auch die zugehörigen Indizes erstellt. Im Berichtszeitraum hat er zehn Handschriften katalogisiert, die insgesamt 23 Werke enthalten. Insgesamt sind damit für diesen Katalog, der Anfang 2009 abgeschlossen werden soll, 286 Handschriften bearbeitet worden. Die Arbeiten an der „Handlist" München ruhen seit September 2007.

Auf dem 30. Deutschen Orientalistentag in Freiburg hat Herr Sobieroj einen auf die islamische Kodikologie bezüglichen Vortrag gehalten mit dem Titel „Das literarische Werk des frühen sufischen Autors Ibn Gahdam (4./10. Jahrhundert) nach der uniken Damaszener Handschrift"; auf der in Erlangen zu Ehren von Professor Wolfdietrich Fischer durchgeführten Tagung (2. bis 5. Juli 2008) hielt er einen Vortrag mit dem Titel „Didaktische Dichtung in al-Qushayris Kitab 'Uyun al-agwiba: ein sufischer Diskurs über die Liebe", auf Grund einer von ihm katalogisierten Münchener (Cod arab 1696) sowie einer Wiener Handschrift. Sein Beitrag für die in Kiel im April 2008 durchgeführte Tagung, an der er auf Grund einer Erkrankung nicht teilnehmen konnte, soll unter dem Titel „Einheitlichkeit und Vielfalt in islamischen Überliefererzeugnissen und Lehrbefugnissen aus 1000 Jahren" im Tagungsband veröffentlicht werden. Erschienen ist sein Beitrag „Islamic Manuscripts of German Orientalists in the Libraries of St Petersburg" zu dem internationalen Kongress im Juni 2005 „Istorija v rukopisjach – rukopisi v istorii" = „History in Manuscripts – Manuscripts in History". Es sind von ihm auch zwei weitere kodikologisch relevante Aufsätze erschienen: „Divine Machinations: A Sufi Tract on the Gradual Deception (istidraj) of (sinful) Man" im „Journal of History of Sufism" (5.2008. 1–35) und „Eine Handschrift aus der Türkenbeute in der Historischen Bibliothek der Stadt Rudolstadt" in den „Blättern der Gesellschaft für Buchkultur und Geschichte" (Rudolstadt, 2007. 111–124). Während seiner Lehrstuhlvertretung in Erlangen hat er gemeinsam mit Frau Dr. Claudia Ott ein Seminar zur islamischen Handschriftenkunde durchgeführt, wobei er die islamischen Handschriften der UB Erlangen als Anschauungsmaterial verwendete.

An Stelle von Herrn Sobieroj wurde Frau Beate Wiesmüller MA eingestellt, die 3,5 Monate (15. Oktober 2007 bis 31. Januar 2008) auf einer Viertelstelle und 7 Monate (1. Februar bis 30. September 2008) auf einer Dreiviertelstelle arbeitete. Ihre Aufgabe bestand in der Mitarbeit an der „Handlist" der Berliner Handschriften, an der bis dahin Frau Quiring-Zoche allein gearbeitet hatte. Sie hat 258 Werke aus 133 Handschriften beschrieben und Vorarbeiten für die Indizierung geleistet. Im Übrigen hat sie an der Ausstellung „Ein Garten im Ärmel – Islamische Buchkunst" der Universitätsbibliothek Leipzig (11. Juli bis 27. September 2008) mitgewirkt und war mit Frau Dr. Stefanie Brinkmann als Mitherausgeberin des Bandes „From codicology to technology – Islamic manuscripts and their place in scholarship" tätig, der die Vorträge enthält, die auf dem Panel „Islamic Manuscripts – Projects and Perspectives" in Freiburg im September 2007 gehalten worden sind.

Frau Dr. Kathrin Müller, Bayerische Akademie der Wissenschaften, hat ihre Katalogisierungsarbeit an den arabischen Beständen der Bayerischen Staatsbibliothek München fortgesetzt. Im Berichtszeitraum wurden 139 Handschriften mit 194 Werken bearbeitet. Damit nähern sich die Arbeiten an dem ersten von ihr zu erstellenden VOHD-Band, der dann 313 Handschriften mit etwa 540 Werken umfassen wird, dem Ende.

Der Leiter der Arbeitsstelle, Professor Dr. Tilman Seidensticker, ist Mitantragsteller bei der Forschergruppe „Manuskriptkulturen in Asien und Afrika" gewesen, die im April 2008 von der Deutschen Forschungsgemeinschaft für zunächst drei Jahre bewilligt worden ist (http://www.manuscript-cultures.uni-hamburg.de). Das arabische Teilprojekt „Arabische Lehrgedichte des 11. bis 17. Jahrhunderts nach Christi: Analyse der Textvarianz und ihrer Kontrolle in Handschriften" wird von Herrn Sobieroj in Jena bearbeitet werden.

H.-O. Feistel

Leibniz-Edition (Leibniz-Archiv Hannover und Leibniz-Forschungsstelle Münster)

Interakademische Leitungskommission:
Vorsitzender: Künne
Dingel (Mainz), Patterson, Peckhaus (Paderborn), Poser (Berlin), Siep (Münster)

Kontaktadresse: Niedersächsische Landesbibliothek, Leibniz-Archiv, Waterloostraße 8, 30169 Hannover, Tel.: 0511-1267-327, Fax 0511-1267-202, Herbert.Breger@gwlb.de (Prof. Dr. Breger), http://www.nlb-hannover.de/Leibniz/ (Arbeitsstelle Hannover); Leibniz-Forschungsstelle-Münster, Robert-Koch-Straße 40, 48149 Münster, Tel.: 0251-83329-25, Fax 0251-83329-31, schneim@uni-muenster.de (Prof. Dr. Schneider), http://www.unimuenster.de/Leibniz/ (Arbeitsstelle Münster), Gemeinsame Homepage: http://www.leibniz-edition.de

Arbeitsbericht (Bericht über die Leibniz-Editionsstelle Hannover (Leibniz-Archiv)): Die Leibniz-Gesamtausgabe wird von der Berlin-Brandenburgischen und der Göttinger Akademie gemeinsam herausgegeben. Während die Berliner Akademie seit 1901 an der vollständigen Ausgabe der Schriften und Briefe arbeitet, ist die Göttinger Akademie erst seit 1985 an dieser Ausgabe beteiligt. Von den 28 seit 1985 erschienenen Bänden sind 24 von den beiden Arbeitsstellen Hannover und Münster der Göttinger Akademie erarbeitet worden.

Leibniz' Briefwechsel ist in vieler Hinsicht eine wichtige Quelle für sein Werk. Er korrespondierte mit ungefähr 1100 Korrespondenten aus nahezu allen sozialen Schichten und vielen europäischen Ländern bis nach China. Die Fülle der im Briefwechsel behandelten Themen erstreckt sich über alle Bereiche des Wissens. In den mathematischen Schriften gewinnt der Leser einen Einblick in Leibniz' Schaffensprozess. Leibniz hat oft auch auf die Veröffentlichung relativ reifer Überlegungen verzichtet, so dass die Veröffentlichung des Nachlasses wichtige Gesichtspunkte zur Beurteilung seines Werkes liefert.

Die Leibniz-Ausgabe ist in acht Reihen gegliedert; die hannoversche Editionsstelle arbeitet an den Reihen I (Allgemeiner, politischer und historischer Briefwechsel), III (Mathematischer, naturwissenschaftlicher und technischer Briefwechsel) und VII (Mathematische Schriften). Jeder Band umfaßt 800 bis 1000 Seiten.

Im Berichtszeitraum sind die Bände VII, 4 und VII, 5, die zusammen die Aufzeichnungen zur Infinitesimalrechnung in den Jahren 1670 bis 1676 umfassen, im Druck erschienen. Damit liegen die Texte zur Entstehung der Differential- und Integralrechnung und damit auch zum Prioritätsstreit mit Newton vor. Die Bearbeitung der Bände I, 21 (April–Dezember 1702); III, 7 (Juli 1696–Dezember 1698) und I, 22 (Januar–Dezember 1703) wurde fortgesetzt.

Die Arbeitsstelle hat bisher neun abgeschlossene Bände sowie vorläufige Fassungen von drei in Bearbeitung befindlichen Bänden ins Internet gestellt; insgesamt handelt es sich dabei um nahezu 10 000 Seiten. Außerdem hat die Arbeitsstelle ein kumuliertes Korrespondenzverzeichnis mit mehr als 11.700 Briefen von und an Leibniz sowie ein kumuliertes Personenverzeichnis mit mehr als 16.000 Datensätzen, ferner sechs laufend erweiterte Konkordanzen zwischen der Akademie-Ausgabe und früheren Leibniz-Ausgaben für die Forschung im Internet zugänglich gemacht. Ferner wurde begonnen, Transkriptionen (bisher mehr als 1300 Seiten) für künftige Bände ins Netz zu stellen.

H. Breger

Arbeitsbericht (Bericht der Leibniz-Forschungsstelle Münster): Die Leibniz-Forschungsstelle ist eine der vier Arbeitsstellen (Münster, Hannover, Potsdam, Berlin), die das Gesamtwerk von Leibniz historisch-kritisch in der Leibniz-Akademieausgabe erschließen. Neben dem Leibniz-Archiv Hannover gehört sie zu den beiden Arbeitsstellen, die im Rahmen des Akademienprogramms von der Akademie der Wissenschaften zu Göttingen betreut werden. Ihr obliegt die Edition der philosophischen Schriften und Briefe (Reihen II und VI).

Derzeit wird in der Leibniz-Forschungsstelle an der Reihe II des Philosophischen Briefwechsels gearbeitet. An beiden Reihen gleichzeitig kann wegen des kleinen Teams von nur drei Wissenschaftlichen Mitarbeiterinnen und Mitarbeitern leider nicht gearbeitet werden. Im Jahr des Berichtszeitraums konnte der erwartete zweite Band (II, 2) des Philosophischen Briefwechsels an den Verlag gegeben werden und ist im März 2009 erschienen. Er umfaßt den Zeitraum von 1686 bis 1694, eine wichtige Zeitspanne, weil sie den besonders bedeutsamen Briefwechsel mit Arnauld enthält, mit dem Leibniz über einige Aspekte aus dem „Discours de métaphysique" von 1686 diskutierte. Trotz vieler vorausgehender Ausgaben ist dieser Briefwechsel hier erstmals vollständig ediert, mit allen Textvarianten und einer bisher nirgendwo gedruckten Brieffassung.

Der gesamte Leibnizsche Briefwechsel (der 2007 in das Weltdokumentenerbe der UNESCO aufgenommen wurde) ist somit – nachdem die beiden anderen in Hannover edierten Briefreihen die Korrespondenz schon bis zum Jahre 1696 bzw. 2002 publiziert haben – bis zum Jahre 1694 vollständig der Öffentlichkeit zugänglich (er beginnt im Jahre 1663 und endet im Jahre 1716). Der folgende dritte Band der philosophischen Briefe (II, 3) ist in Bearbeitung und gegen Ende des Berichtszeitraums etwa zu zwei Dritteln bearbeitet. Er umfaßt den Zeitraum von 1695 – 1700.

Die philosophischen Schriften (Reihe VI) sind mit den Bänden VI, 1–4 bisher bis 1690 ediert. Außerdem ist im voraus 1962 schon der sechste Band VI, 6 erschienen, der Leibniz' Auseinandersetzung mit Locke der Jahre 1703–1705 enthält. Für den noch zu überbrückenden Zeitraum von 1691–1705 sind vermutlich zwei weitere Bände an philosophischen Schriften (VI, 5A u. B) zu erwarten. Um auch mit den Briefen bis 1705 aufzuschließen, wird nach dem Band II, 3 vermutlich ein weiterer Briefband (II, 4) benötigt, der den Zeitraum von 1701–1705 abdecken wird.

Im Internet stehen fünf Bände aus den Reihen II und VI (die vier Teilbände des Schriftenbandes VI, 4 und der Briefband II, 1 in der erweiterten zweiten Auflage von 2006). Der fertige Band II, 2 wird noch vor der Buchausgabe im Netz stehen. Auch Teilergebnisse des in Bearbeitung befindlichen Bandes II, 3 sollen vorab ins Internet gestellt werden. Außerdem soll ein kumuliertes Schriftenverzeichnis elektronisch zugänglich gemacht werden.

M. Schneider

Lexikon des frühgriechischen Epos (Thesaurus Linguae Graecae)
Leitungskommission:
Vorsitzender: Schmitt
Harlfinger (Hamburg), Heitsch, Hettrich (Würzburg), Nickau (Göttingen), Schindel

Kontaktadresse: Indogermanistik/FU, Fabeckstraße 7, 14195 Berlin, Tel.: 030-838-55028, drmeier@zedat.fu-berlin.de (Prof. Dr. Meier-Brügger); Thesaurus-Linguae-Graecae, Von-Melle-Park 6 VIII, 20146 Hamburg, Tel.: 040-42838-4768, william.beck@uni-hamburg.de (Dr. Beck), http://www.rrz.uni-hamburg.de/Thesaurus/

Arbeitsbericht: Die Fertigstellung der letzten Lieferungen konnte im Jahr 2008 plangemäß und im Rahmen der vorgesehenen Arbeitspensen weitergeführt, zum Teil abgeschlossen werden. Ermöglicht wurde diese erfolgreiche Arbeit vor allem dadurch, daß die pensionierten Mitarbeiter des Lexikons M. Schmidt, R. Führer, V. Langholf und seit dem Ruhestand im Jahr 2008 auch H. Nordheider und N. Tichá dem Lexikon weiterhin mit engagierter Unterstützung die Treue halten. Am 21. Mai sind die Lieferungen 22 und 23 erschienen, die Arbeit an der letzten Lieferung geht weiter, sie wird Anfang 2010 erscheinen.

In der Zeit vom 30. bis zum 31. Januar waren die Mitarbeiter der Hamburger Arbeitsstelle des Lexikons in Basel, um die seit Beginn der Arbeit am Basler Homer-Kommentar gepflegte Beziehung zwischen den beiden Arbeitsstellen zu intensivieren und wichtige Einzelfragen für die letzten Arbeiten am Lexikon gemeinsam zu klären.

Am 28. Februar besuchte die Generalsekretärin der Göttinger Akademie, Frau Dr. Schade, die Arbeitsstelle in Hamburg, um mit dem Kommissionsvorsitzenden und den Redakteuren des Lexikons über die Abschlußgestaltung der Lexikonarbeit und über die geplante Redigitalisierung des Lexikons zu sprechen.

Am 19. März wurde Herr Dr. H. W. Nordheider nach 40-jähriger Tätigkeit am Lexikon in den Ruhestand verabschiedet.

Am 30. April beriet die Arbeitsstelle zusammen mit Prof. Christian Brockmann ein Filmproduktionsteam, das vom ZDF mit einer Reportage über „Homer, Troja und die heutige Kontroverse“ beauftragt worden war.

Mitarbeiter des Lexikons des frühgriechischen Epos beteiligten sich an dem Symposion „Homers Heimat. Der Kampf um Troja und die Identität Homers“ im Museum für Kunst und Gewerbe in Hamburg.

Vom 26. Juli bis zum 24. August besuchte Frau Jekaterina Družinina, Doktorandin bei Prof. Gavrilov in St. Petersburg, das Lexikon, um für ihre Dissertation über homerische Farbwörter zu recherchieren.

Am 21. August wurde die langjährige Mitarbeiterin Frau Dr. N. Tichá in den Ruhestand verabschiedet.

Seit Anfang Oktober ist die Arbeitsstelle auch mit der Sammlung von Autoreneinwilligungen (im Lexikon des frühgriechischen Epos gibt es 114 Autoren) beschäftigt, um die geplante Redigitalisierung des Lexikons auch rechtlich möglich zu machen.

Am 28. November hielt Herr Prof. Georg Danek aus Wien einen Vortrag über homerische Raumkonzepte. Im Anschluß an den Vortrag stand Prof. Danek den Mitarbeitern des Lexikons für eine ausführliche, etwa dreistündige Diskussion zur Verfügung, die von allen Beteiligten als fruchtbar empfunden wurde.

Am 29. November tagte die Kommission der Göttinger Akademie der Wissenschaft für das Lexikon des frühgriechischen Epos, legte die letzten Arbeitsaufträge für die Jahre 2009 und 2010 fest, besprach die Probleme, die sich aus dem Auslaufen der Stellen ergeben, erörterte einen Plan für die Redigitalisierung des Lexikons, bereitete die Schlußkonferenz vor und bildete eine Kommission zur Einleitung der konkreten Arbeitsschritte.

Wie in den Jahren zuvor hat die Hamburger Arbeitsstelle des Lexikons auch in diesem Jahr regelmäßig interne Kolloquia über homerische Probleme abgehalten, über deren Ergebnisse auf der Kommissionssitzung berichtet wurde.

A. Schmitt

Mittelhochdeutsches Wörterbuch (Arbeitsstelle Göttingen)
Leitungskommission:
Vorsitzender: Grubmüller
Gärtner (Trier), Henkel, Klein (Bonn), Nellmann (Bochum), Sappler (Tübingen), Schumann, Stackmann

Kontaktadresse: Papendiek 14, 37073 Göttingen, Tel.: 0551-39-6412, uhdpmhdw@gwdg.de (Dr. Diehl)

Arbeitsbericht: Das Vorhaben „Mittelhochdeutsches Wörterbuch" soll den Wortbestand des Mittelhochdeutschen in den zeitlichen Grenzen von 1050 bis 1350 lexikographisch bearbeiten. Seine Quellenbasis bildet ein Corpus von philologisch gesicherten Texten aller Textsorten der Periode. Auf der Grundlage des Quellencorpus wurde ein maschinenlesbares Textarchiv angelegt und aus diesem durch computergestützte Exzerpierung ein Belegarchiv erstellt, welches das Material für die Ausarbeitung des Wörterbuches bietet. Aufgrund seiner Quellenbasis wird das Wörterbuch erstmals einen die ganze Periode zeitlich und räumlich gleichmäßig berücksichtigenden Überblick über die Verwendungsbedingungen und die Bedeutungsentwicklung des mittelhochdeutschen Wortbestandes gewähren. Es wird daher als zuverlässiges Hilfsmittel für die Erforschung der deutschen Sprache des Mittelalters und für das Verstehen und die philologische Erschließung mittelhochdeutscher Texte dienen können.

Das Vorhaben wird von der Göttinger und der Mainzer Akademie gemeinsam getragen und von zwei Arbeitsstellen in Göttingen und Trier durchgeführt.

Zum Jahresbeginn 2008 ist der langjährige Leiter der Göttinger Arbeitsstelle, PD Dr. Bernhard Schnell, in den Ruhestand getreten. Die Arbeitsstellenleitung übernahm Dr. Gerhard Diehl, neuer Mitarbeiter ist Holger Runow M.A.

Im Jahr 2008 wurde die dritte Doppellieferung (*bluoten – ebenwâc*) zusammen mit weiteren Ergänzungen zum Quellenverzeichnis (etwa 175 Titel) bis zur Drucklegung abgeschlossen. In Göttingen ist die Arbeit an den Artikeln der 7. Lieferung (*ebenwâge – erbieten*) bereits weit fortgeschritten. Die Vorarbeiten für die fünfte, den ersten Band abschließende Doppellieferung (*gar – geveigen*) haben begonnen.

Im Februar 2008 hat die Arbeitsstelle eine Tagung zum Thema „Überlieferungsgeschichte, Edition, Lexikographie" veranstaltet. Mitarbeiter der Arbeitsstelle haben an verschiedenen auswärtigen wissenschaftlichen Veranstaltungen teilgenommen und universitäre Lehrveranstaltungen angeboten. Für Seminare und auswärtige Besucher wurden Führungen durch die Arbeitsstelle durchgeführt.

K. Grubmüller

Ortsnamen zwischen Rhein und Elbe – Onomastik im europäischen Raum
Leitungskommission:
Vorsitzender: Henne
Aufgebauer (Göttingen), Debus (Kiel), Lehfeldt, Oexle, Udolph

Kontaktadresse: Robert-Koch-Straße 40, 48149 Münster, Tel.: 0251-8331464, Fax: 0251-8331466, kirstin.casemir@ortsnamen.net (Dr. Casemir), http://www.ortsnamen.net

Arbeitsbericht: Das Vorhaben soll kreisweise sämtliche bis 1600 in schriftlichen Quellen erwähnten Ortsnamen unter Einschluß der Wüstungen onomastisch aufbereiten. Das umfaßt eine Belegsammlung, die die Überlieferung des einzelnen Ortsnamens über die Jahrhunderte spiegelt, eine Zusammenfassung der bisher erschienenen Literatur zur Deutung des Namens sowie als Schwerpunkt eine systematisch gegliederte Deutung des Namens.

Im Jahr 2008 wurden die beiden ersten Bände des Westfälischen Ortsnamenbuches weiterbearbeitet. Ihre Veröffentlichung wird, verzögert aufgrund technischer Probleme, im ersten Halbjahr 2009 erfolgen. Das Manuskript für den ersten Band des Ortsnamenbuches Sachsen-Anhalt wurde von der Bearbeiterin zum Jahresende abgeschlossen und wird 2009 redaktionell überarbeitet. Die Arbeiten am siebten Band des Niedersächsischen Ortsnamenbuches kommen planmäßig voran, die Materialerhebung und Belegsammlung ist abgeschlossen. Daneben ist die Arbeitsstelle weiterhin durch Besuche interessierter Wissenschaftler, Vorträge der Mitarbeiter, Teilnahme an Tagungen und die Beantwortung zahlreicher Anfragen in den wissenschaftlichen Diskurs eingebunden. Durch Lehrveranstaltungen zu namenkundlichen Themen an der Westfälischen Wilhelms-Universität Münster gelang es, geschulte Studenten als Hilfskräfte zu gewinnen und zahlreiche Studenten für die Onomastik zu interessieren. Die vielfältigen Medienauftritte und Radiosendungen Jürgen Udolphs sind erneut hervorzuheben. Zudem wurde vom 18.–20. September 2008 in Göttingen das projektbegleitende namenkundliche Kolloquium „Namen und Appellative der älteren Sprachschichten zwischen Rhein und Elbe und benachbarter

Gebiete" der Akademie der Wissenschaften durchgeführt, an der neben den Mitarbeitern der Arbeitsstelle auch namhafte Wissenschaftler aus dem In- und dem Ausland teilnahmen. Der das Kolloquium einleitende öffentliche Vortrag von Jürgen Udolph „Orts- und Gewässernamen als Geschichtsquelle" in der Aula der Georg-August-Universität Göttingen stieß auf breite Resonanz.

H. Henne

Papsturkunden des frühen und hohen Mittelalters
Leitungskommission:
Vorsitzender: Herbers (Erlangen)
Görz (Erlangen), Kölzer (Bonn), López Alsina (Santiago de Compostela), Maleczek (Wien), Schieffer

Kontaktadresse: Friedländer Weg 11, 37085 Göttingen, Tel.: 0551-5316499, Fax: 0551-5316512, wkoenig@gwdg.de (Dr. Könighaus), http://www.papsturkunden.gwdg.de

Arbeitsbericht: Im Berichtszeitraum waren innerhalb des von der Union der Akademien finanzierten und seit Februar 2007 laufenden Projektes „Papsturkunden des frühen und hohen Mittelalters" folgende Mitarbeiter und Mitarbeiterinnen beschäftigt: in der Arbeitsstelle Göttingen die Herren Daniel Berger, Frank Engel, M.A. (beide: Iberia Pontificia) und Dr. Waldemar Könighaus (Bohemia-Moravia Pontificia); in der Arbeitsstelle Erlangen: Frau Cornelia Goßner und Herr Markus Schütz, M.A. (beide: Neubearbeitung des Jaffé) sowie Herr Thorsten Schlauwitz (Iberia Pontificia). Nach dem zweiten Förderjahr wird das Projekt einer Evaluation unterzogen, die für das Frühjahr 2009 geplant ist

Im September 2008 wurde von der Göttinger Arbeitsstelle der Sommerkurs „Diplomatik von Papsturkunden und Papstbriefen" organisiert und in Kooperation mit den Universitäten Erlangen-Nürnberg, Zürich und Göttingen sowie der Akademie der Wissenschaften zu Göttingen veranstaltet, dessen vornehmliches Ziel es war, wissenschaftlichen Nachwuchs auszubilden. Namhafte Referenten und Referentinnen haben den einwöchigen Lehrgang gestaltet, so dass der Kurs als großer Erfolg gewertet werden kann.

Iberia Pontificia
Diözese Burgos*:* Das Regestencorpus für das Bistum Burgos konnte Herr Daniel Berger (Göttingen) im Berichtszeitraum um weitere 30 Regesten

auf nunmehr rund 160 Nummern vergrößern. Während seiner Archivreise nach Burgos und Santo Domingo de Silos sichtete er die entsprechenden Originale und konnte darüber hinaus zahlreiche, bisher unbekannte Abschriften von Papsturkunden ermitteln. Ebenfalls wurde bereits mit der Kommentierung der Regesten begonnen, wobei chronologisch vorgegangen wird. Auf diese Weise konnten alle Regesten bis zum Pontifikat Urbans II. (1088–1099) fertiggestellt werden. Für den Herbst ist eine weitere Archivreise in das Madrider Nationalarchiv geplant, nach deren Abschluss an den Regestenkommentaren weitergearbeitet werden wird.

Diözese Ávila*:* Herr Frank Engel (Göttingen/Bonn) übernahm im Februar 2008 die Erarbeitung des Regestenbandes für das Bistum Ávila. Im Laufe des Jahres gelang es ihm, aus den am Ort zur Verfügung stehenden Materialien bereits mehr als 100 Regesten zu den Papstkontakten in Rohfassung zu erstellen, die insbesondere das Bistum und das Domkapitel von Ávila betreffen. Daneben wurden bibliographische Vorarbeiten geleistet sowie eine Liste der kirchlichen Empfängerinstitutionen innerhalb der Diözese erstellt. Eine Archivreise nach Ávila und Madrid ist in Planung.

Herr Thorsten Schlauwitz (Erlangen) konnte mit Unterstützung von Hilfskräften die unter Paul F. Kehr und Odilo Engels während ihrer Recherchen in den spanischen Archiven aufgezeichneten Papsturkundenbetreffe zu großen Teilen transkribieren und wird diese, nach Korrekturgängen und Aufnahme in einer Datenbank, den jeweiligen Bearbeitern zur Verfügung stellen.

Bohemia-Moravia Pontificia

Im Berichtszeitraum hat Herr Waldemar Könighaus (Göttingen) an den Regesten weitergearbeitet. Deren Zahl vergrößerte sich auf nunmehr knapp 300 Nummern, die sich auf 21 Institutionen verteilen. Die Kommentierung der einzelnen Regesten ist größtenteils abgeschlossen. Ebenfalls sind noch einige Einleitungen abzuschließen sowie einige wenige Neufunde einzuarbeiten. Eine Reise nach Tschechien in die Archive und Bibliotheken in Prag, Brünn und Olmütz förderte zahlreiche, bis jetzt unbekannte Abschriften von Urkunden zutage. Die meisten dieser Abschriften konnten fotografiert und den Sammlungen der Pius-Stiftung einverleibt werden. Darüber hinaus wurden zahlreiche neue Literaturtitel gesichtet und eingearbeitet. Zu der im Frühjahr 2009 vorgesehenen Evaluierung soll eine Manuskriptfassung vorgelegt werden.

Neubearbeitung des Jaffé

Frau Cornelia Goßner und Herr Markus Schütz haben mit Unterstützung von Hilfskräften in der Arbeitsstelle Erlangen die wissenschaftliche Neubearbeitung der „Regesta Pontificum Romanorum" von Jaffé fortgesetzt. Bis zum Jahr 844 wuchs die Zahl der bisher 3531 Regesten durch publizierte Neufunde, in der Göttinger Arbeitsstelle gesammelte Materialien und die Berücksichtigung von Schreiben an Papst oder Kurie um 822 Regesten an. Die bibliographische Aktualisierung insbesondere der Editionen wird voraussichtlich Ende des Jahres abgeschlossen sein. Seit April steht intern eine onlinegestützte Datenbank zur Erfassung und Bearbeitung der Regesten des Jaffé und der Pontificia-Bände zur Verfügung, die derzeit noch um Such- und Erschließungsfunktionen erweitert wird. Die Fertigstellung des ersten Regestenbandes (bis Gregor IV.) ist für das Jahr 2009 geplant.

K. Herbers

Patristische Kommission (Arbeitsstelle Göttingen)
Leitungskommission:
Vorsitzender: Mühlenberg
Gemeinhardt (Göttingen), Nesselrath

Kontaktadresse: Friedländer Weg 11, 37085 Göttingen, Tel.: 0551-3894330, emuehle@gwdg.de (Prof. Dr. Mühlenberg)

Arbeitsbericht: Zur Editio critica magna des Dionysius Areopagita gehört der Randkommentar (Scholien), der in den Corpushandschriften überliefert ist. Zwei Kommentare in dieser Überlieferungsmasse sind identifiziert; deren Text mit kritischem Apparat liegt fertig vor (Johannes von Skythopolis und Maximus Confessor). Das restliche Material des Randkommentars in den Corpushandschriften hat B. R. Suchla in vier Kommentare aufschlüsseln können. Nachdem dieses Forschungsergebnis feststand, wurde beschlossen, das Editionsformat für den Randkommentar zu ändern. Die Kommentare zum Corpus des Dionysius Areopagita sollen nicht einzeln in einzelnen Bänden nacheinander erscheinen, sondern der Randkommentar soll, dem Dionysiustext folgend, jeweils mit den überlieferten Kommentaren vorgestellt werden. So wird die Edition den akkumulierten Dionysius präsentieren, wie er den Lesern der byzantinischen und der mittelalterlichen Zeit vorgegeben war. Zur Zeit wird an der Texterstellung der Kommentare des Johannes Philoponus gearbeitet. – Die Feststellung des Handschriftenbestandes zur Anakephalaiosis wird fortgesetzt. – Erschienen ist im Oktober die Überlieferungsgeschichte: B. R. Suchla, Dionysius Areopagita. Leben – Werk – Wirkung. Verlag Herder: Freiburg i.Br. 2008, 320 Seiten.

Zu den Forschungen, die über die Dionysiusedition hinausgehen, kann berichtet werden: Aus den Altüberlieferungen der Apophthegmata Patrum hat C. Faraggiana ein Dossier zu Makarios von Skete erarbeitet. Zwei dazugehörende Handschriften (Oxford und Lambeth), die bisher unerschlossen waren, hat sie vollständig analysiert und kodikologisch wie auch paläographisch beschrieben.

Gregor von Nyssa: Die Edition der „Epistula canonica" hat E. Mühlenberg abgeschlossen. Der Band Gregorii Nysseni Opera 3.5 (Verlag Brill: Leiden) ist im September 2008 erschienen. Für „De anima et resurrectione" hat W. Brinker den digitalen Textteil der griechischen Edition umkodiert und des weiteren nach Absätzen neu formatiert.

E. Mühlenberg

Qumran-Wörterbuch
Leitungskommission:
Vorsitzender: Kratz
Borger, Lohse, Perlitt, Smend, Spieckermann

Kontaktadresse: Vereinigte Theologische Seminare, Platz der Göttinger Sieben 2, 37073 Göttingen, Tel.: 0551-39-7130, Fax 0551-39-2228, rkratz@gwdg.de (Prof. Dr. Kratz)

Das Unternehmen gilt den antiken Handschriften vom Toten Meer. Diese im vergangenen Jahrhundert in der Nähe der Ruinensiedlung Khirbeth Qumran entdeckten Überreste von rund 1000 meist hebräischen und aramäischen Manuskripten stammen aus der Zeit vom 3. Jh. v. Chr. bis zum 2. Jh. n. Chr. Bei den Texten handelt es sich um eine einzigartige Quelle für die Erforschung der Geschichte des antiken Judentums sowie des Alten Testaments und des Entstehungshintergrunds des Neuen Testaments. Die Aufgabe des Unternehmens besteht in der Erarbeitung eines philologischen Wörterbuchs, das den gesamten Wortschatz der nichtbiblischen Texte vom Toten Meer erfasst und das Material etymologisch, morphologisch sowie semantisch aufbereitet. Das Wörterbuch schließt damit die bisher kaum erforschte Lücke zwischen dem älteren biblischen und dem jüngeren rabbinischen Hebräisch und Aramäisch. Das wichtigste Arbeitsinstrument ist eine im Rahmen des Projekts speziell für die Bedürfnisse des Unternehmens entwickelte Datenbank. In ihr sind sämtliche Quellentexte, alle wichtigen in der Forschungsliteratur vorgeschlagenen, oft umstrittenen

Lesungen der einzelnen Wörter sowie alle weiteren für das Wörterbuch relevanten Informationen (Editionen, Literatur, Zählungsabweichungen etc.) erfasst. Sämtliche Editionen der Texte werden gesichtet, abweichende Lesungen elektronisch registriert und die Eingabe dieser „Varianten" in einem separaten Arbeitsgang kontrolliert und gegebenenfalls korrigiert.

Von Mai 2002 bis Dezember 2005 wurde das Qumran-Wörterbuch als Langzeitprojekt von der DFG gefördert. Mit Beginn 2006 ist das Unternehmen in das Programm der Akademie der Wissenschaften zu Göttingen übergegangen und ist hier zusammen mit dem Septuaginta-Unternehmen und dem Editionsvorhaben SAPERE im Centrum Orbis Orientalis (CORO) angesiedelt. Die Aufbauphase des Projekts ist inzwischen abgeschlossen. Die Datenbank ist komplett aufgebaut und wird laufend aktualisiert. Eine Spezialbibliothek umfasst eine große Photosammlung der Handschriften und sämtliche Editionen der Texte vom Toten Meer und wird kontinuierlich um einschlägige Neuerscheinungen erweitert.

Arbeitsbericht: Im Berichtsjahr 2008 konnten die Arbeiten am Buchstaben *aleph*, unter den rund ein Achtel aller Lemmata des Wörterbuchs fallen, weitgehend abgeschlossen werden. Die Voranalyse der Belege, d.h. deren grammatikalische Bestimmung und Übersetzung im Kontext, wurde für rund ein weiteres Drittel aller Buchstaben fortgesetzt bzw. beendet. Damit sind inzwischen 53% des gesamten nichtbiblischen Textbestands philologisch vorbereitet. Gearbeitet wurde daneben vor allem an der formalen Vereinheitlichung der bereits verfaßten Wörterbuchartikel und an der Entwicklung eines Verfahrens zu deren Endredaktion. In großem Umfang wurden weitere Varianten, besonders auch aus neuhebräischen Forschungsbeiträgen, in die Datenbank aufgenommen. Zusätzliche Schwerpunkte der Arbeit waren die Aufbereitung der umfänglichen Bibliographie, die Erschließung besonderer Handschriften (Ben Sira und Kupferrolle) sowie die Aufnahme biblischer Texte vom Toten Meer in die Datenbank. Die Datenbank selbst wurde technisch weiterentwickelt und um zusätzliche Indizes sowie ein Programm zur Dokumentierung, Verwaltung und Aktualisierung komplexer Arbeitsprozesse im Unternehmen erweitert. Ein kleines, fortzuführendes Archiv zu Forschungsarbeiten von und über Karl-Georg Kuhn, den Begründer des Vorläuferprojekts des Wörterbuchs, wurde eingerichtet; es soll der kritischen Aufarbeitung der Geschichte des Projekts und seiner Gründerväter dienen und steht auf Anfrage auch auswärtigen Forschern zur Verfügung. Die Bibliothek des Projekts wurde vor allem durch die Anschaffung neuer elektronischer Quellensammlungen erweitert. Untersuchungen an den Handschriftenoriginalen in Jerusalem trugen auch im Jahr 2008 zu einer Sicherung der Textgrundlage des Wörterbuchs und einem Ausbau der Arbeitskontakte an Ort und Stelle bei (École Biblique/Israel Museum/Hebrew University). Die Verbindungen zur Qumranforschungsstelle Groningen (Dr. M. Popovic), zur Universität Helsinki (Prof. R. Sollamo), zur Universität Hamilton (Prof. E. Eileen Schuller) u.a. wurden vertieft. Der Austausch mit Vertretern einschlägiger Institute in Genf und Hildesheim, der Arbeitsgruppe „e-humanities“ der Universität Göttingen und eine Vorstellung des Wörterbuchprojekts anlässlich der Tagung „Elektronisches Publizieren“ der Union der Akademien dienten der Vernetzung im Kontext der gegenwärtig geführten Diskussion über den Einsatz von EDV in geisteswissenschaftlichen Forschungsprojekten. Das Projekt führte auch im Jahr 2008 an der Theologischen Fakultät regelmäßig Lehrveranstaltungen zu den Texten vom Toten Meer durch.

R. G. Kratz

Sanskrit-Wörterbuch der buddhistischen Texte aus den Turfan-Funden und der kanonischen Literatur der Sarvāstivāda-Schule

Leitungskommission:
Vorsitzender: Hartmann (München)
Job (Göttingen), Laut (Freiburg), Oberlies (Göttingen), Röhrborn, Schmithausen (Hamburg), von Simson

Kontaktadresse: Am Reinsgraben 4, 37085 Göttingen,
Tel.: 0551-58125, Fax 0551-43173, swtf@gwdg.de (Dr. Schmidt),
http://swtf.adw-goettingen.gwdg.de/

In Ruinenstätten und verlassenen Höhlenklöstern entlang der nördlichen der beiden alten „Seidenstraßen“ in Ostturkistan, der heute zur Volksrepublik China gehörenden Provinz Xinjiang, wurden in den letzten beiden Jahrzehnten des 19. und in den ersten Jahrzehnten des 20. Jahrhunderts von Expeditionen aus verschiedenen Ländern, darunter auch vier deutschen Expeditionen (1902–1914), archäologische Grabungen durchgeführt. Dabei wurde eine große Anzahl von Manuskripten in vielen verschiedenen Sprachen, zu einem erheblichen Teil in Sanskrit, der klassischen Kultursprache Indiens, entdeckt. Ein großer Teil dieser Handschriften gelangte in die nach einem der Hauptfundorte benannte „Turfan“-Sammlung in Berlin. Wie sich bei der Bearbeitung der Handschriften herausstellte, gehören die Texte überwiegend zum Kanon der Sarvāstivādin, einer buddhistischen Schule des „Hīnayāna“, die vom Nordwesten Indiens aus entscheidend zur

Ausbreitung des Buddhismus in Zentral- und Ostasien beigetragen hat. Inzwischen wurden viele der Texte ediert und zum Teil auch übersetzt. Die Katalogisierung der Sanskrithandschriften dieser Sammlung ist ein ebenfalls in Göttingen ansässiges Projekt der Akademie der Wissenschaften (Katalogisierung der orientalischen Handschriften in Deutschland: Sanskrithandschriften aus den Turfanfunden).

Das in der Göttinger Arbeitsstelle entstehende „Sanskrit-Wörterbuch der buddhistischen Texte aus den Turfan-Funden" (SWTF) ist ein zweisprachiges (Sanskrit-Deutsch) Wörterbuch, das die lexikographische Erschließung dieser in zentralasiatischen Handschriften überlieferten buddhistischen Sanskrit-Literatur zum Ziel hat. Durch die Ausführlichkeit der Zitate sowie die bis auf wenige, klar definierte Ausnahmen vollständige Aufnahme von Wortschatz und Belegstellen der ausgewerteten Texte erhält das Wörterbuch sowohl den Charakter einer speziellen Konkordanz wie auch den einer allgemeinen Phraseologie des buddhistischen Sanskrits der kanonischen Sarvāstivāda-Texte. Die im Wörterbuch berücksichtigten Texte dürften einen Großteil der gängigen Phrasen des buddhistischen Sanskrit enthalten. In den maßgeblichen Wörterbüchern des klassischen Sanskrit von O. Böthlingk und R. Roth (erschienen 1855–1875 und 1879–1889) und M. Monier-Williams (erschienen 1899) ist buddhistisches Textmaterial nur sehr spärlich vertreten; dasselbe gilt auch für andere Sanskrit-Wörterbücher. Das Wörterbuch des „Buddhist Hybrid Sanskrit" von F. Edgerton (erschienen 1953) beschränkt sich auf einen Teil des Wortschatzes der buddhistischen Sanskrit-Literatur unter dem Gesichtspunkt der Laut- und der Formenlehre und berücksichtigt vornehmlich Abweichungen vom klassischen Sanskrit. Darüber hinaus waren zur Zeit der Veröffentlichung dieser Wörterbücher die im SWTF erfaßten Texte größtenteils noch nicht zugänglich. Daher leistet das SWTF einen bedeutsamen Beitrag zur indischen Lexikographie.

Das Projekt wird gefördert mit Mitteln des Bundesministeriums für Bildung, Wissenschaft, Forschung und Technologie und des Landes Niedersachsen; die Veröffentlichung steht unter dem Patronat der Union Académique Internationale, Brüssel.

Arbeitsbericht: Die 20. Lieferung des Wörterbuchs (= Band III, 5; Wortstrecke: *mat-sadṛśa* bis *mleccha*) ist im Berichtszeitraum vom Verlag ausgeliefert worden. Diese Lieferung, die Band III des Werkes abschließt, ist zusammen mit einem Vorwort von Klaus Röhrborn und Jens-Uwe Hartmann, einem Wiederabdruck der Vorbemerkungen zu den einzelnen Lieferungen, einer Liste der Mitarbeiter und einem Verzeichnis der zusätzlichen Abkürzungen in Band III erschienen. Die 21. Lieferung (= Band IV, 1;

Wortstrecke *ya* bis *vā*) wurde planmäßig in der zweiten Jahreshälfte 2008 zu Kalkulation und zum Druck gegeben und wird Anfang des Jahres 2009 vom Verlag ausgeliefert. Die Arbeiten an der 22. Lieferung (*va* bis *vṛ*) sind so weit gediehen, daß diese Lieferung wie geplant im Jahr 2009 in Druck gehen wird.

J.-U. Hartmann

Veröffentlichungen:

Sanskrit-Wörterbuch der buddhistischen Texte aus den Turfan-Funden und der kanonischen Literatur der Sarvāstivāda-Schule. Begonnen von Ernst Waldschmidt. Hrsg. von Klaus Röhrborn. 20. Lieferung: *mat-śadṛśa* bis *mleccha*. Vandenhoeck und Ruprecht, Göttingen 2008. 70 S., ISBN 978-3-525-26168-2

Schleiermacher, Kritische Gesamtausgabe (Arbeitsstelle Kiel)
Leitungskommission:
Vorsitzender: Ringleben
Detering, Kaufmann, Spieckermann

Kontaktadresse: Leibnizstraße 4, 24118 Kiel, Tel.: 0431-880-3484, meckenstock@email.uni-kiel.de (Prof. Dr. Meckenstock)

Arbeitsbericht: Das im Jahr 2003 eröffnete Editionsvorhaben „Schleiermacher, Predigten (Kritische Gesamtausgabe, III. Abteilung)" ist auf 12 Bände angelegt. Friedrich Schleiermacher (1768–1834) hat seit dem Ende seines Studiums in allen seinen Lebensperioden gerne und häufig gepredigt. Seine Predigttätigkeit ist durch gedruckte Predigttexte, Predigtentwürfe von eigener Hand und Predigtnachschriften von fremder Hand dokumentiert. Das bisher bekannte Predigtkorpus von 583 Predigten kann aus umfänglichen Archivbeständen, die bei Beginn des Editionsprojekts vielfach in beklagenswerter Verwirrung und Fragmentarisierung vorlagen, um weitere 750 bisher unbekannte Predigten Schleiermachers vermehrt werden. Für das Editionsvorhaben, das von Prof. Meckenstock (Kiel) geleitet wird, waren in Teilzeit auf wissenschaftlichen Mitarbeiterstellen Elisabeth Blumrich und Katja Momberg tätig sowie ab September Kirsten Kunz und Simon Paschen, die beide zuvor neben Tim Kaufmann als wissenschaftliche Hilfskräfte beschäftigt gewesen waren.

Im Jahr 2008 wurde die fünfjährige Phase der Sichtung der vorhandenen Archivbestände erfolgreich abgeschlossen. Die im Arbeits- und Zeitplan ausgewiesenen Aufgaben sind nun alle erfüllt. Die Predigtbestände des Schleiermacher-Nachlasses im Archiv der Berlin-Brandenburgischen Akademie der Wissenschaften und diejenigen im Schleiermacher-Archiv der Staatsbibliothek zu Berlin Preußischer Kulturbesitz (Depositum 42a, ehemals im Verlagsarchiv Walter de Gruyter) sind vollständig transkribiert und elektronisch erfasst (1467 Nachschriften). Insbesondere wurden die Predigtnachschriften der Sammlungen Balan, Maquet, Schirmer und Woltersdorff (Jahrgänge 1820–1825) sowie die Gemberg-Dispositionen erschlossen. Fortgesetzt wurde die elektronische Aufnahme von Agenden und Gesangbüchern.

Im Jahr 2008 wurde in Übereinstimmung mit dem Gesamtzeitplan termingerecht die nächste Projektphase, die editorische Erarbeitung der einzelnen KGA-Predigtbände, eröffnet. Um nahtlos an die Sichtungsphase anschließen zu können, wurden Schleiermachers handschriftliche Predigtausarbeitungen der Jahre 1790–1809 (vorgesehen für KGA III, 3) zunächst beiseite gesetzt. Stattdessen wurde damit begonnen, Schleiermachers Predigtkorpus ab 1810, für das neben einzelnen Drucken zahlreiche Nachschriften vorliegen, editorisch zu erarbeiten, außerdem Schleiermachers eigene sieben Sammlungen seiner Predigten.

Im Januar nahm Prof. Meckenstock die Erstellung des Bandes III, 1 in Angriff. Dieser KGA-Band umfasst die von Schleiermacher publizierten ersten vier Sammlungen seiner Predigten. Schleiermacher bearbeitete die erste Sammlung (1801) für die zweite und die dritte Auflage (1806, 1816) in vielen Einzelheiten. Auch die zweite (1808), die dritte (1814) und die vierte Sammlung (1820) formulierte er für die jeweils zweite Auflage (1820, 1821, 1826) stärker um. Die zahlreichen Textveränderungen werden bei jeder dieser vier Sammlungen vollständig am Ort durch einen umfänglichen Variantenapparat dokumentiert.

Im September begannen Elisabeth Blumrich, Kirsten Kunz, Katja Momberg und Simon Paschen mit der Erarbeitung der KGA-Bände, wobei zunächst die mannigfaltigen technischen Verfahrensregeln und Gestaltungsmuster vereinbart werden mussten. Band III,4 (Predigten 1810–1815) wird von Simon Paschen, Band III,5 (Predigten 1816–1819) von Katja Momberg, Band III,6 (Predigten 1820–1821) von Elisabeth Blumrich und Band III,7 (Predigten 1822–1823) von Kirsten Kunz betreut.

Die jährliche Sitzung der Herausgeber und der Leitungskommission fand am 25. April 2008 in der Berlin-Brandenburgischen Akademie der Wissenschaften statt. Von der Leitungskommission der Göttinger Akademie nahm diesmal niemand teil.

G. Meckenstock

Septuaginta
Leitungskommission:
Vorsitzender: Kratz
Döpp, Feldmeier, Hanhart (Göttingen), Lohse, Mühlenberg, Nesselrath, Perlitt, Smend, Spieckermann

Kontaktadresse: Friedländer Weg 11, 37085 Göttingen, Tel.: 0551-50429690, Fax: 0551-50429699, lxxgoel@gwdg.de, bernhard.neuschaefer@theologie.uni-goettingen.de (Dr. Neuschäfer), http://www.septuaginta-unternehmen.gwdg.de

Das Septuaginta-Unternehmen gilt einem der größten und einflussreichsten Werke der Weltliteratur: der nach der antiken Legende, von der die Septuaginta ihren Namen hat, durch 72 jüdische Gelehrte in 72 Tagen, tatsächlich aber in mehreren Generationen hergestellten griechischen Übersetzung des hebräischen Alten Testaments. Die Aufgabe des 1908 gegründeten Unternehmens besteht in der kritischen Edition der Septuaginta unter Verwertung der gesamten erreichbaren Überlieferung, d.h. der über die ganzen Welt verstreuten griechischen Handschriften von den vorchristlichen Fragmenten bis ins 16. Jh. n. Chr., der Tochterübersetzungen (in lateinischer, syrischer, koptischer, äthiopischer und armenischer Sprache) und der Zitate der griechischen und der lateinischen Kirchenväter. Die Göttinger Edition, die das Ziel verfolgt, durch kritische Sichtung der Überlieferung den ältesten erreichbaren Text wiederherzustellen, umfasst in bisher 23 erschienenen Bänden zwei Drittel des Gesamtvorhabens.

Arbeitsbericht: Die Arbeit wurde nach den von der Septuaginta-Kommission aufgestellten Richtlinien fortgeführt.

Edition: Mit der Bearbeitung der Hss der „XII prophetae" sowie der Propheten-Catenen wurde die Neubearbeitung des Rahlfsschen Handschriftenverzeichnisses (Bd. 2: Die handschriftliche Überlieferung der Septuaginta vom 9. bis 16. Jh.) durch D. Fraenkel fortgeführt.

An den Ausgaben von „Regnorum I" (A. Aejmelaeus), „Regnorum II" (Ph. Hugo), „Regnorum III" (P. A. Torjiano), „Paralipomena I-II" (R. Hanhart), „Canticum" (E. Schulz-Flügel) und „Psalmi Salomonis" (B. Neuschäfer) wurde weitergearbeitet. Die Edition des Buches „Ecclesiastes" (P. Gentry) ist in einer ersten Fassung mit Text und textkritischem Apparat bis Kapitel 11 gediehen, von der Ausgabe von „Maccabaeorum IV" (R. Hiebert) liegt ein Erstentwurf der Kapitel 1–14 vor.

Die Mitarbeiter der Arbeitsstelle haben plangemäß 20 Hss des Psalters kollationiert und 30 Hss des Buches „Iudices" revidiert. Damit konnte die Revision des Buches „Iudices" abgeschlossen werden. Fortgesetzt wurde die Untersuchung des Psaltertextes des antiochenischen Kirchenschriftstellers Theodoret. In Ermangelung einer kritischen Edition des Psalmenkommentars Theodorets erfolgt diese Arbeit anhand der wichtigsten griechischen Theodoret-Hss.

Sonstiges: Das Berichtsjahr stand ganz im Zeichen des hundertjährigen Jubiläums des Göttinger Septuaginta-Unternehmens. Aus diesem Anlass organisierte die Arbeitsstelle in Zusammenarbeit mit dem CORO (Centrum Orbis Orientalis) zwei Veranstaltungen: eine internationale Fachtagung „Die Göttinger Septuaginta-Edition – Standortbestimmung eines editorischen Jahrhundertprojekts", die vom 28. bis zum 30. April 2008 in der Göttinger SUB durchgeführt wurde, sowie eine öffentliche Jubiläumsveranstaltung mit drei wissenschaftlichen Vorträgen und einer Sonderausstellung, die am 13. November 2008 in der Aula der Universität stattfand (s. dazu unter „Sonstige Veranstaltungen"). Darüberhinaus wurden die Digitalisierung und die elektronische Archivierung des umfangreichen Mikrofilmbestands des Septuaginta-Unternehmens weitergeführt.

Kontakte: Folgende Gastforscher weilten während des Berichtsjahrs zur Fortführung ihrer Editionen, Monographien und Einzelstudien in der Göttinger Arbeitsstelle: Prof. Dr. A. Kharanauli, (Tbilisi/Georgien) als Humboldt-Stipendiatin von Januar bis März, Prof. Dr. P. Torijano (Madrid) im Januar, Frau Ch. Felici (Siena) als Stipendiatin der Universität Siena (Seminar für Klassische Philologie) von März bis August, Dr. R. Ceulemans (Louvain/Belgien) von März bis Mai, Prof. Dr. O. Munnich (Paris) von April bis Mai, Prof. Dr. R. Hiebert (Langley/Canada) im April, Dr. L. Cuppi (Bologna) im Mai, Prof. Dr. P. J. Gentry (Louisville/USA) im Juni. Seit 1. November 2008 ist Dr. Ph. Hugo (Freiburg/Schweiz) als Stipendiat des Schweizerischen Nationalfonds im Rahmen eines mehrjährigen Forschungsaufenthalts an der Arbeitsstelle tätig.

R.G. Kratz

Veröffentlichungen:

Septuaginta. Vol. VIII, 3: Esther ed. R. Hanhart, 3. durchgesehene Aufl., Göttingen 2008; Septuaginta. Vol. IX, 2: Maccabaeorum II, 3. durchgesehene Aufl., Göttingen 2008; B. Neuschäfer, Die Göttinger Septuaginta-Ausgabe – Standortbestimmung eines editorischen Jahrhundertprojekts, in: Editio. Jahrbuch für Editionswissenschaft 22 (2008), 237–248; Ders., Das Göttinger Septuaginta-Unternehmen. Tradition, Zielsetzung, Bedeutung und Perspektiven (Veröffentlichung des CORO [Centrum Orbis Orientalis]), Göttingen 2008.

III. Arbeitsvorhaben und Delegationen der Akademie

Ausschuss für musikwissenschaftliche Editionen
(Union der Akademien)
Delegierter: Heidrich

Deutsche Inschriften des Mittelalters und der frühen Neuzeit
(Interakademische Kommission)
Delegierter: Schindel

Deutsche Reichstagsakten, Ältere Reihe
Delegierter: Sellert

Deutsches Museum München
(Vorstandsrat)
Delegierter: Kippenhahn

Göttingische Gelehrte Anzeigen
Redaktoren: Ringleben, Schindel

Herausgabe des Thesaurus Linguae Latinae
(Interakademische Kommission)
Delegierter: Classen

Mittellateinisches Wörterbuch
Delegierter: Mölk

Papsturkunden- und mittelalterliche Geschichtsforschung (Pius-Stiftung)
Wissenschaftliche Kommission:
Vorsitzender: der Vorsitzende der Phil.-Hist. Klasse
Sekretär: Herbers (Erlangen)
Maleczek (Wien), Paravicini-Bagliani (Lausanne), Pasini (Città del Vaticano), Schieffer

Kontaktadresse: Friedländer Weg 11, 37085 Göttingen, Tel.: 0551-5316499, Fax: 0551-5316512, wkoenig@gwdg.de (Dr. Könighaus), http://www.papsturkunden.gwdg.de

Arbeitsbericht: Frau Andrea Birnstiel (Göttingen) erfasste als studentische Hilfskraft die Kehrschen Karteikarten (Braune Schachteln I-II), welche die Gebiete der Iberischen Halbinsel betreffen, in einer separaten Datenbank. Weiterhin wurde die Sammlung der „Papsturkunden aus Drucken" um Materialien, die der Altsekretär, Prof. Dr. Rudolf Hiestand (Düsseldorf), bereitstellte, vervollständigt sowie in die Datenbank „Papsturkunden Anfänge-1198" integriert. Da diese Datenbank bisher nicht alle gesammelten Urkunden umfasst hat, wird sie derzeit überarbeitet und ergänzt.

Bereits im Februar und im Juni 2008 fanden in Santiago de Compostela und in Göttingen Arbeitstreffen der Iberia-Mitarbeiter und -Mitarbeiterinnen statt, wo vor allem der wissenschaftliche Austausch mit dem spanischen Partnerprojekt „El Pontificado Romano: relaciones con el Noroeste Peninsular y bases documentales para su estudio hasta el año 1198" im Vordergrund stand. Weitere Arbeitstreffen sowie eine wissenschaftliche Konferenz in Lissabon sind für den Herbst 2009 geplant.

Im Berichtsjahr haben folgende Forscher die in der Arbeitsstelle gesammelten Materialien zu wissenschaftlichen Zwecken ausgewertet: Prof. Dr. Jochen Burgtorf (Fullerton), Prof. Dr. Werner Maleczek (Wien), Dr. Otfried Krafft (Marburg), Dr. Joachim Dahlhaus (Heidelberg), Dr. Karl Augustin Frech und Dr. Ulrich Schmidt (beide Tübingen).

Italia Pontificia
Prof. Dr. Rudolf Hiestand (Düsseldorf) hat den Indexband zu IP/GP um ein Verzeichnis derjenigen Personen und Institutionen erweitert, die Briefe an den Papst geschickt haben. Damit ist der Band abgeschlossen und wird zur Klärung technischer Fragen betr. die Drucklegung an Prof. Dr. Rudolf Schieffer weitergeleitet.

Germania Pontificia
Bd. VIII (Diözese Lüttich): Dr. Wolfgang Peters (Köln) meldet die Abschnitte über die Prämonstratenserstifte Averbode und Sint-Jansberg (Maaseik) als fertig und vom Altsekretär durchgesehen. Die Regularkanonikerkonvente von Flône und Géronsart sind ebenfalls abgeschlossen. Im Sommer 2008 wurde die Arbeit an den Regesten zur Benediktinerabtei Saint-Jacques zu Lüttich beendet. In den kommenden Monaten wird die zweite Lütticher Stadtabtei der Benediktiner, Saint-Laurent, bearbeitet. – Bd. XI (Suffragane Trier) (Prof. Dr. Egon Boshof, Passau): Ende November 2008 fand in Erlangen auf Einladung des Sekretärs ein Treffen mit Frau Prof. Dr. Michèle Gaillard (Metz) und den Herren Prof. Dr. Egon Boshof (Passau) sowie Dr. Joachim Dahlhaus (Heidelberg) statt. Dort wurde über eine Neuaufteilung und die zukünftige Bearbeitung der Trierer Suffragane

gesprochen. – Bd. XII (Erzdiözese Magdeburg) (Dr. Jürgen Simon, Hamburg): Bericht lag nicht vor. – Bd. XIII (Regnum und Imperium): Prof. Dr. Hans H. Kaminsky (Gießen) konnte trotz mancher Hindernisse die bibliographischen Recherchen im Sinne seines Briefes vom Dezember 2004 weiterführen.

Gallia Pontificia (Leitung: Prof. Dr. Dietrich Lohrmann, Aachen)
Der Altsekretär schloss im Berichtszeitraum die zum Teil sehr zeitraubenden Recherchen am Indexband zu den Vorarbeiten der Gallia ab. Bei der Kontrolle halfen die Herren Oliver Scholl (bis Juli 2008) und Erik Fleck (beide Düsseldorf).

1. Diözesen Reims und Châlons: Dr. Falkenstein (Aachen) arbeitete überwiegend an der Revision der Regesten für die Erzbischöfe von Reims sowie an der Fertigstellung der Archivberichte weiter. Eine Version dieser Datei sowie die Regesten für das Metropolitankapitel und ein Regest betr. Saint-Remi wurden an Herrn Große (Paris) weitergeleitet. Darüber hinaus meldet Herr Falkenstein mehrere Aufsätze zu verwandten Themen als erschienen. – 2. Diözese Paris: Prof. Dr. Rolf Große (Paris/Heidelberg) schloss den Editionsteil für den Band „Papsturkunden in Frankreich, Neue Folge 10" in einem ersten Durchgang ab und ergänzte darin die diplomatischen und historischen Kommentare. Der Archivbericht hierzu befindet sich noch in Bearbeitung. Als erschienen meldet Herr Große den Band 5 der „Studien und Dokumente zur Gallia Pontificia". Für den 29. Mai 2009 bereitet er, zusammen mit Prof. Bernard Barbiche, die 6. Table ronde zur Gallia Pontificia am DHI Paris vor. – Diözese Troyes: Herr Falkenstein hat im Juli 2008 die nachgelassenen Materialien von Johannes Ramackers zur Verfügung gestellt. – 3. Diözese Langres (Prof. Benoît Chauvin, Devecey): Bericht lag nicht vor. – 4. Diözese Thérouanne, Abtei Saint-Bertin (Prof. Laurent Morelle, Paris): Bericht lag nicht vor.

I/1: Erzdiözese Besançon: Band liegt vor (1998). I/2: Suffragane von Besançon: Neue Berichte zu den Diözesen Lausanne (Prof. Jean-Daniel Morerod, Neuchâtel) und Basel (Archivdirektoren Eichenlaub, Colmar, und Rebetez, Porrentruy/Pruntrut) liegen nicht vor. Die Diözese Belley (P. Bernard de Vregille, Lyon, Institut des Sources chrétiennes) ist seit längerem fertig. – II/1: Erzdiözese Lyon (Prof. Michel Rumellin/Prof. Denyse Riche): Bericht lag nicht vor. Das umfangreiche Kapitel über die Abtei Saint-Claud/Saint-Oyand, bearbeitet von René Locatelli und Gérard Moyse, ist in einer Vorausedition erschienen in der Revue Mabillon NS 18 (2007), S. 253–273 („Une pierre d'attente du volume de *Gallia pontificia* pour le diocèse de Lyon: l'abbaye Saint-Claude"). Vgl. auch Gérard Moyse, „Deux couples de privilèges pontificaux du XIe siècle pour Saint-Claude : Léon IX (1050) et Jean (faux), Pascal II (mars et avril 1100)", in : L'acte pontifical et sa critique, ed. R. Grosse, Bonn 2007, S. 31–50. II/2: Suffragane Lyon, insbesondere Diözese Mâcon mit der Abtei Cluny: Dr. Franz Neiske (Münster) konnte keine nennenswerten Fortschritte vermelden. – III/1: Erzdiözese Vienne: Band liegt vor (2006). III/2: Suffragane Vienne: Frau Dr. Beate Schilling (München) hat im Berichtszeitraum die Einleitungen und Auswahlbibliographien zu den Empfängern im Bistum Grenoble ergänzt bzw. neu erstellt. Die Erträge ihrer Archiv- und Bibliotheksreisen nach Grenoble, Privas, Paris, Rom und Neapel wurden ebenfalls in das Manuskript eingearbeitet. Darüber hinaus verfasst sie einige Aufsätze und Miszellen, in denen sie ihre Forschungsergebnisse ausführlicher präsentieren wird. Für die nächste Zeit plant sie, die Regesten für eine weitere große Empfängergruppe (Bistum Valence und Saint-Ruf) in Angriff zu nehmen. Archivreisen nach Valence, Avignon und ggf. Privas sollen ebenfalls im kommenden Jahr erfolgen. – IV/1–2: Erzdiözese Arles und Suffragane (PD Dr. Stefan Weiß, z.Z. Paris): Aus verschiedenen Gründen konnte die Arbeit im laufenden Jahr nicht weitergeführt werden. – VIII/1–2: Erzdiözese Narbonne und Suffragane (Dr. Ursula Vones-Liebenstein, Köln): Im Mittelpunkt der Tätigkeit von Frau Vones-Liebenstein stand weiterhin die Abtei Saint-Gilles. Hierfür wurde ihr im Rahmen der 5. Table ronde der Gallia Pontificia gehaltene Vortrag über die Beziehungen der Grafen von Toulouse zu dieser Abtei druckfertig gemacht. Ebenfalls wurde bereits ein Teil der Regesten erstellt. Während eines Archivaufenthaltes in Nîmes konnte sie jedoch weder die Originale der dort aufbewahrten Papsturkunden, noch das Chartular des dortigen Kathedralkapitels einsehen, da diese Archivalien wegen ihres schlechten Erhaltungszustandes gesperrt waren. Vom Chartular konnte sie lediglich einen Mikrofilm benutzen. Neben der Fertigstellung der übrigen Regesten von Saint-Gilles sollen im kommenden Jahr die Geschichte des Bistums Nîmes und die Kontakte der dortigen Bischöfe und des Domkapitels zu Rom aufgearbeitet werden.

Anglia Pontificia

Frau Prof. Dr. Julia Barrow (Nottingham) bedauert, keine Fortschritte bei der Arbeit zur Anglia vermelden zu können. Herr Hiestand hat das lateinische Vorwort für die Subsidia zur Anglia fertiggestellt. Der Band ist zur letzten Durchsicht an Frau Barrow und an Herrn Hirschmann geschickt worden.

Iberia Pontificia (Leitung: Prof. Dr. Klaus Herbers, Erlangen)

Wie bereits berichtet, kooperiert das Projekt eng mit spanischen und portugiesischen Wissenschaftlern und Wissenschaftlerinnen, von denen einige beim letzten Arbeitstreffen im Juni 2008 die Bearbeitung mehrerer Diözesen der Iberia Pontificia übernommen haben. Zu den regelmäßigen Arbeitstreffen der Iberia-Mitarbeiter und -Mitarbeiterinnen vgl. oben. Die Forschungen zur Kirchenprovinz Santiago de Compostela wurden durch Sichtung und Ordnung der Unterlagen vom Sekretär und von Dr. Ingo Fleisch (Erlangen) ebenfalls vorangebracht.

Zu den Diözesen Burgos und Ávila vgl. den Arbeitsbericht unter „Die Forschungsvorhaben der Akademie, Papsturkunden des frühen und hohen Mittelalters".

Scandinavia Pontificia
Ein Bericht von Prof. Dr. Anders Winroth (New Haven) lag nicht vor.

Polonia Pontificia (Leitung: Prof. Dr. Werner Maleczek, Wien)
Dr. Przemysław Nowak (Warschau) bereitet einen Aufsatz über die Kontakte des Papsttums zu Ostmitteleuropa mit einer Neuedition von JL 9067 für das DFG-Netzwerk „Zentrum und Peripherie? Das universale Papsttum und die europäischen Regionen im Hochmittelalter" vor. Darin soll auch eine Übersicht zu Papsturkunden und -briefen für Empfänger in Böhmen-Mähren, Polen und Ungarn enthalten sein. Weiterhin arbeitet er an einer kritischen Neuedition aller Papsturkunden für Polen. Auf etwaige Fortschritte an der Regestenarbeit geht der Bearbeiter in seinem Bericht nicht ein.

Bohemia-Moravia Pontificia
Vgl. dazu den Arbeitsbericht unter „Die Forschungsvorhaben der Akademie, Papsturkunden des frühen und hohen Mittelalters".

Hungaria Pontificia (Leitung: Prof. Dr. Werner Maleczek, Wien)
Ein Bericht von Herrn Zsolt Hunyadi, PhD (Szeged) lag nicht vor.

Dalmatia-Croatia Pontificia (Leitung: Prof. Dr. Werner Maleczek, Wien)
Ein Bericht von Dr. Stjepan Razum (Zagreb) lag nicht vor.

Africa Pontificia
Prof. Dr. Peter Segl (Pfaffenhofen a. d. Ilm) kann keine nennenswerten Fortschritte vermelden, da er immer noch mit der Rekonstruktion der verlorengegangenen Daten zum antiken Teil Afrikas (2.-6. Jh.) beschäftigt ist.

Oriens Pontificius
Herr Hiestand hat zum Oriens weitere Literatur durchgesehen, was allerdings ohne große Ausbeute blieb. Ein kurzer Gedankenaustausch über eine

Bestandsaufnahme mit Herrn Burgtorf Ende 2007 habe ebenfalls keine weiterführenden Ergebnisse gezeigt.

Dr. Jochen Burgtorf (Fullerton) konnte während seines Forschungsfreisemesters im Herbst 2007 in der Göttinger Arbeitsstelle aufgrund des dort vorhandenen Materials zum Oriens einige Überlieferungsprobleme klären und bei einem Besuch in Düsseldorf mit dem Altsekretär diskutieren. Herrn Burgtorfs neues Buch zur Sache mit dem Titel „The Central Convent of Hospitallers and Templars: History, Organization, Personnel (1099/1120–1310)“ ist jüngst in der Reihe „History of Warfare“, Bd. 50 bei Brill (Leiden) erschienen. Außerdem liegt nun auch sein Aufsatz „Die Herrschaft der Johanniter in Margat im Heiligen Land“ (Colloquia Torunensia Historica XIV) vor.

Neubearbeitung des Jaffé
Vgl. dazu den Arbeitsbericht unter „Die Forschungsvorhaben der Akademie, Papsturkunden des frühen und hohen Mittelalters“.

Verschiedenes
Die Sammlung der „Papsturkunden aus Drucken“ ist unter Mithilfe von Frau Kristina Dille (Düsseldorf) um ca. 1000 Stücke gewachsen. Herr Hiestand geht nun davon aus, dass damit der allergrößte Teil der nicht bei Migne, Mansi und in den Vorarbeiten sowie in kanonistischen Quellen überlieferten Stücke von der Mitte des 11. Jahrhunderts an erfasst ist. Bis dahin unbekannte Papsturkunden seien nicht darunter gewesen.

Zudem ließen sich die Lücken in der Sammlung von Kardinalsunterschriften weiter reduzieren, wobei sich die Abschriften von Ramackers für die Diözese Troyes als besonders wertvoll erwiesen. Um der mühevollen Suche in den Archiven und Bibliotheken abzuhelfen, schlägt Herr Hiestand vor, das Material zu den lothringischen und den spanischen Diözesen, das z.T. in Erlangen aufbewahrt wird, auch nach diesen Gesichtspunkten durchzusehen.

Von Herrn Hiestand sind im Berichtszeitraum Aufsätze zur päpstlichen Kreuzzugspropaganda, zu Herrschertestamenten in den Kreuzfahrerstaaten, den Teilnehmern des lateinischen Ostens an den allgemeinen Konzilien des 11. und des 12. Jahrhunderts sowie zu den Beziehungen des Kölner Niederklerus mit der Kurie am Ende des 12. Jahrhunderts erschienen. Zum Druck eingereicht sind zwei Beiträge zur Tagung über die Italia Pontificia sowie eine Untersuchung zu Mainz und Reims am Ende des 12. Jahrhunderts.

K. Herbers

Veröffentlichungen:

Hermann Jakobs – Wolfgang Petke, Papsturkundenforschung und Historie. Aus der Germania Pontificia Halberstadt und Lüttich (Studien und Vorarbeiten zur Germania Pontificia IX), Köln-Weimar-Wien 2008.

Römisches Zentrum und kirchliche Peripherie. Das universale Papsttum als Bezugspunkt der Kirchen von den Reformpäpsten bis zu Innozenz III., hrsg. von Jochen Johrendt und Harald Müller (Neue Abhandlungen der Akademie der Wissenschaften zu Göttingen, Phil.-hist. Klasse, Neue Folge Bd. 2 – Studien zu Papstgeschichte und Papsturkunden), Berlin – New York 2008.

Patristik

(Kommission der Akademien der Wissenschaften in der Bundesrepublik Deutschland)

Delegierter: Döpp

Wörterbuch der Klassischen Arabischen Sprache

Delegierter: Nagel

Kontaktadresse: Seminar für Arabistik, Papendiek 16, 37073 Göttingen, Tel.: 0551-39-4398, Fax: 0551-39-9898, arabsem@gwdg.de (Prof. Dr. Nagel)

Arbeitsbericht: Im Februar 2008 ist die 39. Lieferung des 2. Bandes des WKAS erschienen, die den zweiten Teil des „Index der signifikanten Wörter" enthält. Die 40. Lieferung befindet sich im Druck und wird im Februar 2009 ausgeliefert werden. Sie bringt das Vorwort zum vierten Teilband des Buchstabens Lam sowie einen Abriß der Geschichte dieses Unternehmens, das nach dem Zweiten Weltkrieg von Jörg Krämer begründet wurde, der sich auf Vorarbeiten von Theodor Nöldeke und August Fischer stützen konnte.

Zentraldirektion der Monumenta Germaniae Historica

Delegierter: Rexroth

Aufsätze zu Akademievorhaben und zu Vorhaben aus dem Akademienprogramm

Moderne Sagen
Aus der Arbeit an der Enzyklopädie des Märchens

Rolf Wilhelm Brednich

Rolf Wilhelm Brednich, Professor für Volkskunde an der Georg-August-Universität Göttingen, Hauptherausgeber der Enzyklopädie des Märchens

Es gibt zwei Bereiche, die von den Planern der Enzyklopädie des Märchens im vorigen Jahrhundert verständlicherweise noch nicht berücksichtigt werden konnten, weil sie damals noch überhaupt nicht existierten. Es ist zum einen das Internet, das in den vergangenen 20 Jahren auf eine vorher nie gekannte, den gesamten Globus einbeziehende Weise die Menschen miteinander verbindet. In diesem neuen Medium haben von Anfang an auch Erzählinhalte ihren Platz gefunden, die in einer vorher nicht möglichen Intensität, Vielfalt und Geschwindigkeit über Kontinente und Grenzen hinweg die Runde machten.

Der zweite neue Erzählbereich, auf den hier etwas näher eingegangen werden soll, ist die sogenannte *Moderne Sage*. Sie ist als Genre in den letzten drei Jahren quasi unter unseren Augen entstanden und hat dem alltäglichen Erzählen ungeheure neue Impulse verliehen. Der Begriff der modernen Sage will zum Ausdruck bringen, daß es sich um die Erzählform der Sage handelt, die jedoch nicht mehr in der Vergangenheit oder im traditionellen dörflichen Milieu spielt, sondern in der Welt der Moderne, die durch Verkehr, Technik, Industrie und elektronische Kommunikationsmittel geprägt ist. Sagen sind Erzählungen und Berichte von außergewöhnlichen Erlebnissen, Ereignissen oder Erscheinungen; sie handeln vom Unerhörten, Außergewöhnlichen und Rätselhaften. Ihr wichtigstes Merkmal, welches die alten mit den modernen Sagen verbindet, besteht darin, daß sie beide für absolut wahr gehalten, geglaubt werden. Aber bei den Sagen der Moderne (englisch *urban legends* oder *contemporary legends*) geht es nicht länger um die alten angstbesetzen Warngeschichten vom Rattenfänger, Rübezahl oder

Schimmelreiter, sondern um uns selbst, um unsere eigenen Ängste, Befürchtungen, Phantasien, Wünsche und Bedürfnisse. Moderne Sagen sind stets recht kurz, aktuell, spannend, glaubwürdig, und sie enden in der Regel mit einem völlig unerwarteten, nicht vorhersagbaren, pointierten Ende. Sie teilen mit den traditionellen Volkssagen die Mündlichkeit, d.h., sie werden hauptsächlich in direkter Kommunikation von Mund zu Ohr weitergegeben, aber sie nehmen darüberhinaus an der Vermittlung durch moderne Kommunikationsmittel wie Telefon, Fax, Internet, SMS und E-mail teil und erreichen damit weltweite Zirkulation.

Der Verfasser des vorliegenden Beitrages hat seit 1990 in fünf Bänden die im deutschen Sprachraum umlaufenden sagenhaften Geschichten von heute gesammelt und wissenschaftlich aufbereitet. Er hat die Texte nach Erzählkreisen geordnet, bei denen die Themen Auto und Verkehr, Urlaub und Fremde, Angst vor der modernen Technik, Unglücksfälle und Diebstähle und die Tücken des Alltags eine dominierende Rolle spielen. Den Erzählforscher, der gleichzeitig als Herausgeber an einem Handbuch zur historischen und vergleichenden Erzählforschung beteiligt ist, interessierte an den modernen Sagenbildungen vor allem die Frage, woher ihre Stoffe stammen. Grundsätzlich kann man zwischen den drei folgenden Herkunftsbereichen unterscheiden: Zum einen sind die modernen Sagen vielfach aus tatsächlichen Ereignissen hervorgegangen, entfernen sich aber durch Weitererzählen und Variantenbildung immer weiter von ihrem Ursprung, den herauszufinden später dann fast unmöglich ist. Immerhin konnten in einzelnen Fällen moderne Sagen bis zur Entstehungssituation zurückverfolgt werden, beispielsweise die Geschichte von dem österreichischen Autofahrer, der aus Versehen 18 Tage in einer Arrestzelle vergessen worden war und nur durch Trinken seines eigenen Urins überlebte.[1] Dem Erzählforscher kommt es aber nicht so sehr darauf an, ob die Sagen tatsächlich einen wahren Kern haben, wichtiger ist ihm, daß sie wirklich sind, d.h. in der heutigen Wirklichkeit angesiedelt, geglaubt und im lebendigen Fluß der Sage weitererzählt werden.

Der zweite Herkunftsbereich sind die modernen Text- und Bildmedien. Zahlreiche moderne Sagen lassen sich als Nacherzählungen auf Zeitungsberichte, Hörspiele, Filme oder Fernsehsendungen zurückführen. Zugleich stehen sie in Wechselwirkung mit ihnen, denn es kommt häufig vor, daß moderne Sagen ihrerseits wieder in die neuen Medien übergehen und dort als Werbespots, Kurzfilme oder Szenen in Spielfilmen figurieren. Dieses

---

1 Rolf Wilhelm Brednich: Die Spinne in der Yucca-Palme. Sagenhafte Geschichten von heute. München 1990, S. 65f., Nr. 38

ständige Geben und Nehmen im heutigen Medienverbund macht es oft wie beim Huhn und dem Ei schwer zu entscheiden, was zuerst da war.

Auf die wichtige dritte Quelle der sagenhaften Geschichten von heute – den literarischen Ursprung – soll anhand eines ausgewählten Beispiels noch etwas näher eingegangen werden. Im dritten Band meiner Ausgaben moderner Sagen habe ich 1993 nach der Erzählung eines Münchner Kollegen folgende interessante Geschichte abgedruckt:

Das spanische Abenteuer[2]

Der Schwager eines Studienkollegen hat mir erzählt, er habe auf dem Flug von Madrid nach München ein Ehepaar kennengelernt, welchem bei einem Spanien-Urlaub eine unglaubliche Sache widerfahren sei. Sie besichtigten in Madrid eine Kirche und achteten nicht auf die Sperrstunde. Sie wurden eingeschlossen und mußten die Nacht über in der Kirche verbringen. Als es zwölf geschlagen hatte, begann plötzlich die Orgel zu spielen, und von einem Seitenportal her bewegte sich ein Zug durch Kapuzen vermummter und brennende Kerzen tragender Mönche, die in ihrer Mitte ein nur mit einem weißen Hemd bekleidetes, kahlgeschorenes Mädchen führten. Als der Zug am Altar angekommen war, verstummte die Orgel, und ein in den Boden eingelassener Stein wurde aufgehoben, so daß eine finstere Öffnung entstand. Nachdem die Mönche einen Choral gesungen und Gebete gesprochen hatten, wurde das Mädchen in die Tiefe gestoßen und der Stein wieder an seinen Platz gesetzt. Sodann begann die Orgel wieder zu spielen, und der Zug der Mönche bewegte sich durch besagtes Seitenportal aus der Kirche fort. All das beobachtete das eingeschlossene Ehepaar aus einer dunklen Ecke der Kirche heraus, wo die beiden es sich für die Nachtruhe auf einer seitlichen Kirchenbank bequem gemacht hatten. Am nächsten Tag suchten die Eheleute das deutsche Konsulat auf, um diesen Vorfall zu Protokoll zu geben. Man empfahl ihnen dringend, nirgendwo in Spanien etwas von dem beobachteten Vorfall verlauten zu lassen, denn die Inquisition sei in gewissen Formen noch immer existent, im übrigen sollten sie so schnell wie möglich das Land verlassen. Sie buchten daher den nächsten Flug nach München und wagten erst im deutschen Luftraum, dem neben ihnen sitzenden Deutschen diesen Vorfall mitzuteilen.

Diese Erzählung erfüllt alle Kriterien für eine moderne Sage: Sie ist spannend erzählt, in sich plausibel und daher überaus glaubwürdig, aktuell und handelt von außergewöhnlichen Vorkommnissen, wie sie auch in der traditionellen Volkssage anzutreffen sind. Sie enthält Erzählelemente, die sich mit verbreiteten Stereotypvorstellungen über Spanien verbinden: Kirchen, die ohne Rücksicht auf Besucher schließen, männliche Geheimgesellschaften, die sich nach Art der Inquisition zum Richter über gefallene Mädchen erheben, das Lebendigbegraben als eine mittelalterlich anmutende Sühne,

2 Rolf Wilhelm Brednich: Das Huhn mit dem Gipsbein. Neueste sagenhafte Geschichten von heute. München 1993, S. 48, Nr. 26a.

die Machtlosigkeit der ausländischen Vertretungen. Und sie läßt Fragen offen, vor allem diejenige nach der Schuld des in die Gruft versenkten Mädchens. Ich fand diese sagenhafte Geschichte von heute von Anfang an faszinierend und vermutete, daß es sich um eine Wandersage handeln könnte. Aber zunächst blieben die Nachforschungen, in die ich auch die spanischen Kollegen einschloß, ergebnislos. Einem Leser verdanke ich einen ersten wichtigen Hinweis auf den Schriftsteller Erwin Guido Kolbenheyer (1878–1962). Dieser hatte nach dem Zweiten Weltkrieg in dem bayerischen Ort Schlederloh Zuflucht gefunden, wo im Freundeskreis 1947 die von Peter Dimt protokollierten Schlederloher Teestunden abgehalten wurden. Als sich eines Tages die Diskussion um die katholische Kirche als Stütze des Franco-Regimes drehte, fiel Kolbenheyer die Erzählung eines bekannten Lichtbildners aus den 1920er Jahren ein, der mit einem Freund Spanien bereist hatte und von genau dem gleichen Ereignis berichtete. Die Erinnerungserzählung ist in diesem Fall reich an Details und noch spannender erzählt, stimmt aber mit dem ersten Text in allen wichtigen Motiven genau überein. Am Schluß, als der Photograph seine Zuflucht zum deutschen Konsul nimmt, heißt es dann:

> Der Diplomat aber, der seine Spanier besser kannte, verfärbte sich für den Zufluchtsuchenden und bedeutete ihm leidenschaftlich: „Mensch, da haben Sie einmal Glück gehabt! Um ein Haar stünde ich jetzt vor einer unlösbaren Aufgabe, wenn ich nach Ihrem Verschwinden Order erhielte, nach Ihnen zu fahnden. Finden würden wir Sie nicht mehr! Unternehmen wollen Sie etwas? Ich kann Ihnen nur raten: Schweigen Sie wie das Grab, als wären Sie wirklich selber unter der Marmorplatte verschwunden! Und jetzt nichts als ab aus Spanien! So rasch wie möglich! Sonst sind Sie vielleicht doch auch noch verloren! Zu niemandem! Haben Sie mich richtig verstanden? Auch ich habe nichts davon gehört – das muß ich Ihnen noch sagen.“[3]

Mit diesem Fund war der Beweis dafür erbracht, daß es sich tatsächlich um eine Wandersage handelt, die bereits einen Zeitraum von 60 Jahren überspannt, wobei die jüngere mündliche Fassung an das Zeitalter der Düsenjets angepaßt wurde. Aber das „spanische Abenteuer“ ist damit noch nicht zu Ende.

Die Suche nach einem literarischen Vorbild mußte sich bis in die romantische Literatur erstrecken, in der Schauplätze wie die Nacht, Friedhöfe, Kirchen und Klöster nichts Ungewöhnliches sind und Motive wie geheimnisvolle Prozessionen, Beerdigungen, Totenritte, Schuld und Sühne etc. häufig in Romane und Erzählungen Eingang gefunden haben. Ein

[3] Dimt, Peter: Schlederloher Teestunde. 40 Anekdoten um E. G. Kolbenheyer. Berg am See 1985, S. 202.

weiterer Hinweis aus dem Leserkreis meiner sagenhaften Geschichten von heute führte schließlich auf die richtige Spur, nämlich auf ein berühmtes Romanwerk der Romantik, das 1804 unter dem Titel „Nachtwachen" erschienen ist. Wer sich hinter dem Pseudonym Bonaventura verbarg, war in der Literaturwissenschaft lange Zeit strittig, bis das Problem schließlich zugunsten der Verfasserschaft von Ernst August Friedrich Klingemann endgültig entschieden worden ist. Dessen in vieler Hinsicht ungewöhnlich bizarrer Roman ist die Geschichte des Nachtwächters Kreuzgang, der in zwölf Nachtwachen voll Sarkasmus und Zynismus sein Bild von der Welt entwirft, in dem die Existenz Gottes zwar nicht geleugnet wird, aber dessen Welt rücksichtslos demaskiert erscheint. Dazu paßt auch die in der zehnten Nachtwache geschilderte Szene von einer nächtlichen Beerdigung in einem Nonnenkloster. Der Pförtner, „ein alter tiefsinniger Menschenhasser", lädt seinen nächtlichen Besucher ein, unbeobachtet Zeuge des Ereignisses zu werden:

> „Sie spielen Begräbnis im Kloster, willst du nicht zuschauen? Eine keusche Ursulinerin ist heute Mutter geworden; – in der Legende wäre's freilich als ein Wunder aufgezeichnet; aber so sehr haben sie Gott in die Karte geschauet, daß sie heutiges Tages an keine Wunder mehr glauben. Die heilige Jungfrau wird diese Nacht lebendig eingescharrt. – Ich lasse dich ein; sieh's zum Zeitvertreibe an!" ... Ich stellte mich hinter einen Pfeiler, drunten war eine offene gemauerte Gruft – ein einsames Entkleidungskämmerchen für den abgehenden Menschen – im Kämmerchen brannte eine blasse Totenlampe und auf einem hervorragenden Steine befand sich ein Brot, ein Krug Wasser, ein Kruzifix und ein Gebetbuch. ... Der Zug ward endlich durch die Säulen sichtbar – viele schweigende Jungfrauen und in der Mitte die wandelnde Braut des Todes ... Nun klopfen die Hämmer der Freimaurer dumpf durch das Gewölbe, und ein Stein nach dem andern fügt sich in das Gewölbe der Gruft. Jetzt erblicke ich nur noch durch eine kleine Lücke beim Lampenschein das heimliche Lächeln der Begrabenen – jetzt bloß ein wenig sich durchstehlenden Schimmer – nun ist alles verdeckt, und die lebenden Toten singen zur guten Nacht ein ernstes miserere über dem Haupte der Begrabenen.[4]

Später übergibt der Pförtner dem Zeugen des nächtlichen Geschehens den von der Nonne geborenen Knaben, um ihm dem Kindesvater auszuhändigen. Er kennt ihn, denn er hat am Morgen dessen Hochzeit mit einer weißgekleideten Braut beobachtet.

Ziehen wir die der pessimistischen Weltsicht des Verfassers geschuldeten Ausgestaltungen ab, so bleiben die Gründzüge unserer Spanien-Erzählung zurück: Das nächtliche Lebendbegräbnis einer Nonne in einer Kirchengruft. Bei Bonaventura bekommen wir obendrein eine plausible Erklärung

---

4 Bonaventura (E.A.F. Klingemann): Nachtwachen. Hg. von Wolfgang Paulsen. Stuttgart 1990, S. 91–93.

für die Strafe: die Nonne hat gegen das Gebot der Keuschheit verstoßen. Die Erzählung spielt in einem nicht näher bezeichneten deutschen Kloster, während die moderne Sage das Geschehen nach Südwesteuropa verlagert hat, wodurch dem Skeptiker die Überprüfung des Wahrheitsgehaltes nicht leicht gemacht wird.

Damit ist die Untersuchung des spanischen Abenteuers bei weitem noch nicht abgeschlossen. Einerseits besteht durchaus die Möglichkeit, daß der Verfasser der „Nachtwachen" für diese wie auch für andere Romanepisoden seinerseits wiederum aus vorangegangener mündlicher Überlieferung geschöpft hat. Zum anderen könnte die Forschungsarbeit auch auf kulturhistorisch-kriminologische Fragestellungen zum Lebendigbegraben und zu traditionellen Strafmethoden in Klöstern ausgedehnt werden. Für den Zusammenhang unserer Fragestellung zum Wechselspiel von mündlicher und schriftlicher Überlieferung entsteht das Problem, wie solche neuen Forschungen zu literarischen Ursprüngen moderner Sagen[5] sinnvollerweise in eine „Enzyklopädie des Märchens" eingebracht werden können. Außerdem stellt sich generell die Frage, was das Moderne an den „modernen Sagen" sein könnte. Sie werden vielfach als ein Produkt der heutigen Zeit, ja als „Märchen unserer Tage" apostrophiert, und es ist nicht zu übersehen, daß sie tatsächlich das Ergebnis der Auseinandersetzung des Menschen mit den Herausforderungen der modernen Welt der Industrie, der Technik, des Verkehrs, der Elektronik etc. darstellen. Aber bei sorgfältiger Analyse kann der Erzählforscher hinter der modernen Fassade vielfach traditionelle Erzählmuster ausmachen und auf literarische oder volksliterarische Vorbilder zurückverweisen. Das Moderne an den modernen Sagen reduziert sich – wie in unserem Beispiel – darauf, daß es vielfach den Erzählerinnen oder Erzählern gelingt, historische Überlieferungen heutigen Verhältnissen anzupassen. Damit enden solche Forschungen letzten Endes immer beim Menschen, dem vom Gründer der „Enzyklopädie des Märchens" vielfach ins Feld geführten *homo narrans* als dem Schöpfer, Träger und Vermittler von Erzählungen aus dem Leben und für das Leben.

5 Weitere Beispiele hierfür sind abgehandelt bei Rolf Wilhelm Brednich: Where They Originated. Contemporary Legends and Their Literary Origins. In: Folklore 20–22 (Tartu 2002) S. 7–16.

Leibniz' binäres Zahlensystem als Grundlage der Computertechnologie

Herbert Breger

Herbert Breger, apl. Professor für Philosophie und Geschichte der Naturwissenschaften an der Gottfried-Wilhelm-Leibniz-Bibliothek Hannover, Arbeitsstellenleiter des Leibniz-Archivs Hannover

Seit Konrad Zuse (1936/1941) und John von Neumann (1945) sind elektronische Rechenmaschinen eng mit dem binären Zahlensystem verbunden. Dieses System, in dem zunächst alle Zahlen und dann überhaupt jede Information lediglich mit den Zeichen 0 und 1 geschrieben werden (so daß sieben beispielsweise durch 111 bezeichnet wird), hat den Vorteil der logischen Übersichtlichkeit: Den Zeichen 0 und 1 entsprechen wahr und falsch. Es hat aber auch den Vorteil leichterer technischer Realisierung. Viele elektronische Bauelemente haben zwei stabile Zustände; sie lassen sich leicht durch einen elektrischen Impuls in den jeweils anderen Zustand überführen. Aber auch Multiplikationen und Divisionen sind im Binärsystem besonders einfach zu realisieren. Statt die zehn Ziffern des Dezimalsystems durch Spannungen von 0, 1, 2, . . . 9 Volt zu unterscheiden, ist es technisch einfacher und zuverlässiger, nur zwischen den Zuständen „Spannung" und „keine Spannung" zu unterscheiden.

Die Erfindung des binären Zahlensystems hat Gottfried Wilhelm Leibniz (1646–1716) für sich beansprucht. Freilich gibt es einige Mathematiker des 17. Jahrhunderts, die schon vor Leibniz mit binären Zahlen experimentierten. Die Aufzeichnungen von Thomas Harriot (1560–1621) blieben unveröffentlicht. Die erste Publikation zum binären System stammt 1670 von Caramuel y Lobkowitz. Aber Leibniz hat auch diese Schrift wahrscheinlich nicht gekannt. Pascal und Caramuel y Lobkowitz haben ein Zwölfersystem untersucht, und Erhard Weigel hat 1673 ein Vierersystem propagiert. Für das Zwölfersystem sprach, daß die Zwölf viele Teiler hat (ein Vorteil bei

Abbildung 1: Gottfried Wilhelm Leibniz (mit freundlicher Genehmigung der Gottfried-Wilhelm-Leibniz-Bibliothek, Hannover)

der Anwendung auf Münzen und Gewichte), während das Vierersystem mit der Heiligkeit der Zahl Vier bei den Pythagoräern begründet wurde. Zumindest vom Zwölfersystem hat der junge Leibniz aus zweiter Hand gehört. Trotz solcher Vorläufer ist Leibniz' Stellung in der Geschichte des Binärsystems sowohl wegen des Umfangs und der Tiefe als auch wegen der öffentlichen Wirkung seiner Untersuchungen so überragend, daß beispielsweise in einem englischsprachigen Standardwerk die ersten drei Kapitel „Before Leibniz", „Leibniz" und „The Rest of the 1700s" betitelt sind.

Ob Leibniz aus Erwägungen über das Zwölfersystem und andere Zahlsysteme zum Binärsystem gelangt ist und wann genau das geschehen ist, ist schwer zu sagen. Aus Leibniz' Nachlaß, der mit ca. 200.000 Blatt einen der größten Gelehrtennachlässe überhaupt darstellt, ist bisher nur ein Teil der Aufzeichnungen zu anderen Zahlensystemen veröffentlicht worden; insbesondere sind die mathematischen Aufzeichnungen aus der Frühzeit von Leibniz erst zum Teil in der Akademieausgabe von Leibniz' Sämtlichen Schriften und Briefen gedruckt. Die Bearbeitung dieser Texte ist für die Reihe VII (= Mathematische Schriften) der Leibniz-Ausgabe vorgesehen; diese Reihe wird ebenso wie vier andere Reihen von der Göttinger Akademie der Wissenschaften herausgegeben, während zwei weitere Reihen von der Berlin-Brandenburgischen Akademie betreut werden. Kürzlich sind die Aufzeichnungen von Leibniz zur Entstehung seiner Infinitesimalrechnung im Druck erschienen. Die Aufzeichnungen sind in der Regel nur durch Wasserzeichen (soweit vollständig oder teilweise vorhanden) oder/und durch Besonderheiten der mathematischen Notation zu datieren; Bezüge zur gleichzeitigen Korrespondenz von Leibniz gibt es kaum; Mitteilungen aus der späteren Korrespondenz („vor mehr als zwei Jahrzehnten habe ich [. . .]") sind eher Anhaltspunkte im allgemeinen als präzise Datierungsgründe im Einzelfall.

Falls Leibniz zunächst vom Zwölfersystem ausgegangen war, so hat er doch den Schritt zum binären System recht rasch vollzogen. Der Gedanke der Zerlegung in einfache Bestandteile und das Bemühen, mit kleinstem begrifflichen Aufwand eine gewünschte Wirkung zu erzielen, spielten in seinem Denken immer wieder eine wichtige Rolle. Es ging ihm von vornherein nicht um die praktische Anwendung im Alltagsleben, sondern um die theoretischen Aufschlüsse, die die Analyse des Komplizierten liefert, und da lag das Binärsystem eben besonders nahe. Bereits 1677 befaßte sich Leibniz mit Brüchen im Binärsystem. Durch nähere Untersuchungen der Perioden von Dezimalbrüchen und Binärbrüchen gelangte er 1680 zum „kleinen Satz von Fermat", der von grundlegender Bedeutung in der Zahlentheorie ist. Auch wenn Leibniz später feststellen mußte, daß Fermat diesen Satz bereits formuliert hatte, bleibt sein Beweis doch der erste bekannte Beweis dieses Satzes. Ohne Erfolg blieben jedoch seine darauf aufbauenden Überlegungen, weitere mathematische Sätze zu beweisen (allgemeines Kriterium für Primzahlen, Beweis der Irrationalität der Kreiszahl π).

1697 erläuterte Leibniz in einem Neujahrsbrief dem Herzog Anton Ulrich von Wolfenbüttel das binäre Zahlensystem; der Brief ist im dreizehnten Band der ersten Reihe der Akademieausgabe gedruckt. Der Brief knüpft stark an traditionelles philosophisches Gedankengut an: Die 1 bezeichnet die Einheit oder das Eine, die 0 (nullum) bezeichnet das Nichts oder den Mangel an Existenz. Wenn nach pythagoräischer Lehre alles Zahl ist und wenn auch Aristoteles die These diskutiert, daß die Wesen der Dinge Zahlen sind, dann kann das binäre Zahlensystem, in dem alle Zahlen aus 0 und 1 aufgebaut werden, als ein Sinnbild der göttlichen Schöpfung verstanden werden: Gott oder die absolute Einheit erzeugt alles aus dem Nichts. Leibniz empfahl dem Fürsten die Prägung einer Gedenkmünze, auf der dieser Zusammenhang dargestellt werden sollte.

Wenige Jahre später wurde Leibniz zum Mitglied der Académie des Sciences in Paris ernannt, und er wählte das binäre Zahlensystem als Thema für seine erste Veröffentlichung im Publikationsorgan der Akademie. Er stellte klar, daß das Binärsystem nicht für den Gebrauch im Alltag, sondern für wissenschaftliche Zwecke geeignet sei, da Strukturen leichter erkennbar seien. Als Beispiel verwies er auf die Regelmäßigkeiten, die sich in Zahlenfolgen finden lassen. In der beigefügten Tabelle sind die Quadratzahlen im Zehnersystem und im Binärsystem notiert. In der letzten Spalte weisen die Quadratzahlen im Binärsystem stets die Abfolge 0 1 0 1 0 1 usw. auf. In der vorletzten Spalte findet sich stets eine 0. In der drittletzten Spalte besteht die Periode aus 0 0 1 0. In der viertletzten Spalte ist 0 0 0 1 0 1 0 0 die Periode. Je weiter nach links man geht, desto länger werden die Perioden, aber es findet sich stets eine periodische Wiederkehr der gleichen Ziffernfolge. Leibniz teilte weiter mit, daß die Folge der Kubikzahlen, der natürlichen Zahlen, der durch drei teilbaren, der durch fünf teilbaren, der durch sieben teilbaren Zahlen ebenfalls Spaltenperioden aufweisen (nicht jedoch die Folge der Primzahlen). Natürlich gibt es solche Perioden auch im Zehnersystem; sie sind aber komplizierter und daher schwerer zu entdecken.

Quadratzahlen	
0	000000000
1	000000001
4	000000100
9	000001001
16	000010000
25	000011001
36	000100100
49	000110001
64	001000000
81	001010001
100	001100100
121	001111001
144	010010000
169	010101001
196	011000100
225	011100001
256	100000000

Leibniz verstand seine Darlegungen nur als Appetithappen, der zeigen sollte, daß die Verwendung des Binärsystems in zahlentheoretischen Untersuchungen von Nutzen sein könnte. Es ist bemerkenswert, daß die Pariser Akademie kein wirkliches Interesse zeigte. So legte Leibniz zwei Jahre später eine neue Fassung seines Aufsatzes vor, die dann auch von der Akademie gedruckt wurde. Der Unterschied zwischen beiden Fassungen besteht keineswegs in der mathematischen Substanz, sondern in einem Schuß Exotik. Ein in Peking lebender jesuitischer Missionar hatte Leibniz brieflich auf das vermutlich aus dem 8. vorchristlichen Jahrhundert stammende chinesische Orakel I Ging hingewiesen. Im I Ging werden 64 Hexagramme von durchgezogenen und gebrochenen Linien mit einer Bedeutung versehen, so daß man durch Ziehen eines geeigneten Loses einen Orakelspruch für die eigene augenblickliche Situation erhält. Zwischen den durchgezogenen und den gebrochenen Linien einerseits und den binären Zahlen von 0 bis 63 andererseits besteht offenbar eine rein formale Analogie, die Leibniz' Korrespondent zum Anlaß für die Behauptung nahm, das ihm von Leibniz mitgeteilte binäre System sei den alten Chinesen bekannt gewesen und sei nun in China in Vergessenheit geraten. Mit dieser Interpretation wird Leibniz' Aufsatz zum wissenschaftlichen Vorläufer der im 18. Jahrhundert verbreiteten Mode der Chinoiserien. Vor allem aber ist es dieser Aufsatz in dem einflußreichen Jahrbuch der Pariser Akademie, der dem Binärsystem in

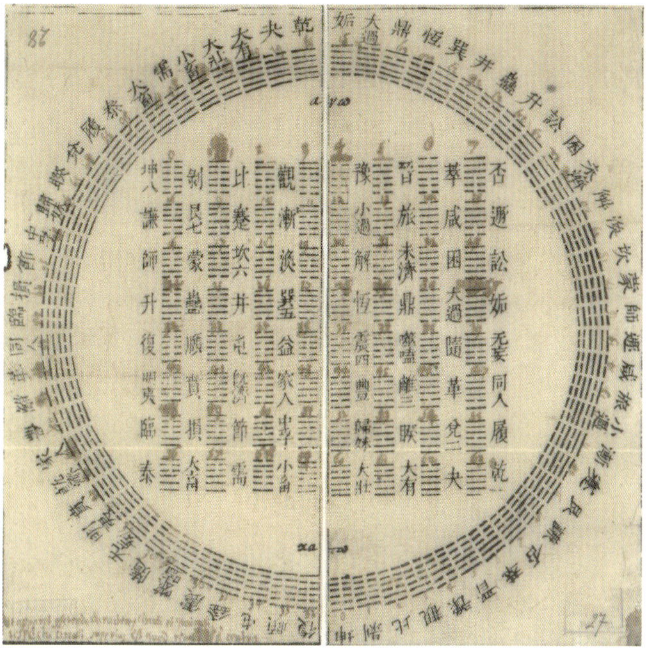

Abbildung 2: Die 64 Hexagramme des I Ging mit Notizen von Leibniz' Hand (mit freundlicher Genehmigung der Gottfried-Wilhelm-Leibniz-Bibliothek, Hannover)

den nächsten ein oder zwei Jahrhunderten immer wieder Aufmerksamkeit und Beachtung verschafft.

Erst aus dem unveröffentlichten Nachlaß wissen wir, daß auch der erste Entwurf einer mit dem Binärsystem arbeitenden Rechenmaschine auf Leibniz zurückgeht. Genauer gesagt, gibt es sogar zwei auf verschiedenen Konstruktionsprinzipien beruhende Entwürfe, die 1679 und vermutlich 1680 entstanden sein dürften. Offenbar hatte Leibniz bereits erkannt, daß eine Reihe von Konstruktionsschwierigkeiten einer dekadischen Maschine, insbesondere der komplizierte Zehnerübertrag, mit einer binären Maschine vermieden werden konnte. Im ersten Entwurf rollten Kugeln (von denen jede eine 1 repräsentierte) Rinnen entlang. Wenn zwei Kugeln aufeinander trafen, fiel eine Kugel durch ein Loch nach unten und war damit aus dem Spiel, während die andere Kugel in die nächste Rinne überging ($1 + 1 = 10$). Die Multiplikation wurde als fortgesetzte Addition ausgeführt, während Subtraktion und Division eher umständlich waren. Im zweiten Entwurf sind Zahnräder statt Kugeln vorgesehen; außerdem gibt Leibniz einen mechanischen Zahlenwandler an, mit dessen Hilfe die sonst

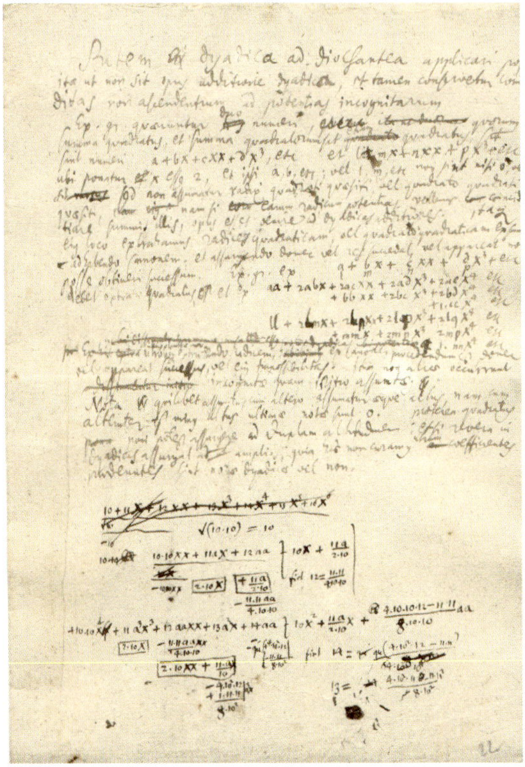

Abbildung 3: Aufzeichnung von Leibniz über den Gebrauch des Binärsystems in der Zahlentheorie (mit freundlicher Genehmigung der Gottfried-Wilhelm-Leibniz-Bibliothek, Hannover)

erforderliche Rechenarbeit beim Übergang zwischen Dezimal- und Binärsystem erspart werden konnte. Beide Entwürfe blieben allerdings auf dem Papier; der erste wurde 1971 von Ludolf von Mackensen und 2004 von Erwin Stein und Gerhard Weber nachgebaut.

Sowohl das binäre Zahlensystem als auch seine Rechenmaschine sowie beide Entwürfe für Binärrechenmaschinen sind keineswegs isolierte Gedanken von Leibniz; sie stehen vielmehr in engem Zusammenhang mit seinem großen Projekt einer characteristica universalis, einer allgemeinen Zeichen- und Begriffsschrift. Sein hartnäckiges Bemühen um eine gute Bezeichnungsweise hat Leibniz zum „master-builder of mathematical notations" (Cajori) gemacht. Bei der Entwicklung des Binärsystems war Leibniz zweifellos auch durch das Bestreben geleitet, die einfachste Bezeichnungsweise zu wählen. Das Projekt einer characteristica universalis zielte auf ein

Zeichensystem wie in der Mathematik für unser gesamtes Denken, jedenfalls soweit es sich nicht mit dem Individuellen, Einmaligen befaßt, wie es etwa in der Geschichtswissenschaft der Fall ist. Zwei streitende Philosophen, so führt Leibniz aus, verhalten sich wie zwei Kaufleute, die sich über die wechselseitigen Verbindlichkeiten nicht einigen können, weil jeder nur von den Schulden des anderen spricht. Mit Hilfe einer characteristica universalis könnten sich die Philosophen dann ebenso einigen wie die Kaufleute, die die Verbindlichkeiten in Heller und Pfennig feststellen und dann addieren bzw. subtrahieren. Natürlich sind nicht alle Blütenträume dieses Projekts gereift, aber der Gedanke der Mathematisierung unseres Denkens hat in den Natur- und den Technikwissenschaften beträchtliche Erfolge erzielt. Auch wenn Leibniz nur die ersten Anfänge solcher Erfolge selber erlebte, hatte er schon weitergedacht: Der Mathematisierung des Denkens würde die Mechanisierung des Denkens folgen können; Leibniz' lebenslanges Bemühen um eine Rechenmaschine steht in diesem philosophischen Kontext.

In der heute wieder abgeflauten philosophischen Debatte um die Künstliche Intelligenz ist Leibniz 1985 von John Searle als Urheber der Annahme bezeichnet worden, daß jede geistige Leistung theoretische Ursachen haben müsse, so daß ein entsprechendes Computerprogramm geschrieben werden könne. Tatsächlich sah Leibniz keine prinzipiellen Schwierigkeit im Bau eines Schiffes, das von selbst den Hafen ansteuert, oder im Bau eines Automaten, der durch die Stadt läuft und an bestimmten Straßenecken abbiegt. Aus seinem berühmten Mühlengleichnis in der Monadologie geht jedoch hervor, daß er die „Subjektivität" nicht nur eines Menschen, sondern überhaupt jedes Lebewesens für nicht künstlich herstellbar hielt.

Ortsnamen und Wanderungen der Völker

Jürgen Udolph

Jürgen Udolph, Professor für Onomastik an der Universität Leipzig, K. Mitglied der Akademie seit 2006

Wenn Menschen ihre Heimat verlassen, nehmen sie ihre Sprache mit. Verlieren sie in der neuen Heimat den Kontakt mit Sprechern ihrer Sprache, so sind sie gezwungen, sich anzupassen, und erlernen z.T. sehr rasch die Sprache der neuen Umgebung. Wandern sie jedoch in Gruppen aus und behalten auch in der neuen Heimat zunächst engen Kontakt zu ihren Sprachverwandten, so kann es geschehen, daß sie in der neuen Umgebung ihre Sprache weiter verwenden und ihre Umgebung aus ihr heraus benennen. Das geschieht auf zwei Arten:

- Zum einen können aus der Muttersprache heraus Wörter und Wortelemente zur Benennung der Siedlungen, Felder, Wege, Äcker, Berge usw. verwendet werden.
- Zum andern können, zumeist in Erinnerung an die alte Heimat, „fertige" Ortsnamen übertragen werden. Mit Hilfe der Beobachtung dieses Phänomens lassen sich Wanderungen von Menschen besonders gut erkennen. So haben Europäer *Stanton*, *Harlem*, (*New*) *Orleans*, *Hannover*, *Berlin* in die Neue Welt getragen; im Zuge der Einwanderung nach Südafrika wurden *Heidelberg*, *Heilbronn*, *Rijswijk* und andere Ortsnamen über den Äquator getragen; die Eroberung und Besiedlung Sibiriens durch russische Kolonisten hat gleichfalls zur Übertragung von Namen geführt: so findet sich ein *Ilmen*-See auch im Nordosten und im Osten Rußlands. Bekannt ist schließlich auch die Mitnahme von Ortsnamen im Zuge der deutschen Ostkolonisation. So gehen die Ortsnamen *Hammelspring* und *Hindenburg* in der Uckermark auf *Hamelspringe* und *Hindenburg* im Wesergebiet zurück.

Das von der Akademie betreute Projekt „Ortsnamen zwischen Rhein und Elbe – Onomastik im europäischen Raum" hat sich zur Aufgabe gemacht, die Siedlungsgeschichte Nord- und Mitteldeutschlands, vor allem die der Länder Westfalen, Niedersachsen und Sachsen-Anhalt, einer genauen Prüfung zu unterziehen. In diesem Zusammenhang stehen vor allem zwei Komplexe im Blickpunkt des Interesses: die deutsche Ostsiedlung und die Landnahme Englands durch westgermanische Siedler.

1. Deutsche Ostsiedlung

Vor allem seit dem 12. Jh. suchten deutsche Siedler neue Wohnsitze im Osten Mitteleuropas, teils aus eigenem Antrieb, teils von Fürsten und Bischöfen gerufen. Bevölkerungsanstieg und Neulandgewinnung waren wohl die Gründe für die Abwanderung, hinzu kam die Aussicht auf bessere Lebensbedingungen und ein Leben in geringerer Abhängigkeit vom Grundherren. Sogenannte Lokatoren, von Grundherren beauftragte Unternehmer, warben die Siedler an und lockten mit Abgabenerlaß und Rechten, die im Altsiedelland westlich der Elbe nur schwer zu erhalten waren.

Die Forschung hat schon lange vermutet, daß der Zug von Hunderttausenden nach Osten die Quelle für die Sage vom Rattenfänger von Hameln gewesen sei. So äußerte schon im Jahr 1956 J. P. O'Donell: „Sonderbarerweise hat ein wirklich wichtiges politisches Ereignis des mittelalterlichen Europa bei den früheren Forschern, die dem Rattenfänger auf der Spur waren, nur flüchtige Beachtung gefunden: das Phänomen der Massenauswanderung nach dem Osten, der ständige Strom deutscher Kolonisten".

Eine eingehendere Untersuchung von Ortsnamen des Weserberglandes hat deutlich gemacht, daß etliche durch Auswanderung von Siedlern nach Osten übertragen worden sind. Ich fasse hier nur die wichtigsten Ergebnisse zusammen: übertragen wurden u. a.:

1 Beverungen (Weser) – Beveringen (bei Pritzwalk) – Beweringen (bei Stargard i. Pomm.)
2 Everstein (bei Holzminden) – Everstein (bei Naugard)
3 Schaumburg (bei Hess. Oldendorf) – Altschaumburg (nördl. Küstrin)
4 Bischofshagen (bei Löhne/Westf.) – Bischofshagen (b. Greiffenberg/Uckermark)
5 Biesterfelde (südl. Bad Pyrmont) – Boisterfelde (bei Prenzlau/Uckermark)
6 Dalhausen (bei Beverungen/Weser) – Dahlhausen (bei Pritzwalk/Prignitz)
7 Hamelspringe (westl. Bad Münder) – Hammelspring (bei Templin/Uckermark)

8 Hindenburg (westl. Höxter) – Hindenburg (Altmark) – Hindenburg (bei Templin) – Hindenburg (bei Prenzlau) – Hindenburg (Pommern)
9 Rautenberg (bei Hildesheim) – Rutenberg (südöstl. Neustrelitz)
10 Spiegelberg (südl. Coppenbrügge) – Spiegelberg (bei Pasewalk/ Uckermark) – Spiegelberg (bei Allenstein/Ostpreußen)
11 Depenau (bei Burgdorf/Han.) – Tiefenau (an der Marienburg)
12 Westfalen (Ländername) – Westfalen (bei Kyritz/Prignitz)

Eine Kartierung macht die Bewegung vom Weserbergland nach Osten hin deutlich (s. Karte 1). Sie zeigt eindringlich, daß die Auswanderung einer nordöstlichen Richtung folgte, auffällig sind dabei die Häufungen der aus dem Wesergebiet übertragenen Ortsnamen in der Prignitz und der Uckermark.
Dieses Beispiel kann sich auf historische Ereignisse stützen, die unstrittig sind. Wenn es also offenbar möglich ist, Wanderungs- und Siedlungsbewegungen mit Hilfe von Namen nachzuzeichnen, dann sollte dies auch für Ereignisse gelten, die im Dunkel der Geschichte oder genauer: in der Früh- und der Vorgeschichte liegen. Im folgenden soll gezeigt werden, daß entsprechende Versuche durchaus unternommen werden können.

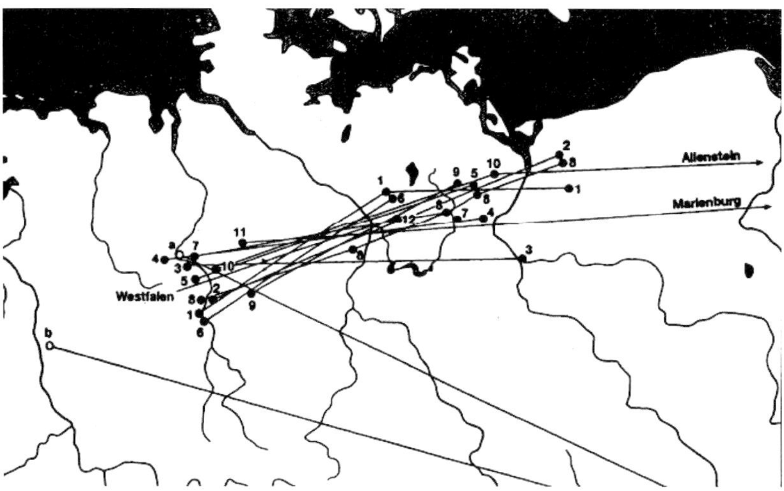

Karte 1: Ortsnamenübertragungen vom Wesergebiet nach Osten

2. Landnahme germanischer Stämme in England

Nach dem Abzug der Römer aus Britannien (4./5. Jh. n. Chr.) setzten westgermanische Stämme über die Nordsee nach England über. Die römische Herrschaft hatte den Süden der Britischen Hauptinsel kontrolliert, die dort siedelnden keltischen Stämme waren durch den langen Abwehrkampf geschwächt. Offenbar nutzten germanische Stämme das Machtvakuum; es gelang ihnen, die Kelten in England zurückzudrängen. Der keltische Einfluß ist aber natürlich noch bis heute etwa in Wales spürbar, wo noch immer kymrisch (walisisch) gesprochen wird.

Man sollte nun meinen, daß die allgemein anerkannte These auch in den Ortsnamen, dem bei der Behandlung von Wanderungs- und Siedlungsbewegungen sprachlich wichtigsten Material, ihren Niederschlag gefunden hat. Entgegen aller Erwartung ist dies aber nicht so: der beste Kenner der schleswig-holsteinischen Ortsnamen, W. Laur, hat nur wenige Spuren finden können. In einem grundlegenden Beitrag ist er zu dem Ergebnis gekommen, daß man „ [. . .] nur wenige Namen feststellen [kann], von denen angenommen werden kann, daß sie von den Angelsachsen vom Festlande nach Britannien übertragen worden sind“. Allerdings suchte er vor allem in Schleswig-Holstein nach Entsprechungen, in demjenigen Gebiet, das gemeinhin als Heimat sächsischer Stämme betrachtet wird.

Vor kurzer Zeit ist die Frage nach den ursprünglichen Wohnsitzen der Sachsen jedoch in eine neue Phase eingetreten. M. Springer hat jüngst unterstrichen, daß Ptolemäus den Namen der *Saxones* keineswegs erwähnt hat und somit die gängige Lokalisierung „zwischen zwei Meeren“ (oft mit Schleswig-Holstein gleichgesetzt) nicht aufrechterhalten werden kann: „Das Wort *Sáxones* ist anscheinend durch eine Textverderbnis in seine ‚Geographie‘ eingedrungen“, und weiter: „Man darf sich nicht vorstellen, dass [. . .] die *Saxones* [. . .] ihren Weg quer über die Nordsee nach Britannien eingeschlagen hätten. Leider vermitteln viele Darstellungen einen solchen Eindruck. Sie stehen im Banne des Glaubens, dass Ptolemäus das ursprünglich sächsische Siedlungsgebiet beschrieben habe [. . .]“.

Das heute weit verbreitete Bild der Besiedlung Englands spiegelt die die Karte 2 wider.

Inzwischen konnte auch gezeigt werden, welch wertvolles Material die Ortsnamen für die Frage nach den Heimatgebieten der westgermanischen Besiedler Englands enthalten. Aus dem reichen Material seien hier nur zwei Namengruppen ausgewählt und in aller Kürze vorgestellt.

a) In deutschen Dialekten ist *Horst* nicht nur im Sinne von „Adler-, Fliegerhorst“ bezeugt, sondern auch als Wort für „Gebüsch, Gestrüpp, Ge-

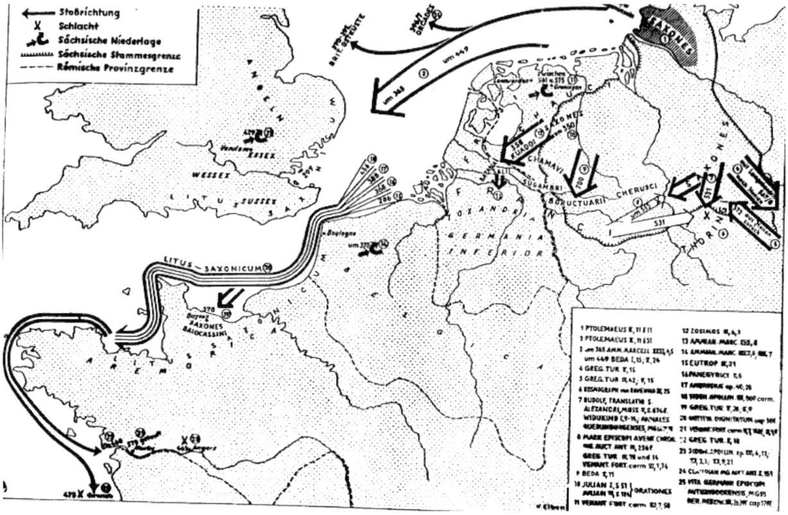

Karte 2: Traditionelle Auffassung der Landnahme westgermanischer Stämme

hölz, Gesträuch" u.ä., z. B. in mhd. *hurst*, auch *hürste*, ahd. *hurst,* asä. *hurst* „Gebüsch, Gestrüpp", ndl. *horst*, engl. *hurst* zumeist „Buschwald, Gebüsch, Gehölz, Gesträuch, Gestrüpp, Niederholz". Dieses Wort hat vor allem wegen seines auffallenden Auftretens in Ortsnamen Norddeutschlands und Englands schon früh die Aufmerksamkeit auf sich gezogen. Ich übergehe die Einzelheiten und biete hier nur eine schon mehrfach publizierte Kartierung der davon abgeleiteten Ortsnamen (Karte 3).

b) Jeder Hannoveraner kennt die *Eilenriede*, die grüne Insel inmitten der Großstadt, aber kaum jemand wird wissen, daß *-riede* hier „Bach, Wasserlauf" bedeutet. Das Wort ist gut bezeugt, vgl. ndt. *ride* „natürlicher Wasserlauf, kleiner Fluß", mnd. *Rîd*e, asä. *ritha*, *rithe* „Gracht, kleiner Fluß im Watt", ndl. *rijt* „waterloop", ae. *ríð*, *riðe* „kleiner Fluß".

Die Kartierung der einschlägigen Orts- und Gewässernamen zeigt (Karte 4), daß vor allem Niedersachsen und Westfalen die Namen kennen, aber ebenso deutlich ist, daß die Verbindung nach England über den Niederrhein verlaufen ist. Es ist unverkennbar, daß westgermanische Stämme von Norddeutschland aus über die südlichen Niederlande, Belgien und Flandern hinweg den Weg zur Britischen Hauptinsel gefunden haben. Dazu passen neueste Untersuchungen englischer Genforscher, deren Ergebnisse den Weg bis auf die Titelseite der „Times" gefunden haben.

Es wäre nicht das erste Mal, daß Genforschung und Onomastik gemeinsam versuchen würden, Licht in das Dunkel der europäischen Frühzeit zu

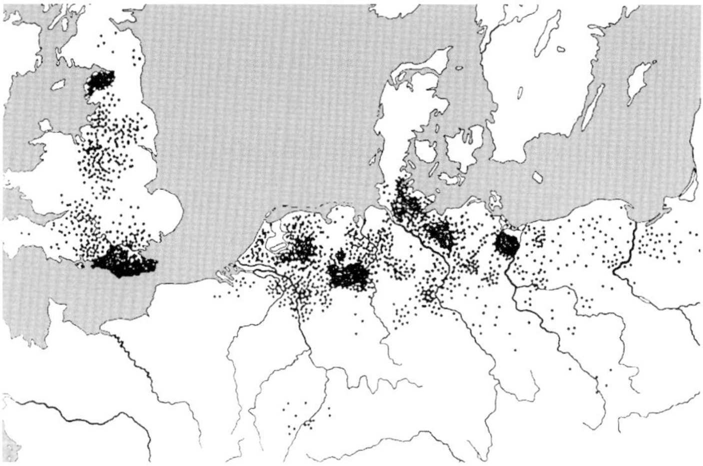

Karte 3: *-horst/-hurst* in Ortsnamen (nach E. Schröder, E. Denker u. J. Udolph)

Karte 4: German. **rîth-/*rîd-* „Bach, Gewässer“ in Orts- und Gewässernamen

bringen. Erst vor kurzem standen in einem etwas anders gelagerten Artikel Genunterschiede bzw. -gemeinsamkeiten von Personen im Zentrum der Untersuchung, wobei es um Personen ging, die einen deutschen bzw. einen slavischen Namen tragen. Es ist ziemlich sicher, daß beide wissenschaftlichen Disziplinen zukünftig noch des öfteren gemeinsam an Aufgaben hinangehen werden. Das Akademieprojekt „Ortsnamen zwischen Rhein und Elbe – Onomastik im europäischen Raum“ wird dabei aus namenkundlicher Sicht Gewichtiges beitragen können.

Frieden durch Recht – ein Leitgedanke von europäischem Rang im Heiligen Römischen Reich deutscher Nation

WOLFGANG SELLERT

Wolfgang Sellert, Professor der Deutschen Rechtsgeschichte und des Bürgerlichen Rechts an der Georg-August-Universität Göttingen, O. Mitglied der Akademie seit 1984

I

Der Frieden als rechtlich und gesellschaftlich geordnetes Zusammenleben der Menschen ist ein hohes Gut. „Pax optima rerum, quas homini novisse datum est" lautet ein vielzitiertes Wort aus der sog. „Punica" (11. Buch, Vers 592f.) des römischen Epikers Silius Italicus († ca. 100 n. Chr.). Auch wenn also der Frieden das Beste von allen Dingen ist, die zu kennen dem Menschen gegeben wurde, ist er besonders in frühen Epochen immer wieder durch Rache und Fehde gestört worden. Der fränkische Geschichtsschreiber Gregor von Tour (538–594) berichtet, daß Sippenfehden häufig bis zur vollständigen Vernichtung des gegnerischen Geschlechterverbandes ausgefochten wurden. Schon früh versuchten germanische Stämme, das Fehdewesen durch Recht einzudämmen. Rechtsverletzungen sollten daher *utiliter in publicum*, d. h. zum Nutzen der Öffentlichkeit zwischen den Parteien durch Bußzahlungen gesühnt und damit Fehden vermieden werden (Tacitus, Germania, Kap. 21). In den zwischen dem 6. und dem 8. Jahrhundert entstandenen Stammesrechten (*Leges barbarorum*) wurde diese Art der Konfliktlösung zu einem „Kompositionensystem" ausgebaut, das für jede als erheblich angesehene Rechtsverletzung Bußtaxen vorsah. Über die praktischen Wirkungen dieser Maßnahmen wissen wir wenig. Im Mittelalter scheinen sie jedenfalls nur noch bedingt tauglich gewesen zu sein. Denn nun versuchte man, mit den seit etwa dem 11. Jahrhundert von Cluny ausgehenden

Gottes- und Landfrieden der Selbstjustiz durch strafrechtliche Sanktionen Herr zu werden. So wurde die Fehde gegen bestimmte Personen wie Witwen, Waisen, Jungfrauen, Geistliche u. a. sowie an bestimmten Orten wie Kirchen, Friedhöfen, Mühlen, Straßen zu Wasser und zu Lande (*pax*) unter Androhung von Strafen verboten. Außerdem wurde ein Fehdeverbot für hohe kirchliche Feste, Sonn- und Feiertage (*heylige tage*) und schließlich für die letzten drei Wochentage (*treuga*) bestimmt. Ähnliche Regelungen enthielten zahlreiche andere mittelalterliche Rechte, darunter auch der berühmte um 1220 entstandene Sachsenspiegel (Ssp. Ldr. Kap. 66).

Zunehmend setzte sich die Vorstellung durch, daß Rechtsansprüche nicht mit Gewalt, sondern vor den Schranken eines Gerichts ausgefochten werden müßten. „Niemand", so hieß es in § 5 des Mainzer Friedens von 1235, solle daher „sein Recht [. . .], ganz gleich, in welcher Sache ihm Schaden oder Belästigung zugefügt worden sein mag, [. . .] im Wege der Fehde durchsetzen, wenn er nicht zuvor Klage vor dem zuständigen Richter erhoben und sein Recht bis zu einem rechtskräftigen Urteil verfolgt hat". Dennoch kam das Fehdewesen nicht zum Stillstand. Gegen Ende des 15. Jahrhunderts nahm es katastrophale Ausmaße an, als Raubritter ihr angebliches Fehderecht dazu nutzten, um Beute zu machen. Da sich die Geschädigten zur Wehr setzten, kam es zu kriegsähnlichen Verhältnissen, bei denen Überfälle, Plünderungen, Brandschatzungen, Geiselnahmen, Körperverletzungen und Tötungen an der Tagesordnung waren.

II

In dieser verzweifelten Lage verabredeten Kaiser Maximilian und die Reichsstände 1495 auf dem Wormser Reichstag den „Ewigen Landfrieden". Dieser enthielt ein absolutes Fehdeverbot. Es wurde jedermann untersagt, einen anderen zu befehden, zu bekriegen, zu berauben oder „mit gewaltiger Tat freventlich zu beschedigen" (§§ 1, 3). Außerdem wurde in Frankfurt am Main das Reichskammergericht (RKG) errichtet, das seit 1527 seinen Sitz in Speyer und seit 1693 in Wetzlar hatte. Vor ihm sollten alle fehdeauslösenden Streitigkeiten in einem durch die Reichskammergerichtsordnung (RKGO) geregelten Prozeßverfahren ausgetragen werden.

Darüber hinaus sollte das RKG wie eine Strafbehörde die Friedensbrecher unter Androhung der Reichsacht „von Ampts wegen" verfolgen, weil der Frieden, so die Präambel der RKGO, ohne „redlich, erber und fürderlich Recht schwerlich in Wesen besteen möchte".

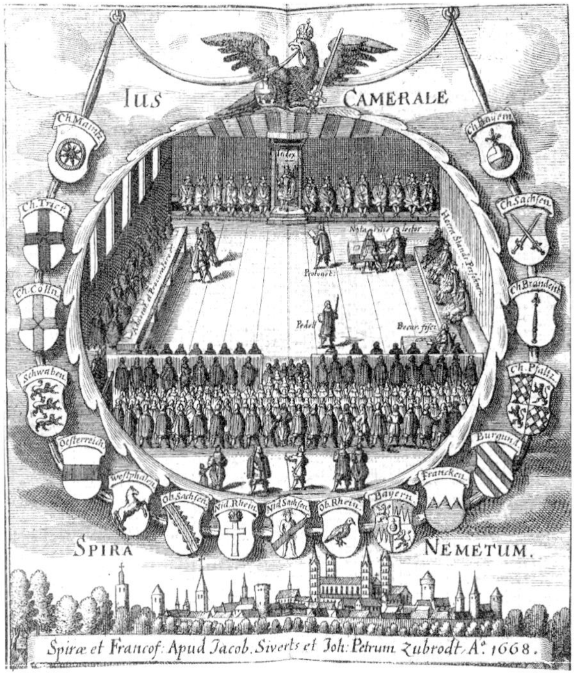

Abbildung 1: Audienz am RKG in Speyer 1668. Kupferstich eines unbekannten Künstlers aus W. Roding, Pandecta iuris cameralis, ed. Tertia, Speyer 1668

Zwar hatte Kaiser Maximilian in Worms unter dem Druck der Reichsstände zugestimmt, daß gegen Tradition und Herkommen die oberste Gerichtsbarkeit nicht mehr am kaiserlichen Regierungssitz ausgeübt werden sollte, er und seine Nachfolger versuchten jedoch, verlorenes Terrain zurückzugewinnen und die Reichsjustiz erneut am Wiener Hof zu etablieren. So trat spätestens seit 1559 neben das von den Reichsständen dominierte RKG der Kaiserliche Reichshofrat (RHR), der nun bei grundsätzlich gleicher Zuständigkeit zusammen mit dem RKG die Spitze der Reichsjustiz bildete.

Die Zuständigkeit beider Gerichte erstreckte sich auf das gesamte Heilige Römische Reich deutscher Nation, d.h. auf ein Gebiet, das heute 16 europäische Länder umfaßt. Es reichte von der italienischen Mittelmeerküste (Reichsitalien) bis nach Polen und von den Niederlanden bis an die Grenze Ungarns.

Abbildung 2: Pergament mit anhängendem Siegel der RKGO v. 7. August 1495. Österreichisches Staatsarchiv. Haus-, Hof- und Staatsarchiv Wien, Allgemeine Urkundenreihe 1495 VIII 7

III

Auf den ersten Blick scheint es so, als sei jedenfalls das RKG seinen Aufgaben nicht gewachsen gewesen. Denn auch nach dem Ewigen Landfrieden stand die Fehde in voller Blüte, wie uns dies die Unternehmungen eines Götz von Berlichingen, Franz v. Sickingens oder die Hildesheimer Stiftsfehde (1519–1523) vor Augen führen. Hatte Goethe also Recht, wenn er im „Götz von Berlichingen" den Bischof von Bamberg zu dem Doktor beider Rechte Olearius sagen läßt: „das Reich ist trotz [. . .] 40 Landfrieden noch immer eine Mördergrube"? War folglich das Friedenskonzept von 1495 gescheitert?

Angesichts der vielen Schwierigkeiten, die sich den beiden Gerichten bei der Erfüllung ihrer Aufgaben entgegenstellten, müßte man sich darüber nicht wundern. Das RKG litt unter ständiger finanzieller Not, weil die Gelder für seine Unterhaltskosten, also Kammerzieler und Gemeiner

Abbildung 3: Sitzung des Kaiserlichen Reichshofrats in Wien. Holzschnitt eines unbekannten Künstlers aus J. Chr. v. Uffenbach, Tractatus Singularis et Methodicus de Excelsissimo Consilio Caesareo-Imperiali Aulico, Wien und Prag 1700

Pfennig, von den Reichsständen nur unregelmäßig entrichtet wurden. Zeitweise konnte daher nur die Hälfte der vorgesehenen Assessorenstellen besetzt werden. In den Jahren 1544–1548, 1688–1693 und 1704–1711 kam es sogar zum völligen Stillstand der reichskammergerichtlichen Rechtssprechung. Andererseits häuften sich die eingehenden Klagen, darunter in den ersten zehn Jahren im Durchschnitt 10% –15% Landfriedensbruchsachen, die in den Jahren 1527 bis 1529 mit 23% aller Verfahren zum wichtigsten Tätigkeitsbereich des RKG gehörten. Goethe, der 1772 am RKG in Wetzlar als Praktikant tätig war, hat berichtet, daß dort „aufgeschwollen" ein „ungeheurer Wust von Akten lag", der jährlich weiter wuchs. „Zwanzigtausend Prozesse" hätten sich, so Goethe, „aufgehäuft, jährlich konnten sechzig abgetan werden, und das Doppelte kam hinzu". Nach neueren Erkenntnissen sollen sich am RKG im Jahre 1772 sogar 61.233 unerledigte Fälle aller Art angesammelt haben (F. Hertz). Es war die Zeit, in der das RKG satirisch als „Reichsjammergericht“ bezeichnet oder mit einer „campana sine pistillo“ verglichen wurde. Spöttisch wurde auch behauptet, die Akten hingen dort an Schnüren auf dem Dachboden des Gerichts und man bearbeite jeweils nur das Aktenstück, das zu Boden gefallen war, wenn es einer Maus gelungen war, die Halteschnur durchzubeißen.

Der aus der Schatulle des Kaisers dotierte RHR blieb zwar von finanziellen Problemen verschont, hatte aber wie das RKG damit zu kämpfen, daß sich einige mächtige Reichsstände seiner Jurisdiktionsgewalt nicht unterwerfen wollten. Denn sie sahen darin – wie z. B. Preußen im Falle des wegen einer angeblichen Schmähschrift vor den RHR zitierten Hallenser Professors Christian Thomasius (1655–1728) – einen Eingriff in ihre durch Privilegien begründeten und sodann im Westfälischen Friedensvertrag von 1648 verbrieften souveränen Herrscherrechte.

Nicht selten hinderten die Reichsstände mit rüden Methoden ihre Untertanen daran, an eines der beiden Gerichte zu appellieren. Außerdem spielten sie die Reichsgerichte gegeneinander aus. Zudem wurden die bei-

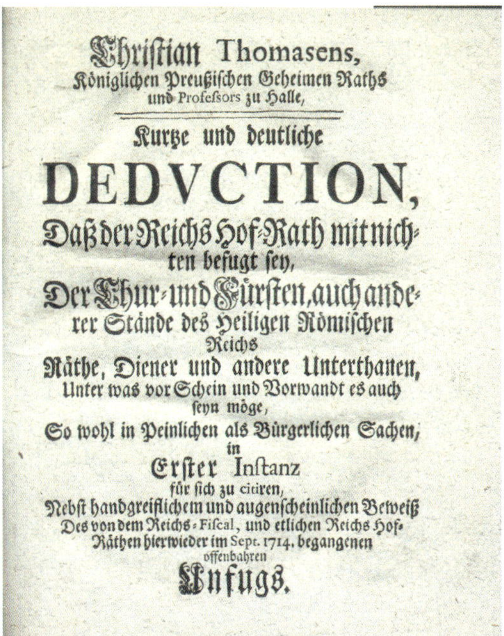
Christian Thomasens,
Königlichen Preußischen Geheimen Raths
und Professors zu Halle,

Kurtze und deutliche
DEDVCTION,
Daß der Reichs-Hof-Rath mitnichten befugt sey,
Der Chur- und Fürsten, auch anderer Stände des Heiligen Römischen
Reichs
Räthe, Diener und andere Unterthanen,
Unter was vor Schein und Vorwandt es auch
seyn möge,
So wohl in Peinlichen als Bürgerlichen Sachen,
in
Erster Instanz
für sich zu citiren,
Nebst handgreiflichem und augenscheinlichen Beweiß
Des von dem Reichs-Fiscal, und etlichen Reichs-Hof-Räthen hierwieder im Sept. 1714. begangenen
offenbahren
Unfugs.

Abbildung 4: Streitschrift des Christian Thomasius (1655–1728) gegen die Zuständigkeit des RHR

den Gerichte wegen des ständigen Streits um eine paritätische Besetzung mit protestantischen und mit katholischen Beisitzern geschwächt.

Eine der größten Schwierigkeiten betraf die Vollstreckung ihrer Entscheidungen. „Das schönste und gerechteste Urteil nützt gar nichts", so hat einmal Altbundespräsident Roman Herzog gesagt, „wenn sich die unterlegene Partei nicht danach richtet und dazu auch nicht gezwungen werden kann". In diesem Sinne hieß es in der sogenannten „Erklärung des Landfriedens" von 1522, daß das durch ein Urteil erlangte Recht „nicht nutz oder fruchtbar" ist, wenn es nicht „mit stattlicher, billicher und ernstlicher Handhabung und Execution aufgesetzter und gebührender Straff [...] vollnzogen" werden kann. In der Tat wird jede Rechtsordnung fragwürdig, wenn sie nicht durch eine legitime obrigkeitliche Macht durchgesetzt wird. So lag, wie der Reichshofrat Johann Jacob Moser (1701–1785) bemerkt hat, der „allerschwerste Punkt [...] der gesamten Reichs-Justiz-Pflege in der würcklichen Vollziehung der reichsgerichtlichen Urteile". Ohne wirksame Exekutivmöglichkeit seien Urteile, so hat sich 1782 der RKG-Assessor Franz Dietrich v. Ditfurth geäußert, „kraftloses Pappier, das keinem Menschen nützen könne, sondern das Gericht verächt- und lächerlich mache".

Trotz dieser grundsätzlich richtigen Einschätzung ist es bis zum Ende des Heiligen Römischen Reiches nicht gelungen, ein schlagkräftiges Exekutivorgan zu schaffen. Daran änderte auch die 1555 erlassene Reichsexekutionsordnung nichts, mit der die Reichskreise zur Vollstreckung der kaiserlichen „Acht, Urtheil und anderer Poen und Straf" verpflichtet wurden. Denn diese waren ihrer Struktur nach und – gemessen an den allgemeinen Kriterien einer ordentlichen Gerichtsverfassung – als Exekutivorgane nicht besonders geeignet. Wie alle Reichsinstitutionen standen auch sie im politischen Spannungsverhältnis zwischen Reich und Territorien. Sie hatten daher die schwierige Aufgabe, die eigenen, d.h. die ständischen Angelegenheiten mit denen des Reiches abzustimmen. Hinzu kam, daß die Interessen der Stände untereinander nicht zuletzt wegen der konfessionellen Spaltung uneinheitlich waren, so daß die Reichskreise in vielen Fällen nicht mit-, sondern gegeneinander arbeiteten. Das galt vor allem dann, wenn es sich um Zwangsvollstreckungen handelte, in denen entweder das Verhältnis von Untertanen gegen ihre Landesherrschaft betroffen war oder in denen es, wie in den Religionsprozessen, um die Konfliktlösung konfessioneller Streitigkeiten ging.

IV

Gleichwohl blieb die Tätigkeit der beiden Reichsgerichte nicht erfolglos. Tausende Parteien haben sie, statt Selbsthilfe zu üben, angerufen und vor ihnen nachhaltig um ihr Recht gestritten. Das wird durch die etwa 140.000 nachgelassenen Prozeßakten der Gerichte dokumentiert.

Die Einzigartigkeit dieses Materials besteht darin, daß es nicht nur jenseits aller normativen Regelungen tatsächliche Verhältnisse, Probleme, Hoffnungen, Enttäuschungen und Nöte der Menschen spiegelt, sondern auch mehr Klarheit über das Wirken der beiden Reichsgerichte bringen kann. Dazu bedarf es allerdings seiner systematischen Auswertung, die noch am Anfang steht. Das hängt damit zusammen, daß die vor ca. 20 Jahren begonnene Verzeichnung der ca. 70.000 Reichskammergerichtsakten noch immer nicht ganz abgeschlossen ist.

Mit der Verzeichnung der im Wiener Haus-, Hof- und Staatsarchiv aufbewahrten Akten wurde soeben erst begonnen. Diese Verzögerung beruht u. a. darauf, daß das Interesse der rechtsgeschichtlichen Forschung an der höchsten Gerichtsbarkeit im Alten Reich lange Zeit überwiegend dem RKG und weniger dem RHR galt. Im Zeichen kleindeutscher und vornehm-

Abbildung 5: Die in Kartons aufbewahreten RHR-Akten im Österreichischen Staatsarchiv, Abt. Haus-, Hof- und Staatsarchiv

lich preußisch-protestantischer Nationalstaatsideologie wurde der RHR als ein Machtinstrument abgetan, mit dem der Kaiser „seinen dominierenden Einfluß im Reich zu behaupten" gewußt habe. Noch im vergangenen Jahrhundert galt der RHR vielfach als ein von „durchtriebenen Jesuitenköpfen" inspiriertes „willfähriges Organ des Kaisers", während das RKG als „Gericht der höchsten Einheit des Reichs" Anerkennung fand.

Zu einer neuen Sicht des Alten Reiches und seiner beiden höchsten Gerichte kam es nachhaltig erst mit dem 1967 erschienenen Werk Karl Otmar Frhr. v. Aretins „Heiliges Römisches Reich". Für v. Aretin war das Alte Reich vorrangig eine durch die Reichsjustiz gesicherte Friedens- und Rechtsordnung, wobei er die Funktion des RHR als „oberstes Verwaltungs- und Verfassungsgericht des Reiches" hervorhob, das „in zahlreichen Fällen Unrecht abgestellt, gesühnt oder verhindert" habe und ein „Hindernis für die Ausbildung des schrankenlosen Absolutismus" gewesen sei. Er unterstrich die Bedeutung beider Höchstgerichte als „Refugium für alle, die sich von ihrer Obrigkeit bedrängt fühlten". Vor dem Hintergrund politischer Bemühungen um eine europäische Staatengemeinschaft fielen seine Gedanken auf fruchtbaren Boden, zumal man im Alten Reich ein Modell für die künftige Einheit und Friedensordnung Europas sehen konnte.

Inzwischen beruhen die Grenzen und Defizite der Reichshofratsforschung entscheidend darauf, daß die reichshofrätlichen Akten weitgehend unerschlossen sind. Der finanziellen Unterstützung durch die Deutsche Volkswagen Stiftung ist es zu verdanken, daß im Jahre 1999 mit der Erschließung des Bestandes der Alten Prager Akten (APA) – es handelt sich um etwa 5000 Einzelakten aus der Prager Regierungszeit Kaiser Rudolfs II. (1576–1612) – begonnen werden konnte. Ein von der Österreichischen und der Göttinger Akademie der Wissenschaften sowie dem Wiener Haus-, Hof- und Staatsarchiv geplantes und auf ca. 18 Jahre angelegtes weiteres Erschließungsprojekt ist 2006 auf Vorschlag der Wissenschaftlichen Kommission der Union der deutschen Akademien von der Bund-Länder-Kommission der Bundesrepublik Deutschland als förderungswürdig anerkannt worden. Damit können jetzt etwa 25.000 Einzelakten, d.h. ca. ein Drittel der reichshofrätlichen „Judicialia" verzeichnet werden.

Die daran geknüpften Erwartungen sind groß, zeigt doch allein schon das bisher erschlossene Material, in welchem Maße Fehde und Selbstjustiz durch Recht und Verfahren ausgeschaltet werden konnten. Viele Streitfälle sind darunter, von denen jeder einzelne ohne die Reichsgerichte zur Fehde geführt hätte. Es handelt sich um Klagen von Untertanen und Landständen gegen ihre Landesherren, von Kapiteln gegen Bischöfe und Prälaten, von Bürgern gegen das Stadtregiment und vor allem um Prozesse, in denen es um konfessionelle Konflikte ging. Häufig waren es die mittleren und die kleineren Reichsstände, die den RHR in finanziellen oder dynastischen Konflikten anriefen, um sich im ungleichen föderativen Kräftefeld behaupten zu können. Die Verfahren betrafen zudem strafrechtlich relevante Fälle wie Totschlags-, Sittlichkeits-, Körperverletzungs-, Raub-, Betrugs- und Beleidigungsdelikte. Darüber hinaus ging es um Fälle aus dem Erbschafts-, Darlehens-, Schuld-, Vollstreckungs-, Versorgungs-, Abgaben-, Zoll-, Arbeits- und Handwerksrecht sowie schließlich um Streitigkeiten aus dem Patent-, Hütten-, Militär-, Kunst-, Zoll-, Markt- und Musikwesen. Bedenkt man, daß auch das RKG in entsprechenden Fällen tätig gewesen ist, so kann man die Bedeutung der Reichsjustiz als Garant für die Friedensordnung des Heiligen Römischen Reiches nicht hoch genug einschätzen.

Wie war das trotz der vielen Mängel der obersten Reichjustiz möglich? Für die Parteien war zunächst einmal entscheidend, daß es an der Spitze des Reiches zwei kaiserliche Gerichte gab, an denen Konflikte ohne Anwendung von Gewalt mit rechtlichen Argumenten ausgetragen werden konnten. Wer diese Möglichkeit nicht nutzte und sich für ein eigenmächtiges Vorgehen entschied, hätte sich von vornherein ins Unrecht gesetzt. Die Frage der Zwangsvollstreckung spielte offenbar keine Hauptrolle. Das gilt auch für die heutigen europäischen Gerichte; denn auch die Urteile des Europäischen Gerichtshofs (EuGH) können gegen einzelne Mitgliedstaaten nicht vollstreckt werden (Art. 244, 256 EG-Vertrag). Bleibt ein Urteil unbeachtet, so kann der Gerichtshof gegen den säumigen Staat zwar „die Zahlung eines [...] Zwangsgelds verhängen“ (Art. 228 Ziff. 2 EG-Vertrag), das aber wiederum nicht wirksam vollstreckt werden kann. Ähnlich verhält es sich mit Entscheidungen des Europäischen Gerichtshofs für Menschenrechte (EMGR, vgl. Art. 50 ff. EG-Vertrag). Dennoch bleiben die Entscheidungen der beiden Gerichte nicht wirkungslos, sondern werden in der Regel respektiert. Das mag mit den vielfältigen, auf Gegenseitigkeit beruhenden rechtlichen, wirtschaftlichen und politischen Verflechtungen der Europäischen Gemeinschaft zusammenhängen, auf deren Funktionieren die Mitgliedstaaten zu ihrem eigenen Vorteil angewiesen sind.

Wie aber war die Lage im Heiligen Römischen Reich? Vom RHR wissen wir, daß er vollstreckbare Urteile vermied und es vorzog, die an ihn herangetragenen Rechtsstreitigkeiten mit diplomatisch-politischen Mitteln zu schlichten. Insoweit übte er mehr die Funktion eines mit Macht und Ansehen ausgestatteten Mediators und weniger die eines streitentscheidenden Gerichts aus. Im übrigen arbeitete er mit Verfügungen der unterschiedlichsten Art, die nicht das Gewicht eines vollstreckbaren Endurteils hatten. Dazu gehörten die Einsetzung von Kommissionen, Vermittlungsschreiben und der Erlaß von Mandaten, mit denen die Beklagten zur Respektierung des Rechts aufgefordert wurden. Letzteres gilt auch für das RKG. Im übrigen haben wir keine genauen Erkenntnisse darüber, wie im allgemeinen die Entscheidungen des RHR und die des RKG auf die Empfänger gewirkt haben. Hier öffnet sich der Forschung ein bisher noch nicht erschlossenes Gebiet, das für die Höchstgerichtsbarkeit und ihre Funktion als Wahrerin des Rechtsfriedens fundamentale Bedeutung haben dürfte. Schon jetzt spricht einiges dafür, daß die Verfügungen der Gerichte im allgemeinen beherzigt worden sind. Vermutlich war die uns noch weitgehend verborgene gesellschaftliche und politische Binnenstruktur des Alten Reiches so beschaffen, daß man es sich – ähnlich wie im heutigen Europa – nicht ohne Ansehensverlust oder andere Nachteile erlauben konnte, höchstrichterliche Entscheidungen zu mißachten. Das Alte Reich bildete trotz zentrifugaler Auflösungstendenzen unter dem Dach der kaiserlichen Gerichte noch immer ein relativ festes und einheitliches Gefüge, in dem die Respektierung gegenseitiger Rechte noch nicht durch eigennützige Machtinteressen völlig verdrängt war. Und so begann das, was man 1495 mit dem Ewigen Landfrieden hatte erreichen wollen, allmählich zu greifen, und „das Reich ward", wie Goethe in „Dichtung und Wahrheit" (12. Buch) gesagt hat, „nach und nach beruhigt".

Dieses Ergebnis ist nicht das alleinige Verdienst der Reichsgerichte gewesen; denn im Laufe der Zeit hatten sich die politischen Rahmenbedingungen im Reich geändert. So hatten die größeren Territorialherren im Zuge einer Zentralisierung ihrer Länder nicht nur ihre Verwaltung, sondern auch die Gerichtsbarkeit und die Gerichtsverfassungen modernisiert. Sie hatten geordnete Instanzenzüge geschaffen und ihre Gerichte nach dem Vorbild der Reichsgerichte mit studierten Juristen besetzt. Gemäß ihrem stets behaupteten Anspruch auf Selbständigkeit hatten sie die Verfolgung und Aburteilung von Landfriedensbrüchen und Gewaltverbrechen nicht ohne Erfolg in die eigene Zuständigkeit übernommen. Außerdem war den stets schwer zu entscheidenden Religionsprozessen durch den Augsburger Religionsfrieden und den Westfälischen Friedensvertrag vieles an Schärfe genommen worden. Darüber hinaus wurden die Reichsgerichte mit der Entscheidung von Streitigkeiten mächtiger Territorialherren weniger belastet, weil diese ihre Konflikte vereinbarungsgemäß vor „Austrägen", d.h. vor Schiedsgerichten auszutragen versuchten. Damit beschränkte sich die Gerichtsbarkeit der Reichsgerichte auf die mittleren und die kleineren Reichsstände, die einerseits auf den Schutz der Reichsjustiz angewiesen waren und andererseits den reichsgerichtlichen Entscheidungen in der Regel auch ohne Vollstreckungsmaßnahmen nachkamen. Insoweit vermochten die Reichsgerichte die Freiheitsrechte einzelner oder sozialer Gemeinschaften gegen fürstliche Willkür zu schützen. Die zahlreichen Untertanenprozesse sind ein lebhaftes Beispiel dafür.

So haben die Reichsgerichte, auch wenn sie nicht alle kriegerischen Auseinandersetzungen verhindern konnten, einen wesentlichen Beitrag zur Friedens- und Verfassungsordnung des Heiligen Römischen Reiches deutscher Nation geleistet. Ihnen ist es mitzuverdanken, daß dieses von dem Staats- und Völkerrechtler Samuel v. Pufendorf (1632–1694) in die klassischen Staatsformen nicht einzuordnende und daher als *monstrum simile* bezeichnete Reich nicht durch gewaltsame Fehden und Selbstjustiz ganz auseinanderfiel. Ob es allerdings zutrifft, daß RKG und RHR „trotz ihrer zahlreichen Unzulänglichkeiten [...] das Beste waren, was die Verfassung des alten Reichs [...] zur Erhaltung der öffentlichen Ordnung und des Rechtsbestandes seiner Glieder hervorgebracht hat" (K. S. Bader), wird sich erweisen, wenn einmal die Prozeßakten beider Gerichte systematisch erschlossen und ausgewertet worden sind.

Literaturhinweise (kleine Auswahl)

K. O. Frh. v. Aretin, Heiliges Römisches Reich 1776–1806, Teil I: Darstellung (= Veröffentlichungen des Instituts für Europäische Geschichte Mainz, Bd. 38, Abt. Universalgeschichte, hg. von Martin Göhring), Wiesbaden 1967.

L. Auer, Das Archiv des Reichshofrats und seine Bedeutung für die historische Forschung, in: B. Diestelkamp und I. Scheurmann (Hg.), Friedenssicherung und Rechtsgewährung. Sechs Beiträge zur Geschichte des Reichskammergerichts und der obersten Gerichtsbarkeit im alten Europa, Bonn/Wetzlar 1997, S. 117–130.

K. S. Bader, Die Rechtsprechung des Reichshofrats und die Anfänge des territorialen Beamtenrechts, in: Zeitschrift der Savigny-Stiftung für Rechtsgeschichte, Germanistische Abteilung, Bd. 65, 1947, S. 363 ff.

St. Ehrenpreis, Kaiserliche Gerichtsbarkeit und Konfessionskonflikt. Der Reichshofrat unter Rudolf II. 1576–1612 (= Schriftenreihe der Historischen Kommission bei der Bayerischen Akademie der Wissenschaften, Bd. 72), Göttingen 2006.

O. v. Gschließer, Der Reichshofrat, Wien 1942 (Nachdruck Nendeln/Liechtenstein 1970);

P. C. Hartmann u. *F. Schuller* (Hg.), Das Heilige Römische Reich und sein Ende 1806, Regensburg 2006.

F. Hertz, Die Rechtsprechung der höchsten Reichsgerichte im römisch-deutschen Reich und ihre politische Bedeutung, in: Mitteilungen des Instituts für Österreichische Geschichtsforschung (MIÖG), Bd. 69, 1961, S. 331–358.

H.-G. Hermann, Frieden, in: Handwörterbuch zur Deutschen Rechtsgeschichte (HRG), hg. v. A. Cordes, H. Lück, D. Wermüller u. R. Schmidt-Wiegabd, Bd. 1, 2. Auflage, Berlin 2008, Sp. 1807–1821.

A. Laufs, Reichskammergericht, in: Handwörterbuch zur Deutschen Rechtsgeschichte (HRG), Bd. 4, hg. v. A. Erler und E. Kaufmann, Berlin 1990, Sp. 655–662.

E. Liebmann, Reichs- und Territorialgerichtsbarkeit im Spiegel der Forschung, in: A. Amend, A. Baumann, St. Wendehorst, S. Westphal (Hg.), Gerichtslandschaft Altes Reich (= Quellen und Forschungen zur höchsten Gerichtsbarkeit im Alten Reich, Bd. 52, hg. v. F. Battenberg, A. Cordes, U. Eisenhardt, P. Oestmann u. W. Sellert), Köln/Weimar/Wien 2007, S. 151–172.

P. Moraw, Reichshofrat, in: Handwörterbuch zur Deutschen Rechtsgeschichte (HRG), Bd. 4, hg. v. A. Erler und E. Kaufmann, Berlin 1990, Sp. 630–638.

E. Ortlieb, Im Auftrag des Kaisers. Die kaiserlichen Kommissionen des Reichshofrats und die Regelung von Konflikten im Alten Reich (1637–1657) (= Quellen und Forschungen zur höchsten Gerichtsbarkeit im Alten Reich, Bd. 38, hg. v. F. Battenberg, B. Diestelkamp, U. Eisenhardt, A. Laufs u. W. Sellert), Köln/Weimar/Wien 2001.

dieselbe, Die ‚Alten Prager Akten' im Rahmen der Neuerschließung der Akten des Reichshofrats im Haus-, Hof- und Staatsarchiv in Wien, in: Mitteilungen des Österreichischen Staatsarchivs (MÖStA), Bd. 51, 2004, S. 593–634.

G. Polster, Die elektronische Erfassung des Wolfschen Repertoriums zu den Prozeßakten des Reichshofrats im Wiener Haus-, Hof- und Staatsarchiv, in: MÖStA Bd. 51, 2004, S. 635–649.

W. Sellert, Über die Zuständigkeitsabgrenzung von Reichshofrat und Reichskammergericht (= Untersuchungen zur deutschen Staats- und Rechtsgeschichte, Neue Folge, hg. v. A. Erler, W. Schlesinger u. W. Wegener, Bd. 4), Aalen 1965.

derselbe, Prozeßgrundsätze und Stilus Curiae am Reichshofrat (= Untersuchungen zur deutschen Staats- und Rechtsgeschichte, Neue Folge, hg. v. A. Erler, W. Schlesinger u. W. Wegener, Bd. 18), Aalen 1965.

derselbe, Projekt einer Erschließung der Akten des Reichshofrats, in: W. Sellert (Hg.), Reichshofrat und Reichskammergericht. Ein Konkurrenzverhältnis (= Quellen und Forschungen zur Höchsten Gerichtsbarkeit im Alten Reich, Bd. 34, hg. v. F. Battenberg, B. Diestelkamp, U. Eisenhardt, G. Gudian (†), A. Laufs u. W. Sellert), Weimar/Wien 1999, S. 199–210.

derselbe, Die Ordnungen des Reichshofrates 1550–1766 (= Quellen und Forschungen zur höchsten Gerichtsbarkeit im Alten Reich, Bd. 8/I und Bd. 8/II, hg. v. B. Diestelkamp, U. Eisenhardt, G. Gudian, A. Laufs u. W. Sellert), Köln/Wien 1980/1990.

R. Smend, Das Reichskammergericht, Weimar 1911 (Neudruck Aalen 1965).

M. Uhlhorn, Der Mandatsprozeß sine clausula des Reichshofrats (= Quellen und Forschungen zur höchsten Gerichtsbarkeit im Alten Reich, Bd. 22, hg. v. B. Diestelkamp, U. Eisenhardt, G. Gudian, A. Laufs u. W. Sellert), Köln/Wien 1990.

A. Stögmann, Die Erschließung von Prozeßakten des Reichshofrats im Haus-, Hof- und Staatsarchiv Wien, in: Mitteilungen des Österreichischen Staatsarchivs (MÖStA), Bd. 47, 1999, S. 249–265.

S. Ullmann, Geschichte auf der Langen Bank. Die Kommissionen des Reichshofrats unter Kaiser Maximilian II. (1564–1576) (= Veröffentlichungen des Instituts für europäische Geschichte Mainz, Abt. für Universalgeschichte, Bd. 214; Beiträge zur Sozial- und Verfassungsgeschichte des Alten Reiches, Nr. 18, hg. von K. O. Fhr. v. Aretin, H. Duchhardt, P. Moraw, W. Schulze u. H. Weber), Mainz 2006.

Zwischen Naturgesetz und Wahlfreiheit: Von Darwin zur genetischen Information

Konrad Bachmann

Konrad Bachmann, Professor i.R. für Evolutionäre Botanik, Leiter der Abteilung Taxonomie am Leibniz-Institut für Pflanzengenetik und Kulturpflanzenforschung in Gatersleben, K. Mitglied der Göttinger Akademie seit 1995

Information und Entropie

Information ist erst im zwanzigsten Jahrhundert durch die Arbeiten von Claude Shannon (1948; Shannon & Weaver, 1949) zu einem allgemeinen naturwissenschaftlichen Begriff geworden, und zwar ursprünglich mit der gängigen Bedeutung von (schriftlichen) Nachrichten von Mensch zu Mensch. Es ging darum, wie solche Nachrichten effektiv und fehlerfrei maschinell übermittelt werden können. Shannon sah die Nachricht als lineare Abfolge von verschiedenen Komponenten, die mehr oder weniger beliebig angeordnet sein können (Buchstaben eines Alphabets, Ziffern). Eine bestimmte Anordnung von Komponenten enthält oder ist Information. Information betrifft damit Struktur, die nicht notwendig so durch Naturgesetze festgelegt ist, die aber durch Weitergabe von einem Informationsträger auf andere, durch Reproduktion, länger bestehen bleibt als die einzelnen Informationsträger. Information ist immer an materielle Informationsträger gebunden, seien es Gehirne, Bücher, Inschriften oder elektronische Medien, aber ihre Übertragbarkeit macht sie zur immateriellen Eigenschaft. Information legt beim formbaren Empfänger eine von vielen Möglichkeiten fest, sie trifft Entscheidungen, antwortet auf Fragen. Nachrichten sind Einheiten der Informationsübermittlung, und der *Informationsgehalt* einer Nachricht errechnet sich aus der Anzahl von Zeichen, die bei der Weitergabe dieser Nachricht übertragen werden müssen, und der Wahrscheinlichkeit des Auftretens eines bestimmten Zeichens an einer Stelle der Folge. Shannons binäres System zerlegt die verschiedenen Wahrscheinlichkeiten formal in Einzelentscheidungen mit Ja-Nein-Antworten mit den Symbolen 1 und 0, jeweils mit einer Wahrscheinlichkeit von 1/2.

Es zeigte sich sehr bald, dass Shannons Formalismus weit mehr als eine Grundlage für die Technologie der Nachrichtenübermittlung ist. Shannon suchte damals nach einem brauchbaren Namen für das, was wir heute den Informationsgehalt einer Nachricht nennen. Er schwankte zwischen *Information* und *Ungewissheit* (*uncertainty*), weil seine Berechnung die Anzahl der möglichen Anordnungen von Zeichen betrifft, aus denen die Nachricht eine bestimmte festlegt (also den Grad der Ungewissheit beim Empfänger, der durch die Nachricht aufgehoben wird). Der Mathematiker John von Neumann empfahl, diese Größe *Entropie* zu nennen: „In the first place, your uncertainty function has been used in statistical mechanics under that name, so it already has a name. In the second place, and more important, no one knows what entropy really is, so in a debate you will always have the advantage" (Tribus & McIrvine, 1971). Die Shannonsche Gleichung für den Informationsgehalt stimmt wirklich mit den Gleichungen von Ludwig Boltzmann und Willard Gibbs für die Entropie in der Statistischen Mechanik überein. Die unterschiedlichen Ansätze verbergen sich jeweils in einer Konstante. Nirgendwo wurde die Beziehung zwischen Nachrichtenübermittlung und Statistischer Mechanik (und damit Thermodynamik) derart bedeutungsvoll wie bei der Aufklärung der Informationsweitergabe bei der Fortpflanzung von Organismen, also in der Genetik, und von dort aus bei der Analyse der Entstehung dieser Information, also in der Evolutionsforschung. Darwins Theorie von Variation und Selektion ist letzten Endes eine Theorie von Entropie und Information.

Das Entropiekonzept wurde 1856 von Rudolf Clausius als Lösung für das Problem eingeführt, dass der Erste Hauptsatz der Thermodynamik die Erhaltung der Gesamtenergie bei Energieumsetzungen feststellt, dass es aber unmöglich ist, Wärme vollständig in mechanische Energie umzusetzen. Abhängig von der Temperatur geht ein Teil der Energie, die Entropie, immer als Wärme verloren. Nach dem Zweiten Hauptsatz der Thermodynamik strebt die Entropie in einem geschlossenen System (ohne Austausch von Materie oder Energie) einem Maximum zu. Für den Beobachter („makroskopisch") ist dieses Maximum ein strukturloses System mit einer einheitlichen Temperatur. Die Statistische Mechanik erklärt das anhand der thermischen Bewegung der Moleküle. Durch ihre Zusammenstöße erreichen die Moleküle im Laufe der Zeit die statistisch wahrscheinlichsten Anordnungen im vorhandenen Raum und eine mittlere Geschwindigkeit, deren Beschreibung also keine Information außer der Anzahl der Moleküle und den statistischen Durchschnittswerten ihrer relevanten Eigenschaften benötigt. Dem Maximum der Entropie des Systems entspricht ein Minimum des Informationsgehaltes. Bei einem *strukturierten* System ist das Ganze mehr als die Summe seiner Teile, und zwar um den zusätzlichen Informationsgehalt. Der Informationsgehalt eines strukturierten Systems aus Molekülen entspricht der Differenz zwischen der maximalen Entropie eines Systems aus denselben Molekülen (errechnet aus allen denkbaren Anordnungen) und der augenblicklichen Entropie aus allen Anordnungen der Moleküle, die als gleiche Struktur wahrgenommen und übertragen werden können. Dem entspricht bei Nachrichten die Anzahl der möglichen Anordnungen von Buchstaben, die dieselbe Nachricht übermitteln.

Bei diesen Überlegungen spielt der Betrachter (der Empfänger) eine wichtige Rolle beim Unterschied zwischen *Struktur* und *Information*. Information betrifft Struktur, soweit sie von einem Empfänger erkannt (also übernommen) und interpretiert wird und die Form, das Verhalten oder das Befinden des Empfängers beeinflusst. Die formale *mikroskopische* oder *reduktionistische* Behandlung von Information als Anordnung von Komponenten verlangt also ein Verständnis dafür, was vom Empfänger als Komponente angesehen wird, also etwa das Auflösungsvermögen seiner Wahrnehmung, und welche Anordnungen davon für den Empfänger relevant sind. Bei der Informationstheorie spielte das anfangs keine Rolle, weil man selbstverständlich von Lesern ausging, die den Buchstaben eines Textes den Inhalt entnehmen. Dabei ist zum Beispiel das Schriftbild konstante und austauschbare Hintergrundinformation. Man kann aber auch einen handgeschriebenen Text darauf untersuchen, was die Handschrift über den oder die Schreiber während des Schreibens aussagt, auch wenn der Text selbst dafür irrelevant ist. Die technische Übermittlung der relevanten Information aus dem Original sieht dann ganz anders aus. Bei der Analyse irgendeiner Art von Informationsübertragung ist das Wahrnehmungsvermögen und das Interesse (die Formbarkeit, die Fragestellung) des Empfängers der entscheidende Faktor. Der Empfänger muss zur Nachricht in Form und Inhalt komplementäre Information besitzen. Viele Missverständnisse bei der Behandlung von Informationsübertragung in der Biologie haben auf der Annahme beruht, dass wir Signale so empfangen und interpretieren, wie sie der natürliche Empfänger wahrnimmt. Information mag also ein naturwissenschaftliches Grundphänomen sein, aber sie unterscheidet sich dadurch von Phänomenen wie Energie oder Masse, dass sie eine subjektive Eigenschaft ist. Nicht nur das. Es ist zwar keineswegs alle Information Kommunikation. Wenn wir aus dem Fenster schauen, um zu sehen, wie das Wetter und wie stark der Verkehr auf der Straße ist, dann ist das für uns relevante Information, die aber nicht für uns produziert worden ist, anders als bei Wetterberichten oder Verkehrsberichten im Radio. Sehr viel Information entsteht aber wirklich als Teil von Kommunikation und zielt auf die Wahrnehmung und Interpretation durch einen bestimmten Empfänger. Das kann ein anderer Organismus sein, es kann aber auch eine Zelle in einem Organismus oder ein Molekül sein oder ein Apparat, der programmiert ist, bestimmte Signale zu erkennen, zu interpretieren und entsprechend zu funktionieren. Lange bevor es Menschen gab, war Information nicht nur ein selektiv und subjektiv definiertes Phänomen, sie hatte auch einen Sinn und Zweck für den Empfänger und ein Ziel für den Sender. Mit dem Konzept von Information sind Subjektivität, Bedeutung und Zielgerichtetheit zu legitimen naturwissenschaftlichen Themen geworden. Wir müssen uns von dem Gedanken lösen, dass sie Bewusstsein oder Intelligenz voraussetzen.

Embryonalentwicklung und Evolution: Die Selbstorganisation zielstrebiger Programme

Der Zweite Hauptsatz der Thermodynamik betrifft zwar nur geschlossene Systeme ohne Austausch von Material und Energie mit ihrer Umgebung. Er schien aber die allgemeine spontane Tendenz zum Zerfall jeglicher Struktur zu beschreiben, sei es das Zerbröckeln von Steinen, das Zerfallen von Papier oder das unvermeidliche Altern und Sterben von lebenden Organismen, und er schien die spontane Entstehung von komplexen Strukturen auszuschließen. Die Thermodynamik schien keine naturwissenschaftliche Erklärung für das Entstehen von Lebewesen zuzulassen, weder für die Individualentwicklung von der befruchteten Eizelle zum geschlechtsreifen Organismus, noch für die Entstehung der verschiedenen Organismen überhaupt. Die Individualentwicklung ist ein zielgerichteter Vorgang. Sie strebt einem spezifischen Endzustand zu, der sehr genau vorherbestimmt ist, selbst in seinen umweltabhängigen Varianten, seiner *Reaktionsnorm*. Noch im 18. Jahrhundert hat man angenommen, dass die Individualentwicklung nur das Größenwachstum einer winzigen, aber vollständigen Kopie des Organismus ist, und sich darum gestritten, ob diese Kopie im Ei oder in den „Spermatierchen" vorliegt. Seit Ende des 18. Jahrhunderts wurde es zunehmend deutlich, dass diese *Präformationstheorie* nicht stimmen konnte, sondern dass die Struktur eines Organismus *epigenetisch* entsteht (Das Wort „epigenetisch" hat in der heutigen Biologie mehrere verschiedene Bedeutungen). Was man seit Aristoteles mit dem Wort *Entelechie* beschrieben hat, also die interne Regulation der Entwicklung eines Systems auf ein vorbestimmtes Endziel hin, wird heute als ein algorithmisches steuerndes Programm mit

Informationsübertragung gesehen. Dass die *Evolution der Organismen* kein derartiger Prozess mit dem Menschen als vorgegebenem Ziel ist, ist zwar selbst bei einem oberflächlichen Vergleich von Individualentwicklung und Evolution deutlich, aber der Gedanke hat sich sehr viel länger gehalten. Noch im 19. Jahrhundert waren die Wörter *Entwicklung* und *Evolution* in der Biologie praktisch austauschbar.

Der historische Prozess der Evolution war im 19. Jahrhundert schon vor Darwin die unvermeidliche naturwissenschaftliche Erklärung für die hierarchisch gestaffelte Vielfalt der Organismen und die geologische Abfolge der Fossilien. Was zur Akzeptanz der Theorie fehlte, war ein natürlicher Mechanismus. Die Biologen seiner Zeit haben Darwins Theorie bereitwillig als Beleg dafür akzeptiert, dass ein natürlicher Mechanismus für die Evolution der Organismen gefunden werden kann, und sie haben die historische Verwandtschaft in der Form eines Stammbaums zur Grundlage des Systems der Organismen gemacht. Wirklich verstanden hat die Theorie anfangs kaum einer. Es hat auch kaum einer den Versuch gemacht. In einer Zeit, in der man allgemein glaubte, aus natürlichen Mechanismen Maximen für menschliches Handeln ableiten zu müssen, schien die Darwinsche Theorie mit Schlagworten wie „Überleben des Stärksten" und „Kampf aller gegen alle" ein Aufruf zum Umsturz aller traditionellen Werte zu sein. Erklärte Darwinisten haben seine Theorie bedenkenlos mit der gängigen Vorstellung einer zielgerichteten Entwicklung zum Menschen, speziell zu ihrer eigenen Rasse oder Klasse, verbunden und daraus einen natürlichen Auftrag zur Erhaltung dieses Zieles durch Züchtung und Selektion abgeleitet. Es ist hier nicht der Platz, um diese naiven ideologischen Anpassungen, ihre Motivationen und die entsetzlichen Folgen ihrer zynischen Ausnutzung zu untersuchen. Erst das Konzept der *genetischen Information* hat schließlich den Unterschied zwischen Individualentwicklung und Evolution deutlich gemacht. Individualentwicklung ist Fortschritt mit detailliert vorgegebenem spezifischen Ziel, Evolution ist das unvermeidliche Nebenprodukt der Tendenz zur Bewahrung des Erreichten durch Weitergabe von Information. Entwicklung entspricht der materiellen Umsetzung der genetischen Information, die Evolution deren Entstehung und Veränderung. Verbunden sind beide durch den Prozess der Reproduktion, also der Herstellung multipler Kopien durch Informationsübertragung. Genetik, Evolutionsbiologie und Entwicklungsbiologie haben sich lange Zeit überraschend unabhängig voneinander entwickelt. Seit der Mitte des 20. Jahrhunderts hat die Molekularbiologie eine entscheidende Rolle bei der praktischen und der intellektuellen Zusammenführung der verschiedenen Ansätze gespielt.

Organismen als thermodynamisch offene Systeme mit regelnder Information

Ein ganz offensichtlicher Ausgangspunkt zur Abgleichung des Zweiten Hauptsatzes und der Existenz von komplexer dynamischer Struktur ist die Beobachtung, dass lebende Organismen keine thermodynamisch geschlossenen Systeme sind, sondern für ihr Bestehen von einem ununterbrochenen Strom von Materie und Energie abhängen. Erste Information dazu haben schon Antoine Lavoisier und Pierre Simon Laplace 1780 geliefert, als sie die Wärmeproduktion und die Produktion von Kohlendioxyd bei einem Kaninchen mit der einer Kerzenflamme verglichen und zeigten, dass bei beiden das gleiche quantitative Verhältnis vorlag. Auch wir Menschen beziehen unsere Energie (nicht zu verwechseln mit unserer Motivation) offensichtlich aus der „geregelten Verbrennung" unserer Nahrungsstoffe. Julius Robert Mayer, einer der Entdecker des Satzes von der Erhaltung der Energie, kam zu seiner Entdeckung durch die Beobachtung von Patienten, nicht von Dampfmaschinen. Heutzutage sind wir alle genau über den notwendigen Energiebedarf und über die entsprechenden Brennwerte von Fetten, Kohlehydraten und Eiweißen informiert und nehmen keinen Anstoß am Modell eines Organismus als Verbrennungsmaschine. Die Komplexität, die Stabilität und die Leistungen unserer Körper werden gerade durch ein Verständnis der physikalischen Prinzipien bewundernswert. Dem allen liegt eine Komplexität der Informationsübertragung zugrunde, die alle bisherigen Leistungen menschlicher Technologie weit übertrifft.

Die strukturelle Komplexität von offenen Systemen bleibt erhalten, indem durch Zufuhr von nutzbarer Energie und Abfuhr von Entropie das Erreichen von Gleichgewichtszuständen verhindert wird. Was wie eine konstante Struktur aussieht, ist ein dynamisches Fließgleichgewicht: Unkontrollierter langsamer Zerfall wird durch schnellen geregelten Abbau vorweggenommen und durch Nachschub und Synthese ausgeglichen. Dabei kann die spontane Tendenz zum Erreichen von Gleichgewichten, also den energetisch wahrscheinlichsten Anordnungen der vorhandenen Komponenten, als treibende Kraft genutzt werden. Im Stoffwechsel lebender Organismen betrifft das die Gleichgewichtskonzentrationen von miteinander reagierenden Molekülen. Sie werden verhindert, indem durch Aufnahme oder Synthese ständig eine hohe Konzentration energiereicher Moleküle aufrechterhalten wird, die spontan im Gleichgewicht praktisch völlig verschwinden würden. Der Zerfall dieser Moleküle wird nicht dem langsamen Zufall überlassen, sondern sie werden in einer festgelegten Abfolge von Schritten gezielt dem Gleichgewichtszustand zugeführt. Das ist die „geregelte Verbrennung" von Nahrungsmolekülen, bei der die Energie nicht sofort im Ganzen als Wärme abgegeben wird. Bei dem schrittweise kontrollierten Abbau ist es möglich, Abbau- und Synthesereaktionen derart zu koppeln, dass ein Teil der freiwerdenden Energie aus dem Abbauschritt zur Synthese eines energiereichen Produkts genutzt werden kann, das erst später abgebaut wird. Im offenen System kann die Gesamtentropie *verringert* werden, es kann spezifische Struktur entstehen und erhalten bleiben, wenn energiearme Endprodukte und Wärme an die Umgebung abgegeben werden. Dafür braucht der Organismus aber nicht nur eine verlässliche Quelle von einer für ihn nutzbaren Energieform, sondern eine komplexe Apparatur zur informationsgesteuerten Kontrolle der Stoffwechselschritte.

Die entscheidende Rolle beim Informationsfluss in lebenden Organismen spielen Enzyme als Katalysatoren von chemischen Prozessen. Ein Enzym erkennt und bindet die molekularen Komponenten einer bestimmten Reaktion so, dass diese Reaktion bevorzugt und beschleunigt stattfindet. Das entspricht einer bestimmten Auswahl aus allen möglichen Reaktionen, also der Übertragung von Information auf den Stoffwechsel. Serien von Enzymen, von denen eines die Reaktionsprodukte des anderen übernimmt und einen Schritt weiter verarbeitet, leiten den Zellstoffwechsel entlang von Stoffwechselwegen, die einen schrittweise erfolgenden Abbau der Energie und die Übertragung eines erstaunlich großen Anteils der Energie von Abbaureaktionen auf Synthesereaktionen garantieren. Das sind Hunderte von Reaktionen, aber sie bilden zusammen ein raffiniertes Streckennetz für die Weitergabe von Molekülen und Bruchstücken von Molekülen entlang von alternativen Pfaden bis hin zu den energiearmen Molekülen, die als nicht weiter verwertbare Stoffwechselendprodukte an die Umgebung abgegeben werden. Der hierarchisch gestaffelten körperlichen Ähnlichkeit von Organismen entspricht eine hierarchisch gestaffelte Ähnlichkeit ihrer Stoffwechselwege, also ihrer Enzymausstattung. So, wie die vergleichende Morphologie Hinweise auf eine gemeinsame Abstammung aller Organismen gibt, tut das auch die vergleichende Biochemie. Das Interessante dabei ist, dass beide zwar denselben Stammbaum erkennen lassen (wie das die Theorie voraussagt), dass aber entscheidende Phasen der biochemischen Evolution der morphologischen Evolution vorausgegangen sind, so dass sich die Daten aus Morphologie und Biochemie ergänzen. Wieso gerade molekulare Strukturen lebender Organismen so unvorstellbar konservativ erhalten bleiben, wird deutlich, wenn wir die Konstruktionsprinzipien dieser Moleküle anschauen.

Proteine sind die Empfänger und Vermittler von Information in lebenden Organismen

Chemisch sind die Enzyme des Stoffwechsels Eiweiße, Proteine. Im Rahmen der Informationsübertragung in der Zelle sind Proteine die spezifischen molekularen Empfänger und Verarbeiter von Information. Proteine sind große und komplexe Moleküle aus tausenden von Atomen in einer bestimmten dreidimensionalen Anordnung. Ein Eiweißmolekül enthält also sehr viel Information, wenn der Betrachter an der genauen Anordnung der Atome interessiert ist. Im Stoffwechsel sind Eiweiße aber primär Empfänger (Rezeptoren) von Information, und ein Großteil ihrer Struktur ist ein Gerüst für den Teil des Moleküls, mit dem es sein spezifisches Zielmolekül (seinen Liganden, sein Substrat) erkennt. Dazu dient ein Teil der Oberfläche des Proteinmoleküls, der ein negatives Abbild des Ligandenmoleküls ist, so wie das Innere eines Handschuhs für eine Hand. Der Ligand passt genau in diese Bindungsstelle. Er geht keine feste (kovalente) chemische Bindung mit dem Protein ein, sondern wird reversibel durch eine Reihe von molekularen Anziehungskräften, „schwachen Bindungen", gehalten, die alle zusammen sicherstellen, dass das richtige Molekül gebunden ist. Es ist nicht leicht, ein Protein dabei zu täuschen, aber es gibt keine Kommunikation, die nicht irgendwie manipuliert wird. Die meisten Drogen sind alternative Signale an spezifische Proteine. Die Bindung eines passenden Moleküls wird vom Protein in eine Ja/Nein-Entscheidung umgesetzt, bei der das Protein entweder selbst ausführende Partei ist (wie bei der enzymatischen Katalyse) oder sein Bit an Information an die Zelle übermittelt. Die Reaktion eines Proteins auf die Bindung seines Liganden ist oft das Resultat einer leichten Verformung von bindendem und gebundenem Molekül durch die gegenseitige Anziehung der „schwachen Bindungen". Bei einem Enzym kann das die spezifische Reaktion des gebundenen Substrats bestimmen. Diese Verformung kann aber auch als Signal von anderen Proteinen erkannt werden, wenn sie Bindungsstellen für Oberflächenstrukturen des Senderproteins haben, die erst bei dessen Verformung entstehen. Das ist der Grundvorgang für den Empfang und die Weitergabe von Information in der Zelle. So können Rezeptorproteine in der Zellmembran mit einer Bindungsstelle an der Außenseite der Zelle Signalmoleküle aus der Umgebung (Hormone, Neurotransmitter) binden und diese Bindung nach innen an Empfängerproteine im Cytoplasma melden. Welche Zelle auf welches Signal reagiert, hängt von ihrer zellspezifischen Ausstattung mit Rezeptorproteinen ab. Komplexere Erkennungsprozesse, einschließlich unserer bewussten Wahrnehmung, beruhen auf einer programmierten Koordination von vielen solchen Einzeleffekten in vielen Zellen. Auf der dynamischen Bindung von Proteinen mit Proteinen, oft in komplexen Anordnungen, beruhen auch viele Strukturen in der Zelle und alle zellulären Bewegungsvorgänge. Wichtig ist dabei, dass das allgemeine Konstruktionsprinzip von Proteinmolekülen derart flexibel ist, dass damit Bindungsstellen für ein weites Spektrum von Molekülen gebildet werden können. Durch Proteine wird Energie aus der Umgebung in den Energiefluss der Zelle eingespeist, und dabei wird Information aus der Gesamtheit der beteiligten Proteine koordiniert in die dynamische Struktur von Zellen und Organismen umgesetzt. Diese Information liegt in Tausenden von verschiedenen Proteinen, jedes aus Tausenden von Atomen in genauer Anordnung. Man hat einmal gedacht, dass Proteine bei der Synthese von weiteren Kopien ihre Information auf diese Kopien übertragen, aber gerade das ist nicht der Fall, und das betrifft eine der wichtigsten Erkenntnisse zur Evolution. Proteine übertragen Information, für deren Erkennung sie programmiert sind, aber sie übertragen nicht die Information über ihren eigenen Aufbau.

Dass Information vom Interesse des jeweiligen Betrachters abhängt, lässt sich gut an der Rolle der Proteine als Empfänger, Ausführende und Überträger von Information demonstrieren. *Unser* Verständnis ihrer Funktion verlangt Information über die dreidimensionale Anordnung von Tausenden von Atomen. In der Zelle sind Proteine aber *Empfänger* von Information, und die beruht auf der Lage und der chemischen Reaktivität von Punkten der Bindungsstelle, an denen Atome des Proteins mit Atomen des gebundenen Liganden in Berührung kommen, also auf einer Identifikation durch das Abgleichen von einer beschränkten, aber für den Zweck ausreichenden Anzahl von Merkmalen. Schließlich wird diese Identifikation für die Zelle in eine einzelne Ja/Nein-Entscheidung umgesetzt: „Bindungsstelle besetzt" oder „Bindungsstelle nicht besetzt". Alle diese Bindungsreaktionen sind reversibel, so dass der Zustand „Bindungsstelle besetzt" von der Konzentration des Liganden abhängt (wie schnell ein freigekommenes Ligandenmolekül durch ein anderes ersetzt wird). Das ist wichtig, um die Signalstärke und ihre zeitliche Veränderung verfolgen zu können. Gerade die additiven Wirkungen von „schwachen Bindungen", die einzeln schon bei normaler Temperatur instabil sind, spielen wichtige Rollen überall in der dynamischen Regulation der Zelle. Neben der Bindung zwischen Protein und Substrat sind solche schwachen Bindungen auch entscheidend für die dreidimensionale Struktur der Proteinmoleküle selbst und damit für den Schlüsselmechanismus der biologischen Informationsübertragung, die Festlegung einer dreidimensionalen, wirksamen Struktur durch eine lineare Folge von Bausteinen.

Makromoleküle: ein generisches Bauprinzip schafft Freiheit für spezifische Information, lineare Information schränkt räumliche Form auf einen Endzustand ein

Proteine sind eine Klasse von *Makromolekülen* der Zelle, lange Ketten aus einem beschränkten Satz von chemischen Grundbausteinen. Bei Proteinen sind das zwanzig verschiedene Aminosäuren. Alle Aminosäuren haben die gleichen zwei reaktiven Gruppen (Amino- und Carboxylgruppe), über die sie in beliebiger Folge zu langen beweglichen Peptidketten verbunden werden können. Die jeweils verschiedenen chemischen Gruppen der aneinanderhängenden Aminosäuren stehen dann abwechselnd rechts und links aus der Kette heraus. Ein Protein besteht aus einigen hundert Aminosäuren in ganz bestimmter linearer Folge. Die chemische Formel für ein bestimmtes Protein kann also durch die Aminosäuresequenz als digitale Nachricht aus einem Alphabet mit zwanzig Zeichen ersetzt werden, wobei Kenntnis der Strukturen der einzelnen Aminosäuren als bekannte, für alle Proteine gleiche Hintergrundinformation vorausgesetzt wird. Mit der linearen Folge sind zwar implizit alle Atome des Proteinmoleküls mit ihren festen (kovalenten) chemischen Bindungen spezifiziert, aber die Kette kann noch erstaunlich frei gedreht und gefaltet werden, und nur eine von astronomisch vielen Verknäuelungen der Kette ist das funktionierende dreidimensionale Proteinmolekül. Stabilisiert wird diese dreidimensionale Struktur durch die Anziehungskräfte zwischen den vielen reaktiven Gruppen der Aminosäuren, die darin einander gegenüber liegen, also durch Hunderte von schwachen Bindungen verschiedener Art. Bei hoher Temperatur kommen die schwachen Bindungen nicht mehr gegen die thermische Bewegung auf, und die Proteinstruktur wird *denaturiert*. Wohl die erstaunlichste Beobachtung in der Geschichte der Proteinchemie war der Befund von Christian Anfinsen (1961), dass ein einzelnes denaturiertes Proteinmolekül unter den richtigen physiologischen Bedingungen spontan wieder seine *native* dreidimensionale funktionelle Struktur annahm. Das ließ sich bald zu der Erkenntnis verallgemeinern, dass bei der Synthese eines bestimmten Proteins in der Zelle nur die Reihenfolge der Aminosäuren spezifiziert wird. Die Kette nimmt dann von selbst die richtige, funktionierende Form an. Das ist keineswegs selbstverständlich. Eine der folgenreichsten Leistungen der Evolution ist die Speicherung der Information über diejenigen Aminosäurefolgen, die bei normaler Temperatur in kürzester Zeit durch die Konkurrenz zwischen schwachen Bindungen und thermischer Bewegung eine energetisch stabilste Faltung finden, die dann auch noch eine spezifische Rolle bei der Informationsübertragung in der Zelle hat. Man kann sich die Aufgabe vielleicht durch den Vergleich mit einem Klappstuhl verdeutlichen, der sehr viel weniger verbundene Einzelteile hat, bei dem aber die funktionierende Faltung *nicht* die energetisch wahrscheinlichste ist. Man muss zumindest eine Vorstellung vom Ziel, möglichst auch vom Weg dahin haben, also *zusätzliche Information*, um die brauchbare Struktur zu erhalten, und diese Struktur droht immer, bei starken Bewegungen spontan in die energetisch stabilste zu kollabieren. Bei Proteinen in der Zelle wäre so etwas gefährlich. Es gibt ganz wenige derart labile Proteine. Die Creutzfeldt-Jakob-Krankeit und der Rinderwahn scheinen darauf zu beruhen.

Die verschiedenen Strukturbedingungen, die die Aminosäuresequenz eines funktionellen Proteins in einem Organismus gleichzeitig erfüllen muss, machen erst deutlich, was für ein erstaunlicher Prozess die Evolution von Proteinen durch Variation und Selektion ist. Proteine sind übrigens wahrscheinlich eine sekundäre Erfindung der Evolution, die wohl mit selbstreproduzierenden Nukleinsäuren begonnen hat, und zwar mit Ribonukleinsäuren. Auch das sind Makromoleküle, Ketten von Untereinheiten, in diesem Falle von vier verschiedenen Nukleotiden, deren unterschiedliche Bestandteile organische Basen (A, C, G, U) sind. Auch diese Ketten können spontan dreidimensionale Faltungen durch schwache Bindungen zwischen jeweils komplementären Basen (A mit U, G mit C) annehmen, und einige solche Faltungen können katalytisch wirken. Primär kann die Basenfolge von Nukleinsäuren aber über die komplementären Bindungen Information zur Synthese von Kopien von sich selbst liefern. Mit der Erfindung von DNA (Desoxyribonukleinsäure) als Spezialform einer Nukleinsäure für Lagerung und Selbstreproduktion der Information und der Erfindung eines Nukleinsäurecodes für Aminosäuresequenzen von Proteinen war die Trennung zwischen der Erhaltung und Weitergabe der Information (DNA) und ihrer Auseinandersetzung mit der Umwelt (Protein) eingeleitet. Die genetische Information füllte sich mit Instruktionen für Strukturen und Reaktionen, die nur mittelbar dem direkten Ziel ihrer eigenen Weitergabe dienen, indem sie die Reaktionen in der Zelle gegen Schwankungen in den äußeren Bedingungen abschirmen. Die RNA hat dabei eine vermittelnde Rolle sowohl bei der Informationsübertragung (messenger RNA, mRNA) wie beim Übersetzen des Codes (transfer RNA, tRNA) behalten, und RNA hat im Laufe der Evolution eine große Anzahl neuer Funktionen dazugewonnen.

Die gemeinsame Ahnenform aller heute lebenden Organismen vor mehr als dreieinhalb Milliarden Jahren muss bereits ein Einzeller mit DNA und Proteinen gewesen sein, und dieser *Last Universal Common Ancestor* (LUCA) muss auch schon die Information für die meisten Aminosäuresequenzen enthalten haben, die bis heute der Grundstock für die Funktionen der Zelle sind. Ein Vergleich der Proteine aller lebenden Organismen zeigt, dass die meisten auf ein paar Hundert Urformen rückführbar sind. Viel Proteinevolution seitdem besteht aus kombinatorischer Zusammenstellung dieser Blöcke zu neuen funktionellen Einheiten. Aminosäureaustausche in der Kette als Folgen zufälliger Mutationen finden ununterbrochen in allen Organismen statt, aber die meisten behindern oder zerstören die Funktion des Proteins. Sequenzen ändern sich im Laufe der Evolution, aber derart langsam, je nach der Funktion des Proteins, dass man die Anzahl unterschiedlicher Aminosäuren in den Kopien eines Proteins in verschiedenen Arten oder Gruppen von Organismen näherungsweise als eine *molekulare Uhr* benutzen kann, die zeigt, wann die Arten ihre unabhängige Evolution von einem gemeinsamen Ahnen aus begonnen haben. Molekulare Daten erlauben eine überraschend präzise Stammbaumrekonstruktion einschließlich quantitativer Abschätzungen über die Verlässlichkeit der Schlüsse.

Von Darwin zur DNA

Ich habe oben schon angedeutet, dass Evolutionsbiologie und Genetik in ihrer intellektuellen Entwicklung voneinander unabhängiger waren, als man das heute annehmen sollte. In der Genetik ging es um den Mechanismus der Weitergabe von Information von Generation zu Generation, in der Evolutionsbiologie um die Veränderung (und erst später um den Ursprung) dieser Information. Der empirische Nachweis von erblichen Unterschieden zwischen den Individuen einer Art war eine der beiden Komponenten der Darwinschen Theorie. Darwin entkräftete damit endgültig die Vorstellung von einer Art als unveränderlicher platonischer Idee (griechisch εἶδος, lateinisch *species*), die in den materiellen Individuen mehr oder weniger präzise abgebildet ist. Noch Linné hatte diese Vorstellung mit seinem System in der Biologie verankert. Nach dieser Vorstellung sollte man hinter den zufälligen Unterschieden zwischen den Individuen einer Art die allen gemeinsamen wesentlichen (*essentiellen*) Merkmale der Art finden können. Diese Auffassung heißt deshalb Essentialismus. Darwin zeigte, dass sich das Bild einer Art aus mehr oder weniger unabhängigen erblichen Merkmalen zusammensetzt, die bei verschiedenen Individuen derselben Art in alternativen oder multiplen Merkmalszuständen vorliegen können. Selektion bei der Vererbung kann die Häufigkeit und Zusammenstellung der Merkmalszustände ändern, bis eine neue Art entsteht. Eine evolutionäre Verwandtschaft aller Organismen verlangte die prinzipielle Veränderlichkeit *aller* Merkmale.

Damit veränderte Darwin die Art von einer gegebenen Grundeinheit der Organismenvielfalt in das vorübergehende, mehr oder weniger verlässlich abgrenzbare dynamische Resultat einer normalisierenden Selektion. Eine Grundtendenz zur ungerichteten Variation in alle Richtungen wird dabei in eine deutlich, aber nicht nach einem einheitlichen Schema lokal strukturierte Vielfalt verändert. Ohne es zu wissen, führte Darwin damit parallel zu der gleichzeitigen Entwicklung der Thermodynamik auf einer höheren Organisationsebene das Prinzip der spontanen Tendenz zum Zerfall von Struktur ein. Die andere Komponente seiner Theorie, das Prinzip der Selektion, zeigte, wie unter diesen Umständen komplexe Strukturen entstehen und erhalten bleiben können. Was fehlte, war die Einsicht in die fundamentale Bedeutung der (identischen) Replikation und Vermehrung von Einheiten durch Informationsweitergabe. Die Tatsache konnte als selbstverständlich vorausgesetzt werden, über den Mechanismus wusste man nichts. Darwin hatte die erbliche Variabilität von Merkmalen empirisch abgesichert, aber er wusste nichts über den Ursprung der Merkmalsunterschiede und nichts über den Mechanismus von deren Weitergabe. Er konnte noch nicht einmal ausschließen, dass die Merkmalsunterschiede bei der Züchtung von Pflanzen und Tieren nicht etwa erst durch die künstliche Haltung und Selektion entstanden. Sachliche Kritik an seiner Theorie konnte da angreifen. Darwin war sich bewusst, dass seine Theorie letztlich von der Aufklärung des Vererbungsmechanismus abhing. Er hat versucht, aus allen relevanten Beobachtungen eine Theorie der Vererbung abzuleiten (Darwin, 1868). Diese Vererbungstheorie ist historisch interessant, aber falsch. Sie zeigt übrigens, dass Darwin (selbstverständlich) trotz seiner Betonung der erblichen Variation von identischer Replikation von Merkmalen (in verschiedenen Varianten) als Grundvorgang der Vererbung ausging.

Zur selben Zeit hatte Gregor Mendel schon aus gezielten sorgfältigen Experimenten eine Theorie der Vererbung abgeleitet, die in einem Punkt ihrer Zeit weit voraus war. Mendel machte einen deutlichen Unterschied zwischen sichtbaren Merkmalen und hypothetischen Trägern genetischer Information, für die Wilhelm Johannsen 1909 den Namen *Gene* einführte. Alternative Merkmalszustände wie rote oder weiße Blütenfarbe wurden nun als Resultat von alternativen Formen von Genen, den *Allelen* eines Gens „für Blütenfarbe", interpretiert. Zwei (gleiche oder verschiedene) davon liegen in jeder Körperzelle, je eines davon gelangt in einer Reduktionsteilung in eine Keimzelle. Überraschende Effekte bei der Vererbung von Merkmalen, vor allem das Überspringen von Generationen, konnten nun durch die Interaktion der beiden verschiedenen Allele des entsprechenden Gens in einem Individuum erklärt werden. Gleichzeitig mit der Neuentdeckung der Mendelschen Theorie wurde auch der spontane Ursprung von erblichen Varianten, *Mutation*, nachgewiesen. Die ersten Fälle betrafen aber nicht den typischen Fall der Mutation eines Allels in ein neues Allel, und das hat für lang anhaltende Missverständnisse gesorgt.

Dass den hypothetischen Genen wirkliche materielle Strukturen entsprechen mussten, war sicher, aber solange die chemische Struktur von Genen nicht bekannt war, musste man ihr Verhalten indirekt aus ihren Effekten auf Merkmale erschließen. Dabei wurde deutlich, dass es keine Eins-zu-Eins-Entsprechung zwischen Genen und (beliebigen) Merkmalen geben konnte. Verschiedene Interaktionen von mehreren Genen mussten zur Erklärung der Vererbung eines Merkmals postuliert werden, und ein Gen konnte gleichzeitig Effekte auf verschiedene Merkmale haben. Zudem wurde die genetische Komponente bei der Ausbildung eines Merkmals durch die unvermeidlichen Umwelteffekte auf praktisch alle Merkmale überdeckt. Man musste erst einmal mit statistischen Methoden das genetische Signal von den Umwelteffekten bei der Variation eines Merkmals in einer Stichprobe von Organismen trennen, um dann, auch mit statistischen Methoden, Aussagen über die vorhandene genetische Variation zu treffen. Die statistische Genetik von Merkmalen wurde ein wertvolles Instrument zur Analyse und Planung von Projekten in der Tier- und der Pflanzenzucht. Dabei waren natürlich nur Gene betroffen, die in verschiedenen Allelen vorlagen. Neumutationen spielten bei diesen kurzzeitigen Analysen kaum eine Rolle. Der Bestand an variablen Genen und die vorhandenen Allele hängen von der untersuchten Stichprobe, der jeweiligen Population, ab. Je mehr Gene in verschiedenen Allelen vorliegen, desto mehr kann durch geschickte Selektion erreicht werden. Das ließ sich von der Züchtungsforschung auf die Evolution durch natürliche Selektion extrapolieren. Die statistische Populationsgenetik wurde zur Grundlage der Synthetischen Evolutionstheorie aus Mendelscher Genetik und Darwinscher Selektionstheorie. Es ist verständlich, dass sie sich auf augenblickliche Kurzzeitevolution in natürlichen Populationen bis hin zur Artbildung konzentrierte. Sewall Wright fasste das in den vierziger Jahren in der Definition zusammen: *Evolution ist die Änderung der Häufigkeiten von Allelen in Populationen.* Das bedeutete nicht, dass man annahm, alle Organismen „von der Amöbe zum Menschen“ hätten dieselben Gene und unterschieden sich nur in den allelen Formen dieser Gene. Es betraf die augenblicklichen Evolutionsvorgänge, die jederzeit überall nebeneinander in den verschiedenen Populationen von Organismen stattfinden. Die Beziehung zwischen dieser *Mikroevolution* in Populationen und der *Makroevolution* von ganz verschiedenen Organismentypen war umstritten. Die Synthetische Theorie nahm an, dass Mikroevolution über hinreichend lange Zeit in Makroevolution übergeht. Wir wissen jetzt, dass das so ist, aber der Prozess ist nicht so stetig und statistisch feinkörnig, wie man sich das damals vorstellte. Gelegentlich passiert einmal etwas, was im Augenblick nicht auffällt, was sich aber im Nachhinein als eine qualitative Weichenstellung für die Evolution der Nachkommen dieser Population erweist. Für die dramatischeren dieser Episoden hat John Maynard Smith den Ausdruck *Major Evolutionary Transitions* geprägt. Wo diese evolutionären Neuerfindungen neue Lebensweisen erschlossen haben und nicht bis zum Aussterben mit den bisherigen Formen konkurrierten, haben die Vorher- und die Nachher-Versionen in unterschiedlichen Nachkommenschaften überlebt und können in heute lebenden Organismen verglichen werden. Das erlaubt uns jetzt detaillierte experimentelle Analysen von vielen entscheidenden Neuerungen im Laufe der Evolution.

Die Evolution der genetischen Information umfasst mehr als den Austausch von Allelen von Genen. Aber ohne direkten Zugang zu Genen und Allelen war es beinahe unmöglich, Genaueres darüber herauszufinden. Zur Lösung dieser Aufgabe trugen verschiedene Forschungsrichtungen bei. Aus der Erkenntnis, dass sich die Chromosomen im Zellkern nach den Mendelschen Regeln verhalten, entstand die Cytogenetik, die von einer linearen Anordnung der Gene auf den Chromosomen ausging. Chromosomen bestehen aus Proteinen und DNA. Es war bekannt, dass DNA aus vier Nukleotiden als Untereinheiten besteht, die durch Phosphodiesterbindungen verknüpft sind. Aber während die entscheidende Rolle von Proteinen bei praktisch allen Prozessen in der Zelle immer deutlicher wurde, war wenig oder nichts über die genaue Struktur und Funktion von DNA bekannt. Der Arzt Archibald Garrod hatte schon 1902, also kurz nach der Wiederentdeckung der Mendelschen Theorie, festgestellt, dass die Stoffwechselkrankheit Alkaptonurie nach dem Mendelschen Schema vererbt wird, und er hatte damit eine Verbindung zwischen einem Gen und einem Stoffwechselweg entdeckt. In den vierziger Jahren untersuchten George Beadle und E. L. Tatum die Beziehung zwischen Genmutationen und Stoffwechseleffekten bei einem Pilz, der sich besonders für solche Experimente eignete, und fanden, dass Mutationen in einzelnen Genen den Ausfall von einzelnen Enzymen zur Folge hatten (Beadle & Tatum, 1941). Ein Gen schien also die Information für ein Enzym, ein Protein, zu enthalten. Kurz danach gelang zwei Forschergruppen mit verschiedenen Ansätzen der verblüffende Nachweis, dass nicht Protein, sondern DNA die genetische Information enthält und überträgt (Avery & al., 1944; Hershey & Chase, 1952). Als dann 1953 James Watson und Francis Crick die molekulare Struktur der DNA aufklärten, konnten sie darin sowohl die Grundlage der Informationscodierung wie die Grundlage der Informationsübertragung erkennen.

Die Bekanntheit von Shannons Informationstheorie machte es leicht, die genetische Information in der DNA in einer unregelmäßigen, aber festgelegten Abfolge der vier verschiedenen Nukleotide, hier A, G, T und C, zu vermuten. Besonders aufregend war aber die Entdeckung, dass DNA eine Doppelhelix aus *zwei* umeinander gewundenen Nukleotidketten ist, die gegenläufig nebeneinander liegen, wobei jeweils einem A in einer Kette ein T in der komplementären und einem C ein G gegenüberliegt. Diese Paarungen beruhen auf spezifischen „schwachen Bindungen" und schaffen einen konstanten Abstand zwischen den beiden Ketten. Zusammen mit schwachen Bindungen zwischen aufeinander folgenden Basenpaaren sorgen sie für eine ausreichend stabile Paarung der Ketten im normalen Temperaturbereich. Diese Bindungen zwischen den komplementären Ketten verhindern auch weitgehend die Bildung dreidimensionaler Faltungen innerhalb der Einzelketten. Sie stabilisieren und sie verstecken die Sequenzinformation bei der Lagerung. Für die Informationsübertragung müssen die beiden Ketten voneinander getrennt werden. Eine Nukleotidkette kann dann als Matrize für die Anlagerung von passenden Nukleotiden bei der Synthese der komplementären Kette dienen. Bei der Replikation der DNA geschieht das gleichzeitig an beiden Einzelketten, die jeweils zu Doppelmolekülen ergänzt werden (Meselson & Stahl, 1958). Auch wenn für diesen Replikationsprozess eine ganze Reihe verschiedener Proteine als Apparatur und Werkzeuge notwendig sind, besteht die Informationsübertragung wirklich nur in der spezifischen Basenpaarung zwischen komplementären Nukleotiden. Die neusynthetisierten Doppelketten werden von entsprechenden Proteinen auf ihre Struktur hin kontrolliert. Das nennt man zwar „Korrekturlesen", aber der Inhalt der Information wird nicht geprüft. Mutationen, die sich nicht auf die Helixstruktur auswirken, schaffen neue Allele. Wegen dieser rein formalen Kontrolle können zum Beispiel auch informationtragende Sequenzen in die bestehenden DNA-Kettern eingespleißt werden (von Viren oder von Biochemikern), und diese zusätzlichen Sequenzen werden sauber mitkopiert und von der Zelle als genetische Information interpretiert. Das weitere Schicksal aller Änderungen der DNA-Sequenz des Genoms beruht ausschließlich auf ihrem Effekt auf das Überleben und die Reproduktion der Zelle oder des Organismus, also auf Darwinscher Selektion. Nirgendwo ist das Verhältnis zwischen richtungsloser struktureller Variation bei der Vermehrung von Informationsträgern und der Entstehung oder dem Verlust von sinnvoller Information derart gut zu verfolgen wie bei der Evolution der DNA von Genomen. Jetzt, da wir die vollständige

Basensequenz ganzer Genome kennen, sehen wir erst, wie sehr das Bild vom Genom als Perlenkette von Genen für Proteine noch unsere Vorstellung von der Natur als perfektem Uhrwerk aus vorgegebenen Elementen unter der Kontrolle von schematisch einfachen Gesetzen widerspiegelte. Was wir jetzt sehen, ist eine Dynamik mit Informationsübertragung, Variation und Selektion, die im Freiraum aller möglichen Anordnungen hin und wieder wirksame komplexe Strukturen schafft und dann oft und lange genug erkennbar reproduziert, so dass sie uns wie invariante Grundeinheiten der Natur vorkommen.

Das C-Wert-Paradox und die Evolution von Information

Sobald bekannt wurde, dass DNA der molekulare Träger der genetischen Information ist, begannen Biochemiker, die Gesamtmenge der DNA in den Genomen verschiedener Arten zu bestimmen. Sie erwarteten, dass die Menge der genetischen Information proportional zur Komplexität der jeweiligen Art sei, dass der DNA-Gehalt des Genoms also ein Maß für die Komplexität eines Organismus sein sollte. Alfred Mirsky und Hans Ris veröffentlichten 1951 die ersten vergleichenden Daten zu den Genomgrößen einer Reihe verschiedener Tierarten. Die DNA-Menge im haploiden Genom ist der *C-Wert*, entweder als Anzahl von Basenpaaren oder in Picogramm (10^{-12} g). Dieser C-Wert war, wie erwartet, für alle Individuen einer Art innerhalb der damaligen Messgenauigkeit der gleiche. Bei einigen Milliarden Basenpaaren in einem Genom konnten ein paar Millionen mehr oder weniger allerdings nicht erkannt werden. Das kam später (Greilhuber, 2005; Check, 2005). Das aufregende Ergebnis damals war, dass die C-Werte verschiedener Arten, also die Mengen an genetischem Material, bei Pflanzen und Tieren nichts mit der geschätzten Komplexität der Art zu tun haben. Je mehr Arten untersucht wurden, desto deutlicher wurde dieses Ergebnis. Gerade bei Wirbeltieren gab es da Überraschungen. Einige Salamander und Lungenfische haben 50-mal soviel DNA im Zellkern wie wir Menschen, und bei den Säugetieren hat das Erdferkel noch einmal zwei Drittel soviel wie wir. Die C-Werte von 19 Arten derselben Gattung von Kröten (*Bufo*) formen eine log-normale Verteilung zwischen 8 und 16 pg. Die C-Werte bei Pflanzen variieren über einen ähnlichen Bereich wie die der Tiere (Bennett et al., 1982). Dieses unvorhergesehene Resultat ist unter dem Namen *C-Wert-Paradox* (Thomas, 1971) in die Geschichte eingegangen.

Wir wissen heute recht genau, was zur Variation der C-Werte beiträgt (Gregory, 2005). Nirgendwo sonst haben wir einen besseren Einblick in die laufende Produktion genetischer Komplexität. Das beginnt mit den verschiedenen Arten von Mutationen. Sie reichen von Austauschen, Verlusten oder Einschüben einzelner Nukleotide in der Sequenz („Punktmutationen") über lokale Verdoppelungen oder Verluste von Sequenzen verschiedener Länge bis hin zur Verdoppelung des gesamten Genoms, wenn an entscheidender Stelle einer Chromosomenverdoppelung keine Zellteilung folgt. Dazu kommen Austausche und Einwanderungen von Sequenzen fremder Genome über Parasiten, vor allem von einigen Arten Viren, die ihre Genome in das Genom der Wirtszelle einbauen können, und durch Hybridisierung zwischen Arten. Die verschiedenen Arten von Mutation sind bei verschiedenen Gruppen von Organismen verschieden häufig, und ihre Bedeutung hängt obendrein von der jeweiligen Populationsgröße ab. Man hat zum Beispiel die Häufigkeit von Sequenzmutationen beim Bakterium *E. coli* unter optimalen (nicht-mutagenen) Umständen auf einen Austausch aller 54 Milliarden kopierter Nukleotide geschätzt (Drake, 1999). Die viereinhalb Millionen Basenpaare im Genom werden dann also in den meisten Fällen ohne einen einzigen Fehler kopiert. Trotz dieser anscheinend vernachlässigenswerten Fehlerrate kann ein einziges Bakterium in ein paar Litern Nährlösung über Nacht so viele Nachkommen produzieren, dass man davon ausgehen kann, dass darin irgendwo jedes beliebige Basenpaar mutiert ist. Dann kommt Selektion ins Spiel. Die Vermehrungsrate nimmt zwar ab, wenn die Umstände sich verschlechtern, aber die Vermehrung darf nie aufhören, und letztlich müssen Teilungsrate und Absterberate ins Gleichgewicht kommen, wenn sich die Population im Rahmen der vorhandenen Ressourcen halten will. Das führt unweigerlich zu einer (unbewussten, automatischen) Konkurrenz zwischen den Zellen, welche vor der nächsten Teilung absterben, und denen, welche sich noch einmal teilen. Dabei haben die Zellen mit neuen Mutationen in der Regel die schlechteren Chancen. Selektion bewahrt vor allem das bewährte Erreichte vor statistischem Zerfall. Positive Evolution ist ein gelegentlicher Nebeneffekt, auch wenn sie auf lange Zeit Erstaunliches erreicht. Die präzise Replikation der DNA unter normalen Umständen ist eines der Ergebnisse davon. Die Population wird nur dann nicht aussterben, wenn laufend ein Überschuss an funktionierenden Zellen produziert wird, unter denen durch Konkurrenz um die begrenzten Ressourcen die effektivsten auch die häufigsten bleiben. Unter normalen Umständen ist eine minimale Mutationsrate die beste Strategie für das Überleben einer Population.

Man sollte meinen, dass dann die Evolution irgendwann bei einem optimalen Genom festläuft, das durch keine Mutation verbessert werden kann und seine Mutationsrate gerade durch eine entsprechend effektive Vermehrungsrate ausgleicht. Die lokal und zeitlich verschiedenen Umweltansprüche verhindern das, aber alle *typischen* oder *regelmäßigen* Strukturen und Prozesse in der Biologie sind evolutionäre Erfindungen, die zwar auch immer Variationen unterworfen sind, aber zumindest lokale Optima darstellen, bei denen Variation keine grundsätzlich neuen Trends in Gang setzen kann. Die Zellstruktur von Bakterien und Archäen ist ein gutes Beispiel. Bakterien und Archäen sind zwei uralte Gruppen von einzelligen Organismen, bei denen das Genom in der Regel ein einziges, ringförmig geschlossenes DNA-Molekül ist, das wirklich einigermaßen einer Perlenkette von Genen gleicht. Weil bei ihnen die DNA innerhalb der Zelle nicht in einem separaten Zellkern eingeschlossen ist, werden Bakterien und Archäen trotz ihrer unterschiedlichen Zellchemie oft als *Prokaryoten* dem dritten Typ von heute lebenden Zellen, den *Eukaryoten* (Amöben, Pilze und Tiere, Pflanzen und einige andere Gruppen), gegenübergestellt. Prokaryoten sind seit Milliarden von Jahren erfolgreich. Sie kommen überall vor. Wir brauchen nur daran zu denken, dass jeder von uns bis zu einhundert Billionen (*zehn hoch vierzehn*) Prokaryotenzellen von Hunderten verschiedenen Arten beherbergt (Gill et al., 2006), weit mehr, als unser Körper eigene Zellen hat. Aber die Bauprinzipien von Prokaryotenzellen setzen ihrer Evolution enge Grenzen. Ihre Genome enthalten meist einige Millionen Nukleotidpaare. Die größten, mit etwa 13 Millionen, sind etwa so groß wie die kleinsten Eukaryotengenome. Mindestens zwei Gruppen von Bakterien zeigen unabhängig voneinander Ansätze zur Vielzelligkeit, aber in Milliarden Jahren sind keine wirklich vielzelligen Prokaryoten entstanden. Der Erfolg der Prokaryoten beruht darauf, dass sie für jede erreichbare Konstellation von Umweltbedingungen auf oder unter der Erde spezielle physiologische Adaptationen gefunden haben, darunter für Bedingungen, in denen jeder Eukaryot absterben würde. Grob vereinfacht ist die Evolution von Prokaryoten durch Zunahme an physiologischer Diversität charakterisiert, die der Eukaryoten durch Zunahme an organismischer Komplexität. Einzellige *Eukaryoten* haben immer wieder unabhängig voneinander echte Vielzelligkeit entdeckt und sind zu Ahnengruppen von großen vielzelligen Pflanzen, von Tieren, Pilzen, Rotalgen oder Braunalgen geworden.

Vielzelligkeit, Sex und unerkannt mitgeschleppte Kopierfehler als Quelle neuer Information

Die Struktur der eukaryotischen Zellen mit ihren linearen Chromosomen und ihren Membransystemen war eine Voraussetzung für die Evolution der komplexen genetischen Regulationsmechanismen, wie sie Vielzelligkeit verlangt. Der entscheidende Fortschritt war aber die Erfindung der Sexualität, also der Verschmelzung von zwei Einzellern mit je einem Genom (haploid) zu einer Zelle mit zwei Genomen (diploid), und der komplementären Reduktionsteilung, vor der die jeweils homologen Chromosomen der beiden Genome sich präzise der Länge nach nebeneinander legen und reziprok Stücke austauschen. Entstanden ist dieser seltsame Mechanismus sicher als eine Antwort auf mutagene Stresssituationen. Bei Prokaryoten gibt es eine ganze Reihe vergleichbarer Prozesse, aber eben nicht diesen. Vollständiger reziproker Stückaustausch zwischen Genomen kann verschiedene Mutationen in zwei gepaarten Chromosomen auf einem Chromosom zusammenbringen und die entsprechenden fehlerfreien Stellen auf dem anderen. Dieser Mechanismus kann aber auch unabhängige nützliche Mutationen aus zwei verschiedenen Abstammungslinien zusammenbringen und mit dieser Rekombination von unabhängigen Erfindungen die Evolution enorm beschleunigen. Das ist einer der großen Vorteile von Sex. Er wird dadurch möglich, dass in diploiden Zellen ein funktionierendes Allel in einem Genom ein funktionsloses Allel desselben Gens im anderen Genom oft voll kompensiert und das mutierte Allel nur dann schädlich wirkt, wenn es von den Keimzellen beider Eltern übertragen wird. Das ist der Grund für die Vermeidung von Inzucht und ein Mechanismus, der es erlaubt, neue Allele lange in einer Population mitzuschleppen und in verschiedenen Kombinationen auf ihre Wirkung zu testen. Sex ist früh in der Evolution einzelliger Eukaryoten entstanden und hat sich als eine *Major Evolutionary Transition* erwiesen, die neue Möglichkeiten der Evolution eröffnet hat, deren Resultate dann aber auch eine Rückkehr zu einer ausschließlich asexuellen Vermehrung durch Teilung beinahe unmöglich gemacht haben. Sexuelle Vermehrung ist uns derart selbstverständlich, dass man erst in den siebziger Jahren ernstlich untersucht hat, warum sich asexuelle Vermehrung mit Weitergabe ganzer Genome nicht durchgesetzt hat. Die Tendenz dazu bleibt bestehen, und viele Organismen wechseln zwischen sexueller und asexueller Vermehrung.

Echte Vielzelligkeit beruht darauf, dass die klonalen, genetisch identischen Nachkommen einer Zelle verbunden bleiben und durch Integration und Arbeitsteilung einen komplexen Organismus bilden, in dem die einzelnen Zellen schließlich nur noch Bauelemente sind. Aus komplexen Systemen (Zellen) werden Komponenten eines Systems mit höherer Komplexität (vielzellige Organismen). Das verlangt zusätzliche Information. Zu den Genen für die Grundfunktionen einer Zelle kommt ein genetisches Programm für die fortschreitende funktionelle und morphologische Differenzierung der Zellen im Verlauf ihrer Teilungen, bei der zellinterne Prozesse und Kommunikation zwischen den Zellen zusammenspielen, und es verlangt eine organismusweite Kommunikation zwischen Zellen für die integrierte Funktion des gesamten Organismus. Dieses zusätzliche Programm kann nicht aus der Änderung von Allelhäufigkeiten in vorhandenen Genen entstehen, es benötigt neue Gene und neue Regulationsmechanismen, also größere Genome. Die wahrscheinlichste Quelle für mehr DNA sind zufällige Duplikationen im Genom. Die konnten schon ohne fortgeschrittene Sequenzierungsmethoden nachgewiesen werden. Direkte Wiederholungen von einzelnen Nukleotiden, Gruppen von Nukleotiden und längeren Stücken der DNA schienen überall in Genomen vorzuliegen, ohne dass ihnen eine Funktion zugewiesen werden konnte. Ob solche Wiederholungen (neuartige) funktionelle Information enthalten und woher sie die bekommen haben, war anfangs unbekannt. Zwei Modelle aus der Zeit um 1970 haben sich bei der Antwort als wegweisend erwiesen.

Roy Britten und Eric Davidson (1969) nahmen an, dass die wiederholten Sequenzen, die anscheinend nicht in RNA und sicher nicht in Proteine umgeschrieben wurden, regulierende Funktion haben sollten. Vor Gene geschaltet, sollten sie den entsprechenden Enzymen zeigen, wann und wo das Produkt eines Gens benötigt wird. Auch wenn gerade die meisten der Sequenzen, von denen Britten und Davidson damals ausgingen, nicht dazu dienen, ist deren Modell eines Regulationscodes in der DNA inzwischen zu einem der aktivsten Gebiete der Molekulargenetik geworden. Dabei geht es um einen Code, der auf der Bindung zwischen Proteinen und (doppelsträngiger) DNA beruht. Dass die DNA über Proteine, die sie codiert und die an DNA binden, sich selbst reguliert, war schon vor der Entdeckung des Triplettcodes für die Proteinsynthese bekannt. Die Entdeckung von Francois Jacob und Jacques Monod (1961), wie das Darmbakterium *E. coli* bei Glucosemangel seinen Zuckerstoffwechsel umstellt, ist das Lehrbuchbeispiel. Vielzellige Eukaryoten haben diesen Mechanismus der Verbindung von Umweltinformation und innerer Regulation der Zelle zu Netzwerken von Kommunikation zwischen Zellen ausgebaut. Und das ist nur einer der intrazellulären Regulationscodes von Vielzellern. Im Gegensatz zum klassischen „genetischen Code" ist dies übrigens kein universaler Code, sondern seine Evolution in verschiedenen Gruppen ist ein wichtiger Faktor der Makroevolution.

Komplementär dazu ging es Susumu Ohno um den Ursprung neuer Gene. In seinem Buch *Evolution by Gene Duplication* (1970) zeigte er, dass im Genom gelegentlich ganz ähnliche Gene wiederholt vorkommen, manchmal direkt hintereinander *in tandem*. Die zufällig komplette Verdoppelung eines Gens würde redundante Information produzieren. Mutationen in einer der Kopien könnten die Funktion dieser Kopie modifizieren und im Laufe der Evolution daraus eine Variante unter eigener Regulation machen (Hittinger & Carroll, 2007). Wir wissen jetzt, dass auf diese Weise ganze Familien von Genen für ähnliche Proteine innerhalb eines Genoms entstanden sind. Das Paradebeispiel waren damals die Gene für Hämoglobin. Ein funktionierendes Hämoglobin besteht aus vier Proteinketten, zwei identischen Produkten eines α-Hämoglobingens und zwei von einem β-Hämoglobingen. In dieser Zusammenstellung können die Moleküle sich so beeinflussen, dass sie bei einer ganz bestimmten Sauerstoffkonzentration von Bindung zu Abgabe übergehen. So wird Aufnahme von Sauerstoff in den Lungen und Abgabe in den Geweben programmiert. Im menschlichen Genom liegen aber vier funktionelle Gene vom α-Typ *in tandem* auf Chromosom 16 und fünf vom β-Typ *in tandem* auf Chromosom 11. Bei der Entwicklung vom Embryo über den Fötus zum Erwachsenen werden Hämoglobine von fortschreitend anderen dieser Gene synthetisiert. Damit wird Aufnahme und Abgabe von Sauerstoff im Embryo, im Fötus und im Erwachsenen den jeweiligen Umgebungen angepasst. Bei Fröschen hilft ein ähnlicher Mechanismus beim Übergang vom Wasserleben der Kaulquappe zum Landleben der Frösche.

Das war ein Beispiel für die subtilen Möglichkeiten zur Evolution über die zufällige Duplikation von Genen. Ohno wies aber auch darauf hin, dass eine zufällige Genverdoppelung keineswegs automatisch neue Funktionen schaffen muss. Es ist viel wahrscheinlicher, dass eine Mutation die Funktion einer redundanten Kopie zerstört, ohne dass das einen Effekt auf den Organismus hat. So eine funktionslose Kopie würde im Laufe der Zeit beliebige Mutationen ansammeln und unweigerlich im Verlauf von etwa vier Millionen Jahren regelmäßiger Weitergabe zu Buchstabensalat zerfallen. Und wirklich liegen zwischen den vier menschlichen α-Genen drei funktionslose Kopien und zwischen den fünf β-Genen zwei solche *Pseudogene*. Dies sind noch erkennbare, also nur die jüngsten abortiven Verdoppelungen in der langen Geschichte der Hämoglobine. Ohno (1972) nannte solche Sequenzen, die der Selektion entgehen und die langsam zur Unkenntlichkeit mutieren, *Junk DNA*, molekularen Müll. Sein Argument war stichhaltig und mit Beispielen belegt, aber der Gedanke, dass eventuell ein großer Teil des Genoms, unseres Genoms, Müll sein sollte, war damals vielen Biologen (ich gehörte dazu) unangenehm. Darwinsche Evolution beginnt zwar mit zufälliger Variation, und der größte Teil dieser Variation ist sicher nutzlos oder schädlich, aber wir nahmen an, dass rigorose Selektion nicht nur Schädliches, sondern auch Überflüssiges entferne und dass alle Details eines

Organismus jederzeit optimal zur Funktion des Organismus beitrügen. Das ist bei allem Staunen über die funktionelle Komplexität von Organismen ein Vorurteil. Für die genetische Information gilt es erst recht nicht.

Die Ansammlung von Informationsmüll im Genom könnte zwar das Fehlen einer Korrelation zwischen Genomgröße und organismischer Komplexität erklären, aber solche Mengen von überflüssiger DNA in jeder Zelle sollten auch ohne codierende Funktion Effekte auf Überleben und Fortpflanzung haben und damit eine Gegenselektion hervorrufen. Vor der Erkenntnis, dass Konkurrenz zwischen Organismen letztlich Konkurrenz zwischen alternativer Information ist, wurde damals Effizienz der Organismen im Umgang mit Energie als mögliche Grundwährung bei der Konkurrenz zwischen Organismen angesehen. Da fiel es auf, dass dieselben Nukleotide, aus denen Nukleinsäuren bestehen, auch die zentrale Rolle bei der Speicherung und Übertragung von Energie im Stoffwechsel spielen. Das illustriert, wie weit die Evolution einmal Vorhandenes für alle möglichen Anwendungen verwendet, aber es machte die Ansammlung und Weitergabe von molekularem Müll zu einer unerklärlichen Energieverschwendung. Und doch gab es ohne jeden Zweifel überflüssige DNA. Wenn man Sichtweisen in der Naturwissenschaft danach beurteilt, welche von ihnen die Beobachtungen einfacher erklärt und voraussagt, wird man hier wieder die Asymmetrie zwischen der genetischen Information und dem Organismus erkennen. Trotz ihrer notwendigen gegenseitigen Abhängigkeit ist es letztlich die Information, die sich den Organismus als Reproduktionsapparat, zum Überleben und zur Abschirmung von der Umwelt schafft, nicht der Organismus, der die Information zu seiner Vermehrung einsetzt. Information bleibt über die endliche Lebensdauer von Informationsträgern hinaus bestehen. Organismen mit sexueller Fortpflanzung können „sich" grundsätzlich nicht vermehren. Der Informationsfluss in der Zelle verläuft von Nukleinsäuren zu Proteinen, aber nicht umgekehrt. Nur ein kleiner Teil der DNA im Genom eines komplexen Vielzellers codiert für Proteine. Wir wissen noch nicht, wieviel der übrigen DNA im Genom Teil des „Entwicklungsprogramms" für den Organismus ist, aber Genome enthalten auf jeden Fall sehr viel DNA, die wegfallen kann, ohne dass es einen merklichen Effekt auf den Organismus hat (Nóbrega et al., 2004).

Das Genom als Gesellschaft von Genen. Parasitische DNA

Darwinsche Selektion beruht auf der Konkurrenz alternativer Formen der gleichen Information um deren Weitergabe (Allele von Genen oder, allgemein, „alternative Antworten auf dieselbe Frage"). Das ist Konkurrenz zwischen replizierenden Informationsträgern um Bausteine und Energie zur Synthese von Kopien. Aber neben dieser Darwinschen Konkurrenz zwischen replikationsfähigen Einheiten gibt es die Konkurrenz von Information, die sich nicht selbst replizieren kann, um Replikationsmechanismen. Gene können sich nicht allein replizieren. Sie sind auf die Zusammenarbeit im Genom bei der Programmierung eines Apparates für ihre Replikation angewiesen. Zum Bild vom Genom als Abfolge einer bestimmten Anzahl Gene an festen Plätzen, deren Allele um diesen Platz konkurrieren, kommt die Rangelei von neuer Information um einen dauerhaften Platz in einem Genom. Für Duplikationen bestehender Information hat Ohno das erläutert. Ein neuer Platz im Genom bleibt erhalten, wenn dort eine Funktion lokalisiert ist, die zum Überleben und zur Replikation des gesamten Genoms beiträgt. Kein Wunder, dass Gene mit zentralen Rollen bei der DNA-Replikation oder der Proteinsynthese seit Milliarden Jahren fester und erkennbarer Bestandteil aller Genome sind. Spezialfunktionen haben es nicht so leicht, und funktionslose DNA kann nicht nur unkontrolliert degenerieren, sondern auch ohne Effekt verlorengehen.

Was überraschte, war die Erkenntnis, dass ein großer, wenn nicht gar der größte Teil der DNA eines Vielzellergenoms aus parasitischer DNA besteht, die ohne Gegenleistung vom Replikationsmechanismus der Zelle profitiert. Parasitische DNA verschiedener Art gibt es auch in Prokaryoten, genauso wie regulatorische DNA, Genduplikationen und Pseudogene, aber bei Prokaryoten reduziert Selektion die Genomgröße rigoros auf ein Minimum, und Sequenzen, die nicht für Überleben und Fortpflanzung notwendig sind, haben dort keine lange Verweildauer. Die Toleranz von eukaryotischen Zellen für große Mengen DNA im Genom, auf der die Evolution komplexer genetischer Regulationssysteme beruht, macht diese Zellen auch relativ tolerant für parasitische DNA, besonders in ihrer inaktivierten, funktionslosen Form als molekularer Müll. Anstatt sich einen Platz im Genom durch einen Beitrag zur Funktion des Organismus zu sichern, entgeht solche DNA dadurch der Selektion, dass sie sich an verschiedenen Stellen in mehrfachen Kopien ins Genom einbaut und sich oder eine redundante Kopie von sich von einer Stelle im Genom in eine andere umsetzt. Daher der Name *Transposons* oder *Springende Gene*. Im menschlichen Genom liegen mehr als drei Millionen Kopien verschiedener Arten von Transposons, beinahe alles die Überbleibsel von alten Episoden explosionsartiger Verbreitung im Genom, die von der Zelle zwar nicht gezielt ausgeschnitten, aber in ihrer Funktion blockiert werden.

Genome wachsen, bis die physiologischen Effekte adaptiver Evolution im Wege stehen

Die große Menge von nicht notwendiger und eventuell schädlicher DNA erklärt sich dadurch, dass eine beliebige Verdoppelung von DNA im Genom meist weniger nachteilig ist als ein beliebiger Verlust von DNA, vor allem in kompakten Genomen. Genome haben daher die Tendenz, langsam anzuwachsen. Auch wenn eukaryotische Zellen im Gegensatz zu Prokaryoten erstaunlich tolerant für zusätzliche DNA sind und wenn die Lieferung von energiereichen Nukleotiden für die Replikation des jeweiligen Genoms eine vorrangige Aufgabe des Zellstoffwechsels ist, macht sich die Menge der DNA irgendwann doch in der Struktur und der Funktion des Organismus bemerkbar. Am einfachsten ist das zu sehen, wenn man (durch Unterdrückung einer Zellteilung) einen Organismus mit drei oder vier Genomen pro Zelle statt der normalen zwei erhält (Triploide oder Tetraploide statt Diploider), ohne dass man dabei die Information in diesen Genomen verändert. In den meisten Fällen wird das Zellvolumen etwa proportional größer, die Zellen teilen sich etwas langsamer und haben pro Gewichtseinheit eine geringere Stoffwechselaktivität. Bei krautigen Pflanzen ändert sich mit der Zellgröße die Größe des Organismus. Praktisch alle großen und großblütigen gärtnerischen Zuchtvarianten sind künstliche *polyploide* Derivate von Wildpflanzen. Das (unabhängig entstandene) Entwicklungsprogramm von Tieren strebt in der Regel eine vorgegebene Endgröße an. Die meisten tetraploiden Tiere haben die halbe Zahl doppelt so großer Zellen. Das kann nachteilige Effekte haben, wenn zum Beispiel doppelt so große rote Blutkörperchen durch Kapillaren fließen, deren dickere Wandzellen das Lumen einengen. Die Effekte einer Reduzierung der Zahl der Nervenzellen im Gehirn sind bisher kaum untersucht worden. Ein plötzlicher Übergang von normaler Diploidie zu Tetraploidie kann aber auch andere überraschende Effekte haben. Ein berühmtes Beispiel aus der Natur sind zwei nordamerikanische Laubfroscharten, die auch ein Experte nicht am Aussehen unterscheiden kann, die diploide *Hyla chrysoscelis* und die tetraploide *Hyla versicolor*. Die Frequenz der Rufe der Männchen ist bei der tetraploiden Art halb so schnell wie bei der diploiden Art (McLister et al., 1994), und die jeweiligen Weibchen scheinen bevorzugt auf die Rufe der passenden Männchen zu reagieren.

Auch die kontinuierliche Variation von Genomgrößen zwischen verwandten Arten ist mehr oder weniger genau mit Zellgrößen und anderen Parametern korreliert. Zum Beispiel sind Pflanzen ab einer bestimmten Genomgröße obligat mehrjährig, und Wirbeltiere, die fliegen können (Fledermäuse, flugfähige Vögel, gerade auch Kolibris), haben kleinere Genome als flugunfähige Gruppen. Vor allem Selektion auf einen Lebensstil mit überdurchschnittlich hoher Stoffwechselaktivität oder einer besonders schnellen Generationenfolge bevorzugt Genome, in denen möglichst viel entbehrliche DNA verlorengegangen ist. Nicht zufällig sind die Lieblingsobjekte von Genetikern Organismen mit mehreren Generationen pro Jahr und kleinen Genomen. Dazu gehörten die Taufliege *Drosophila melanogaster* und der Kreuzblütler *Arabidopsis thaliana*. Diese kleinen und gut charakterisierten Genome sind auch unter den ersten voll sequenzierten gewesen. Dabei hat sich unter anderem gezeigt, dass das Genom von *A. thaliana* im Laufe der Evolution der zweikeimblättrigen Pflanzen ein verdreifachtes Ahnengenom ererbt und dieses bei seiner weiteren Evolution noch zweimal verdoppelt hat, so dass das jetzige winzige Genom aus den Resten von zwölf Kopien verschiedenen Alters des Ahnengenoms der höheren Pflanzen zusammengestückelt ist (Tang et al., 2008). Übrigens zeigt auch das menschliche Genom noch deutliche Spuren von zwei vollen Verdoppelungen in der frühen Evolution der Wirbeltiere, eine vor und eine nach der Abspaltung der Vorfahren der Neunaugen und der Schleimfische, deren Genom nur auf zwei Kopien des Urgenoms der Chordatiere zurückgeht. Es ist erstaunlich, wie viele Details der Entstehungsgeschichte eines Genoms sich aus dem Textvergleich der Basenfolgen mehr oder weniger nahe verwandter Arten rekonstruieren lassen. Im Grunde genommen ist der Evolutionsprozess sehr viel konservativer, als wir einmal angenommen haben. Beinahe alle Neuerungen sind Umbau, Kombination und Wiederverwendung von Vorhandenem. Von all den unendlich vielen Mutationen aller Art, die jeden Tag überall neu entstehen, halten sich auf Dauer nur die allerwenigsten. Die Fähigkeit diploider Eukaryoten mit sexueller Fortpflanzung, eine Menge von Allelen und eine Menge von nichtkodierender DNA weiter zu reproduzieren, auch wenn sie keinen direkten Vorteil bringen, und ihre Fähigkeit, verschiedene Neuerungen aus verschiedenen Abstammungslinien innerhalb einer Art oder von eng verwandten Arten zusammenzubringen und neu zu kombinieren, ist die Grundlage einer genetischen Komplexität, deren Umfang wir immer noch nicht voll erfasst haben. Der automatische Opportunismus der Selektion, die Nützliches erhält, woher es auch kommen mag, zeigt sich auch darin, dass immer mehr funktionale Neuerungen entdeckt werden, die aus Teilen parasitischer DNA oder aus dem Müll funktionsloser Duplikationen entstanden sind (Biemont & Vieira, 2006; Xiao et al., 2008).

Information ist Einschränkung von Freiheit: Konkurrenz und Kooperation von Informationsträgern

Darwinsche Selektion beruht auf der Konkurrenz der Träger *verschiedener* erblicher Eigenschaften um die gleichen Ressourcen. Solange Informationsträger dieselbe Information übermitteln, sind sie für diese Information beliebig austauschbar. Welche von ihnen die Information weitergeben und welche vorher absterben, ist dann ohne Konkurrenz und ohne Selektion dem Zufall überlassen. Träger derselben Information können zusammenarbeiten und dabei zugunsten von anderen Individuen, altruistisch, auf Fortpflanzung und Leben verzichten, wenn dieses Opfer die Persistenz der gemeinsamen Information fördert. Das ist das Geheimnis komplexer Vielzelligkeit: sie ist der Zusammenschluss von Zellen, die durch wiederholte Teilung, also klonale, asexuelle Fortpflanzung entstanden sind und Kopien desselben Genoms enthalten. Das Entwicklungsprogramm läuft in einer Art Metagenom über die Kommunikation zwischen Kopien dieses Genoms ab. Mit ganz wenigen, genau kontrollierten Ausnahmen behalten aber alle Zellen die volle genetische Information. Wenn Mutationen die Kopie des Genoms in einer der Zellen verändern, kommt es leicht zum Ausbruch dieser Zelle und ihrer Nachkommen aus der bedingungslosen Unterordnung der Körperzellen unter die klonale Gemeinschaft, also zu Krebserkrankungen.

Kein anderer Zusammenschluss von Trägern gemeinsamer Information ist derart bedingungslos, weil in keinem anderen Fall die Information aller Teilnehmer völlig identisch ist. Dann motiviert gemeinsame identische Information zur Zusammenarbeit, und gleichzeitig motivieren unterschiedliche Versionen zur Konkurrenz. Diese so einfache und so grundlegende Erkenntnis ist erst durch Veröffentlichungen von William Hamilton (1964) in ihrer vollen Bedeutung erkannt worden. Gerade sexuelle Fortpflanzung sorgt ja dafür, dass die unterschiedliche Information der Eltern bei der Keimzellenbildung durch den obligatorischen reziproken Austausch von Stücken zwischen den beiden Kopien jedes Chromosoms neu zusammengestellt, *rekombiniert* wird. Im Laufe des 20. Jahrhunderts ist schrittweise deutlich geworden, dass auch bei uns Menschen kein Genom dem anderen gleicht. Jeder ist genetisch einmalig und damit ein biologischer Konkurrent von jedem anderen. Auf der Ebene von Organismen ist das ein Kampf aller gegen alle. Die einmalige individuelle Allelzusammenstellung schließt aber gleichzeitig aus, dass es dabei um die Persistenz des eigenen Genoms geht. Sie endet ja mit dem Tod des Organismus. Ein Organismus mit sexueller Fortpflanzung konkurriert also mit anderen um die Weitergabe der Allele, die er zufällig bei der Befruchtung mitbekommen hat. Von denen sind bei zwei Individuen viele identisch und viele verschieden. Die verschiedenen motivieren zur Konkurrenz, die gemeinsamen zur Kooperation. Jedes Gen teilt durch seine Allele die Population anders in konkurrierende Parteien auf. Der Grad von spontaner Kooperation und Konkurrenz im Verhalten zwischen Individuen einer Art lässt sich oft erstaunlich genau aus dem relativen Anteil identischer und verschiedener Allele voraussagen, wenigstens insoweit die Individuen diese Anteile in anderen erkennen oder abschätzen können. Als Schreckbild vom Organismus als Marionette an den Fäden seiner Gene hat diese Interpretation eine heftige Debatte um den Determinismus unseres Verhaltens und unseren freien Willen ausgelöst. Dabei ist meist übersehen worden, dass verschiedene Gene einander widersprechende Strategien verfolgen, dass aber alle diese Gene nur in ihrer jeweiligen Zusammenarbeit einen Organismus lenken können. Verhaltensweisen werden von einem genetischen Programm gesteuert, bei dem die verschiedenen Interessen der Komponenten nach historisch gewachsenen Regeln gegeneinander verrechnet werden. Die (hormonelle, neuronale) steuernde Information, die schließlich dabei in einem Organismus entsteht, und erst recht die Information, die dabei zwischen Organismen ausgetauscht wird, sind aus einer sehr komplexen Interaktion der Gene abgeleitete Produkte. Der Organismus mag von seinen Genen gesteuert werden, aber die gegensätzlichen Interessen der verschiedenen Gene in jeder Situation wirken gerade bei komplexen Organismen bis in das Verhalten durch. Widerstreitende Motivationen sind eine alltägliche Erfahrung im menschlichen Verhalten. Sie sind die Grundlage unserer Entscheidungsfreiheit und der damit verbundenen Pflicht, Entscheidungen zu treffen. Vielleicht beruht unsere einmalige Fähigkeit, die Widersprüchlichkeit unserer verschiedenen Motivationen zu erkennen, überhaupt zu verstehen, dass es dabei um die Konkurrenz von Information geht, und gelegentlich bewusst und rational einzugreifen, darauf, dass unser unbewusst programmiertes Entscheidungssystem gerade wegen seiner Fähigkeit, viele Faktoren zu berücksichtigen, immer wieder in multiplen Möglichkeiten festläuft. Das Problem wird dann an das langsame und umständliche bewusste und rationale System verwiesen. Nicht, dass das eine völlig unabhängige und unbeeinflussbare Instanz ist. Ethische Prinzipien sollen dann als erprobte Gewichtungsfaktoren Entscheidungen im Interesse der Gemeinschaft beeinflussen. Das Ziel dabei ist, die chaotischen Konsequenzen von selbstregulierenden Zufallsentscheidungen durch weitere (vernünftige, ethische) Information einzuschränken oder zu verhindern, wie überall, wo multiple Entscheidungen möglich und etwa gleich wahrscheinlich sind, aber verschiedene Konsequenzen haben.

Die Charakterisierung der Information als ordnendes Prinzip dort, wo Naturgesetze Wahlfreiheit zulassen, wirft neue Fragen auf, aber sie hat sich als bahnbrechendes heuristisches Prinzip zum Verständnis der Evolution von organismischer Komplexität erwiesen.

Literatur

Anfinsen, C. B., E. Haber, M. Sela & F. H. White Jr.. 1961. The kinetics of formation of native ribonuclease during oxidation of the reduced polypeptide chain. Proceedings of the National Academy of Sciences of the USA 47: 1309–1314.

Avery, O. T., C. M. McLeod & M. NcCarty. 1944. Studies on the chemical nature of the substance inducing transformation in pneumococcal types. Journal of Experimental Medicine 79: 137–158.

Beadle, G. W. & E. L. Tatum. 1941. Genetic control of biochemical reactions in Neurospora. Proceedings of the National Academy of Sciences of the USA 27: 499–506.

Bennett, M. D., J. B. Smith & J. S. Heslop-Harrison 1982. Nuclear DNA amounts in angiosperms. Proceedings of the Royal Society of London. B 216: 179–199.

Biémont, C. & C. Vieira. 2006. Junk DNA as an evolutionary force. Nature 443: 521–524.

Britten, R. J. & E. H. Davidson 1969. Gene regulation for higher cells. A theory. Science 165: 349–358.

Check, E. 2005. Patchwork people. (News Feature). Nature 437:1084–1086.

Darwin, C. R. 1868. The Variation of Animals and Plants under Domestication. 2 vols. London: John Murray.

Drake, J. W. 1999. The distribution of rates of spontaneous mutation over viruses, prokaryotes, and eukaryotes. Annals of The New York Academy of Sciences 18: 100–107.

Gill, S. R., M. Pop, R. T. DeBoy, P. B. Eckburg, P. J. Turnbaugh, B. S. Samuel, J. I. Gordon, D. A. Relman, C. M. Fraser-Liggett & K. E. Nelson. 2006. Metagenomic analysis of the human gut biome. Science 312: 1355–1359.

Gregory, T. R. (ed.) 2005. The Evolution of the Genome. Amsterdam: Elsevier, Academic Press.

Greilhuber, J. 2005. Intraspecific variation in genome size in angiosperms: identifying its existence. Annals of Botany 95: 91–98.

Hamilton, W. D. 1964. The genetical theory of social behavior. Journal of Theoretical Biology 7: 16–32.

Hershey, A. D. & D. M. Chase. 1952. Independent functions of viral protein and nucleic acid in growth of bacteriophage. Journal of General Physiology 36: 39–56.

Hittinger, C. T. & S. B. Carroll. 2007. Gene duplication and the adaptive evolution of a classic genetic switch. Nature 449: 677–681.

Jacob, F. & J. Monod. 1961. Genetic regulatory mechanisms in the synthesis of proteins. Journal of Molecular Biology 3: 318–356.

McLister, D., E. D. Stevens & J.P. Bogart. 1994. Comparative contractile dynamics of calling and locomotor muscles in three hylid frogs. Journal of Heredity 85: 322–325.

Meselson, M. & F. W. Stahl. 1958. The replication of DNA in Escherichia coli. Proceedings of the National Academy of Sciences of the USA 44: 671–682.

Mirsky, A. E. & H. Ris. 1951. The DNA content of animal cells and its evolutionary significance. Journal of General Physiology 34: 451–462.

Nóbrega, M. A., Y. Zhu, I. Plajzer-Frick, V. Afzal & E. M. Rubin. 2004. Megabase deletions of gene deserts result in viable mice. Nature 431: 988–993.

Ohno, S. 1970. Evolution by Gene Duplication. Heidelberg: Springer Verlag.

Ohno, S. 1972. So much junk DNA in our genomes. Brookhaven Symposium in Biology 23: 366–370.

Shannon, C. E. 1948. A mathematical theory of communication. Bell System Technical Journal 27, 379–423 and 623–656.

Shannon, C. E. & W. Weaver 1949. The Mathematical Theory of Communication. Chicago IL: University of Illinois Press.

Tang, H., J. E. Bowers, X. Wang, R. Ming, M. Alam & A. H. Paterson. 2008. Synteny and collinerarity in plant genomes. Science 320: 486- 488.

Thomas, C. A., 1971. The genetic organisation of chromosomes. Annual Review of Genetics 5: 237–256.

Tribus, M. & E. C. McIrvine. 1971. Energy and information. Scientific American 224 (September): 179–188.

Watson, J. D. and F. H. C. Crick. 1953. Molecular structure of nucleic acids. A structure for desoxyribose nucleic acid. Nature 171: 737–738.

Xiao, H., N. Jiang, E. Schaffner, E. J. Stockinger & E. van der Knaap. 2008. A retrotransposon-mediated gene duplication underlies morphological variation in tomato fruit. Science 319: 1527–1530.

Eine ungewöhnliche Landkarte Thailands

Barend Jan Terwiel

Barend Jan Terwiel, Professor für Sprachen und Kulturen Thailands und Laos' an der Universität Hamburg, K. Mitglied der Akademie seit 2004

Vor etwa zwei Jahren wurde mir von Herrn Thawatchay Tangsiriwanit freundlicherweise die Reproduktion (in der Abmessung 73x29 cm) einer holländischen Landkarte geschenkt. Diese Karte wurde 1726 als eine der vielen Illustrationen eines großen, mehrbändigen Werkes in niederländischer Sprache von François Valentijn herausgegeben.[1] Wie in jener Zeit üblich, muß sie von einem Kupferstecher nach einer Zeichnung angefertigt worden sein. Die Karte, die hier abgebildet wird, weist einige recht ungewöhnliche Aspekte auf.

In der Mitte liegt die Stadt Ayutthaya, die zwischen 1351 und 1776 die Hauptstadt von Siam war und in der die Niederländer bereits seit dem Anfang des 17. Jahrhunderts eine Handelsniederlassung unterhielten. Links (auf der Karte südwärts) von Ayutthaya schlängelt sich ein Fluss, der Chaophraya, der zum Thailändischen Golf führt. Der Norden liegt rechts, wie dies die Windrose links unten angibt. Der Abstand zwischen dem Golf und der Hauptstadt beträgt etwa 100 Kilometer und war den Holländern wohlbekannt: sie fuhren mit Schalup-

pen und Lastkähnen zwischen dem Büro im Hauptstadt und ihrem nicht weit von der Flußmündung gelegenen Packhaus ständig hin und her. Jede dieser zwei Niederlassungen wird auf der Karte durch eine niederländische Flagge bezeichnet.

Unterhalb der Karte befindet sich ein Register mit 101 Eintragungen, teils auf holländisch, teils auf thailändisch, so wie die Niederländer diese Sprache in holländischer Orthographie wiederzugeben pflegten. Die Angaben beginnen mit Nummer 1 bei der Mündung des Chaophraya und enden mit 101 bei einem Ort tief im Inland. Bei der Mündung sehen wir etwa, daß das Lagerhaus die Nummer 5 trägt, das Fort Bangkok die Nummer 12; zwischen beiden Plätzen (Nummer 16) sind Obstgärten angegeben.

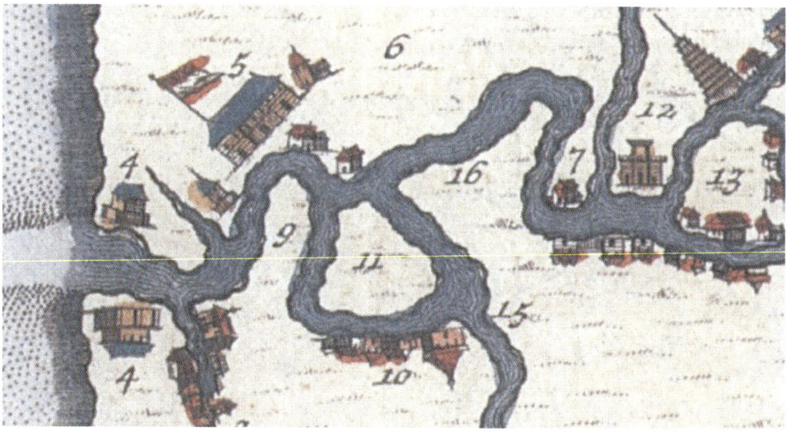

Im Zentrum der Karte liegt die Haupstadt Sri Ayutthaya (Nummer 69), im Register Sri India genannt, was eine Fehllesung des Kupferstechers anstelle von Sri Iudia sein muß, denn so pflegten die Niederländer den Namen der Stadt zu schreiben.

Eine Vergrösserung dieses zentralen Gebietes zeigt die Hauptstadt als Fünfeck. Wir wissen aber, daß sie in Wirklichkeit eher eiförmig war. Auch der Straßenverlauf ist sehr unvollkommen wiedergegeben. Jedoch zeigt uns die Darstellung, im Einklang mit anderen historischen Quellen, daß sich an der nordöstlichen Seite eine Brücke befand. Das Bild vermittelt den Eindruck, daß die Ufer der Flüsse an der Südseite dicht besiedelt waren.

Bei Nummer 61 an der rechten Seite der Hauptstadt wird im Register ein „Duang Pinjet“ erwähnt, was eine kreisförmige Einrichtung zum Fan-

1 F. Valentijn, Oud en Nieuw Oost-Indiën, Buch III, Teil 2, Dordrecht/Amsterdam: G. Onder de Linden, 1726.

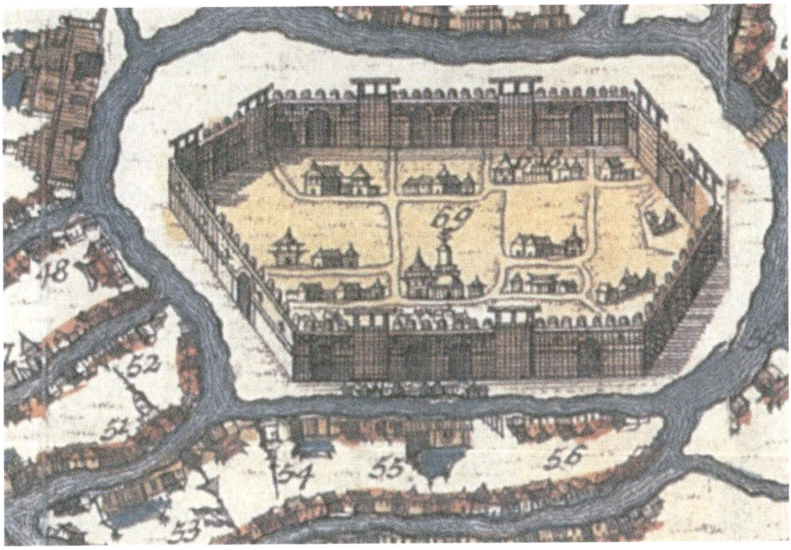

gen von Elefanten (Thai: duang phaniet) meint. Noch weiter nach rechts sehen wir den Pilgerort Phra Phutthabat (Nummer 79) und die zweite Königsresidenz Lopburi (Nummer 72), die beide den Niederländern des 17. Jahrhunderts bekannt waren.

Der interessanteste Aspekt dieser Karte liegt jedoch weiter rechts. Bei oberflächlicher Beobachtung kann man denken, daß dort die Gegend nörd-

lich von der Hauptstadt skizziert sei. Dies ist jedoch nicht der Fall. Ab der Hauptstadt verschiebt sich auf unserer Karte die Perspektive um etwa 45 Grad nach Nordosten, und gleichzeitig vergrößert sich die Skala um ein Vielfaches. In der rechten Hälfte werden nämlich das gesamte Gebiet, das heute der Nordosten Thailands genannt wird, sowie ein Teil von Laos abgebildet.

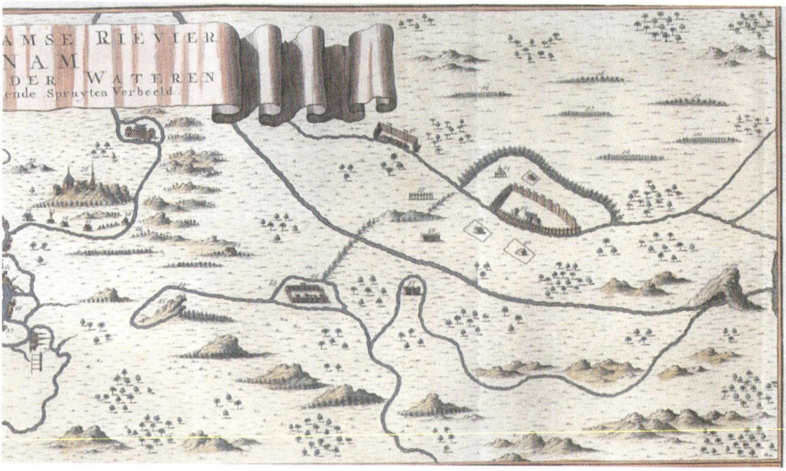

Die größte ummauerte Stadt an der rechten Seite (Nummer 93) ist die laotische Hauptstadt Vientiane, die am Mekhong-Fluß gelegen ist. Die viereckige Stadt in der Mitte ist die bedeutende Stadt Nakhon Ratchasima, die zur Hälfte von dem Chi-Fluß umgeben ist. Mehr als ein Dutzend Namen von Städten, Dörfern und einigen besonderen landschaftlichen Phänomenen sind in das Register aufgenommen worden. Viele der aufgelisteten Ortschaften können mit Sicherheit identifiziert werden. Sie sind auf der Karte auch in der richtigen Reihefolge verzeichnet.

Bemerkenswert ist nun, daß der ganze Nordosten Thailands niemals auf einer anderen europäischen Landkarte des 18. Jahrhunderts vorkommt. Erst im Laufe des 19. Jahrhunderts wurde diese Gegend von Europäern besucht und kartographiert. Kein Europäer wußte im 18. Jahrhundert um den Verlauf der wichtigsten Wasserwege und um die Lage der Städte. Wenn sie von der großen Stadt Nakhon Ratchasima gehört hatten und diese in eine Karte einzeichneten, so legten sie sie an einen der ihnen bekannten Flüsse wie etwa den Pasak- oder den Bangpakong-Fluß.

Es ist also ein Rätsel, wieso etwa 150 Jahre, bevor die Europäer genauere Kenntnisse vom Nordosten Thailands erlangten, eine in großen Linien realitätsgetreue Darstellung dieser Gegend in den Niederlanden hat gedruckt werden können. Das Rätsel kann gelöst werden, wenn man bedenkt, daß verschiedene südostasiatische Länder schon sehr früh eine eigene Landkartenmanufaktur entwickelt haben. So etwa schickte der siamesische König bereits 1374 eine geographische Darstellung seines Landes an den chinesischen Hof.[2] Die Niederländer müssen folglich schon im Laufe des 17. Jahrhunderts eine siamesische Darstellung der Gegend zwischen Ayutthaya und der laotischen Hauptstadt gesehen und kopiert haben. Wie eine solche einheimische Karte ausgesehen haben mag, kann man sich am Beispiel des hier abgebildeten Exemplars vorstellen.

Diese thailändische Darstellung wurde zu Anfang des 20. Jahrhunderts von einer Regierungsbehörde in Bangkok unter der Bezeichnung „Eine militärische Karte aus der Regierungszeit Ramathibodis I." gedruckt. Sie wurde 1970 von Victor Kennedy ausführlich analysiert, der der Ansicht war, diese Karte beruhe auf einer nicht mehr vorhandenen Vorlage, die um 1827 angefertigt worden sei.[3] Ich stimme dieser Datierung nur bedingt zu: die Karte wurde sicherlich im frühen 19. Jahrhunderts neu gezeichnet. Ich bin jedoch davon überzeugt, daß eine viel ältere Version bestanden haben muß. Der Verweis auf die Regierungszeit von Ramathibodi I. könnte ein Hinweis darauf sein, daß die erste Version dieser Karte schon im 14. Jahrhundert entstanden ist, als Ramathibodi I. regierte. Aus dessen Regierungszeit berichten die Annalen, daß eine militärische Auseinandersetzung mit Kambodscha beinahe mit einer Niederlage geendet habe.

Ein Vergleich zwischen der rechten Hälfte der niederländischen und derjenigen der thailändischen Karte lässt uns einige markante Übereinstimmungen erkennen. So weisen die wichtigsten Flüsse ein sehr ähnliches Grundmuster auf. Die Berge sind im Stil nicht europäisch, sondern sind von einem thailändischen Vorbild inspiriert worden. Auch die Art und Weise, in der die große Stadt Nakhon Rachasima auf der niederländischen Karte dargestellt ist, könnte sich wohl an einer Zeichnung orientieren, wie sie uns in der militärischen Karte vorliegt.

Zugegebenermaßen basiert unsere Beweisführung auf Indizien. Die Tatsache jedoch, daß vor zehn Jahren in einer vergessenen Ecke des königlichen Palastes in Bangkok nicht weniger als 17 thailändische Landkarten aus dem frühen 19. Jahrhundert entdeckt wurden, kann als Argument dafür dienen,

---

2 Geoff Wade, translator, Southeast Asia in the Ming Shi-lu: an open access resource, Singapore: Asia Research Institute and the Singapore E-Press, National University of Singapore, http://epress.nus.edu.sg/msl/entry/603, accessed April 07, 2006.

3 V. Kennedy, „An Indigenous Early Nineteenth Century Map of Central and Northeast Thailand", in Tej Bunnag und M. Smithies (Hrsg.) In Memoriam Phya Anuman Rajadhon, Bangkok: The Siam Society, 1970, S. 315–348.

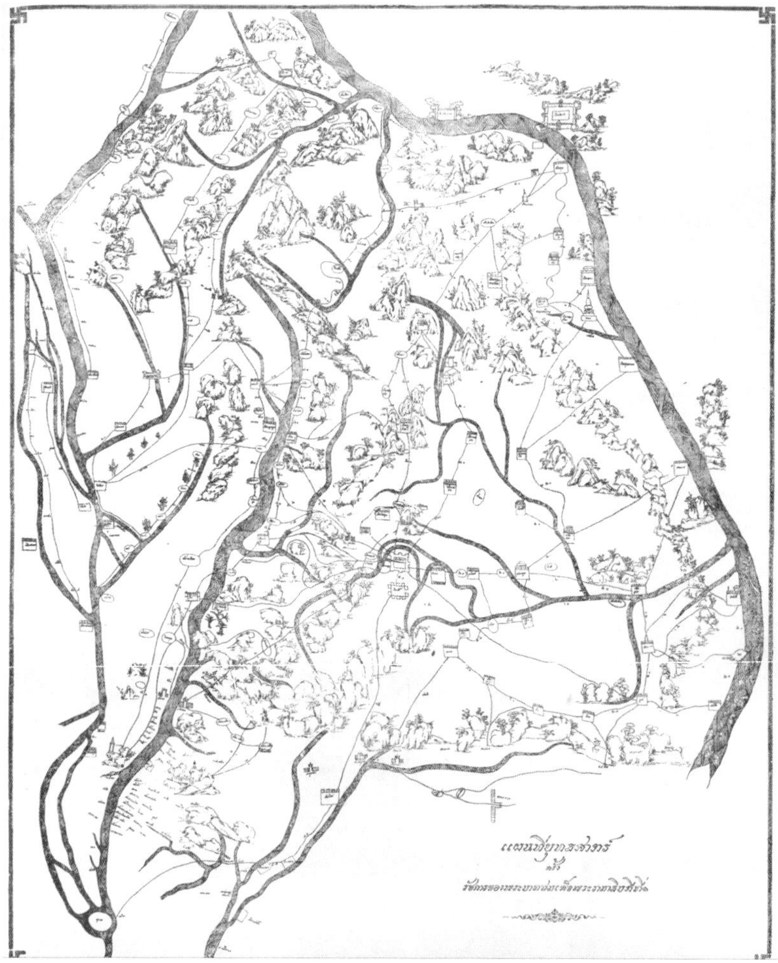

daß die kartographische Tradition des alten Siam auf einem viel höheren Stand war, als dies bisher vermutet wurde.[4] Dies untermauert die Hypothese, daß die Niederländer zu Anfang des 18. Jahrhunderts in der Tat eine siamesische Landkarte kopiert haben.

4 Santanee Phasuk and P. Stott, Royal Siamese Maps, War and Trade in Nineteenth Century Thailand, Bangkok: River Books, 2004.

Sonstige Veranstaltungen 2008

Öffentliche Gedenkfeier
zu Ehren von Carl Friedrich von Weizsäcker (1912–2007)
8. Februar 2008
Göttingen

Carl Friedrich von Weizsäcker als Physiker
Klaus-Peter Lieb
(siehe Jahrbuch Seite 124)

Carl Friedrich von Weizsäcker als Philosoph
Günther Patzig
(siehe Jahrbuch Seite 146)

Tagung
der Kommission des „Mittelhochdeutschen Wörterbuchs"
der Akademie der Wissenschaften zu Göttingen
„Überlieferungsgeschichte, Edition, Lexikographie"
29. Februar 2008–1. März 2008
Göttingen

Im Zentrum der Tagung mit 25 Fachteilnehmern standen Fragen nach den Problemen und Methoden der Erschließung überlieferungsgeschichtlich bedeutsamer Texte und Textcorpora unter Gesichtspunkten der aktuellen editorischen und lexikographischen Forschung. Bei der Tagung wurden folgende Vorträge gehalten:

- Die Anfänge der Textgeschichte des 'Willehalm' (Christoph Gerhard, Trier)
- Minnesang edieren (Dorothea Klein, Würzburg)
- Gelbes Fieber und ein deutscher Pesttraktat in der amerikanischen Hauptstadt (William Crossgrove, Providence)
- Was sind Meister Eckharts Straßburger Predigten, und wie könnten sie ediert werden? (Freimut Löser, Augsburg)
- Zur editorischen und lexikographischen Erschließung eines Kompilators am Beispiel der 'Neuen Ee' Heinrichs von München (Kurt Gärtner, Trier)
- Nationalsozialistische Sprachpolitik im Wörterbuch (Peter Schmitt, Berlin)

Workshop
der Kommission „Goethe-Wörterbuch“, Hamburg
und der Kommission
„Deutsches Wörterbuch von Jacob Grimm und Wilhelm Grimm“,
Göttingen,
der Akademie der Wissenschaften zu Göttingen
„Belegarbeit in der lexikographischen Praxis“
7. März 2008
Göttingen

Der Weg an die Universität
„Höhere Frauenbildung vom Mittelalter bis zum Ende des Zweiten Weltkriegs“
Öffentliche Ringvorlesung
der Georg-August-Universität Göttingen und
der Akademie der Wissenschaften zu Göttingen
15. April 2008–15. Juli 2008
Göttingen

Kolloquium
der Kommission „Germania Sacra“
der Akademie der Wissenschaften zu Göttingen
„Diözesen“
25. April 2008
Göttingen

Vom 25. bis zum 26. April 2008 fand das jährliche Germania-Sacra-Kolloquium statt, das zum ersten Mal durch den neuen Träger, die Akademie der Wissenschaften zu Göttingen, ausgerichtet wurde. Die Tagung in den Räumen des Historischen Gebäudes der Staats- und Universitätsbibliothek in Göttingen wurde von ungefähr 50 Teilnehmern besucht. In diesem Rahmen hatten die neue Redaktion der Germania Sacra und die Projektleitung die Möglichkeit, sich den ehrenamtlichen Mitarbeitern vorzustellen. Der thematische Schwerpunkt des Kolloquiums 2008 lag auf den „Diözesen“.

Am Freitag, dem 25.4.2008, erläuterten Hedwig Röckelein und Frank Rexroth die inhaltlichen und organisatorischen Veränderungen, die sich aus dem Trägerwechsel vom Max-Planck-Institut für Geschichte an die Akademie der Wissenschaften für das Projekt Germania Sacra ergeben haben (siehe Forschungsvorhaben der Akademie). Helmut Flachenecker (Würzburg) sprach über die Klerikerdatenbank, die von der Germania Sacra weitergeführt wird. Nachdem sich die Mitglieder der Redaktion den Teilnehmern vorgestellt hatten, präsentierte Nathalie Kruppa den Jahresbericht und die neupublizierten Bände.

Der öffentliche Abendvortrag fand am Abend des 25. Aprils in der Paulinerkirche statt. Joachim Ehlers (Berlin) sprach zu dem Thema „Leben als Bischof. Zur Typologie des hohen Klerus in Deutschland und Frankreich (10.-12. Jahrhundert)“. Er entwickelte, von den jeweiligen Rahmenbedingungen des Heiligen Römischen Reiches und Frankreichs ausgehend, die verschiedenen Bildungsmöglichkeiten und Karrieremuster der deutschen und der französischen Bischöfe. Da die französischen Bischöfe nicht im gleichen Maße vom König abhängig waren wie die deutschen, profitierten sie materiell nur wenig von der königlichen Macht. Im Gegensatz zu den ottonischen und den salischen Bischöfen konnten sie jedoch eine wissenschaftliche Ausbildung durchlaufen und somit die Wachstumsphase des scholastischen Denkens prägen. Die Bischöfe des Reiches hingegen hatten auf Grund ihrer Königsnähe an dieser Entwicklung kaum Anteil, da sie vor allem für den Reichsdienst tätig waren.

Der Samstag war den Einzelvorträgen zu verschiedenen Diözesen gewidmet. Fünf der über fünfzig ehrenamtlichen Mitarbeiter der Germania Sacra stellten ihre Arbeitsergebnisse vor. Im Zentrum der Referate standen die besonderen methodischen und konzeptionellen Aspekte bei der Erarbeitung der Diözesen-Bände.

Es sprachen Hans Ammerich (Speyer) zu „Bistum und Hochstift Speyer“, Manfred Heim (München) zu „Chiemsee“, Dieter Weiß (Bayreuth) zu „Das Hochstift Bamberg – Die Bischofsreihe“, Christian Radtke (Schleswig) zu „Das Bistum Schleswig“ und Arend Mindermann (Stade) zu „Die Diözese Verden und ihre Grenzen“.

In den Diskussionen zu den einzelnen Beiträgen zeigte sich, dass zur Anlage der prosopographischen Abschnitte und zur Darstellung der Pfarreiorganisation in den Germania-Sacra-Bänden ein besonderer Gesprächsbedarf bestand. Diese und weitere Aspekte sind in einen Workshop, der von der Germania Sacra im September 2008 veranstaltet wurde (siehe Forschungsvorhaben der Akademie, Germania Sacra), eingeflossen. Dessen Ergebnis liegt nun in Form der „Richtlinien der Germania Sacra, Dritte Folge“ vor.

Enzyklopädie des Märchens
Gedenkfeier zu Ehren von Kurt Ranke (1908–1985)
26. April 2008
Göttingen

Internationale Fachtagung
aus Anlaß des hundertjährigen Bestehens des Göttinger Septuaginta-Unternehmens
„Die Göttinger Septuaginta-Edition – Standortbestimmung eines editorischen Jahrhundertprojekts“
28. April 2008–30. April 2008
Göttingen

Auswärtige Sitzung
der Akademie der Wissenschaften zu Göttingen
7. Juni 2008
Bad Frankenhausen

Barbarossa – Barbablanca
„Das Kyffhäuser Monument – Ein Denkmals seiner selbst“
REINHARD LAUER

„Das Bauernkriegspanorama Werner Tübkes“
GERD LINDNER

„Adelsherrschaft in der Krise: der Bauernkrieg von 1525“
WERNER PARAVICINI

An diesem Ort[1] in lächelnder Urbanität vom Bauernkrieg[2] reden zu wollen, ist vermessen und eigentlich ganz und gar unmöglich. Die Achtung vor dem Wunsch, die Welt ein für allemal zu heilen, und die furchtbaren Opfer, die für die Verwirklichung dieser Utopie erbracht wurden, möchten den Mund verschließen. Doch haben Sie mich, der ich kein näherer Fachmann für diese

1 Vortrag, gehalten am 7. Juni 2008 auf der auswärtigen Sitzung der Akademie in der Bauernkriegsgedenkstätte oder Panorama-Museum zu Bad Frankenhausen.

2 Grundlegend sind die Arbeiten von Franz und Blickle (s. in der beigegebenen Bibliographie). Überblick: Troßbach 2005. Letzter Stand: „Bauernkrieg zwischen Harz und Thüringer Wald“, mit Bibliographie von Dammaschke 2008. Zum Aufstand in Thüringen zuvor u. a. Hoyer 1981 und „Mühlhausen, der Bauernkrieg und Thomas Müntzer“ 2000. Über Müntzer, zu dem es eine umfangreiche Literatur gibt, u. a. Vogler 2000.

Ereignisse bin, zu reden gebeten, und so will ich es schlechten Gewissens denn tun.

Am Anfang Friedrich Engels

Hier in Frankenhausen, am größten Gedächtnisort an jenes Geschehen, hier auf dem Boden der ehemaligen DDR, soll am Anfang ein Zitat aus Friedrich Engels Schrift „Der deutsche Bauernkrieg“ stehen.[3] Die Artikelserie, die die marxistische Sicht der Dinge fast einhundertfünfzig Jahre lang bestimmte, wurde 1850 in Manchester und London geschrieben, nach dem Scheitern der deutschen Revolution von 1848–1849, und ist ohne diesen Anstoß gar nicht denkbar.[4] Schon der erste Satz klingt wie eine Fanfare: „Auch das deutsche Volk hat seine revolutionäre Tradition“, und sogleich wird „der robuste Vandalismus des Bauernkriegs“ begrüßt.[5] Hören wir, was Engels als einen der Hauptgründe der Erhebung benennt:

> Die Bauernschinderei durch den Adel wurde mit jedem Jahr weiter ausgebildet. Die Leibeigenen wurden bis auf den letzten Blutstropfen ausgesogen, die Hörigen mit neuen Abgaben und Leistungen unter allerlei Vorwänden und Namen belegt. Die Frohnden, Zinsen, Gülten, Laudemien, Sterbefallabgaben, Schutzgelder u.s.w. wurden allen alten Verträgen zum Trotz willkürlich erhöht. Die Justiz wurde verweigert oder verschachert, und wo der Ritter dem Geld des Bauern sonst nicht beikommen konnte, warf er ihn ohne weiteres in den Thurm und zwang ihn sich loszukaufen.[6]

Entsprechendes sagt Engels über die obere Geistlichkeit und dann über die „Ehrbarkeit“ der Städte:

> Mit den Bauern des Weichbilds gingen sie nicht schonender um als der Adel oder die Pfaffen; im Gegentheil, die städtischen Vögte und Amtleute auf den Dörfern, lauter Patrizier, brachten zu der aristokratischen Härte und Habgier noch eine gewisse büreaukratische Genauigkeit in der Eintreibung mit.[7]

Sogar eine der hartnäckigsten Legenden über das Mittelalter wird zur Rechtfertigung bemüht: „Und wie über das Eigenthum, so schaltete der Herr

---

3 Karl Marx, Friedrich Engels Gesamtausgabe (MEGA), I 10: Text, Berlin (Ost) 1977, S. 367–443; Apparat S. 962–983.

4 Engels, S. 443: „Wer nach den beiden deutschen Revolutionen von 1525 und 1848 und ihren Resultaten noch von Föderativrepublik faseln kann, verdient nirgend anders hin als in's Narrenhaus.“ Engels vergleicht auch verschiedentlich mit dem polnischen Aufstand von 1830.

5 Engels, S. 367.

6 Engels, S. 371.

7 Engels, S. 373.

willkürlich über die Person des Bauern, über die seiner Frau und seiner Töchter. Er hatte das Recht der ersten Nacht"[8] – Engels gibt wieder, was die Forschung seiner Zeit zu wissen meinte.[9] Inzwischen hat sich das *jus primae noctis* als nützliche Begründung von Abgabenzwang herausgestellt; de facto hat es dieses „Recht" nie gegeben.[10]

Engels unterscheidet zwischen den drei Klassen der Fürsten, des Adels und der Geistlichkeit, dann des Bürgertums, schließlich der städtischen Plebejer oder Proletarier. Letzeren gehört sein Herz, ihnen gehöre auch die Zukunft, bei ihnen sieht er Thomas Müntzers stehen: „Nur in Thüringen unter dem direkten Einfluß Münzers und an einzelnen andern Orten unter dem seiner Schüler wurde die plebejische Fraktion der Städte von dem allgemeinen Sturm soweit fortgerissen, daß das embryonische, proletarische Element in ihr momentan die Oberhand über alle andern Faktoren der Bewegung bekam. Diese Episode, die den Kulminationspunkt des ganzen Bauernkriegs bildet und sich um seine großartigste Gestalt, um *Thomas Münzer*, gruppiert, ist zugleich die kürzeste".[11] Auch die Verherrlichung von Müntzer, der so etwas wie ein Heiliger der DDR war, so daß sie ihm noch im Jahre 1989 eine große Ausstellung widmete,[12] geht auf Engels zurück.

„Die Frühbürgerliche Revolution in Deutschland" lautet der offizielle Titel des Panoramabildes von Werner Tübke, das wir alsbald betrachten werden, früh, weil sie, Reformation und Bauernkrieg eng aufeinander beziehend, am Anfang der revolutionären Tradition stehe, bürgerlich, weil sie noch nicht wirklich proletarisch sei. Das Wort findet sich nicht bei den Klassikern, sondern ist eine Neuschöpfung der Nachkriegszeit, von Max Steinmetz 1960 durchgesetzt.[13] Die Texte von Günter Meißner, 1989, kurz vor der Wende im Begleitheft zur Frankenhäuser Gedenkstätte erschienen,

8 Engels, S. 377.

9 Er stützt sich vor allem auf das Werk des Linksliberalen Wilhelm Zimmermann, Allgemeine Geschichte des großen Bauernkrieges, 3 Bde., Stuttgart 1841–1843.

10 Im deutschen Bauerkrieg ist es als Argument auch nicht nachgewiesen, wohl aber aus dem katalanischen, wo es, symbolisch gehandhabt, aber „Gelegenheit für Böses" gebend, in den Beschwerden der Bauern von 1462 auftrat, die dann 1486 zum Schiedsurteil Ferdinands des Katholischen führten: „der einzige ernstzunehmende Hinweis für eine sexuelle Ausnutzung des Topos vom tyrannischen Herrenrecht der ersten Nacht für das gesamte europäische Mittelalter", Wettlaufer 1999, S. 282–293 (S. 290); vgl. Freedman 1993.

11 Engels, S. 376.

12 Siehe „Ich Thomas Müntzer eyn knecht gottes" und „Dasein und Vision", 1989. Vgl. Jonscher, Zwischen Erinnerung 2008, bes. S. 475–483.

13 Steinmetz 1960. Weiteres und Neudrucke der einschlägigen Arbeiten in: „Reformation oder frühbürgerliche Revolution?" 1972, und in: „Die frühbürgerliche Revolution in Deutschland" 1985. Vgl. zur Vorgeschichte Troßbach 1997, S. 42: „letztlich scheint ihn [den Begriff] jedoch Leo Kofler, ein undogmatischer Marxist, der 1950 die DDR verlassen mußte, geprägt zu haben.

stehen noch ganz in dieser doppelten Tradition. Vom „Leben des parasitären Adels" ist dort die Rede und von seinem „Dronendasein": „Räumlich getrennt vom Leben des tätigen Volkes und unter sich mit seinen Lakaien in den schon rissigen Gemäuern der Burgen frönt man nur der Sinnenlust, dem Tanzen und Prassen". Das historische Urteil ist gesprochen: „Dieser anachronistischen Klasse ist keine Perspektive gegeben", der „Lauterkeit der zukunftweisenden" steht „die Perversität der anachronistischen Kräfte" entgegen[14] – ungeachtet dessen, daß sie noch 400 Jahre lang geherrscht haben. Die Umdeutung erfolgte nach der Wiedervereinigung denn auch recht schnell: „Da wird in Werner Tübkes gigantischem Bauernkriegspanorama bereits eine Szene, in der Bauern einen Adligen vom Pferd reißen, vom offiziellen Führer nicht mehr so gedeutet, als werde der Klassenfeind gedemütigt, sondern als werde den Regierenden gewaltsam ‚das Gesicht dem Volke zugewandt', so erlebt vier Monate nach der Eröffnung, drei Monate nach der ‚Wende'!"[15]

Perspektivenwechsel

Im Grunde kann man Friedrichs Engels Charakterisierung des allgemeinen Oberschichtenverhaltens jedoch nicht widersprechen.[16] Noch Ende des 16. Jahrhunderts prangerte Cyriakus Spangenberg in seinem Adelsspiegel „tyrannische und träge Herrn vom Adel" an, „die ihre Bauern zu Aufständen treiben, besoffene Vielfraße, Wüstlinge und Erbauer prunkvoller, sinnloser Paläste".[17] Es fragt sich nur, ob dies immer und überall zutrifft, ob maßloser Eigennutz allenthalben jede Vorstellung von Verantwortung für die eigenen Leute und vom Gemeinen Besten (und sei es aus Selbstinteresse) vernichtet hatte. Die Leibeigenschaft z. B. gab es nur noch (aber wachsend) im Südwesten des Reichs.[18] Und selbst wenn der Adel in seiner Mehrheit sich so selbstzerstörerisch verhalten hätte, bleibt doch die Frage, weshalb die Herren sich so verhielten. Um das zu verstehen, muß man die Perspektive umkehren, nicht von unten nach oben schauen, sondern gleichsam von der

In seiner 1947 und 48 in zwei Auflagen in Halle erschienenen ‚Geschichte der bürgerlichen Gesellschaft' wird er mehrfach benutzt".

14 Meißner 1989, hier Nr. 9 und Nr. 15.

15 Arnold Esch, Geschichte im Entstehen, in: Frankfurter Allgemeinen Zeitung Nr. 161 vom 14. Juli 1990.

16 Auf dieser Linie Algazi 1996, der als Grundlage adliger Herrschaft nicht wie Otto Brunner einen Vertrag mit gegenseitiger Leistung ansieht, sondern ein adliges Racket unter ständiger Gewaltandrohung. Dem wurden gute Gründen entgegengehalten, s. Schmitt 2002.

17 Fouquet 2008, S. 45 und Anm. 91, mit Hinweis auf Midelfort 1989, hier S. 258f.

18 Vgl. Ulbrich 1979, Rabe 1977; Überblick zuletzt bei Ullmann 2008, S. 25–51.

hohen Mauer auf das niedere Land, und daneben, ja manchmal eher noch, von Burg zu Burg, von Adelssitz zu Adelssitz, zwischen denen eine unaufhörliche Konkurrenz bestand. Es ist danach zu fragen, aus welchen Zwängen die Herren handelten, wie sie sich verstanden und legitimierten, vor sich selber und vor den anderen. Wir müssen das Handeln auch der Herren als (immanent) vernünftig begreifen. Moralische Beurteilungen verdecken nur eine Rationalität, die der Fortschrittsglaube und das vermeintliche Wissen vom Ziel der Geschichte in Gegenwart und Zukunft unkenntlich gemacht haben. Diese Blickrichtung möchte ich einnehmen, und sie erklärt auch den Titel dieser Mitteilungen: „Adelsherrschaft in der Krise".[19]

Grundtatsachen

Zunächst Größenverhältnisse: 90% der Bevölkerung lebten auf dem Lande, heute sind es nur noch 5%.[20] Die „großen" Städte waren noch unglaublich klein: Köln hatte an die 40.000 Einwohner, Nürnberg und Lübeck an die 25.000. Selbst die italienischen Metropolen erreichten lediglich 100.000. Allein London und Paris versammelten mehrere Hunderttausend Menschen. Ländliche Verhältnisse waren also eine Tatsache ersten Ranges und bestimmten Wohl und Wehe der gesamten Gesellschaft.

Die Bevölkerung nahm seit etwa 1470 zu, die unterbäuerlichen Schichten dehnten sich aus,[21] fortschreitende Realteilung verkleinerte vielfach die Parzellen, der Besitzlosen wurden mehr.

Der Adel machte je nach der Gegend lediglich 1 bis 2% der Bevölkerung aus,[22] ihm aber gehörten der Grund, die Herrschaft, das Ansehen und im Dienst der Fürsten die politische Macht.

Die Stadt ist zu jener Zeit nicht demokratisch, sondern, ganz wie Engels gesehen hat, oligarchisch regiert. Die Oberschicht, zumal der Bischofsstädte, ist oft schon im Ursprung ritterlich und rearistokratisiert sich stets neu. Der soziale Riß geht mitten durch die Stadt hindurch: die Modellfälle Nürnberg und Bern zeigen ein exklusiv regierendes Patriziat, Lübeck hat

19 Eine eigene Studie hierzu gibt es noch nicht, doch partielle Ansätze: Meyer 1972 (zu Henneberg, also gefürstetem Hochadel); Endres 1974, 1975, 1982, 1988; Vogler 1977; Midelfort 1989; Boelcke 2000; mehrere Beiträge in „Bauernkrieg zwischen Harz und Thürnger Wald"; allg.: „Legitimationskrisen des deutschen Adels" 1979.

20 Rösener 1985, S. 10, 12.

21 Boelcke 2000.

22 Der Prozentsatz konnte etwa in der Bretagne oder in Polen auf fast 10% steigen, nicht aber in den hier behandelten Gebieten, s. Kersken 2001, S. 218f.

seine Zirkelgesellschaft.[23] Gerade die kleinen Reichsstädte und solche, die es gegen Fürsten und Adel werden oder bleiben wollten und derer es in Franken und Schwaben viele gab, waren die geborenen Partner der Bauern und Bauerngemeinden.[24]

Es kann deshalb keineswegs verwundern, daß städtische Mittel- und Unterschichten sich am Aufstand beteiligten, so wie sie es seit eh und je in der Revolte gegen die städtischen Obrigkeiten getan haben.[25] Der „Bauern"-Krieg war auch eine innerstädtische Auseinandersetzung.

Der Riß geht auch durch das Dorf:[26] Noch die Grimmschen Märchen sprechen vom Großen und vom Kleinen Johann, von Großbauern, Hübnern mit einer ganzen Hufe oder mehr, von Kätnern und Taglöhnern. Besitz hat von jeher konservativ gemacht – es sei denn, er wäre von der politischen Mitsprache getrennt worden, dann bringt auch Reichtum Radikalisierung hervor. So geschah es in einer ersten Phase auch 1525.

Dennoch sind die Ereignisse von 1525 ganz überwiegend gegen den weltlichen und den geistlichen grundherrlichen Adel gerichtet gewesen.

Daß die Besiegten verstummen und nur die Stimme der Sieger zu vernehmen ist, trifft auch hier zu, wenngleich manche Schreiben der Bauern-„Haufen" erhalten sind und in einem Falle sogar eine ganze „Bauernkanzlei".[27] Desto umsichtiger muß der Historiker auf seiner Suche vorgehen.

Krise des Adels?

Die Adelsherrschaft, sagten wir, gerät im Bauernkrieg in die Krise. Sie war aber schon darin befangen, bevor 1524 der große Aufstand begann. Wir wissen, daß es sich nicht einfach um Niedergang handelte, sondern um Umverteilung. Wer gewann, wer verlor? Und was haben diese Vorgänge mit dem Bauernkrieg zu tun? Ganz knapp gesagt, handelt es sich um eine Krise des nichtfürstlichen Adels, der Ritterschaft, der Herren und Grafen.

Die fixierten Geldeinkünfte oder Agrarrenten, die vielfach an die Stelle von Naturalabgaben getreten waren, verlieren laufend an Wert. Der niedere Adel und zunehmend auch der höhere ist von der Wertschöpfung

23 Dünnebeil 1996, Endres 1988. Gleichwohl ist es gerade im Nürnberger Gebiet 1525 ruhig geblieben.

24 Carl 2000, S. 485ff.; Dirlmeier 1984. Zum thüringischen Raum „Stadt im Bauernkrieg" 1995 und jetzt „Bauernkrieg zwischen Harz und Thüringer Wald" 2008, hier bes. Günther, Die innerstädtische Bewegung in der Reichsstadt Mühlhausen.

25 Günther, Gleichheitsvorstellungen 2008.

26 Troßbach 2008.

27 In Württemberg, s. Franz 1935; daraus Quellen 1963, S. 421–425.

durch den Handel und von der Wertabschöpfung der Landeshoheit durch Zölle und Steuern ausgeschlossen.[28] Sein altes Recht, seit (vermeintlich) undenklichen Zeiten vererbt, in Anspruch genommen und gelebt, wird zunehmend in Frage gestellt. Herkommen muß sich legitimieren, auch wenn altes Recht zunächst immer gutes Recht ist. Das Problem der Legitimität, der die Abgaben begründenden Funktion, wird virulent, die alte Ideologie der drei Stände oder institutionalisierten „Ungleichheit" (die das Thema des nächsten Historikertages in Dresden sein wird[29]), also die gottgewollte Einteilung in oratores, bellatores, laboratores mit Buch, Schwert und Pflug gerät ins Schwanken.[30] „Als Adam grub und Eva spann, wo war denn da der Edelmann?", diese nicht zu unterdrückende Frage ist als Sprichwort in England schon im 14. Jahrhundert bezeugt und hat im Bauernaufstand von 1381 dort eine Rolle gespielt;[31] in Deutschland taucht es erst im 15. Jahrhundert auf, zwar lange vor dem großen Bauernkrieg,[32] ist meines Wissens in dessen Verlauf jedoch nicht zitiert worden.

Das alte, nie erledigte Problem von Herrschaft oder Genossenschaft, von Herr oder Gemeinde, Thron oder „Ring" (den es als Form der Gleichberechtigung auch unter unter Fürsten gab und der bis heute überlebt hat), wurde wieder virulent. Die Eidgenossen lehrten den süddeutschen Adel das Fürchten,[33] ebenso wie die Dithmarsen den holsteinischen.[34] Der Niederadel hatte damit zu kämpfen, „oben" zu bleiben und dem Anstieg der Aufwandsnormen zu entsprechen, den der unentbehrliche Fürstendienst, aber auch das standesgemäße Auftreten bei Versammlung und Fest erforderten.[35]

28 Begegnet dem aber durch sorgfältigere Rechnungsführung, s. Fouquet 2000.

29 Ungleichheiten, 47. Deutscher Historikertag, Dresden 30. Sept. bis 3. Okt. 2008, hier besonders die Sektion „Soziologische Ungleichheitstheorien und die ständische Gesellschaft der Frühen Neuzeit", geleitet v. Barbara Stollberg-Rilinger, Marian Füssel und Thomas Weller, und die von Gert Melville organisierte Sektion „Institutionelle Stabilisierung von Ungleichheit. Historische Fallstudien von der Antike bis zur Neuzeit", mit dem Beitrag von Gerd Schwerhof über „Bürgerliche Gleichheit in der Ständegesellschaft? Die Stadt im Spätmittelalter und in der Frühen Neuzeit".

30 Zur Uminterpretation durch Martin Luther (status ecclesiasticus, politicus, oeconomicus) s. Blickle 2008, S. 170f.

31 Gerlach 1969, S. 57.

32 Thesaurus proverbiorum medii aevi, Bd. 1,1995, S. 32f., Nr. 76–95.

33 Vgl. Brady 1985.

34 Lammers 1987.

35 Vgl. Blickle 2008, der S. 204 davon spricht, daß die „Gerechtigkeit" verletzt war, „wo der Adel und mit ihm die Bauern einem größeren politischen Verband, einer Monarchie oder einem Territorialfürstentum, integriert wurden mit der Folge, daß die repräsentativen Kosten für den Adel wuchsen und die staatlichen Steuern stiegen, wohingegen die adeligen Gegenleistungen für den Bauern zunehmend entfielen". Dazu auch Algazi 1996.

Im übrigen verringerte sich sein politisches Gewicht zusehends, durch dieselben Fürsten, denen er in neuem Selbstverständnis als Diener sein Überleben verdankte. Das Scheitern der Revolte des Franz von Sickingen im Jahre 1523 und die Hinrichtung des Wilhelm von Grumbach 1567 zeigen es an: Der Adel konnte sich als bestimmende Macht nicht gegen die Fürsten durchsetzen.

Krise der Herrenkirche, Krise der Fürsten?

Die Herrenkirche der Fürstbischöfe, Fürstäbte und Prälaten, Domherren, Stiftsherren, Deutschherren, domini des Benediktinerordens litt unter ähnlichem Legitimationsdefizit in einer Zeit intensiver, ja endzeitlicher Frömmigkeit.[36] Das Schicksal der Reichsabteien Kempten im Allgäu, Ochsenhausen in Franken, Weißenburg im Elsaß zeigt beispielhaft an, mit welcher Wucht sich der Haß gegen eine Kirche richtete, die in weiten Teilen „ein Spital des Adels“[37] geworden war. Wobei Fürsten und Adel zunächst nichts dagegen einzuwenden hatten, daß es gegen die reiche Kirche ging, die man zu beerben hoffte: „wir sahen in der erst alle zu, gefiel uns auch wol, das es uber Pfaffen und Monch giengen, wusten aber nit, das uns das Ungluck auch als nahend was“, schrieb nachträglich der Graf Wilhelm von Henneberg-Schleusingen.[38]

Dagegen gab es vor dem Bauernkrieg keine und während desselben kaum eine Krise der Fürsten, denn ihnen war der Anschluß an eine marktorientierte Finanzwirtschaft gelungen. Gegen sie richtete sich der Aufstand in aller Regel auch gar nicht.

---

36 Siehe (zu einem etwas früher gelegenen Zeitabschnitt) Die „Neue Frömmigkeit“ in Europa im Spätmittelalter 2004.

37 Als dieses galt traditionell der Deutsche Orden (Militzer 1995, 2007; Sarnowsky 2000), vgl. den Brief Mgf. Joachims d. J. v. Brandenburg an Hz. Albrecht v. Preußen vom 3. Mai 1525, in dem die Rede ist von Preußen, „welchs allewe ein spitall des deutschen adels *gewesen ist*“ (Akten, Bd. 1, 2, 1934, S. 402, Nr. 582). Doch dienten auch andere Teile der Adelskirche der Versorgung, dazu klassisch Schulte 1922, zur Fürstabtei Kempten Schreiner 2006. In Niedersachsen und Schleswig-Holstein haben die adligen Frauenklöster die Reformation bis zum heutigen Tage überlebt.

38 Quellen 1963, Nr. 158, S. 471 (2. Febr. 1526); vgl. zu seiner zwiespältigen Haltung Meyer 1972; Mötsch 2008. – Ich zitiere („Quellen 1963“) aus der weitverbreiteten, von Günther Franz besorgten Ausgabe, die anderweitig veröffentlichte Texte in der Regel buchstabengetreu wiedergibt, wenngleich oft in Auswahl und mit moderner Groß- und Kleinschreibung; diese behalte ich der besseren Lesbarkeit wegen bei und wende sie auch bei Texten anderer Herkunft an.

Gegenmaßnahmen

Es fragt sich nun, welche Maßnahmen der niedere und der hohe Adel ergriff, um dem Abstieg entgegenzuwirken. Zunächst wurden neue Abgrenzungen errichtet, mit der Erfindung des Begriffs „Adels" als der Bezeichnung einer gleichberechtigten Gruppe, die zunächst den niederen, dann auch den höheren umfaßte und eine Einheit postulierte, die es nie gegeben hatte und die es auch nicht wirklich geben würde.[39] In diesen Zusammenhang gehört der Ausschluß des Patriziats zur Sicherung der Exklusivität, z. B. in Franken zwischen Nürnberger Patriziat und fränkischer Ritterschaft.[40] Die in Eigenregie veranstalteten Vierlande-Turniere sind hier zu nennen und die neue Forderung der Turnierfähigkeit. Schließlich, eng damit verbunden, neue Formen der adeligen Genossenschaft in Einungen, Bünden, Turniergesellschaften, die die Herausbildung der Reichsritterschaft zur Folge hatten.[41]

Wirtschaftlich gesehen stellen die zweite Leibeigenschaft oder „réaction seigneuriale", die Refeudalisierung, die Wiederbelebung archaischer Herrschaftstitel den Versuch dar, „nach einer langen Depression den wirtschaftlichen Aufschwung und die politische Stabilisierung nachhaltig zu eigenen Positionsverbesserungen zu nutzen".[42]

Schließlich gab es auch den Versuch, am Wirtschaftsleben durch illegitime Abschöpfung, also durch Raub teilzunehmen, die Fehde als nutzbares und übertragbares Recht fruchtbar zu machen. Götz von Berlichingen bietet ein bekanntes Beispiel für dieses Vorgehen, das die Fürsten zuweilen für ihre Zwecke verwandten, die Handel treibenden Städte aber mit allem ideologischen und militärischen Aufwand bekämpften.[43]

Auslöser der Krise

Nun sind dies alles Prozesse, die längst vor dem Bauernkrieg einsetzten, ja im Mittelalter und noch bis ins 19. Jahrhundert geradezu eine Dauererscheinung waren.[44] Was löste dann aber die unerhörte Konflagration von 1525 aus? Die Forschung hat darauf, zumal angesichts einer seit Jahrzehnten

---

39 Siehe die Arbeiten von Joseph Morsel, zuletzt Morsel 2006.

40 Endres 1988. Zu Ulm Fieg 2006.

41 Hierzu Ranft 1994 und Paravicini 1994, S. 93–102. Es gab im 15. Jh. aber noch gemeinsame Turniere, in Augsburg, aber nicht in Nürnberg, s. Jachmann 2008, S. 267 Anm. 23 (Lit.).

42 Troßbach 2005, Sp. 1059, nach Endres 1984, S. 226–234.

43 Ulmschneider 1974, S. 48–95.

44 Für das frühere Mittelalter Rösener 1985, S. 245–254; Ders. 1992, S. 92–94. Zu den späteren z. B. Blickle 1988, Holenstein 1996, S. 101–112.

ununterbrochenen Kette von Klagen, gerichtlichen Auseinandersetzungen, lokalen Volksaufläufen, Bundschuhrevolten keine befriedigende Antwort gefunden. Denn langfristig gesehen hat der große Marc Bloch recht: „la révolte agraire apparaît aussi inséparable du regime seigneurial que, par exemple, de la grande entreprise capitaliste, la grève".[45] Die Liste der Revolten innerhalb und außerhalb des Reichs ist lang – es sei nur an die äußerst virulente, ausgesprochen adelsfeindliche „Jacquerie" von 1358 und den ebenso gefährlichen englischen Bauernaufstand von 1381 erinnert.[46] Aufstände sind eine permanente Erscheinung, scheinen sich aber im 14. und im 15. Jahrhundert vor dem Hintergrund einer krisenhaften Konjunktur, aufgrund der klimatische Abkühlung und der Pest zu häufen. Es kann sich also nur um die zeitliche Bündelung längst bestehender Probleme und um einen zündenden Funken handeln, der alles in Brand setzte. Folgende Motive und Elemente lassen sich ausmachen:

Zunächst der bäuerliche Wunsch, Anteil am wirtschaftlichen Aufschwung seit ca. 1470 zu gewinnen, woraus ein „Verteilungskonflikt innerhalb enger gewordener Grenzen" folgte, der „Versuch [. . .], die Perspektiven gewerblich bzw. kommerziell durchdrungener, stark differenzierter ländlicher Gesellschaften insgesamt auf Kosten der ‚traditionellen' rentenbeziehenden Kräfte wie Klerus und Adel zu verbessern".[47] Dem stand umgekehrt das adlige Bestreben entgegen, eingefrorene Nominalabgaben dem ehemaligen Realwert anzugleichen.

Neue Kommunikationsformen und vermehrte Lesefähigkeit wirkten sich aus.[48] Der Buchdruck wird allerdings nicht nur auf der bäuerlich-städtischen Seite mit den weitverbreiteten „Zwölf Artikeln" genutzt, sondern auch auf der fürstlichen, z. B. beim Aufgebot des Adels[49] gegen die Bauern und der nachträglichen Begründung des Vorgehens.[50]

Es gibt Mißernten in Folge, insbesondere in den Jahren 1517–1524 in Franken und vermutlich auch anderswo.[51]

---

45 Guenée 1981, S. 271.

46 Listen und Beispiele siehe u. a. bei Blickle 2008, S. 189–206; Peltzer 2008 und die anderen Beiträge im Band „Revolte und Sozialstatus"; Neveux 1997, Bulst 1987, Hilton 1975, Gerlach 1969.

47 Troßbach 2005, Sp. 1058f.

48 Siehe „Kommunikation in der ländlichen Gesellschaft" 2000.

49 Infra, Anm. 59.

50 Kobuch/Müller 1975, S. 50f., Hz. Georg von Sachsen, Dresden, 28. April 1525; S. 132f., Kfst. Johann v. Sachsen, 28. Juni 1525. Allg.: Claus 1975.

51 Endres 2000, S. 71 Anm. 23, am fränkischen Beispiel.

Den Funken aber stellt die Reformation[52] dar, obschon es auch Aufstände in den altgläubigen Gebieten gab. Schon die Zeitgenossen sahen in ihr die Ursache.[53] Sie delegitimierte die steuerfreie, vielfach dienstfreie, auch wirtschaftlich konkurrierende adlige und kirchliche Herrschaft, die oft ganz verweltlicht war und sich um Legitimation gar nicht mehr bemühte. Zum realen oder geforderten „alten" trat das „göttliche" Recht, das seinerseits als Vorstellung nicht neu war, jetzt aber in neuer Begründung ungeahnte Kraft entfaltete.[54] Die „Gemeinde" sah sich nicht mehr nur als religiöser, sondern auch als politischer Verband.[55]

Ort und Zeit

Nicht die Revolte ist also neu, sondern ihre Ausdehnung und teilweise Abstimmung über weite Teile des Reichs hinweg, angefangen im Südwesten mit „Bundschuh" und „Armem Konrad".[56] Im Jahre 1524 entstehen die ersten Flächenbrände, 1525 erreicht die Bewegung ihre höchste Ausdehnung, die vom Elsaß bis nach Thüringen, von Oberschwaben bis an den Mittelrhein reicht; 1526 folgen noch Salzburg und Tirol. Im Nordosten ist lediglich im Herbst 1525 der Aufstand der Samländer in Ostpreußen zu verzeichnen. Wiederum gibt es keine voll befriedigende Antwort auf die Frage, weshalb die Revolte hier ausbrach und nicht dort? In kleinteiligen und kleinräumigen Herrschaftsgebieten, in Gebieten mit starker Realteilung habe es den Aufstand gegeben, lautet die gängige Antwort, nicht in Flächenstaaten, wie z. B. Bayern.[57] Im Herzogtum Preußen war eine neue Herrenschicht entstanden, worauf geantwortet wurde: „Wir wollen nimmer keinen Adel haben. Sie sollen sich neben uns ernähren, wie Gott spricht: ‚Dein eigen Hand Dich ernähren soll'. Darum wollen wir die Nester zerstören, daß die Krähen keine Jungen mehr darin ziehen sollen."[58]

---

52 Vgl. Maron 1980, Sp. 323–327; Dülmen 1977; „Bauernkrieg", hg. v. Wohlfeil 1975. Zuletzt Jonscher, Die Reformation 2008; Straube, Reformation 2008.

53 Kfst. Joachim v. Brandenburg an Hz. Albrecht v. Preußen am 18. Juni 1525 (Akten Bd. 1, 2, 1934, S. 573, Nr. 922): „Das hat vorwar nichts anders eingefurt und erwegket, dann die lutterische und vorkerte auslegung des heiligen evangeliums und sein und seiner anhenger lere und predige".

54 Endres 2000, S. 66, 74f., 76f. am Beispiel der Abtei Ebrach.

55 Blickle 2008, S. 200. Vgl. zum „Kommunalismus" Blickle 2000.

56 Siehe „Bundschuh. Untergrombach 1502" 2004.

57 Endres 2000, S. 68.

58 Franz ^{4}1956, S. 278. Vgl. Wunder 1975.

Forderungen

Die Kernanliegen der Bauern sind in den sogenannten „Zwölf Artikeln“ vom März 1525 niedergelegt, einer durchweg mit dem Evangelium und dem göttlichen Recht argumentierenden Verteidigungsschrift aus Schwaben, die alsbald durch den Druck verbreitet wurde und fast überall den Forderungen als Grundlage diente.[59] Dies waren:

(1) Wahl und Absetzbarkeit der Pfarrer durch die Gemeinde – der Pfarrsatz war in der Regel ein nutzbares Recht des Herrn. (2) Kommunalisierung des Großen Zehnten vom Getreide (der ursprünglich zum Unterhalt des Pfarrers, der Armen und des Kirchenbaus bestimmt gewesen und längst ein Renten- und Spekulationsobjekt der verschiedenen Herren geworden war) und Abschaffung des auf andere Erträge erhobenen Kleinen (Vieh- und Frucht-)Zehnten. (3) Abschaffung der (nur im Südwesten bestehenden, ja sich ausdehnenden) Leibeigenschaft, die gerade von kleineren Herren zur Sicherung ihrer Abgabenansprüche gehandhabt wurde, „angesehen das uns Christus all mit seinem kosparlichen Plůtvergüssen erlößt und erkauft hat, den Hirten gleich als wol als den Höchsten, kain ausgenommen. Darum erfindt sich mit der Geschrift, das wir frei seien und wöllen sein“.[60] „Leibeigenschaft und ihre Verschärfung im 15. und frühen 16. Jahrhundert war das Leitmotiv für den größten Aufstand, den es in der deutschen Geschichte gegeben hat“.[61] Zu Recht weht das Banner der „Fryheit“, das Zitat eines zeitgenössischen Holzschnitts, auf Werner Tübkes Gemälde. (4) Freiheit von Jagd und Fischfang[62], nur redlich gekaufte Rechte sollen noch gelten, so auch bei der (5) Holznutzung (auch dies gegen die „Verbannung“, d.h. Verherrschaftlichung aller Grundbedürfnisse). (6–7) Reduzierung bzw. Entlohnung der Dienste (sowohl zum Anbau als auch zur Ernte, zum Transport und zur Jagd).[63] (8) Reduzierung der zu hohen Abgaben, angemessene Neufestlegung, „damit der Baur sein Arbeit nit umbsunst tie; dann ain iet-

[59] Text: Quellen 1963, Nr. 43, S. 174–179. Erfurter und Zwickauer Exemplar bei Kobuch/Müller 1975, S. 60f., 110f.; dort S. 66f. und 116f. auch die entsprechenden Frankenhäuser und Wolkensteiner Artikel. Es gab insgesamt 28 Drucke innerhalb zweier Monate, Blickle 2008, S. 167. Zum Inhalt Blickle 1985, „Zwölf Artikel und Bundesordnung der Bauern“ 2000; zu den Thüringer Versionen Graupner, Die Dorfgemeinden 2008.

[60] Schon 1489 kam es zum Auszug der Bräunlinger nach Villingen gegen den Gf. v. Fürstenberg, um der Leibeigenschaft zu entgehen (Carl 2000, S. 483). Noch 1667 gründeten im Hzgt. Schleswig Flüchtlinge aus Kappeln die freie Siedlung Arnis an der Schlei gegen den Herren von Rumohr.

[61] Blickle 2008, S. 168.

[62] Zur Fischerei Heimpel 1963 und 1964.

[63] Siehe am Beispiel des Ritterguts Thurm bei Zwickau Endres 2000, S. 75f.

licher Tagwerker ist seins Lons wirdig".[64] (9) Gerechte Strafjustiz (*Frevel*). (10) Restitution der enteigneten Allmende (Holz, Wasser, Weide), es sei denn, das Recht sei erkauft; in Thüringen galt diese Forderung insbesondere dem Schutz der gemeindlichen Schafzucht.[65] (11) Abschaffung des Todfalls, d.h. Abgabe der besten oder sogar der gesamten beweglichen Habe von den Witwen und Waisen: „so si beschützen und beschirmen solten, hand si uns geschunden und geschaben". (12) Schließlich: Die Artikel sollen nur Geltung beanspruchen dürfen, wenn sie auf der Hl. Schrift gründen.

Dies waren noch gemäßigte Forderungen, auch wenn sie die wirtschaftlichen Grundlagen der Adelsherrschaft weitgehend in Frage stellten. Im Verlauf der Auseinandersetzung, die zunehmend grundsätzlicher wurde und nicht mehr allein die Beseitigung einzelner Mißstände zum Gegenstand hatte, kam es zur Radikalisierung, d.h. zum Verlassen des Rechtswegs,[66] zur massenhaften Besetzung und Zerstörung von Klöstern und Burgen: Allein im Hochstift Bamberg wurden an die 200 feste Häuser besetzt.[67] Auch der Deutschmeistersitz des Deutschen Ordens zu Horneck verbrannte, mitsamt dem Archiv.[68]

Am weitesten ging am linken Flügel der Reformation Thomas Müntzer, der wie ein alttestamentarischer Prophet[69] und Apokalyptiker eine neue Welt kommen sah, die unter ungeheuren Leiden geboren werden musste,[70] und der deshalb seine Parteigänger zum höchsten Einsatz aufforderte und zu gottgewollter Gewalt. Den Allstedtern rief er zu:

64 Zur zunehmenden Steuerbelastung zunächst in der Stadt, dann auch auf dem Land Endres 2000, S. 72–74.

65 Hoyer 1981. Allg. Troßbach 1992.

66 Führend wurden nun unterbäuerliche Kräfte (Troßbach 2005, Sp. 1060). Zunächst waren auch der Schwäbische Bund und andere Landfriedenseinungen auf Schiedsgericht und Austrag ausgerichtet, nicht auf unkontrolliertes Abstrafen; diese Tendenz, schon seit Beginn des 16. Jh.s abgeschwächt, ist auch 1524–1525 noch vorhanden, schwindet aber angesichts der bäuerlichen Gewalt (Carl 2000, S. 495, 489ff.).

67 Endres in: „Bauernkrieg", hg. v. Wohlfeil, 1975, S. 101. Zum Fall der Klöster um Sangershausen Straube, Reformation 2008.

68 Am 23. April 1521, Mergentheim wurde das neue Zentrum, Boockmann 1981, S. 221. Ob es sich hier wie anderswo (infra, Anm. 91) um eine willentliche Zerstörung der „titres féodaux" gehandelt hat, ist einstweilen nicht festzustellen.

69 Es ist bezeichnend, daß der Lgf. Philipp v. Hessen am 13. Mai beim Verhör zu Heldrungen (infra, nach Anm. 103) gegen Müntzer das Neue Testament anführte, Quellen 1963, Nr. 189, S. 530 (der mansfeldische Rat Johann Rühl an Luther, 26. Mai 1525): „daß sich der Landgraff des Evangelions nicht geschämet, sich mit Münzern in einen heftigen Streit damit begeben. Münzer hat das alte Testament gebraucht, der Landgraff aber sich des neuen gehalten, sein neues Testament auch bei sich gehabt und daraus die Sprüche wieder Münzern gelesen".

70 „Das sag ich euch, wolt ir nit umb Gottes Willen leiden, so must ihr des Teufels Merterer sein", am 26./27. April 1525 an die Allstedter, Quellen 1963, Nr. 168, S. 502. Vgl. Goertz 2008.

> Dran, dran, dran! Last euch nicht erbarmen, und: Dran, dran, dieweil das Feuer haiß ist. Lasset euer Schwert nit kalt werden, lasset nit vorlehmen [es erlahmen]. Schmidet pinkepanke auf den Anbossen Nymroths, werfet ihne den Torm zu Bodem! Es ist nit mugelich, [der]weil sie leben, das ir der menschlichen Forcht soltet lehr werden. Man kan euch von Gotte nit sagen, dieweil sie uber euch regiren. Dran, dran, weil ir Tag habt, Gott gehet euch vor, volget, volget![71] Und den Frankenhausenern: Lasset euch noer [nicht mit] guten Worten zu keiner geschißnen Barmherzigkeit brengen, so wirt eure Sach wel besteen.[72]

Die Adelsherrschaft sollte abgeschafft werden, wie am 7. Mai aus Allstedt berichtet wurde:

> Des Haufens zu Molhaußen [Mülhausen] solln ungeverlich bei 15 000 sein. Dieselbe sein Achtag [acht Tage lang] ufm Eysfelt [Eichsfeld] umbgezogen und etlicher Edelleut Heuser ze[r]brochen, verbrant und genomen, was sie funden haben. Sie haben zu sich in iren Bund bracht den Graffen von Schwartzburg, Graff Ernesten von Ho[hen]nsteyn. Man sagt, der von Stolberg hab auch zu in schweren mussen, alle Beschwernus abzetun und bei ihnen und dem Evangeli zu stehen. Mussen alle zu Fuß zu in abdreten und sich irer Wirde und Titel [ent]eussern und allein Bruder heissen lassen.[73]

Es hieß also herunter vom Pferd[74] und auf die untere Augenhöhe gehen. Wir haben den erzwungenen Vertrag mit dem Grafen Botho von Stolberg vom 4. Mai[75] und können die Briefe lesen, die Müntzer am selben Tag an Graf Günther von Schwarzburg in Sondershausen schrieb, „dem jüngeren Günther, Vorsteher christlicher Gemeinde im Schwartzburger Lande, un-

71 Quellen 1963, Nr. 168, S. 503, am 26./27. April 1525. Abb. bei Kobuch/Müller 1975, S. 62f.

72 Quellen 1963, Nr. 171, S. 507, am 29. April 1525.

73 Quellen 1963, Nr. 177, S. 516.

74 Vgl. Gf. Wilhelm v. Henneberg-Schleusingen an Hz. Johann v. Sachsen, 28. April 1525: „were sich an sie begibt, der müß zu füß mit inen geen, und lassen kein reiten, dan allein der haübtman uf eim klein pferden reit vorm haufen“ (Akten, Bd. 1, 2, 1934, S. 340, Nr. 451). Im Allgäu durfte Georg v. Werdenberg jedoch vom Pferde herab verhandeln, infra, bei Anm. 88.

75 Quellen 1963, Nr. 173, S. 508–511; er lieh den Frankenhäusenern auch ein Stück Artillerie, „eine halbe Schlange“, Nr. 190, S. 535, § 12. Vgl. den Bauerneid des Adels in Franken vom Mai, Quellen 1963, Nr. 121, S. 369f., dazu vom 4. Mai der Brief Gf. Bothos an Hz. Georg von Sachsen bei Kobuch/Müller 1975, S. 70f.; weiteres bei Vogler 2000, S. 126 mit Anm. 66. Siehe auch den Anschluß des Gf. Wilhelm v. Henneberg- Schleusingen (von den Bauern „hochgeborner furst und her“ betitelt), ibid., S. 56–59 (dazu Mötsch 2008, S. 120f.). Eine Liste derjenigen schwäbischen Stände, die sich gezwungen mit den Bauern verbündeten, hat der Schreiber des Truchsessen Georg von Waldburg notiert, s. Quellen, hg. v. Bauer 1876, S. 586–588. Ein weiteres Beispiel für erzwungenen Anschluß bietet Götz von Berlichingen, s. Ulmschneider 1974, S. 143ff.; Quellen 1963, Nr. 105f., S. 336–342; vgl. Akten Bd. 1, 2, 1934, S. 623–625 (Christoffel v. Lichtenstein), Bd. 2, 1942, S. 95, Nr. 1190 (Hans v. Völkershausen), S. 450, Nr. 1640 (div.).

serm lieben Bruder im Herrn", recht höflich noch.[76] Sein Schreiben vom 12. Mai an Graf Ernst II. von Mansfeld-Vorderort, „Bruder Ernst", aber war ein wahrer Fehdebrief; der Graf[77] mußte sich von „Thomas Muntzer mit dem Schwert Gedeonis" fragen lassen:

> Sag an, du elender, dorftiger Madensack, wer hat dich zu einem Fursten des Volks gemacht, welichs Got mit seinem teuren Bloet erworben hat? *Und dem verkündigt wurde:* Der ewigke, lebendige Got hatz geheissen, dich von dem Stull mit Gewalt uns gegeben zu stossen; dann du bist der Christenheit nichts nutze, du bis ein schadlicher Staubbessen der Freunde Gottis. Got hat von dir und von deinesgleichen gesagtm und nun folgen alttestamentarische Bibelstellen: Dein Nest muß zerrischen und zerschmettert werden.[78]

An „Bruder Albrechten von Manßfeldt" erging am selben Tag ein ähnlicher Brief, der auch auf Martin Luthers Verurteilung des Aufruhrs[79] Bezug nimmt:

> hastu in deinem Martinischen Baurendreck nicht mugen schmecken, wie der selbige Prophet [Hesekiel] weiter sagt am 39. Underschied [= Kapitel], wie Got alle Vogel des Himels fordert, das sie sollen fressen das Fleisch der Fursten und die unvernunftige[n] Tier sollen saufen das Blut der grossen Hansen, wie in der heimlichen Offenbarungen im 18. und 19. beschrieben?[80]

Bei Hesekiel 39, 17 ist zu lesen:

> Sage allen Vögeln, woher sie fliegen, und den Tieren auf dem Felde: Sammelt euch und kommt her, findet euch allenthalben zuhauf zu meinem Schlachtopfer, das ich euch schlachte – ein großes Schlachtopfer auf den Bergen Israels –, und fresset Fleisch und saufet Blut!

Und in der Offenbarung 19, 17–18:

---

76 Quellen 1963, Nr. 174, S. 511; der Graf war am 1. Mai ein Bündnis mit den Aufständischen eingegangen, s. Kobuch/Müller 1975, S. 84f.

77 Die Mansfelder waren durch Kupfergewinnung wohlhabend. Die Übergriffe auf die entprechenden Saigerhütten riefen die im Metallhandel engagierten Welser auf den Plan, s. Kobuch/Müller 1975, S. 86f. (Nürnberg, 3. Mai 1525). Vgl. Bräuer, Mansfelder Land 2008.

78 Quellen 1963, Nr. 180, S. 519f. Vgl. Bräuer, Mansfelder Land 2008, S. 189f.

79 Martin Luther, Wider die räuberischen und mörderischen Rotten der Bauern, von Anfang Mai 1525, s. Maron 1975 und 1976 (beide erneut 1993), und 1980, Sp. 327–329. Luthers Sprache darin war freilich nicht weniger drastisch und rief ebenfalls zu Mord und Totschlag auf. Sie war vermutlich schon eine Reaktion auf die Nachricht von der Weinsberger „Bluttat" (infra, nach Anm. 93), s. Bräuer, Luthers Reise 2008, S. 309 und 311.

80 Quellen 1963, Nr. 181, S. 521.

> Und ich sah einen Engel in der Sonne stehen; und er schrie mit großer Stimme und sprach zu allen Vögeln, die unter dem Himmel fliegen: Kommt und versammelt euch zu dem Abendmahl des großen Gottes, daß ihr esset das Fleisch der Könige und der Hauptleute und das Fleisch der Starken und der Pferde und derer, die daraufsitzen, und da Fleisch aller Freien und Knechte, der Kleinen und der Großen!

Tatsächlich sollte dem Grafen Ernst und allen Fürsten, Grafen und Herren, die sich der Bewegung nicht anschlossen und unterordneten, der Kopf abgeschlagen werden.[81]

Adel und Aufruhr

Es fragt sich, wie die derart Angegriffenen diesen undenklichen Umsturz begriffen. Sie mußten ihn als den Aufstand des Bösen schlechthin ansehen, als die größte Gefahr, als Negation all dessen, was ihnen bislang selbstverständlich gewesen war. Der gottgewollte Gehorsam wurde verweigert, der geschuldete Respekt nicht mehr geleistet, die Scheu, die Ehrerbietung waren dahin. Was sie ererbt, sollte ihnen genommen werden, wo es doch auch ihnen nur um Recht und Gottesfurcht gegangen und sie für ihre Leute gesorgt zu haben meinten. Die Rede des Truchsessen Georg von Waldburg an die Landsknechte, die sich zunächst weigerten, gegen die Bauern zu kämpfen, die doch nur ihr Recht und Gottes Wort handhaben wollten, zeigt dies ganz deutlich, hier in der Wiedergabe seines Herolds Hans Lutz:

> dasselbig begeren mir auch, das Wort Gotz zu beschirmen, unn auf zu richten, unn begern wir auch nichtz dann Recht, und wellen nyemantzh nichts wider Recht thun, alls unns die Bawrn gethan habent, unentsagt irer Erenn, als sy pillich gethan solten haben, unn haben mir das Mein eingenomen, wider Got, Err un Recht, das ich ererbt von meinem Herren Vater unn anderen Hern unn Edelleyten; unn red das fur mich gut rund, das ich mein arme Leyt unn ander, nie beschwert hab, weder mit Stewr noch Rossgellt, sonder in geholfen und geraten, alles das ain Herr den seinen thun soll.[82]

Dennoch griff man sie ohne Fehdeerklärung an, „unentsagt". Ein neuer Begriff von Recht wandte sich gegen den Adel. Gegen Herkommen und Tradition stritten nun Naturrecht und Evangelikalismus.[83] Herrschaft sollte

---

81 Vernehmungsprotokoll Müntzers vom 16. Mai, Quellen 1963, Nr. 191, S. 534, Aussagen unter Folter § 5 und 8.

82 Lutz, hg. v. Adam 1893, S. 65. Vgl. dieselbe Rede und einen Brief des Truchsessen an seine Untertanen („underthonen") in den Aufzeichnungen seines Schreibers, Quellen, hg. v. Baumann 1876, S. 543f. und 557–559.

83 Bierbrauer 1982.

geteilt werden. Was Bittschrift und Gnade gewesen war,[84] wurde unvermittelter Anspruch. Es muß die Edelleute in eine tiefe Krise gestürzt haben, nicht nur weil es Verluste und Schäden gab, sondern weil alles, worauf sie standen, unter ihren Füßen zusammenbrach. Was der Truchseß vortrug, war kein Argument wider besseres Wissen, sondern tiefste Überzeugung. Was Friedrich Engels schilderte, hat es gegeben, ebenso aber ein Weltbild, das verantwortliche Adelsherrschaft, die ihrerseits existierte, für selbstverständlich nahm. Einige wenige Quellen gibt es, die das Gefühl der sich einstellenden existentiellen Bedrohung miterleben lassen, so die Aufzeichnungen des Ritters Georg von Werdenstein im Allgäu:[85]

> am Nachtz sind die Pauren wider von Oberensonthofen gezogen und etwan bei 200 zue Werdenstein am Schloß hingangen, zeitlich [zeitweilig] geschreien: „Kum Teifel, holl alles, was im Schloß sei", weiter hinauf zue mir, Georgen von Werdenstein, geschrein: „Kum herab, du alter Hund, wir wellend dier den Bart heraußraufen", weiter hinaufgeschreien zue Madlenen von Laubenberg, dazuemal ein Junckfrau [unverheiratet] gewesen, und zue meiner Dochter Barblen, auch ein Junckfrau gewesen: „Ir jungen Huren, wir wellend euch geheüen [beschlafen] und die alten Kammerschellen [Kammerjungfern] darnach nötigen [notzüchtigen]" . Sy haben auch hinauf geschreinen: „Mir miessen Wasser drincken, und sy wellen Wein trincken, und mir miessen das Eisserst met Negeln aus dem Boden kratzen" und mit mer vil unzichtigen [Worten], nit Not zue beschreiben, und mit dem sind sy also fürzogen one Schaden.[86]

Gefährlicher für den Burgherrn wurde es noch, wenn er mit den Haufen verhandeln mußte. Zuerst im Burghof nach der Messe, wo man ihm sagte, „sy wellen mir weder Zins, noch Steur, noch Gerhorsam, noch bottmesig mer sein in keinen dingen. Darüber hab ich gesagt", schreibt der Herr: „Liebe Gesellen, was zeichen ir mich [wessen bezichtigt ihr mich], oder was hab ich euch gethan?" Darauf der Wortführer, „daß ich hab nichts gethon,

---

84 Georg v. Werdenberg (infra) schlug im Ring der Bauern am 27. Febr. 1525 vor, „daß alle pauren, ietlich an seinen herren, suplicierte, wamit sy beschwert werden, und darnach die herren beten in solcher supplication, daß sich alle zuesamen theten, klein und groß", und sich durch Mittler ausglichen (Quellen, hg. v. Baumann 1876, S. 488).

85 Werdenstein (1460/76–1539) war Erbtruchseß des Stifts Kempten, seine Aufzeichnungen s. in: Quellen, hg. v. Bauer 1876, S. 477–493, einzelnes daraus in: Quellen, hg. v. Franz 1963, S. 135–140, 203f., 571–573.

86 Quellen, hg. v. Bauer 1876, S. 485f. (14. Febr.). Vgl. den Bericht über die Bauern in Neuenstein in der Gft. Hohenlohe, ibid. Nr. 162, S. 331f., wo die Gräfin vergeblich einen Fußfall tat, oder den Brief Mgf. Joachims d. J. v. Brandenburg, der am 3. Mai 1525 an Hz. Albrecht v. Preußen nicht nur vom Spießrutenlauf des Gf.n v. Helfenstein „sambt 11 edeleuten" berichtet (infra, nach Anm. 93), sondern auch, daß „do di pauern graf Wilhelm von Hennenberck verjagt haben, da haben sie sein gemahel, welche gros swanger gegangen, vor allem volk nackent ausgezogen und haben ir doch zulest einer peurin hembde zugeworfen" (Akten Bd. 1, 2, 1934, S. 402, Nr. 582).

dan was andere Herren haben gethon, sy wellen kein Herren mer han". Nach heftigem Wortwechsel trennt man sich aber doch, ohne handgreiflich geworden zu sein.[87]

Noch heikler war es, in den „Ring" unter die bewaffneten Bauern zu treten (der Werdensteiner durfte ausnahmsweise in den Ring reiten), und sei es mit Geleit,[88] wie ebenfalls im Fall des Georg von Werdenstein geschehen:

> einer war im Ring mit Namen Martin Gerung von Waltenhofen, der sprach zue mir: „Daß dich botz Marter schend, du hast uns allweg ketzeret, mich lust [gelüstet], ich stieß den Spieß durch dich." Da sagt ich zue im: „Martin, thue gemach, ich bin in eim Geleit da." Då war einer da mit Namen Pauli Metzler, ain Kriegsmann, der sprach zue im: „Martin, laß in mit Lieb, es ist nit Kriegsrecht; es ist Kriegsrecht, wenn man eim ein Gleid gibt, daß mans im für Wort und Werck halt." Auf soliches zog ich on alle Antwurt haim, und schickten darnach, eher und ich gar von inen ritt, wider zue mir, wolt ich, so wellen sie den strafen, der mir also im Ring hett zugeredt, dasselbig ich aber nit hab wellen gestatten, dan ich forchte großer Unglick hernacher.[89]

Der Werdensteiner hat sich schließlich mit Frau und Kindern nach Kempten geflüchtet, die Bauern besetzten sein Schloß und hausten darin und verpflegten sich daraus, zertrümmerten es aber nicht und brannten es auch nicht nieder. Anderswo ging es nicht so glimpflich ab, so in Oberschwaben am 26. März 1524:

> haben die Pauren den ersten Angrüff thon und seint aingefallen zue Schömerberg ins Schloß [Schemerberg bei Biberach, der Abtei Salem zugehörig] und da alle die Öfen, Venster, Thüren, Läden, Trög zerschlagen und was ein Eyßen ist gewesen, alles abbrochen und keinen Nagel an der Wand laßen bleiben und was sie funden haben von Heß [Kleidung], Bet[t] (wiewol deß nit vil gewesen) alles ußtragen und geblündert, deßgleichen Korn, Habern, Gersten und vil Me[h]ls, auch 5 Haggenbüchsen, das alles hinweg gefiert, und zuem letstern haben sie das Schloß anzünt und das wöllen verbrenne[n].[90]

---

87 Quellen, hg. v. Baumann 1876, S. 486f.

88 Hier mündlich erteilt (S. 487). Bäuerliche Geleitbriefe s. z. B. in Quellen 1963, S. 423, Nr. 138 (e); Akten Bd. 1,1 (1923), S. 243, Nr. 318; 298, Nr. 392.

89 27. Februar, Quellen, hg. v. Baumann 1876, S. 489.

90 Quellen hg. v. Franz 1963, Nr. 58, S. 205; vgl. Nr. 158, S. 472. Quellen hg. v. Baumann, 1876, Aufzeichnungen des P. Amand Scheffer, Pflegers zu Schemmerberg, S. 297–301, hier S. 299 am 26. März Plünderung des Schlosses.

Hier wurde das Feuer gelöscht, andernorts aber brannte es alles nieder.[91] Aus der Sicht der Herren hausten die Aufständischen „noch turkischer Art".[92] Aber es hallte entsprechend auch zurück: Änderten sich die Herren nicht, schrieb Thomas Müntzer, „so wil ichs ausschreien vor aller Welt, das alle Bruder ir Blut getrost sollen wagen wie etwan wider den Turken".[93]

Beim Werdensteiner hielten die Bauern das Geleit, was der Adel, sobald er Oberhand hatte, in der Regel nicht tat. Zu welchen Übergriffen es kommen konnte, von der einen Seite wie der anderen, zeigt die sogenannte „Weinsberger Bluttat" vom Ostersonntag, 16. April 1525, und die Rache an einem, der sie mitvollbracht hatte, am 12. Mai.

Zuerst nahmen die Bauern Weinsberg ein:

> Fiengen erstlich den Graven, darnach die Edelleut mit den Reutern, etlich wurden an der Wehr erstochen. Dietterich von Weiller flohe in die Kirchen uf den Turn, und als er mit den Baurn herabredt, begert Gnad, wolt inen vil Gelt geben, da schuß einer hinauf, traff ine, stigen hernach uf den Turn und wurfen ine zum Laden heraus, furten nachvolgendt den edlen und wolgebornen Herrn Ludwig Graven zue Helffenstein etc., der Zeit Amptmann daselbst, und mit ime dreizehn vom Adel, under welchen waren zwen Sturmfeder, Ruodolf von Eltershoven und Pleickhart von Ruchzingen, uf einem Ackher gegen Heilprunen. Da machten sie einen Creis und jagten die wolgebornen und Edlen durch die Spies mit iren Knechten, uf vierundzwainzig Person. Der Graff entpott, er wolt inen ein Tunen Gelt geben, sie solten ine leben lassen, aber da half nichts dann sterben. Da dis der Graff sahe, stund er stockstill, bis sie ine erstachen.[94]

Die Werdensteiner Aufzeichnung fügt hinzu, daß die Frau und die Kinder des Grafen gehalten wurden, diesem Schauspiel zuzusehen.[95]

Die Rache folgte nach der Schlacht bei Böblingen vom 12. Mai. Der Truchseß von Waldburg erfuhr, daß unter den ins Städtchen Sindelfingen Geflüchteten einer war, „der seinen Vötter, Graf Ludwigen von Helfenstain, und die vom Adel zue Weinsperg durch die Spieß [hat] helfen jagen", und erzwingt die Auslieferung. Er kannte ihn gut,

---

91 Schadenslisten geben darüber Auskunft, z. B. Akten, Bd. 2, S. 512–522, Nr. 1710, betr. den Mühlhäuser Haufen. Dort ist auch mehrfach der Verlust des wertvollen Archivs angezeigt. Vgl. hinsichtlich von Klöstern Th. T. Müller, Der Bauernaufstand im Eichsfeld 2008.

92 Quellen 1963 Nr. 102, S. 331; vgl. den Kommentar zur „Weinsberger Bluttat", infra, Anm. 97.

93 Am 12. Mai 1525 an Gf. Ernst v. Mansfeld, Quellen 1963, Nr. 180, S. 520.

94 Quellen 1963, Nr. 104, S. 335.

95 „sein hausfraw und seine kinder zuesechen lassen", Quellen, hg. v. Bauer 1876, S. 481. – Die hennebergischen Räte zu Schleusingen berichteten an Gf. Wilhelm am 22. Mai 1525, die Bauern hätten den Zobelstein mit Sturm gewonnen, dabei 10 Adlige gefangen, „willens, die durch die spiße laufen zu lassen". Es scheint aber nicht dazu gekommen zu sein (Akten Bd. 1, 2, 1934, S. 507, Nr. 778).

dann er was ein Zinkenblaßer und gueter Pfeiffer [nämlich Michel Nonnenmacher von Ilsfeld], derhalben er bei Graf Ludwigen in sonderm Vertrauen gewest und merers Tails bey ime zue Tisch gesessen.[96] Aber alß der Graf von den Pauren durch die Spieß zue jagen verurtailt, hette er dem Grafen sein Federhuet abgenommen, den aufgesetzt und gesagt, er were lang genueg ain Graf gewest, hette ime ofte zue Dantz gepfiffen, ietzo welle er auch ein Graf sein und erst den rechten Danz pfeiffen, und dieweil man also den Grafen sambt andern hinauß füeret, gieng er, als obsteet, vor und bliese den Zincken, half ine darnach durch die Spieß jagen und namb volgents das Schmalz auß ime, schmieret seinen Spieß damit.[97] Und auf den selbigen Abent ließ der Truchsäß ine an ainen Paumb mit einer lange eyßenen Ketten binden, daß er umb den Paum auf zween Schrit weit laufen möcht, bevalch guet Holz zue bringen. Das ließ er ringsumb etwa anderthalb Clafter von dem Paum auf ainander legen, anzünden und den Ubelthäter durch den Nachrichter braten, also daß ime der gantz leib [in] beynach einem Viertel ainer Stunt zue eitelem Braten, und er noch leben was biß zue letster Abschied.[98]

Es ist so, als ob sich die ritterlich-höfische Kultur gegen sich selber gewendet hätte und dieser bodenlose Verrat eines Spielmanns besonders schwer gerächt werden sollte. Dem glaubwürdigen Zeugnis des waldburgischen Herolds Hans Lutz zufolge trug jeder der anwesenden Grafen, Herren und Edelleute einen Scheit zum Feuer.[99] „Zwar zu begreifen, aber nicht zu entschuldigen", urteilte freimütig schon Joseph Vochezer vor fast 120 Jahren, obschon er im Auftrage des (inzwischen) fürstlichen Hauses Waldburg schrieb.[100]

Friedrich Engels[101] ließ es sich nicht entgehen, dieselbe Rache an einem anderen Beteiligten zu schildern: „Jäcklein Rohrbach wurde gefangen, und in Ketten bis Neckargartach mitgeschleppt, wo ihn der Truchseß an einen

---

96 Vgl. die Werdensteiner Chronik, in: Quellen, hg. v. Bauer 1876, S. 481: „ist allwegen bei den herren und edelleit gewesen".

97 Dieses Detail auch in der Werdensteiner Chronik, in: Quellen, hg. v. Bauer 1876, S. 481: „Sy haben im auch Schmaltz auß seinem Leib geschniten und ire Spieß damit geschmiert, das doch zue Erbarmen ist und Türcken [vgl. supra, Anm. 92] zue vil were". Zu diesem Landsknechtsbrauch Franz ^{4}1956, S. 191, Anm. 5, der S. 192 das Ereignis einen „einmaligen Ausbruch der Volksleidenschaft, der sich nicht wiederholte" nennt . Immerhin gab es ihn, und er verbreitete weithin Schrecken.

98 Quellen 1963, Nr. 143, S. 436f. Der eine wie der andere Vorfall wird in fast allen schwäbischen Aufzeichnungen erwähnt, s. Quellen, hg. v. Bauer 1876, u. a. S. 89f., 91, 268, 481, 568f., 577, 584f. (s. auch supra, Anm. 86); s. bes. die Aufzeichnungen des Herolds Hans Lutz 1893, S. 74f., 83, 88.

99 Vochezer, Bd. 2, 1890, S. 588 Anm. 1, bemerkt zwar zum Herold Lutz: „dieser zeigt sich oft gut, oft aber auch schlecht unterrichtet"; glaubwürdig ist er hier aber deshalb, weil es Heroldsaufgabe war, auf solche symbolischen Handlungen zu achten; er nennt auch 6 Namen (und 19–20 der Opfer, S. 74f.), darunter denjenigen des Grafen Ulrich von Helfenstein, Lutz 1893, S. 83; S. 88 ist vermerkt, daß ein anderer Teilnehmer an dieser Untat gehenkt wurde.

100 Vochezer, Bd. 2, 1890, S. 588f.

101 Engels (supra, Anm. 3), S. 423.

Pfahl ketten, ringsherum Holz aufschichten, und so bei langsamem Feuer lebendig braten ließ, während er selbst mit seinen Rittern zechend, sich an diesem ritterlichen Schauspiel weidete". Aber er erwähnte die Vorgeschichte nicht, die wiederum bei Vochezer nicht fehlt: „Die gleiche Strafe erlitt etwas später auch der Wirt Jäcklein Rohrbach von Böckingen, welcher bei der Blutthat zu Weinsberg dem Grafen von Helfenstein seine damastene Schaube [= Überrock] abgenommen, sich angezogen und die Gräfin gefragt hatte: Frau, wie gefalle ich euch in dieser Schaube? Auch er wurde an eine Ulme gefesselt und gebraten."[102]

Zu Frankenhausen hatten die Aufständischen am 13. Mai, zwei Tage vor der Schlacht, vier Diener des Grafen Ernst, „Edelleut und Knecht" hinrichten lassen.[103] Als Müntzer nach der Schlacht gefangen war, kam es zu einer wahrlich denkwürdigen Begegnung zwischen den Fürsten und dem Mann Gottes:

> hat man ihn auf eine Bank gesetzt, ist der Herzog [Georg von Sachsen] neben ihm geseßen und mit ihm gesprachet, gefragt, was Uhrsache ihn bewegt, daß er die Viere am vergangenen Sonnabende hatte köpfen laßen [. . .]. Hat er gesagt: Lieber Bruder, ich sage E[uer] L[iebden: man beachte die widersprüchlichen Anreden], daß ich solches nicht getan, sondern das göttliche Recht.[104] Hat Herzog Heinrich von Braunschweig angefangen: Höre, bistu auch Furstengenoße? Vorwar, hat er gesagt, du bist ein schöner Furstengenoß, hast dein Regiment wohl angehoben [= begonnen]. Wie kommestu darauf, daß ein Fürst nicht mehr denn 8 Pferde, ein Graff 4 Pferde haben sollen?[105]

In der Tat, unter den Geständnissen, die Müntzer am 16. Mai ablegte, steht auch: „Sagt, hebe geredt, das die Fursten mit 8, ein Grave mit 4 und ein Edelman mit 2 Pferden reiten sol und daruber nicht".[106] Unter der Folter hat Müntzer dann bekannt, was das eigentliche Ziel der Erhebung gewesen: „omnia sunt communia".[107] Damit ist er zu einem stets willkommenen Vorläufer des Kommunismus geworden. Das Zugeständnis verschiedener

---

102 Vochezer, Bd. 2, 1890, S. 589 (nach Egelhaaf, Bd. 1, S. 620). Zu dieser zweiten Hinrichtung, s. auch Quellen, hg. v. Baumann 1876 (Nicolaus Thomam, Weisenhorner Historie), S. 91: „Von dem zinckenplauser", darunter: „Deßglichen ist auch der pauren hauptman gefangen worden, angeschmit, wie der zinckenplaser, und verprent, doch an demselben ort nit".

103 Quellen 1963, Nr. 185, S. 526. Vgl. Bräuer, Das Mansfelder Land 2008, S. 189 mit Anm. 49 (nur drei).

104 Das Vernehmungsprotokoll vom 16. Mai führt im Teil der Aussagen unter Folter an: „Hab das Urtel uber Matern von Gehofen und die andern G[raven] Ernst Diner gesprochen aus dem Munde der Gemeine und habe darin gewilliget und habe das aus Forcht getan" (Quellen 1963, Nr. 190, S. 533, § 3). Zur (hohen) Glaubwürdigkeit des Protokolls Wolgast 1989.

105 Quellen 1963, Nr. 189, S. 530, vom 26. Mai. Die Fortsetzung des Zitats s.o. Anm. 69. Zur Haltung Georgs s. Hoyer, Herzog Georg 2008.

106 Quellen 1963, Nr. 190, S. 532, § 5.

107 Quellen 1963, Nr. 190, S. 534, § 8.

Zahl an Pferden stellte nur eine Etappe auf dem Weg zur vollkommenen Gleichheit dar.

Fürchterliche Szenen, die an solche in Flauberts Salammbô oder in Schillers Glocke erinnern, haben sich nach der Schlacht in Frankenhausen abgespielt. Die nach dem Gemetzel übriggebliebenen Bürger der Stadt wurden nur freigelassen, wenn die für sie bittenden Frauen die beiden noch in der Stadt verbliebenen (radikalen) Priester „strafen", wie es hieß. „Die zweene Pfaffen haben die Weiber ins Gemein auf dem Markte mit Knutteln alle geschlagen, und, als man sagt, wohl eine halbe Stunde länger, denn sie gelebt, und ist fast [= sehr] ein erbärmlich Tun. Welcher sich solches Tuns nicht erbarmet, ist warlich kein Mensch" – schreibt der berichtende mansfeldische Rat an Martin Luther am 21. Mai.[108]

Es ist die Wut der Ausgeschlossenen, es sind ihr Neid und ihre nur allzu verständliche Mißgunst, die dem Adel entgegenschlagen und sich besonders gerne an seinen Statussymbolen vergreifen: an den hohen Burgen,[109] denen die Turmspitzen abgehauen werden,[110] an Turnierausrüstungen, Jagdgeräten, Himmelbetten, Glasfenstern, glasierten Öfen, die dem „armen Mann" ganz unerreichbar waren.[111] Wir haben schon gesehen und werden es sogleich erneut bemerken, wie die sichtbaren Zeichen der Distinktion entfremdet wurden: der befederte Hut, der kostbare Mantel, dem Adel genommen, sich selbst gegeben.[112] Es ging gegen den Adel an sich: Vor Würzburg wurde Götz von Berlichingen als Hauptmann abgesetzt, „weil er ain edelman wer", sagten Zeugen aus. „Sy hetten ein bauern krieg, sie wölten khein fürsten, graven, herrn oder edelman dabey haben".[113]

Im übrigen war der Weg vom Großbauern zum Kleinadligen nie weit, und wenn die Bauern nun frei und Herren waren, konnten sie sich als Edle fühlen, so sah es wenigstens ein Zisterziensermönch zu Kaisheim im schwäbisch-fränkischen Grenzland:

> Als aber nu die Bauren [auf dem Ries] also in irem Regiment jubilierten und inen wol gefuel, daß si edel wasen worden, wolt kainer kain Kütel [Kittel] mer tragen oder zwillichin Hossen, liesen sich in Weiß beclaiden und die Hosen abgeschniten und allenthalb zerschniten [zerhackt, wie die Landsknechte] und mit blauem Underfuetert und ain groß Huetlin auf und ain Federn darauf, darnach wolten si iren Adel meren

108 Quellen 1963, Nr. 188, S. 528f. Zu den „Frauen der Bauern" s. Kobelt-Groch 2008 (fast ausschließlich zu Müntzers Frau Ottilie v. Gersen).

109 Vgl. Vogler 1977.

110 So als Höhepunkt der allgemeinen Verwüstung geschehen in Ebeleben bei Mühlhausen in Thüringen, Akten, Bd. 2, 1942, S. 521.

111 Endres 2000, S. 77.

112 Supra, bei Anm.96, 102, infra, bei Anm. 114.

113 Ulmschneider 1974, S. 163. Zitiert bei Endres 1975, S. 108; Troßbach 2008, S. 229.

und weiter einnemen. „Markgraf Casimir von Brandenburg-Ansbach aber greift sie an“: Also het der Adel schon ein End.

Daran schließt an ein Spottgedicht auf die sechs „A[h]nherren“ eines „adligen“ Bauern, mit höhnischem „Stammbaum“ ihrer niedrigen Berufe.[114] Zwar schreibt der Autor: „In diesem stam oder geneologey will ich ymants han veracht, allain zu ainem schwanck gemacht“, aber das ist wenig glaubwürdig. Die parteiische Nachrede zeigt, wie sehr ihm diese verkehrte Welt verhaßt war und wie sehr er sich von ihr bedroht gefühlt hatte. Wenn Georg von Werdenstein bestätigt wurde, er habe nichts getan, als was andere Herren getan hätten, dann zeugt dies von einem doppelten Verlust jener Selbstverständlichkeit, die vom Adel weiter gefordert, von den Untergebenen aber aufgekündigt wurde, denn sie wollten keinen Herren mehr haben.

Ausgang

Das Heer des Schwäbischen Bundes unter Georg III. Truchseß Freiherr und bald Graf von Waldburg, „dem Alba des Bauernkrieges“, wie Engels ihn taufte,[115] obschon auch er zunächst Verhandlung, Schiedsgericht und Austrag gesucht hatte, die nach der Radikalisierung nicht mehr möglich waren,[116] und die verschiedenen Fürstenheere haben sich alsbald gegen die Bauernhaufen, die oft in der Überzahl, aber schlecht ausgerüstet und geschult waren, durchgesetzt: bei Leipheim an der Donau am 4. April, zu Zabern im Elsaß am 17. Mai (wo der Herzog von Lothringen eingegriffen hatte), bei Königshofen in Schwaben am 2. Juni und auch, am 15. Mai 1525, auf dem Hausberg hier bei Frankenhausen: Ein hessisch-braunschweigisch-sächsisches Aufgebot von ca. 6500 Mann siegte gegen den in einer Wagenburg verschanzten Haufen von ca. 8000 „Bauern, Bergknappen und Salzsiedern“; ca. 6000 fallen, 600 werden gefangen, 300 werden noch am Schlachttag oder am Folgetag vor dem Rathaus hingerichtet. Müntzer wird entdeckt, nach Heldrungen zum Grafen Ernst von Mansfeld gebracht, dort zunächst ohne, dann unter Folter verhört, dem Herzog Ge-

114 Quellen 1963, Nr. 136, S. 418f. = Quellen hg. v. Baumann 1876, Aus der Donauwörther Chronik des Johannes Knebel, Conventuals zu Kaisheim, 1528 und 1529, S. 246–276, hier S. 256f. und S. 259f. Vgl. allg. „Zwischen Nicht-Adel und Adel“ 2001.

115 Engels (supra Anm. 3), S. 411.

116 Vgl. zum „Bauernjörg“ Vochezer, Bd. 2, 1890, S. 422–768, (Bauernkrieg S. 481–625); Carl 2000, S. 482–497: Er war kein besinnungsloser Schlächter, als den ihn Zimmermann und nach ihm Engels geschildert haben (S. 496, Anm. 383).

org von Sachsen ausgeliefert[117] und am 27. im Feldlager vor Mühlhausen enthauptet. Sein Kopf wurde auf einen Spieß gesteckt und ausgestellt.

Die Rache im Konflikt zwischen organisierter und unorganisierter Gesellschaft war schrecklich und wollte es sein. Im Kampf gegen Bauern wurden ohnehin keine Gefangenen gemacht, da mit einem Lösegeld nicht zu rechnen war. Die Rädelsführer kamen alle um. Wir haben sogar die Rechnung von „Meister Augustin, des Marggrafen [Casimir von Brandenburg-Ansbach] Nachrichter [Henker]" über 80 Enthauptungen und 69 Fälle, in denen die Augen ausgestochen worden waren und die Finger abgeschlagen.[118] Die Zahl der Opfer wird auf 70.00 bis 75.000 geschätzt.

Wer vom Adel abtrünnig geworden war und sich mit den Bauern eingelassen hatte, mußte schwer dafür büßen. Götz von Berlichingen hatte es unfreiwillig getan: Er blieb sein Leben lang in ehrenvoller Haft. Florian Geyer aber, der sich aus Überzeugung angeschlossen hatte, wurde ermordet.

Dennoch ist der Aufstand für die Bauern nicht völlig vergeblich gewesen. Ein gewisser Ausgleich hat sich eingestellt. Die Angst der Herrschenden davor, daß sich dies Undenkbare wiederhole, blieb. Sie sind hernach vorsichtiger mit ihren Untertanen umgegangen. Vieles wurde in Vertragsform gegossen[119]. Aufs Ganze gesehen gab es aber nur einen wirklichen Gewinner: die Fürsten.

Kritische Stimmen der Zeit

Es gibt auffällige Berichte von Rührung selbst bei den fürstlichen Siegern, so nach der Schlacht von Königshofen am 2. Juni:

> Do aber nu die Schlacht zergangen und ein End gehabt hat, seind die vier Fürsten[120] personlich selbst um die Malstat geritten, die menig der Toden Corper besichtiget und darob, sünderlich der Pfalzgraf, ein groß Mitleiden gehabt, geweinet wie die Kinder.[121]

---

117 Anforderung vom 23. Mai, Kobuch/Müller 1975, S. 106f. Zur „Schlacht" von Frankenhausen zuletzt Hoyer 2008.

118 Quellen 1963, Nr. 131, S. 401; 63 nennt der Herold Hans Lutz 1893, S. 93, „unn liesz iren kain verpinden". Vgl. eine entsprechende Eisenacher Aufstellung bei Kobuch/Müller 1975, S. 128f. (fünf Hinrichtungen). – Zu den Strafmaßnahmen in Thüringen s. Günther, Th. T. Müller und Straube, alle 2008.

119 Hohn 2004, Holenstein 1996, S. 97f. Die schiedsrichterliche Tradition ist nach dem Aufstand fortgesetzt und verstetigt worden (Carl 2000, S. 497).

120 Pfalzgraf Ludwig bei Rhein, sein Vetter Herzog Ottheinrich v. Pfalz-Neuburg, der Bf. v. Würzburg und der Erzbf. v. Trier.

121 Quellen, 1963, Nr. 126b, S. 386. Zur Wahrnehmung des Grauens von Schlachtfeldern nach mittelalterlichen Chroniken s. Prietzel 2008; der Frage wäre auch mit Hilfe anderer Quellen und in späteren Zeiten nachzugehen.

Mag dies noch eine folgenlose Gefühlswallung angesichts des massenhaften Sterbens gewesen sein, so ist der Luther nahestehende Kurfürst Friedrich der Weise von Sachsen wirklich nachdenklich geworden. Am 14. April 1525, drei Wochen vor seinem Tod, schrieb er gottergeben an seinen Bruder Herzog Johann:

> Filleicht had man den armen Leuten zu solchem Aufrure Orsache geben und sunderlichen mit Vorbittung [= Verbot] des Word Gotes. So werden die Armen in fil wege von uns wertlichen und gaistlichen Oberkaiten beschwerd. Got wend sein Zcorn von uns. Wil es Got also haben, so wird es also hinausgehen, das der gemain Man regiren sal. Ist es aber sein gotlicher Wille nicht und das es zu seinem Lobe nicht vorgenomen, wird es bald anders.[122]

Noch selbstkritischer war Dürers Freund, der Nürnberger Patrizier und Ratsherr Caspar Nützel, der am 5. August 1525 dem Herzog Albrecht von Preußen zu bedenken gab, daß zwar die „armen, plinten und unverstendigen Paursleut" über die Stränge geschlagen hätten und Gott ihnen allen Aufruhr verboten habe. Dennoch aber sei es wahr, daß niemand, „der Vernunft hat", verneinen könne, „wie unfuglich, uncristenlich und gar zu ubermessig sich die Oberkeit umb der Untertanen Ha[a]r, die sie doch weidnen, fursehen, reigirn und nit schinden sollen, gerissen". Und er hat seinen Zweifel, „ob auch die Straf, so daruf gegen inen mit Entleibung, Verprennung, Nemung irer Hab und Guter, Witwen- und Weisenmachen, in das Elend zu verjagen und ander grausamlicher Verfolgung" angemessen und dem Frieden dienlich sei und nicht vielmehr das „Pluet der armen umbkumen Unschuldigen umb Rach gen Himel schreien und Gott zu einem schwerlichen Widergelten mussigen wird".[123]

Zu denken ist auch an Dürers katastrophales Traumgesicht vom 7. auf den 8. Juni 1525 und seinen Entwurf einer „Siegessäule", auf der ein Bauer in melancholischer Haltung hockend dargestellt ist, den Rücken von einem Schwert durchbohrt, ein Projekt noch aus dem Jahre 1525, das so nie von einem Fürsten errichtet worden wäre und deshalb Trauer, Distanz und Verurteilung zum Ausdruck bringt.[124] Er ging aber nicht so weit wie der wegen seiner radikalen Ansichten aus Nürnberg vertriebene Sebald Beham,

---

122 Quellen 1963, Nr. 167, S. 502; Kobuch/Müller 1975, S. 92f. (mit Abb.). Vgl. Graupner, Die ernestinischen Fürsten 2008, S. 289f. (mit Abb.); Ludolphy 1984, S. 465–468, dort auch S. 483. Ähnliches im Bericht Spalatins über die letzten Stunden des Kurfürsten: „wir Fürsten thun den armen Leuten allerlei Beschwerung und das nicht taugt".

123 Akten Bd. 2, 1942, S. 91, Nr. 1183 = Quellen 1963, Nr. 206, S. 591f.

124 Albrecht Dürer, Das Druckgraphische Werk, Bd. 3, 2004, S. 224–26; Mittig 1984; stärker Dürers Parteinahme betonen Kobuch/Müller 1975, S. 126f. Zum Traumgesicht auch Blickle 1998, S. 104f.

der noch 1544 einen Trommler und einen Fähnrich im „Baueren Krieg 1525" im Kupferstich darstellte.[125]

Gedächtnis

Die Erinnerung an das ungeheure Geschehen blieb, als „unauslöschliche Erfahrung". „Bis zum Ende des 16. Jahrhunderts orientierten sich zahlreiche Bauern bei der Frage nach ihrem Lebensalter an diesem Ereignis – fast immer als ‚Bauernkrieg' bezeichnet –, z. T. noch in der zweiten Generation."[126] Die Zentenarfeiern setzen schon 1625 ein.[127] Politische Instrumentalisierung ist seit dem späten 18. Jahrhundert bezeugt,[128] es entstehen „Helden vor Ort" in Franken, Schwaben und Tirol und Personen als Projektionsbühne: Goethes Götz von Berlichingen (1773), Florian Geyer in Giebelstadt als „ein Adolf Hitler des Mittelalters",[129] Tilman Riemenschneider, der zwar tatsächlich gefoltert wurde, aber dennoch weiter Bildwerke schnitzte,[130] der Maler Jörg Ratgeb, der seine Parteinahme mit einem grausamen Tod bezahlen mußte,[131] und eben Thomas Müntzer. Die Heroisierung von Freiheitshelden ist allerdings eine moralisch-politische Operation und dient nicht unbedingt der Erkenntnis. Inzwischen sind zahlreiche Bauernkriegsmuseen geschaffen worden: in Mühlhausen schon 1956, in der Kornmarktkirche 1975[132], weiter in Beutelsbach an der Rems, zu Böblingen in der Zehntscheuer 1989. Das bedeutendste aber steht tatsächlich hier in Frankenhausen, dank der zwölfjährigen Arbeit von Werner Tübke in den Jahren 1976 bis 1987, dank einer Kunst, die sich von der Ideologie befreite, um sich ganz der Utopie zu ergeben.[133]

---

125 Kobuch/Müller 1975, S. 90f. Vgl. seines Bruders Barthel „Der Welt Lauf", Blickle 1998, S. 105–107.

126 Mötsch 2008, S. 131 mit Anm. 98; Troßbach 2005, Sp. 1057; Id., 2000, S. 223, 235; Kießling 2001, S. 139.

127 Blickle 1998, S. 121.

128 Kießling 2001.

129 C. Müller 1996, Kießling 2001, S. 144; am 10. Juni 1525 ermordet.

130 Vgl. Stein 1944.

131 Fraenger ^{2}1981, S. 125–139, 235f., 243f.: „Durch die Rosse der despotischen Staatsgewalt nach den vier Richtungen der Windrose entzweigerissen, vierfach zerstückt und ‚auf vier Wegstraßen' zur Schau gestellt" (S.139). Vgl. Kaiser 1982.

132 Vgl. Seib 1997 und 2008, Jonscher 2000.

133 Zu Tübkes Werk s. Behrend, Jungklaus, Lindner, alle 2006; aus der Vor-Wendezeit: Reformation – Revolution 1988 und Meißner 1989.

Heute

Und wie versteht man im wiedervereinigten Deutschland jene erste große deutsche Revolution? Man ist sich bewußt geworden, daß die wirtschaftlichen Gegebenheiten nicht allein das Verhalten bedingen, sondern daß Religion, Hoffnung, Utopie genauso stark wirken, daß Begriffe wie Freiheit, Gleichheit, Brüderlichkeit sogar wirkungsmächtiger sein können als rein „sozioökonomische" Faktoren. Dies hängt mit unserer neuen Wahrnehmung alles Symbolischen zusammen. Besonders Peter Blickle hat die lange und bedeutende Tradition von gemeindlicher Selbstbestimmung hervorgehoben, ja wiederentdeckt. Durch den gescheiterten Aufstand ist sie nicht gemindert, sondern gestärkt worden. Die Leibeigenschaft wurde zum Wort ohne rechten Realitätsgehalt, aber alle, die nicht Fürsten waren, wurden zu Untertanen.[134] Der „gemeine Mann" in Stadt, Land und Bergwerk – die Bezeichnung „Bauernkrieg" stammt denn doch eher von den Siegern[135] – hat sich eine Öffentlichkeit geschaffen, aus der er nicht mehr verschwand.

Die Verbindung von sozialen Forderungen und göttlichem Recht jedoch, von Politik und Religion hat damals großes Unglück gebracht, so wie sie dies auch heute tut. Wer das Gottesreich will, schafft die Hölle. Insofern mahnt uns der Bauernkrieg immer noch, den Weg des Ausgleichs und des Kompromisses zu wählen und die Gewalt zu bannen, wo immer sie auftaucht. Ob dies in solch verhärteter Situation möglich gewesen ist, ist eher zweifelhaft. Gleichwohl: Der geschmähte Luther – bei Tübke trägt er das Janusgesicht sowohl des Revolutionärs als auch des Reaktionärs[136] – hat vielleicht doch weiter geblickt als der entflammte Thomas Müntzer.[137] Mit anderen Worten: 1789 wird immer ein Ideal bleiben und 1793 ein Schrecken.

Bibliographie

Adel im Wandel. Oberschwaben von der frühen Neuzeit bis zur Gegenwart, hg. v. Mark Hengerer und Elmar L. Kuhn i.Z.m. Peter Blickle, 2 Bde. Aufsätze, 1 Bd. Katalog. Ostfildern 2006.

---

134 Blickle 2008, S. 170. Vgl. kritisch Holenstein 1996, S. 100f. Im Norden ensteht die Leibeigenschaft im Zusammenhang mit der Ausbildung der Gutsherrschaft im 16. Jh. neu, s. Ullmann 2008, S. 74ff.

135 Blickle 1977, S. 177–179. Siehe aber supra, vor Anm. 113 und 125.

136 Begleitheft 1989 mit Texten von Günter Meißner: „der mutige Initiator der Reformation, der als Freund der Fürsten die logische Konsequenz der Volksrevolution leugnete, ja bekämpfte, trägt das doppelte Gesicht des Ja-nus" (Nr. 11).

137 Anders immer wieder Blickle, z. B. 1998, S. 122.

Adel und Zahl. Studien zum adligen Rechnen und Haushalten in Spätmittelalter und früher Neuzeit, hg. v. Harm v. Seggern und Gerhard Fouquet. Ubstadt-Weiher 2000.

Akten zur Geschichte des Bauernkrieges in Mitteldeutschland, Bd. 1, 1. Abt., hg. v. Otto Merx, Leipzig 1923; Bd. 1, 2. Abt., hg. auf Grund d. Nachlasses v. †Otto Merx v. Günther Franz, Leipzig 1934; Bd. 2, unter Mitarbeit von Günther Franz hg. v. Walther Peter Fuchs, Jena 1942.

Algazi, Gadi, Herrengewalt und Gewalt der Herren im späten Mittelalter. Herrschaft, Gegenseitigkeit und Sprachgebrauch (Historische Studien, 17). Frankfurt a.M. 1996.

Der Bauernkrieg 1524–1526. Bauernkrieg und Reformation, hg. v. Rainer Wohfeil. München 1975.

Bauernkrieg zwischen Harz und Thüringer Wald, hg. von Günter Vogler (Historische Mitteilungen. Im Auftrage der Ranke-Gesellschaft hg. v. Jürgen Elwert und Michael Salewski, 69). Stuttgart 2008.

Behrendt, Harald, Werner Tübkes Panoramabild in Bad Frankenhausen. Zwischen staatlichem Prestigeprojekt und künstlerischem Selbstauftrag. Kiel 2006.

Bierbrauer, Peter, Das göttliche Recht und die naturrechtliche Tradition, in: Bauer, Reich und Reformation. Festschrift für Günther Franz, hg. v. Peter Blickle, Stuttgart 1982, S. 200–234.

Blickle, Peter, Die Revolution von 1525, München/Wien 1977, ^{4}2004.

Blickle, Peter, Die Zwölf Artikel der oberschwäbischen Bauern von 1525, in: Der Deutsche Bauernkrieg von 1525, hg. v. Dems., Darmstadt 1985, S. 360–378.

Blickle, Peter, Unruhen in der ständischen Gesellschaft 1300–1800 (Enzyklopädie Deutscher Geschichte, 1). München 1988.

Blickle, Peter, Der Bauernkrieg. Die Revolution des Gemeinen Mannes, München (Beck'sche Reihe, Wissen 2103) 1998.

Blickle, Peter, Kommunalismus. Skizzen einer gesellschaftlichen Organisationsform, 2 Bde., München 2000.

Blickle, Peter, Das Alte Europa. Vom Hochmittelalter bis zur Moderne. München 2008.

Boelcke, Willi Alfred, Krise der Adelsherrschaft und der Bauernwirtschaft. Zu den Ursachen des Bauernkriegs von 1525, in: Zeitschrift für Agrargeschichte und Agrarsoziologie 48 (2000) S. 118–123.

Boockmann, Hartmut, Der Deutsche Orden. Zwölf Kapitel aus seiner Geschichte. München 1981.

Brady, Thomas A., Turning Swiss: Cities and Empire, 1450–1550. Cambridge 1985.

Bräuer, Siegfried, Das Mansfelder Land, in: Bauernkrieg zwischen Harz und Thüringer Wald (supra) 2008, S. 179–192.

Bräuer, Siegfried, Luthers Reise in das Bauernkriegsgebiet, in: Bauernkrieg zwischen Harz und Thüringer Wald (supra) 2008, S. 299–312.

Bulst, Neithart, „Jacquerie“ und „Peasant Revolt“ in der französischen und englischen Chronistik, in: Vorträge und Forschungen 31, Sigmaringen 1987, S. 791–819.

Bundschuh. Untergrombach 1502, das unruhige Reich und die Revolutionierbarkeit Europas, hg. v. Peter Blickle und Thomas Adam. Stuttgart 2004.

Der deutsche Bauernkrieg, hg. v. Horst Buszello, Peter Blickle, Rudolf Endres, Paderborn1984, ^{3}1995.

Carl, Horst, Der Schwäbische Bund 1488–1534. Landfrieden und Genossenschaft im Übergang vom Spätmittelalter zur Reformation (Schriften zur südwestdeutschen Landeskunde, 24). Leinfelden-Echterdingen 2000.

Challet, Vincent, Peuples et élites. Stratégies et manipulations politiques dans les révoltes paysannes (France, XIVe–XVe siècle), in: Revolte und Sozialstatus (infra) 2008, S. 213–228.

Claus, Helmut, Der deutsche Bauernkrieg im Druckschaffen der Jahre 1524–1526. Gotha 1975.

Dammaschke, Marion, Auswahlbibliographie zum Bauernkrieg, in: Bauernkrieg zwischen Harz und Thüringer Wald (supra) 2008, S. 485–502.

Dasein und Vision. Bürger und Bauern um 1500. Ausstellung im Alten Museum vom 8. Dezember 1989 bis 12. Februar 1990. Berlin (Ost) 1989.

Dirlmeier, Ulf, Stadt und Bürgertum. Zur Steuerpolitik und zum Stadt-Land-Verhältnis, in: Der deutsche Bauernkrieg, hg. v. Buszello u. a. (supra) 1984, S. 254–280.

Dülmen, Richard van, Reformation als Revolution. Soziale Bewegung und religiöser Radikalismus in der deutschen Reformation. Frankfurt a.M. 1977, [2]1987.

Dünnebeil, Sonja, Die Lübecker Zirkel-Gesellschaft. Formen der Selbstdarstellug einer städtischen Oberschicht. Lübeck 1996.

[Dürer] Albrecht Dürer, Das Druckgraphische Werk, Bd. 3, bearb. v. Rainer Schoch u. a., München 2004.

Endres, Rudolf, Adelige Lebensformen in Franken zur Zeit des Bauernkrieges (Neujahrsblätter der Gesellschaft für fränkische Geschichte, 35), Würzburg 1974, S. 5–43.

Endres, Rudolf, Probleme des Bauernkriegs in Franken, in: Bauernkrieg, hg. v. Wohfeil (supra) 1975, S. 90–115.

Endres, Rudolf, Thüringen, in: Der deutsche Bauernkrieg, hg. v. Buszello u. a. (supra) 1984, S. 154–176.

Endres, Rudolf, Adel und Patriziat in Oberdeutschland, in: Ständische Gesellschaft und soziale Mobilität, hg. v. Winfried Schulze (Schriften des Historischen Kollegs, Kolloquien 12), München 1988, S. 221–238.

Endres, Rudolf, Die Ursachen des Bauernkrieges, in: Mülhausen, der Bauernkrieg und Thomas Müntzer (infra) 2000, S. 66–78.

Engels, Friedrich: Der deutsche Bauernkrieg, zuerst in: Neue Rheinische Zeitung. Politisch-Ökonomische Revue, Heft 5 u. 6, Hamburg 1850; ediert in: Karl Marx, Friedrich Engels, Gesamtausgabe [MEGA)], 1. Abt. Bd. 10: Text, Berlin (Ost) 1977, S. 367–443; Apparat S. 962–983.

Esch, Arnold, Geschichte im Entstehen, in: Frankfurter Allgemeine Zeitung Nr. 161 vom 14. Juli 1990.

Fieg, Oliver, Das Ulmer Patriziat. Zwischen Zunftbürgertum und Landadel, in: Adel im Wandel (supra) 2006, [Aufsätze] Bd. 2, S. 631–642.

Fouquet, Gerhard, Adel und Zahl – es sy umb klein oder groß. Bemerkungen zu einem Forschungsgebiet vornehmlich im Reich des Spätmittelalters, in: Adel und Zahl (supra) 2000, S. 3–24.

Fouquet, Gerhard, David Chytraeus und seine „Oratio de Creichgoia“, in: Der Kraichgau. Facetten der Geschichte einer Landschaft, hg. v. Kurt Andermann und Christian Wieland (Kraichtaler Kolloquien, 6), Epfendorf 2008, S. 27–47.

Fraenger, Wilhelm, Jörg Ratgeb. Ein Maler und Märtyrer aus dem Bauernkrieg. München ^{2}1981.

Franz, Günther, Der Deutsche Bauernkrieg, München/Berlin 1933, Darmstadt ^{4}1956.

Franz, Günther, Aus der Kanzlei der württembergischen Bauern im Bauernkrieg, in: Württembergische Vierteljahrshefte für Landesgeschichte 41 (1935), S. 83–108, 281–305.

Freedman, Paul, The German [1524–1526] and Catalan [1463–1486] Peasant Revolts, in: American Historical Review 98 (1993), S. 39–54.

Die frühbürgerliche Revolution in Deutschland, hg. v. Max Steinmetz (Studienbibliothek DDR-Geschichtswissenschaft, 5). Berlin (Ost) 1985.

Gerlach, Horst, Der englische Bauernaufstand von 1381 und der deutsche Bauernkrieg: Ein Vergleich (Schriften zur Rechtsgeschichte, 112). Meisenheim am Glan 1969.

Goertz, Hans-Jürgen, Apokalyptik in Thüringen. Thomas Müntzer – Bauernkrieg – Täufer, in: Bauernkrieg zwischen Harz und Thüringer Wald (supra) 2008, S. 329–346.

Graupner, Volker, Die ernestinischen Fürsten im Thüringer Bauernkrieg, in: Bauernkrieg zwischen Harz und Thüringer Wald (supra) 2008, S. 283–298.

Graupner, Volker, Die Dorfgemeinden und ihre Artikel im Bauernkrieg, in: Bauernkrieg zwischen Harz und Thüringer Wald (supra) 2008, S. 347–361.

Günther, Gerhard, Die innerstädtische Bewegung in der Reichsstadt Mühlhausen und die Aktionen im Bauernkrieg 1523 bis 1525, in: Bauernkrieg zwischen Harz und Thüringer Wald (supra) 2008, S. 91–111.

Günther, Gerhard, Flucht, Vertreibung, Verfolgung und Gegenreaktionen, in: Bauernkrieg zwischen Harz und Thüringer Wald (supra) 2008, S. 397–415.

Günther, Kai-Henrik, Gleichheitsvorstellungen als Beweggrund aufständischen Handelns in mitteleuropäischen Städten des Spätmittelalters. Braunschweig, Brügge, Ypern, Zürich, in: Revolte und Sozialstatus (infra) 2008, S. 185–203.

Heimpel, Hermann, Die Federschnur. Wasserrecht und Fischrecht in der „Reformation Kaiser Siegmunds“, in: Deutsches Archiv zur Erforschung des Mittelalters 19 (1963), S. 451–488.

Heimpel, Hermann, Fischerei und Bauernkrieg, in: Festschrift Percy Ernst Schramm, Bd. 1, Wiesbaden 1964, S. 353–372.

Hilton, Rodney H., Soziale Programme im englischen Aufstand von 1381, in: Historische Zeitschrift, Beiheft NF 4, München 1975, S. 31–46.

Hohn, Malte: Die rechtlichen Folgen des Bauernkriegs von 1525: Sanktionen, Ersatzleistungen und Normsetzung nach dem Aufstand. Berlin 2004.

Holenstein, André, Bauern zwischen Bauernkrieg und Dreißigjährigem Krieg (Enzyklopädie Deutscher Geschichte, 38). München 1996.

Hoyer, Siegfried, Wirtschaftliche und soziale Ursachen des deutschen Bauernkrieges. Das Beispiel Thüringen, in: Zeitschrift für Geschichtswissenschaft 29 (1981), H. 12, S. 1106–1120.

Hoyer, Siegfried, Die „Schlacht“ bei Frankenhausen, in: Bauernkrieg zwischen Harz und Thüringer Wald (supra) 2008, S. 211–234.

Hoyer, Siegfried, Herzog Georg und der Bauernkrieg in Thüringen, in: Bauernkrieg zwischen Harz und Thüringer Wald (supra) 2008, S. 275–282.

Ich Thomas Müntzer eyn knecht gottes. Historisch-biographische Ausstellung des Museums für Deutsche Geschichte Berlin, 8. Dezember 1989 bis 28. Februar 1990. Berlin 1989.

Jachmann, Julian, „... in Ritterspilen und hohem Gebreng fremder Nationen erfaren". Feste und Turniere der Fugger im frühneuzeitlichen Augsburg, in: Festschrift Ulrich Schütte (Schriften zur Residenzkultur, 4), Berlin 2008, S. 261–275.

Jonscher, Reinhard, Zur Neugestaltung einer „Ausstellung zum deutschen Bauernkrieg in Thüringen" in der Mühlhäuser Kornmarktkirche – Stand, Perspektiven, Probleme, in: Mühlhausen, der Bauernkrieg und Thomas Müntzer (infra) 2000, S. 79–90.

Jonscher, Reinhard, Zwischen Erinnerung, Verdrängung und Instrumentalisierung – Bauernkriegserinnerungen in Thüringen, in: Bauernkrieg zwischen Harz und Thüringer Wald (supra) 2008, S. 467–483.

Jonscher, Reinhard, Die Reformation in Thüringen bis zum Vorabend des Bauernkriegs, in: Bauernkrieg zwischen Harz und Thüringer Wald (supra) 2008, S. 31–42.

Jungklaus, Christiane, Werner Tübkes Panorama in Frankenhausen. Die Transformation einer Bildgattung. [Diss. phil. Regensburg 2004] Wuppertal 2006.

Kaiser, Ute-Nortrud, Jörg Ratgeb – Spurensicherung. Ausstellungskatalog Frankfurt a.M. und Pforzheim 1982.

Kersken, Norbert, Der Kleinadel in Polen im 15. und 16. Jahrhundert, in: Zwischen Nicht-Adel und Adel (infra) 2001, S. 213–237.

Kießling, Rolf, Der Bauernkrieg, in: Deutsche Erinnerungsorte, hg. v. Étienne François und Hagen Schulze, Bd. 2, München 2001, S. 137–153, 693f.

Kobelt-Groch, Marion, „So waren sie in meiner Erinnerung, die Frauen der Bauern". Eine literarische und historische Spurensuche nach dem weiblichen Teil des „gemeinen Mannes", in: Bauernkrieg zwischen Harz und Thüringer Wald (supra) 2008, S. 363–380.

Kobuch, Manfred, und Ernst Müller, Der deutsche Bauernkrieg in Dokumenten. Aus staatlichen Archiven der Deutschen Demokratischen Republik. Ein Dokumentenbildband anläßlich des 450. Jahrestages des deutschen Bauernkrieges, hg. von der Staatlichen Archivverwaltung in Verbindung mit den Staatsarchiven Dresden und Weimar. Weimar 1975.

Kommunikation in der ländlichen Gesellschaft vom Mittelalter bis zur Moderne, hg. v. Werner Rösener. Göttingen 2000.

Lammers, Walther, Die Schlacht bei Hemmingstedt. Freies Bauerntum und Fürstenmacht im Nordseeraum. Eine Studie zur Sozial-, Verfassungs- und Wehrgeschichte des Spätmittelalters. Heide in Holstein ^{3}1987.

Legitimationskrisen des deutschen Adels 1200–1900, hg. v. Peter Uwe Hohendahl und Paul Michael Lützeler. Stuttgart 1979.

Lindner, Gerd, Vision und Wirklichkeit. Das Frankenhausener Geschichtspanorama von Werner Tübke. Bonn/Bad Frankenhausen 2006.

Ludolphy, Ingetraut, Friedrich der Weise. Kurfürst von Sachsen 1463–1527. Göttingen 1984.

Luther, Martin, Wider die räuberischen und mörderischen Rotten der Bauern, in: Martin Luthers Werke in Auswahl, Bd. 3, hg. v. Otto Clemen, Bonn 1913, S. 69–74.

[Lutz, Hans] Das Tagebuch des Herolds Hans Lutz von Augsburg über den Bauernkrieg. Wieder aufgefundener Text, hg. v. A. Adam, in: Zeitschrift für Geschichte des Oberrheins 47 = NF 8 (1893) S. 55–100.

Maron, Gottfried, „Niemand soll sein eigener Richter sein". Eine Bemerkung zu Luthers Haltung im Bauernkrieg (1975), in: Ders., Die ganze Christenheit auf Erden, Göttingen 1993, S. 66–80.

Maron, Gottfried, Thomas Müntzer in der Sicht Martin Luthers (1976), in: Ders., Die ganze Christenheit auf Erden, Göttingen 1993, S. 81–94.

Maron, Gottfried, Art. „Bauernkrieg", in: Theologische Realenzyklopädie, Bd. 5, Berlin 1980, S. 319–338.

Meißner, Günter, Werner Tübkes theatrum mundi, „Frühbürgerliche Revolution in Deutschland". Dresden 1989.

Meyer, Manfred, Zur Haltung des Adels im Bauernkrieg. Die Politik Wilhelms [IV.] von Henneberg gegenüber Bauern, Fürsten, Klerus und Städten, in: Jahrbuch für Regionalgeschichte 4 (1972), S. 200–224.

Midelfort, H. C. Erik, Adliges Landleben und die Legitimationskrise des deutschen Adels im 16. Jahrhundert, in: Stände und Gesellschaft im Alten Reich im 16. Jahrhundert, hg. v. G. Schmidt (Veröffentlichungen des Instituts für Europäische Geschichte in Mainz, Beiheft 29), Stuttgart 1989, S. 245–264.

Militzer, Klaus, Die Einbindung des Deutschen Ordens in die süddeutsche Adelswelt, in: Ordines militares, Bd. 8, Thorn 1995, S. 141–160.

Militzer, Klaus, Grundherrschaft und Gerichtsherrschaft des Deutschen Ordens im Reich, in: Ordines militares Bd. 14, Thorn 2007, S. 167–179.

Mittig, Hans-Ernst, Dürers Bauernsäule. Ein Monument des Widerspruchs (Reihe „Kunststück", Fischer Taschenbücher 3905). Frankfurt a.M. 1984.

Mötsch, Johannes, Der Aufstand im südlichen Thüringen, in: Bauernkrieg zwischen Harz und Thüringer Wald (supra) 2008, S. 113–133.

Morsel, Joseph, Soziale Kategorisierung oder historische Phantasmagorie? Erkundungen zum historischen Gebrauch von mittelalterlichen sozialen Kategorien, in: Festschrift Rolf Sprandel, Stuttgart 2006, S. 211–237.

Mühlhausen, der Bauernkrieg und Thomas Müntzer. Realitäten – Visionen – Illusionen. Protokollband zum wissenschaftlichen Kolloquium am 27. Mai 2000 im Bauernkriegsmuseum Kornmarktkirche in Mülhausen/Thüringen, hg. v. Martin Sünder und Katrin Prinich-Heutzenröder, Mühlhausen 2000.

Müller, Catrin, „Für euch, für's Reich, für Adolf Hitler starb einst Florian Geyer" . Die Florian-Geyer-Festspiele in Giebelstadt 1933–1939, in: Mainfränkisches Jahrbuch 48 (1996), S. 276–306.

Müller, Thomas T., Der Bauernaufstand im Eichsfeld. Verlauf und Wirkungen im Spiegel der Schadenslisten der Klöster Reifenstein, Beuren, Teistungenburg und Worbis, in: Bauernkrieg zwischen Harz und Thüringer Wald (supra) 2008, S. 157–177.

Müller, Thomas T., Müntzers Werkzeug oder charismatischer Anführer? Heinrich Pfeiffers Rolle im Thüringer Aufstand von 1525, in: Bauernkrieg zwischen Harz und Thüringer Wald (supra) 2008, S. 243–259.

Müller, Thomas T., Die Folgen des Aufstands von 1525 für die Dorfgemeinden – Ein Beispiel aus dem Mühlhäuser Umland, in: Bauernkrieg zwischen Harz und Thüringer Wald (supra) 2008, S. 417–431.

Die „Neue Frömmigkeit“ in Europa im Spätmittelalter, hg. v. Marek Derwich und Martial Staub (Veröffentlichungen des Max-Planck-Instituts für Geschichte, 205). Göttingen 2004.

Neveux, Hugues, Les révoltes paysannes en Europe, XIVe-XVIIe siècle. Paris 1997.

Paravicini, Werner, Die ritterlich-höfische Kultur des Mittelalters (Enzyklopädie Deutscher Geschichte, 32). München 1994.

Peltzer, Jörg, Révoltes en Angleterre au Moyen Âge central et tardif, in: Revolte und Sozialstatus (infra) 2008, S. 167–184.

Prietzel, Malte, Blicke auf das Schlachtfeld. Wahrnehmung und Schilderung der Walstatt in mittelalterlichen Quellen, in: Das Mittelalter 13 (2008), S. 24–41.

Quellen zur Geschichte des Bauernkriegs in Oberschwaben, hg. v. Franz Ludwig Baumann (Bibliothek des Litterarischen Vereins in Stuttgart, 129). Tübingen 1876.

Quellen zur Geschichte des Bauernkrieges, ges. und hg. von Günther Franz (Ausgewählte Quellen zur deutschen Geschichte der Neuzeit, 2). Darmstadt 1963.

Rabe, Hannah, Das Problem Leibeigenschaft. Eine Untersuchung über die Anfänge einer Ideologisierung und des verfassungsrechtlichen Wandels von Freiheit und Eigentum im deutschen Bauernkrieg, Wiesbaden 1977.

Ranft, Andreas, Adelsgesellschaften. Gruppenbildung und Genossenschaft im spätmittelalterlichen Reich (Kieler Historische Studien, Bd. 38). Sigmaringen 1994.

Ranft, Andreas, Die Turniere der Vier Lande: Genossenschaftlicher Hof und Selbstbehauptung des niederen Adels, in: Zeitschrift für Geschichte des Oberrheins 142 (1994), S. 83–102.

Reformation – Revolution. Panorama Frankenhausen. Monumentalbild von Werner Tübke. Dresden 1988.

Reformation oder frühbürgerliche Revolution? hg. v. Rainer Wohlfeil (Nymphenburger Texte zur Wissenschaft, 5). München 1972.

Revolte und Sozialstatus von der Spätantike bis zur Frühen Neuzeit, hg. v. Philippe Depreux (Pariser Historische Studien, 87). München 2008.

Rösener, Werner, Agrarwirtschaft, Agrarverfassung und ländliche Gesellschaft (Enzyklopädie deutscher Geschichte, 13). München 1992.

Rösener, Werner, Bauern im Mittelalter. München 1985.

Sarnowsky, Jürgen, Die ständische Kritik am Deutschen Orden in der ersten Hälfte des 15. Jahrhunderts, in: Festschrift Udo Arnold, Lüneburg 2000, S. 403–422.

Schmitt, Sigrid, Schutz und Schirm oder Gewalt und Unterdrückung? Überlegungen zu Gadi Algazis Dissertation „Herrengewalt und Gewalt der Herren im späten Mittelalter“, in: Vierteljahrschrift für Sozial- und Wirtschaftsgeschichte 89 (2002), 72–78.

Schreiner, Klaus, „Spital des Adels“. Die Fürstabtei Kempten in der Frühen Neuzeit: Adliges Standesdenken und benediktinisches Reformstreben im Widerstreit, in: Adel im Wandel (supra) 2006, [Aufsätze] Bd. 2, S. 497–514.

Schulte, Aloys, Der Adel und die deutsche Kirche im Mittelalter. Studien zur Sozial-, Rechts- und Kirchengeschichte. Stuttgart ^{2}1922.

Seib, Gerhard, Zur Nutzung der Kornmarktkirche in Mühlhausen in der 2. Hälfte des 20. Jahrhunderts – Von der Gedenkstätte „Deutscher Bauernkrieg“ zum Bauernkriegsmuseum, in: Studien zum deutschen Bauernkrieg. Drei Essays (infra) 1997, S. 5–8.

Seib, Gerhard, Die Kornmarktkirche in Mühlhausen als Bauernkriegsmuseum, in: Bauernkrieg zwischen Harz und Thüringer Wald (supra) 2008, S. 455–466.

Stadt im Bauernkrieg 1525: Strukturanalytische Untersuchungen zur Stadt im Raum anhand der Beispiele Erfurt, Mühlhausen/Thür., Langensalza und Thamsbrück, hg. v. Sven Tode. Frankfurt/Main u. a. 1995.

Stein, Karl Heinrich, Tilman Riemenschneider im deutschen Bauernkrieg. Geschichte einer geistigen Haltung. Zürich 1944.

Steinmetz, Max, Die frühbürgerliche Revolution in Deutschland (1476 bis 1535). Thesen zur Vorbereitung der wissenschaftlichen Konferenz in Wernigerode vom 20. bis 24. Januar 1960, in: Zeitschrift für Geschichtswissenschaft 8 (1960), S. 113–124; erneut in: Reformation oder frühbürgerliche Revolution? (supra) 1972, S. 42–55.

Steinmetz, Max, Reformation und Bauernkrieg – die frühbürgerliche Revolution in Deutschland, in: Ders. (Hg.), Die frühbürgerliche Revolution in Deutschland, Berlin (Ost) 1985, S. 9–31.

Straube, Manfred, Reformation, Bauernkrieg und „Klosterstürme", in: Bauernkrieg zwischen Harz und Thüringer Wald (supra) 2008, S. 381–395.

Straube, Manfred, Über Folgen der Niederlage bei Frankenhausen – Strafgeldzahlungen in albertinischen und ernestinischen Ämtern, in: Bauernkrieg zwischen Harz und Thüringer Wald (supra) 2008, S. 433–453.

Studien zum deutschen Bauernkrieg. Drei Essays, hg. von den Mühlhäuser Museen in Zusammenarbeit mit dem Mühlhäuser Geschichts- und Denkmalpflegeverein. Red. Gerhard Seib (Mühlhäuser Beiträge, Sonderheft 10). Mühlhausen 1997.

Thesaurus proverbiorum medii aevi, Bd. 1, Berlin 1995.

Troßbach, Werner, Gemeinde und Allmende im deutschen Bauernkrieg. Annäherungen an die Denkweisen der Aufständischen, in: Zeitschrift für Agrargeschichte und Agrarsoziologie 49 (1992), S. 15–272.; „Die dritte Etappe der frühbürgerlichen Revolution", in: Studien zum deutschen Bauernkrieg. Drei Essays (supra) 1997, S. 38–58.

Troßbach, Werner, „Mercks Baur". Annäherung an die Struktur von Erinnerung und Überlieferung in ländlichen Gesellschaften, in: Kommunikation in der ländlichen Gesellschaft (supra) 2000, S. 209–240.

Troßbach, Werner, Art. „Bauernkrieg", in: Enzyklopädie der Neuzeit, Bd. 1, Stuttgart/Weimar 2005, Sp. 1048–1061.

Troßbach, Werner, Tagelöhner und dörfliche Eliten. Überlegungen zum Verhältnis von Struktur- und Ereignisgeschichte im Bauernkrieg (1524–1526), in: Revolte und Sozialstatus (infra) 2008, S. 229–253.

Ulbrich, Claudia, Leibherrschaft am Oberrhein im Spätmittelalter (Veröffentlichungen des Max-Planck-Instituts für Geschichte, 58), Göttingen 1979.

Ullmann, Ingo, Die rechtliche Behandlung holsteinischer Leibeigener um die Mitte des 18. Jahrhunderts (Rechtshistorische Reihe, 346). Frankfurt a.M. 2007.

Ulmschneider, Helgard, Götz von Berlichingen. Ein adeliges Leben der deutschen Renaissance. Sigmaringen 1974.

Vochezer, Joseph, Geschichte des fürstlichen Hauses Waldburg in Schwaben, 3 Bde., Kempten/München 1888, 1890,1907.

Vogler, Günter, Schlösserartikel und weltlicher Bann im deutschen Bauernkrieg, in: Der deutsche Bauernkrieg 1524/25. Geschichte – Traditionen – Lehren, hg. v. Gerhard Brendler und Adolf Laube, Berlin (Ost) 1977, S. 113–121.

Vogler, Günter, Thomas Müntzer und die Aufstandsbewegung in Thüringen, in: Mühlhausen, der Bauernkrieg und Thomas Müntzer (supra) 2000, S. 115–131.

Vogler, Günter, Thomas Müntzer und die Aufstandsbewegung in Thüringen, in: Bauernkrieg zwischen Harz und Thüringer Wald (supra) 2008, S. 225–242.

Wettlaufer, Jörg, Das Herrenrecht der ersten Nacht. Hochzeit, Herrschaft und Heiratszins im Mittelalter und in der frühen Neuzeit. Frankfurt a. M. 1999.

Reformation oder frühbürgerliche Revolution? hg. v. Rainer Wohfeil (Nymphenburger Texte zur Wissenschaft, 5). München 1972.

Wolgast, Eike, Beobachtungen und Fragen zu Müntzers Gefangenschaftsaussagen, in: Lutherjahrbuch 56 (1989), S. 26–50.

Wunder, Heide, Der samländische Bauernaufstand von 1525. Entwurf für eine sozialgeschichtliche Forschungsstrategie, in: Der Bauernkrieg, hg. v. Wohpfeil (supra) 1975, S. 143–176.

Zimmermann, Wilhelm: Allgemeine Geschichte des großen Bauernkrieges, 3 Bde., Stuttgart 1841–1843; ND Köln 1999.

Zwischen Nicht-Adel und Adel, hg. v. Kurt Andermann und Peter Johanek (Vorträge und Forschungen, 53). Stuttgart 2001.

Zwölf Artikel und Bundesordnung der Bauern, Flugschrift „An die versamlung gemayner pawerschafft". Traktate aus dem Bauernkrieg von 1525, übertr. von Christoph Engelhard. Mit einer Einführung über Memmingens Rang in der Geschichte der Reformation von Peter Blickle, hg. vom Stadtarchiv Memmingen, Memmingen 2000 (Materialien zur Memminger Stadtgeschichte. Reihe A: Quellen, 2).

Arbeitstreffen
Iberia Pontificia

der Kommission „Papsturkunden des frühen und hohen Mittelalters"
der Akademie der Wissenschaften zu Göttingen
27. Juni 2008–29. Juni 2008
Göttingen

Internationale Tagung

Altertumskunde – Altertumswissenschaft – Kulturwissenschaft

„Erträge und Perspektiven nach 40 Jahren Reallexikon der Germanischen Altertumskunde"

11. September 2008–13. September 2008
Göttingen

Namenkundliches Kolloquium

der Kommission „Ortsnamen zwischen Rhein und Elbe – Onomastik im europäischen Raum"
der Akademie der Wissenschaften zu Göttingen

„Namen und Appellative der älteren Sprachschichten zwischen Rhein und Elbe und benachbarter Gebiete"

18. September 2008–20. September 2008
Göttingen

Das Kolloquium wurde eingeleitet durch einen öffentlichen Vortrag „Orts- und Gewässernamen als Geschichtsquelle" des Projektleiters Jürgen Udolph in der Aula der Georg-August-Universität Göttingen. Die Resonanz war sehr gut, und die zahlreichen Fragen im Anschluß zeigten das gehobene Interesse an Ortsnamen.

Während des Kolloquiums wurden Fragen nach dem Verhältnis von Name und Appellativ, nach Unterschieden und Gemeinsamkeiten der Bildung von Namen und Appellativen, den Bezeichnungs- und Benennungsfunktionen, der Bewahrung appellativischen Wortgutes (ausschließlich) in Namen sowie erkennbaren dialektalen Eigentümlichkeiten und Schreiberprovenienzen in Namen erörtert. Schwerpunkt war zwar das Gebiet zwischen Rhein und Elbe, durch die Einbeziehung namhafter Experten aus angrenzenden regionalen Bereichen konnten jedoch Unterschiede bzw. Gemeinsamkeiten zwischen den Gebieten herausgearbeitet und so der Arbeitsbereich des Projektes in den europäischen Raum eingebettet werden. Die Begrenzung der Zahl der teilnehmenden in- und ausländischen Wissenschaftler gewährleistete einen sehr intensiven Austausch und eine nicht nur rege, sondern auch fruchtbare Diskussion.

11. Symposium
der Residenzen-Kommission
der Akademie der Wissenschaften zu Göttingen
in Zusammenarbeit mit der Historischen Kommission und
der Kommission für Kunstgeschichte
der Österreichischen Akademie der Wissenschaften
„Vorbild, Austausch, Konkurrenz"
Höfe und Residenzen in der gegenseitigen Wahrnehmung
20. September 2008–24. September 2008
Wien

Die historische Erforschung von kulturellen Austauschprozessen hat gegenwärtig Konjunktur. Unter dem Schlagwort „Kulturtransfer" werden vor allem in der (Früh)Neuzeit-, aber auch in der Mittelalterforschung personelle Netze, Wissensbestände, Nachrichtenwege und Informationskanäle, Rezeptionsprozesse von Literatur, Kunst und Musik, Wechselwirkungen bei der Ausformung und Verbreitung kultureller Praktiken oder ähnliches untersucht. In Übereinstimmung mit dem aktuellen Trend hat die

Residenzen-Kommission der Göttinger Akademie der Wissenschaften das Thema aufgegriffen und ihr diesjähriges, in Zusammenarbeit mit der Österreichischen Akademie der Wissenschaften durchgeführtes Symposium der gegenseitigen Wahrnehmung von Höfen und Residenzen verschrieben. Auf den Begriff des Kulturtransfers, der mit und wegen seiner wachsenden Vereinnahmung als Modebegriff inzwischen zu einem bloßen „Plastikwort“ zu verkommen und sich als methodisch-konzeptionelles Forschungsparadigma aufzulösen droht, wird zwar im Tagungstitel wohlweislich nicht explizit rekurriert; gleichwohl stehen mit dem gewählten Leitmotiv „Vorbild, Austausch, Konkurrenz“ zentrale Kategorien der historischen Kulturtransferforschung im Fokus.

Das Hauptanliegen der Tagung – so formulierte es Werner Paravicini (Kiel) in seinen einleitenden Worten – bestand darin, „den Hof, den man kennt, auf Querverbindungen zu befragen“ und somit stärker die Beziehungen zwischen vormodernen Höfen auszuloten, als es in der Hofforschung bisher oft der Fall gewesen ist. Unter dem Vorzeichen des Tagungsmottos „Vorbild, Austausch, Konkurrenz“ sollte insbesondere nach Informationsbeschaffung und Wissenshorizonten, nach Statussymbolen, höfischen Standards und Rangzeichen sowie nach Impulsgebern und „Trendsettern“ gefragt werden. Wie anregend und ergiebig ein solcher Ansatz sein kann, zeigte sich in Wien nicht nur an der Bandbreite der Vorträge, die das Thema aus den unterschiedlichsten Perspektiven angingen, sondern auch und vor allem im Ergebnis: Begreift man Höfe stärker in ihrer kulturellen Vernetzung, erweisen sich gängige Deutungsmuster wie die Vorbildfunktion politisch-dynastisch bedeutender Höfe oder Kulturgefälle zwischen Nord und Süd bzw. Ost und West als zu schematisch und daher korrekturbedürftig. Zum einen kristallisieren sich bei näherer Betrachtung – in einem geographisch kleineren Maßstab – „Residenzenlandschaften“ heraus, in denen keineswegs nur der große Hof auf die kleineren Höfe in der Umgebung ausstrahlt, sondern umgekehrt ebenso die kleineren Adelssitze auf den Fürstenhof. Zum anderen offenbart sich – in einem geographisch größeren Maßstab – bei genauerem Hinsehen, daß vormoderne Höfe anscheinend immer wieder ganz eigene Strategien entwickeln, um eine etwaige politische und/oder kulturelle Nachrangigkeit auszugleichen und sich gegenüber der Konkurrenz behaupten zu können. Wie sich solche Residenzenlandschaften im Einzelfall zusammensetzen, wie vor allem die kleineren Höfe in diese Netze konkret eingebunden sind und mit welchen Mitteln ein Fürst im einzelnen seine Stellung innerhalb der Gruppe der Standesgenossen zu festigen suchte, wäre indes erst noch zu untersuchen.

Die von Paravicini eingangs skizzierten Themenfelder fanden in der Gestaltung des Tagungsprogramms ihren Widerhall. Zunächst stand in einer ersten Sektion die Vermittlung von Wissen im Vordergrund. Torsten Hiltmann (Münster/Paris) ging in seinem klar gegliederten Vortrag der Bedeutung von Herolden für den intrahöfischen Austausch von Informationen im Spätmittelalter nach und konnte dabei nicht nur zeigen, daß durch die permanenten Reisen dieser Boten, Beobachter und Berichterstatter ein regelrechtes Kommunikationsnetz zwischen den Höfen gewoben wurde, sondern auch, daß deren Berichten wegen der im Heroldsamt gründenden Verpflichtung zur Objektivität und Wahrheit eine besonders hohe Glaubwürdigkeit beigemessen wurde; die Bedeutung von Herolden als Multiplikatoren höfischer Nachrichten bzw. höfischen Wissens ist vor allem für das 15. Jahrhundert deshalb wohl kaum hoch genug zu veranschlagen. Daß neben den Heroldsberichten auch spätmittelalterliche Chroniken vielfältige kulturelle Kontakte bezeugen, rief Tünde Radek (Budapest) in Erinnerung, die sich mit der Darstellung von Begegnungen zwischen Deutschen und Ungarn in deutschsprachigen Chroniken des 14. und des 15. Jahrhunderts beschäftigte und dabei mögliche Kontaktsituationen – kriegerische Auseinandersetzungen, Friedensverhandlungen, Eheprojekte und Hochzeiten, diplomatische Gesandtschaften – absteckte. Die Brücke vom Mittelalter zur Neuzeit schlug anschließend Volker Bauer (Wolfenbüttel), dessen Ausführungen zur Benennung von fürstlichen Schlössern den Bogen vom 14. bis ins 18. Jahrhundert hinein spannten. Die von ihm entworfene Typologie vormoderner Schloßnamen machte deutlich, in welch hohem Maße bei der Namenswahl jenseits funktionaler, auf die Schloßnutzung bezogener Aspekte das Herrschaftsverständnis eines Fürsten, dynastisch-politische Erwägungen oder topographische Merkmale, aber auch Moden der Schloßbenennung zum Tragen kamen. Indem Schloßnamen programmatisch Herrschaftsansprüche formulieren bzw. dynastische Verbindungen dokumentieren, geben sie Auskunft über das fürstliche Selbstbild und somit auch darüber, wie ein Fürst gesehen zu werden wünschte, welchen Rang er sich zuschrieb und wie er sich innerhalb der Gruppe seiner Standesgenossen zu positionieren gedachte. Zeitlich ähnlich breit angelegt war der Vortrag von Wolfgang Wüst (Erlangen) zu deutschen Hof- und Policeyordnungen aus dem 15., dem 16. und dem 17. Jahrhundert. Wüst zufolge stützten sich höfische Kanzleien im frühneuzeitlichen Reich bei der Abfassung von Hofordnungen weniger auf Hofordnungen aus anderen landesherrlichen Territorien, sondern orientierten sich mehr an zeitgenössischen Policeyordnungen. Insbesondere die drei Reichspoliceyordnungen des 16. Jahrhunderts haben seiner Meinung nach bis in die Hofordnungen hineingewirkt und zu deren stärkerer Normierung beigetragen. Abgerundet wurde die Sektion schließlich durch Katrin Kellers (Wien) anschauliche Darstellung der im 17. Jahrhundert bestehenden Kontakte zwischen dem Kaiserhof in Wien und dem wettinischen Hof in Dresden. Trotz des Fehlens direkter familiärer Verbindungen war der Dresdner Hof zu dieser Zeit sowohl durch die wöchentlichen Berichte der in Wien ansässigen sächsischen Residenten als auch durch ein vielschichtiges Netz persönlicher Beziehungen des Hofpersonals auf verschiedenen Ebenen und nicht zuletzt durch die persönlichen Treffen von Kaiser und Fürst stets gut über die Vorgänge am kaiserlichen Hof unterrichtet.

Nachdem in der ersten Sektion „Das Wissen vom Anderen", das heißt vor allem der Austausch von Informationen, thematisiert worden war, wandte sich die zweite Sektion stärker dem Aspekt der Konkurrenz zu. Den Auftakt machte Werner Rösener (Gießen), der über den Wandel der Hoforganisation im 15. Jahrhundert sprach und zu ergründen suchte, wieweit fürstliche Rivalität die Zentralisierung der Finanzen, die Professionalisierung der Amtsträger und die Rationalisierung der Abläufe mit vorangetrieben und dazu beigetragen hat, diese Neuerungen in der Landesverwaltung als Standards eines modernen Hofes um 1500 durchzusetzen. Der Kunsthistoriker Matthias Müller (Mainz) lenkte den Blick auf ein gänzlich anderes Feld, auf dem Fürsten miteinander konkurrierten, und zwar auf das Feld der Kunst. In einem dichten, sorgfältig komponierten Vortrag arbeitete er heraus, daß es im fürstlichen Wettbewerb um die möglichst exklusive Verpflichtung der besten Künstler keineswegs nur ums Prestige, sondern ebenso um die Durchsetzung ästhetischer Normen ging. Vor diesem Hintergrund deutete er zum einen die Kunstpatronage der oberitalienischen Höfe als Kompensation für deren politisch-dynastische Nachrangigkeit und zum anderen den formalisierten Portraitstil Lucas Cranachs, der in seiner Einfachheit und seinen Typisierungen eine gute Kopierbarkeit und schnelle Produktion von Portraits in einer großen Werkstatt ermöglichte, als findige Strategie, um eigene künstlerische Leitlinien zu etablieren. Im Anschluß daran versuchte Heiko Lass (Hannover) anhand der sächsischen „Jagdkunst" (Jagdschlösser, Jagdgemälde, Jagdstilleben, Jagdtrophäensammlung) den Beweis zu führen, daß die Kurfürsten von Sachsen im 16. Jahrhundert ihren Status als Reichsjägermeister gezielt kultivierten, um sich von den Standesgenossen abzuheben. Weniger die Konkurrenz zwischen Höfen und mehr die Konkurrenz bei Hofe nahm Jörg Martin Merz (Münster) in den Blick, der sich in Wien mit Architekturwettbewerben des 17. und des 18. Jahrhunderts befaßt hat. Besonders das Gerangel um die unterschiedlichen Louvre-Entwürfe in der Mitte des 17. Jahrhunderts offenbarte einerseits, daß sich selbst gestandene

Architekten (Bernini!) solchen Wettbewerben, mit teils gravierenden Konsequenzen für ihre Karriere, kaum entziehen konnten, und andererseits, welch zentrale Bedeutung nationalen Formensprachen in der damaligen Architektur zukam. Gegenstand des die Sektion abschließenden Vortrags von Grete Klingenstein (Wien) waren die Hoffinanzen in Wien und Versailles in den 1770er Jahren. Während sich in Versailles Finanzminister Necker mit seinen Sparmaßnahmen nicht durchsetzen konnte, reformierten Maria Theresia und Joseph II. den königlichen Haushalt aus ökonomischen und moralischen Gründen. Damit setzte sich der Hof in Wien auch vom ausschweifenden Versailler Hofleben ab.

Die Beiträge der dritten, vom Gastgeber gestalteten Sektion beschäftigten sich allesamt mit der Wiener Hofburg. Zu Beginn referierte Mario Schwarz (Wien) über die Gründung der Burg, als deren Auftraggeber und Bauherr er Kaiser Friedrich II. vermutet. Ihm zufolge ließ Friedrich um die Mitte des 13. Jahrhunderts die Kastellburg in Wien als kaiserliche Residenz anlegen. Daran schlossen sich nahtlos die Ausführungen von Paul Mitchell (Wien) zur Hofburg im 14. und im 15. Jahrhundert an. Mitchell begriff die Residenz stärker als eine mit der Stadt verbundene Anlage, zu der neben dem eigentlichen Bau auch Gärten und Verbindungswege zur Stadt gehörten, und konnte auf diese Art zeigen, daß die Hofburg von heute ein Produkt des 15. Jahrhunderts ist, vor allem der Bautätigkeit Friedrichs III. Renate Holzschuh-Hofer (Wien), die im Anschluß daran über die Ikonologie der Hofburg unter Ferdinand I. sprach, legte überzeugend dar, daß die schlichte Fassadengestaltung des Schweizer Hofs nicht einfach nur ein Produkt chronischen Geldmangels darstellt, sondern als bewußte Reduktion, als bewußter Verzicht auf Prunk zu verstehen ist. Aus der (Geld-)Not eine Tugend machend, setzte Ferdinand der architektonischen Prachtentfaltung seiner Standesgenossen eine elitär anmutende Architektur der Schlichtheit entgegen, in der mit einem minimalen Dekor (burgundische Devisen über den Fenstern) gezielt Propaganda betrieben wurde. Ihr folgte Herbert Karner (Wien), der sich mit der in der ersten Hälfte des 17. Jahrhunderts erfolgenden Umgestaltung der Raumstruktur in der Wiener Hofburg beschäftigte und zeigte, daß sich die neue Raumfolge – mithin also auch die Regeln des Zugangs zum Monarchen – am Kaiserhof klar an der Raumkultur und dem Zugangszeremoniell des spanischen Königshauses orientierten. Zu Ende ging der Streifzug durch die Geschichte der Hofburg und damit zugleich die Sektion schließlich mit Manuel Weinbergers (Wien) Vortrag zur Vorbildwirkung Frankreichs in der Hofburgarchitektur des beginnenden 18. Jahrhunderts. Am Beispiel der Hofbibliothek führte er vor Augen, wie in Wien der auf der Rezeption antiker Ideale basierende neue französische Stil zwar adaptiert, in Kombination mit lokalen Kunstgriffen aber geschickt zu einer spezifischen, eigenen Formensprache verschmolzen und somit zu einer architektonischen Entgegnung wurde.

In der vierten Sektion stand abschließend die Frage nach Vorbildern auf dem Programm. Eröffnet wurde dieser letzte Tagungsabschnitt durch einen gemeinsamen Vortrag des Musikwissenschaftlers Christian Berger (Freiburg i. Br.) und des Germanisten Tomas Tomasek (Münster) über zwei Reiselieder Oswald von Wolkensteins. Eindrucksvoll entlarvten sie Oswalds Schilderungen von Begegnungen mit fremden Kulturräumen als von der Melodie getragene literarische Inszenierungen, in denen historische Fakten und fiktive Erlebnisse des Ich-Erzählers gekonnt miteinander verwoben und musikalisch in einer Mischung aus unterschiedlichen, teils der liturgischen oder der französischen Melodieführung entlehnten modalen Formulierungen so umgesetzt werden, daß durch die Brechung konventioneller Muster der Eindruck eines fremdartigen Liedes entsteht. Anschließend stellte Guido von Büren (Jülich) einen Bericht über die Reise Herzog Wilhelms V. von Jülich-Kleve-Berg nach Frankreich im Frühjahr 1541 zu seiner Vermählung mit Jeanne d'Albret von Navarra vor, bevor Dominik Collet (Göttingen) den Charakter frühneuzeitlicher fürstlicher Kunstkammern als öffentliche Räume betonte. In seinem ansprechenden Vortrag zeigte er, daß die Sammlungsräume mit den auf Reisen angekauften, im Handel erworbenen oder als Geschenk empfangenen Objekten keineswegs nur der Selbstdarstellung des Fürsten dienten, sondern darüber hinaus als Orte der persönlichen Begegnung und des geselligen Gesprächs über gesellschaftliche und konfessionelle Grenzen hinweg wichtige soziale Funktionen übernahmen. Anschließend rückte Carola Fey (Gießen) mit den sakralen Schätzen spätmittelalterlicher Fürsten einen Bereich höfischer Kultur ins Blickfeld, der auf der Tagung bis dahin keine Beachtung gefunden hatte. Ihre Untersuchung der Reliquienschenkungen Ludwigs I. von Ungarn förderte zu Tage, daß sich Ludwig bei dieser Praxis an den französischen Königen orientiert hat und wie diese über das Verschenken von Partikeln der Dornenkrone seinerseits über das Verschenken von Teilen des Tischtuchs vom letzten Abendmahl einen exklusiven Kreis ausgewählter Fürsten zu schaffen versuchte. Offenbar vermochten es sowohl die Könige Frankreichs als auch Ludwig von Ungarn, gleichsam ein Monopol auf bestimmte Reliquien, im einen Fall die Dornenkrone, im anderen Fall das Tischtuch des letzten Abendmahls, zu errichten und damit die Exklusivität des beschenkten Fürstenzirkels noch einmal zu steigern. Zum Schluß wandte sich Jaroslava Hausenblasova (Leipzig) noch einmal Ferdinand I. zu und erläuterte, wie der Monarch beim Aufbau seines Hofes spanische, burgundische, österreichische, böhmische und ungarische Traditionen berücksichtigte und integrierte.

Flankiert wurde die Wiener Tagung von einer Exkursion und einem Atelier, in dem sieben fortgeschrittene oder gerade abgeschlossene Dissertationsprojekte präsentiert wurden. Das vorgeschaltete Atelier stand ebenfalls unter dem Motto „Vorbild, Austausch, Konkurrenz" und steckte damit in gewisser Weise bereits den Rahmen der folgenden Tagung ab. Zuerst lotete Gerrit Deutschländer (Halle/Saale) das Verhältnis der Fürsten von Anhalt zu den Hohenzollern und den Wettinern um 1500 anhand des Briefwechsels zwischen Margarethe von Anhalt und ihren drei Söhnen Johann, Georg und Joachim aus. Danach machte Dörthe Buchhester (Göttingen) im Bereich der Hoforganisation und Verwaltung die Markgrafen von Brandenburg als Vorbild für den pommerschen Hof um 1500 aus, bevor Mario Müller (Innsbruck) die freundschaftlich-politischen Beziehungen der Hohenzollern zu den Fürstenhöfen im östlichen Mitteleuropa im 15. Jahrhundert beleuchtete. Ruth Hansmann (Mainz) untersuchte, wie fremde italienische und niederländisch-burgundische Bildmuster in die traditionellen ästhetischen Strategien höfischer Bildmedien des Reiches eingebunden wurden. Ihr folgte Ute Kümmels (Greifswald) Vortrag über fürstliche Tafelgeschirre und deren Funktion als Prestigeobjekte im Spätmittelalter sowie Pia Milkers (Dresden) Ausführungen zur Bedeutung des Kunstagenten und Diplomaten Philipp Hainhofer für die intrahöfische Kommunikation im frühen 17. Jahrhundert. Als letztes nahm Martin Pozsgai (Berlin) fürstliche Bibliotheksbestände des 17. und des 18. Jahrhunderts unter die Lupe, um in Ansichtswerken über Schlösser und Gärten nach Vorbildern für unternommene Bautätigkeiten zu suchen.

Der im Anschluß an das Atelier stattfindende Abendvortrag, den der Wiener Kunsthistoriker Hellmut Lorenz übernommen hatte, stand mit seiner Ausrichtung auf die Hofburg ganz im Zeichen des Tagungsortes. In einem beeindruckenden Ritt durch die Architekturgeschichte der kaiserlichen Residenz stellte Lorenz den Bau als ein über die Jahrhunderte gewachsenes Konglomerat von Altem und Neuem vor, dessen Bauherren und Architekten in der Frühen Neuzeit immer wieder zwecks Traditionsbewahrung bei der Realisierung neuer Bauvorhaben um die Erhaltung bzw. Einbeziehung der alten Bausubstanz bemüht waren. Er unterstrich die Bedeutung der umliegenden böhmischen Adelssitze als architektonische Vorbilder für die Wiener Residenz in der zweiten Hälfte des 17. Jahrhunderts – und stimmte damit schon auf die Exkursion ein, die am darauffolgenden Tag zuerst nach Tschechien zu den beiden Liechtenstein-Schlössern Lednice

(Eisgrub) und Valtice (Feldsberg) und dann zum niederösterreichischen Prinz Eugen-Schloß Schloßhof führte.

Das Verdienst des Symposiums besteht vor allem darin, den Blick für die enorm vielschichtigen und facettenreichen Beziehungen zwischen vormodernen Höfen geschärft zu haben. Allerdings blieb deren sozialhistorische Relevanz alles in allem ein wenig blaß. Was die Orientierung an einem Hof über dessen Bedeutung im Hofgefüge aussagt, ob bzw. wie sich das Fungieren als Vorbild auf die Reputation und das Prestige eines Fürsten auswirkt und welche Bedeutung dem für die Konstituierung von Rangordnungen zukommt, fand kaum Beachtung. Doch die Erforschung von Austausch- und Rezeptionsprozessen entfaltet erst dann einen heuristischen Mehrwert, wenn man sie sozialhistorisch rückbindet – was ansatzweise auch aus der Zusammenfassung von Peter-Michael Hahn (Potsdam) hervorging, der die Frage nach den Mechanismen und Kriterien der Hierarchiebildung im Fürstenstand zumindest noch einmal grundsätzlich in Erinnerung rief.

Daß die sozialhistorische Dimension des Themas in Wien zu sehr im Ungefähren blieb und nur schemenhaft erkennbar wurde, lag in erster Linie daran, daß das Paradigma der Konkurenz ein wenig aus dem Blickfeld geriet und gegenüber den anderen beiden Paradigmen des Austauschs und des Vorbilds deutlich in den Hintergrund trat. Zwar sollte sich ihrem Titel nach insbesondere die zweite Sektion des Stichworts „Konkurrenz" annehmen, doch selbst dort kam dieser Aspekt, der in den einzelnen Sektionsbeiträgen unterschiedlich stark akzentuiert und mal mehr, mal weniger deutlich ausgeführt wurde, im großen und ganzen zu kurz. Das ist um so bedauerlicher, als auf der Tagung an verschiedenen Stellen durchschimmerte, welch kulturell ungemein produktives Moment die fürstliche Rivalität, das „Sich-aneinander-orientieren" der Fürsten, in der Vormoderne gewesen ist – so schwer es sich auch in den Quellen im einzelnen tatsächlich greifen läßt. Möglicherweise hätte das Paradigma „Konkurrenz" stärker an Kontur gewonnen, wenn die Vorträge von Renate Holzschuh-Hofer und Manuel Weinberger in diesem Kontext statt in der Hofburgsektion diskutiert worden wären.

Hätte man im übrigen die Wiener Sektion aufgebrochen und deren Beiträge unter thematischen Gesichtspunkten in die anderen Sektionen integriert, hätte man das Tagungskonzept konsequenter umsetzen und dadurch dem Symposium mehr Stringenz verleihen können; so zerfiel die Tagung durch die unverbunden zwischen den restlichen Sektionen stehende, etwas erratisch wirkende Sektion des Gastgebers ein wenig. Auch hätte man sich im Programm mehr Vorträge aus der Literatur- und der Musikwissenschaft gewünscht, zumal das Duo Berger/Tomasek mustergültig vorgeführt hat, daß diese Disziplinen sowohl für das Verstehen der vormodernen höfischen Kultur als auch als Korrektiv für Geschichtswissenschaft und Kunstgeschichte unabdingbar sind. Störend – das sei zuletzt angemerkt – war außerdem, daß bisweilen nicht stärker auf die Einhaltung der Redezeit gedrungen wurde, die in manchen Fällen das vorgegebene Maß deutlich überschritt.

Dennoch ist es in Wien mit einem breitgefächerten, vom 14. bis zum 18. Jahrhundert reichenden Themenspektrum zweifellos gelungen, aktuelle, epochenübergreifende kulturhistorische Fragestellungen zu Transferprozessen für die mediävistische und die frühneuzeitliche Hofforschung fruchtbar zu machen, wichtige Denkanstöße zu geben und dadurch neue Forschungsperspektiven zu eröffnen.

K.O. Frieling, Greifswald*

4. Göttinger Akademie-Woche 2008
Das Biest und das Schöne
Mathematik in Musik, Literatur und Kunst
im Alten Rathaus der Stadt Göttingen
22. September 2008–25. September 2008
Göttingen

22. September 2008
„Musik und Zahl – Szenen einer Liebesehe"
Eckart Altenmüller
Hochschule für Musik und Theater Hannover

* Kirsten O. Frieling, M.A., Ernst-Moritz-Arndt-Universität Greifswald, Historisches Institut, Domstraße 9a, D-17487 Greifswald, E-Mail: KOFrieling@gmx.de.

23. September 2008

Thomas Mann und die Mathematik. Eine vergnügliche Spurensuche.[1]

Urs Stammbach
Eidgenössische Technische Hochschule Zürich

Sie haben recht: Mein Vortrag trägt einen etwas seltsamen Titel: „Thomas Mann und die Mathematik“. Das sind doch zwei getrennte Welten, werden Sie sagen. Zwei weit, sehr weit voneinander entfernte Sterne. Ein Vortrag also über zwei Dinge, die nichts gemeinsam haben? Da wären doch Themen wie „Goethe und die Physik“, „Goethe und die Politik“, ja sogar „Goethe und die Esoterik“ oder „Goethe und die Frauen“ allesamt viel näherliegend. Trotzdem: Ich hoffe Ihnen zu zeigen, dass auch unser Thema „Thomas Mann und die Mathematik“ Interessantes und vor allem Vergnügliches bereit hält.

„Und somit fangen wir an“ . . . um gleich zu Beginn Thomas Mann zu zitieren, nämlich aus dem „Vorsatz“ zu seinem „Zauberberg“.

Es ist in Literaturkreisen bekannt, dass in den Werken von Thomas Mann einzelne Bezüge zur Mathematik zu finden sind. Sie haben kaum größere Aufmerksamkeit erregt, denn sehr oft sind es nur kurze Nebenbemerkungen, die zur Charakterisierung von Personen benutzt werden, oft allerdings mit feiner oder sogar handfester Ironie. Keine tragende Rolle ist diesen mathematischen Bemerkungen im allgemeinen zugedacht. Von dieser Feststellung muss man – so denke ich – aber zwei seiner Werke ausnehmen: „Königliche Hoheit“ und „Doktor Faustus“. In diesen beiden übernimmt die Mathematik eine wichtigere Rolle.

Zu „Königliche Hoheit“ zuerst. Der Roman, der 1909 erschien, spielt in einem kleinen, einigermaßen verarmten deutschen Fürstentum. Der in Amerika reich, sehr reich gewordene Dr. Spoelmann kauft sich hier ein Schloss, um wegen seiner Nierenbeschwerden eine Badekur zu machen. Begleitet wird er von seiner jungen Tochter Imma, die in ihrer amerikanischen Unbekümmertheit einen ganz neuen Wind in die Gesellschaft der Residenzstadt bringt. Es kommt, wie man es in einem Roman erwartet: der Erbprinz Klaus Heinrich führt schließlich die junge Imma Spoelmann unter dem Jubel des Volkes zum Traualtar. Gleichzeitig bewilligt deren milliardenschwerer Vater neben der Mitgift an seine Tochter auch eine grosse

---

[1] Der Vortrag wurde in ähnlicher Form unter dem Titel „Thomas Mann und die Mathematik. Eine Spurensuche“ an den Davoser Literatur- und Kulturtagen 2006 gehalten und im zugehörigen Sammelband veröffentlicht; siehe „Was war das Leben? Man wusste es nicht!“, hrsg. von Thomas Sprecher. Frankfurt a.M.: Vittorio Klostermann 2008; S. 179–204. Der Autor dankt dem Thomas Mann Archiv und dem Vittorio Klostermann-Verlag für die Erlaubnis, den Text in kaum veränderter Form hier noch einmal abzudrucken.

Anleihe an den notleidenden Staat, welche dessen angeschlagene Finanzen wieder ins Lot bringt und darüber hinaus der Volkswirtschaft des Landes eine neue Zukunft eröffnet. – Nun also zur Mathematik!

Imma Spoelmann studiert Mathematik, sie stellt sich damit als selbstbewusste Frau dar, die sich weit jenseits von Konventionen bewegt und ihr Studium und ihren Weg selbständig wählt. Wie sagt Jettchen[2] zu Ditlinde, der Schwester des Prinzen Klaus Heinrich: „Und sie ist gelehrt, habe ich gehört, sie studiert wie ein Mann und zwar Algebra und so scharfsinnige Dinge." Imma kümmert sich weder in ihren Gedanken noch in ihren Handlungen um Konventionen, sie ist in der Tat, so urteilt Ditlinde in diesem Gespräch mit Jettchen, „ein buntes Geschöpf!" Die Mathematik ist unverzichtbarer Teil ihrer Persönlichkeit. Thomas Mann betont das leitmotivisch, er bringt Imma immer wieder mit Algebra und Mathematik in Verbindung: er spricht von der „algebraischen Tochter", spricht davon, wie sie „dem Studium der Algebra oblag", wie sie im Kolleg des Mathematikprofessors Klingshammer „mit eingedrücktem Zeigefinger" in ihr Kollegheft schrieb[3], wie sie, „ihre Algebra unterm Arm", durch die Gasse der grossen, blonden Grenadiere ging. Die Mathematik gehört zu Immas unabhängigem Wesen und zu ihrer aussergewöhnlichen Persönlichkeit.

Das Bild (siehe Abbildung 1) zeigt natürlich nicht Imma Spoelmann, sondern die junge Katia Pringsheim, die Thomas Mann kurz vor dem Erscheinen der „Königlichen Hoheit" geheiratet hatte. Auch Katia war damals Mathematikstudentin; ihr ist die Romanfigur Imma nachgebildet. Immas Vater Dr. N. Spoelmann weist Züge von Katias Vater Alfred Pringsheim auf (siehe Abbildung 2), der Professor für Mathematik an der Universität München war; wie Dr. Spoelmann ist auch Alfred Pringsheim schwerreich.[4] Es ist wenig überraschend, dass Thomas Mann in diesem Schlüsselroman für sich selbst die Rolle des Prinzen reserviert, des Prinzen Klaus Heinrich. Thomas Mann hat in „Königliche Hoheit" sein Spiel mit dieser doppelten Identität seiner Romanfiguren getrieben, und so dürfen wir hier, mit einem Augenzwinkern vielleicht, dieses Spiel weiterspielen, um in umge-

2 Jettchen ist der Rufname, den Ditlinde für die ihr vertraute Hofdame mit dem Assoziationen weckenden Namen Fräulein von Isenschnibbe benützt.

3 Noch etwas direkter in einer Notiz Thomas Manns: Siehe „Königliche Hohheit", Kommentar, S. Fischer, S. 498: „Eingehüllt in ihr offenes Haar, sitzt sie und treibt mit eingedrücktem Zeigefinger Mathematik."

4 Auch äußerlich sind sich Samuel Spoelmann und Alfred Pringsheim ähnlich; man vergleiche das Bild von Alfred Pringsheim mit Thomas Manns Beschreibung von Samuel Spoelmann: „Der obere Teil seines Schädels war kahl, aber am Hinterkopf und an den Schläfen besaß Herr Spoelmann reichlich graues Haar [. . .]."

Abbildung 1:
Katia Pringsheim, 1883–1980

Abbildung 2:
Alfred Pringsheim, 1850–1941

kehrter Richtung Aussagen der Figuren des Romans deren realen Urbildern zuzuordnen.

Es hat Thomas Mann ganz offensichtlich gereizt, die Romansituation mit der unkonventionellen Mathematikstudentin Imma in jeder Richtung auszukosten. So verwendet er hier die Mathematik oft als Mittel einer Ironie, die teils direkt auf Personen wie Prinz Klaus Heinrich zielt, teils – so scheint mir wenigstens – auf die Mathematik selbst gerichtet ist. Thomas Mann setzt die Ironie hier übrigens durchaus im Sinne von Friedrich Nietzsche ein, nach dem „die Ironie [. . .] nur als pädagogisches Mittel am Platze [sei], von seiten eines Lehrers im Verkehr mit Schülern irgend welcher Art: ihr Zweck ist Demüthigung, Beschämung, aber von jener heilsamen Art, welche gute Vorsätze erwachen lässt [. . .]." Etwa so. Fräulein Spoelmann erzählt, wie sie aus Amerika auf einem Riesendampfer mit Konzertsälen und Sportplätzen über den Ozean gereist sei:

> Fünf Stockwerke, sagte Fräulein Spoelmann, habe er gehabt. „Von unten an gerechnet?" fragte Klaus Heinrich. Und sie antwortete unverzüglich: „Allerdings. Von oben hatte er sechs."

Richtet sich diese Bemerkung ironisch gegen den verwirrten Klaus Heinrich, so ist vielleicht im nachfolgenden Gespräch von Klaus Heinrich mit Imma Spoelmann eher die Mathematik selbst das Ziel.

„Und Ihr Studium", fragte er, „gnädiges Fräulein? Darf ich mich erkundigen? Mathematik, wie ich weiß. Es strengt Sie nicht an? Ist es nicht furchtbar hart für den Kopf?" „Gar nicht", sagte sie. „Ich weiß nichts Hübscheres. Man spielt in den Lüften, sozusagen, oder schon außerhalb der Luft, in staubfreier Gegend jedenfalls."

Wenn hier Imma „in den Lüften spielt", ja schon „außerhalb der Luft" und in „staubfreier Gegend", so sagt dies zwar über die Person Immas etwas aus, aber auch etwas über die Mathematik. Ist es die Ansicht, die Mathematik sei im Grunde genommen nur ein Spiel, ein Spiel, das für die Welt wenig Bedeutung habe? Thomas Mann mag einige der Gedanken, die hier zum Ausdruck kommen, aus Äußerungen seines mathematischen Schwiegervaters Alfred Pringsheim übernommen haben. Dieser hatte bei seinem Festvortrag vor der Bayrischen Akademie[5] festgestellt:

In dem wahren Mathematiker steckt allemal ein gutes Stück vom Künstler: vom Architekten, ja vom Poeten. Außerhalb der realen Welt, doch in erkennbarem Zusammenhang mit ihr, haben die Mathematiker in schöpferischer Gedankenarbeit sich eine ideale erbaut, die sie zur vollkommensten aller Welten auszugestalten suchen und nach allen Richtungen durchforschen.

Das wohl schönste Stück „mathematischer" Prosa aus der Feder Thomas Manns ist die in diesem Roman zu findende Beschreibung handschriftlicher mathematischer Notizen. Der Abschnitt ist selbst in Mathematikerkreisen bekannt und berühmt geworden. Thomas Manns Ironie zielt hier direkt auf die Mathematik, aber in einer Art, die zwar volles Unverständnis deutlich macht, aber gleichzeitig von einer distanzierten Bewunderung zeugt. Sie erinnern sich: Im Roman vereinbaren Imma Spoelmann und Klaus Heinrich standesgemäss einen gemeinsamen Ausritt, er soll am nächsten Tag mit schönem Wetter stattfinden. Als der Prinz Klaus Heinrich bei Spoelmanns die Tochter Imma dazu abholen will, entwickelt sich das folgende Gespräch:

„Nein", rief er [Klaus Heinrich], „heute dürfen Sie keine Algebra treiben, oder im luftleeren Raum spielen, wie Sie es nennen! Sehen Sie doch die Sonne! ... Darf ich ...?" Und er trat zum Tischchen und nahm das Kollegheft zur Hand.

Was er sah, war sinnverwirrend. In einer krausen, kindlich dick aufgetragenen Schrift, die Imma Spoelmanns besondere Federhaltung erkennen liess, bedeckte ein phantastischer Hokuspokus, ein Hexensabbat verschränkter Runen die Seiten. Griechische Schriftzeichen waren mit lateinischen und mit Ziffern in verschiedener Höhe

[5] Alfred Pringsheim: „Ueber Wert und angeblichen Unwert der Mathematik," Verlag der K. B. Akademie, 1904. Rede gehalten anlässlich der Feier des 145. Stiftungstages der Königlich-Bayrischen Akademie im Jahre 1904. – Zu Alfred Pringsheim vergleiche man: Rudolf Fritsch/Daniela Rippl: „Alfred Pringsheim", Schriften der Sudetendeutschen Akademie der Naturwissenschaften und Künste, München 2001, Bd. 22, 97–128.

> verkoppelt, mit Kreuzen und Strichen durchsetzt, ober- und unterhalb waagrechter Linien bruchartig aufgereiht, durch andere Linien zeltartig überdacht, durch Doppelstrichelchen gleichgewertet, durch runde Klammern zu grossen Formelmassen vereinigt. Einzelne Buchstaben, wie Schildwachen vorgeschoben, waren rechts oberhalb der umklammerten Gruppen ausgesetzt. Kabbalistische Male, vollständig unverständlich dem Laiensinn, umfassten mit ihren Armen Buchstaben und Zahlen, während Zahlenbrüche ihnen voranstanden und Zahlen und Buchstaben ihnen zu Häupten und Füßen schwebten. Sonderbare Silben, Abkürzungen geheimnisvoller Worte waren überall eingestreut, und zwischen den nekromantischen Kolonnen standen geschriebene Sätze und Bemerkungen in täglicher Sprache, deren Sinn so hoch über allen menschlichen Dingen war, dass man sie lesen konnte, ohne mehr davon zu verstehen, als von einem Zaubergemurmel.

Es ist bekannt, dass Thomas Mann diese wundervolle Charakterisierung eines mathematischen Textes auf der Grundlage von zwei handschriftlichen Notizen von Alfred Pringsheim geschrieben hat.[6] Wie sehr Thomas Mann aber die zeitlose Wirklichkeit mathematischer Handschriften getroffen hat, sehen Sie an diesen Beispielen (siehe Abbildung 3). Alle drei Beispiele sind um mehr als ein halbes Jahrhundert jünger als das Zitat aus Thomas Manns „Königliche Hoheit". Der Mathematiker weiss nicht, was er mehr bewundern soll: die glänzenden Formulierungen Thomas Manns oder dessen Blick für das Charakteristische, das Bezeichnende der mathematischen Notation.

Doch die Mathematik dient in diesem Roman nicht nur der Charakterisierung Imma Spoelmanns und der Ironie, sie übernimmt auch eine andere, ernsthaftere, rettende und sogar menschlich verbindende Funktion.

Nach seinem Amtsantritt hatte Klaus Heinrich von den gravierenden finanziellen Schwierigkeiten seines Staates erfahren. Er wollte sich selbst ein Bild über die Situation machen und begann, Bücher über Finanzwissenschaft zu studieren. Um den wissenschaftlichen, mit etwas Mathematik vermischten Gedankengängen folgen zu können, bat er Imma Spoelmann – die Mathematikerin! – um Hilfe. „Zurückgezogen in einen Winkel des Salons, in thronartigen Armstühlen an einem vergoldeten Tischchen sitzend" und gebeugt „über das erste Blatt eines Lehrbuches namens „Finanzwissenschaft"" begannen sie ihr gemeinsames Studium. Dank diesen Büchern sind die beiden jungen Leute zusammengerückt, sie sind sich im wahrsten Sinne des Wortes näher gekommen. Nach der Lektüre der Werke lässt Imma verlauten:

6 Siehe „Königliche Hoheit", Kommentar, S. Fischer 2004, S. 465/466, wo die beiden Blätter reproduziert sind. In der Fussnote 497 ist die Beschreibung des mathematischen Inhaltes der beiden Blätter 55a und 55b verwechselt.

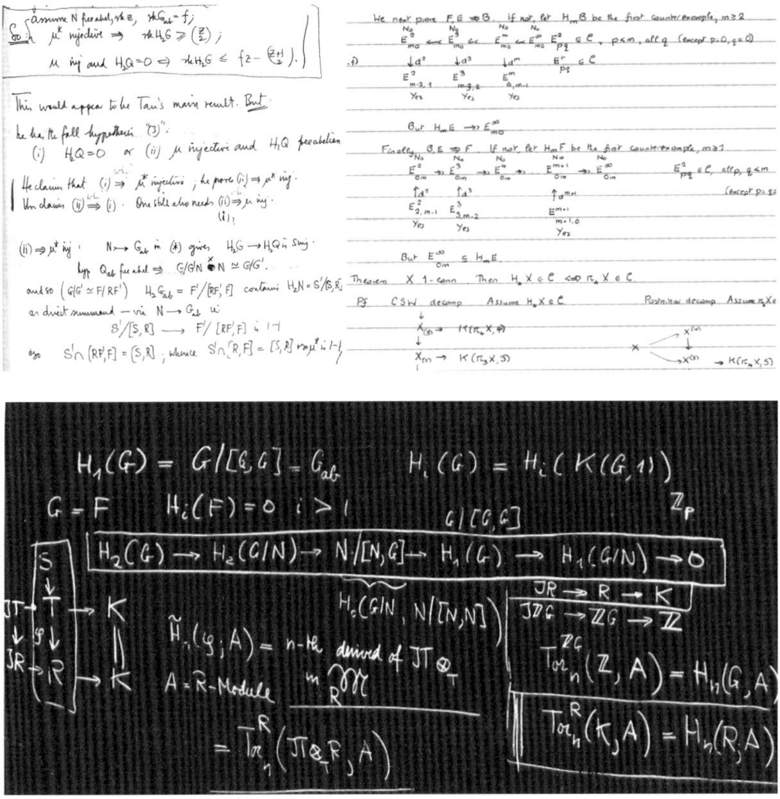

Abbildung 3: Drei handschriftliche Mathematiktexte

„Es ist leicht!" sagte sie und sah lachend auf. „Mich nimmt wunder, dass es im Grunde so einfach ist. Algebra ist viel schwerer, Prinz ..."

Im Roman rettet am Schluss nicht die Finanzmathematik das verschuldete Großherzogtum vor dem Bankrott, sondern – im weiteren Sinn – die Mitgift, welche die reiche Imma Spoelmann in die Ehe mitbringt. Mag sein, dass es heute umgekehrt wäre.

In diesem letzten Beispiel schimmert durch, dass Thomas Mann die Mathematik nicht nur als „Spiel in den Lüften betrachtet", sondern im Stillen die Mathematik wegen ihrer Beiträge zur Lösung der Probleme der realen Welt anerkennt, ja vielleicht sogar bewundert.

Klaus Heinrich, alias Thomas Mann, sagt zwar zu einem frühen Zeitpunkt im Roman zu Imma, die gerade mit ihren mathematischen Studien beschäftigt ist: „Und über diesen gottlosen Künsten wollen Sie den schönen

Vormittag versäumen?" Aber später beginnt er anders über die Mathematik zu sprechen:

> „Ich gebe Ihnen mein Wort, dass ich Ihrem Studium die höchste Ehrfurcht entgegenbringe. Es ängstigt mich, das gebe ich zu, ich habe niemals etwas davon begriffen."

Vielleicht kommt diese distanzierte Ehrfurcht und Bewunderung für die Mathematik – etwas versteckt – schon früher zum Ausdruck. Als Klaus Heinrich, der Prinz, Imma zum Ausritt abholen will, begegnet er ihrem Vater Dr. Spoelmann auf der Treppe:

> „Es handelt sich um eine Verabredung . . .", sagte Klaus Heinrich. Er stand zwei Stufen unter dem Milliardär und sprach zu ihm hinauf.

Darf man die Figuren dieses Romans mit ihren realen Urbildern soweit identifizieren, dass hier auch Thomas Mann „zwei Stufen" unter dem künftigen Schwiegervater und Mathematikprofessor Alfred Pringsheim steht und zu ihm hinauf spricht?

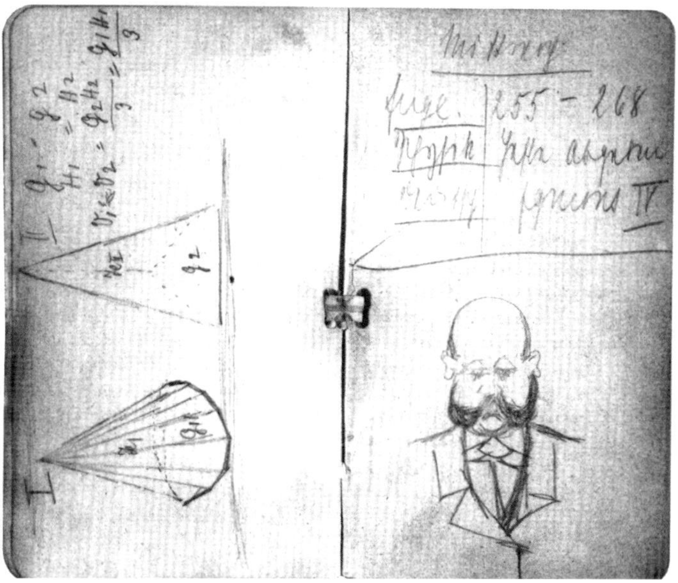

Abbildung 4: Notizbuch Thomas Manns aus der Schulzeit

In seinem Innersten ist Thomas Mann, wie Klaus Heinrich, der Mathematik offenbar gerne etwas fern gestanden. Natürlich hatte der Schüler Thomas Mann im Gymnasium auch mit Mathematik zu tun gehabt. In seinem

Nachlass gibt es denn auch ein Notizbuch, das eine geometrische Skizze[7] (siehe Abbildung 4) enthält. Aber selbst als Mathematiker halte ich die gegenüberliegende Seite für wesentlich interessanter. – Im Abgangszeugnis des Realgymnasiums zu Lübeck (siehe Abbildung 5) erhielt schließlich Thomas Mann in Arithmetik und Geometrie nur die Noten „befr[riedigend]" bzw. „noch befr[iedigend]". Man wird dies allerdings nicht ohne weiteres als einen Beleg für mangelndes Interesse und geringe Begabung ansehen dürfen, denn im Fach Deutsch erreichte Thomas Mann damals ebenfalls nur die Zensur „befr[iedigend]".

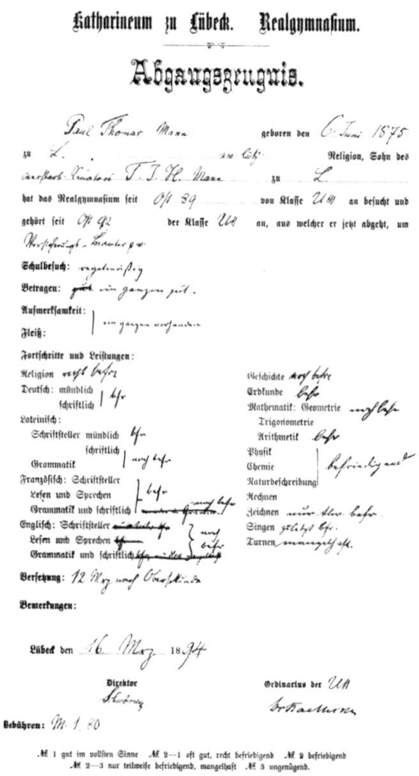
Katharineum zu Lübeck. Realgymnasium.

Abgangszeugnis.

Paul Thomas Mann geboren den 6. Juni 1875
zu L. Religion, Sohn des
T. J. H. Mann zu L.
hat das Realgymnasium seit Ost 89 von Klasse UIII an besucht und
gehört seit Ost 92 der Klasse UII an, aus welcher er jetzt abgeht, um

Schulbesuch: regelmäßig
Betragen: im ganzen gut.
Aufmerksamkeit: | im ganzen vorhanden
Fleiß:

Fortschritte und Leistungen:
Religion recht befr.
Deutsch: mündlich | befr.
schriftlich
Lateinisch:
Schriftsteller mündlich befr.
schriftlich | noch befr.
Grammatik
Französisch: Schriftsteller | befr.
Lesen und Sprechen
Grammatik und schriftlich noch befr.
Englisch: Schriftsteller } noch befr.
Lesen und Sprechen
Grammatik und schriftlich
Geschichte noch befr.
Erdkunde befr.
Mathematik: Geometrie noch befr.
Trigonometrie
Arithmetik befr.
Physik | befriedigend
Chemie
Naturbeschreibung
Rechnen
Zeichnen
Singen
Turnen mangelhaft.

Versetzung:

Bemerkungen:

Lübeck den 16 Mrz 1894

Direktor Ordinarius der UII

Gebühren: M. 1.80

№ 1 gut im vollsten Sinne № 2–1 oft gut, recht befriedigend № 2 befriedigend
№ 2–3 nur teilweise befriedigend, mangelhaft № 3 ungenügend.

Abbildung 5: Abgangszeugnis des Realgymnasiums von Lübeck

Später, in der Familie Thomas Manns, scheint die Mathematik keine allzuhohe Wertschätzung genossen zu haben. Gewöhnlich übernehmen ja die Kinder die Wertehaltungen des Elternhauses, und außer bei der Tochter Eli-

7 Die Skizze gehört zur Herleitung der Volumenformel des Kegels aus derjenigen einer Pyramide.

sabeth kann man bei keinem der Mann-Kinder irgendein mathematisches Interesse feststellen. Sie haben ganz offensichtlich allesamt dem Schulfach Mathematik wenig Aufmerksamkeit zukommen lassen: Die entsprechenden Zeugnisnoten lauteten durchwegs „mangelhaft", „ungenügend" und ähnlich.[8] Stellvertretend für andere zeige ich Ihnen hier den Notenteil des Reifezeugnisses der Tochter Erika[9] (siehe Abbildung 6).

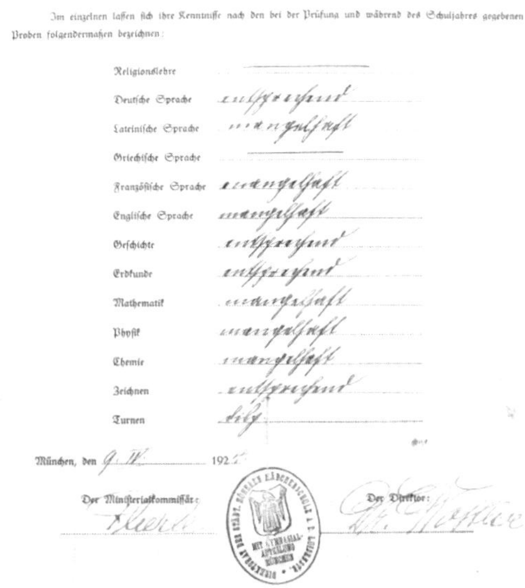

Im einzelnen lassen sich ihre Kenntnisse nach den bei der Prüfung und während des Schuljahres gegebenen Proben folgendermaßen bezeichnen:

Religionslehre	—
Deutsche Sprache	entsprechend
Lateinische Sprache	mangelhaft
Griechische Sprache	—
Französische Sprache	mangelhaft
Englische Sprache	mangelhaft
Geschichte	entsprechend
Erdkunde	entsprechend
Mathematik	mangelhaft
Physik	mangelhaft
Chemie	mangelhaft
Zeichnen	entsprechend
Turnen	[illegible]

München, den 9. IV. 192[illegible]

Der Ministerialkommissär: [illegible]

Der Direktor: [illegible]

Abbildung 6: Notenteil des Reifezeugnisses von Erika Mann

So schlimm war der Widerwille gegen dieses Fach, dass selbst die ehemalige Mathematikstudentin Katia Mühe hatte, den Kindern bei den mathematischen Schulaufgaben zu helfen. So wenigstens erinnert sich die Tochter Erika. Selbst als die Kinder „Mielein[10] körperlich schon überragt" hätten, sei [sie] ihnen „überlegen [geblieben] in jedweder Wissenschaft, und einmal – wie genau erinnere ich mich! – hat sie mir in gerechtem Zorn ein Buch an den Kopf geworfen, weil dieser sich mit jenem nicht zu befreunden vermochte und ich gar so "schlecht„ war in der sphärischen Trigonometrie."

8 Die Ausnahme bildet die Tochter Elisabeth; sie erhielt im Jahreszeugnis des Städtischen Mädchenlyzeums an der Luisenstrasse in München vom 6. April 1933 für das Fach Mathematik die Zensur „hervorragend". Ich danke Herrn Wolfgang Clemens herzlich für diese Information.

9 Reifezeugnis für Mann Erika, „Tochter des Schriftstellers Herrn Dr. Thomas Mann". Ausgestellt am 9. April 1924 von der Städt. Höheren Mädchenschule an der Luisenstrasse in München.

10 Katia wurde in der Familie Mann Mielein genannt.

Auch wenn mir keine entsprechende Notiz aus den Tagebüchern bekannt ist, so darf man doch annehmen, dass Katia die Bezüge zur Mathematik im Werk Thomas Manns jeweils von einem fachlichen Standpunkt aus durchgesehen hat. Dies würde jedenfalls zwanglos die Tatsache erklären, dass auch in den Augen eines Mathematikers die entsprechenden Textstellen ohne Fehl und Tadel sind. Sie enthalten keinerlei Irrtümer, wie man sie leider oft feststellen muss, wenn sich Fernstehende über Mathematisches äußern. Möglich auch, dass Katia zur einen oder anderen Stelle sogar den Anstoß gegeben und dazu die Einzelheiten geliefert hat. Alle mathematischen Bemerkungen im Werk Thomas Manns aber auf Katia zurückzuführen, das ginge zu weit. Es gibt nämlich schon in seiner Novelle „Der kleine Herr Friedemann" ein Beipiel, ein Beispiel also, das lange Jahre vor der Begegnung mit Katia Pringsheim entstanden ist.[11]

Der kleine Herr Friedemann lebt wegen seiner körperlichen Behinderung – er ist kurz nach der Geburt vom Wickeltisch auf den Boden gefallen: „Die Amme hatte die Schuld." – sehr einsam und zurückgezogen. Wegen eines netten Wortes verliebt er sich Hals über Kopf in Frau von Rinnlingen, deren Mann Oberstlieutenant der lokalen Garnison ist. An einer großen Einladung im Hause von Rinnlingens mit den maßgebenden Persönlichkeiten des Ortes als Gästen ist auch ein Student der Mathematik anwesend, „ein Neffe des Oberstlieutenants, der bei seinen Verwandten zu Besuch war; er führte die tiefsten Gespräche mit Fräulein Hagenström, die Herrn Friedemann gegenüber ihren Platz hatte." Beim anschließenden Zusammensein beim Kaffee begibt sich dann Folgendes:

> Gleich rechts von der Tür saß um einen kleinen Tisch ein Kreis, dessen Mittelpunkt von dem Studenten gebildet ward, der mit Eifer sprach. Er hatte die Behauptung aufgestellt, dass man durch einen Punkt mehr als eine Parallele zu einer Geraden ziehen könne. Frau Rechtsanwalt Hagenström hatte gerufen: „Dies ist unmöglich!", und nun bewies er es so schlagend, dass alle taten, als hätten sie es verstanden.

Die Stelle nimmt mathematisch Bezug auf die uralte Frage des Euklidischen Parallelenaxioms. Im 19. Jahrhundert haben Mathematiker nach langen und intensiven Untersuchungen zeigen können, dass es neben der Euklidischen Geometrie, in der das Parallelenaxiom gilt, auch eine Nichteuklidische Geometrie gibt, in der es – genau wie es unser Student erklärt – „durch einen Punkt mehr als eine Parallele zu einer Geraden" gibt. Interessant ist einmal, dass die Formulierung den mathematischen Ansprüchen

11 Die Novelle „Der kleine Herr Friedemann" wurde 1896 fertiggestellt, sie erschien 1898 erstmals in Buchform.

an die Korrektheit gerecht wird. Aber geradezu bewunderungswürdig ist, dass Thomas Mann hier ein mathematisches Resultat erwähnt, das erst wenige Jahre vorher logisch einwandfrei bewiesen worden ist.[12] Man zeige mir heutige Literatur, in der neuere mathematische Resultate in ebenso einwandfreier Weise beschrieben werden!

Bewunderungswürdig ist auch, wie genau Thomas Mann die Zuhörer und Zuhörerinnen beschreibt. Ich meine damit nicht so sehr den Ausruf „Dies ist unmöglich!" der Frau Rechtsanwalt Hagenström, sondern den Zusatz „alle taten, als hätten sie es verstanden". Wer schon je versucht hat, Mathematisches einer Runde von wenig interessierten Laien zu erklären, kennt diese Reaktion nur allzu gut. In der Vorbereitung zu diesem Vortrag war ich sogar einmal versucht, dies mit Ihnen, meinen Zuhörern, durchzuspielen, Ihnen versuchsweise die mathematischen Erklärungen des Studenten im Detail weiterzugeben und Sie dann mit diesem letzten Nebensatz von Thomas Mann zu konfrontieren.

Wir haben gesehen, wie in „Königliche Hoheit" die Mathematik eine Rolle übernimmt, die zur Charakterisierung der Persönlichkeit Imma Spoelmanns dient. Einer bei aller Verschiedenheit ähnlichen Situation begegnen wir im Roman „Doktor Faustus".[13]

Der Roman „Doktor Faustus" beschreibt die Lebensgeschichte des genialen Komponisten Adrian Leverkühn. Die Erzählung wird parallel zur deutschen Geschichte entwickelt, vor dem Hintergrund also des Ersten Weltkrieges, der belasteten Zwischenkriegszeit, des Zweiten Weltkrieges und des schließlichen Zusammenbruchs. Adrian Leverkühn wie der fiktive Erzähler Serenus Zeitblom sind Kinder des deutschen Bürgertums des 19. Jahrhunderts, wie es – nebenbei sei es gesagt – ja auch Thomas Mann ist. Schritt für Schritt entwickelt Adrian Leverkühn eine neue, moderne Kompositionstechnik, welche in seinen Augen in der Lage ist, das „Lebendige" mit dem „Genauen" zu verbinden. Die romanhafte Musiktheorie Leverkühns ist der Zwölftonmusik Schönbergs nachempfunden. Leverkühn erleidet schließlich das gleiche Schicksal wie Nietzsche: er stirbt in geistiger Umnachtung, kurz nachdem er eine Reihe von genialischen Werken fer-

12 Veröffentlichungen, welche die mathematische Existenz der Nichteuklidischen Geometrie belegen, also Modelle der Nichteuklidischen Geometrie beschreiben, erschienen um 1870. Das Modell, das Thomas Mann an dieser Stelle wohl im Auge hat, stammt von Eugenio Beltrami (1868); siehe Eugenio Beltrami: „Saggio di interpretazione della geometria noneuclidea", Opere I, S. 374–405. Felix Klein veröffentlichte 1871 bzw. 1873 deutschsprachige Aufsätze, in denen weitere Modelle der Nichteuklidischen Geometrie dargestellt werden; siehe Felix Klein: „Über die sogenannte nicht-Euklidische Geometrie", Werke I, S. 244–253, S. 254–305, S. 311–343.

13 Der Roman „Doktor Faustus" erschien 1947.

tiggestellt hat. Sein persönliches Schicksal verläuft in einem gewissen Sinn also parallel zur Geschichte Deutschlands.

Für Adrian Leverkühn gehört die Mathematik zusammen mit der Theologie und der Musik zur Grundlage seines Denkens und Fühlens. Es wäre eine interessante Aufgabe, den Beziehungen zwischen Mathematik, Theologie und Musik in diesem Roman nachzugehen. Doch das wäre Thema eines anderen Vortrages. Zurück also zur Mathematik!

Man darf wohl in dem fiktiven Erzähler des Romans, Serenus Zeitblom, ein partielles Abbild von Thomas Mann selbst sehen. Serenus Zeitblom ist studierter Altphilologe und Lehrer in Latein, Griechisch und Geschichte. Im Roman drückt er – und damit wohl auch Thomas Mann – die Skepsis des Geisteswissenschafters gegenüber der Mathematik und gegenüber den Naturwissenschaften deutlich aus; aber gleichzeitig lässt er auch eine echte, mit etwas Unverständnis gepaarte Bewunderung durchscheinen.

> Hier kann ich [...] nicht umhin, mich im Vorübergehen an dem inneren und fast geheimnisvollen Zusammenhang des altphilologischen Interesses mit einem lebendig-liebevollen Sinn für die Schönheit und Vernunftwürde des Menschen zu weiden. [...] Der Mann der naturwissenschaftlichen Realien kann wohl ein Lehrer, aber niemals in dem Sinn und Grade ein Erzieher sein, wie der Jünger der bonae litterae.

Serenus Zeitblom gesteht denn auch an anderer Stelle, dass er sich in der Schule in der Disziplin der Mathematik „wenig hervortat." Adrian Leverkühn, Schulfreund von Serenus Zeitblom, hingegen fühlt anders. Zeitblom berichtet – offensichtlich etwas erstaunt darüber, dass solches überhaupt möglich ist –, Leverkühn habe an der Mathematik ein „augenscheinliches Interesse gezeigt" und „über Pflicht und Nötigung hinaus Algebra" getrieben. Er fährt weiter fort:

> Allerdings nimmt ja die Mathese, als angewandte Logik, die sich dennoch im rein und hoch Abstrakten hält, eine eigentümliche Mittelstellung zwischen den humanistischen und realistischen Wissenschaften ein, und aus den Erläuterungen, die Adrian [Leverkühn] mir gesprächsweise von dem Vergnügen gab, das sie ihm bereitete, ging hervor, dass er diese Zwischenstellung zugleich als erhöht, dominierend, universell empfand, oder wie er sich ausdrückte, als „das Wahre". [...] „Du bist ein Bärenhäuter", sagte er damals zu mir, „das nicht zu mögen. Ordnungsbeziehungen anzuschauen ist doch schließlich das beste. Die Ordnung ist alles. Römer dreizehn: ‚Was von Gott ist, das ist geordnet.'"[14]

[14] Es ist wenig zweifelhaft, dass Thomas Mann hier seiner Romanfigur Adrian Leverkühn erlaubt, sich über die Auffassungen des Freundes Serenus Zeitblom etwas lustig zu machen. Das Zitat aus dem Paulusbrief bezieht sich in ziemlich eindeutiger Weise nicht auf mathematisch abstrakte Ordnungen in der Welt, sondern auf die hierarchische gesellschaftliche Weltordnung. Während

Später im Roman, als Leverkühn sich überlegt, sein Theologiestudium aufzugeben, ist er versucht, „zur Mathematik überzugehen, bei der er auf der Schule immer gute Unterhaltung gefunden habe". Er entscheidet sich dann aber letztlich gegen die Mathematik und wendet sich ab diesem Zeitpunkt ganz der Musik zu. Thomas Mann kann dem Roman denn auch den Untertitel „Das Leben des deutschen Tonsetzers Adrian Leverkühn" geben.

Als Mathematiker finde ich es eigentlich schade, dass Thomas Mann Leverkühn sich so hat entscheiden lassen. Aber die Musik stand Thomas Mann natürlich näher als die Mathematik, und er ging sicher mit Recht davon aus, dass dies auch bei seinen Lesern und Leserinnen der Fall war. Trotzdem, ich meine, die Mathematik hätte in diesem Roman die Stelle der modernen Musik in vielem durchaus ersetzen können. So ist ein fundamentaler Umbruch, wie er mit Schönberg in der Musik stattgefunden hat und wie er in nur leicht verfremdeter Form bei Adrian Leverkühn im Roman „Doktor Faustus" eine zentrale Rolle spielt, historisch zur gleichen Zeit auch in der Mathematik festzustellen. Das gesamte mathematische Wissensgebiet erfuhr in der Zeit nach der Jahrhundertwende eine weitgehende axiomatische Formalisierung. Ähnlich wie die Schönbergsche Zwölftonmusik kann dies als eine Reduktion auf das Einfache, als eine Abstraktion auf das Fundamentale und auf die letzten strukturellen Grundlagen angesehen werden.[15]

Aber natürlich betrifft dies nur einen Teilaspekt, und Thomas Mann und Adrian Leverkühn hatten gute Gründe, hier das breitere Bild des dreiseitigen Spannungsverhältnisses zwischen Musik, Theologie und Mathematik zu benutzen, ja in der Musik das Mittel zu sehen, das die beiden anderen Gebiete verbinden könne.

Wir kommen nun auf ein weiteres Werk von Thomas Mann zu sprechen, auf den „Zauberberg".[16] Hier kommt die Mathematik ausführlich in verschiedenen Funktionen zum Zuge, in denen Thomas Mann sie in seinem Werk einsetzt. Zum einen ist die Hauptperson des Romans, Hans Castorp, Ingenieur, und als solcher ist er in seiner Ausbildung mit der Mathematik, auch mit der Höheren Mathematik, in Berührung gekommen. Seinen

---

der Nazizeit hat dieses Bibelzitat denn auch in christlichen Kreisen zu Diskussionen geführt, ob Widerstand gegen „die Ordnung" erlaubt sei. Für diesen Hinweis danke ich Ilse Dedekind herzlich.

15 Die Mathematik wurde zu jener Zeit mit der Axiomatik fast gleichgesetzt; siehe David Hilbert: „Axiomatisches Denken", 1917: „Alles, was Gegenstand des wissenschaftlichen Denkens überhaupt sein kann, verfällt, sobald es zur Bildung einer Theorie reif ist, der axiomatischen Methode und damit unmittelbar der Mathematik." Der in Göttingen wirkende David Hilbert war schon zu jener Zeit einer der weltweit berühmtesten Vertreter der Mathematik.

16 Der Roman „Der Zauberberg" erschien 1924.

Beruf hat er zwar nur aus Zufall gewählt: „Das waren wohl mehr oder weniger die äusseren Umstände, die darin den Ausschlag gaben", sagt er dazu. Aber nun ist sein Beruf unzweifelhaft Teil seiner Persönlichkeit geworden, und er wird im „Berghof" in dieser Eigenschaft wahrgenommen: Settembrini etwa redet ihn an vielen Stellen mit „Ingenieur" oder „Ingegnere" an. Zum anderen verwendet Thomas Mann im Zauberberg die Mathematik mit seiner Ironie ganz im Sinne seiner „Liebe zu Allotria", wie sich Marcel Reich-Ranicki einmal ausgedrückt hat.[17] Diesen vergnüglichen Textstellen wollen wir uns nun zuerst zuwenden.

Sie erinnern sich natürlich: „Der Zauberberg" spielt in der Zeit vor dem Ersten Weltkrieg in einem mondänen Lungensanatorium in Davos, dem Berghof, wo Hofrat Behrens als Arzt seine Patienten behandelt. Nicht alle Gäste des Sanatoriums sind wirklich krank und verdienen es, Patienten genannt zu werden; es gibt darunter auch viele, die sich in der morbiden Atmosphäre ganz wohl fühlen und ihre langen Ferien im Berghof durchaus genießen. So kann es nicht überraschen, dass sich einige dieser unechten Patienten über die Disziplinarordnung des Hauses hinwegsetzen: Der nächtliche Besuch eines solchen im Zimmer einer Dame, nicht seiner Dame, sondern im Zimmer einer anderen, führt schließlich zu einem Skandal. Hofrat Behrens, der Arzt, beklagt sich gegenüber Hans Castorp wie folgt:

> „Wir haben die Analyse, wir haben die Aussprache, – ja Mahlzeit! Je mehr die Rasselbande sich ausspricht, umso lüsterner wird sie. Ich predige die Mathematik. [...] Die Beschäftigung mit der Mathematik, sage ich, ist das beste Mittel gegen Kupidität. Staatsanwalt Paravant, der stark angefochten war, hat sich drauf geworfen, er hat es jetzt mit der Quadratur des Kreises und spürt große Erleichterung. Aber die meisten sind ja zu dumm und zu faul dazu, dass Gott erbarm'."

Die Forschung hat herausgefunden, dass Behrens hier eine Empfehlung des Sanatoriumschefs Friedrich Jessen wiedergibt, der in einer seiner Veröffentlichungen geschrieben hat: „Bei Männern ist namentlich die Mathematik als ein souveränes Dämpfungsmittel für den psychogenen Faktor der libido zu empfehlen". – Von Frauen ist hier nicht die Rede! – Diese Auffassung lässt sich aber weiter zurückverfolgen, bis zu mathematischen Insidern.

Der Göttinger Mathematikprofessor Abraham Gotthelf Kästner (siehe Abbildung 7) kam schon im Jahre 1756 auf das Thema zu sprechen. In seiner Antrittsrede mit dem Titel „Quod studium matheseos facit ad virtutem",

---

17 In der Fernsehsendung vom 17.8.2005 des Literarischen Quartetts.

Abbildung 7: Abraham Gotthelf Kästner, 1719–1800

also „Was das Studium der Mathematik zur sittlichen Vervollkommnung beiträgt", sagte er:[18]

> Die Beschäftigung mit der Mathematik ist in [...] höherem Maße dazu geeignet, heftigere Gemütsregungen zu besänftigen; denn sie kann nur bei ausgeglichenem Gemütszustand erfolgreich betrieben werden.

und etwas später

> [Ich habe] immer geglaubt, dass jene reinste Lust, die bei wissenschaftlicher Arbeit entsteht, viel dazu beitrage, die sinnlichen Begierden wenigstens einzuschränken und die Seele von Lastern zu läutern. [...] Denjenigen [...] die um ihre Forschungen bemüht sind, bleibt keine Zeit übrig, in der sie ihren Lastern frönen können.

Zurück zum „Zauberberg" und zu Staatsanwalt Paravant; wir erfahren an anderer Stelle, dass er früher einmal den „schweren Anfechtungen" erlag, die von der Erscheinung einer neuen Patientin, der ägyptischen Fatme, ausgingen, – „eine[r] sensationelle[n] Person", wie Thomas Mann kommentiert. Diese Anfechtungen hat er nun überwunden:

> Mit verdoppelter Inbrunst hatte er sich [...] der kläräugigen Göttin [Mathematik] in die Arme geworfen, von deren kalmierender Macht der Hofrat so Sittliches zu sagen wusste, und das Problem, dem bei Tag und Nacht all sein Sinnen gehörte, an das er

18 Siehe „Göttinger Universitätsreden aus zwei Jahrhunderten 1737–1934", hrsg. von Wilhelm Ebel. Göttingen: Vandenhoeck & Ruprecht 1978. Die Zitate finden sich auf S. 57 und 58.

all jene Persistenz, die ganze sportliche Zähigkeit wandte, mit der er ehemals [...] die Überführung armer Sünder betrieben hatte, – war kein anderes als die Quadratur des Kreises.

Die Quadratur des Kreises, also die Frage nach der Konstruktion eines Quadrates mit dem Flächeninhalt eines gegebenen Kreises, ist ein mathematisches Problem, welches seit dem griechischen Altertum nicht nur professionelle Mathematiker, sondern auch Laien immer wieder beschäftigt hat. Mathematisch kann es auf Eigenschaften der Zahl π zurückgeführt werden. Der Mathematiker Ferdinand Lindemann[19] (siehe Abbildung 8) konnte 1882 zeigen, dass die Zahl π – wie die Mathematiker sagen – transzendent[20] und aus diesem Grund die Quadratur des Kreises mit Zirkel und Lineal nicht durchführbar ist. Dies dürfte für das Verständnis der Fortsetzung des Textes von Thomas Mann hilfreich sein:

Der entgleiste Beamte hatte sich im Laufe seiner Studien mit der Überzeugung durchdrungen, dass die Beweise, mit denen die Wissenschaft die Unmöglichkeit der Konstruktion erhärtet haben wollte, unstichhaltig seien und dass die planende Vorsehung ihn, Paravant, darum aus der unteren Welt der Lebendigen entfernt und hierher versetzt habe, weil sie ihn dazu ausersehen, das transzendente Ziel in den Bereich irdisch genauer Erfüllung zu reissen. So stand es mit ihm. Er zirkelte und rechnete, wo er ging und stand, bedeckte Unmassen von Papier mit Figuren, Buchstaben, Zahlen, algebraischen Symbolen, und sein gebräuntes Gesicht, das Gesicht eines scheinbar urgesunden Menschen, trug den visionären und verbissenen Ausdruck der Manie. Sein Gespräch betraf ausschliesslich und mit furchtbarer Eintönigkeit die Verhältniszahl pi [...].

Thomas Mann hat hier wiederum sehr genau beobachtet: Auch seriöse Mathematiker und Mathematikerinnen erkennen in diesen letzten Sätzen etwas von ihrem eigenen Verhalten bei ihrer mathematischen Tätigkeit. Dies gilt auch für die Fortsetzung:

Zuweilen glaubte Paravant sich der Offenbarung nahe. Man sah ihn öfters noch spät am Abend im verödeten und schlecht erleuchteten Speisesaal an seinem Tisch sitzen,

19 Es ist interessant festzustellen, dass Katia Mann im Sommersemester 1904 an der Universität München bei Ferdinand Lindemann Vorlesungen gehört hat. Ebenso interessant ist, dass Thomas Mann in „Königliche Hoheit" einem verdienten Maler den Namen „von Lindemann" gegeben hat. Der Mathematiker Ferdinand Lindemann, ein Kollege von Alfred Pringsheim an der Universität, trug beim Erscheinen des Romans das Adelsprädikat noch nicht, erst einige Jahre später (1918) wurde er in den persönlichen Adelsstand erhoben. Siehe Rudolf Fritsch: „Ferdinand Lindemann aus Hannover, der Bezwinger von π". Vortrag im Rahmen des Festkolloquiums an der Universität Hannover, 6. Mai 1997.

20 In der Mathematik wird eine reelle Zahl transzendent genannt, wenn sie nicht als Nullstelle eines nichttrivialen Polynoms mit ganzzahligen Koeffizienten auftreten kann.

Abbildung 8: Ferdinand Lindemann, 1852–1939

> auf dessen entblößter Platte er ein Stück Bindfaden sorgfältig in Kreisform legte, um es plötzlich, mit überrumpelnder Gebärde, zur Geraden zu strecken, danach aber, schwer aufgestützt, in bitteres Grübeln zu verfallen.

Staatsanwalt Paravant setzt sich hier in höchst laienhafter Weise mit einem längst gelösten mathematischen Problem auseinander. Trotzdem hat diese Beschäftigung bei ihm den Effekt, den der Mathematikprofessor Kästner und der Sanatoriumsdirektor Jessen vorausgesehen und behauptet haben: Staatsanwalt Paravant wird ganz offensichtlich während dieser Zeit davon abgehalten, seinen Lastern zu frönen.[21] Er scheint allerdings dieses Resultat teuer erkauft zu haben. Wir hören weiter unten, dass seine intensive Beschäftigung mit den Geheimnissen der Verhältniszahl pi das Zusammenleben mit seinen Mitpatienten ziemlich schwierig machte:

> Alles floh den gequälten Denker, denn wen immer ihm an der Brust zu ergreifen gelang, der musste glühende Redeströme über sich ergehen lassen, bestimmt, seine humane Empfindlichkeit zu wecken für die Schande der Verunreinigung des Menschenwertes durch die heillose Irrationalität dieses mystischen Verhältnisses.

Und schließlich mag es durchaus mit Paravants Bestreben zusammenhängen, „das transzendente Ziel“ zu erreichen, wenn über die späteren spiritistischen Sitzungen, welche die Patienten des Berghofs veranstalteten,

21 Anzumerken bleibt, dass Thomas Mann die Bemühungen des Staatsanwaltes Paravant zur Quadratur des Kreises in einem Unterkapitel geschehen lässt, das den Titel „Der große Stumpfsinn“ trägt.

nicht nur berichtet werden musste, wie ein Papierkorb „sich schwebend zur Decke erhob“, wie eine Tischglocke auf mysteriöse Weise läutete, wie materialisierte Hände einzelne Teilnehmer berührten, sondern auch:

> Staatsanwalt Paravant hatte aus der Transzendenz eine derbe Backpfeife empfangen.

Zum Schluss kommen wir noch auf die andere, ernsthaftere Funktion der Mathematik im „Zauberberg“ zu sprechen. Wir haben schon erwähnt, wie Hans Castorp im Zuge seiner Ausbildung zum Ingenieur mit mathematischem Gedankengut in Berührung gekommen ist, er verfügt ja auch über „eine hübsche, wenn auch leidenschaftslose Begabung für Mathematik“. Und tatsächlich scheint er von der Mathematik auch einiges verinnerlicht zu haben. Beim Aufbruch zu seinem Schneeabenteuer philosophiert er, angeregt durch die Form der Schneekristalle, die er mit blossem Auge gerade noch erkennen kann:

> [...] unter den Myriaden im Erstarren zu ebenmäßiger Vielfalt kristallisch zusammengeschossener Wasserteilchen[22] [...] und unter den Myriaden von Zaubersternchen in ihrer untersichtigen, dem Menschenauge nicht zugedachten, heimlichen Kleinpracht war nicht eines dem anderen gleich; eine endlose Erfindungslust in der Abwandlung und allerfeinsten Ausgestaltung eines und immer desselben Grundschemas, des gleichseitig-gleichwinkligen Sechsecks, herrschte da; aber in sich selbst war jedes der kalten Erzeugnisse von unbedingtem Ebenmaß und eisiger Regelmäßigkeit, ja, dies war das Unheimliche, Widerorganische und Lebensfeindliche daran; sie waren zu regelmäßig, die zum Leben geordnete Substanz war es niemals in diesem Grade, dem Leben schauderte vor der genauen Richtigkeit, es empfand sie als tödlich, als das Geheimnis des Todes selbst, und Hans Castorp glaubte zu verstehen, warum Tempelbaumeister der Vorzeit absichtlich und insgeheim kleine Abweichungen von der Symmetrie in ihren Säulenordnungen angebracht hatten.[23]

Hier ist ein Bild (siehe Abbildung 9) einiger solcher Schneesterne, alle zeigen ein gleichseitig-gleichwinkliges Sechseck, aber in einer immer neuen allerfeinsten Ausformung.

Später, als Hans Castorp im Schneesturm in Schwierigkeiten gerät, bäumt er sich innerlich auf: er denke nicht daran, sich „hier von blödsinnig regelmäßiger Kristallometrie zudecken zu lassen“. Sie wissen, das Schneeaben-

---

22 Dasselbe Bild verwendet Thomas Mann in einem Brief an Philipp Witkop vom 12.3.1913, in dem er über den Erfolg von „Der Tod in Venedig“ berichtet: „Es scheint, dass mir hier einmal etwas vollkommen geglückt ist, – ein glücklicher Zufall, wie sich versteht. Es stimmt einmal Alles, es schießt zusammen, und der Kristall ist rein“.

23 Zur ästhetischen Wirkung der leicht gebrochenenen Symmetrie vergleiche man die Ausführungen des Mathematikers Hermann Weyl: „Symmetrie“, Basel: Birkhäuser, 1955. Dort finden sich auch das obige Zitat aus dem „Zauberberg“ und das hier eingefügte Bild der Schneekristalle.

Abbildung 9: Schneekristalle

teuer geht gut aus; an die Wand einer Scheune gelehnt, träumt Hans Castorp seinen Traum, in dem er seiner Lebenseinstellung eine neue Richtung, weg vom Tode und hin zum Leben zu geben vermag. Das Schneetreiben hört auf, das „hexagonale Unwesen" verzieht sich schnell, und Hans Castorp erreicht den Berghof wohlbehalten.

Wir haben im Laufe dieses Vortrages u. a. versucht, aus den Äußerungen Thomas Manns in seinem Werk auf die Stellung dieses Wissensgebietes in seinen eigenen Gedanken zurückzuschließen. Es ist klar, dass dieses Unterfangen nur zu Vermutungen führen kann. Aber es gibt dazu in den Texten doch einige recht deutliche Hinweise. So haben wir feststellen können, dass sowohl Prinz Klaus Heinrich wie auch Serenus Zeitblom der Mathematik zwar distanziert, aber doch irgendwie bewundernd gegenüber stehen – und wir haben diese Haltung in der Folge auch Thomas Mann zugeschrieben. Die wissenschaftlichen Erfolge, die Finanzwissenschaft oder die ausgezeichnete Stellung der Mathese zwischen Natur- und Geisteswissenschaft beeindrucken die beiden Romanfiguren ganz offensichtlich – und eben wohl auch Thomas Mann. Tiefer eingedrungen in das Fachgebiet der Mathematik ist Thomas Mann allerdings nicht, da fehlte ihm offenbar der Zugang:

> „Es ängstigt mich, [. . .] ich habe niemals etwas davon begriffen".

sagt Klaus Heinrich zu Imma Spoelmann in „Königliche Hoheit", und

> „Ich werde nie etwas davon verstehen!"

sagt der junge Prinz zu einem seiner Mitschüler. Sowohl mit dem Fachgebiet der Medizin im „Zauberberg" wie auch mit der Musik im „Doktor Faustus" hat sich Thomas Mann wesentlich eingehender auseinandergesetzt als mit der Mathematik. Da blieb er bei Nebenbemerkungen stehen. Diese gehören nun allerdings zum Vergnüglichsten, was in dieser Richtung in der Literatur zu finden ist.

Thomas Mann hat in seinem Werk aber nicht nur auf Inhalte der Mathematik Bezug genommen, sondern er hat sie an vielen Stellen auf einer tieferen Ebene eingesetzt, auf der Wortebene sozusagen. Darauf gehen wir zum Schluss noch ein.

Mathematik steht bei ihm als Methapher für das Kühle, das Leblose, das Geordnete; sie bildet den Gegensatz zum Ungeordneten, zum Leben, zur Wärme. Imma Spoelmann, die Algebra in den kühlen, ja „frostigen Lüften" treibt, wagt sich schließlich in „jene wärmere, dunstigere und fruchbarere" Zone, die zum Leben gehört.[24] Hans Castorp, der sich im „hexagonalen Unwesen" von der „blödsinnig regelmäßigen Kristallometrie" nicht zudecken lassen will, entscheidet sich am Ende seines Traumes für das Ungeordnete des Lebens.

Das Ungeordnete, Lebendige ist bei Thomas Mann auch das Magische, das Vernunftmäßige ist das Geordnete und zugleich Lebensfeindliche. Im „Doktor Faustus" versucht Adrian Leverkühn – wie er in einem Gespräch mit Serenus Zeitblom sagt – das uralte Verlangen zu erfüllen, „was immer klingt, ordnend zu erfassen und das magische Wesen der Musik in menschliche Vernunft aufzulösen". Auch im berühmten Teufelsgespräch schätzt sein kaltes Gegenüber Leverkühns Bestreben gleich ein:

> [D]eine Hoffart verlangte nach dem Elementarischen, und du gedachtest es zu gewinnen in der dir gemäßesten Form dort, wo's als algebraischer Zauber mit stimmiger Klugheit und Berechnung vermählt und doch zugleich gegen Vernunft und Nüchternheit allzeit kühnlich gerichtet ist.

---

24 Interessant in diesem Zusammenhang ist der folgende Auszug aus einem Brief von Thomas Mann an seine zukünftige Frau Katia vom Sommer 1904: „Durchaus einverstanden bin ich [. . .] damit, dass Sie Ihren mathematischen und physikalischen Folianten nicht allzuviel Aufmerksamkeit schenken."

Abbildung 10: Der Stich „Melencolia I“ von Albrecht Dürer

Leverkühns Bestreben, die beiden Pole zu verbinden, führt ihn zu seiner neuen Musik, die im XXII. Kapitel des „Doktor Faustus“ so eingehend beschrieben ist, „zur rationale[n] Durchorganisation“, zum „strengen Satz“. Das Resultat einer solchen Komposition vergleicht Serenus Zeitblom treffend mit einem „magische[n] Quadrat“, einer rational durchorganisierten Magie. Eine Reproduktion des magischen Quadrates aus Albrecht Dürers „Melencolia I“ (siehe Abbildung 10) begleitete Adrian Leverkühn bekanntlich auf allen seinen Stationen, es ist für ihn ein Symbol eines magischen Kosmos, einer harmonischen Verbindung zwischen Magie und Ordnung. – Hier die entsprechende Notiz aus der Hand von Thomas Mann (siehe Abbildung 11).

Das magische Quadrat, das Sie hier sehen, ist in der Tat bemerkenswert: Die Zahlen 1 bis 16 sind in einem 4×4-Quadrat angeordnet, und zwar so, dass die Summe in jeder Waagrechten und in jeder Senkrechten 34 ergibt. Dasselbe gilt für die beiden Diagonalen und ferner für die vier Zahlen in der Mitte bzw. an den Ecken. Und schließlich ist die Summe der mittleren zwei Zahlen oben und unten ebenfalls 34, und dies gilt auch für die mittleren Zahlen links und rechts. Es ist wirklich durchorganisierte Magie, die man hier vor sich hat. Thomas Mann war darüberhinaus besonders angetan von der Tatsache, dass die Summe der Zahlen jeweils 34 ist: Sie erinnern sich,

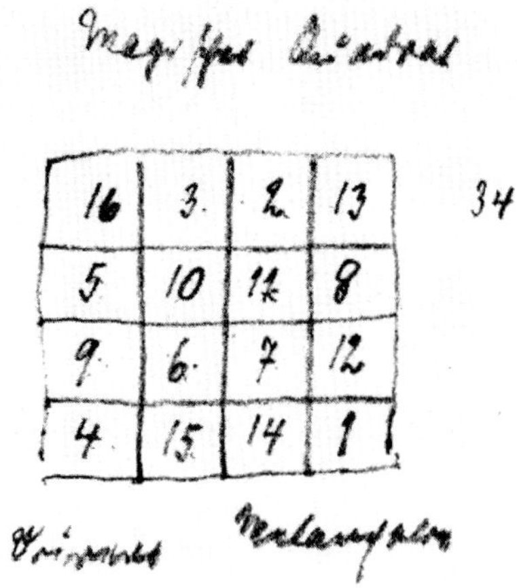

Abbildung 11: Notiz Thomas Manns zum magischen Quadrat

dass die Zimmernummer von Hans Castorp im Berghof ebenfalls 34 war. Die Quersumme $3 + 4 = 7$ spielt übrigens auch an vielen anderen Stellen des Werkes von Thomas Mann eine wichtige Rolle.

Zum Schluss: Der Dürersche Stich „Melencolia I" ist 1514 entstanden, die beiden mittleren Zahlen in der untersten Reihe geben also gleich auch noch das Entstehungsdatum an. – Es ist keine Überraschung, dass Adrian Leverkühn von diesem magischen Quadrat so beeindruckt war.

Beim Bestreben, „das magische Wesen der Musik in menschliche Vernunft aufzulösen", ist bei Thomas Mann nicht ausdrücklich von Mathematik die Rede, aber die Verbindung Kälte-Ordnung-Vernunft-Mathematik ist bei Leverkühn zweifellos mitverstanden. In der Tat ist ja der Stich Dürers (auch) eine Illustration des Bibelverses aus dem Buch der Weisheit:

> Sed omnia in mensura, et numero, et pondere disposuisti.
> Aber Du hast alles geordnet nach Maß, Zahl und Gewicht.

Im mittelalterlichen, alchemistischen Weltbild, das im Dürerschen Stich dargestellt wird, spielte diese Bibelaussage eine wichtige Rolle. Ihr zufolge ist alles in der Welt messbar und ist damit einer zahlenmässigen, mathematischen Behandlung zugänglich. Die Mathematik wurde dadurch zu einem unverzichtbaren Werkzeug zur Beschreibung und Erklärung der Welt.[25] Bei

[25] Diese Auffassung der Rolle der Mathematik zur Erklärung der Welt hat das alchemistische Zeitalter überlebt. Schon zu Beginn der modernen Naturwissenschaft vertreten sowohl Galileo Galilei (1564–1642) wie auch Johannes Kepler (1571–1630) den gleichen Gedanken: nach

Thomas Mann erfahren Adrian Leverkühn und Serenus Zeitblom als Studenten an der Universität Halle von dieser Weltsicht. Im Kolleg des Kolonat Nonnenmacher, das beide gemeinsam besuchen, hören sie von der

> kosmologischen Frühkonzeption eines strengen und frommen Geistes, der seine Grundleidenschaft, die Mathematik, die abstrakte Proportion, die Zahl zum Prinzip der Weltentstehung und des Weltbestehens erhob und der sie zuerst mit grosser Gebärde als „Kosmos", als Ordnung und Harmonie, als übersinnlich tönendes Intervall-System der Sphären ansprach.

Überträgt die Kompositionstheorie Adrian Leverkühns, wie sie uns im XXII. Kapitel erscheint, nicht genau dieses pythagoreische Programm der Weltbeschreibung auf die Musik? Das einzelne Musikstück wird dank den mathematischen Konstruktionsprinzipien zur harmonischen Ordnung, zum menschgeschaffenen Kosmos.

Wir wollen nicht allzu theoretisch werden. Das Spannungsverhältnis zwischen dem Geordneten, dem Vernunftmäßigen einerseits und dem Ungeordneten, dem Lebendigen andererseits hat Thomas Mann in seinem ganzen Werk begleitet. Der Einbezug von Mathematik in diesem Zusammenhang liegt nahe und kann eigentlich nicht überraschen.

Mir scheint, dass dieses selbe Spannungsverhältnis Thomas Mann auch im persönlichen Leben begleitet hat, dass er sich wie Hans Castorp im „Zauberberg" immer wieder bewusst entscheiden musste. Vielleicht konnte er, angelangt an seinem Ende, von sich selbst sagen, was er gerade in diesem Zusammenhang von Hans Castorp sagt: „Das Leben hatte es gut gemeint mit seinem hochverirrten Sorgenkinde."

Dank

Ein erster Dank geht an meinen Bruder und meine Schwägerin: sie haben vor vielen Jahren einem jungen Mathematikstudenten Thomas Manns „Doktor Faustus" geschenkt, ein Geschenk mit einer offensichtlich jahrelang anhaltenden Wirkung. – Ein herzlicher Dank geht ferner an Dr. Thomas Sprecher und an die Mitarbeiterinnen und Mitarbeiter des Thomas Mann Archivs in Zürich, von deren freundlicher Hilfe ich in vielfältiger Weise profitieren konnte. – Gerne erwähne ich schließlich das Buch von Knut Radbruch „Mathematische Spuren in der Literatur", Wissenschaftliche Buchgesellschaft 2001. Diesem

einer bekannten Aussage von Galilei aus dessen Werk „Il saggiatore" (1623) ist das Buch der Natur in der Sprache der Mathematik geschrieben, und Kepler schreibt 1599 in einem Brief an Herwart von Hohenburg, dank der Mathematik sei der Mensch in der Lage, die Welt in derselben Art zu erkennen, „wie Gott sie erkennt, insoweit wir sie wenigstens in diesem sterblichen Leben erfassen können" (siehe Johannes Kepler: „Gesammelte Werke", hrsg. von Max Caspar, München: Beck 1940, Bd. 6, S. 466).

Buch verdanke ich – neben vielen Quellenangaben – auch die Anregung, mich ebenfalls an der mathematisch-literarischen Spurensuche zu beteiligen. – Und schließlich danke ich dem Vittorio Klostermann-Verlag für die freundliche Erlaubnis, den kaum veränderten Text des ursprünglichen Vortrages (siehe „Thomas Mann und die Mathematik. Eine Spurensuche" in: „Was war das Leben? Man wusste es nicht!", hrsg. von Thomas Sprecher. Frankfurt a.M., Vittorio Klostermann 2008; S. 179–204) hier abzudrucken.

24. September 2008
Die Unendlichkeit ins Auge fassen
Christoph Pöppe
„Spektrum der Wissenschaft", Heidelberg

25. September 2008
Mathematik – Musik – Illusionen
Heinz-Otto Peitgen
Universität Bremen und MeVis Research GmbH Bremen

Vortragsabend
der Akademie der Wissenschaften zu Göttingen
im Niedersächsischen Landtag in Hannover
Christian Starck
Niedersachsen in Europa
Wer setzt das Recht, führt es aus und spricht Recht?
erschienen in: Christian Starck, Verfassungen. Entstehung, Auslegung, Wirkungen und Sicherung, Tübingen 2009. S. 279–293
6. Oktober 2008
Hannover

Vortragsreihe
zum Jahr der Mathematik
der Akademie der Wissenschaften zu Göttingen
in Zusammenarbeit mit der
Braunschweigischen Wissenschaftlichen Gesellschaft
Mit Mathe ist zu rechnen
9. Oktober 2008
30. Oktober 2008
27. November 2008
Wolfsburg

Vortragsabend
der Akademie der Wissenschaften zu Göttingen
in der Niedersächsischen Landesvertretung beim Bund in Berlin
Joachim Reitner
Das Klima – ein Motor des globalen Wandels
Der Versuch einer geowissenschaftlichen Sichtweise
13. Oktober 2008
Berlin

300 Jahre Albrecht von Haller
Genialität, Internationalität, Exzellenz
Öffentliche Ringvorlesung
der Georg-August-Universität Göttingen und
der Akademie der Wissenschaften zu Göttingen
14. Oktober 2008–10. Februar 2009
Göttingen

14. Oktober 2008
Warum Albrecht von Haller feiern?
Norbert Elsner und Nicolas Rupke, Göttingen

Ein Berner Patriot – Hallers Lebensstationen
Urs Boschung, Bern

21. Oktober 2008
„Pflanzgarten der Aufklärung“
Haller und die Gründung der Göttinger Universität
Peter Hanns Reill, Los Angeles
(siehe Jahrbuch Seite 107)

28. Oktober 2008
„Trübselige kleine Stadt in einem trübseligen Lande“?
Hallers Göttingen
Ulrich Joost, Darmstadt

4. November 2008
„Ein Akademiste muß erfinden“
Haller und die Königliche Societät der Wissenschaften
Rudolf Smend, Göttingen

11. November 2008
„Blüten der Gelehrsamkeit“
Hallers botanischer Garten in europäischer Perspektive
Robbert Gradstein, Göttingen

18. November 2008
Die Entdeckung der Reizbarkeit
Haller als Anatom und Physiologe
Renato Mazzolini, Trient

25. November 2008
Im Dinster der Flora – Albrecht von Haller und
sein Gegenspieler Carl von Linné
Gerhard Wagenitz, Göttingen

2. Dezember 2008
Wer studierte welche Medizin im Göttingen des 18. Jahrhunderts?
Ulrich Tröhler, Zäziwil-Bern

4. Dezember 2008
„Und ob die Wolke sie verhülle ... “
Carl Maria von Weber „Der Freischütz“
Solisten der Hochschule für Musik und Theater Hannover

9. Dezember 2008
„Haller war unser erster Dichter.
Wir hatten vor Hallern nur Versemacher.“ – Hallers Gedichte
Wilfried Barner, Göttingen

„Des Tages Licht hat sich verdunkelt ... “
Lieder nach Gedichten Albrecht von Hallers
Lilli Wünscher (Sopran) und Tatjana Bergh (Klavier)

16. Dezember 2008
Das magische Dreieck – Societät, Gelehrte Zeitung und Bibliothek
Reimer Eck, Göttingen

6. Januar 2009
„Die ganze Schöpfung legt dein liebend Wesen dar."
Über Hallers Religion
Thomas Kaufmann, Göttingen

13. Januar 2009
Kreativität in den Wissenschaften
Wovon hängt sie ab?
Horst Kern, Göttingen

20. Januar 2009
Der Staat und die Wissenschaft
Eine Ehe wider Willen?
Hans Zehetmair, München

27. Januar 2009
Molekularer Fußballzauber
Sinn und Schönheit zweckfreier Forschung
Helmut Schwarz, Berlin

3. Februar 2009
Gelehrte Bildung heute
Wolfgang Frühwald, Augsburg

10 Februar 2009
Braucht das 21. Jahrhundert Akademien der Wissenschaften?
Peter Graf Kielmansegg, Heidelberg

Vortragsveranstaltung
zum Jahr der Mathematik 2008
der Akademie der Wissenschaften zu Göttingen und der
Gottfried-Wilhelm-Leibniz-Bibliothek Hannover
„Leibniz' Infinitesimalrechnung: Texte zum Prioritätsstreit mit Newton"
Herbert Breger
17. Oktober 2008
Hannover

Pünktlich zum Jahr der Mathematik erschienen zwei neue Bände der Leibniz-Ausgabe (Leibniz: Sämtliche Schriften und Briefe, Reihe VII, Band 4 und 5). In diesen Bänden werden Leibniz' Aufzeichnungen zur Vorgeschichte und Entstehung der Differential- und Integralrechnung zum ersten Mal vollständig der Öffentlichkeit vorgelegt. Sie sind erläutert und durch Register erschlossen; vor allen Dingen sind die weitgehend undatierten Texte durch Wasserzeichen und Besonderheiten der Notation in eine chronologische Reihenfolge gebracht worden. Damit ist es auch zum ersten Mal möglich, sich ohne langwierige Manuskriptstudien ein Urteil über den Prioritätsstreit zwischen Leibniz und Newton zu bilden.

Die Länge der Aufzeichnungen schwankt zwischen zwei Zeilen und 76 Seiten; es handelt sich um Aufzeichnungen von Gesprächen mit anderen Mathematikern, um Randbemerkungen in Büchern und um eigene Überlegungen. Die Texte bieten einen unmittelbaren Einblick in die Werkstatt des mathematischen Denkens von Leibniz. In diesen beiden Bänden finden sich die erste Verwendung des Wortes „Funktion" als mathematischer Fachausdruck, das erste Integralzeichen sowie tastende und schließlich erfolgreiche Versuche, Regeln für die Differentiation von Produkten, Quotienten und Funktionen von Funktionen (Kettenregel) zu finden.

Die Texte bestätigen, dass Leibniz die Differential- und Integralrechnung selbständig, jedoch einige Jahre später als Newton gefunden hat (die erste Veröffentlichung der neuen Rechnungsart stammt von Leibniz). Vor diesem Hintergrund ist eine Aufzeichnung aus dem Jahre 1675 (nach der Erfindung der Differential-und Integralrechnung), die nachträglich auf 1673 umdatiert worden ist, eine interessante Kuriosität. Der bedeutende Mathematikhistoriker Moritz Cantor hat deshalb 1901 gegen Leibniz den Vorwurf einer versuchten Fälschung erhoben. Eine nähere Untersuchung der Handschrift, ihrer Zusammenhänge und ihrer Bedeutung im Prioritätsstreit zeigt jedoch, daß Leibniz von der Rückdatierung der Handschrift um zwei Jahre keinen Vorteil im Prioritätsstreit gehabt hätte. Tatsächlich hätten in den fast anderthalb Jahrhunderten zwischen Leibniz' Tod und der Aufdeckung des mutmaßlichen Fälschungsversuchs eine ganze Reihe von Bibliothekaren, Schreibern und Leibniz-Editoren Gelegenheit zu einer Fälschung gehabt, insbesondere natürlich Personen mit der Erlaubnis, Handschriften aus dem Leibniz-Nachlaß nach Hause zu nehmen.

Öffentlicher Vortrag
der Kommission „Deutsche Inschriften des Mittelalters und der frühen Neuzeit"
der Akademie der Wissenschaften zu Göttingen
Octo serpentes oder die Rätsel der Rostocker Ablassinschriften
Christine Magin
Arbeitsstelle Inschriften Greifswald
21. Oktober 2008
Rostock

100 Jahre Septuaginta-Unternehmen
der Akademie der Wissenschaften zu Göttingen
Öffentliche Jubiläumsveranstaltung
13. November 2008
Göttingen

Am 1. April 1908 nahm das Septuaginta-Unternehmen seine Arbeit als Forschungseinrichtung der damaligen Königlichen Gesellschaft der Wissenschaften zu Göttingen auf. In seiner hundertjährigen Geschichte gelang es dem Unternehmen, 23 Einzelbände, das sind ca. zwei Drittel des Gesamtumfangs, zu edieren.

Aus Anlaß des hundertjährigen Jubiläums organisierte die Arbeitsstelle des Septuaginta-Unternehmens in Zusammenarbeit mit dem CORO (Centrum Orbis Orientalis) im Frühjahr und im Herbst 2008 zwei Veranstaltungen, von denen die eine einem editionsphilologischen Expertenkreis, die andere einer breiten akademischen Öffentlichkeit gewidmet war.

Die Maßgeblichkeit und Maßstäblichkeit der Göttinger Septuaginta-Ausgabe als der editio critica maior der griechischen Übersetzung des Alten Testaments nicht nur im Rückblick zu bilanzieren, sondern gerade in Hinsicht auf die noch ausstehenden Editionsbände zu sichern, war Absicht und Ziel einer internationalen Fachtagung, die unter dem Titel „Die Göttinger Septuaginta-Ausgabe – Standortbestimmung eines editorischen Jahrhundertprojekts" vom 28. bis zum 30. April 2008 in der Göttinger SUB stattfand. Dabei ging es vornehmlich um die Frage, inwieweit die textkritischen und die editorischen Prinzipien sowie, daraus resultierend, die Text- und die Apparatgestaltung der Göttinger Edition dem eigentümlichen Charakter und der spezifischen Überlieferung des Septuaginta-Textes gerecht zu werden vermögen. Darüber hinaus stand das Problem der „Benutzerfreundlichkeit" auf der Tagungsordnung. Von einer editio maior pflegen in der Regel nur eingeweihte Spezialisten Gebrauch zu machen. Darum sollten Hilfestellungen erwogen werden, wie der Umgang mit der Göttinger Ausgabe erleichtert und diese einem erweiterten Benutzerkreis geöffnet werden kann. Zur Besonderheit der Tagung gehörte der Erfahrungsaustausch zwischen Editoren klassischer und solchen biblischer Texte. Begegnungen zwischen Wissenschaftlern der sog. philologia profana und der philologia sacra finden bislang eher selten statt. Dass die Tagung nicht im Binnenzirkel der Septuaginta-Forscher, sondern unter Beteiligung klassischer Philologen und Herausgeber anderer biblischer Großeditionen durchgeführt wurde, bot die Gelegenheit, die vorgesehenen Themenkomplexe unter der Perspektive grundlegender Fragen der Editionswissenschaft zu diskutieren.

Nach dem öffentlichen Grundsatzvortrag „Critical Editing" des Oxforder klassischen Philologen Prof. Dr. Martin L. West legten die Septuaginta-Forscher Prof. Dr. Olivier Munnich (Paris) und Detlef Fraenkel (Göttingen) die für die Göttinger Septuaginta-Ausgabe geltenden Editionsprinzipien und Grundsätze der Apparatgestaltung dar, die von Prof. Dr. Christoph Schäublin (Bern), sekundiert von Martin L. West, einer kritischen Würdigung aus klassisch-philologischer Sicht unterzogen wurden. Die Besonderheit der Göttinger Septuaginta-Edition im Kontext der philologia sacra trat durch die Beiträge von Frau Prof. Dr. Eva Schulz-Flügel (Tübingen/Beuron) und Akad. Dir. Gerd Mink (Münster) zutage, die in einem konzisen Überblick die Editionsprinzipien der Beuroner Vetus Latina-Ausgabe sowie der Münsteraner editio critica maior des Neuen Testaments darboten. Eindrucksvoll wurde die wissenschaftliche Unentbehrlichkeit der Göttinger Septuaginta-Edition für die bibelexegetische und die patristische Forschung durch die Vorträge der Göttinger Professoren Hermann Spieckermann (Altes Testament), Reinhard Feldmeier (Neues Testament) und Ekkehard Mühlenberg (Kirchengeschichte) veranschaulicht. Anhand textkritischer Fallbeispiele gewährten die Bandherausgeber Prof. Dr. Peter J. Gentry (Louisville/USA) und Prof. Dr. Robert V. Hiebert (Langley/Kanada) Einblicke in die Erarbeitung ihrer bereits fortgeschrittenen Editionen der Bücher Ecclesiastes und Maccabaeorum IV und demonstrierten dabei auch, wie sehr sich die Editionspraxis des Göttinger Septuaginta-Unternehmens durch den Einsatz innovativer Computertechnologie weiterentwickelt hat.

Die öffentliche Jubiläumsveranstaltung des Septuaginta-Unternehmens fand am 13. November 2008 in der Aula am Wilhelmsplatz statt. Eröffnet und geleitet wurde sie von dem Vorsitzenden der Leitungskommission, Prof. Dr. Reinhard Gregor Kratz. Seiner einführenden Charakterisierung der religionsgeschichtlichen und kulturhistorischen Bedeutung der Septuaginta schlossen sich die Grußworte des Präsidenten der Georg-August-Universität, Prof. Dr. Kurt von Figura, sowie des Präsidenten der Akademie der Wissenschaften, Prof. Dr. Christian Starck, an. Dem Bahnbrecher der Göttinger Septuaginta-Forschung, Paul Anton de Lagarde, und dem langjährigen Gründungsleiter des Unternehmens, Alfred Rahlfs, galten die wissenschaftsgeschichtlichen Vorträge von Dr. Bernhard Neuschäfer und Prof. Dr. Dr. h.c. mult. Rudolf Smend. Den Festvortrag „Die Septuaginta als Bibel der Christen? Beobachtungen aus Vergangenheit und Gegenwart" hielt der Berliner Kirchenhistoriker und Präsident der Humboldt-Universität Prof. Dr. Dr. h.c. Christoph Markschies.

Auf reges Interesse stieß eine Sonderausstellung zur hundertjährigen Geschichte des Septuaginta-Unternehmens, die an diesem Tage in der Kleinen Aula zu sehen war. Sämtliche Beiträge beider Jubiläumsveranstaltungen werden in einem Band veröffentlicht werden.

R.G. Kratz

Symposium zu Ehren von „Franz Wieacker – Historiker des modernen Privatrechts"

27. November 2008–28. November 2008
Göttingen

Fakultät, Universität und Akademie der Wissenschaften ehrten am 27. und am 28. November 2008 das Gedächtnis Franz Wieackers, Göttinger Ehrenbürgers, Mitglieds des Orden pour le Mérite und Trägers des Premio Feltrinelli, des Nobelpreises für Juristen, durch eine von Gästen aus ganz Deutschland sowie aus Italien, den Niederlanden und Schweden besuchte, musikalisch umrahmte Festveranstaltung in der Aula und ein anspruchsvolles wissenschaftliches Symposion. Anlass der Ehrung war die einhundertste Wiederkehr des Geburtstags eines Göttinger Rechtsgelehrten und Rechtshistorikers von europäischem Rang und internationalem Ruf. Der Festakt begann mit einer Begrüßung durch Franz Wieackers ehemaligen Schüler Prof. Dr. Okko Behrends und Grußworten der Dekanin Prof. Dr. Christine Langefeld, des Vizepräsidenten der Universität Prof. Dr. Joachim Münch und des Präsidenten der Akademie Professor Dr. Christian Starck. Höhepunkt war der Festvortrag „Franz Wieacker (1908–1994) – Leben und Werk" von Prof. Dr. Detlef Liebs, Freiburg i. Br., einem seiner frühesten ehemaligen Schüler. Auch auf dem anschließenden kleinen Sektempfang wurde der Geehrte in zahlreichen Gesprächen lebendig.

Im Zentrum des von Prof. Dr. Eva Schumann eröffneten Symposions „Franz Wieacker – Historiker des modernen Privatrechts" stand das in viele Sprachen, darunter ins Chinesische und ins Japanische, übersetzte Werk „Privatrechtsgeschichte der Neuzeit". Es sprachen:

- Peter Landau (München): Wieackers Konzept einer neueren Privatrechtsgeschichte – eine Bilanz nach 40 Jahren
- Joachim Rückert (Frankfurt a.M.): Die Privatrechtsgeschichte der Neuzeit: Genese und Zukunft eines Faches?
- Martin Avenarius (Köln): Rezeption als Verwissenschaftlichung?
- Hans-Peter Haferkamp (Köln): Positivismus als Deutungsschema einer Privatrechtsgeschichte des 19. und des 20. Jahrhunderts?
- Laurens Winkel (Rotterdam): Franz Wieacker: Romanist und Rechtshistoriker, zwei Seelen in einer Brust?
- Gerhard Dilcher (Frankfurt a.M.): Franz Wieacker als „Germanist"
- Luigi Labruna (Neapel): Franz Wieacker in Italien

Ein gastlicher Abend im traditionsreichen Gaußkeller beendete die Arbeitssitzungen, deren reicher, in spannungsvoller, keineswegs unkritischer, aber achtungsvoller Intensität erarbeiteter wissenschaftlicher Ertrag nach allgemeinem Urteil dem Werk Franz Wieackers, unbestritten einem Klassiker der europäischen Rechtsliteratur, mit dessen Hilfe viele den Weg in die Rechtswissenschaft gefunden haben und noch finden werden, Entscheidendes verdankt. Der Tagungsband soll 2009 im Wallstein Verlag erscheinen.

O. Behrends

Veröffentlichungen der Akademie 2008

A. Laufende Publikationen

Abhandlungen der Akademie der Wissenschaften zu Göttingen

Philologisch-Historische Klasse, Dritte Folge

Nr. 279, 2007: Gustav Adolf Lehmann, Rainer Wiegels:
Römische Präsenz und Herrschaft im Germanien der augusteischen Zeit
ISBN 978-3-525-82551-8

Neue Abhandlungen der Akademie der Wissenschaften zu Göttingen

Philologisch-Historische Klasse, Neue Folge

Band 1, 2008: Dietrich Gerhardt:
Wer kauft Liebesgötter?
ISBN 978-3-11-020291-5

Band 2, 2008: Jochen Johrendt, Harald Müller:
Römisches Zentrum und kirchliche Peripherie
ISBN 978-3-11-020223-6

Abhandlungen der Akademie der Wissenschaften zu Göttingen, Neue Folge

Band 3, 2008: Okko Behrends, Eva Schumann:
Gesetzgebung, Menschenbild und Sozialmodell im Familien- und Sozialrecht
(14. Symposion der Kommission „Die Funktion des Gesetzes in Geschichte und Gegenwart")
ISBN 978-3-11-020777-4

Göttingische Gelehrte Anzeigen
Jg. 259. 2007., Nr. 1./2. und 3./4.
Jg. 260. 2008., Nr. 1./2. und 3./4.

Schriftentauschverzeichnis: siehe Jahrbuch 2006

B. Sonderveröffentlichungen

Zentrale Publikationen

- *Bilderwelten. Vom farbigen Abglanz der Natur*
  Gedruckt im Auftrag der Akademie der Wissenschaften zu Göttingen und der Georg-August-Universität Göttingen, hrsg. von Norbert Elsner, Wallstein-Verlag, Göttingen, 2007. ISBN 978-3-8353-0208-2
- *Jahrbuch der Akademie der Wissenschaften zu Göttingen 2006*
  Verantwortlich: Der Präsident der Akademie der Wissenschaften Redaktion: Werner Lehfeldt, Susanne Nöbel, Vandenhoeck & Ruprecht, Göttingen, 2007, 383 Seiten. ISBN 978-3-525-85122-7
- *Jahrbuch der Akademie der Wissenschaften zu Göttingen 2007*
  Verantwortlich: Der Präsident der Akademie der Wissenschaften Redaktion: Werner Lehfeldt, Susanne Nöbel, Walter de Gruyter GmbH & Co. KG, Berlin, 2008, 469 Seiten. ISBN 978-3-11-020778-1

Stiftungen, Preise und Förderer

Stiftungen und Fonds

- *Hall-Fond*
- *Hans-Janssen-Stiftung*
- *Julius-Wellhausen-Stiftung*
  Satzung der Julius-Wellhausen-Stiftung (siehe Jahrbuch 2007)
- *Lagarde-Stiftung*
- *Schaffstein-Legat*
- *Wedekindsche Preisstiftung für Deutsche Geschichte*
- *Wilhelm-Jost-Gedächtnisvorlesung*

Preise der Akademie

Die Akademie der Wissenschaften zu Göttingen ist eine der ältesten Wissenschaftsakademien Deutschlands. Traditionell zeichnet die norddeutsche Gelehrtengesellschaft hervorragende Arbeiten zu aktuellen wissenschaftlichen Fragestellungen aus. Ein besonderes Augenmerk gilt dabei dem wissenschaftlichen Nachwuchs, der mit Preisen für herausragende Leistungen gefördert werden soll. Diese Preise werden jährlich, alle zwei Jahre oder unregelmäßig vergeben.

Jährlich vergeben werden die Akademiepreise für **Chemie, Physik und Biologie**, alle zwei Jahre der **Hans-Janssen-Preis** (Kunstgeschichte), der **Hanns-Lilje-Preis** (Theologie) und der **Dannie-Heineman-Preis** (vornehmlich für naturwissenschaftliche Arbeiten, die sich mit neuen und aktuellen Entwicklungen der Wissenschaft auseinandersetzen).

Unregelmäßig vergeben werden die **Brüder-Grimm-Medaille** (zuletzt 2006) und der **Akademiepreis für Geschichte** aus der Wedekindschen Preisstiftung für Deutsche Geschichte (zuletzt 1994).

Seit dem Jahre 2004 zeichnet die Akademie der Wissenschaften jährlich besonders hervorragende und in der Öffentlichkeit angesehene Wissenschaftler mit der **Lichtenberg-Medaille** aus. Diese Auszeichnung ist weder an eine Altersgrenze geknüpft noch mit einem Preisgeld verbunden. Überreicht wird eine von den Akademiemitgliedern gestiftete Goldmedaille.

Die Akademie der Wissenschaften zu Göttingen verleiht seit dem Jahre 2007 jährlich einen von ihren Mitgliedern gestifteten **Preis für Geisteswissenschaften** für hervorragende Arbeiten auf dem Gebiet der geisteswissenschaftlichen Forschung, die einen wesentlichen methodischen oder sachlichen Fortschritt der wissenschaftlichen Erkenntnis bedeuten.

Weitere Informationen zu den Preisen können über die Geschäftsstelle der Akademie bezogen werden.

Förderer der Akademie

Anton Christian Wedekind †
Paul de Lagarde †
Thomas Cuming Hall †
Hans Janssen †
Friedrich Schaffstein †
Heinrich Röck

Bund-Länder-Kommission
Cahlenberg-Grubenhagensche Landschaft
Deutsche Forschungsgemeinschaft
Gerda Henkel Stiftung
Klosterkammer Hannover
Land Niedersachsen
Minna-James-Heineman-Stiftung
VGH-Stiftung Hannover
VW-Stiftung Hannover
Walter de Gruyter GmbH & Co KG

BASF AG, Ludwigshafen
Bayer AG, Leverkusen
Evonik Degussa GmbH, Essen
Fritz Thyssen Stiftung
Sartorius AG, Göttingen
Sparkasse Göttingen
Stiftung Alfried Krupp Kolleg Greifswald
Wissenschaftliche Verlagsgesellschaft, Stuttgart

Die Akademie dankt für die großzügige Förderung.

Gauß-Professuren 2008

Gauß-Kommission:
Vorsitzender: S. J. Patterson
Christensen, Elsner, Krengel, Wörner, Zippelius

Die Gauß-Professur wurde im Berichtsjahr 2008 vergeben an:

Professor Dr. Hideyuki Saio
Astronomical Institute, Graduate School of Science
Tohoku University Aramaki, Aoba-ku

Professor Santiago Alvarez
Departement de Quimica Inorganica, Universitat de Barcelona

Die Rechtsgrundlagen

Satzungen der Akademie

SATZUNG DER AKADEMIE
siehe Jahrbuch 2001

SATZUNGEN DER STIFTUNGEN
siehe Jahrbuch 1944–1960

STATUT ÜBER DIE VERLEIHUNG DER AKADEMIE-PREISE FÜR CHEMIE UND PHYSIK
siehe Jahrbuch 1944–1960

STATUT ÜBER DIE VERLEIHUNG DES AKADEMIE-PREISES FÜR BIOLOGIE
siehe Jahrbuch 1983

SATZUNG FÜR DIE VERLEIHUNG DER BRÜDER-GRIMM-MEDAILLE
siehe Jahrbuch 1963

SATZUNG ÜBER DIE VERGABE DES HANNS-LILJE-PREISES ZUR FÖRDERUNG DER THEOLOGISCHEN WISSENSCHAFT
siehe Jahrbuch 1987

STATUT ZUR VERGABE DES HANS-JANSSEN-PREISES
siehe Jahrbuch 1991

STATUT ZUR VERGABE DER LICHTENBERG-MEDAILLE
siehe Jahrbuch 2003

STATUT ÜBER DIE VERLEIHUNG DES PREISES FÜR GEISTESWISSENSCHAFTEN
siehe Jahrbuch 2007